河北大學（蓮池書院）人文高等研究院學科建設經費資助項目
河北省教育廳青年拔尖人才計劃項目『蓮池書院與桐城派關係研究』（BJ2020086）成果

蓮池書院文獻叢刊

張裕釗集

（清）張裕釗 撰
劉金柱 周小艷 主編

1

國家圖書館出版社

圖書在版編目(CIP)數據

張裕釗集 : 全三册/(清)張裕釗撰;劉金柱,周小艷主編.—北京:國家圖書館出版社,2023.10

(蓮池書院文獻叢刊)

ISBN 978-7-5013-7685-8

Ⅰ.①張… Ⅱ.①張… ②劉… ③周… Ⅲ.①張裕釗(1823-1894)-全集 Ⅳ.①C52

中國國家版本館 CIP 數據核字(2023)第 003764 號

書　　名　張裕釗集(全三册)
著　　者　(清)張裕釗 撰　劉金柱 周小艷 主編
責任編輯　黄　鑫　潘雲俠
封面設計　徐新狀

出版發行　國家圖書館出版社(北京市西城區文津街 7 號　100034)
(原書目文獻出版社　北京圖書館出版社)
010-66114536　63802249　nlcpress@nlc.cn(郵購)
網　　址　http://www.nlcpress.com
印　　裝　河北三河弘翰印務有限公司
版次印次　2023 年 10 月第 1 版　2023 年 10 月第 1 次印刷

開　　本　787×1092　1/16
印　　張　98
書　　號　ISBN 978-7-5013-7685-8
定　　價　2400.00 圓

出版説明

張裕釗（一八二三—一八九四），初字方侯，後改廉卿，號圃孫、濂亭，湖北武昌人。年二十四（一八四六），鄉試獲隽。年二十八（一八五〇），任内閣中書。兩年後辭官南歸，入曾國藩幕府，爲『曾門四弟子』之一。張裕釗一生不慕求功名，傾心於辦書院做教育，先後主講武昌勺亭書院、江寧鳳池書院、保定蓮池書院、武昌江漢書院、襄陽鹿門書院等。光緒九年至十四年（一八八三—一八八八）主講直隸保定蓮池書院，此時期張氏聲名尤爲卓著。年七十（一八九二），爲長子張後沅迎養於西安，并短暫客西安將軍榮禄之幕。光緒二十年卒，享年七十二歲。

張裕釗治學融通漢宋，以禮爲歸，意欲經世。面對亘古未有之變，他感時憂國的吟咏，是多難之世的歌哭。其文繼軌桐城，又不爲所囿，雄奇而兼平淡，自成一家。張裕釗爲晚清桐城派代表人物，與桐城吴汝綸并稱『張吴』，曾國藩、劉熙載皆許其文爲『當世海内第一』。張裕釗於光緒九年受李鴻章邀請北上畿輔，出任蓮池書院山長，直至十四年南歸。任期内，揚播清末古文之風，踐履曾國藩『詞章之學，亦所以發揮義理者』之理念，一時間蓮池書院古文作家蜂起，漸具學術共同體的雛形。徐世昌稱張裕釗『主蓮池書院最久，畿輔治古文者踵起，皆廉卿開之』（《晚晴簃詩彙》卷一四七）。

張裕釗在蓮池書院期間，不僅講授古學，也傳授書法，他積極利用蓮池書院深厚的碑刻資源引導學生，此時期其個人書法成就也達到頂峰。光緒十二年，河北南宮重修縣學，張裕釗撰書《南宮縣學記》，作爲其書學代表作，此書體被稱爲『南宮體』，文字雙美，鐫刻精細，一經刊刻，即風靡海内，可見其書學之卓。

此次纂輯《蓮池書院文獻叢刊》，系統收集整理張裕釗詩文雜著、書法碑刻共十六部，其中多部爲張裕釗在蓮池書院任内創作作品。不僅收録《濂亭文集》《濂亭遺文濂亭遺詩》《張廉卿雜文》等重要著作，還收集了《張廉卿先生尺牘》《張廉卿批語》等有待深入研究的重要文獻，版本不乏光緒間初刻本、清鈔本等珍稀善本。此外還收録《楷書千字文》《張勇烈公神道碑》《李剛介碑》書法代表作品等，以彰顯張裕釗獨特的書藝和審美。全書按詩文、書法兩類順序編排，詩文部分先文次詩，後排雜文、尺牘等；書法部分則依據先墨迹、後碑帖的慣例排列。希冀通過本書的整理彙編爲相關學者研究張裕釗作品與書院文化之間的緊密聯繫搭建豐富的史料平臺，同時也爲廣大文藝愛好者展現一代大家的學術思想、文學成就和書法造詣提供豐富的文獻資源。

國家圖書館出版社
二〇二三年九月

前言

幽燕形勝甲天下，畿輔人才應運而生。都會之地，四方輻輳。《屏廬叢刻》序云：『自康雍以後，迄今二百年間，碩彦之輩起，纂述之淵懿，蔚然燦然，足稱大觀。』[一]《國朝畿輔詩傳》亦云：『聲音之道與政通，教化之行自近始。畿輔为首善之區，我朝定鼎以來，重熙纍洽垂二百年，文志聿興，人才蔚起，和其聲以鳴盛者，指不勝屈。』[二] 直隸作爲人文薈萃之地和燕趙文化的中心，以畿輔之鎮影響了全國的政治、經濟和文化走嚮。建於直隸之地的蓮池書院，作爲北方書院之首，與岳麓書院南北交相輝映，被譽爲北方學術文化的中心和桐城派學術思想的傳播重鎮，亦被賦予『清末全國書院之冠』，其功自不待言。

劉春堂《蓮池書院碑銘》曰：『蓮池書院者，北學盛衰一大關會也。……至國朝雍正十一年，始於其西間壁別立書院，後設聖殿三楹，河北名儒皆從祀焉。其前講堂學舍俱備。自道光初年，蔣礪堂節相、屠可如方伯、陶鳧薌、李竹醉兩觀察先後籌資修葺，然其時專以制藝課士，於經史經世之學猶未備也。同治初年，合肥相國節臨是邦，置書二萬餘卷於萬卷樓，以備諸生服習，後漸增至三萬餘卷。聘貴築黄子壽先生主講。先生立學

[一] （清）金鉽：《屏廬叢刻》，民國十三年天津金氏刻本，第一頁。
[二] （清）陶樑：《國朝畿輔詩傳》，清道光十九年紅豆樹館刻本，第一頁。

古堂，增課經古。光緒七年，推廣學舍，由是北方學者莫不擔簦負笈，輻輳名山，燕趙儒風爲之一變。』[一] 蓮池書院作爲直隸的最高學府，建成伊始即得清廷重視，雍正帝賜書、賞銀以資興教，乾隆帝三次臨幸、賜匾、題詩，賜筆『緒式濂溪』以表彰蓮池師生勤學儒經倡傳承，學以致用力社稷，并題詩贈直隸總督，褒揚其創辦書院『風開首善爲倡率，文運方當春午時』之功。歷屆直隸總督邀名師、訪名士、捐廉銀、資膏火、助藏書、親授課，使之成爲清代重要的政治活動場所和學術文化中心。汪師韓、章學誠、黄彭年、張裕釗、吴汝綸等學冠天下的宗師大儒長期親臨執教，革教育、興古學、傳西學，囊經史百家、天算地輿、海國圖書、當代掌故、器物科技，學者雲集回應，皆知以空疏爲耻，學風賴以大進。蓮池書院作爲北學盛衰、南學復變和南北學交融的大關鍵，彰顯了燕趙之地的學術格局和人文風貌。

兹思所成，意欲編纂《蓮池書院文獻叢刊》以顯其質，然工程浩瀚，難以一蹴而就，姑分門別類先後繼之。前有吴汝綸開院師之首，故承續其列，繼之以張裕釗，續之以孫嘉淦，其餘諸公待之再續。然學界於張裕釗用力亦勤，類於《吴汝綸全集》之擾再滋心緒，珠玉在前，續之難，弃之亦難，故并采易見之詩文和難見之書墨，及碑、札、箴言、批語、學記等一囊而括，姑顯其全也。

張君，名裕釗，字廉卿，號濂亭，鄂州人士也。生於道光癸未（一八二三）。君之先世，世襲儒宦，家世書香，世代耕讀。君繼承家風，幼而敏達，涉獵群籍。習之家塾，好學不倦。依遵家譜立言『入則課讀，出則課耕，

[一] 劉春堂：《蓮池書院碑銘》，吴闓生編：《吴門弟子集》卷五，河北保定蓮池書院 1930 年刻本，第 47–49 頁。

十數年如茲』，長而有文思。道光三十年，考授内閣中書，初會即見識於曾國藩。咸豐二年（一八五二），入職京師。然素性嚴介，逾二年，因不耐官場生態，浩然辭官决去。《送黄蒙九序》對此有言：『蓋賢者之於世，雖是心不能一日以忘。至其於富貴寵利，則泊乎一無與於其身，而不以毫髮爲吾重輕。故其仕也，則能外勢榮，明得喪，壹惟其職與其志之所必爲。一有不合，則奉身而去，若脱屣耳。』[一] 故絶意於科場，轉而『退自伏於山澤之間』[二]，主武昌芍庭書院。遇亂世，弃政從文入曾幕，長隨曾氏從師。張裕釗與當時同入幕府的吴汝綸、黎庶昌、薛福成三人并稱爲『曾門四子』。四子之中，黎、薛二人鋭意仕途，張裕釗不問事功，專事文章。張君嘗自謂『裕釗自惟生平於人世，都無所耆好，獨自幼酷喜文事，顧嘗竊怪學問之道，若義理考據辭章之屬，其涂徑至博。其號稱爲專家，亦往往而有，獨至於古文而能者蓋寡。自曾文正公没，足下及至甫又不得常聚晤，塊坐獨處，四顧塋然，無可與語。』[三] 同治十年（一八七一），應曾師之舉，赴就江寧主講師。後又歷主保定蓮池書院、武昌江漢書院、經心書院，襄陽鹿門書院。光緒十八年（一八九二），寓西安，於光緒二十年正月十四日卒於西安寓所，終歲七十有二。著有《濂亭文集八卷》《張濂亭文鈔一卷》《音注張濂亭文》《濂亭遺文五卷濂亭遺詩二卷》《張廉卿雜文不分卷》《武昌張裕釗書不分卷》《張廉卿先生尺牘》《張廉卿書箴言》《張廉卿批語》《張廉卿書南宫縣學記》等。

[一]（清）張裕釗：《濂亭文集八卷》卷二，清光緒八年海寧查氏木漸齋刻本。

[二]（清）張裕釗：《贈吴清卿庶常序》，《濂亭文集八卷》卷二，清光緒八年海寧查氏木漸齋刻本。

[三]（清）張裕釗：《與黎蒓齋書》，《濂亭文集八卷》卷四，清光緒八年海寧查氏木漸齋刻本。

君時逢板蕩，未嘗釋卷，期以文章名世。『少時塾師授以制舉業，意不樂』〔一〕。獨喜曾子固《南豐集》，故而『筆力稍患其弱』〔二〕，『已而國藩益告以文事利病及唐、宋以來家法，學乃大進，寤前此所爲猶凡近，馬遷、班固、相如、揚雄之書，無一日不誦習』〔三〕。終爲『雅健』之文。徐世昌以爲『廉卿博綜經史，治古文宗桐城家法，而益神明變化之，以是負文譽』〔四〕。其學續桐城義法，導達漢宋，上溯西周秦漢，下追歐、蘇、方、姚，而後自成一家，以古文雄踞於晚清文壇。曾門是晚清桐城文派的重要一脉，張裕釗恪守桐城義法，被曾氏推舉爲『門徒中可望有成就者』〔五〕，美之曰：『裕釗惟桐城自有明以來，多世家鉅族、名德鉅人、文儒忠義之彦，歷數百載，後先相望。及國朝方、姚之徒出，以古文爲海内倡，而桐城文章，遂冠天下。』〔六〕受曾氏之濡染，張君在詩文中亦不曾虚掩對桐城之贊：『昭代盛文藻，桐城今所推。崛興得湘鄉，大塗闢千期。』〔七〕『裕釗自少時治文事，則篤耆桐城方氏姚氏之説，常誦習其文。』因而嘆息『私嘗怪雍乾以來百有餘年，天下文章乃罕與桐城儷者』〔八〕。在曾國藩的指導下，張裕釗的古文不啻日進無疆，弃柔弱而主陽剛，假途陽剛四家『曰莊子、曰揚雄、曰韓愈、曰柳宗元』，期

〔一〕（清）趙爾巽等：《清史稿·張裕釗傳》，北京：中華書局，1977年，第13442頁。
〔二〕（清）曾國藩：《曾國藩全集》，長沙：岳麓書社，1991年，第934頁。
〔三〕（清）趙爾巽等：《清史稿·張裕釗傳》，北京：中華書局，1977年，第13442頁。
〔四〕徐世昌：《晚晴簃詩彙》，天津：天津徐氏退耕堂，1929年，第23頁。
〔五〕（清）曾國藩：《曾國藩全集》，長沙：岳麓書社，1991年，第1545頁。
〔六〕（清）曾國藩：《曾國藩全集》，長沙：岳麓書社，1991年，第1913頁。
〔七〕（清）張裕釗：《贈朱生銘盤》，《濂亭文集八卷》卷二，清光緒八年海寧查氏木漸齋刻本。
〔八〕（清）張裕釗：《吴育泉先生暨馬太宜人六十壽序》，《濂亭文集五卷濂亭遺詩二卷》遺詩卷一，清光緒朱印本。

以『熟讀揚、韓各文，而參以兩漢古賦』以救柔弱之短，如此這般，便可『柔和淵懿之中必有堅勁之質、雄直之氣運乎其中』[一]，張君恪守師誨『無一日不誦習』。咸豐十年三月二十七日，曾國藩致信張裕釗，表示『尊作古文著句，俱有筋骨』[二]，始爲雄文。

張君於亂世耽於朱墨文咏，發明正學，矢口搦管皆以文載道，從而挺出鄧林，高標獨秀。其屬文立論在《答吴至甫書》一文中甚爲清晰：『古之論文者曰：文以意爲主，而辭欲能副其意，氣欲能舉其辭，譬之車然，意爲之御，辭爲之載，而氣則所以行也』[三]。張裕釗認爲文應講求意、氣、文、辭四者的平衡，以意爲統攝，輔之以辭章、法度、文氣；進而提出『因聲求氣』論，『欲學古人之文，其始在因聲以求氣，得其氣，則其意與辭往往因之而益顯，而法不外是矣』[四]。近人張舜徽先生稱：『蓋裕釗與吴汝綸，并以能爲古文辭雄於晚清。吴之才健，而裕釗則以意度勝，文章爾雅，訓辭深厚，非偶然也。』[五] 張裕釗以宋儒理學爲本，而不廢漢儒研經考據之功，對於清季文壇的漢宋之争有着深刻的認識，蓋以爲宋學之弊在於『不能博文約禮，究極乎本末終始、廣大精微之致』[六]，認爲辭章應當立於義理、考據詳實，『惟學問之道，義理尚已，其次若考據、詞章，皆學者所不可不究心。

[一]（清）曾國藩：《曾國藩全集》，長沙：岳麓書社，1991年，第934頁。
[二]（清）曾國藩：《曾國藩全集》，長沙：岳麓書社，1991年，第1351頁。
[三]（清）張裕釗：《濂亭文集八卷》卷四，清光緒八年海寧查氏木漸齋刻本。
[四]（清）張裕釗：《濂亭文集八卷》卷四，清光緒八年海寧查氏木漸齋刻本。
[五] 張舜徽：《清人文集别録》，北京：中華書局，1980年，第528頁。
[六]（清）張裕釗：《翊翊齋遺書序》，《濂亭文集八卷》卷一，清光緒八年海寧查氏木漸齋刻本。

斯二者，固相須爲用，然必以其一者爲主而專精焉，更取其一以爲輔，斯乃爲善學者』[一]，這也是對桐城義法的一大發展。文章之道主張『莫要於雅健』，源桐城之『雅潔』却又主張『雅』『健』的有機結合，『言厲而氣雄，然無有一言一字之强附而致之者也，措焉而皆得其所安』[二]，即是不爲新詞强説愁。最後歸於『自然』一説：『常乘乎其機而混同以凝於一，惟其妙之一出於自然而已。』[三] 晚年文風自『雅健』趨於『平淡』，頗有『繁華落盡見真淳』之意。

張裕釗與書院有着不解之緣，自咸豐二年辭官南歸後，開始了漫長的講學生涯，爲畿輔地區培養了一批可造之才，『裕釗文字淵懿，歷主江寧、湖北、直隸、陝西各書院，成就後學甚衆』[四]。諸如通州范當世、武强賀濤、桐城馬其昶、霸州高步瀛、滄州張以南、鹽山劉若曾和劉彤儒、新城白仲元、定州安文瀾、永年孟慶榮、獻縣紀鉅湘、文安蔡如等，正如徐世昌所云：『兩先生門下賢雋士相流通，如通州張謇季直、范當世肯堂，滄州張以南化臣，桐城馬其昶通伯、姚永概叔節，南宮李剛己，冀州趙衡湘帆，皆其著者也。』[五] 張裕釗任職山長期間，開設學古堂『日以高文典册磨礪多士』。身處幕燕釜魚之際，鞭策學院諸生『儒者讀書稽古，雖一介之士，皆與有天

[一]（清）張裕釗：《復查翼甫書》，《濂亭文集八卷》卷四，清光緒八年海寧查氏木漸齋刻本。

[二]（清）張裕釗：《答劉生書》，《濂亭文集八卷》卷四，清光緒八年海寧查氏木漸齋刻本。

[三]（清）張裕釗：《答吴至甫書》，《濂亭文集八卷》卷四，清光緒八年海寧查氏木漸齋刻本。

[四]（清）趙爾巽等：《清史稿·張裕釗傳》，北京：中華書局，1977年，第13442頁。

[五] 徐世昌：《賀先生文集序》，賀濤：《賀先生文集》，民國三年徐世昌刻本，第1頁。

下之責焉。將欲通知古今，講求經世之大法，稽諸古而不悖，施之今而可行，其必自諸書始矣』[二]。其深感科舉之弊，對時人羞稱其事的西學利而用之，認爲『泰西人故擅巧思』『智力鋒起角出，日新無窮』[三]。我朝學人當格致泰西諸學，遂引導學生導達古今中外，將『樸學』導向『經世之學』，開創了經世致用的學風，且首開近代留學生制度，爲近代書院制度的轉型做出了重要貢獻。

身爲畿輔首善之山長，張裕釗工詩善文，授業之餘，不薄書學，尤精碑刻。筆力遒勁，結體峻勁。其集先賢之長，楷、行、篆、隸書各如其分；且化帖爲碑，引碑入行，自成一派。集碑體之大成，章法嚴謹，行筆當心。遺墨今見，猶爲後人法式，時人謂之『張體』。『其書高古渾穆，點畫轉折，皆絶痕迹，而意態逋峭特甚，其神韵皆晋、宋得意處。真能甄晋陶魏，孕宋、梁而育齊、隋』[三]，康有爲稱之爲『千年以來無與比』[四]。張裕釗在蓮池書院執教期間成立『倚雲社』，設書評，『精八法，由魏晋六朝上窺漢隸，臨池之勤，未嘗一日輟』[五]。寓居西安期間，專精書法。光緒十一年撰刻《重修南宫縣學記》一文，奠定了張裕釗在晚清書壇的地位，這種特立獨行的書體因此也被譽爲『南宫碑體』。此體經嫡傳弟子宫島大八傳入東瀛，享譽泰西，在日本赫然蔚爲宗派。傳世作品有《張廉卿墨迹》《張廉卿先生墨妙》《張廉卿先生楷書千字文》《張勇烈公神道碑》《張廉卿書李剛介

[二]（清）張裕釗：《濂亭文集五卷濂亭遺詩二卷》遺文卷三，清光緒朱印本。
[三]（清）張裕釗：《送黎莼齋使英吉利序》，《濂亭文集八卷》卷二，清光緒八年海寧查氏木漸齋刻本。
[三] 康有爲：《廣藝舟雙楫》，上海：上海古籍出版社，1979年，第164頁。
[四] 康有爲：《廣藝舟雙楫》，上海：上海古籍出版社，1979年，第164頁。
[五]（清）趙爾巽等：《清史稿·張裕釗傳》，北京：中華書局，1977年，第13442頁。

碑》《南宮縣學碑》等。

因而言之，張裕釗工文擅詩精於書，且自成一體，影響遍及海外。其與同爲曾國藩幕府的吴汝綸，相繼主政於蓮池書院，留迹於清代文壇，通過對桐城詩文的承繼與發展，影響了清代文學格局的走嚮，推動了中國傳統文學及文化的近代化轉型。故集其所成，析爲三卷，以待方家指正。

編　者

二〇二三年十月

總目録

第一册

濂亭文集八卷　（清）張裕釗　撰　清光緒八年（1882）海寧查氏木漸齋刻本……一
張濂亭文鈔一卷　（清）張裕釗　撰　民國四年（1915）上海文明書局石印本……三〇一
音注張濂亭文　（清）張裕釗　撰　朱寶瑜　音注　民國十四年（1925）上海文明書局鉛印本……三五七
濂亭遺文五卷濂亭遺詩二卷（遺文卷一——三）　（清）張裕釗　撰　清光緒朱印本……四四九

第二册

濂亭遺文五卷濂亭遺詩二卷（遺文卷四——五　遺詩二卷）　（清）張裕釗　撰　清光緒朱印本……一
張廉卿雜文不分卷　（清）張裕釗　撰　清鈔本……一八五
武昌張裕釗書不分卷　（清）張裕釗　書　清光緒三十四年（1908）石印本……四五三

第三册

張廉卿先生尺牘　（清）張裕釗　撰并書　清宣統三年（1911）上海文明書局鉛印本 …………一
張廉卿書箴言　（清）張裕釗　撰并書　清宣統三年（1911）上海文明書局石印本 …………一七
張廉卿批語　（清）張裕釗　撰　清光緒印本 …………七七
張廉卿墨迹　（清）張裕釗　撰并書　清光緒印本 …………一〇一
張廉卿先生墨妙　（清）張裕釗　撰并書　日本明治四十四年（1911）東京西東書房印本 …………二五三
張廉卿先生楷書千字文　（清）張裕釗　撰并書　清宣統上海文明書局石印本 …………二八五
張廉卿書南宮縣學記　（清）張裕釗　撰并書　民國四年（1915）上海有正書局印本 …………三四七
南宮縣學碑　（清）張裕釗　撰并書　拓本 …………三八一
張勇烈公神道碑　（清）張裕釗　撰并書　清宣統印本 …………三八五
張廉卿書李剛介碑　（清）張裕釗　撰并書　清宣統三年（1911）上海文明書局石印本 …………四二九

第一册目録

（清）張裕釗 撰

濂亭文集八卷

清光緒八年（1882）海寧查氏木漸齋刻本

濂亭文集八卷

門人海甯蔣佐堯謹署

光緒壬午龝七月查
氏木漸齋刊板蘇州

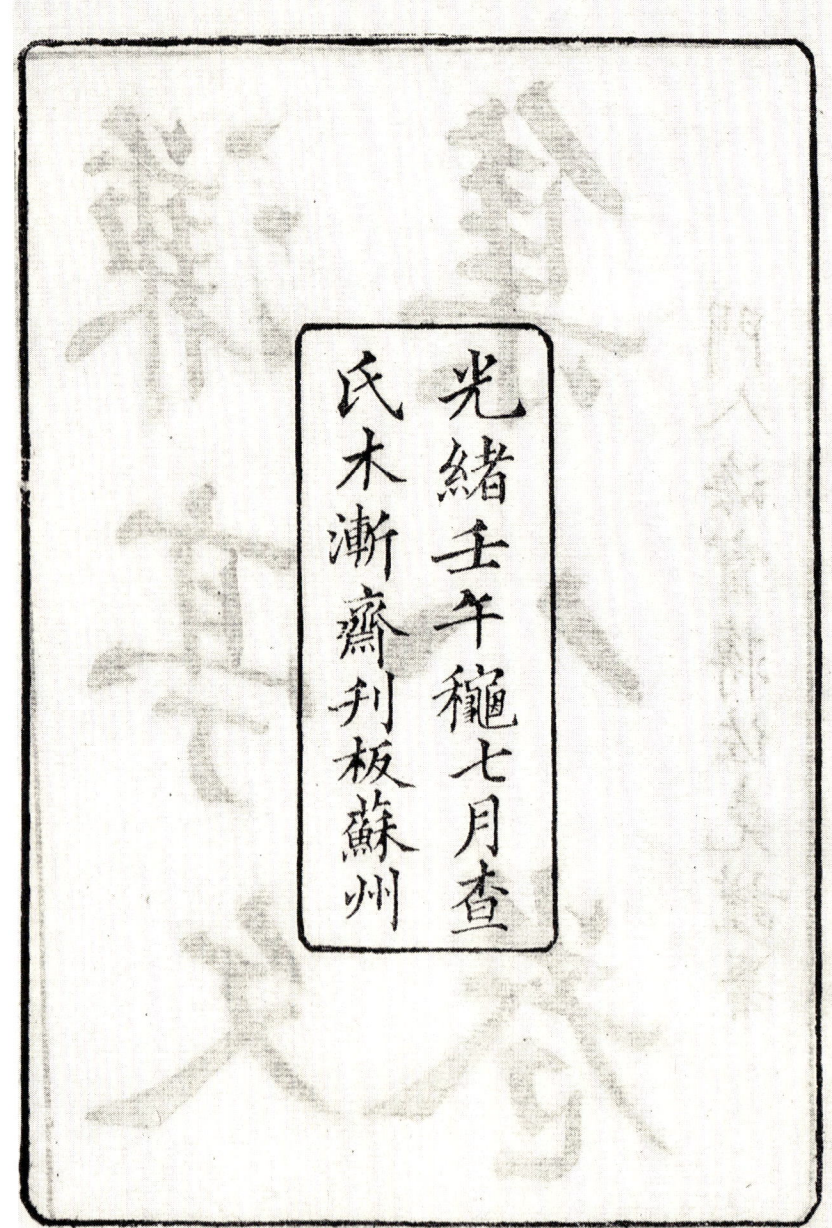

濂亭文集目錄　門人海甯查燕緒編次

卷一

卷二

卷三

卷四

卷五

卷七

卷八

濂亭文集目錄終

濂亭文集卷一

武昌張裕釗廉卿

書鄭氏易注後

往者余嘗論卜筮人之書亡而易象亡故易不可見而昔人亦謂春秋以無魯史策書終不得盡覩聖人襃譏筆削之旨故是二經分離乖異卒不可通此學者之所深悼也烏乎春秋之不可知也已矣何也其義必坿於事而事之存焉者寡也後之學者知其所可知者而已其事之亡而不能盡知也慎闕其疑焉耳雖有聖人者作亦不可得而知之也至於易則又不然天地萬物之

情效聖人察焉而著其象於易聖人者雖已往道常縣箸於天地萬物而集於人人之心人殫盡其心以求其象之所比彼聖人之周知而不遺者誠不敢望矣而未嘗不可時識其一二由學者之憚盡其心故其說終不可得而明也然則象之亡也非象之終不可明而治易者之過也爲漢氏之說者鑿焉以言象而非易之所爲象爲晉宋氏之說者一弃象不言而象遂以亡烏乎使象而果可弃也則聖人奚爲是紛然者以疑後世也道莫妙於觀其所寓通而之於無方故聖人之必有取乎是也故曰易者象也象也者像也舍象以言易而得失

者牛焉迹之不存而精亦無所麗而形矣且彼之弃象者亦非以象爲果可弃也激於昔之鑿以言象者之誣而遂并弃之也是又漢人之以象言易者之害於象也是書蓋浚儀王氏所輯而近人復坿益之其中固不無可采然至其爻辰諸說皆偏詭無當於易宜其爲晉宋人所不取而近世或猶有纂而述之者可以爲大惑也夫學者於易象之尙有可求顧莫肯一盡焉而至於春秋之不可知者乃必務詭說以求其一當獨何與

書元后傳後

班氏次元后傳居王莽前著漢之所自亡以尤成帝也

烏乎漢外戚之禍由來漸矣於成帝何譏焉自高祖用權謀武力蹈秦項之瑕遂踐天子天下既定任刀筆之吏爲一切之治不復知治之有本君人者之先自治也是以宮廷之內放無禮度苟任情縱欲而已身沒未幾而呂氏之禍讎焉漢不亡者幸耳自是以後弊制相尋沿習爲故周勃之出郅都之死王信之侯趙綰王臧之廢一自太后主之轅固譏黃老幾不免而田竇之獄雖以天子是魏其不直武安而不能不絀於東宮竇嬰灌夫卒就夷滅孝景用王夫人廢栗太子及武帝而戾園且以反誅衛皇后李夫人出微賤體至尊而莫有非之

者乃蓋任衞青霍去病李廣利之徒北征匈奴西伐大宛窮兵數十年海內彫耗幾且大亂其實皆以女寵耳諸侯王化之外內亂爲獸行滂與紛出君子有所不忍聞也陵夷至於成帝寵趙氏姊弟以殄其世蓋尊崇諸舅根據盤互訖爲亂基哀平之世傅氏王氏更迭盛衰壹視母后上下而元后壽考王莽獲助卒傾漢室君若臣邈不與聞乎道而治亡其本禍變之來豈一日之故哉昔者先王知治天下之必以其道也是故謹非幾之戒重冢宰之職立宮府之制嚴內外之治本身以徵之民由家而漸之國於是爲序其父子夫婦長幼卑尊而

倫紀正明教化崇禮讓辨等列而禮俗成上下定基扃隆固後世以安漢之興也蕭何曹參之徒實爲相國脩法令慎筦籥因陋就簡而已典禮制度且不能上稽之古況至於端本正表治內及外之道其君未之或聞其下又孰有能知之者乎司馬遷之述漢初也有微詞焉後之人尠足以識之耳其後賈生興於孝文之世請改正朔易服色分王諸侯王定經制興禮教諭教太子禮貌大臣信可謂卓然者歟然於君人者脩己正家之道無一及焉道之不明也久矣吾於是知劉向之盛稱董生非妄也正身以正朝廷之言正誼明道之說孔孟既

沒而程朱未與千餘歲之中孰能與於此哉惜乎武帝之不能用也

書蓺文志後

余讀班固蓺文志甚高其辭與班氏它所爲文異甚後讀司馬貞史記索隱引劉向別錄語則班氏志所有者往往而在然後知爲向之辭而固取之者也固爲漢書所取司馬遷楊惲馮商楊雄劉向父子甚眾今寔知太初以前本司馬遷三統秝本劉歆而已其它並已不可見而是篇傑然出於班氏之書考求而乃知其出於劉向甚矣文高下不可假也固之文於東漢人最爲崫出

而與司馬遷相如劉向楊雄較則不逮遠甚其中時有其辭之高而非固所能爲者雖於今不可考然可以意而知也烏乎非夫昔之人所謂好學深思心知其意者彼且不以爲妄言乎哉

再書藝文志後

余旣辨班氏藝文志爲劉向書又歎向之文至深懿於西漢季稱爲最然於今可見者若說苑新序列女傳皆雜引往事無過傳記之書其所爲文獨有所校書目錄序及班氏與楚詞所錄數篇存耳它亡者甚多余尤惜焉烏乎古書之亡者衆矣班氏志箸古以來作者不可

數其辭必皆遠出於今之人而十不獲存一二且余又觀儒者治經易春秋尤穿鑿乖異所以然者易以卜筮人之書亡而象亡春秋則昔人所謂不得曾史策書聖人褒譏筆削之意終無由知者是也使是二者存則聖人之意豈不可見哉嗟乎尚書獨存二十九篇歐陽氏至乃慨慕於日本殊域之僞册其自漢氏以來經師儒者捃拾蒐討竭蹶補苴反覆鉤考卒判離缺略疑莫能定者不可勝數也六經聖人經世之志而諸多不具自茲以後窮千萬歲更不可復得讀班氏書獨茫然以縣其慕思於百世之上也又不暇爲諸爲書者悲已

書魏其武安傳後

魏其既失勢引灌夫爲援而其後遭禍乃徒以灌夫故不然魏其即與武安隙禍不至若是酷也且灌夫既抗爲義烈之行自喜矣即又何取於武安之臨況魏其以爲榮也進退失據適足以殃其身而已富貴顯赫之途庸鄙之夫十而八九焉意得志溢則貿然惟勢利之知而不復識其餘彼固其所耳達識之君子其有遇此則惟有正已而審其義之所宜處而已矣無所求逞於其間或乃不勝其褊志務欲以意氣相還以搏一日之勝其卒也乃與禍會可不謂大戚乎魏其灌夫之事可以

爲烱戒者也嗟乎負才尚氣之士而期之以知道誠亦難之若灌夫者固不足道自史策以來所記畸行烈士往往而受禍若此者蓋不可勝數也彼其負絕俗之資而齟齬者以卑瑣庸陋之材侈然而肆於其上無賢若否而一切以勢轔之彼誠有所不可忍耳則夫不惜其身之危而快志於一決豈得已哉豈得已哉烏乎悲夫

書外戚世家後

余讀外戚世家後附褚先生所次脩成君衛皇后尹邢鉤弋夫人事詞甚工褚少孫宜不及是然抑非太史公之舊益如鉤弋夫人者其時不相及矣其楊惲馮商諸

人之所爲而少孫取之者歟方望溪氏謂是篇篇首漢興至居北宫史公之舊秦以前尚已三語及後迎立代王數語皆褚少孫爲之者以今觀之猶信然余謂其後及李夫人卒云云亦少孫妄羼入之耳非史公語也是篇前後摹炙瑣事絶可喜而其閒時雜入褚少孫語乃甚不類譬如以敗礫錯珠璧中知文者望而能識之已且褚少孫生當西京之盛文采冠絶古今而其補史記乃卑陋鄙淺多可哂者殆非人意所及東漢文章之衰蓋肇於此然至於唐而士乃有嶄出奮起於千載之後者文字卓然與前古比隆人固貴自樹立哉文之與時

盛衰上下世俗耳豪桀者奚謂然

書越世家後

蠡長子重弃千金以殺其弟嗇於財者於天下事尠有不僨者也甚則殃禍隨之且莊生之受千金固將終歸之矣使蠡少子往非獨其子不死千金固自若也蠡之所籌與其長子相去何如哉鄙瑣吝刻之夫視此可以反已雖然蠡之智若是而其子卒不免於死何也蠡者以其險很而游刃於無爲者也退處天下之後萬物莫能與之角神者瞰之夫莊生者固亦與蠡同其術者耳適相值而受其不祥非必冥冥中果有主持是者故陰

以敗之其氣餒與其機先有以來之也禍乃發於智之所不及嗚呼句踐之彊也數傳而亡彼以其詐力豈不萬魯衞也哉

歸震川平點史記後序

歸熙甫氏平點史記治古文家多葆之傳相迻寫然彼此參錯異甚馬平王少鶴太常取歸氏及望溪方氏平點摘錄起訖合而刊之曰歸方平點史記合筆自以爲得其眞以余觀之亦尚多可疑者顧視諸所見本爲善耳往者余嘗欲專取史記本書尌益以歸氏平點梓而公諸同好苦乏刊貲不果以語友人吳摯甫摯甫則力

贊其事且為諜諸廬江吳小軒軍門慨以千二百金相假於是鳩集梓人經始光緒二年正月訖四年七月刊成歸氏平點舊係丹黃二筆今刊本墨本也其黃筆為銳形識之其丹筆為圜形識之其平點旣無定本可据無已則一倣王氏昭畫一也自秦并天下專任私智蔑弃聖制漢興一踵習秦故三代之盛泯焉不可復覩司馬氏生當漢定百年之間慭焉傷之重值漢武侈心多欲任用武力酷烈導諛之臣毒亂海內又身遭刑辱抑鬱侘傺發憤著書其孤遠之旨深痛之思軼蕩譎激之辭乃至微妙難識世傳裴駰司馬貞張守節諸注本用

力故不可謂不勤然皆邈不得司馬氏之意且其間多可笑者是書亶錄歸氏平點三家注世既多有今並不復錄夫古人之書待說而明者十之三四而已因說之而晦者蓋十五六焉好學深思之士顓取古人之書反復而熟讀之以意逆志達於幽眇其所得蓋有遠出尋常解說之上者矣拘文牽義鶩華炫博好爲枝詞碎說之徒烏足以知此哉望溪方氏究心義法其說亦多所發明然歸氏所得爲深矣今別爲方望溪史記平點四卷坿於後俾覽者兼采焉與校是書者余門人大冶劉炳燮及長子沆也

重刊毛詩古音攷序

自唐顔師古章懷太子注兩漢書始有合均之說後之治毛詩者踵襲其誤均所不諧則概以叶命之而三百篇暨三代兩漢之古書殆於不可讀矣其後吳棫楊愼之徒稍稍窺見涯涘頗㝎古今音讀之殊然卒未有能深探本原洞曉其旨趣者陳氏季立乃始力闢扃奥爲毛詩古音攷一書於是古音之說炳若日月

國朝諸大儒益因其舊推廣而精求之引伸觸類旁推交通匪獨音均之學大明三百篇暨古有均之書可得而讀而已六書之恉象形象事會意而外形聲轉注段

借三者其本皆原由於聲音是故必明乎古音而後訓詁明訓詁明而後六經之說可得而知我朝經學度越前古實陳氏有以啟之雖其後顧江諸賢之書宏博精密益加於前時然陳氏創始之功顧不偉哉有明一代蔑棄古學譌謬相循沈潛遺籍傑出冗解陳氏一人而已且今世之士承康雍乾嘉以來諸儒之遺緒搜采逸文考定古義譬之駕輕車就熟路人皆得勉焉陳氏生當有明之季舉世汨於浮游膚陋妄庸之學獨刻意稽古覃精冥悟卓爲百代之先覺斯至難能者耳今觀其所爲本證旁證及所附讀詩拙言旁羅襍

襲究極幽渺可不謂好學深思心知其意者歟嘗以謂古今學術與世風尙轉移當其標幟所樹舉天下之人賓敬而奔趨雷同而響應景附而猋合雖有高明之才不能不爲所震駭俛焉以從之一旦風會遷變弃其舊而新是圖曩時之所尊尚澌焉有若腐柹漂梗隨雰埃以俱盡夫惟特立之君子高蹈遠覽不與時俗貿遷獨爲絶學於舉世不爲之日深造自得而卓然不謬於古人夫然後獨立於百世而不可磨滅孟子所以稱豪傑之士者此也陳氏是書刊於萬秝丙午乾隆中濰川徐氏嘗重梓以行而傳本益少往在京師友人李君士棻

購得此書肅甯苗仙麓先生聞乃再拜求之其難得如此余嘉陳氏有功於古懼其書之遂泯使後之治古音者無以攷其朔也於是爲付諸梓人以廣其傳焉屈宋古音義陳氏所以左右是書者也並附刊於其後云

鍾祥縣志後序

滎成孫君某攝縣事鍾祥與邑人謀輯縣志而余適游於郢孫君以舊志所次建置沿革山川隄防藩封頗疏訛屬爲考定已余復爲孫君言志莫要於地理今旣頗有緒當更爲圖輔之因益爲述晉裴秀氏所論制圖分率准望之說孫君召繪人屬余居旁指授復爲圖若干

幅顧余以客游苦孤陋無所是正又中值寇警蒼黃卒遽常用瞿然慮未能盡副孫君相屬之意也然余因是得盡識邑中疆域風土與江山之勝概暇日登城東北隅俯漢江而思禹迹攬蘭臺之勝慨然想騷人之遺芬顧瞻四郊山川蟠結庶其有秀異博通之民伏處於澗阿之間者乎余將往從陟絕巘蔭茂林詠歌楚人之詞以求其意滂徵舊事蒐採遺忘益相與遠想高寄於遼絕曠邈之境獨以是悒焉相羊悵望而不能已也

高淯縣志序

高淯自明宏治　年始立縣正德中縣令頓銳肇輯邑

志嘉靖丙戌迄
國朝乾隆辛未續修者五由乾隆辛未至今百有三十
年時遷事貿紀載闕如光緒六年江甯謀修府志郡中
令屬邑各以志上於是權高淳縣麗江楊君偕邑人士
以　月開局纂輯粵十二月書成延余至高淳屬爲是
正而弁言於其首且告以明年孟春之月卽付梓矣余
取其書觀之蓋乾隆辛未以前悉遵舊志乾隆辛未後
各依類綴緝以次比坿既周既愼罔有譌舛斁遺於是
爲序而歸之高淳北距江甯省治僅百餘里東密邇蘇
常諸郡然其風氣乃樸質純懿爲他郡縣之所不及始

送張生謇之山東序

通州張生力學行治古文而益有意於當世之務余嘗以其文學可蘄至於古人其用足效於世也生舊居軍門吳公幕中吳公故賢者甚重生倚生如左右手生亦狠狠效忠直不倚娶爲負天下推吳公亦益知生及今茲吳公奔

詔襄山東軍事益以生偕往余爲祖其行且曰昔韓退之贈李生之行以謂李生在南陽公之側有所不知知之未嘗不爲之思有所不疑疑之未嘗不爲之言勇不動於氣義不陳乎色南陽公舉措施爲不失其宜天下

之所窺覯稱道洋洋者抑亦左右前後有其人乎又曰舉之不以吾所稱待之不以吾所期李生之言不可出諸其口矣退之益重惜李生懼其忠不見庸而爲是言也今生之於吳公固無慮是而生不言生則後李生不能辭其責矣且夫負越俗之資有高世之志則莫不欲有所立於時雖然必有其位必有其權權與位之得是有命焉非人之所能必也抑又有時焉不可驟而致也不得其權與其位與其時得有其權與位者而佐之道孚而志應諫從而言聽功之立志之行其在人也猶其在已也士之有藴於内不得其權與位又不得其人鬱

闕軼事未暇考問翔實又其書皆已周愼詳覈誠不敢增損一字獨爲道其風俗之美以志余慕望之思又使在上者聞之知所以施治於髙湻者且益旌異之使夫澆漓浮靡之俗有所觀示焉若夫章志貞教益興起人才隮風隆古則在良有司與邑之士君子而已

翊翊齋遺書序

自有宋程朱諸儒倡明道學古昔聖人所以覺世牖民之意昭然大明於世人乃始皆曉然於學者所以學爲仁義也爲功於聖人有裨於天下後世豈不大哉逮其後原遠而未分學者或擱於狹陋偲偲奉一先生之言

而不能博文約禮究極乎本末始終廣大精微之致固已不免於通儒之譏已又其甚者膚學鯫生束書不觀其於六經宏深之藴天人之故古今之蹟懵乎未之有聞乃擿拾諸朽腐熟爛之言曼衍以爲書且握管而暮已盈篋用自號於世曰吾所爲學道學也不知其書乃爲有識者之所深鄙弃絶而不欲觀又其益甚者立身行事大盭乎聖賢之教乃亦擿拾語言曼衍以爲書益侈然義然號於世曰吾所爲學道學也檜秕以冒粟身桀而曰堯於是所謂道學者始大爲世所詬病而仁義道德之説至爲人之所不敢道其原胥起於此是程朱

之罪人而已矣其所爲書可焚也桐城馬一齋先生躬行實踐不事表襮所爲翊翊齋遺書皆心得之言絕遠乎攟拾皃衍之爲者惜乎世之知之者少其曾孫某爲重梓以廣其傳而問序於裕釗裕釗心悼夫世之爲道學者久矣欲求如先生者見之而不可得也故樂爲序其書以致余之意焉

退學軒同懷遺稾序

丹徒韓叔起比部有二子長曰省齋景脩季曰任之景伊並有懿才能紹其家學又飭身砥行躬躬自祗慎葢發憤讀古書爲詩歌頗有可喜者而皆以早死叔起既

重悼慟暇日出其遺詩各若干篇視予且屬爲之序自予往歲交叔起則聞叔起之二子之賢未見也今二子死矣而予乃從叔起讀其詩悲夫且詩書之族有子弟能勵名行用鉤繩矩矱自約敕蚤夜治術業以不墜遺緒此可爲嘉尚者已又能慕古作者刻意爲文辭思與之追逐而不屑自儕於世俗是其可愛惜宜何如哉而或不幸促其年壽至且兄若弟相繼夭折僅一二冊殘編遺墨掇出於死喪之餘則宜見之者瘉益以爲可愛而惜之每加甚焉自天下之人識與不識亦莫不於邑太息而不能已矧其爲父子之親者尚可言邪尚可言邪夫

叔起誠傷悼無所爲計而欲得予之一言以不死其子也於是爲序而歸之以塞其悲

跋明三原焦公家書

平江鍾君以所藏明三原焦公家書視裕釗裕釗受而觀之蓋公分巡河東時所示其子兵事也公大節凜然其書旣可貴重又所述戰事多本傳所未及載尤足以補史氏之遺是重可寶也始公以抗疏忤羣小媢嫉幾不測後以僉都御史巡撫大同不見容卒罷歸及公家居亢賊不屈死而明亦未幾亡矣明季流賊之陷京師實自山西入今觀公是書戰績炳著處計畫尤周盡使

終官山西竟其用明疆事或未遽至是亟也媢嫉之病人國傷哉余觀自古忠臣拂士後世得其遺文手澤藏弆葆貴雖一字若廾璧愛之如不克見而並時之人乃至戕其身而不忌排陷之不遺餘力當其世者遇之而不見惜後人惜之而又莫能相遇古與今相續而胥若一也余莫之能知也悲夫書凡十紙其第二紙第三紙皆有公名印記第九紙書王家允爲王家印與史亦少異同治七年夏閏月二十五日武昌張裕釗敬跋

跋明周忠毅公手蹟

丹徒趙季梅舍人所藏明周忠毅公手書疏稾五篇褾

文㝡十有三篇裝池爲一卷將致諸丹徒之焦山與山寺舊所藏楊忠愍公遺蹟並垂於不朽而屬裕釗跋其後車牽之詩曰高山仰止景行行止自古碩人名賢其流風遺躅皆足以興起後世然或有能知有不能知至於忠貞義烈則無愚智賢不肖其慕望愛悅一而已矣雖庸愚婦孺貪夫鄙人聞義烈之事未有不懽動而歎息者也史傳所記幹濟之臣文儒之彥經師理學畸士高流後世議論時有軒輊異同譆語及犯危難厲死節之賢未有不翕然帖服稱誦之如不容口者也豈非人心直道之公窮古今而不可泯沒者歟抑所謂賢哲之

行其成於偏至者尤足以感人歟自百世之下聞其風慕其義頑廉懦立歌思之如不克見況其忠言讜議出自手寫光氣隱然溢出楮墨睹其書如遇其人其可爲葆貴當何如哉宜舍人之珍而惜之且謀以藏之名山傳之無窮而人之見之亦莫不歔欷流涕感喟而不能已也抑又觀忠愍之死以嚴嵩而公之死也由馮銓之甚忠賢嵩與銓故皆以書名者今或唾弃不復收公及忠愍不聞善書一一遺墨乃崇重若球璧其貴賤懸絕也若是而況其人乎士或震炫於勢物苟容身以求富貴而悼節義爲不可爲彼獨未一遊心於無窮之世耳

觀二公之蹟其可以知所返已至諸奏疏雜文與忠毅軼事舍人既具次之矣故不復述光緒戊寅冬十月武昌張裕釗敬跋

題羅少邨都轉曾文正胡文忠手蹟冊子

光緒元年冬十月裕釗自江南返里門晤少邨都轉武昌省垣都轉出此冊見示裕釗盥讀既卒竊以為自古名臣大賢遺墨流傳後世得之者莫不葆而惜之況其身所親炙並與有嚴事之義書問往還情語肫至其為可寶貴宜何如邪裕釗以咸豐戊午始晤都轉於青山曾文正公舟中都轉年甫及冠意氣偉然而是時粵賊

方躪擾東南曾文正胡文忠及今侍郎彭公治兵於吳楚之交義聲竦動天下今忽忽且三十年曾文正胡文忠暨卷中張莊諸公皆先後薨逝獨侍郎彭公幸尚無恙都轉亦年幾彊仕而裕釗則且頽然老矣大難既夷方內𥠖甯而裕釗與都轉相與追述往舊乃若隆時盛事邈乎其不可及有莫知其所以然者輒以是撫卷太息相對欷歔而不能已也

題毘陵趙氏研讀傳家圖

同治七年秋裕釗以送湘鄉相國之直隸總督任來江甯江甯承亂後殘剝一無有閒欲求故家文物先賢遺

迹益渺焉無復存者矣俛仰今昔從友人述時事多可悕者一日陽湖趙惠甫司馬以其先世所謂畊讀傳家圖者視余余觀之則深慨慕若不可爲懷也圖爲司馬伯高祖副使君所傳其前紀自恭毅公以上至西溪府君耕稼讀書醕德善行爲圖五次圖恭毅平苗事次末則所圖恭毅長嗣侍讀君也當

聖祖仁皇帝休烈醲澤覆燾薄海内外於時臣主一德倚付得人皆得展其力用銷患折難應時有功海内用以無事至於乾隆之世天下晏然百姓富樂壽考而名臣之子孫得以雍容翰墨追述前光敦龐純固文采功

烈之美照耀於來葉豈非國家極盛之時事乃有若是哉烏乎邈矣

題完白山人石交圖

同治戊辰秋裕釗晤懷甯鄧君守之江甯鄧君出視裕釗石交圖圖中爲其尊人石如先生及上元梅石居先生相與集於寄圃者湘鄉相國取兩先生字名之遺芬高致怳若可接所謂寄圃故居江甯城北偏也東南經亂後所在焚弃殫盡自裕釗來江甯訪求往迹蕩然無一樹石之遺披斯圖覩兩先生之倘羊於彼者怳焉乃若唐虞上世人鄧君年今七十餘老矣而裕釗乃遘於

此因得見往昔盛時前輩風流之懿抑猶足幸者邪深
夜寒雨時時秉燭譚舊事可喟也

濂亭文集卷一　六

濂亭文集卷二

武昌張裕釗廉卿

送劉殿墀序

前吾之世千百載之遥雜然而生蠢然而食且息者不知其幾也並吾之世四海九州之廣雜然而生蠢然而食且息者不知其幾也而有人焉固亦雜然而生蠢然而食且息於其間而獨傑然出於羣焉生而食且息者之倫若是者殆千萬不知其幾之人乃時得一人而天之特命於是以爲凡爲人者之先而厚之若極其至也雖然天既獨厚是而生之而命之至其卒之所就則其

數固亦與天相權而終視其人之所命諸志以承乎天者之至不至蓋能至者又十而時一二耳豈不謂難哉吾友漢陽劉子殿壎裕釗始遇之衆人之中一見而知其異於凡爲人者久與處而徐叩之其有爲凡爲人者之所未有察乎天人勤乎古今行甚懿質甚毅趣甚高豈天之將特命於是而厚之也歟何其出於人之遠也夫天之所以命殿壎者裕釗既推而得之若夫承天之至不至則惟殿壎所自爲耳任諸天則凡爲人者也殿壎將東游裕釗爲祖其行書以訊之

送梅中丞序

物之生其始則皆類也及其長而成虧美惡善否遴以判焉土石之出乎地金錫之礦於山百植草木之布濩乎原野同日星之所章耀霜露之所煦育當其初未有能區而別之者也燠寒遞嬗歲年遷貿善者旁魄碩偉殊絕等夷不善者卷局剝落甚乃夭閼不遂則其成毀往往懸焉及其爲世用也則有爲棟桴爲柱石爲黼黻爲弓劍爲寶圭爲彝鼎尊罍爲琴瑟鐘磬竽笙塤籥簫篪篴管舂牘應雅有爲棍爲柣爲闑爲棖爲椹爲杙爲甓爲瓦爲甌爲甖爲釜爲筥爲斗爲筲爲鉗爲鑿爲漏卮爲敗絮爲死灰爲礫石爲溝中之斷雖一區之產一

本之支而其高下庸奇貴賤相萬也豈物之所自為者固有善有不善耶抑其命於天者一成而不可易耶中丞南昌梅公當世鉅公名人也始公以道光丙午舉於江西而裕釗亦以是年舉於湖北洎庚戌居都中試國子監學正學錄同受知於曾文正公之門於時俱旅食京師逐逐未有奇也逾二年粵賊入楚裕釗自京師歸公遂成進士入詞垣後出典大郡薦擢監司同治十年曾文正公自直隸復督兩江招裕釗主講席江甯而公已開藩白下巍然稱名卿矣逮今歲既入覲還道拜浙江巡撫之

命德業煇光葢益將大顯於世而裕釗甘自棄於閒閴寂寞之地沉淪枯槁頽然猶昔時人之能不能豈可同日道哉夫其遂潤負絕至是極者豈惟天實命之彼其所自爲則然耳雖然物之生其終雖異而其始之同者不能忘也人各念其故不自知其分之殊而彼此相戀嫪者情之所不能已也澗阿薄植覩松柏之上雲霄而陵倒影垂蔭乎無垠而眇焉隱處其下其自終於不材則已矣抑豈能無少意於高仰者之嘗我同乎故於公之道出金陵輒爲文祖之且祝公之宜有造於浙也然裕釗與公自此其益遠矣

贈范生當世序

余以今年三月因通州張生謇晤其同里范生當世邗江舟次范生出所爲文示余余讀之其辭氣誠盛昌不可禦深歎異以爲今之世所罕覯也洎七月生偕泰興朱生銘盤來金陵復攜所爲文求余爲是正且貇貇問爲文法甚至余既取其文稍稍點定於其歸告之曰生誠志乎文夫文必有其本匪第以文而已生獨不見夫雲乎軋忽輪囷滃然起於山川之間潢洋浩渺旁魄乎大地及其上於天也鴻絧繽紛駢闐膠轕瓣若層臺矗若崇墉澹乎若波舉乎若峯旁唐日光與風駭碭倏忽

萬變光色照爛爣閬澔汧蟉若龍者騰若猱者蹲若虎
者奔若驥者翥若鴻者厲若隼者漾若鯈者罨若葢者
揚若旆者曳若帶者紊若菌者縈若藻荇者睢若葩華
槮若長松爛若黼黻媥若鼎鍾嫿若美姝嶷若列仙奇
變俶詭千彙億形不可殫陳久立騁望震炫儆罔蕩精
駥神至其施利澤於天下也罩宇宙合綿絡天地歕岱
飲海乘駭猋驅疾雷砰震雹雨九野植百昌昭蘇品彙
覆幬無外恩渥澤覃風止雨霽不一瞚而倏歸於無有
積之無垠出之無窮舒之無方歛之若亡然後知鼏之
所爲一變化於自然而皆其餘也烏乎生誠觀乎是豈

徒以其文乎哉卽其文又孰有尙焉者哉

送黎蒓齋使英吉利序

泰西自前古不通中國洎明中葉利瑪竇艾儒畧之徒始以其術游內地國朝開統聖祖仁皇帝嘉西洋秝訹之精特旌異之於是來者益衆閩粤瀕海之區市舶稍稍集矣百有餘年至於道光之際而海疆始有兵革之事其後國家懷柔綏服一務兼容并包遠撫長駕威德覃於遐裔是以殊域輻湊通互市結盟約者至五十有餘國泰

西人故擅巧思執堅刃自結約以來數十年之間益鑴鑿幽渺智力鏟起角出日新無窮其創造輿舟兵械火器暨諸機器之工研極日星緯曜水火木金土石聲光氣化之學上薄九天下縋九幽剎剔造化震駴神鬼申法警備碻若金石發號施令疾馳若神又以其舟車之力窮極六合四遠五大洲之地無所不洞豁徬徉四達競相師放精能似詭甚盛益與天地剖泮以來所未嘗有也蓋嘗論天地之化古今之紀天人相與構會陰陽以之盪摩窮則變變則通而世運乃與爲推移上古人民鳥獸錯處巢窟之居毛血之食羽革之衣聖人者作

立君臣上下與修禮樂制度備物制用通變宜民遞相
損益天下文明虞夏殷周之世稱極盛焉周道衰而至
於秦一革除先王之法封建井田學校典禮文物掃地
俱盡更立新制卒漢唐之世不能易也唐末之亂以訖
五季輾轉遷貿盡遂其故田賦兵制選舉學術俗化與
兩漢以來泮涣殊絶宋明以還承而用之而蒙古及
聖清之有天下混一華裔方制數萬里土宇版章跨越
百代若今日其尤世變之大且劇乎天實開之人之所
不能違也而當世學士大夫或乃拘守舊故猶尙鄙夷
詆斥羞稱其事以爲守正不撓烏乎司馬長卿有言鷦

鵬已翔於寥廓而羅者猶視夫藪澤豈非其惑歟夫以
學士正人之不習乎此於是當事乃一切以求能習知
此者而任之則其所得乃皆庸猥汙下賈豎輿隸之流
稍能通彼語言與一二瑣事者也如彼等者烏足以任
此適足爲遠人之所嗤而已矣邇者一二遠識之士稍
知二者之弊議欲得儁異志節之彥相與精求海國之
要務以籌備邊事蓋彊本折衝尊主庇民之計誠莫先
乎此而
朝廷方簡重臣通使諸外國使遐邇中外益通達無阻
於是黎君蒓齋自州牧授三等參贊大臣從使英吉利

將行問贈言於裕釗夫覘國之道柔遠之方必得其要必得其情得其要得其情而吾之所以應之者乃知所設施且卽吾所爲乘時順天承敝易變使民不勌者神而明之利而用之亦可以得其道矣蒓齋之賢其必能心喻乎此以俟異時受任

國家之重而副海內之望也它日歸吾將從而訊之

贈查生燕緒序

查生燕緒從余遊質甚篤厚可嘉尙余嘗語以學古人之道而猳乎若有意乎其間也今生且歸矣而意甚戀戀於余雖余亦重惜生之遠也雖然生所居乃在粵東

海濱之地去楚數千里而今茲從余於此始余與生意皆不及是也鴟鳴而風旋月麗於天而蠃蛤盈虛於淵詩書問學之業道與志通而氣機密應於其間莫或知其所以然雖萬里之外殊鄰絕域邈不相接之區而常一旦猝然其忽合故夫君子之相與冥契於其心也亦惟其道之合焉形迹之離合又無所論已今生苟未能志乎古人之道以蘄赴乎余言雖相從於此不啻遠也生誠志乎古人之道以蘄赴乎余言雖舍余而去不啻邇也余他日或將遠游四方以遂其生平之所欲至而生年方盛必非久汶汶處閭里者其能遷生而生已卓

然進於古之人乎余且洒然喜且幸謂生未始余違者也甲子正月某日

送黃蒙九序

易曰君子之道或出或處或默或語孟子之稱孔子則曰可以止則止可以仕則仕君子之仕不仕惟其可焉耳未嘗有所意於其間曰吾必爲此與必爲彼也然吾觀伊尹師保太甲周公相成王其君臣之遇至矣伊尹旣反太甲於桐則復政而告歸周公營洛邑成作誥亦孶孶以明農爲言卽至後世所號稱名臣身居顯列而累疏求退見於史牒者往往而是蓋賢者之於世雖是

心不能一日以忘至其於富貴寵利則泊乎一無與於其身而不以毫髮爲吾重輕故其仕也則能外勢榮明得喪壹惟其職與其志之所必爲一有不合則奉身而去若脫屣耳後之君子其仕也非盡欲行其志也大都以其榮與利者也故得志則泰然其自恣卹乎若恐失之不得志則輾轉怫愲侘焉若不可以終日一惟時之榮若悴爲遷貿而進退乃無一可者其志先亂中無所爲自得者以御其外也其遂沉溺不亦宜乎同年友黃、君裳九以知府官江南嘗筦征榷通州攝海州皆有能名衆謂裳九且顯矣一旦決然假歸上官留之不可得江南之官吏皆稱以爲難唯裕釗亦以是偉棠九也雖然君子之出處要惟其志之無累豈徒以迹之顯晦爲隆汙哉今棠九之去吾未知其於志果有所不得行浩然決去以求得其所自慊者邪抑尚有所不獲巳而於心固未能以自釋者邪棠九且行索裕釗一言爲贈裕釗爲書此還以敂之

送湘鄉相國曾公之任直隸總督序

今上御極之七年

王師既清河北方内鄉甯

天子穆然深惟保世之永圖謂直隸藩輔京師居九州

維首宜得文武重臣肇治於茲於是
命大學士一等毅勇侯曾公自兩江移鎮其地
詔下東南之民含公再造之德聞將以我公行歎者於
室涕者於塗當晝旁皇入莫寤辟薦紳先生耆艾俊髦
謳思慕惜相視瞿然皆曰公盛德閎烈并包運量無遠
邇躬出入水火奪我民焚溺之餘磐石坐之我東南之
人自頂至踵皆公賜自公來至於今我婦子倚公不憂
死亡民以公爲父士以公爲師公一朝去我我自今其
疇依乎又曰公既龕大難自以勳之高位之崇也常廩
廩焉懷盛滿之懼私獨意公既已成大功其或者將遂

公之志舍我民而不之顧也我則益無冀矣裕釗曰不然惟
天子畢社稷之安天下之治屬之公固將以公先事於邦畿而後迺徧及乎天下公之治在天下賢其在我南人也我南人則益有賴矣且方咸豐初亂起海內蕭然以乏才爲憂謂羣盜且不可制自公起視師其間蓋亦嘗蹈險難處危疑勢岌岌不自保然公以忠臣之義惟吾分宜所自效禍福成敗一不以概其心毅然獨肩天下之至鉅而不慴忠誠激發一決罔顧卒天下之人不期而應之羣策羣力川赴海會遂以有成功夫應龍興

而雲屬焉不崇鼂而百穀徧渥其膏莫或知其所由精之所通使然也周易有之在豫之坤曰由豫大有得勿疑朋盍簪其公之謂與雖公之今日由前志也且以上自

天子下及元元之民壹委心託命貇貇於公若此而公安能恝然而已乎公之澤將益大被於我我其可無恤衆皆曰子之言然衆以詩祖公請卽以子言爲之序

送吳筱軒軍門序

光緒六年

國家以索取伊犁地再遣使至俄羅斯議未決於是徵

調勁旅分布諸邊爲備命宿將統之而山東登萊青諸郡三面阻海其燕臺尤當番舶往來要隘有
詔命山東巡撫周 公督辦山東軍務而以浙江提督吴公副焉吴 公於時方留防江南且行謂裕釗吾實駑下不任是又始至人與地不相習吾之心實惴惴焉吾蚤夜以思盡吾力之所能爲其濟若否則聽之吾以誠自處而以謙處人勞則居先而功則居後若是其免乎裕釗曰大哉言乎易中孚謙之明夷其辭皆曰利涉大川以實心任事事無大必濟能下人者衆附而功集焉公誠率是言而允蹈之奉以終始甯惟山東雖以濟天下

可也天下之患莫大乎任事者好爲虛僞而士大夫意以智能名位相矜自夷務興內自京師外至沿海之地紛紛藉藉譯語言文字製火器脩輪舟築礮壘歷十有餘年縻帑金數千萬一旦有事責其效而茫如捕風不實之禍至於如此海外諸國結盟約通互市帆檣錯於江海中外交際糾紛錯襍膠轕
國家宿爲懷柔包荒以示廣大雖元臣上公忍辱含詬一務屈已而公卿將相大臣彼此之間上下之際一語言之違一疇酢之失刻繩互競忿恨懟忮莫肯先下置
國之恤而以勝爲賢撻於市而辭於室忘其大恥而修

其小忿何其不心競者歟國之所以無彊外侮之所以日至其不以此歟今公之所稱故乃一反是異乎今之君子者矣中丞周公故與裕釗舊也裕釗夙知之其執誠與謙宜亦與公同二公協恭同德揖志以輯東土裕釗橋首而聆成功之有日也公行矣公之往其駐師必於登州吾聞登州城闉之上有蓬萊閣焉自昔海右雄特勝處也異日者公與周公大功告成海寓清晏裕釗雖老矣猶思褰裳往從二公晏集於斯閣稱述今日之言而券其信俾倪東海之上憑檻而舉一觴雖二公其亦韙裕釗爲知言乎其爲樂豈有極乎

送張生謇之山東序

通州張生力學行治古文而益有意於當世之務余嘗以其文學可蘄至於古人其用足效於世也生舊居軍門吳公幕中吳公故賢者甚重生倚生如左右手生亦狠狠效忠直不倚婁為負天下推吳公亦益知生及今茲吳公奉
詔襄山東軍事益以生偕往余為祖其行且曰昔韓退之贈李生之行以謂李生在南陽公之側有所不知知之未嘗不為之思有所不疑疑之未嘗不為之言勇不動於氣義不陳乎色南陽公舉措施為不失其宜天下

之所窺觀稱道洋洋者抑亦左右前後有其人乎又曰舉之不以吾所稱待之不以吾所期李生之言不可出諸其口矣退之益重惜李生懽其忠不見庸而爲是言也今生之於吳公固無慮是而生不言生則後李生不能辭其責矣且夫負越俗之貪有高世之志則莫不欲有所立於時雖然必有其位必有其權權與位之得是有命焉非人之所能必也抑又有時焉不可驟而致也不得其權與其位與其時得有其權與位者而佐之道孚而志應諫從而言聽功之立志之行其在人也猶其在己也士之有藴於內不得其權與位又不得其人鬱

積奇偉嶸不得用黯黮以終身功不章於世利澤不得施於人何可勝道其亦得矣生益勉乎哉海氛日惡天下震駭迷謬譏貶儒術士苴聖制崩首鳥夷生亮叟公經武伐謀料敵制勝戮鯨鯢於東海築京觀成山之罘之上刷盪

國恥張我

皇靈下逮甿庶靡不厭服俾天下心折儒生之效驗其日而尊之氣豈不偉哉豈不偉哉余日夜傾耳跂足以望之生也

送合肥李相國督師秦中序

同治七年合肥相國李公既定河北承
命以湖廣總督還鎮武昌明年冬復
詔公督師滇黔未及行而陜西事方棘乃又
詔公援陜西議者以陜西自昔王者所都山河四塞於
古爲重地故
朝廷以公往裕釗以謂不然夫古今世變與時推移形
勢亦因之殊異自
國朝都燕京威德覃於海外由京師以東起碣石循海
而南踔禹貢青徐二州之域包吳廣陵至閩浙右轉薄
廣州遐方殊鄰舟航輻湊浮海泝江琛賮達於江漢

天子命公建節鄂中據上游以臨制東南攬江海握樞要之勢也廟算之所圖遠矣若夫秦隴滇黔介居鹵陲領阸之閉於方今形勢猶爲次之然朝廷以公往非重其地獨任公治之也善爲國者靖內以及外削平寇亂用兵之道先其易者而後治其難今秦隴滇黔之寇非有不可量之志深固久遠之謀直撫御失宜以至斯耳夫以公文武之資帥素練之衆以治羣賊譬猶鼓炎火以爇焦葦也一舉而燄熸燼滅無餘蓄矣二陲既定迴旆東指返於舊鎮脩舉政治以備不

虞淵居密運以銷折未萌之患薄海之地萬里之遙專坐而制之凶狡窺覦之徒卻顧而不敢動寂處而雷聲隱几而清天下斯迺

朝廷所以始終任公之意也裕釗用敢推論其事以祖

公行且卜公來返之有日云

贈吳清卿庶常序

人才之貴於天下無古今一也雖然才應世而世需之其間則亦有辨焉運會之所趨氣機之所啟魁桀儁異之士雲興猋合肩臂相摩於前而趾相躡於後雖有盤錯鉅艱而才皆足以周其用若是者常樂才之盛而忘

其難朝野祉福而康樂薄海內外晏然而無事中庸之士平進宦貴守成法襲故迹皆足以施於世若是者雖乏才而猶未以爲憂若夫時數之阨屯艱之會寇訌於內敵伺於外民窮而俗偷兵疲而財匱闒冗猥瑣之徒紛綸襍沓浩若蕭艾之被乎野間稍能自異又窘蹐儒緩不適於時用中外之安危生民之植若僵汎汎乎若葦木之漂於中流四顧而不知所屆其如是人才之足貴乃倍蓰什伯於向所稱二者之時雖疲行者之資車病涉者之資舟寒者之於裘褐餓者之於饔飧不足以喻之矣夫自古禍難之興其需才也尤至而人才之寡

之每獨甚於此時幸有其人又或有所抑沮牽繫而不獲底於成能成矣而世或不能盡其用需之如彼其亟也其成而爲世用也又如此其難則其可爲慕望而愛惜何如哉吳中吳庶常清卿懿才而遠志服儒者之學而不忘當世之務凡今日之利病民甿之疾苦無所不究其意裕釗以同治戊辰冬識之於江甯明年春復相從游處於吳門者十有餘日及今茲來武昌行從合肥李相國西入秦蓋將益練習於時務以蓄其才而非有時俗人之見也且行索裕釗一言爲贈裕釗廢於時久矣自度其才不足拯當今之難退自伏於山澤之閒然

區區之隱則未能一日以忘斯世其耳之所聞目之所接愴焉慼於其心今見庶常則欣忭愛慕而不知所以置其情其樂徇其請而爲之言也豈有愛乎於是極道其然而書以詒之雖然尤望庶常之終底於成而爲世用以副望君者之志也

送李佛生序

佛生既罷官居於江南日讀書不輟尤瘉篤好莊子爲書後數百言稱其有合於聖人之道余謂莊子者負絕異之資乖於時而一切以取自快者也其於聖人之道本之差不能一髮末乃大馳而絕遠至於流極而弊益

不勝釋氏得其精以爲空寂王何得其粗以爲誕縱誕縱之弊蔑棄禮法蕩廢時務天下於是大亂空寂之弊去人倫無君臣父子上下乃胥斯民而爲夷莊子疾時垢濁務洸洋激詭以譏切當世奔趨勢物之徒不知其弊乃至於此道之不明也愚不肖不及賢智過之由莊子而後高才偉異之士身不得其處而誤於所之者豈可勝道哉蓋嘗試論事功之途詩書文章之業與人世所謂勢位富厚君子未嘗必舍而不事也有道以御之故所之而不窮後之君子溺志富貴無論已其少有志者欲有所樹則務取天下之業之可以爲名者託焉期

自章異於流俗而未嘗循於其本故方其志得氣盛力足以觀駭一世貴賤賢否之倫横厲乎無雙及其久之倦而思返顧視身世邈不足以自樂反之内而碭無可據愛惡攻取又從撓之覩老莊浮屠之書一旦得其所爲一死生齊得喪而眇萬物者則大憙之於是錮弃百爲解弛墮壞頹敗不可振救生猶是人也而質則已亡矣且學儒者之學服聖人之言於卒也乃以異端爲歸何其悖歟夫彼未知聖人之道之有其自得者也惴慄以爲危蕩夷以爲安不以榮喜非必於惡而逃之也不以悴悲亦非其往而不能返也得志則措諸事事立而

世正焉斯已耳我無與也不得志則寓諸言百世之下有能遵而行之者猶其在吾身也其衡諸道也不過而傳之久也無弊嘖乎其至適確乎得其所歸以與夫老莊浮屠之所稱孰爲同乎大順而即乎人之心者乎知道者以謂孰賢乎佛生將北遊索一言以爲贈余以佛生才高而不得志恖其過而流於是也爲書此以詒之

贈蔣寅昉序

天下之士奔走喧囂叢猥之地耳之所聽熒目之所眩慄衆之所尊而尊之衆之所賤而賤之信於衆而卬然其增仰詘於衆而頹然其增俯逐逐日輕重於世之人

此遷彼貿返焉求其所爲我而將不得其所存也若夫偃卬一室圖書充積窮歲時處其中曠乎晤昔之人於邃古之上而下以隱相期於千萬世之來者鼂夕晦明日星緯曜四時寒暑草木榮落環相代於吾前而壹與爲無窮若彼者苟非其志之所趣雖有甚美未有能奪而易之者也況其爲衆人之得失者哉海甯蔣君寅昉好讀書藏圖藉數十萬卷其篤好之深殆非世人所能易也遭粵賊陷淛東西出走海上泝江以至於楚轉徙江漢之間然必以其藏書自隨不少時委去蓋好之至於此

王師既定兩浙寅昉告余將東歸余惟寅昉與余自此日遠矣然寅昉既歸且至去其鄉者馳驅顛躓之勞稍葺舊廬發書而讀之獨坐空堂寥廓閴寂與時俗人邈不相聞於以思余之所云者其有不引領西望默相喻於千里之外者乎

送富桂卿都護入　覲序

國家發祥勿吉

肇基遼瀋遂以有天下

太祖高皇帝既宅都瀋陽命曰盛京

世祖受命盛京甯古塔黑龍江並設官吏宿兵衛以充

奉
上都康熙中甯古塔黑龍江復改置將軍鎮守而甯古
塔將軍尋移鎮吉林之烏喇城參錯綦峙雄踞海右世
所稱東三省者也地西起山海關東薄海南鄰高麗北
接俄羅斯方萬九千里山川蟠積巖疊險固民俗朴忠
雄武材木鹽鐵金珠玉石砮矢人葠狐貂熊鹿虎豹馬
牛羊之產沃饒冠天下自
太祖
太宗
世祖資之以奄有區夏訖康雍乾嘉

廟堂有所誅討八旗勁旅所至有功東三省天下莫强
焉歲久怚忕治安稍益挺懈屬日有俄人之虞咸以爲
憂會
天子方詔中外大臣博議邊事於是江甯副都統吉林
富君疏陳東三省利病及施設所宜謀畫周悉甚至而
兩江總督劉公復密疏薦君忠勇明練且舊居東土諳
習事宜可屬以重任有
詔召君至京師衆知
天子且屬君以東事也君顧深退抑自以弗堪任且行
謂裕釗愛我莫子若子何以益我裕釗曰東三省

龍興舊壤形便之勝物產之豐鎧馬之精疆士民之純固莫與爲比患獨難得其人耳夫擅富强之貲席可爲之勢不務求得其人修政自彊舉

先朝丕基寶地萬里慭聽其若沉若浮而莫爲之所一旦有虞瞠目變色相視不知所出已乃甘低首下心撤藩開戶揖豺狼窫窳而進之使天下忠臣志士拊膺叩心雷聲憤歎謀國何其謬計者歟且攻守之宜强弱之勢用兵長短之數非有常也昔我

太祖之興明人常倚恃火器碭突我軍

太祖獨專任騎射堅定奮發猶終踣而勝之今彼之所

長我得兼勞逸之形主客之勢我得制賢能如君
朝廷誠舉是畀之以起衰振弊强本折衝至易也今天
下患莫適任事者得能任事如君善矣裕釗復何言抑
裕釗乃私獨懼君之勇任事耳且夫乘積弊之餘處狃
常蹈故之俗驟而矯之則人情之所不順衆怠而我奮
衆窳而我良彼實不能乃俔其旁而有媢心焉恬蕩以
爲無涯處子嬰兒與物委蛇徐蹈其巇而握其機持之
以堅刃摩之以歲時及其久也披郤導窾冥運闇移蠖
伏雷動鬼神聽隨天地開闔改觀易慮功立而衆莫知
其爲之古之任大事者所以能信其志而無夭閼要諸

其終而不隳未有不由此者也疆圭芘民張國雪恥率是道行之蔑不濟矣吾告予止於是矣君憬曰信然子爲我書而志之遂書以祖君行

濂亭文集卷三

武昌張裕釗廉卿

湘鄉相國曾公五十有八壽序

往者湘鄉相國曾公閱壽五十爲咸豐十年裕釗郵觴詞稱引南山有臺之詩以爲祝且必公當平賊致太平越五年大軍克金陵粵賊平及今歲撚賊亦平裕釗私獨靦然謂往者壽公語固終效邪及是

天子詔公自兩江移督直隸於是公年五十有八矣南中人士之在金陵者惜公之去而不可留也謀以公誕日衆執爵爲壽乃復以壽言屬之裕釗裕釗惟公提一

濂亭文集卷三　一

旅起湘中義聲感動天下豪儁魁桀才節偉人雲興而從之淵謀羣策雷動神應萬衆一謼順風而邁遂南清江表北至于河朔匈妖蕩息天地清曙手援赤子出之水火之中燾冒煦育瀕萎而蘇十五年之間而海內大定澤流於千里文武威德忠誠愷惻徧爭於中外鴻卿鉅人學士大夫隴畝山澤之甿外薄四海髦首魋結之遠人愛悅而歌頌之於千萬年永世無極顧公則澹乎不以自有若春風之被物翛然飄浮雲而過乎寥廓之表而百菓草木皆甲坼也則裕釗烏足以知公之所爲哉抑又聞之成萬物而不有其功者天之道也是故歷

古今而不毁君子法之常虚其中以與物相循雖震動憂勤苦身勞形而内不撓利澤被於人功高乎百世而不以已與是故其神全其神全故物莫之能傷而祉福麋壽應焉莊周有言汝游心於澹合氣於漠順物自然而不爲私焉則天下治矣又曰緣督以爲經可以保身可以長生周之言與夫聖賢之旨固若有間而自通人者觀之則其理未嘗不可以相發然則天祚

聖清其將益佑我公黄髮壽耇輔成萬世無疆之庥乎夫裕釗往者之言既驗矣今之言此其必有合也

王觀臣副戎五十壽序

人之盛衰果以其壯與老乎哉人生十年曰幼二十曰弱三十四十而曰壯曰彊五十始衰至於八十九十而爲老與耄者世之大常也然商周之際師尚父老起海濱而鷹揚於牧之野漢趙充國遭諸羌畔獨自請馳至金城年亦且七十餘矣其規恢玄遠而計慮周盡雖盛壯之人不能過也由是觀之人之所以爲盛衰無亦以其志若氣耳志氣頹而苶然其不能振雖若年二十三十四十不啻其老焉耳志定而氣充神王而守固雖若八十九十不啻其壯焉耳而得謂之衰且老乎而況其未及是者乎天下之務莫不以志氣爲盛衰若夫受任

軍旅之事國之虎臣則尤以其壯勇膂力爲用者也故其盛衰强弱而天下乃與爲輕重平居無事總三軍之衆營陳之制饟糈之數擊刺角力教練之法將士之材鄙勇怯車甲兵械之良楛皆以一心嘗嚌稱量而識其利病一旦有變提數千萬人之命爭勝負存亡之機而俯仰縣於嘘吸豈乎艱哉非夫志足以帥氣歷百變而不撓者烏足以任此哉往者海內兵起軍帥武臣遘遇事會攘兇盪寇人自奮於功名大難旣夷

國家甄勞賚功所以

褒寵優渥之已甚其上者

錫爵傳胙榮施於孫子原其初類皆起於庸沽屠販市井田野之夫一旦高門豐屋名園膏壤琦服玉饌帷帳狗馬婦女象犀珠玉瓌物充積爛漫於前貴極富溢心蕩志盈濡首酣豢而驕侈至於無等肆焉自以爲天壤之內莫我尊且賢者彼其人固尙犖然壯佼也身則未老而其質固已敝矣天地之道老者祧而穉者嗣遞相嬗而日新以不窮故私嘗獨論今日之事欲贊桀俊厲武節爲彊本折衝之計莫若差擇戎臣之中視其名位之稍後者任之以事而察其材徐焉而乃以希其成功其他則皆所謂物之既老者也副戎王君覲臣樂善而

不矜與人交必爲之盡吾黨故時樂從之游而悉其爲人蓄其志與氣有足多者先是君亦以從軍隸諸將麾下其後特爲曾文正公所器累官至副將任江寧左營游擊兼治新兵營其申儆軍政率厲戎卒勤而篤公而明嚴威而不殘警敏而無欺所治軍嫖姚精整爲一時冠眾莫不稱之又洞明諸務於人之情僞事之利鈍無所不究悉居常義勇激發時時思一得當以報

君上未有因也始君雖在軍中故未嘗特將其所蘊蓄鬱而未施今方內雖鄉甯然伏莽之戎諸行省往往而在東南瀕海萬里之地疆事尤絕重鉅自

朝廷及中外大吏孳孳以求將帥之材爲亟以君之所挾如是所謂稺者嗣而日新以不窮者其將在茲乎君年甫五十其氣益方盛而未衰然雖由是而進以至於八十九十吾知其猶今日也師尚父之烈非後世所敢望已且使君得如趙充國者益老其材而寄之以疆埸之任豈非

國家之所重賴哉今茲九月爲君五十覽揆之辰裕釗與同志諸君謀爲君壽不敢爲世俗虛美之辭獨爲論當今之勢與其勗君於無期者而書以祝之

代某公梅小巖方伯暨雷夫人五十壽序

自元時置中書行省而明代更爲布政司
國朝因之其職自郡縣守令至於丞簿除授更調黜陟
無所不掌自漕糧征榷軍糈吏祿與其它凡百錢穀出
內無不綜而咸豐以後天下用兵財費浩穰眾務猥冗
一集於布政司布政司以上乃有督撫然督撫總其成
察其善不而已其辨論官材籌量食貨一省之鉅政責
成委寄翳布政司是任若大江蘇財賦甲於海內其金
陵又居南北之衝平居接待官吏省視簿書鉤校金穀
贏縮自朝至於日昃無暇晷
朝廷遣使兼圻大吏四方冠蓋往來賓餞繦屬於國門

之外重軍興以來江甯爲兵事所終始大難旣定百廢叢脞故艱鉅殷繁號爲天下最居其位者非夫天之畀純神明茂淸而精力贍固夐乎出於衆人者烏足以勝此哉且夫人之任事鉅細劇易贏詘視其精神貲力以爲受者也譾材薄德與之一官一邑而皇皇若不足進乎此者或裁足稱而已其上者乃投之艱大而沛乎其若有餘人之度量相越如此其不可齊也一存諸其賦予乎天者而已矣南昌小巖方伯蚤歲取甲乙科入翰林復由部郎薦居諫垣幹局隱然遠近想聞其風采後典郡粵東聲譽焯起受

兩朝特達之知洊擢今任盖敭歷中外二十有餘年矣
始方伯官京師嘗奉
命返鄉里與治團練擊賊市汊破之在粵東弭平恩土
客民之難再擊賊東江平之南北水洋盜俶擾往擊大
破之又討賊曹沖應時殄滅所至益講求時務尤精九
章祘術旁逮泰西機器火器制造之法無所不究悉及
開藩白下尤以兼綜諸務爲一時倚賴人士之賢不肖
財貨之盈絀下至閭里市井幽隱銖兩毛髮之事皆心
識其然而躬自釐剔之前後任江南大吏若曾文正公
馬端敏公順昌丁公香山何公濰縣合肥兩張公暨今

總督開縣李公皆當世鉅公偉人也其爲治張弛競絿異施性量剛柔温肅緩急異齊方伯以一身處其間奉法順流維匡劑和無所不得其理及江甯一郡守兩縣令仰承大藩順以無事儻乎忘其所居之爲劇任也乃至於他郡縣坐以照之不勞而治以其暇日賓接賢士大夫虛已歛容禮下之已甚若不自知其爲達官貴人者豈非所謂天之界純神明茂清而精力贍固貧乎出於衆人者歟今者焉逢閹茂之歲日在星紀之月爲方伯五十覽揆之辰而配雷夫人亦以是歲登五十壽江南吏民咸喜悅而慶頌之夫方伯之稟於天者厚故其

成諸能者博而施諸人者廣則其壽於世之必永也又何疑乎方今區寓鼎甯
天子釐思維新之治尤孳孳以委任疆臣爲亟方伯之簡在
帝心也有日矣其由是畀寄一方開府建節布德施惠以答望澤之甿垂恩儲祉期頤老壽而輔成
聖清無窮之烈固不待諏龜灼兆而可決其信然者也某等幸得從方伯後同官江南稔知方伯治績與其行事深愧以爲不逮顧其慕望愛悅之私結於中而不能已也乃以方伯誕日竊爲祝嘏之辭偕諸寮友敬獻之

左右方伯以某爲知言者其必欣然而舉一觴也夫

范月槎觀詧六十壽序

昔列禦寇莊周疾當世之士騖於功利湛於智詐漸毒以失其性而賊其生故其所稱若紀渻子季咸庚桑楚之倫皆取必於所謂心與天游而神無郄者以謂全身而養生道莫尚乎此然二子之言雖亦曰以治天下而要其歸則壹爲夫絕弃世俗自放於物外者言之蓋其恉出於有激因以是極其一偏之恉而肆其洸洋連犿之辭曼衍以窮年耳若夫游乎世而接乎物軒冕珪組之榮無所郄而志不滓醻酢賙答之文弗廢而性不汩

非有所激於時而自率其素冲乎其虛也汎乎其無所繫也斯則眞所謂其天全者矣足以全身而養生者矣葢嘗論夫人之生其天無不全也者欲既興而自鑴之而自鑠之爭敓愛惡攻取以焚其中眇聲曼色珍琦淫巧以焚其外日劘刃於彫靡驕僨毒害之鄉憒自以爲得而不知其智之鑿而天之不全也有而忘貪忮之機遠燔灼之酷邕容而樂豈憺蕩而相羊以遊乎天者其神完其氣恬而不競而其祉福之多年壽之永豈有量乎故曰是誠足以全身而養生也觀詧范丈月槎先生質厚而氣和貌恭而行愻其學也於書之善者博購而

廣聚之氾覽而不劬然以適其所好而已非欲以奇博炫於衆而上人也其仕也自舉京兆試歷中外官至觀詧一聽其自至而已非有慕於榮利而求得之也其遇人也無親疏貴賤無愚智賢不肖和而易儉而裕氾愛而一視而人之遇之無親疏貴賤無愚智賢不肖亦莫不慕而悅也茲所謂其天全者非與先生於裕釗故丈人行而常弟畜裕釗自少時同歲補學官弟子中又重以姻連每赴有司試至省門及其後走京師相從奉手游處之日爲多當是時先生從子紫函鶴生與一時英俊之士皆年少志盛弦歌酒讌酣飲笑謔劇醉歡呼輒

連旬日而先生冲然夷懌狎久而不厭枭皆樂就之後值寇亂諸人士散處四方或零落不復相見裕釗亦離十年始得遇先生於江南追念舊游恍焉如隔世事而先生顧益冲夷瘉於曩時貌若加豐而神若加王乃以今茲歸然登六十壽然後歎身世之多故盛衰離合之不可常而先生之道冲而用之不窮至於耆艾而不衰爲不可及也裕釗年少於先生數歲而體貌故蚤以日槁鬢髮大半白矣撫今追昔俛仰數十年之間慨焉太息瞻先生之光儀慕望不可得至乃推其所以致此者以效其愛悅之私而質諸先生且卽爲獻壽之乘韋云

吳育泉先生暨馬太宜人六十壽序

裕釗往者則聞桐城吳侍讀至甫善爲文常欲一識之不可得同治七年秋來江甯廼晤至甫相國曾公使署索其文讀之誠辨博英偉氣逸發不可銜控裕釗深退避以爲不能及也而至甫顧盛推余文且稱其尊人育泉先生母氏馬太宜人竝以明歲登壽六十欲得裕釗一言爲壽裕釗謝不能至甫則固以請因益爲言先生居約而能施積行而不求聞少常客游而孝弟充裕太宜人又能曲喻先生之志而推行之潔治甘旨振救貧乏之資用或不繼則脫佩服出質相佐助桐城人稱家法

之善曰吳氏方存之者裕釗舊遊也亦道先生躬至行不鈞取聲譽而人人信其一言至甫稱其父母皆信宜其有賢子者存之故亦桐城人也裕釗自少時治文事則篤耆桐城方氏姚氏之說常誦習其文私嘗怪雍乾以來百有餘年天下文章迺罕與桐城儷者閒獨聞龍眠浮渡諸山水古所稱絕勝也姚氏之言以謂黃舒之間山川奇傑之氣藴蓄且千年宜有儒士興於今理固當有是邪鄙時往來楚皖之交泛舟浮大江中流望皖西北諸山隱然出雲表其陸崒秀異絕可偉也乃心念方氏姚氏往往稱其鄉多隱德君子伏匿澗谷之中今

宜尙有其人處於彼者乎時時欲一往游焉其後得交存之今復交至甫又因至甫及存之聞先生裕釗於桐城有爲我主者矣異日余儻得遂其往游之志幸見先生暨太宜人期頤壽耇摳衣栗階敬舉一觴因得奉几杖從先生後徧攬龍眠浮渡之勝訪桐城諸老之舊聞益偕存之至甫抵掌論文究極幽眇而相與徜徉肆乎山水之閒其爲快且幸宜何如也敬奉此爲壽言獻諸先生俟他日爲之徵

蔣之醕觀詧暨李恭人五十壽序

觀詧蔣公以咸豐十年畢陬之月閱壽五十而恭人李

氏登五十壽之年則爲咸豐八年旣再踰歲矣其令子某將以今玆月設燕召賓爲公壽且爲恭人壽而以壽言請於裕釗裕釗惟壽言之作蓋原於古詩之遺行葦之四章曰酌以大斗以祈黃耇閟宮之八章曰魯侯燕喜令妻壽母所以道其功德而祝其壽考其辭必皆託於詠歌以永其言相與往復稱誦而不厭古人忠愛之厚辭義之懿於此猶可見焉今觀詧公起鄉里從軍江西湖北諸行省所至戰績炳然它日固宜在史氏記而恭人克脩內職使公得揖志於王事淑德懿行旣著稱於鄉邑又將坿公以傳載於無期是皆無待於裕釗之

枝言爲惟謹以覽揆之辰竊庶幾詩人之義作爲詩歌以爲公與恭人稱觴之辭其辭曰

皇撫區夏九服繩繩覃及殊方莫不我承寢兵櫜武同我文治塗飾萬品恬以無事多士承風遺虵進退躭溺所安以武爲忌包荒容納姦萌其隙窺窬竊發一熾莫掃衡嶽崒崒造天與齊湘資蕩潏交流其涯篤生英哲除時之穢犖犖羣公相望宇內公與其閒駸駸並驅惟孝惟忠誓心無渝奮迹江右推鋒之始自鄂趨黃載驟勞止疆圉之歲楚疆孔亟訖摧逆燄儆資公力旗纛琱戈所指賊靡南中載謐厥功孰紀饋人以福疇爾多壽

神甚人謀爾助爾佑勤效於
國教行於家有齋淑人義叶齊扶公忘其私恭人是治
樂羊皇甫於今有之有子能賢媚於君親以勞蹟顯惟
教無㙔祉福雁褫相踵於門克與人施乃協於天太常
之績衛鼎之銘此詩其信請爲之賡

代某公譚母謝太夫人六十壽序

天下言長生之術祖老子老子之言曰我有三寶寶而
持之一曰慈二曰儉三曰不敢爲天下先慈故能勇儉
故能廣不敢爲天下先故能成器長老子論道主虛無
清淨爲儒者所譏而道家之徒宗之然由其道者往往

能高世俗延壽命遠於危辱夭閼之患善乎許氏月南之說曰老子學易而有得於坤者也故曰元牝曰守雌曰知其白守其黑曰柔弱生之徒曰不敢爲天下先夫坤道無成而代有終地道也妻道也臣道也是故以柔弱爲守以慈儉不敢先天下爲寶君子之於世也有開物成務之功有先知先覺之任所謂虛無淸淨守雌處後者誠不足以盡之若夫閫內之行如老子所稱三寶則固婦德之懿而母教之至善者也自後世之士離世絕俗遊方之外者服膺乎此猶足以遠禍致福而永其天年況處閨閫之中者於斯苟有合焉其受天之祜茀

祿稟壽永永無極豈不宜哉豈不宜哉湘潭譚靑崖軍門其封翁某君以樸行著於鄉里遺命以忠厚爲訓配謝太夫人克守封翁之教所以治其家而訓其子者壹出乎是自其事舅姑也和娣姒也睦族姻也勤而篤悱而摯周復而不厭劬瘁而益厲惟恐一人之不獲其意者又躬執苦約翑翑祗愼退然如不勝衣信所謂能慈能儉不敢先人者歟篤生靑崖軍門翠崖參戎並以材武勇毅顯於當世自兵事起從戰湖南北及江西江南河南諸行省斬將搴旗攻城摲邑不可勝數名譽流聞功績昭著兄弟儕於顯列而父母受其

榮封太夫人顧而樂之有餘快焉往者某耳軍門昆弟戰績以謂其人計剛厲武猛不可狎邇及晤軍門乃敦樸退愻有若太史公稱李將軍悛悛如鄙人口不能道辭者老子論三寶而推極之於用兵曰夫慈以戰則勝以守則固天將救之以慈衛之善爲士者不武善戰者不怒善勝敵者不爭善用人者爲之下然則軍門昆弟所以致果克敵揚名顯親無亦所得於太夫人之教爲多而有合於老氏之旨者乎太夫人以今茲彊圉赤奮若之歲登壽六十軍門稱觴於室同人肅衣冠累階稱壽某乃推太夫人之德實備乎老子之三寶而適符乎

坤之所謂柔順利貞者是則無疆之慶太夫人既自裕之矣期頤老福其又何疑焉遂書以爲侑觴之辭

代某公黃昌岐軍門六十壽序

昔唐李勣佐高祖太宗定天下以勇智稱然嘗謂薄福之人不足與成功名臨事選將必嘗相其奇麗福艾者諒哉斯指也勳名之際榮顯之塗茀祿之基豈盡人力之所能致天實命之矣自古材武雄傑之倫勇足以摧萬衆謀足以棄三軍何世無之或不遭用武之時汶汶無所試遭其時矣或困抑沉淪嘿不得施用既用矣又或中道厄阻而功未竟爵位不顯於世材不得盡其長

其或遘遇事會建殊勛蹟顯列是可謂得其志已迨其後也乃復有躬會危機疑謗交訌至於怫鬱以終老奄閼而不得信遠覽千歲之上近觀百年之間若是者不可勝數也若夫結髮從戎義勇激發乘機應時積功累閥遲被寵榮窮極貴盛膂力未衰而功成身退居有園池第宅之適珠玉玩好管弦絲竹之樂無所不得其求當世之務渺不關於其慮而康強老福永保性命之期人事之不齊世途之阻艱如彼其甚也身獨贏若是是非所謂天授者邪長沙黃昌岐軍門當咸豐初亂起湘鄉曾文正公治水師於湖南軍門起營伍從擊賊大湖

南北屢著績效其在軍果勢勇銳將以敦愨故所至有功自是轉戰諸行省於江西克九江於安慶於金陵蘇州克省城及其後平定捻賊皆與有成勞其他破堅禽敵攻下城壘不可殫記以功累官淮揚鎮總兵洊擢江南長江水師提督封三等男先後
恩寵稠叠
賞賚紛綸聲烈憚赫同時武臣罕與爲儷寇亂既平一旦稱疾引退僑寓金陵城中治園亭蒔卉木時從平生故舊杯酒游讌以爲樂及今歲巋然登六十壽而體貌豐碩强固猶昔時由軍興以來諸將帥履危蹈難舛互

錯牾亦何可窮軍門一身而勛名祉福壽考備焉出有成功處有慶譽豈非天哉豈非天哉夫天之所啟不可禦也軍門其自是期頤黃髮永享令名錫蕃釐而無有極乎

范鶴生六十壽序

余以光緒六年夏游山左適范鶴生以郎中改官觀察江右道過濟南不期而遇於山左使院余與鶴生樂甚鶴生間語余吾與子總角相好其後出接世事所識海內隽偉魁桀之士雖衆然其交最夙而今尚老而存久而不厭者莫吾與子若吾明年六十矣子可無一言且

子以文章名一世可使余名氏不見於子文耶余笑應曰然始余丞歲與君同時補學官弟子余年甫十六君亦裁十七耳明年鄉試試錄遺學使方公以余與君及嘉魚李爽階士塏三人齒最稚顧從者舁一卓床居堂皇中令環坐余三人用以異之余三人相視而笑左右觀者道然君尙能記此耶君聞爲解顏其後余與君及君伯兄子瑊並以道光丙午舉於鄉時亦甫踰弱冠意氣方盛爾我投分無間蓋自往者歲以試事至省垣泊後走京師應禮部試未嘗不偕而吾鄉一時英俊若同邑金小畹伯華柯根臣茂枝黃岡吳又桓榮錢香畹崇

蘭羅田熊卧雲五緯江夏張星階槃洪蘭陔調笙昆季
皆年少志美猋起鱗萃相與飲酒賦詩詼嘲謔浪窮極
一時之樂已而君兄弟相繼成進士而海内兵革俶擾
蒼黃沸亂紛糾萬端余息影斂迹放浪江海之間與君
睽違乖隔離十餘年不相見逮君奉諱歸甫得聚處兩
載尋復别去又十年而今乃一遇於此握手相視君齒
落頭童余亦鬢髯皓白頹然衰且老矣追念往時朋好
相從掎裳聯襼之人乃邈焉無一存者顧余與君猶得白
首相逢邂逅卮酒而君且登壽六十俯仰今昔之際撫
人事之變遷是其可爲慶幸而益重以慼喟者也於是

相與惘然者已久及今兹九月君覽揆之辰屆矣溯洄昔歲之言怦焉動於其心故於君生平之懿當世所共聞知者皆不暇以詳獨追述前語用爲君壽亦以明余兩人相與之摯也

濂亭文集卷四

武昌張裕釗廉卿

與黎蒓齋書

前在金陵相從譚蓺識許古今人私心甚快別後倏忽月餘日矣寒牕短檠時時隱几思足下不可弭忘裕釗自惟生平於人世都無所耆好獨自幼酷喜文事顧嘗竊怪學問之道若義理攷据辭章之屬其涂徑至博其號稱爲耑家亦往往而有獨至於古文而能者葢寡自曾文正公沒足下及至甫又不得常聚晤塊坐獨處四顧煢然無可與語近者李佛笙乃頗有意於此時相從

閒爲文法所入雖未深然佛笙故天亮出於人人乃時有解悟處此差足語耳夫文章之事非資才負絕而程功致力之深且久者則必不能以至才優而力深矣其能至以幾於成與不能成則亦有天焉既至而幾於成矣其傳不傳與傳之顯若晦若近與遠則又有天焉且誠令其至而幾於成成焉而傳傳焉而顯且遠而吾文信不敝於百世吾身則既泯然死矣其取吾文而歎慕貴惜之者吾皆不得而見之矣捐弃一世華靡榮樂之娛窮畢生之力苦形瘁神以儌幸於或成或不成或傳或不傳之數而慕想乎千百歲後冥漠杳渺邈不及見

之虛譽而不以自止豈非所謂至迂而大惑者哉宜彼世之所謂賢儁能一切以取富貴顯榮者訕笑而背馳之也雖然莊周有言民食芻豢麋鹿食薦蝍蛆甘帶鴟鴉耆鼠四者孰知正味生人之耆好各賦受於其生初其不齊至不可以巧秫秫則夫孳孳焉勤一世於文字之業者無亦所耆出於其性而不能以自解者歟且吾觀古之能文者若司馬遷韓愈歐陽脩之徒其始設心措意亦無過存乎以文自見卒其所至世不得徒文人目之是故深於文者其能事既足以自娛嬉及其所詣益邃以博乃與知乎聖人之道而達乎天地萬物之原

獨居謳吟一室之中而傲然俾睨乎塵壒之外雖天下又孰有能易之者哉又遑暇校量於我生以前與身後之贏失而爲之進退哉思足下不得見索居無聊輒一吐其匈臆之所積自怡取快意而已非足下僕亦不發此也天氣驟寒惟萬萬保練自愛不宣

答吳至甫書

春間奉到徃歲除夕惠書承已改官畿甸將以儒者之學澤我民萌敬賀敬賀六月初旬李佛笙太守復遞到三月晦一函適裕釗有悼亡之戚先期歸里一昔始來鄂城悤悤未及報所需姚氏評點漢書一時未遑鈔寄

請以異日可耳來書過以文事見推且虛懷諮度諄諄無已裕釗則何足以知此雖然旣承下問不敢不竭其愚古之論文者曰文以意爲主而辭欲能副其意氣欲能舉其辭譬之車然意爲之御辭爲之載而氣則所以行也欲學古人之文其始在因聲以求氣得其氣則意與辭往往因之而並顯而法不外是矣是故契其一而其餘可以緒引也蓋曰意曰辭曰氣曰法之數者非判然自爲一事常乘乎其機而緄同以凝於一惟其妙之一出於自然而已自然者無意於是而莫不備至動皆中乎其節而莫或知其然日星之布列山川之流峙是

也甯惟日星山川凡天地之間之物之生而成文者皆未嘗有見其營度而位置之者也而莫不蔚然以炳而秩然以從夫文之至者亦若是焉而已觀者因其既成而求之而後有某者某者之可言耳夫作者之亡也久矣而吾欲求至乎其域則務通乎其微以其無意爲之而莫不至也故必諷誦之深且久使吾之與古人訢合於無間然後能深契自然之妙而究極其能事若夫專以沈思力索爲事者固時亦可以得其意然與夫心凝形釋冥合於言議之表者則或有間矣故姚氏暨諸家因聲求氣之說爲不可易也吾所求於古人者由氣而

通其意以及其辭與法而喻乎其深及吾所自爲文則一以意爲主而辭氣與法胥從之矣閣下以爲然乎閣下謂苦中氣弱諷誦久則氣不足載其辭裕釗邇歲亦正病此往在江甯聞方存之云長老所傳劉海峯絶豐偉日取古人之文縱聲讀之姚惜抱則患氣羸然亦不廢哦誦但抑其聲使之下耳是或亦一道乎裕釗比所遇多乖舛又迫憂患於此事恐終無所就閣下才高而志遠年盛而氣銳它日必能紹邑中諸老盛業用敢進其粗有解於文事者以爲涓埃之裨惟亮詧不宜

與鍾子勤文烝書

子勤尊兄先生足下：裕釗近從蔣部曹所側聞先生之懿，私心甚慕鄉。日又於部曹所獲睹手書，乃承垂問及於不肖，且感且愧，用敢奉書於左右，而一陳其所欲言。蓋自康雍乾嘉以來，經學號爲極盛，非獨遠軼前明，抑亦有唐而後所未有也。然患在窮末而置其本，識小而遺其大，而反以詆訾宋賢，自立標幟，號曰漢學，天下承風相師爲賢，君子病焉。近乃復有一二篤志之士，稍求宋儒之遺緒，推闡大義，而不溺於纖小之習，然或專從事於義理，而一切屏弃考證爲不足道，蒙又非之。夫學固所以明道，然不先之以考證，雖其說甚美，而訓故制度之失其實則於經豈有當焉故裕釗常以爲道與器相備而後天下之理得至於本末精粗輕重之數是不待口說之辨而明者也然學者常以其所能相角而遺其所不能者以開其隙而招之攻是以學術異趨紛然而未已夫以其然其必有窮貫乎本末精粗之數而無所不能至者出焉存其說百世以俟聖人而不惑而一切之爭可息也烏乎非有絕人之資勤篤之力其孰能與於此雖然必樹是一人者爲之宗以靖天下之紛紜而一其趨於是學者得有所歸隨其才力之所至雖淺深大小不齊而於道皆有所明夫然後學術一而成材

衆矣豈不痛於水火相盭更出迭勝而以黨仇攻伐爲事者哉伏惟足下才高而識邃智崇而業廣自許鄭賈孔下逮
國朝顧閻江戴段王之說既無所不窺矣文將一折衷於朱儒以求當乎周公孔子之意由是而推之則裕釗之所稱者足下豈有意乎抑將啟此一途以待後之作者乎相去千餘里不得面奉誨言惟幸辱敎焉裕釗頓首

答劉生書

曉堂足下蚤春承寄示文數首入秋又得手書勤拳貇

至足下之用心何其近古人也足下諸文所爲尊君事略最腆摯可愛讀老子中一段詞甚高闊然入古人之室矣前幅微覺用力太重少自然之趣他文識議並超出凡近而亦時不免病此夫文章之道莫要於雅健欲爲健而厲之已甚則或近俗求免於俗而務爲自然又或弱而不能振古之爲文者若左邱明莊周荀卿司馬遷韓愈之徒沛然出之言厲而氣雄然無有一言一字之强坿而致之者也措焉而皆得其所安文惟此最爲難知其難也而以意默參於二者之交有機焉以寓其閒此固非鼂莫所能企而亦非口所能道治之久而一

且悠然自得於其心是則其至焉耳至之之道無他膺穫而精導熟諷而湛思舍此則未有可以速化而襲取之者也吾告子止於是矣夫文之爲事至深博而裕釗所及知者止於是其所不及知者不敢以相告也以足下之才循而致之以不倦他日必卓有所就此乃稱心而言非相譽之辭也足下勿以疑而自沮焉可也足下文知友中多求觀者故且欲留此俟他日再奉還耳惟亮詧不宣

復某邑侯書

閏月之望奉到四月十日手書捧讀之餘且感且愧以

執事拳拳之雅不肖雖愚無知寧有不感激而應命者況裕釗自幼束髮受書過不自量竊斐然有述作之志今以桑梓之鄉志乘之重重以百餘年之廢墜即微明命猶思奮筆於其間其有承大君子再三之召而顧恝然自外乎惟是生命不辰適丁大故三月之內再罹鞠凶大義私情具有萬不可者前書忩忩未盡所懷故復敢悉陳其愚而執事察焉竊惟送終者歛形之後莫重於葬令先君先妣窀穸未安筮宅筮日蚤暮遑遑若舍而它適則兹事將遂曠邈必且久淹歲時且過時不葬違先聖之明訓冒

國家之刑章斯謂罪人遑問餘事禮卒哭而祔小祥以
前寢堂饋奠猶生事之鼂夕哭酹必躬必親斯乃古今
之達禮人子之至情也況裕釗自痛生平飢驅四方衣
食奔走晨昏多缺抱恨終天今昕夕所稍得自盡者不
過歲月之間而復遠焉其胡能忍且自先王制爲縗麻
之服以爲至痛飾使賢者得以遂其情不肖者亦以怵
於目而動於其心後世教誼頹棄甫經虞祔遂墨其衰
往者有宋朱子暨
國朝四明萬氏崐山徐氏皆痛疾言之裕釗曩讀其書
爲之凜然每與徒友論辨及此以謂禮教之廢壞風俗

之哀薄士大夫之知禮者所宜力振流失而返之古初嚮之所稱謂何今至於大故而自蹈其失耶然服疏衰之服以居廬堊室之中可也若遂入城廁身局中既欲守禮亦虞戾俗墨縗則實疚隱衷素縞則恐駭物聽進退審顧無一而安揆諸事情尤爲未便蓋三年之喪天下之至痛也故古者天子諒闇三年不言既練然後君謀國政大夫士謀家事所以致其哀而不敢以間之也故曰重志之謂也大功猶廢業況以父母之喪而與於纂修之役乎致悲戚則廢務思職事則忘哀且執事亦安用此昏悖瞀亂之人而任之事哉昔歲之冬湘鄉曾

相國詒書招赴金陵近黃子山太守亦以試事見邀裕釗並瀝述前情壹爲辭謝非獨於明命有所廢格且以執事之國士遇我裕釗甯不愧焉惟是慘痛之際奄忽之期實於先靈未忍遠去而私計執事宏宣遠猷樹立方未有艾儻不以裕釗之愚不肖異日所以自效於左右者惟所使之斯則裕釗所得少自盡於先人者無過日月之際而竭誠殫力以報知己者方且誓心於無窮執事其亦可以悲其志而原其罪已若以志乘之修必有取於愚者之一得則謹條數事列於左方執事或有取焉其與效馳驅於前亦奚以異如謂離其喪次執事

在公則輾轉私衷其不能自克也決矣肅復布臆惟垂察不宣

增脩志末議六條

一地志於目錄家屬地理而治地理者必以輿圖爲本宜仿晉裴秀氏之法爲之計里畫方或五里或十里爲一方每方或一寸若寸有五分周之得四寸若六寸裴氏所謂分率以辨廣輪之數者也又皆以虛空鳥道圖之使東西南北四正四隅辨方正位較然不易裴氏所謂準望以正彼此之形者也其人所經行之路迂直高下險夷各異者別相綴爲黑子識之而注里數於其間

所圖黑子驛路爲圜形非驛路爲銳形裴氏所謂道里以定所由之數者也即其所謂迂直高下夷險之體亦於是寓焉一邑之中城池鎮市山陵川澤要隘四至八到皆詳著於其上圖後以說輔之一市之中廛肆若干戸居民若干戸水陸可通某所山陵或爲平迤或爲險峻大小高庳若干里若若干丈川澤廣狹若干丈若若干頃谿谷支流所出所會舟楫所通春夏水漲可抵某所歲寒水落可抵某所某道某涂所達某所橋梁堤堰及要隘若干所皆一一登記明晰然後一邑之政自治民行軍詰姦捕盜興修水利阜通財賄自可披圖按籍

一覽瞭如
一賦役爲州縣鉅政自
開國以來所定舊章中間隨時變通著爲定令下迄咸
豐中巡撫胡文忠公所改定漕糧章程尤爲切要並宜
全錄成案一無遺漏庶上下均有所守而吏胥不得因
緣爲姦此最利國利民之大者
一土地之宜百昌所殖上奉
國賦下繫民生其各鄉田野高原下隰種植樹藝所宜
因地有殊並宜就訪其鄉之士商農民考問覈實區分
同異具著於書

一史家藝文有志肇始蘭臺其中但載書目不紀文字以不可勝載也以後列史志藝文經籍者一皆祖述班氏而近日各行省及府州縣志往往捃載詩文連篇累牘實乖體例夫苟纂著可以行遠則錄其書目而已若旣無成書又或所刊詩文集恐遽未能與於作者之林則何取而載之今宜一以班志爲定但著書目其它所有詩文概屏不錄

一自昔郡邑志若宋之剡錄暨乾道新安咸湻臨安諸志皆詳贍彬雅事蹟完具爲後世所取信洎明代朝邑武功縣志乃始專尚簡要往往爲固陋者所藉口

昭代諸儒頗以爲譏蓋簡略過甚事必不詳不備徵文考獻將何賴焉大氐著述之要貴在詳而不穢贍而有體凡關於政俗之大者必宜綜覈明練使可依據惟論次人物是則務崇簡質無令繁蕪徒穢簡牘

一局中宜廣儲書籍自經傳史鑑歷代名人詩文集旁及傳記雜家說部之書一有未備則討論不周必至舛漏貽譏來者凡所需簡册或購之書肆或假諸藏書之家務求富有乃可集事

答李佛笙太守書

价至奉讀手書爲之感歎無已及讀所示大箸則又大

喜且詫不謂足下銳進一至此也來書謂此行誠失計然獲交不肖時相從問得學問文章之要指挈長度短固亦未爲失裕釗豈敢任此顧足下之文乃精進若是則信所得多矣文誠出於人人足以信乎今而傳乎後窮之百世而自必其不磨雖百郡守不以易也且所謂窮通得喪愉戚寒飢者溫飽者擾擾一旦暮之事耳何足道哉何足道哉知足下故必不以一官置意中然郎爲衣食計則亦有命焉力所能謀謀之所不能謀則聽之而已固亦不足恤也裕釗曩時讀論語獨深有契於孔子不知命無以爲君子之一言且嘗試縱觀生民之

初以至今日盛衰倚伏與夫人之賢不肖芒乎紛乎形
不可紀極終其與若廢有一之非其命者邪或乃弃其
脩行立名所得自爲之事奔者騁欲一切以徼非望卒
泯泯以没身甚且爲詬於天下後世者甚可悲也既亮
識其然又自少酷嗜學問文章是以一意搏精於此而
不遑恤其它惟是年齒日長神智日耗恐遂終無所就
時獨以爲懼近者撰得書元后傳後一篇乃忽妄得意
自以甚近似西漢人且私計
國朝爲古文者惟文正師吾不敢望若以此文校之方
姚梅諸公未知其孰先孰後也雖則狂謬至是乃復私

自疑輒錄寄足下爲我一決其然否其然邪是吾益也用竊自憙也不然邪卻退矣吾滋懼焉請必明語我俾得一自釋焉抑以足下之果勢勇銳若是使由是屏弃百爲以從事於斯且使裕釗駭懼畏避而不敢與競也承欲來爲一握手之歡聞之喜忭無已書不能盡意俟爾時當極意一傾吐耳

答黎蒓齋書

承兩惠手書並賜寄拙稾均奉到裕釗此文頗規橅司馬氏而迹未能忘足下遽謂能突過姚梅二家私心固未敢以自信耳梅氏文已遵來示簡得二十餘首另紙

寫目並呈上人各有所耆好必不可强同且卽一人之身而先若後所厭喜固往往異矣此固不可以爲定也柏梘山房集其得失頗如尊論然梅氏勝處最在能窮盡筆勢之妙其脩詞誠愈於方姚諸公然一意專精於是而氣體理實遂不能窮極廣大精微之致此其所以病也自唐以來稱文者惟韓退之於本末精粗表裏之數無所不盡故焯爲百代之宗其他或注意於此而時不能無脫漏於彼固賦於天有以限之抑其人之致力各有所偏至也文之難爲工故若是哉曹子桓有言文章經國之大業不朽之盛事裕釗從事於此三十有餘

年矣曩既苦才薄又自少至老憂患寒飢之擾其慮奪其日力進尺寸如走千里今雖欲追古人最上之境而從之而齒髮日衰精力益減於前時顧視前後中心恂慄惴懼灑焉若新寒之栗體嘗以謂千百世之中四海之內有志奮厲爲文辭者不少下者才力之不逮其稍進者或學不得其術或所遇足以苦之羸詘於人者居其半焉羸詘於天者居其半焉學焉而不能成成矣而不能極其至振古以至於今英才志士同聲而悲咤者亡慮皆以此也因論梅氏文意有所觸不覺覼縷至此惟諒詧不宣

復查翼甫書

翼甫足下積年睽隔思子爲勞鄙人以宿昔性嬾作書每奉惠函輒久稽裁荅昔歲足下遘罹憂戚竟亦未及聞知弔唁並闕深歉於心秋間君來我去如相避然爲之惆悵無極足下謂豈其中有數存者邪諒哉讀來書欵欵深深使人再三諷誦而不能已又先後承惠諸珍冊良深感謝承示大著春秋地理異同釋循讀一過已覺甚精核體例亦善足徵好學深思非世俗之所能及頃以事當返里門忩忩不得暇俟明春來至金陵容更細加紬繹惟鄙人於地理之學鄉日不過略涉其藩恐

未能爲足下剖晰幽賾決定然疑或爲作一序略道足下纂述之恉儻尙能爲役乎足下勤學不勌爲今世所罕覯惟學問之道義理尙已其次若考据詞章皆學者所不可不究心斯二者固相須爲用然必以其一者爲主而專精焉更取其一以爲輔斯乃爲善學者不然人生秖此精力秖此歲年行岐路者不至僨二心者無成孫卿之言不易之論也欲爲古文則程功致力之始孰讀深思四字足以盡之其所資於考證者莫要於典禮制作之原古今治亂之賾更求之蒼雅訓故之書令文章爾雅遠於鄙倍而已其他偏指末學可一舉而埽除

之也且即專精考證亦宜務其正大而深博者本朝經學號稱極盛然其能闡述六經之宏恉洞明古今之要最勒成一書卓然自存於天壤者僅乃十餘家已耳自乾嘉以來家纂一編人立一說枝辭碎義汗牛充棟者不可勝數迄今未幾時其書已若存而若亡更歷數百年誠有如歐陽氏所云散亡磨滅百不一二存者竭耳目心思之力積數十年之勤所爲者乃終歸散亡磨滅之書是亦不可以已乎知道者必無惑乎此裕釗衰老目甚鬚髮十九白矣幸差能食精神尚不大憊耳小兒鴛鈍爾時且專攻舉子業其餘皆懵不曉來書

獎借之已甚非所以厲之也尊外舅近晤見不希爲道意并詢賓日昆弟近好久不相見道阻且長爲之惘然且雖足下與渠等想亦不能長合并也復詢近佳惟亮詧不宣裕釗白

與張煦堂大令書

前數日閲邸鈔知以被議左遷爲之惋愕無已不謂足下事遂乖舛至此也人生所遇通塞固不可以常理論或材行志節出於人人而困阨沈淪不得行其志或錄錄無所短長比肩尊官顯秩賢人君子俯首噎氣傺侘不敢出一語其不肖之徒庸虛鬼瑣之醜類乘機冒進

畢生倖心人自期以方面公輔芒不復有閫域制限於是乃蹢弃廉耻相奔於邪徑幽竇抵死并入以求得之雖然其遂以是顛躓身敗而名裂者亦不可勝數也且所謂一意自守不肯少貶以阿世俗而卒躋通顯者抑豈獨無其人邪屈信存亡之際是有天焉非人之所能爲也故曰莫之爲而爲者天也天故不可得而知也且嘗試獨居妄度自天地剖判至今且千萬歲天亦稍衰且老矣固時不免矇瞶瞀亂其所處是非臧否以施愛憎賞罰亦豈信能盡其理邪夫天處高而人錯居其下而權命一懸寄焉又時不免昏亂錯迕則夫人之所謂

窮通得失廢興者譬猶深夜瞑目縶手以走曠闃之虛夷險一惟所値焉斯已耳其又孰從而意之邪足下質直勁正出於天亮又達於當世之務宜在顯位施澤於當世者也其至是命也然使命不終否復進而上一反手間耳亦莫知其爲之者也正已以俟之而已矣羅少村都轉常晤見否悤悤未及作書請以此示之使聞狂言取一笑爲快不足令他人見也

濂亭文集卷五

武昌張裕釗廉卿著

贈道銜湖北升用知府荆門直隸州知州李剛介公殉難碑記

自洪楊之亂起賊先後轥入湖北者五而省城凡三陷文武官吏死者不可勝紀若宣城李剛介公則其尤可爲悼惜者歟公諱榞字紫藩幼從侍厥考松江府君官舍久之遂明習吏事又益考求往古成敗得失與當世之務無所不究以國子生試順天屢躓入貲爲縣令道光二十六年選授湖北公安縣知縣咸豐元年調孝感

明年調鍾祥其冬粵賊自長沙轥岳州犯武昌所在奸民相嘯競起鍾祥馬騾子諸匪黨及襄陽之郭大安天門之蓋天王皆巨盜劇魁黨衆大者萬餘小乃數千公親敎練壯士千餘人捕馬騾子等數十人斬之偵知郭大安謀以衆數千奔粵賊設伏閒道擒之以歸乘大霧掩擊蓋天王悉俘其衆當是時武昌漢陽相繼陷楚中大震卒上游諸郡帖然無恐者皆公討平諸盜之力也明年賊大掠東走省城復大府以公事入奏擢荆門直隸州調署江夏縣鍾祥數萬人守安陸府署及公署請畱公出諭衆衆泣公亦泣是歲裕釗以新甯江忠烈公

聘至鄂城忠烈及鄂中大吏交口一聲稱湖北八州六十縣無李令比者會粵賊林鳳祥等自豫入楚陷黃安趨麻城公以兵馳往擊賊黃岡之鵝公頸江口地大破之窮追至安慶與安慶兵夾擊盡殪諸賊還値宿松警復破賊下倉埠

詔以知府升用

賞戴藍翎踰月賊復自江西大至寇廣濟之田家鎮湖北糧道徐君豐玉漢黃德道張君汝瀛檄公往連戰皆捷最後戰他將畏懦不進公即率所部渡江擊賊賊敗走孤軍追之賊還戰又敗益追至富池口賊知公軍無

繼者分舟中賊登岸襲其後公引就水軍水軍走左陷淖中賊乘之與所部八百人皆鬥死咸豐三年九月十日也越日而田家鎮不守賊遂長驅西上復陷武昌鄂中所在糜沸矣事聞

詔贈道銜褒卹有加公安孝感鍾祥之民家祭巷哭如喪其親醵金錢爲營佛事奉木主祠廟中始公爲縣所至於其地遠近夷險豐耗民俗醇訛奸蠹根株人所疾苦盡知之所爲治行之出於至誠人樂爲用雖至頑族皆感涕願效死力故於公之殉難以死哀思之無不至者裕釗以往歲至鍾祥距公死難之歲十有四年矣鍾

祥人人爲言公治鍾祥事皆曰吾鍾祥入
本朝踰二百年縣官數李公獨第一惜也殉難死去吾
鍾祥數月耳語次淚熒於眦裕釗因益嘆公德入於人
之心久而不忘至於如此同治二年湖北大吏復奏公
死事甚烈在官政績尤卓著請令宜城及死事所建專
祠祀之
詔可予謚剛介五年其孤鹽提舉銜湖北候補通判襲
雲騎尉雯走書裕釗請爲公殉難之碑將勒之於富池
日富池口在興國州東北六十里水經注所謂江之右
岸富水注之者也爲序而銘之曰

皐皐訿訿，有百其侶，皆壽而康，乘車曳組，傑出有公。萬目環之，翦奸迪蒙，迺父迺師。天乎何爲，民之無賜，殲我賢良，自今疇恃？人之賢公，曰善爲吏。吁公之有，百始一試，克究厥施，維國之芘。富水之濱，潯陽之濆，豐碑玢璘，大江沄沄。流公之名，千祀有聲。

誥贈奉政大夫山東長山縣知縣黎府君墓表

君諱安理，字履泰，號靜圃，姓黎氏。先世自蜀之廣安遷貴州遵義，爲遵義人。考諱正訓，廩貢生，以君子貴，贈奉直大夫；妣鄒氏，贈宜人。君生而家窶貧，繼祖母悍戾無人理嘗取毒蕈內君口又誘之溪旁推置水中皆瀕死獲救蘇贈君既以不容常外出後遂遠館四川灌射洪鄒宜人亦逐居母家君齒甫十歲獨留繼祖母所督課之過於成人晝則刈薪芻刃傷指幾斷夜使舂舂不舉繩硾首挽踏之刻宵盡米三畚乃罷日食恆不飽泣諸鄰鄰惻然飯之已少長鄒宜人乃復歸則日從宜人齋粟事祖考及繼祖母祖考古質木彊老人也繼祖母又益責君備稍不合詈楚隨下君屏息竦待益謹以遬恬無怨言鄒宜人既歸而憊益甚所居室榻連於爨轉側不容足重積勞嬰錮疾尤苦操作君常分任勞辱以貧

故復躬負販供羞膳又以其閒習舉子業多授徒至數十人稍閒輒歸佐治家事左右往來周章恆挾一冊就薪火或置鄰閒誦之庭無缺供館無廢業閒值嘉會燕御親賓獨身佐鄒宜人代治菓脯飲饌之屬米鹽凌雜條次無遺如是者歷三十四年用能得祖考歡訖祖考卒殫力營葬鬒髮爲白至乃繼祖母之歿侍疾連晝夜不倦治喪事一無闕遺人人歎息稱願以謂至難能者也贍君之館於灌也竟客死葬焉君於祖父母既以尊親之故無敢疾怨又絕痛父母遭值屯艱所不忍言私獨銜恤飲恨贍君既卒歲時走灌縣終日繞墓彷徨夜

則臥墓側時時悲號泣下惻感行路又以兩弟遨放不返亡不知所如鄒宜人以爲大戚君則徒步走數百千里出入黔蜀歷二十餘郡縣卒迹仲弟得之而其季竟不歸遺一子愚甚三年不能識一字而君撫之如己子其後鄒宜人瘉病恆夜不能寐爐火坐達旦以爲常服食臥起一自君調護親意所需冥會逆合未發輒喻乃益具酒食召宗親相過從晤語以順適親指婁婁道往事至有可傷者鄒宜人泣君亦泣侍坐皆相顧泫然如是者又數年而鄒宜人卒君於是精力瘁敝志亦益恫矣君生平遘遇不幸人倫之變毒酷慘絕之境萃於一

身而處之壹無不盡如史傳所記孤臣孼子奇節至性稱於當時而傳誦於百世其困躓危苦或未至若是此天下之至行也君以乾隆己亥舉於鄉嘉慶戊辰大挑教諭丞從復選授山東長山縣知縣越四年告歸己卯十一月辛未年六十有九卒道光元年十二月甲申葬下涉灘大林山君長身鐘音讀書目數行下貧無所得書書皆出手寫於經易史通鑑尤致精制舉之文上逼國初諸老爲人方直剛毅鄉邑以爲模楷歸田後里中無少長咸稱之曰長山公其令長山著稱廉明家居惠澤周於閭里尤憙急難從兄某以事罹法君往救出之

道墜崖幾死友人厄遠所求援君立馳赴迫夜困極遂宿亂冢間不悔亦不德也諸所爲世或以此稱君然於君抑末已君所爲書曰四書蒙講夢餘筆談鋤經堂詩文集合若干卷藏於家配楊宜人子二恂嘉慶甲戌進士雲南巧家廳同知愷道光己酉舉人貴陽府開州訓導皆有潛德邃學女子六長適周善萃次適縣學生張顯謨次適鄭文清次適國子監生詹祖榮次適舉人吳朝東次適張欽昊孫九人兆勳湖北隨州州判兆熙國子監生兆祺軍功保舉候選知州加知府銜
賞戴花翎兆銓雲南姚州知州

賞戴花翎兆普翰林院待詔銜庶熹咸豐辛亥舉人庶蕃壬子舉人兩淮候補鹽大使庶昌以諸生獻書於朝特予知縣分發江蘇保擢直隸州知州庶誠從九職銜多以文行知名曾孫十七人其賢者曰汝謙好古學光緒乙亥舉人烏乎由君之爲報施之說信有不誣者黎氏之大孰知其所極至哉君歿且六十年而墓刻有待庶昌故與裕釗友善又有新特之好狀君行義來告曰有若吾祖之德泯不昭於紀載誰謂世有醇懿卓絕若是者乎於是獨論君之至孝大節殊特古今者使揭於阡訊於永永無極之世武昌張裕釗表

知府銜洮州廳撫民同知劉君墓表

君姓劉氏諱詩字古愚號松坪湖北鍾祥人祖某國子監生考鵬起縣學生性耆學尤精方書人以疾請者無風雨寒暑必往視又益備藥物楷薪壺罌之屬以給諸貧無力者使卽其家煎飲之所利益甚衆時人爲之語曰欲得活劉公藥有子四人長詳次誼次卽君次詢誼成嘉慶庚辰進士官至宗人府府丞祖考兩世累贈通奉大夫君少承父兄之業刻志勵學苦貧鈍不能記憶每讀書取一紙糊之案上晨夕哦誦至漫滅不可讀乃更一紙有遺忘輒自抶其手攻苦如此嘉慶戊寅

同從子兆玉舉於鄉道光壬午成進士以知縣發甘肅歷署皋蘭平羅狄道諸州縣所至稱治調署巴燕戎格廳通判地故接邊徼土番雜居號爲難治君上書總督那公以謂制馭之策莫若募熟番從事以省追捕之難勒蒙古精鋭以補防守之缺那公韙之未幾補兩當縣至兩當數日檄署山丹是時兵討回逆州縣吏其償過竟

王師徭役匆糧率不能辦治山丹尤甚君至則察吏胥之爲奸利致丁夫官馬亡匿者痛懲艾之明日應役者踵相躡至軍行如流事已還兩當任其後再調署平羅

又嘗署鹽茶廳同知及靜甯州知州皆仍復任前後任兩當凡九年治崇簡靜民以乂安在平羅躬督役脩數渠立大雨中三晝夜不退渠成民賴其利久之調甯夏縣甯夏渠工故事歲令民捐脩例一民一夫水利同知某思漁利甚巡道改一民二夫榜示通衢甯夏民大譁衆萬人圍巡道署且致變君聞立單騎馳往諭之衆羅拜曰此眞吾父母官也悉解去君亦卒爲請於巡道如舊例是時大府行閱邊兵未至甯夏數百里聞緣道居民讙呼稱甯夏劉知縣大府歎異既至加敬禮焉頃之擢洮州廳同知以捐脩洮州城加知府銜署平涼府知

府數月仍返任道光二十年以疾告歸三十年九月某日卒於家春秋六十有八配范恭人繼配陳恭人又繼配孔恭人子四人某某孫五人曾孫一人以某年月日葬於某所始君爲吏所至皆有聲顧以抗直忤上官意故久不得調其後乃稍遷卒亦未大顯遇不遇命也君自於所守得耳使君稍貶其故偷爲一切以赴時俗之所賢亦烏知其遂有進於是耶然世或以君所守爲戒力反之以徼幸於一當終其遇若否抑豈彼之能自主哉然則君固贏於人人者已武昌張裕釗表

代　誥授通奉大夫江蘇布政使倪公墓碑

公諱艮曜字孟炎號濂舫安徽望江縣人曾祖諱某祖諱某國子監生考諱某候選布政司理問皆以公貴贈如其官妣皆

封太夫人理問君篤於行義值歲大旱輸麥以賙餓者所全活不可計數又嘗捐錢萬緡築濱江堤以寓賑貸請官治之而不有其功有子六人而公爲長公少從伯父教授君讀於鳳陽學舍教授君故阮文達公門下知名士也藏書號稱極富校讐之役恆以委公由是得遍覽墳籍又益從教授君執友洪稚存鮑雙五諸公游聞識益擴年十六補學官弟子旋舉嘉慶癸酉拔萃科

廷試二等選授江甯縣學訓導舊時任學官者類耆年
謹迂而公獨年少以明練強力能有所堪任重於上官
道光元年俸滿擢知縣以理問君憂歸服除選授雲南
宜良縣知縣調補廣西靈川縣又調臨桂以大吏薦除
龍州同知又遷江西南安府知府調知南昌府事遂擢
江蘇蘇松督糧道嘗權江蘇按察使又再權布政使前
後任蘇松督糧道凡七年始公爲縣令至郡守所至以
才能著稱吏民弭服於龍州誅土豪劉志友兄弟二人
於南安盡力弭粵東壤界之盜於南昌壹完復屬邑隄
防郡無水潦之患及任蘇松督糧道而蘇松賦故爲天

下劇其後重設海運益殷以鉅公八走運渠三治海運無毫髮愆失又相度白茆滸浦諸水道排決淤瀫導蘇常二郡之水以入於海置石閘以時啟閉至今以爲長利葢公凡所任官於職事無所不辦治廣西及兩江大吏爭推公以爲能吏而權按察時遇事變賴公力遽遏亂萌尤以聲最於吳中初設海運也糧艘水工以失業譁於巡撫轅舉城皇駭公故歲將漕運有威惠於其衆立召唱䄍數人曉譬壹解西洋夷人以傳教爲青浦民所拒殲其數人大譟要致青浦民於辟且揚言不者將遏滬上糧艘無入海巡撫恐憂命公往公至則直登夷

舟或尺之不聽當是時夷勢張甚何公登發巨礟以迎
海波震沸從者怛懼失色公夷然不爲動直剖示以曲
直所居許爲責青浦民以示懲耳夷人遽折服青浦大
驩而糧艘以無稽期運二事微公事幾殆江南畺吏益
推其能又歲滿當遷由是遷甘肅按察使是歲咸豐元
年也入
覲對漕事稱
旨會浙漕船滯復有
詔調補江蘇按察使卽治浙漕旣莅任而疾作力疾益
綜諸務浙漕以濟居無何而粵賊陷金陵乃復以公爲

江甯布政使又代辦江蘇巡撫且一月返布政以前巡撫及布政使截留漕糧若干石未以聞公與有責得旨降調仍留治海運而公以劬瘁積久重寇亂起鎮撫防禦旁午萬端疾乃日益劇不可爲矣四年十二月十二日卒於蘇州春秋六十有三公配太湖張氏封夫人子三某某官某某官某諸生女三人孫三人某某以某年月日葬於某所公所讀書甚衆耳目經歷輒能口哦生平無聲色貨利之者雖身歷顯宦而被服其養有如常時苞苴問遺一不及門始終服官四十年家無贏儲銘曰

公實頴茂擢出自少彬彧其文瓊佩有耀出莞郡邑威德竝耀飾以儒雅厥聲彌劭周歷南服洊膺遷調事蘩棼絲奸宄奧窔公來披之如疢獲瘳駭機將發睒暘騰趠徐擢其茲瞿覗驚掉祇勤昕宵謹秉機要名聞洋溢四遠流照謂當益顯遽罹嚴詔爲人受疵亹匪我召終其勤能帝心燭燎胡遂霣没使走相弔萬代千齡永閟崖峭銘此豐碑惟德之肖

廬江吳徵君墓表

徵君諱廷香字奉璋一字蘭軒先世故涇茂林吳氏遷

廬江爲廬江人祖某父某皆武生咸豐元年
詔舉孝廉方正徵君以優貢生爲邑人推舉應
詔廬江吳徵君之名聞於一時三年粵賊自楚東下陷
安慶省城廬江土寇大作邑團練鄉兵推徵君爲督擊
土寇於邑之北鄉擒其渠斬之盡破碎其黨粵賊亦弃
安慶去長驅至金陵陷之其夏賊復自金陵西上再陷
安慶皖北數百里皆震徵君乃復倡義團練得義勇六
百人而自率三百人守梅山黄姑閘以遏江路之賊當
是時官吏兵民所在迸散賊遂自安慶北犯桐城舒城
巢縣無爲州相繼淪没獨廬江以團練爲賊憚不敢入

十一月廬州復陷安徽巡撫江忠烈公忠源死焉皖中益大駴而廬江以練餉匱衆不支稍稍散去訖十二月晦而廬江亦陷矣徵君憤且泣自必終當一得當殺賊以報

國會明年二月提督和春擊賊廬州大克之七月提督秦定三之兵大捷於舒城紅單船舟師復自海道入扼東西梁山江路絕賊羣衆北趨諸州縣守賊少而是時曾文正公方率大軍自岳州乘勝趨武昌所至克捷徵君聞則蹶然以起謂誠以此時出賊不意攻縣城克之因益與長江上下及諸路官軍相聞合謀以圖皖中賊

可大殄也召募得三千人與外委熊允升率之趣縣城
益密約舊時勇目居城中者朱大標爲內應以八月晦
大破賊盡殪其衆賊渠任大剛走追斬之縣城復大江
東西以兵攻克城邑自徵君始也城既克而安慶桐城
無爲州巢縣諸屯賊四面至環城急攻徵君出擊之斐
有所斬獲居無何賊卒大衆自江路來攻先是徵君豫
乞救於廬舒大營久未報及賊大至何觀察桂珍檄知
縣蔡蓴沈承貽以六百人自六安赴援至則縱兵大掠
及出戰遇賊即返走賊益大焚掠四野火光燭城中府
君夜登城望椎胷泣曰吾志清逆亂不克遂而重禍吾

鄉人援兵不至來者非人吾故死此耳亂將若之何居數日糧竭蕁承貽夜遁走城尋陷徵君率眾巷戰眾皆潰獨張道全陳長有徐新業三人者從遇賊十字街力戰死之道全長有皆從死獨新業爲賊得後逃歸述徵君死事故甚烈而外委熊允升亦同日死事

聞

詔建專祠於廬江

賜祀祭

予雲騎尉世職徵君死賊勢復大張廬舒大帥頓兵久無功紅單船舟師以乏餉尋卻退會文正公討賊至九

江亦失利移軍入江西皖中千里土崩魚爛矣徵君配張夫人生子長慶既長復糾合義舊從討賊其後曾文正公暨同時諸公先後克定諸行省粵賊平長慶以從征有功累官至提督於是
贈徵君及其祖父皆振威將軍而廬江之人以長慶繼有守縣城功嘉徵君之有子而益慕思徵君之烈衆言諸安徽巡撫請於
朝於是復
追贈徵君四品卿銜始徵君爲諸生與桐城戴存莊鈞衡馬命之三俊以學問文章風節幹濟相期尚進退必

於禮義益究切當世之務慨然欲有所立於時者也爲人敏達沈毅偉貌美鬚髯善言論見者竦動初謀起義或危其事尼之徵君掀髯笑曰如若言亂將誰拯耶其人攝然及守廬江事急將自裁或奪刀請速行益抗聲曰復城守城吾義也城陷而走義何居焉出城一步非吾死所也乃卒抗賊以死徵君之死年四十九矣既死邑人徐艮有求得其喪槀葬之城中越三年咸豐六年某月日長慶改葬徵君於鼇戴山之陽又二十有三年乃求爲表墓之文於裕釗自軍興以來文武搢紳至於士民遭會禍亂而死者何可勝數雖其人非素厲名節

一旦不幸倉卒以死既已捐軀喪元不及賊汙君子則壹從而襃之至乃忠誠激發內斷於心義不苟倖視死如歸則其光可尙歟非守死善道知命不惑之君子未之能也若徵君者是已其志之定久矣烏乎名義之大死生之際千古之榮辱一息耳士志行學守不素裕一旦存亡禍福顯臨其前猝焉以爭決此一息者難矣哉

光緒四年十月武昌張裕釗表

汝南通判馬府君墓表

君諱樹華字公實號篠湄先世故六安趙氏明永樂中文學諱驥者贅於桐城馬氏蒙馬氏族姓爲桐城人而

趙氏之先實固始祝氏也既蒙馬氏居桐城遂稱桐城望族科第仕宦相繼世有聞人曾祖翩飛國子監生舉孝廉方正不就以樸學醇行主講席吳中學者稱一齋先生祖春生候選訓導考邦基國子監生兩世皆以君貴

贈朝議大夫君嘉慶丁卯副榜貢生以直隸州州判發江西丁朝議君憂歸服除越數年權河南淸化通判補汝甯府汝南通判以母左太恭人老乞養歸咸豐初粵賊之亂起君倡邑人糾義勇禦賊戰敗爲賊得以刃脅降君君不屈遂罵賊以死咸豐三年十月二十一日也

年六十有八事

聞

詔崇祀昭忠祠

賜卹蔭有加君自少讀書則厭薄世俗之學聞鄉先輩

流風遺躅心獨慕嚮之既長從姚姬傳先生游益研精

聖籍博稽典章文獻及古詩文家徑涂指歸皆擥取其

要旨其後除喪入京師復從姚伯昂總憲陳碩士侍郎

顧南雅通政徐星伯汪孟慈太守暨諸方聞長者以文

學風義相尚學術益進名譽益聞蓋君之學主於考求

遺經辨證是非得失期協平心之所安而實能踐諸行

事以是飭於身亦是以行於家施於有政其在官所至有威惠民用洽和於時大吏若善化賀公長齡侯官林文忠公皆雅重君文忠尤以君屈於下僚不盡其用爲君惜也其居家遭朝議君喪喪祭一遵古禮孝奉其母仁畜其弟自乞養歸蠲治室廬雜蒔卉木歲時偕其弟躬挽輿奉左太恭人日游其中以爲樂益篤於宗族內外置延景堂義莊以贍族人捐建祠堂以祀其始祖參酌古今定爲祭禮具有儀法又旁羅邑之耆舊先賢前言往行廣甄博采勤爲成書治績之美內行之懿術業之精纂述之勤壹能充其所學而自慊於其志及遺寇

亂卒致命遂志以死可謂貞皦篤學舍命不渝之君子
也所箸闡幽彙記龍眠志畧桐城選舉記咫見漫錄神
久處齋詩文集及劄記合數十卷經亂多亾佚僅有存
者配吳安人生子一起泰附貢生選霍邱縣學訓導先
君卒無子以君從子起升子縣學生承襲雲騎尉其祀
爲主後繼配姚安人側室吳氏生子一人起益議敘布
政司理問女一人以貞女
旌君卒之若干年以某年月日與弟典簿君合葬於某
所君兄弟之志也既葬其嗣孫其祀者好學能古文嘗
問學於裕釗於是來請爲表墓之文裕釗惟桐城自有

明以來多世家鉅族名德鉅人文儒忠義之彥歷數百載後先相望及國朝方姚之徒出以古文爲海內倡而桐城文章遂冠天下後更喪亂風流篤厚稍稍衰矣然以裕釗所從游處往往猶多俊傑之士瘉於它邑固其山川奇秀鍾孕英瑋抑豈非風俗之所竦動師友之所漸被者然哉然則風教之於天下所繫人才風俗盛衰豈其微哉因以是思君之懿文卓行追配前哲且尤惓惓於一邑之文獻有以也夫有以也夫典簿君諱樹章字幼白號怡軒候選詹事府主簿加太常寺典簿銜與君友愛臻至兄

弟閒自爲師友自所以仁其親以及其九族一與君合同無閒翕然若塤篪之和君之創置義莊及宗祠一皆典簿君經紀其事又瘉增置先世墓田倡率邑中義舉惟力與財所能無敢少愛厥後復捐所居宅以爲試院馬氏兄弟之風義桐城人至今能言之典簿君初娶張孺人繼娶左孺人簉室崔氏子二人起升府學生議敘府同知起恆浙江即補縣主簿女一人孫五人長即其祀爲君主後者典簿君之葬也與君合又其行足尚也宜竝得書武昌張裕釗表

誥授通議大夫　例晉資政大夫通政使司通政使朱

公墓碑

公諱某字某姓朱氏當道光咸豐之際以文學取科第仕至通政使司通政使年五十有五以卒卒之七年公長子琛成進士入翰林追悼遺澤慨然念先烈之未章於是具輯公之行治將求當世之名能文章者推闡而顯大之用報公以不朽而過以墓刻之詞屬裕釗裕釗既不獲辭乃爲之書曰公先世故家婺源宋建炎中自婺源遷涇爲涇人公既長應有司試其族人有占籍江西之貴溪者往就試補學官弟子於是又爲貴溪人會祖某國子監生祖某父某皆以公貴

贈如公官妣皆
贈夫人公自少以穎異稱從塾師學制舉文及以聲律爲詩賦出語輒能工及其後官京師同輩推公所爲稱之曰能道光丁酉選拔貢生癸卯舉於鄉甲辰成進士爲翰林院庶吉士丁母憂歸里尋丁父憂服闋散館改刑部主事遷員外郎授軍機章京累遷郎中監察御史鴻臚寺少卿通政司參議太常寺少卿轉貳大理擢太常寺卿授通政使司通政使典試山東既入都復
命署刑部右侍郎同治六年以省墓乞假歸秋九月某日以疾卒於家配葉夫人繼室王孺人皆先公卒王孺

人生三子長卽琛次某國子監生次某女子一人以某
年月日葬於某所之原公在刑曹單心平讞庶獄以淸
及爲御史九卿尤以忠愨自效
文宗卽位疏請蠲諸行省積年逋賦又嘗因冬旱疏請
恤刑以消沴氣江西勦於兵奏
飭撫臣錄殉難士民入告
予之旌卹其它陪補遺闕謹漸塞萌密疏屢陳不聞於
外朝者其事尤衆有子能蒸蒸致孝以謂公所言於
上者當世不能盡知懼遂泯沒沈堙而欲得能傳載公
者之一言以爲信裕釗惟古之君子忠誠鬱積貫澈幽

顯雖奄閼於一時而卒大祿於後世彼自有不可泯滅者存於厥志耳固非區區文字所能爲其銖兩輕重然以天下之爲人子者不忍其親而思有以推大之其意不可以不荅也迺爲之銘以歸之銘曰

士之不遇其十而九遇而無述又維厥詬究言其極自我而已我之不能雖顯胡裨我之無忝雖晦胡恥猗嗟我公其又奚云仕躋於朝忠迪於君矧公有後克承公施再世詞垣有鳳在池抑抑令儀浟浟孝思刻辭貞石以塞其悲

候選郎中查君墓表

君諱紹籛字鏗友號玉彭一號莞斟姓查氏先世避元季之亂自徽之婺源遷浙之海甯於是爲海甯州人曾祖懋附貢生候選知縣以長子瑩貴
贈吏科給事中祖世倓刑部福建司郎中考元偁学貴州道監察御史曾祖妣汪氏劉氏祖妣李氏妣劉氏生妣李氏皆封恭人君聰令夙成嘗所讀書甚眾尤篤者朱子之書又有經世大志於當世之要人情之賾無所不究悉然其爲學必要歸於務本故尤篤於孝思自道光丙午舉於鄉援例候選郎中眾謂君且用於世矣君顧以親老不欲遠離遂决計不仕其居家事親之節皆

而定晨而省朔望率家人具衣冠而拜毋敢以一日閒毋敢不齋慄家之務無問鉅若細無問居郄前若在遠無問少若壯大若旣老夔夔翼翼一諮稟而後行事仁其親以及其弟罔或失其愛罔或私其力與財君家故高貲富室也侍御君年考旣高析產於其三子以鄉里之產與君若季以天津鹺商與仲道光中銀值騰躍仲爲鹺務累且不支君請於侍御君以己與季所受產集貲累鉅萬轉運天津以濟之已而銀值日益昂負日益多復罄巳所有以償其後卒不濟則又躬自浙馳赴天津爲之經紀其事遂遘膨疾以歸君家以此中落而君

亦且憊矣自是君所患時作時止居頤之疾益甚遂以咸豐四年六月某日卒於家春秋五十有一越十八年同治十年十二月九日葬於某所君初娶馮恭人先卒於是祔葬君墓之右繼娶趙恭人子二人滔某官承源某官嗣君弟某爲主後女三人皆適名族孫六人光某官次燕緒州學生次宸華同治元年卒於難亦祔葬墓次次庭榦國子監生次龍樗議敘六品銜次麟樾女孫四人曾孫一人燕緒故嘗從余游及是致父之命求爲表墓之辭裕釗惟君以弟之故毀其家瘁其躬一不以自恤其於兄弟也篤矣人人以爲難余謂君則誠篤於

孝耳明發不寐有懷二人小宛之詩人念我兄弟故所以若是其厚且摯也故曰孝乎惟孝友於兄弟於君徵之已余悼夫俗日益薄忘其一本之愛而罔念昔先人兄弟之閒淩競爭斂甚者乃爲仇讎而莫之禦也聞君潛德摯行故憙具論其事鐫諸貞石表諸墓門用以垂示永久風厲衰俗庶其少有憬焉同治某年月日武昌張裕釗表

漢陽馮府君墓表

府君諱作新字南亭姓馮氏湖北漢陽人考諱彝贈榮祿大夫子三人府君爲長榮祿君之卒也府君年

甫十二兩弟益穉昧族人杌肉視之母氏王太夫人撫府君而泣且曰汝父不幸遽下世獨遺汝昆弟煢煢孤露若是奈何覬汝能早自樹益卒厲兩弟其敦勉刻苦立而家耳府君雖幼聞王太夫人言則謖然稍長益發憤治術業蚤夜攻苦不少衰王太夫人懼其以是致疾也俾納粟爲國子監生而悉以家事任之府君則日行視原隰差量地勢物土遠邇肥磽耕甿苦樂良楛承敝通變以阜其家家日益饒又以詩書勗其兩弟兩弟文譽日起王太夫人於是爲少懈癒於曩時人咸謂府君能奉母之教而喻其志以卒娛其母賢於人之以顯赫

爲榮也然府君雖絕意進取而耆學故不少閒日取宋
五子及諸儒先書編摩諷誦復而不厭以是澤其躬行
於其家閨門之內長幼尊卑肅然春秋時祭婚喪賓客
之禮一衷諸古鄉人宗之自其家既饒尤以濟人利物
爲亟後值歲祲家中落然苟遇孤窮困阨宜所存恤者
視力所能不敢不勉道光二十九年大水所至田廬漂
沒道殣相望府君集貲振施既罄竭無餘益走書乞所
告諸好義之士醵金相佐助所全活若干人謹救其家
日用飲食務從貶約乃至每飯常不飽或問之府君曰
遘此大祲人民餓困轉死怵目恫心不敢飽也烏乎循

是言以觀雖古仁人之用心何以異哉府君以咸豐元年三月十一日卒十一月二十三日葬於黃陂縣幞頭廟鄭家灣橫山之陽配曾太夫人江夏縣處士諱自桐之女生子三長禮藩道光丙午舉人浙江候補道權浙江鹽運使次禮敦次禮鏞禮藩既貴累

贈府君榮祿大夫又具饌府君里居世次與其行義請爲表墓之文於同年生張裕釗且曰有黃陂金叟者往晤禮藩軍中告禮藩曰予亦知子之所以至是乎皆尊君盛德之效也禮藩敬對曰謹受教因具述先府君行事甚衆叟曰是皆人所知尚有人所不知者禮藩則敬

以請叟曰尊君之所不言某亦不敢言也堅叩之終祇不語烏乎觀禮濬所述金叟之言府君之隱德多矣武昌張裕釗表

馮母曾太夫人墓表

太夫人懿恭性成自少讀書通大義熟聞古列女孝子行事漸漬服習益篤以敏居母家則祇事父母躹躹維謹年二十三歸漢陽馮府君裕釗表馮府君之墓太夫人族世予姓葢具詳之矣馮府君既以母王太夫人之命周歷田野經紀租入歲時恆出外太夫人則壹意共養王太夫人晨夕膳羞問寢侍疾纖悉勞辱之務傾身

任之王太夫人意所偶需瞋未及發太夫人嘿揣冥契還至立具有若夙成牖闥階席堂室庖匽踵接響應無闕事體故素羸又夙有眩冒之疾疾作輒竟日不食然弟聞王太夫人謦欬躧興湍往不譽晷刻王太夫人閒感疾患益祇栗在視寢食俱廢必旣瘥乃復初王太夫人亦絕愛亟拊而數休之而太夫人益謹不怠嘗以謂親有疾宜所最謹者二焉疾中或假寐侍疾者偶離側及旣寤欲有所需若疾呼遂嘿而罷且老人憐子婦尤臻至疾少閒輒撫慰令退休已雖飢欲食渴欲飲亦强自抑止待疾者愼諸此聞者咨嗟太息以爲信古之

所謂視無形聽無聲者也王太夫人年考故最高閱壽八十有六時太夫人亦年踰六十矣子婦及孫男女以十數然猶日侍王太夫人齋遬捧盤匜手羹湯以進一如少壯時王太夫人既卒哀禮備至朝夕饋奠必躬必虔先後嚴事王太夫人四十有二年始終無一息懈烏乎至矣太夫人之卒以咸豐十一年二月六日春秋六十有九明年九月既望祔葬於黃陂縣蕭家岡王太夫人墓次太夫人長子禮藩既屬裕釗表馮府君之墓復以太夫人墓刻爲請裕釗以爲孝行之難久矣婦人之於舅姑則尤所難焉若太夫人豈非所謂天下之至行

者哉具誤純懿綜極微顯鑱之貞石勒之墓門旣用風厲澆俗薄行且以昭示永永無極之世武昌張裕釗表

濂亭文集卷六

武昌張裕釗廉卿著

唐端甫墓誌銘

今年夏友人唐端甫以疾卒於金陵書局裕釗既往哭越三月孤子嘉登將以其喪歸葬於某所於是爲之銘以歸之曰端甫姓唐氏諱仁壽浙江海甯州人考諱鳳林國子監生家故高貲富商及端甫生而頴異絕人年十四補學官弟子有神童之譽是時嘉興錢警石先生以宿學官海甯州學訓導意獎掖後進晚年得端甫及濮陽彝齋春泉則大異之兩人皆從錢先生遊端甫既

貧異稟又其家故饒於財大購書累數萬卷往往多秘笈珍本乃益發憤鑽研尤究心於六書音訓之學讎校經史文字疏譌舛漏毛髮差失皆辨之由是名譽益聞其後屢應鄉舉不得志及咸豐八年粵賊躪擾浙中端甫奔走流離田宅財物埽地剗絕所購書亦蕩盡端甫又善病既經喪亂志意蕭然與少年時夐絕矣然端甫故處之恬如好讀書如其故所詣日以邃性靜正不以喜怒隨人與人相對或移晷無一語獨善食酒引滿連數十不亂酒後輒面赭乃頗振厲談噱亦時爲感慨不平之鳴其介特故內函罕有知者篤於古誼今之人有

不能及也與君同處金陵書局德清戴子高望者死而無子死後無一不賴端甫力者端甫及戴君皆曾文正公所招致也端甫來金陵以同治四年越八年而文正公薨其明年戴君死又四年而端甫卒實光緒二年六月十四日自同治三年大軍克金陵曾文正公及今合肥相國李公相繼總督兩江始開書局於冶城山校梓羣籍延人士司其事文正公尤好士又益以懿文碩學爲衆流所歸於是江甯汪士鐸儀徵劉毓崧獨山莫友芝南匯張文虎海甯李善蘭及端甫德清戴望寶應劉恭冕成蓉鏡四面而至而文正公幕府辟召皆一時英

俊並以學術風采相尚暇則從文正公游覽燕集邕容賦詠以爲常十餘年之間文正公旣薨逝劉毓崧莫友芝戴望諸人皆先後凋喪汪士鐸已篤老自引杜門不復出張文虎亦謝去其他或散走四方及是而端甫又以死金陵文采風流盡矣

國家自

聖祖天縱睿智右文稽古

列聖相繼益紹明制作廣厲學官鴻生鉅儒應期並出度越百代而[redacted]越爲尤最際會者或被

殊恩蒙

遲賫遺聞盛事爲藝林傳說及乾隆中葉以還薄海熾
豐
天子命建三閣於杭鎮揚諸郡
頒四庫書庋其中而江浙所至家尚藏書刋布珍冊流
衍海內絃誦相聞其封圻大吏若阮文達畢尚書等尤
熹招延文儒之士一時號稱極盛逮咸豐初兵起區寓
縻沸東南尤被其毒諸人士死亡轉徙典籍焚燬斬焉
無遺學者亦益廢壞物盛而衰乃至於此其後雖以曾
文正公削平寇亂興起儒學然甍逝曾不數年而人物
蕩然豈人文與時興廢固天實主之而不可强者邪余

既以悲端甫之故因并有感於今昔之事於是遂備論之抑以明端甫所以至是固時與命則然其聚散存亡之數亦非獨一人之可爲悼慟也端甫娶莊氏早卒子一郎嘉登女一未嫁端甫之卒年四十八矣其生平所爲書皆未就獨有詩若干卷藏於家銘曰

嗚呼端甫子墓吾銘吾獨子悕子而有知其唯吾詞

莫子偲墓誌銘

子偲姓莫氏諱友芝自號郘亭晚號眲叟世居江南之上元明宏治中其遠祖曰先者從征貴州都勻苗遂留居都勻至高祖雲衢又遷獨山州自是爲獨山州人曾

祖嘉能祖强州學生皆以君考貴
贈如其官考與儔嘉慶己未進士翰林院庶吉士改官
爲四川鹽源縣知縣再改官爲貴州遵義府學教授曾
文正公表其墓曰教授莫君者也教授故名進士日以
樸學倡其徒教其子弟子偲獨■一意自刻厲追其志
而從之當是時遵義鄭子尹珍亦從教授君游與子偲
相劘以許鄭之學積五六年所詣益邃黔中官師徒友
交口推轂莫子偲鄭子尹而兩人名遂冠西南子偲之
學於蒼雅故訓六經名物制度靡所不探討旁及金石
目錄家之說尤究極其奧賾疏導源流辨析正僞無銖

寸差失所爲詩及襍文皆出於人人而於詩治之益深且久又工眞行篆隸書求者肩相摩於門子偲癯貌玉立居常好游覽善談論遇人無貴賤愚智一接以和暇日相與商較古今評隲術業高下正論詼嘲閒作窮朝昏不勧自通州大邑至於山陬嶺海公卿鉅人學士大夫咸推子偲以爲不可及下逮武夫小吏閭巷學徒語君名字無不知及其他嘗與君晤無不得其意以去者然君雖樂易而中故介然有以自守自道光辛卯舉於鄉其後連歲走京師朝士貴人爭欲與之交然君必愼擇其可有權貴介君友求書辭不應某相國欲招致授

子弟讀婉謝之既屢試禮部不得志以咸豐八年截取知縣且選官顧君意所不樂弃去不復顧以其年六月出都門從胡文忠公於太湖明年復從曾文正公安慶越四年又從至金陵胡文忠曾文正公皆君嘗所與游舊知君者也及今合肥相國李公巡撫江蘇請州縣吏於
朝而是時中外大臣嘗密薦學問之士十有四人
詔徵十四人往君其一也於是文正公暨李相國及諸朋好爭要君出仕敦勸甚至君一辭謝不就携妻子居金陵時獨出往來於江淮吳越之交子偲既好游而東南故

多佳山水又儒彥勝流往往而聚迺日從諸人士飲酒談詠所至忘歸同治七年冬余與子偲自金陵偕送文正公於邗上返過維揚登焦山道丹徒至吳門並舟行者累月日日接膝談語十事而合者七八余尋別子偲赴杭州明年復來吳與子偲益買舟徧覽靈巖石樓石壁之勝觀梅於鄧尉越日至天平山謀且上其巔子偲苦足力乏坐寺中待余余乃獨從一小童攀籐葛凌怪石陟絕頂以望太湖既下子偲迎余而笑相詫以為極一時之樂距今忽忽四五年日月夢想屢欲尋舊游不復果而子偲則且卒矣子偲之卒以同治十年九月辛

丑春秋六十有一生平所爲書曰黔詩紀畧三十三卷
遵義府志四十八卷聲韻考畧四卷過庭碎錄十二卷
郘亭詩鈔六卷樗繭譜注一卷唐本說文木部箋異一
卷其編訂未竟者尚有詩八卷郘亭文影山詞郘亭經
說古刻鈔書畫經眼錄宋元舊本書經眼錄舊本未見
書經眼錄資治通鑑索隱梁石記各若干卷藏於家配
夏孺人子彝孫附貢生先一歲卒繩孫兩淮候補鹽大
使女二人孫一人尚幼子偲兄弟九人多有名於時子
偲既卒其季弟祥芝官江甯知縣者請假於大府以十
一年二月與繩孫載其柩歸於貴州卜六月壬申葬於

遵義縣東八十里青田山先塋之次且行徵銘於余余與子偲故相得也旣踰月爲之銘而歸之其辭曰

烏乎子偲迹半天下名從之馳卒歸藏於故邱無所不慊矣其又何悲

吳徵君墓誌銘

徵君姓吳氏諱元甲字育泉先世自婺源遷桐城爲桐城人六世祖諱爾昌直明季流寇之難用諸生唱義危身以扞鄉里七姓祀之高祖諱大陞歲貢生曾祖諱泌國子監生祖諱太和候選府經歷考諱廷森自高祖以下四世皆以篤學醕行爲人稱說至今自祖以下至君

三世皆以君子貴累
封通奉大夫君生九歲能操筆爲古文作中正論三篇
長老驚歎旣長爲六皖名諸生曾文正公嘗嘉其文學
客而館之而尤重其爲人蓋君有至行約其身以致孝
於其親居外則服劬瘁以致甘旨入門則鞠躬夔栗蚤
夜侍側無敢以跬步違命之退然後退居父喪終日麻
衣坐藁秸中俯首垂涕泣無一語家人恐憂瀹蓡而進
之拒不飲已而紿曰茶也飲之蓋昏瞀不復能辨識其
至性如此推所以仁其親者以及其昆弟以至於族姻
至於親疏遠邇豐約愉戚得喪必以人先而巳後之苟

利於物不敢以私其有苟慊於心不敢問瘁其身處於家也遘諸昆弟謀析產君則大戚卧數日不起既乃悉推田宅以與兄弟兄弟田宅再喪再贖而歸之既力不能贖則皆召之同爨昆弟没而諸子暨孤甥皆長育於君諸子孤甥視君猶父也乃旁逮其鄉里亦莫不同心而仰君若其親戚邑有大計大疑必推君主其事無不辦治者咸豐初元

詔舉孝廉方正衆以君應

詔君固辭卒以公論强之自道光之季連歲大水及咸豐中粤賊躪縣境飢敝之餘米粟騰躍人無所得食君

家故貧窶也以其勤力所得市米穀盡散之鄉人而妻子至采菜茹拾樗橡爲食又嘗斂數千金饋軍家人乏食遮道告之不顧又益糾合義勇以與賊抗所捍百數十里其在軍席地而寢市餅爲食不虛縻鄉里一錢不顧問家事大軍既克安慶當事敘籌餉之勞君謝曰吾邑人朘膏血剝肌髓以急
國難而吾乃以爲利邪衆聞莫不多君益推以爲仁人長德自孔門之教必孳孳於爲仁而要其歸則以孝弟爲之本故曰不愛其親而愛他人者謂之悖德不敬其親而敬他人者謂之悖禮又曰愛親者不敢惡於人敬

親者不敢慢於人蓋親親而仁民仁民而愛物由此以達彼緣本而之末其道固然也自爲仁之義不明而本與末不相貫備士或侈言施濟以譁衆取榮而所厚者薄或內行勑備而無所裨助於世又其甚者竊自坿於儒者之學而自門以內父子兄弟之間曾不可以告於人銖金尺帛鉤析計量而視人之苦樂乃頑然不以爲忻戚稱仁講義洋洋盈耳而靦焉自以爲鄒魯濂洛之徒此孔子所謂穿窬之盜者耳烏乎使其本心未盡失者聞徵君之風其能無少媿於其中歟君以同治十二年某月日卒於深州官舍春秋六十有四配同邑馬氏

嘉慶庚辰進士四川閬中縣知縣諱維璜之女封淑人子四人汝經桐城縣學生山東候補縣丞汝綸同治乙丑進士深州知州汝繩汝純並國子監生女一人已嫁而卒孫二人奎駒汝綸有學問文章其居官明達治體故善於裕釗而裕釗所畏焉者也以書來告曰將以某月日葬先府君於某所敢請銘銘曰

烏乎徵君之義慉於其家暨於其鄉靡有疵瑕惟其不顯施止於此以其所有推及四海澤之所被其曷有已嗟時之人惟己之私貪冒險詖彼獨何爲銘此懿行爲世表儀

吳母馬太淑人祔葬誌

往者桐城吳育泉徵君之卒裕釗既爲之銘以鑱諸貞石越光緒元年而徵君之配馬太淑人繼以七月某日年若干卒其次子汝綸復以書來曰先子銘幽之辭既幸得子文而吾母今又沒吾兄弟荐罹閔凶慘怛哀慕不知所出惟吾母之摯行宜不得沒者庶其有聞於後而且諏日祔於先子之墓次敢復請志其藏以卒吾父母終始之賜其慼且不朽裕釗則敬諾汝綸又曰吾母之來歸也奩送千金自吾父推田宅與諸父皆吾母私錢所購買也而吾母無幾微慊於其心者既吾父召諸

父同爨又長育諸從子及孤甥又以錢穀振內外宗黨之貧乏者疾病者婚喪不能舉者而吾母壹與之同吾族及里之人今皆能道之然其事吾大父母尤有至性吾父常終歲外出尤以是不憂其家自吾父少游京師大父每爲書稱婦之賢以釋其子也自大父之世吾家食指衆費用恒不給閒值艱窘大父悄焉獨彷徨吾母輒先喻之立出服器脫簪珥以應其後吾母筐篋罄竭家亦瘉貧益蚤夜作苦而吾母故怡然不少怨悔晚歲嘗從容語余兄弟曰吾少時治麥屑爲饘雜水磨之日晨起盡五六升汝伯母故羸善病吾數代而休之吾壓

瘡潰血淋漓霑漬衣若朱繡也請叔治田食麥吾與汝伯母飲水耳木棉花繁則吾娣姒之田擷之吾姪及月不少息及生兒墮地死矣然舅姑愛我我誠苦乃復樂之今舅姑亡矣思若此豈可得邪因悲哽不自止自大父之病而嗜食鱓既没吾母聞賣鱓聲則泣而漁者爲之遠迹其至性如此裕釗曰烏乎此可銘也已夫其心一篤於仁而不少私其利至於困阨而不怨自學道之君子難之而太淑人故若是哉或服儒服稱號士大夫顧乃競於財而忘其親者盍亦觀於此乎於是爲論其事而系之以詩至於太淑人族世子姓則裕釗銘徵君

墓既具詳之已故不復著云其詩曰

相夫子嚴尊章躬窈窕婉以莊生同其德没同藏有崒

新阡鬱高岡睪牢山川孕俊良千齡萬代無毁傷

文學余君墓誌銘

裕釗幼則爲大母太孺人所鍾愛每夜分讀書畢家君侍太孺人歸寢裕釗必操几杖從太孺人嘗指裕釗而語家君曰吾父爲善終身而重厄於世不爲世所知是子讀書敏且勤長若能爲文者必命爲吾父志其墓慎毋忘吾言也家君命小子裕釗謹誌之後稍長始學爲古文以太孺人言屢欲爲之苦才薄每操筆而中止者

至於再四距今忽忽十餘歲裕釗年幾及壯太孺人亦沒且踰年而銘卒未就此小子釗所以撫心追悼泫然而不能已者也先是太孺人常謂裕釗曰吾父早歲補縣學生後屢應鄉舉不得志而讀書至老不輟爲人忠厚仁恕所遇無賢愚必致其誠而尤篤於內行吾伯父某公性豪侈不屑以儉約治其家家日以落而吾父怡然不之計也其後窘益甚吾父處之益安至其終身未嘗有幾微之色見於顏而其見於外吾不得詳其處於內而爲吾所及知者如此嗟乎俗之偷久矣自裕釗年長所見鄉里貴富顯榮之族多相競於利而至於兄弟

之相與處其或以田廬貨財幾微之瑕釁尋及於相仇而無已者皆是也如君之所爲其出於人豈不遠哉然自君没後家益貧後嗣尤衰落君有子三人先後相繼喪其在家君爲兄弟行者六人連喪其四其在裕釗爲兄弟行者十餘人今存者數人而已然皆貧不能自存豈天之報施善人終無時而信也邪抑豐悴有時其中落而後乃克昌者邪裕釗既有感於君之爲善而不獲其祉因卽太孺人之所以語家君而命裕釗者爲君次其終始且以俟其後焉君姓余氏諱翼運字迪亭邑之某里人以某年某月某日子年七十一卒於家以某年

月日葬於某所之原銘曰

維君有令德孰乃靳以世榮雖然視世之赫赫者君則已羸銘其幽者君彌甥大書琢石章厥名

誥授中憲大夫即選道江蘇候補知府黃君墓誌銘

君諱克家字棠九姓黃氏湖北隨州人曾祖某議敘從九品祖某國子監生考某州學增生世以仁孝稱於鄉祖考皆以君貴累

贈通奉大夫妣皆

封夫人君年少志美未冠以廪膳生入都所治術業以摯當世有司取科第者皆精善出於儕輩又益嫺於時

俗之務用智能自襮見都下達官長者人人爭欲識君中道光丙午順天舉人歷官覺羅官學漢教習內閣中書先後往來京師二十餘年名聞益廣同治三年援例捐知府發江蘇候補當是時今合肥相國李公權兩江總督故與君舊知其才至則檄莞海門釐捐抉剔宿弊歲入加於常時又權海州海州故悍强號難治君能用嚴察衂奸芒州境以清又州自經亂爲瘠區往者以虧累爲戚而君獨不憂空無由是一時咸稱其能謂且當遷調顧君意有所不得遂弃官以歸歸之明年以官海州時有獄旣成讞詳請大吏人奏得

旨改流事決矣而得罪者以訴於上於是當事乃復檄
君至江甯覆訊留數月未得報先是君配鄧恭人以是
年五月卒家尋燬於火君以獄久留不決居江甯鬱鬱
不得志遂遘疾甫三日卒同治十二年十二月九日也
是時君館於裕釗裕釗與君同年生也於是告之同人
相助爲棺斂明年正月君子承藩承翰奉君喪歸於隨
以某年月日葬於某所始君徒步走京師年力富盛既
以才技稱於世益徧識當代名公貴人自必當坐致通
顯顧久不獲遂年長矣乃始以入貲官爲外官踰數年
卒未顯歸將以少息也而又訖輾轉官事以客死嗟乎

進退顯晦愉戚窮通得喪之際豈夫人之能自爲者哉世之人或竭其耳目心思才力苦營度於得失利害以求一當者其亦可以已夫君之卒年五十有二承蕃其長子也中書科中書承翰次子候選郎中季子承璧候選州同女一已嫁而卒孫三人某某銘曰

謂天處高芒其奚爲胡抗倏隊胡縱倏羈胡豐倏悴而險倏夷舛迕萬端疇識其倪豈伊自今千禩於茲君亮寤此尚其無悲

外舅黃君墓表

外舅黃君既歿之二十年其長子壻張裕釗始表於其

墓曰君諱宣字仲卿湖北大冶人祖某國子監生考顯
訓廩貢生歷署棗陽縣學荆州府學訓導有子三人而
君爲長道光丁酉舉於鄉已而有疾久之遂喪明同治
元年年五十有五卒於家初娶朱孺人繼娶王孺人子
二長鶴立安徽候補巡檢次羣陛以某年月日葬於大
冶縣某里之分水坳君少負英達之資習知人情術業
通敏既舉於鄉春秋鼎盛家又故高貲富室門第日益
隆起銳意自奮於功名已而再走京師試禮部不得志
又以疾喪明益憤懣徧求良醫治療百方卒不效其後
益蹙集憂患迍邅抑塞重冦亂起顚連頓仆家日益落

而君亦自此歿矣君既歿不數載王孺人亦卒羣陛已早殤鶴立權典史全椒復卒於官舍諸孫益厄困孤苦自裕釗甫勝衣過君家今年且六十先後所見數十年之間盛衰縣絕至於如此烏乎可傷也已君爲人夷愉開豁於財物無所顧籍遇人尤篤厚肫摯有以緩急告者未嘗不立應或乃捐數百金不惜又益篤故舊喜賓客自蚤歲則善飲酒既嬰疾疢歷屯難乃一以酒自遣朋舊昏婭過從盛治酒饌劇飲讙呼肴核杯罌必罄竭乃罷以爲快客或醉不能飲幸君失明私乘間爲隱欺幾少逭君廉得輒不憚見於其面心望客乃欺我瞢也

由是皆相戒莫敢爲欺者裕釗既長亦時時侍君飲君飲罷輒長吁已乃默無一語裕釗故君尤所愛憐也乃至王孺人亦絶愛亡妻其母朱孺人也餘子女皆出王孺人而王孺人之畜裕釗故逾於其羣輩者雖鶴立及其婦亦然故裕釗述黄氏事則愴然以悲不自止朱孺人聰明識道理君屢爲裕釗言而悼之王孺人尤樸厚慈良晚歲乃益憊於作苦裕釗常慼焉以君及兩孺人之賢而其終若此嗟乎孰從而訊之哉

吳母孫夫人墓誌銘

沅陵吳君之配曰夫人孫氏處士諱某之女年二十歸

吳君時吳君甫十四歲先是吳君母氏鄧太夫人故多疾考
贈資政公憂其不壽又不欲娶後妻懼異日亂敗我家故爲吳君擇婦必得年長者及夫人來歸二日而鄧太夫人卒資政公遂一以家事付之夫人則兼綜內政罔有遺失晝潔酒漿宵治麻枲田奴織婢率作有程門庭具飭井匽蠲絜雞彘蕃孳瓜芋碩大室以大和祇奉資政公養生喪死終始之義無違撫小姑自髫齔至於笄至於嫁恩意篤備姑忘其煢以是吳君得一意自力於學取科第爲世聞人始以內閣中書官京師其後出治

戎事累官福建臺灣道宦游數十年奔走動萬里夫人攜諸子居里閭之日爲多其綜理百度一如其朔中值寇亂顛躓艱苦劬瘁萬端馴致疾病然猶日問家事不以自暇逸天命不延以同治十一年冬十二月丙辰卒於家春秋五十有五初封恭人晉封夫人子某縣學生分部行走郎中女一適湖南候補縣丞李某孫男女四人某某卒之明年冬十二月壬辰葬於宅後挍埸坪之原吳君命予某撰述遺徽徵銘刻石屬有感乎余心辭不盡於嘉歎銘曰

嗚呼倫紀之際難矣後母之變雖古之賢哲猶有痛心

乎此吁貲政公殆云蚤見亦有夫人乃遂克踐嗟乎使天下之家咸有子婦若是雖失慈母甯有瘠子緒觸感予悼曷云已嗚呼夫人賢遠矣

黃孺人墓誌銘

孺人大冶黃氏廩貢生歷署荆州棗陽松滋學官諱顯訓之孫女而舉人諱宜之長女也生五歲而喪其母育於大母越四年大母亦卒祖若父傷其無母也體又羸而又益甚惠以婉以是尤加憐焉年十九歸裕釗事吾父母不敢以云盡孝然世之爲婦者覼舅姑恒不若其父母而孺人之於吾父母其自視乃若人子然蚤夜依

依致養苟可以適吾父母而力能爲之者未嘗不勸爲之也處内外族婣不敢以云盡道然篤有恩意而無敢慼於禮既其没而長幼卑尊莫不慟惜之也迺至吾族疎屬之人多有流涕者自其居父母家故生長富貴而從裕釗於貧約甚苦家事操井臼長育子女終歲不獲自暇逸生又多疾力疾而躬作勞亦憊矣而遽以死傷哉蓋孺人自其少時其家人常竊憂其不壽及歸裕釗時時亦獨自以死爲畏間值疾病則謂裕釗曰吾得與君相守至老死雖苦猶甘之然此卽不敢望幸沆兒授室使吾得見新婦更少寬數年徐乃死死不恨矣命之

不競終已不獲少延以慊其所僅欲遂也悲夫且其卒也裕釗攜長子後沆方居省城中及歸而孺人已前卒二日矣聞孺人且卒念之為泣下此尤可隱者也孺人之卒以同治九年六月五日年四十有五有子二人其次曰後澮女子五人孫二人孝沐孝移以光緒[redacted]年[redacted]月[redacted]葬於[redacted]縣[redacted]鄉[redacted]之[redacted]山銘曰

昔君未沒我戲謂君我後汝死必善為文以不死汝汝勉為賢孰謂今日迺踐斯言握管悲來有貫如泉嗟我與汝已矣永萬古而訣離文縱不磨又安用之

兄子慕梁葬志

伯兄鐵巖之子慕梁名後灝中殤也故字之稱慕梁其生以咸豐二年七月六日余時客都中再逾月歸至家至則日已夕先子方館江夏田氏未歸先妣聞余至喜燈下抱慕梁出視余曰汝兄舉子矣先是伯兄連舉子而殤余睹慕梁則大快舉家盡歡然慕梁生羸甚常時多疾疢先子及先妣及家人皆隱以爲憂顧皆銜莫敢相告且幸其少長或良已卒以同治三年五月復遘疾至八月二十二日殤年十有三矣傷哉慕梁幼聰慧先子絶愛憐之生六歲授之四子書諸經已復授之盱江黄氏史學提要慕梁輒能述歷代世次年祚長短及東

晉十六國五季十國本末言之歷歷余每考問之以爲樂而益憂其不壽殤之前三月一日從羣兒嬉語羣兒曰我今歲且死羣兒呵曰無妄言慕梁復深語曰我非妄信也語次輒淚下既殤羣兒始言之事甚怪不可解抑慕梁知愳其死而竟以死傷哉慕梁以殤之次月葬於宅東學堂林祖墓之側先子慟悼不可言已命予爲志其葬每操筆心悲而止踰四月先子亦卒明年二月先妣卒余益慟不忍爲今三年矣追述先子之命流涕而爲之志

劉君墓志

君諱卒余銘之不獲藏今三年癸卯歲十二月俞韶
志其葬蓋葬君於小嶺而五鍋四月葬鄒氏於十水家阳神
於君東豐嶺林泗墓之側次乃不可置而今乃
　墓葬哉其子師翁遺言若梁亦懲之次曰
曰姓今姓比不降歐之有曰葉堂言謀梁其亦
歌十六國五年十四本未曾之國俞余仰花門之忱

濂亭文集卷七

武昌張裕釗廉卿著

誥授資政大夫廣西巡撫方公家傳

公姓方氏諱顯字周謨號敬齋湖南巴陵人方氏自元明以來世有名賢公曾祖某祖某父某比三世不仕公
祖以公貴
贈如其官公少孤母許太夫人督之學嚴至旣長以歲貢生任湘鄉縣學教諭稍遷廣西恭城縣知縣公爲人英達沈毅自少讀書慨然有志於經世之學而好古兵法雍正四年

詔諸行省舉賢能之吏大吏知其才薦擢貴州鎮遠府知府當是時鄂文端公總督雲貴始建議開苗疆改土官歸流雲南東川烏蒙鎮雄諸土府旣皆內屬然貴州苗自若其故所謂貴州苗者其南曰古州曰八寨其西南曰丹江其東北曰九股清水江九股清水江際鎮遠而丹江際凱里八寨際都勻古州際黎平參錯萬山之中阻險而羣居地方三千里衆數十萬於是黎平知府張廣泗建請開貴州苗鄂文端公善其策未卽許而獨檄公至雲南問狀公對以爲貴州生苗獷悍者居泰半無所統黔楚粵行旅之往來皆阻苗疆迂道而後達苗

又益時出剽掠爲商旅患中國奸民觸法捕之急則逃
入苗中無敢問者吏民咸以爲苦其內則弱肉强食相
噬齧雖彼民亦自苦之誠及今宜爲計諸苗區固峻險
然泉甘而土沃有丹砂水銀木棉材木竹箭金鐵之饒
清水江西通黃平平越東走湖南廣西今誠以德威撫
而有之漢苗良楛之民攝然壹安其所舟楫達於四遠
財賫流衍華夷富樂
國家大安此百世之利也鄂文端公曰是則然然子度
開苗難易若何曰無難易惟其人而已又問剿與撫宜
孰施曰二者宜並施之第撫先而剿後既剿則尋撫之

耳因條上平苗便宜十六事文端公深韙之於是始奏開貴州苗改流如雲南矣文端公檄張廣泗招撫古州丹江八寨諸苗而九股清水江諸苗以屬公是歲雍正五年也明年公以三月至梁上四月至挨磨者磨八月至柏枝坪披心腹布德威順風首塗苗民悅喜訖十二月而九股及清水江南北九十有二寨一皆撫定先是施秉有劫盜匿台拱在農二寨副將張禹謨捕不得至是禹謨率師次柏枝坪二寨既就撫矣禹謨追其舊惡謀因兵威屠之二寨懼弃寨逃林谷將爲變公聞之曰如此苗人人自危矣大局且以壞持不可遂獨馳一騎

抵二寨寨皆空無人公則宿寨中犂旦張盖出令從者
一人前導繞林谷疾呼曰鎮遠府來活汝卽令汝疾出
苗民爭出擁馬首驚問公曰無恐速歸寨汝曹就撫卽
良民
天子必不殺良民苗拜且泣曰公活我活我公乃坐石
上相與語如平生歡并詢所疾苦苗又益喜且拜曰公
仁人也遂相率歸寨公益宿台拱寨中者三日而諭以
縛獻施秉盜無不聽命者明年二月反號董敖柳受柳
利諸寨復相繼就撫又討平公鵞寨之爲亂者諸苗以
次稍稍定鄂文端公乃始奏請置貴東道控苗疆以公

補其處仍留守清水江而張廣泗亦平古州八寨大小
丹江又與公同平九股以功至貴州巡撫頃之雞呼黨
諸寨畔復往擊明年平之九股清水江諸苗悉平矣鄂
文端公以古州苗畔檄與公偕者古州鎮總兵蘇大有
往而命公總統清水江軍務文武官吏一聽節制於是
申軍令誓將士毋掠毋淫毋侵欺善良毋踐果穀苗民
以忿爭來愬爲處其曲直皆悅服以去乃益築城郭建
官廨治礮壘營房苗民競來助役勞以酒食益驩欣鼓
舞趨事逮九年三月而諸工役竣公出循清水江巡視
塘汛黔楚商船千帆貿張雲翔上下苗民攜老扶幼聚

江干臨望或稽首馬前以果蔬菜茹獻者繼屬於道不絶觀者動色相詫以爲曠古以來所未有也公至誠遇物不爲藩蔽故所至人人信嚮其在兵忠勇激發而志守堅決臨利害不可奪敏於事機所策慮輒當成敗公鷙之變卒諸寨圍我師於柳羅張禹謨欲走公不可旣巡撫張廣泗來解柳羅之圍議以爲公鷙首亂宜置諸黨專攻之公謂不若先散諸黨從其策而公鷙果以孤立敗將擊公鷙霖雨江盛漲欲渡無所得舟公夜選銳卒善游者數十人乘大霧往奪苗舟十餘以濟進擊連破遂平之討雞呼黨也以計招誘苗酋計包辛等八人

至則并斬之以徇而雞呼黨以破逮其後台拱之變事尤危則尤賴公力台拱者最苗中扼要地也苗平初議增置一營爲防禦當是時鄂文端公旣以入

覲留京師拜大學士矣高文良公其倬來代文端任而公亦晉貴州按察使明年張廣泗復調甯遠副將軍去巡撫元展成來權貴州而苗方新集遽建城於台拱九股苗故習劫奪久弗便也其秋羊翁烏羅桃賴諸寨倡爲變九股諸苗皆附焉公方以增兵建城留台拱未行九月七日未明賊大至公先詗得狀與總兵趙文英嚴爲備賊至擊走之進破羊翁寨越數日賊復夜至公以

兵寡令人爇兩炷香手之爲若火繩狀者以疑賊走之於是賊乃踞排略以困我師排略者台拱之咽援軍及餽運所由也是時台拱官軍僅二千五百人苗衆且數萬扼險而守援兵再至再失利自賊始攻或欲弃台拱走公拒之及圍久糗糧皆盡廹冬寒益凍餒衆洶洶不自保會得制府檄令退師就糧下秉文武集帳中客議莫能決公忿發言曰黔苗全局安危繫台拱一舉足盡動搖矣且卽出台拱下秉能必至乎徒損
國威失臣節奚益因拔所佩刀示諸公曰事急則某死此耳吾不能弃此走也已而軍中徼有聞知其事者公

乃召將士爲具陳利害且激以忠義聞者莫不感動於是總兵霍昇方以兵趨援台拱未及至賊奪我後山樵路絕公夜出奇兵奪以還而賊益至事且急公鞭馬直前趣賊或止公以文吏不可前公曰前亦死不前坐困亦死等死耳衆聞益殊死奮擊大敗賊軍乘勝遂拔烏盂井底二寨取其米穀以餉飢軍亦會霍昇兵克大關躍入台拱兵並出衷擊之賊大潰走凡堅守六十九日而台拱之圍解於是諸軍大集進擊諸寨皆破殄最後提督哈元生至攻蓮花坉悍苗大克之而九股苗復定當是時微公扼台拱制其樞黔中幾且殆自鄂文端公

旣定雲南繼開貴州苗疆發議於張廣泗而決策於公卒終始其事出萬死以保全局崎嶇前後七年而事集乾隆元年丁毋憂去官服除遷四川布政使尋擢巡撫大小金川雜谷諸土司相仇殺公遣人諭之諸土司慴公威事壹解而議者欲遂乘此令改流如滇黔公具疏力陳不可乃止始公旣平貴州苗自爲平苗紀略述其事因論馭苗之宜無事毋激有事毋諱大事毋畏小事毋張未幾而苗疆吏果以徵糧不善致羣苗怨畔濯征三載然後克之及乾隆中葉討伐大小金川先後用兵八年縻帑金七千萬窮極勞費而事乃定世以此推公

之明大體習邊事非人所能及也五年以楚粤邊苗不靖調廣西巡撫逾時辦治六年謝病歸薨於里第公之調廣西

上聞公疾

詔且留四川毋行而公已就道既至屢

降溫詔尉諭遣太醫視疾及薨

天子震悼官其次子桂爲知縣公内行肫摯服官所至有惠政事多不具著初至鎮遠時有寺僧爲神所怒謂賢太守至臥不起承事痛誅責之鎮遠人書之府志以爲異台拱之圍樵采既絶軍中掘草木根以爨人四五

尺所見黑土類煤投以火則皆爇衆咸拜曰天也二事人尤憙稱之傳爲神公子四人鶴中書科中書桂舉人官至浙江甯紹台道鰲安仁縣學教諭麟歲貢生女二人皆適士族孫十三人曾元無慮數十人皆能取科第仕宦有聞於時光緒中徠孫湖北補用道任武昌知府曰大淏者以謂公事具載

國史而世或不能盡知乃請爲家傳藏之宗祏以詔後世子孫且以諗其鄉里於是爲論著公事之大者俾後之人有考焉

張裕釗曰有苗自唐虞之盛不能臣及我

世廟任鄂文端舉生民以來之蠻區一變革之豈不偉哉方事之殷中外動色相駭羣疑交訌今觀公及鄂文端所相與問答語然後知天下事無不可圖者所難惟得其人耳然予嘗睹世所謂賢者能者遭時之艱則一以不可爲憖謝之伈伈虩虩補綴苟焉以偷一日之安顧不知其後之伊胡底也烏乎亦獨何哉亦獨何哉

方府君家傳

君姓方氏諱某字秋岡湖北興國州人余嘗銘君考贈君之墓又爲君伯兄善化君傳既詳其家世矣初贈君死白蓮教之難藁葬秦中君既長持千錢獨身走三千

里往求其喪有盧翁家秦中者君婦翁也家富饒遇君厚甚是時君家貧或說君留依盧翁割田宅以居爲利君曰父不得歸先人兆域兄不得拜父之墓弟不得奉毋之祀徒役於利獨與妻孥留此世之人則能之卒以贍君喪歸與伯兄居居貧苦身兄弟相友弟怡然及善化君成進士爲縣令湖南君從歷數任財賄出內囊篋細碎一需君力飭其家無敢習爲仕族華靡事壹如在約時曰吾無以益吾兄庶以此成其廉當道光辛卯壬辰之際湖南北連歲大水中更猺民之變善化君捐廉俸倡士民飲食餓者又供億過境王師資糧屝屨紛擾

艱棘一任君辦治事立而民獲其所善化君之初權鄙也有役持府牒至縣索賄張甚善化君欲杖之幕友固爭君曰畏上官縱姦役使虐一縣民何以縣令爲杖之不悅於府不過罷官歸耳力貧猶能爲人柰何乎忍此善化君遂杖之而知府果不憙思有以中傷之然善化君卒不悔君亦不沮當時皆多善化君能庸善以抗疆禦而君能以義贊成其兄之美爲皆賢遠於人君篤厚出天性其赴義若飢渴於飲食仁其親以及於人有某者君從兄溺某水所君往求得一尸水際驗之非是從者欲弃不收君曰有如人得吾兄而弃之於我何如卒

爲棺斂瘗之亦旋獲某尸於百里外以歸既又爲存其家撫其孤子至今以爲君德其在湖南歲寄白金以遺里之貧人在家買田捐緡錢爲曾祖以下祭祀之用其餘利及於諸兄弟君之善夥矣今取其尤難能者君有子三人翊元候補知縣某縣學生皆能守其家法而翊元力學行而甚文善於裕釗狀君行義來告裕釗曰君求親喪數千里外弃所欲來歸佐伯兄爲循吏人有父莫不爲子有兄莫不爲弟如君其能爲人子爲人弟矣君幼常讀書敏甚逾時而卒三經其世父以生計命弃去君終身以未得竟學爲憾雖然學將以何爲如君之

脩於内者雖彼學者何以過之哉

贈中議大夫前浙江甯紹台道方君家傳

府君諱桂字友蘭號雲軒姓方氏湖南巴陵人父顯廣西巡撫裕釗嘗爲之家傳既詳其繫世矣府君以雍正壬子舉於鄉從巡撫公平貴州苗議叙隨帶軍功加一級巡撫公卒既除喪引

見以知縣發廣東權會同縣補英德兼權曲江調潮陽以大計卓異引

見

賜朝衣一襲擢雲南昆陽州權安甯晉甯兼攝易門縣

事復任昆陽乾隆二十年
詔疆臣舉可任知府者大吏交章薦府君擢臨安府知
府權徵江調東川道遭繼母憂去官服除授甘肅鞏昌
府知府調蘭州遷浙江甯紹台道八
覲
賜朋黨論拓本一貂皮二紫金錠一香珠一三十三年
以估船事獲罪戍伊犂三十七年
召還五十一年卒於家後以子貴
贈中議大夫府君爲吏熟知民之利病而精察吏事其
在民如其骨肉然聞有利於民竭力就之如不及民所

不便必芟薙剔而更張之長養其羸弱而鉏其暴彊者奸
吏蠹役豪黨根株痛斷小民咸得其處故所在以治安
甯惡民楊珍暴橫閭里虎狼行前數州牧莫敢誰何者
府君捕至痛懲之安甯人人額手誦府君其後府君再
至有遮道先迎者問之楊珍也則已改弃宿惡稱善士
焉於是知府君之治革暴頑矣府君始官廣東洊歷雲
南甘肅先後治縣四州二典郡五所至有聲績循良聞
於天下其遷甯紹台道入
覲至京師也宰相陳文恭公迎而亟問之曰君在甘所
施設何而舒司寇稱之亟也先是甘肅平涼慶陽鞏昌

三郡大饑
詔例賑外展賑二月撥西安藩庫銀六十萬濟之府君
以蘭州知府奉檄往故事首郡不外從役總督文襄公
舒赫德以謂賑饑至重也非方某故莫能任此者至平
涼數日西安餉未至民待食急會部撥城工銀三十萬
過平涼府君則以便宜輒截留主者難之府君曰今日
之事猶救焚拯溺也苟獲罪某專執其咎饑眾卒賴以
全文襄公聞則大以爲善具以其事對文恭公歎息久
之曰司寇之言爲不誣矣其爲官尤長讞獄潮陽俗故
健訟始至宿獄山積府君日晨出坐堂皇決獄日晡乃

飯飯已復出四鼓猶未寢不數月宿獄二千有五十一刲劃絶世所未嘗聞也英德民有爲何人所殺者賊不得而有遺刀其旁府君悉集鐵工示之刀問得造者主名捕鞫壹服船人以舟中賈客入城遂不返不知所如往告請捕治檢賈客物皆自若衆謂船人無與也久之得一尸帽峯山下腐不可辯識腰乃有繫鑰以試賈客篋鎖牝牡適相入知爲賈客尸矣終不知賊誰何府君諦視良久曰賈客船人殺之也帽峯山居縣城北若尸從城中來當北首今尸南首是自舟中來晰矣以訊船人立吐實乇發奸擿伏如神多類此然當時士大夫尤

重府君能急惠利達權衡遇事敢擔荷近古名臣風迹謂折獄其餘事云子應清山西鴈平兵備道有治績應任應和皆貢生應綬縣學廩膳生應綸浙江鹽運使後嗣多以科第仕宦顯者

論曰所謂估船事者故事定海營防戰艦三歲一脩六歲再脩九歲則更造其故船移甯波船廠取值輸之官命曰折變一船例爲值[redacted]六十四金有奇時有趕繒船二水艍船一盡九歲尚頗完議復展三歲及三歲當折變矣會奉檄裁汰戰艦裁汰例諸未及年限船以時值定估無成數府君謂三船雖已及年限而適會裁汰令

下宜用依時値估例增倍之爲百二十四金有奇事上
大府慮不實命提標中軍李國樑往會估復議倍爲百
八十五金有奇大府以爲可許之奏銷入部議以聞
上詔浙江巡撫更遴員覆估巡撫某以某遊擊往遊擊
佞邪人也利其事頗動作以怵府君或謂府君宜少通
意府君曰是事吾自問故無他若以賄行是無罪而有
罪也不爲動遊擊恨焉歸構之巡撫估値驟增三百二
十三金有奇逮府君對簿府君至曰會估爲李國樑若
某有利於此國樑必與焉否則豈甘爲某隱代人受過
者亶問此事一白矣巡撫爲弗聞已乃一掃滅去會估

事而以短估劾奏府君由是獲罪戍伊犁府君故尤以廉節箸稱前後所莅雖脂膏沃區纍日奸貪窟穴一不以自私英德人至以方包孝肅謂英德令惟方君不役我取一英石也其清節如此然卒被誣汙言變嚴譴至於困躓以終烏乎大臣不爲

國愛惜人才聽用讒慝憸人而以自快其私君子之務實心實事不苟阿以狥人者安所逃其禍哉悲夫

先府君暨先妣事略

府君姓張氏諱善㴞字樹程一字平泉自號曰愚公湖北武昌人自先世世有文學敦行孝義鄉里稱積善之

家曰張氏曾祖諱維滄國子監生

贈脩職郎祖諱本用歲貢生任廣濟縣學訓導考諱

以誥國子監生今湘鄉相國曾公嘗表其墓曰武昌

府君者也府君少服先人之訓長而刻苦自勵於學蚤歲補諸生以制舉文有名於時善化賀督學熙齡尤激賞之扳冠其曹然府君顧不以此自憙而獨壹志於學問於古尤篤者浚儀王氏困學紀聞崐山顧氏日知録二書以謂考證家惟二家之書最爲周於用嘗刺取其要都爲一編手録至數過年五十遂絶意進取爲歲貢生以終身雖不仕而隱然懷耿介之節居平於一身豐約

得喪未嘗以措意至聞
國家中失安危善敗乃憂樂之如其家事咸豐中南中
亂起當世任事諸公多抗節死王事府君聞尤悼慟若
喪親戚語及泫然淚霣下一日篝燈夜讀書忽甚悲失
聲舉家驚往視府君方手一編顧曰無它也有傳胡巡
撫祭李九帥文至者余讀之悲甚乃不自覺耳胡巡撫
者益陽胡文忠公林翼李忠武公續賓當時稱李九帥
也自是家人聞外閒兵事至相戒不敢以聞居平憂樂
慕望天下忠賢良臣如不克見而深疾貪汙不職之吏
與當世士居家專壹者財利以故俗日益壞而亂無時

巳每獨居燕語及與知友書言之絕痛又嘗誡裕釗汝吏才短尚無求仕然苟一旦仕則必無爲身家謀且既仕則汝身爲
國家之有雖余亦不得子也遇物故恭慎雖至卑幼必恂恂致敬禮嘗曰居家亶當一意務卑下愼密毋獲罪於人若居官則死生以之然府君家居遇族鄰知友婣好有患禍疾疢蚤夜奔走在視徧任其勞苦其人其家望府君以爲倚恃及其後聞府君之卒怳若徹屋而露處其卒以同治三年十二月十日年六十有九所著有史學提要續編几六卷藏於家其爲學至老不少懈卒

之前幾日猶操筆治輿地圖府君既卒明年二月十九日而先妣金孺人卒慟乎距府君之卒三月耳孺人同邑

貤贈脩職郎諸生諱昭煥之女年二十三歸府君生子裕鍇及裕釗二人女子子一人孺人外家故高貲富室諸舅取科第爲世閒人孺人之歸也夫家父母家皆鼎盛孺人躬執儉約未嘗有富貴之容其後連歲大水田廬毀敗家始益窶府君閒授徒外出孺人持家事尤艱苦每歲農時辯色起日具數十人食盛暑汗泚於額日不遑暇食夜深不得寢初不言勞裕釗記幼時某歲歲除

孺人居爨下促促治酒漿家人飯且畢孺人乃始飯甫執箸謖曰一事幾忘之族中某當遺之食某孤嫠當與羹肉立起入廚俾人遺之諸子謂母屬勞甚胡不俟飯畢邪孺人曰少時飯何害我心不此釋也其好勤勞而不遺阨窮多此類病革時有媪來問疾孺人以其孤苦素周之者也猶指以屬諸婦曰它日汝等善遇之孺人自少讀書通大義故平生於財物無所顧藉處族姻間尤能喻府君之志而曲成其義其間蓋多曲艱隱戹不可以言盡者卒年七十有三時世母朱孺人且八十矣撫孺人而泣謂裕釗等曰自吾與汝母爲張氏婦五十

年未嘗以一日至面赤也語未嘗不歡汝母亡今不可復得矣因哭盡哀諸子婦及羣從子婦聞皆慟哭不可止府君晚歲患痔漏甚劇孺人亦患咳歷二十餘年秋冬常臥牀蓐至春深乃稍能起以家貧故侍奉多缺至今中夜思之泣自以不可爲人舉體皆栗慟乎將安贖此罪哉

蟬傳

蟬者楚人也其先代有鳴蜩者當夏后氏之世以能候時節勸課農事佐公劉治豳及周有天下追論其功以詩歌之其後有蜩與螗者仕於殷紂殷亡人因並罪

之黠爲民其子孫散居諸國處山澤之間在宋鄭者曰蝘蜩在秦者曰蛥蚗在齊者曰螇螰其女爲齊王后以怨死者也其在楚者曰蛉蛄蛉蛄之後顯於秦漢之際皆以列侯將軍九卿入侍天子當是時蟲氏最號貴盛而單尤稱爲賢善音樂有文章然性孤潔不樂與人偕故自名曰單高帝時以行能清高薦爲諫大夫侍中甚見親任嘗以黃金塗飾冠冠之使垂緌侍左右丞相何曲逆侯平功最高及季布陸賈諸公當世名人也見單皆顧俯首承下之然單遇之常落然將軍曲成侯蟲達不與單同出慕單爲人請埒爲宗族單不可高帝惠帝

相繼崩呂后稱制宦者始顯用事單時入常與中黄門貂等偕心恥之一日弃官去入商洛山中不復出遇佳山水穹林茂樹輒終歲留長日獨坐樹間縱聲哦誦窮晝夕不倦人或竊聽之皆莫能辨識意其所讀皆皇古上世鳥迹蟲篆幽經怪牒當世所未見也晚乃好神僊家言求得辟穀方專精學之日惟吐納呼吸餐朝露於時俗人一無所求請久之頗通神化無秝日而知四時之運又能化身中爲五色其後益厭薄人世塵垢汚濁常獨居遠想望之儻乎若不可測居無何客往候不見單遂不知所終元封中上行幸泰山人或見之深山中

欲迹之忽遠舉不復見殆羽化仙去云

太史公曰余聞之莊生蟲單當居后世其族人有與單同侍中者車府令堂邑心害其寵嗾侍御史彈之族人由是落職單感此遂告歸見幾決去潔身遠迹巖藪之閒浩乎無求以終其世烏乎人何所不易足顧世常受多欲之累挾其能以自鳴於勢物之地馳驅垢濁日求人而不知止者何也

濂亭文集卷八

武昌張裕釗廉卿

游狼山記

光緒二年秋八月黎蒓齋筦榷務通州余過焉既望與蒓齋游於州南之狼山山多古松桂檜栢數百株倚山爲寺寺錯樹閒最上爲支雲塔危踞山巔萬景畢納迤下若萃景樓及准提福慧諸庵亦絕幽敻所至僧舍房廊屈曲左右蒼翠環合遠絕塵境側身回矚江海蕩天近在戶牖隔江昭文常熟諸山青出林際蔚然時秋殷中海氣正白怒濤西上皓若素蜺滅沒隱見余與蒓齋

顧而樂之狼山淮揚以東雄特勝處也江水自岷蜀徑吳楚行萬里至是灝瀁渺莽與海合會山川控引界絕華戎天地之所設險王公以是愼固古今豪桀志士之所俾睨而籌也昔阮籍遭晉室之亂作詠懷詩以見志登廣武山歎悼時之無人今余與蒓齋幸值茲世寇亂殄息區內無事蕃夷絕域約結堅明中外以恬熙相慶深憂長計復奚以爲余又益槀枯朽鈍爲時屏弃獨思遺外身世捐去萬事徜徉於茲山之上蔭茂樹而擷澗芳臨望山海慨然憑弔千載之興亡左挾書冊右持酒杯歗歌偃仰以終其身人世是非理亂天地四時變移

耶若墜葉與飄風於先生乎何有哉歸書而爲之記

游虞山記

十八日與黎蒓齋游狼山坐萃景樓望虞山樂之二十一日買舟渡江明晨及常熟時趙易州惠甫適解官歸居於常熟遂偕往遊焉虞山尻尾東入常熟城出城迤西綿二十里四面皆廣野山亘其中其最勝爲拂水巖巨石高數十尺層積駢疊若累芝菌若重鉅盤爲臺色蒼碧丹赭斑駁晃耀溢目有一石中分曰劍門騞壁屹立詭異殆不可狀踞巖俯視平疇廣衍數萬頃澄湖奔溪縱橫蕩潏其間繡畫天施南望毘陵震澤連山青翠

相屬厥高鑱雲雨氣日光叅錯出諸峯上水陰上薄盪摩闔開變滅無瞬息定其外蒼煙渺靄圍繚光色純天決眥窮睇神與極馳巖之麓爲拂水山莊舊址錢牧齋之所嘗居也嗟乎以茲丘之勝錢氏惘不能藏於此終焉余與易州乃樂而不能去云巖阿爲維摩寺經亂泰半燬矣出寺西行少折踰領而北雲海豁開杳若天外而狼山忽焉在前余指謂易州亦昔游其上也又西下爲三峯寺所在室宇每每可憩息臨望多古樹有羅漢松一株剝脫拳禿類數百年物寺僧具酒菓筍麵餉余兩人已日昃矣循山北過安福寺唐人常建詩所謂[illegible]

山寺者也幽邃稱建詩語寺多木稺華由寺以往芳馥載塗返自常熟北門至言子仲雍墓其上爲辛峯亭日已夕山徑危仄不可上期以翼日往風雨復不果二十四日遂放舟趣吳門行數十里虞山猶蜿蜒在蓬戶望之瞭然令人欲返棹復至焉

愚園雅集圖記

光緒五年歲在屠維單閼之月集者宿英彥之屬十有八人觴於江甯城南之愚園園故明徐氏西園舊阯主人因而更營之亭臺池館花石竹木之勝稱於一時行尋坐照趣昭物博觴詠極樂竟日乃罷是日白樂天生

日也故以其朞集焉昔樂天當唐室之衰遭值讒媢遠跡高舉晚歸洛陽於履道里得故散騎常侍楊馮宅息躬其中窮極池臺水竹琹酒弦歌之樂爲池上篇以紀其事然此猶曰全身遠害閒居獨游而已其刺蘇州以九日宴集醉題郡樓乃益酣嬉淋漓快然其自得恣情而罔恤當是時朝政昬瞀牛李朋黨交煽河朔再亂中外交訌樂天豈一無所關其慮而誠有樂乎此哉蓋君子之處於世夷懌險艱不能以一致或中有不自得則壹放意於林泉巖壑賓朋讌集以自遣若劉伯倫陶淵明之躭耆於酒倪迂顧阿瑛冒辟疆之徒當元明之季

園亭賓客之盛甲於東南而杜子美値天寶亂起飲李氏園其爲詩乃曰上古葛天民不遺黃屋憂至今阮籍輩熟醉爲身謀可以知其趣已其在成都酒至與田父泥飲狎蕩傎到而不厭况其所遇爲耆彥勝流者邪其爲樂豈復可意量邪故當其流連景光襄羊亭沼俾倪竹石掎裳連襼狂飲大噱放形遺物横行闊視忘得喪外非譽齊彭殤混侯虜寵辱不驚理亂不聞頹然與造物者游而衆莫知其所以乃以全其眞而得其志此昔之君子胥先後而若出一塗者無慮皆以是也今諸賢之集其與樂天暨昔之君子之所志未知何如然茲游

之樂不可以無述也主人既屬黃沛皆太守爲之圖又介范月槎丈屬裕釗爲之記裕釗辭不文則益固以請既卒不獲辭乃爲記之如此武昌張裕釗書

代湘鄉曾相國重修金山江天寺記

金山自昔名勝稱天下由六朝而後崇飾梵宮盛侈游詠歷千有餘載軼興軼衰至於
國朝
聖祖
高宗
省方巡守相繼

駐蹕於此當是時
列聖深仁厚澤涵濡溥海中外禔福
羣華所莅萬姓歡忭鼓舞寺觀之作增飾崇麗踰於往
昔康熙中
詔賜江天寺額
天子先後賁龍章於其上照耀江山昭垂來葉稱說焉
裒游觀之區蓋莫尚於此已逮咸豐中遘粵賊之亂崇
臺傑閣琳宮紺宇蕩焉無遺憂時攬古者眾以悼於其
心蓋依古以來金山之盛未有過於我
朝其焚燬之烈亦未有逾於今日者也賊既平國藩奉

命來督江南百廢叢脞日不暇給其後復奉
命視師北方今合肥相國李公鴻章來權兩江始議修
復金山寺宇事未及集亦以奉
命視師去及馬端敏公新貽莅任乃始檄候補道薛書
常董其役馬公薨而國藩復由直隸調任南還越明年
十一月而金山之役竣自供奉
宸翰之所浮屠之宮登覽憩息之館至於庖湢齋房都
若干區一仍舊制溯經始至落成閱三歲有餘縻白金
三萬有奇於是所謂金山江天寺者乃遂復其故焉相
國李公屬國藩爲記其事國藩惟金山興廢之迹夥矣

以其名與地之著也故曩者之廢過者尤心惻焉當粤賊盜據金陵環吳之彊如崩如沸疇暇問斯寺之脩復而今乃克覩其成若是日中而移月盈而虧於西而夷於東而隮川流而澤止谷墳而陵坨古今者盛衰興敗臧否成毀遞相禪而成焉者也人事與天運故叅會而乘於其機天道培栽而覆傾人道傾否而持盈當其善敗之既著怳焉若出於慮表而莫知所由徐而覘之則莫不有端焉以浸而致乎其極也自萬事萬物洪纖鉅細靡不由是若金山者處江山之交而據東南之勝其興若廢乃尤與時之治亂相爲消息以往者之盛而至

於廢既廢矣而復興於今由今以往廢興之運成敗之應天固實主其間抑豈非人之與有責者哉今馬端敏公既前徂謝相國李公又遠在畿甸皆不獲見此寺之成獨國藩幸得見之而且頽然老矣後之人或不以斯言爲可弃而深念乎此烏乎豈獨茲山之幸也歟於是爲紀其興事蒇功之始末與其庀材賦工之詳並余之所以致其意者寓焉以諗來者且以質之李公云同治十年十二月朔有三日記

金陵曾文正公祠脩葺記

同治十一年春曾文正公薨

詔天下凡公嘗所立功行省皆建祠祀之而公之功於金陵尤最又先後三莅金陵其施澤彌深且久於是建祠於城西之龍蟠里既成補用副將兩江督標左營游擊王君廷貴者故曾文正公所拔識裕釗嘗以文祝其五十壽曰王覲臣副戎者也懼歲久祠圮壞乃謀諸往日門生故吏舊部將校醵金錢購置室屋收其僦值以爲修葺之資數年王君卒記名提督督標中軍副將譚君某繼經紀其事於是屬裕釗爲之記且告將刊之貞石以垂無窮裕釗惟文正公之澤在天下結於人人之心而金陵人尤謳思至今弗衰雖愚夫孺子莫不感激

垂涕顧或賴文正公之力致身通顯安富尊榮至乃孤恩負德文正公既殂而遂倍之烏乎彼獨非人心者歟王君一武人非有所希幸而拳拳若是譚君又益繼之如彼等者聞之宜少愧已詩曰蔽芾甘棠勿翦勿伐召伯所茇夫召伯之德誠遠矣蔽芾之詩人豈不亦忠厚矣乎裕釗故嘉兩君之義樂爲推論其事並取醵集金錢人名氏與所購置室屋收取僦值之最具刻於石俾來者加之意焉光緒七年春三月武昌張裕釗記

代某學使安陸府試院增脩號舍記

安陸府試院舊在石城門前明察[redacted]故址

國初順治中所建也地卑下積潦無所洩人咸病之道
光丁亥始改卜於陽春臺之左咸豐丙辰京山土寇陷
郡城試院燬焉至明年復故然其號舍僅若干每歲科
試至者或苦隘不足以容蓋自軍興以來海内士民懷
敵愾之義捐金錢助饟糈
天子嘉之加惠諸州縣輸銀至萬兩者得廣學額一名
籍爲令於是安陸諸屬邑皆得廣學額至數名士爭景
附就試者滋盆多矣同治乙丑春余以歲試至安陸太
守覺羅同君告余以議增號舍余韙之及今秋科試至
則增作之號舍功已蕆矣先是試院中甬道空地甚曠

遠因即其地爲之且兼用形家言謂前此病曠遠宜實之使氣鍾聚也既至太守屬余爲記其事余惟
國家嘉臣庶之義推恩以惠士類太守又承宣德意益擴試院而大其規上之人所致益於士而無已者如是其至也則士之所宜自益以副上之求者何如哉夫上下之相求君子固恥相爲市然未嘗不相爲報也上之人博試士而進之其所求於士也亦厚矣然則士必益增脩其故使壹足以饜其求無苟焉域於卑近而已也夫而後於
聖天子與賢卿大夫之所益於士者庶其無負也已是

役也經始於六月四日訖八月十日告成增作之號舍八百餘所合前凡二千五百有奇同治五年九月某日記

北山獨游記

余讀書馬蹟鄉之山寺望其北一峯岸然而高嘗心欲至焉無與偕弗果遂一日奮然獨往攀籐葛而上意銳甚及山之半足力劬止復進益上則澗水縱橫草間微徑如烟縷詰曲交錯出惑不可辨識又益前聞虛響振動顧視來者無一人益荒涼慘慄余心動欲止者屢矣然終不釋鼓勇益前遂陟其巔至則空曠寥廓目窮無

際自近及遠窪者隆者布者摶者迤者峙者環者倚者怪者妍者去相背者來相御者吾身之所未歷一左右望而萬有皆貢其狀畢效於吾前吾於是慨乎其有念也天下逴遠殊絕之境非先蔽志而獨決於一往不以勌而或且懼而止者有能詣其極者乎是游也余既得其意而快然以自愉於是歎余向之勌而或且懼者之幾失之而幸余之不以是而止也乃泚筆而記之

祭胡文忠公文

嗚呼惟公之生淵岳孕精渥洼神馬自天來下不識靮䩭聊浪九野歷塊一蹶謬乎來歸鳴玉和鸞中於天機

始迹黔徼擾畜蠻夷雜豚稌黍易我獠狉功施謦流霆
震風揮殳躋監貳澿膺封圻江流東瀉羣兇披猖
帝假一臂搤賊之亢西睨悼慄屢眴而傾貙貐豺狠百
萬噤聲堅城老窟賊所根柢高步蹴之一剷千里皖鄂
連壤莽莽相屬昔也如燔今也如沐任將選吏治兵治
民爾賢爾能我弟我昆弊政昏俗牢關深根手抉其扃
萬目一新如寐斯覺覿日在晨公言莅茲楚人實倚閭
公之喪愕焉失恃蘊沒遺憾逋寇未殪疏薦忠賢碁布
重地禱茲來者嗣我之志憂國之藎死生罔替藐焉小
子曩辱公知送喪不及有淚如縻瞻望遠道馳辭抒悲

尙饗

祭曾文正公文

烏乎欣自嬴劉芑芑百代光岳之精銷鑠散壞挈往校今百靡一逮姚姒子姬邈乎甯再孰謂並世欻還我公謝尋冠倫奮起湘中遂度千載蹈古比隆維公楙學三代與期六經百家窮源汎涯導達漢宋藩決塗夷於天地人靡隩不窺炳爲文章遷雄諾唯維公經務洞治之機曰惟五禮哲王之遺及兵與食國之大謀古稽而合今施而宜千聖之心仰而思之公之得人爲天下憂文武鉅公麾纛旂旒袞冠大帬者彥酋酋旁逮羣碎壹足

袞者若金競躍容於一冶公益龕亂再造九區忠誠饋
餾雲龍井扶手提萬眾摧蕩向渠南掩楊越北極女水
西指昆侖東至於海六寓褰開天海清泚老涕孺嬉絕
蘇甦起凡公樹立橫被八垠紛千萬億橫自之民怙公
若父嚴公若神豈謂我公睇若浮雲獨居深曠莫聃其
津眾之所駴公之所咍公跂莫至晨皋暮伊亹亹其邈
戰戰其危贊元消沴潛運密移天眷
堲清庶其寻同孰謂我功我其敢知孰謂我罪我其敢
辭公平卓越亹惟在斯徽烈之多迺公糠粃人之不諒
云公逶迤吁嗟近古疇則躋茲如何奄忽天實罔極

九重震悼萬姓雨泣矧我小子靡所比似薄陋滯拙世之所弃辱荷公知區區文字譬海納川我乃涓澮暇日請謁公屢色喜評榷古今往往移晷矜我誨我我礲我砥翼我纛我畀我無已我屬別公昔冬之季孰云幾日遂隔萬世天下之慟一身之私哀來無端涕隕如縻公乎有知其稔予悲嗚乎哀哉尚饗

祭楊慤農先生文

維某年月日門下士張裕錯裕釗謹以酒醪牲醴魚腊之儀致祭於慤農先生之靈烏乎在昔我聞師及先子總角斷金至於沒齒維錯與釗甫童而髫俶從師遊先

子命我我實不材瓦礫樗薪師一見之如塗獲珍加我於膝飫以聖文欲落其實曰糞其根寒還暑貿五載之勤誰謂洎長駑駘不前錯途多舛夔蹇而顛剗裁一駕稅乃終焉後還干戈萬塗沸糜師宦鄖襄穹林傾荷錯剗敞网或羈或馳樊山嵽嵲漾水渺瀰風颾雲霾皇師千里中師假歸先子逝矣辱師親弔室未遑入問所藏地往睇而泣誠結於中匪世所及維師遇物其厚有倍尤於舊故終始不怠骨肉之愛延於兩世立今追往一一可涕自先子沒怛焉靡恃豈知今日師又逝只煢煢藐孤如籜斯委學既不進行復不植百靡一成孤公盛

德奠此醪羞以志哀惻尚饗

張濂亭文鈔一卷

(清)張裕釗 撰

民國四年(1915)上海文明書局石印本

張濂亭文鈔

全

張濂亭文鈔

上海進步書局印行

張濂亭文鈔目次

書元后傳後

班氏次元后傳。居王莽前。著漢之所自亡。以尤成帝也。烏乎。漢外戚之禍。由來漸矣。於成帝何譏焉。自高祖用權謀武力。蹈秦項之瑕。遂踐天子。天下既定。任刀筆之吏。為一切之治。不復知治之有本。君人者之先自治也。是以宮廷之內。放無禮度。苟任情縱欲而已。身沒未幾。而呂氏之禍雖焉。漢不亡者幸耳。自是以後。弊制相尋。沿習為故。周勃之出。郅都之死。王信之侯。趙綰王臧之廢。一自太后主之。轅固譏黃老。幾不免。而田竇之獄。雖以天子是魏其。不直武安。而不能不絀於東宮。竇嬰灌夫。卒就夷滅。孝景用王夫人。廢栗太子。及武帝而戾園且以反誅。衛皇后李夫人出微賤。體至尊。而莫有非之者。乃益任衛青霍去病李廣利之徒。北征匈奴。西伐大宛。窮兵數十年。海內彫耗幾。且大亂。其實皆以女寵耳。諸侯王化之。外內亂鳥獸行。滂興紛出。君子有所不忍聞也。陵夷至於成帝。寵趙氏姊弟。以殄其世。益尊崇諸舅。根據盤互。訖為亂基。哀平之世。傅氏王氏更迭盛衰。壹視母后上下。而元后壽考。王莽獲助。卒傾漢室。君若臣邈不與聞乎道。而治亡其本。禍變之來。豈一日之故哉。昔者先王知治天下之必以其道也。是故謹非幾之戒。重冢宰之職。立宮府之制。嚴內外之治。本身以徵之民。由家而漸之國。於是為序其父子夫婦長幼卑尊而倫紀正。明教化。崇禮讓。辨等列。而禮俗成。上下定。基扃隆固。後世以安。漢之興也。蕭何曹參之徒。實為相國。修法令。慎筦籥。因陋就簡而已。典禮制度。且不能上稽之古。況至於端本正表。治內及外之道其君未之或聞。其下又孰有能知之者乎。司馬遷之述漢初也，有微詞焉，後之人尠足以識之耳。其後賈生興於孝文之世，請改正朔，易服色，分王諸侯王，定經制，興禮教，諭教太子，禮貌大臣，信可謂卓然者歟。然於君人者修己正家之道，無一及焉。道之不明也久矣。吾於是知劉向之盛稱董生非妄也。正身以正朝廷之言，正誼明道之說，孔孟既沒，而程朱未興，千餘歲之中，孰能與於此哉。惜乎武帝之不能用也。

書蓺文志後

余讀班固蓺文志，甚高其辭，與班氏它所為文異甚。後讀司馬貞史記索隱引劉向別錄語，則班氏志所有者，往往而在。然後知為向之辭而固取之者也。固為漢書，所取司馬遷、揚惲、馮商、揚雄、劉向父子甚衆。今亶知太初以前本司馬遷，三統秝本劉歆而已。其它並已不可見，而是篇傑然出於班氏之書，考求而乃知其出於劉向，甚矣。文高下不可假也。固之文於東漢人最為崛出，而與司馬遷、相如、劉向、揚雄較，則不逮遠甚。其中時有其辭之高而非固所能為者，雖於今不可考，然可以意而知也。烏乎。非夫昔之人所謂好學深思，心知其意者，彼且不以為妄言乎哉。

書魏其武安傳後

魏其既失勢，引灌夫為援，而其後遭禍，乃徒以灌夫故。不然，魏其即與武安隙，禍不至若是酷也。且灌夫既抗為義烈之行，自喜矣。即又何取於武安之臨，況魏其以為榮也。進退失據，適足以殃其身而已。富貴顯赫之途，庸鄙之夫，十而八九焉。意得志溢，則貿然惟勢利之知，而不復識其餘。彼固其所耳。達識之君子。其有遇此。則惟有正己而審其義之所宜處而已矣。無所求逞於其間。或乃不勝其褊志。務欲以意氣相還。以搏一日之勝。其卒也乃與禍會。可不謂大惑乎。魏其灌夫之事。可以為炯戒者也。嗟乎負才尚氣之士。而期之以知道。誠亦難之。若灌夫者。固不足道。自史策以來。所記畸行烈士。往往而受禍若此者。蓋不可勝數也。彼其負絶俗之資。而齪齪者以卑瑣庸陋之材。侈然而肆於其上。無賢若否。而一切以勢轥之。彼誠有所不可忍耳。則夫不惜其身之危而快志於一決。豈得已哉。豈得已哉。烏乎悲夫。

書外戚世家後

余讀外戚世家後附褚先生所次修成君衛皇后尹邢鉤弋夫人事。詞甚工。褚少孫宜不及是。然抑非太史公之舊。蓋如鉤弋夫人者。其時不相及矣。其楊惲馮商諸人之所為。而少孫取之者歟。方望溪氏謂是篇篇首。漢興至居北宮。史公之舊。秦以前尚已二語。及後迎立代王數語。皆褚少孫為之者。以今觀之猶信。然余謂其後及李夫人卒云云。亦少孫妄羼入之耳。非史公語也。是篇前後摹次瑣事絶可喜。而其間時雜入褚少孫語。乃甚不類。譬如以敗礫錯珠璧中。知文者望而能識之已。且褚少孫生當西京之盛。文采冠絶古今。而其補史記。乃卑陋鄙賤。多可哂者。殆非人意所及。東漢文章之衰。蓋肇於此。然至於唐。而士乃有崛出奮起於千載之後者。文字卓然與前古比隆。人固貴自樹立哉。文之與時盛衰。上下世俗耳。豪傑者奚謂然。

歸震川平點史記後序

歸熙甫氏平點史記，治古文家多葆之，傳相迻寫，然彼此參錯異甚焉。平王少鶴太常取歸氏及望溪方氏平點，摘錄起訖，合而刊之，曰歸方平點史記合筆，自以為得其眞。以余觀之，亦尚多可疑者，顧視諸所見本為善耳。往者余嘗欲專取史記本書，附益以歸氏平點，梓而公諸同好，苦乏刋貲不果。以語友人吳摯甫，摯甫則力贊其事，且為謀諸廬江吳小軒軍門，慨以千二百金相假，於是鳩集梓人，經始光緒二年正月，訖四年七月刊成。歸氏平點舊係丹黃二筆，今刊本墨本也，其黃筆為鋭形識之，其丹筆為圜形識之。其平點既無定本可据，無已，則一倣王氏，昭畫一也。自秦并天下，專任私智，蔑弃聖制，漢興，一踵習秦故，三代之盛，渺焉不可復覩。司馬氏生當漢定百年之間，愍焉傷之，重值漢武侈心多欲，任用武力，酷烈導諛之臣，毒亂海內，又身遭刑辱，抑鬱侘傺，發憤著書，其孤遠之指，深痛之思，軼蕩譎激之辭，乃至微妙難識。世傳裴駰、司馬貞、張守節諸注本，用力故不可謂不勤，然皆邈不得司馬氏之意，且其閒多可笑者。是書疊錄歸氏平點，三家注世既多有，今並不復錄。夫古之人書，待説而明者，十之三四而已，因説之而晦者，蓋十五六焉。好學深思之士，顓取古人之書，反復而熟讀之，以意逆志，達於幽眇，其所得蓋有遠出尋常解説之上者矣。拘文牽義、騖華炫博、好為枝詞碎説之徒，烏足以知此哉！望溪方氏究心義法，其説亦多所發明，然歸氏所得為深矣。今別為方望溪史記平點四卷，附於後，俾覽者兼采焉。與校是書者，余門人大冶劉炳燮及長子沆也。

重刊毛詩古音考序

自唐顏師古章懷太子注兩漢書。始有合均之説。後之治毛詩者。踵襲其誤。均所不諧。則概以叶命之。而三百篇暨三代兩漢之古書。殆於不可讀矣。其後吳棫楊慎之徒。稍稍窺見涯涘。頗略古今音讀之殊。然卒未有能深探本原。洞曉其旨趣者。陳氏季立乃始力闢扃奥。為毛詩古音考一書。於是古音之説炳若日月。

國朝諸大儒。益因其舊。推廣而精求之。引伸觸類。旁推交通。匪獨音均之學大明。三百篇暨古有均之書可得而讀。而已六書之恉。象形象事會意而外。形聲轉注假借三者。其本皆原由於聲音。是故必明乎古音。而後訓詁明。訓詁明而後六經之説可得而知。我朝經學。度越前古。實陳氏有以啟之。雖其後顧江諸賢之書。宏博精密。益加於前時。然陳氏創始之功。顧不偉哉。有明一代。蔑棄古學。譌謬相循。沈潛遺籍。傑出元解。陳氏一人而已。且今世之士。承康雍乾嘉以來諸儒之遺緒。搜采逸文。考定古義。譬之駕輕車。就熟路。人皆得勉焉。陳氏生當有明之季。舉世汩於浮游膚陋妄庸之學。獨刻意稽古。覃精冥悟。卓為百代之先覺。斯至難能者耳。今觀其所為本證旁證及所附讀詩拙言。旁羅雜襲。究極幽渺。可不謂好學深思。心知其意者歟。嘗以謂古今學術。與世風尚轉移。當其標幟所樹。舉天下之人。賓敬而奔趨。雷同而響應。景附而猋合。雖有高明之才。不能不為所震駭。俛焉以從之。一旦風會變遷。弃其舊而新是圖。鄉時之所尊尚。澌焉有若析雰漂梗。隨腐埃以俱盡。夫惟特立之君子。高蹈遠覽。不與時俗貿遷。獨為絕學於舉世不為之日。深造自得。而卓然不謬於古人。夫然後獨立於百世。而不可磨滅。孟子所以稱豪傑之士者此也。陳氏是書刊。於萬秝丙午。乾隆中濰川徐氏嘗重梓以行。而傳本蓋少。往在京師。友人李君士棻購得此書。肅寧苗仙麓先生聞。乃再拜求之。其難得如此。余嘉陳氏有功於古。懼其書之遂泯。使後之治古音者。無以考其朔也。於是爲付諸梓人。以廣其傳焉。屈宋古音義陳氏所以左右是書者也。並附刊於其後云。

鍾祥縣志後序

榮成孫君某攝縣事鍾祥。與邑人謀輯縣志。而余適游於郢。孫君以舊志所次建置沿革山川隄防藩封頗疏訛。屬爲考定。已余復爲孫君言。志莫要於地理。今既頗有緒。當更爲圖輔之。因益爲述晉裴秀氏所論制圖分率准望之說。孫君召繪人屬余居旁指授。復爲圖若干幅。顧余以客游苦孤陋無所是正。又中值冦警。蒼黃卒遽。常用瞿然。慮未能盡副孫君相屬之意也。然余因是得盡識邑中疆域風土。與江山之勝概。暇日登城東北隅。俯漢江而思禹迹。攬蘭臺之勝。慨然想騷人之遺芬。顧瞻四郊。山川蟠結。庶其有秀異博通之民。伏處於澗阿之間者乎。余將往從陟絕巘蔭茂林。詠歌楚人之詞。以求其意。滂徵舊事。蒐採遺忘。益相與遠想高寄於邃絕曠邈之境。獨以是怳焉相羊。悵望而不能已也。

高淳縣志序

高淳自明宏治　年治立縣。正德中。縣令頓銳肇輯邑志。嘉靖丙戌迄

國朝乾隆辛未。續修者五。由乾隆辛未至今百有三十年。時遷事貿。紀載闕如。光緒六年。江甯謀

修府志。郡中令屬邑各以志上。於是權高淳縣麗江楊君偕邑人士以某月開局纂輯。粵十二月書成。延余至高淳屬為是正。而弁言於其首。且告以明年孟春之月即付梓矣。余取其書觀之。蓋乾隆辛未以前。悉遵舊志。乾隆辛未後。各依類綴緝。以次比附。既周既慎。罔有訛舛散遺。於是為序而歸之。高淳北距江甯省治。僅百餘里。東密邇蘇常諸郡。然其風氣乃樸質純懿。為他郡縣之所不及。始余至高淳。自江甯買舟。道太平入縣境。重湖相襲。平疇廣野彌望。周歷井里。訪問謠俗。野無奇民。市無瓌貨。士大夫雖鼎貴。出不以肩輿。貧民亦無執輿轎之役者。其民皆力農田。奉法畏長官。其士皆崇禮讓。勵廉隅。以儒素相尚。任事於公。必單心畢慮。不避艱劬。不為己毛髮私利。而粵逆之亂。永成鄉士民倡義抗賊。慷慨赴難。忠義尤為卓然。江表人文科第冠天下。然俗或傷浮薄抗巧。高淳一邑。獨純龎若是。亦異矣。古者天子省方巡守。命太史陳詩。以觀民風。命市納賈。以觀民之所好惡。周官誦訓掌方志以詔觀事。道方慝以詔辟忌。以知地俗。訓方氏掌道四方之政事。與其上下之志。誦四方之傳道。漢丞相張禹使屬潁州朱贛條天下風俗。班固氏因之作地理志。於民質良楛。俗尚貞淫。尤三致意焉。風俗者天下所以治亂安危者也。有天下者甚重之。風俗誠美。民氣誠固。何憂乎寇亂。何畏乎遠人。何憚乎邪詖。何恤乎奇技淫巧。自世既衰。民俗日壞。而海內自道咸以來。饑饉薦臻。兵革繼起。區寓凋耗。生計迫蹙。民竆而俗益敝。余走四方。所至奇衺巧詐。鏠出不可究殫。外侮內憂。機牙潛伏。有識之士。以為隱憂。烏乎。安得率土之內。民風之懿。皆如斯邑者哉。余既以時日迫遽。於邑子傳聞軼事。未暇考問翔實。又其書皆已周慎詳覈。誠不敢增損一字。獨為道其風俗之美。以志余慕望之思。又使在上者聞之。知所以施治於高湻者。且益旌異之。使夫澆漓浮靡之俗。有所觀示焉。若夫章志貞教。益興起人才。隮風隆古。則在良有司與邑之士君子而已。

翊翊齋遺書序

自有宋程朱諸儒。倡明道學。古昔聖人所以覺世牖民之意。昭然大明於世。人乃始皆曉然於學者所以學為仁義也。為功於聖人。有裨於天下後世。豈不大哉。逮其後原遠而末分。學者或安於狹陋。偲偲奉一先生之言。而不能博文約禮。究極乎本末始終廣大精微之致。固已不免於通儒之譏已。又其甚者。膚學鯫生。束書不觀。其於六經宏深之蘊。天人之故。古今之蹟。懵乎未之有聞。乃攟拾諸朽腐熟爛之言。曼衍以為書。旦握管而暮已盈篋。用自號於世曰。吾所為學。道學也。不知其書。乃為有識者之所深鄙。弃絕而不欲觀。又其益甚者。立身行事大盭乎聖賢之教。乃亦攟拾語言。曼衍以為書。益侈然義然。號於世曰。吾所為學。道學也。僭秕以冒眾。身桀而口堯。於是所謂道學者。始大為世所詬病。而仁義道德之說。至為人之所不敢道。其原胥起於此。是程朱之罪人而已矣。其所為書可焚也。桐城馬一齋先生。躬行實踐。不事表襮。所為翊翊齋遺書。皆心得之言。絕遠乎攟拾曼衍之為者。惜乎世之知之者少。其曾孫某為重梓。以廣其傳。而問序於裕釗。裕釗心悼夫世之為道學者久矣。欲求如先生者見之而不可得也。故樂為序其書。以致余之意焉。

退學軒同懷遺藁序

丹徒韓叔起比部有二子。長曰省齋景脩。季曰任之景伊。並有懿才。能紹其家學。又飭身砥行。躬自祇慎。益發憤讀古書爲詩歌。頗有可喜者。而皆以早死。叔起既重悼慟。暇日出其遺詩各若干篇視予。且屬爲之序。自予往歲交叔起。則聞叔起二子之賢未見也。今二子死矣。而予乃從叔起讀其詩。悲夫。且詩書之族。有子弟能勵名行。用鉤繩矩矱自約敕。蚤夜治術業。以不墜遺緒。此可爲嘉尚者已。又能慕古作者。刻意爲文辭。思與之追逐。而不屑自儕於世俗。是其可愛惜宜何如哉。而或不幸促其年壽。至且兄若弟相繼夭折。僅一二殘編遺墨。掇出於死喪之餘。則宜見之者。瘉益以爲可愛而惜之每加甚焉。自天下之人。識與不識。亦莫不於邑太息而不能已。矧其爲父子之親者。尚可言邪。尚可言邪。夫叔起誠傷悼無所爲計。而欲得予之一言。以不死其子也。於是爲序而歸之。以塞其悲。

跋明三原焦公家書

平江鍾君以所藏明三原焦公家書視裕釗。裕釗受而觀之。蓋公分巡河東時所示其子兵事也。公大節凜然。其書既可貴重。又所述戰事。多本傳所未及載。尤足以補史氏之遺。是重可寶也。始公以抗疏忤羣小。媾禍幾不測。後以僉都御史巡撫大同。不見容卒罷歸。及公家居。亢賊不屈死。而明亦未幾亡矣。明季流寇之陷京師。實自山西入。今觀公是書。戰績炳著。處計畫尤周盡。使終官山西。竟其用。明疆事或未遽至是亟也。媢嫉之病人國。傷哉。余觀自古忠臣拂士。後世得其遺文手澤。藏弆葆貴。雖一字若什襲。愛之如不克見。而並時之人。乃至戕其身而不忌。排陷之不遺餘力。當其世者。遇之而不見惜。後人惜之。而又莫能相遇。古與今相續。而旨若一也。余莫之能知也。悲夫。書凡十紙。其第二紙第三紙皆有公名印記。第九紙書王家允爲王家印。與史亦少異。同治七年夏閏月二十五日武昌張裕釗敬跋。

跋明周忠毅公手蹟

丹徒趙季梅舍人所藏明周忠毅公手書疏藁五篇。雜文藁十有三篇。裝池爲二卷。將致諸丹徒之焦山與山寺舊所藏楊忠愍公遺蹟並垂於不朽。而屬裕釗跋其後。車牽之詩曰。高山仰止。景行行止。自古碩人名賢。其流風遺躅。皆足以興起後世。然或有能知。有不能知。至於忠貞義烈。則無愚智賢不肖。其慕望愛悅一而已矣。雖庸愚婦孺貪夫盜人。聞義烈之事。未有不懮動而歎息者也。史傳所記幹濟之臣。文儒之彥。經師理學。畸士高流。後世議論。時有軒輊異同。壹語及犯危難厲死節之賢。未有不翕然帖服稱誦之如不容口者也。豈非人心直道之公。窮古今而不可泯沒者歟。抑所謂賢哲之行。其成於偏至者。尤足以感人歟。自百世之下。聞其風慕其義。頑廉懦立。歌思之如不克見。況其忠言讜議。出自手寫。光氣隱然。溢出楮墨。睹其書如遇其人。其可爲條貴當何如哉。宜舍人之珍而惜之。且謀以藏之名山。傳之無窮。而人之見之。亦莫不歔欷流涕感喟而不能已也。抑又觀忠愍之死以嚴嵩。而公之死也。由馮銓之惎忠賢。嵩與銓故皆以書名者。今或唾弃不復收。公及忠愍不聞善書。一二遺墨。乃崇重球璧。其貴賤懸絕也若是。而況其人乎。士或震炫於勢物。苟容身以求富貴。而悼節義爲不可爲。彼獨未一遊心於無窮之世耳。覩二公之蹟。其可

以知所返已至諸奏疏雜文與忠毅軼事舍人既具次之矣故不復述光緒戊寅冬十月武昌張裕釗敬跋

送梅中丞序

物之生其始則皆類也及其長而成虧美惡善否遂以判焉土石之出乎地金錫之礦於山百植草木之布濩乎原野同日星之所章耀霜露之所煦育當其初未有能區而别之者也燠寒遞嬗歲年遷貿善者旁魄碩偉殊絕等夷不善者卷局剝落甚乃夭閼不遂則其成毀往往懸焉及其為世用也則有為棟桴為柱石為黼黻為弓劍為寶圭為彝鼎尊罍為琴瑟鐘磬竽笙塤篪簫篪遂管春牘應雅有為椳為柣為闑為棖為椹為杙為筦為瓦為瓴為罌為釜為筥為斗為筲為鉗為鑿為漏卮為敗絮為死灰為礫石為溝中之斷雖一區之産一本之支而其高下庸奇貴賤相萬也豈物之所自為者固有善有不善耶抑其命於天者一成而不可易耶中丞南昌梅公當世鉅公名人也始公以道光丙午舉於江西而裕釗亦以是年舉於湖北洎庚戌居都中試國子監學正學錄同受知於曾文正公之門於是俱旅食京師遂遂未有奇也逾二年粵賊入楚裕釗自京師歸公遂成進士入詞垣後出典大郡洊擢監司同治十年曾文正公自直隸復督兩江招裕釗主講席江甯而公以開藩白下巍然稱名卿矣逮今歲既入
覲還道拜浙江巡撫之
命德業輝光蓋益將大顯於世而裕釗甘自棄於閒闃寂寞之地沉淪枯槁頑然猶昔時人之能

不能豈可同日道哉。夫其遼濶敻絶至是極者。豈惟天實命之。彼其所自爲則然耳。雖然。物之生其終雖異。而其始之同者。不能忘也。人各念其故。不自知其分之殊。而彼此相戀嫪者。情之所不能已也。澗阿薄植。覩松柏之上雲霄。而凌倒影。垂陰乎無垠。而眇焉隱處其下。其自終於不材則已矣。抑豈能無少意於高仰者之嘗我同乎。故於公之道出金陵。輒爲文祖之。且祝公之宜有造於浙也。然裕釗與公。自此其益遠矣。

送黎蒓齋使英吉利序

泰西自前古不通中國。洎明中葉。利瑪竇、艾儒略之徒。始以其術游内地。

國朝開統。

聖祖仁皇帝嘉西洋歷算之精。特

旌異之。於是來者益衆。閩粤瀕海之區。市舶稍稍集矣。百有餘年。至於道光之際。而海畺始有兵革之事。其後國家懷柔綏服。一務兼容并包。遠撫長駕。威德覃於遐裔。是以殊域輻湊。通互市。結盟約者。至五十有餘國。泰西人故擅巧思。執堅刃。自結約以來。數十年之間。益鐫鑿幽渺。智力鋒起。角出日新無窮。其創造輿舟兵械火器暨諸機器之工。研極日星緯曜水火木金土石聲光氣化之學。上薄九天。下縋九幽。剞劂造化。震駴神鬼。申法警備。礮若金石。發號施令。疾馳若神。又以其舟車之力。窮極六合四遠。五大洲之地。無所不洞豁。徬徉四達。競相師放精能之詭。甚盛益興。天地剖泮以來。所未嘗有也。蓋嘗論天地之化。古今之紀。天人相與構會。陰陽以之盪摩。窮則變變則通。而世道乃與為推移。上古人民。鳥獸錯處。巢窟之居。毛血之食。羽革之衣。聖人者作。立君臣上下。興修禮樂制度。備物制用。通變宜民。遞相損益。天下文明。虞夏殷周之世。稱極盛焉。周道衰而至於秦。一革除先王之法。封建井田學校典禮文物掃地俱盡。更立新制。卒漢唐之世。不能易也。唐末之亂。以訖五季。輾轉遷貿。盡逸其故。田賦兵制選舉學術俗化。與兩漢以來。泮渙殊絕。宋明以還。承而用之。而蒙古及 聖清之有天下。混一華裔。方制數萬里。土宇版章。跨越百代。若今日其尤世變之大且劇乎。天實開之。人之所不能違也。而當世學士大夫。或乃拘守舊故。猶尚鄙夷詆斥。羞稱其事。以為守正不撓。烏乎。司馬長卿有言。鷦鵬已翔於寥廓。而羅者猶視夫藪澤。豈非其惑歟。夫以學士正人之不智乎此。於是當事。乃一切以求能習知此者而任之。則其所得。乃皆庸猥汙下賈豎輿隸之流。稍能通彼語言。與一二瑣事者也。如彼等者。烏足以任此。適足為遠人之所嗤而已矣。邇者一二遠識之士。稍知二者之弊。議欲得儁異志節之彥。相與精求海國之要務。以籌備邊事。蓋彊本折衝尊主庇民之計。誠莫先乎此。而

朝廷方簡重臣。通使諸外國。使遐邇中外。益通達無阻。於是黎君純齋。自州牧授三等參贊大臣。從使英吉利。將行。問贈言於裕釗。夫覘國之道。柔遠之方。必得其要。必得其情。得其要。得其情。而吾之所以應之者。乃知所設施。且即吾所為。乘時順天。承敝易變。使民不勸者。神而明之。利而用之。亦可以得其道矣。純齋之賢。其必能心喻乎。此以俟異時受任

國家之重。而副海內之望也。它日歸。吾將從而訊之。

贈查生燕緒序

查生燕緒從余遊。質甚篤厚可嘉尚。余嘗語以學古人之道。而貌乎若有意乎其間也。今生且歸矣。而意甚戀戀於余。雖余亦重惜生之遠也。雖然。生所居乃在粵東海濱之地。去楚數千里。而今茲從余於此。始余與生意。皆不及是也。嗚呼。而風旋月麗於天。而蜃蛤盈虛於淵。詩書問學之業。道與志通。而氣機密應於其間。莫或知其所以然。雖萬里之外。殊鄰絶域。邈不相接之區。而常一旦猝然其忽合。故夫君子之相與。冥契於其心也。亦惟其道之合焉。形迹之離合。又無所論已。今生苟未能志乎古人之道。以蘄赴乎余言。雖相從於此。不啻遠也。生誠志乎古人之道。以蘄赴乎余言。雖舍余而去。不啻邇也。余他日或將遠游四方。以遂其生平之所欲。至而生年方盛。必非久汶汶處閭里者。其能遲生而生已卓然進於古之人乎。余且灑然喜。且幸謂生未始余違者也。甲子正月某日。

送黄蒙九序

易曰。君子之道。或出或處。或默或語。孟子之稱孔子。則曰可以止則止。可以仕則仕。君子之仕不仕。惟其可焉耳。未嘗有所意於其間。曰吾必為此與必為彼也。然吾觀伊尹師保太甲。周公相成王。其君臣之遇至矣。伊尹既反太甲於桐。則復政而告歸。周公營洛邑成。作誥。亦孳孳以明農為言。即至後世所號稱名臣。身居顯列。而累疏求退。見於史牒者。往往而是。蓋賢者之於世。雖是心不能一日以忘。至其於富貴寵利。則泊乎一無與於其身。而不以毫髮為吾重輕。故其仕也。則能外勢榮。明得喪。豈惟其職與其志之所必為。一有不合。則奉身而去。若脫屣耳。後之君子。其仕也非盡欲行其志也。大都以其榮與利者也。故得志則泰然。其自恣。卹乎若恐失之。不得志則輾轉怫悁。侘傺焉若不可以終日。一惟時之榮若悴為遷貿。而進退乃無一可者。其志先亂中無所為自得者。以御其外也。其遂沉溺。不亦宜乎。同年友黃君蒙九。以知府官江南。嘗筦征榷通州。攝海州。皆有能名。衆謂蒙九且顯矣。一旦決然假歸。上官留之不可得。江南之官吏。皆稱以為難。唯裕釗亦以是偉蒙九也。雖然。君子之出處。要惟其志之無累。豈徒以迹之顯晦為隆汙哉。今蒙九之去。吾未知其於志。果有所不得行。浩然決去。以求得其所自慊者耶。抑尚有所不獲已。而於心固未能以自釋者耶。蒙九且行。索裕釗一言為贈。裕釗為書此。還以敂之。

送湘鄉相國曾公之任直隸總督序

今上御極之七年。
王師既清河北。方內歸甯。
天子穆然深惟保世之永圖。謂直隸藩輔京師。居九州維首。宜得文武重臣。肇治於茲。於是
命大學士一等毅勇侯曾公。自兩江移鎮其地。
詔下。東南之民。合公再造之德。聞將以我公行。歎者於室。涕者於塗。當晝旁皇。人莫寤辟。薦紳先生耆艾俊髦。謳思慕惜。相視瞿然。皆曰。公盛德閎烈。并包運量。無遠邇。躬出入水火。奪我民焚溺之餘。磐石坐之。我東南之人。自頂至踵。皆公賜。自公來至於今。我婦子倚公。不憂死亡。民以公為

父士以公為師。公一朝去我。我自今其疇依乎。又曰。公既龕大難。自以勳之高位之崇也。常廩廩焉懷盛滿之懼。私獨意公既已成大功。其或者將遂公之志。舍我民而不之顧也。我則益無冀矣。裕釗曰。不然。惟天子舉社稷之安。天下之治屬之公。固將以公先事於邦畿。而後迺徧及乎天下。公之治在天下。賢其在我南人也。我南人則益有賴矣。且方咸豐初亂起。海內蕭然。以乏才為憂。謂羣盜且不可制。自公起視師。其間蓋亦嘗蹈險難。處危疑。勢岌岌不自保。然公以忠臣之義。惟吾分宜所自效。禍福成敗一不以概其心。毅然獨肩天下之至鉅而不懾。忠誠激發。一決罔顧。卒天下之人不期而應之。羣策羣力。川赴海會。遂以有成功。夫應龍興而雲屬焉。不崇鼂而百穀徧渥。其膏莫或知其所由。精之所通使然也。周易有之。在豫之坤曰。由豫大有得勿疑朋盍簪。其公之謂與。雖公之今日由前志也。且以上自天子。下及元元之民。壹委心託命。貇貇於公若此。而公安能恝然而已乎。公之澤將益大被於我。我其可無恤。衆皆曰。子之言然。衆以詩祖公。請即以子言為之序。

送吳筱軒軍門序

光緒六年。國家以索取伊犁地。再遣使至俄羅斯。議未決。於是徵調勁旅。分布諸邊為備。命宿將統之。而山東登萊青諸郡三面阻海。其燕臺尤當番舶往來要隘。有詔命山東巡撫周公督辦山東軍務。而以浙江提督吳公副焉。吳公於時方留防江南。且行。謂裕釗吾實篤下不任是又始至人與地不相習吾之心實惴惴焉吾夙夜以思盡吾力之所能為其濟若否則聽之吾以誠自處而以謙處人勞則居先而功則居後若是其免乎裕釗曰大哉言乎易中孚謙之明夷其辭皆曰利涉大川以實心任事事無大必濟能下人者眾附而功集焉公誠率是言而允蹈之奉以終始甯惟山東雖以濟天下可也天下之患莫大乎任事者好為虛偽而士大夫喜以智能名位相矜自夷務興內自京師外至沿海之地紛紛藉藉譯語言文字製火器修輪舟築礮壘歷十有餘年縻帑金數千萬一旦有事責其效而茫如捕風不實之禍至於如此海外諸國結盟約通互市帆檣錯於江海中外交際糾紛錯雜闐咽膠轕

國家宿為柔懷包荒以示廣大雖元臣上公忍辱含詬一務屈己而公卿將相大臣彼此之間上下之際一語言之違一醻酢之先刻繩互競忿恨懟忮莫肯先下置國之恤而以勝為賢撻於市而訐於室忘其大恥而修其小忿何其不必競者歟國之所以無彊外侮之所以日至其不以此歟令公之所稱故乃一反是異乎今之君子者矣中丞周公故與裕釗舊也裕釗夙知之其執誠與謙宜亦與公同二公協恭同德揖志以輯東土裕釗橋首而眄成功之有日也公行矣公之往其駐師必於登州吾聞登州城闉之上有蓬萊閣焉自昔海右雄特勝處也異日者公與周公大功告成海寓清晏裕釗雖耄矣猶思褰裳往從二公晏集於斯閣稱述今日之言而券其信俾倪東海之上憑檻而舉一觴雖二公其亦韙裕釗為知言乎其為樂豈有極乎

贈吳清卿庶常序

人才之貴於天下。無古今一也。雖然。才應世而世需之。其間則亦有辨焉。運會之所趨。氣機之所啓。魁桀儁異之士。雲興猋合。肩臂相摩於前。而趾相躡於後。雖有盤錯鉅艱。而才皆足以周其用。若是者常樂才之盛。而忘其難。朝野祉福而康樂。薄海内外。晏然而無事。中庸之士。平進富貴。守成法。襲故迹。皆足以施於世。若是者雖乏才。而猶未以爲憂。若夫時數之阨。屯艱之會。寇訌於内。敵伺於外。民窮而俗敝。兵疲而財匱。闒冗葸瑣之徒。紛綸雜畄。浩若蕭艾之被乎野。間稍能自異。又窘蹋儒緩不適於時用。中外之安危。生民之植若僵。汎汎乎若羣木之漂於中流。四顧而不知所屆。其如是。人才之足貴。乃倍蓰什伯於向所稱二者之時。雖疲行者之資車。病涉者之資舟。寒者之於裘褐。餓者之於饘粥。不足以喻之矣。夫自古禍難之興。其需才也尤至。而人才之寡乏。每獨甚於此時。幸有其人。又或有所抑沮牽繫。而不獲底於成。能成矣。而世或不能盡其用。需之如彼其亟也。其成而爲世用也。又如此其艱。則其可爲慕望而愛惜何如哉。吳中吳庶常清卿。懿才而遠志。服儒者之學。而不忘當世之務。凡今日之利病。民甿之疾苦。無所不究其意。裕釗以同治戊辰冬識之於江甯。明年春。復相從游處於吳門者十有餘日。及今茲來武昌。行從合肥李相國西入秦。蓋將益練習於時務。以畜其才。而非有時俗人之見也。且行。索裕釗一言爲贈。裕釗廢於時久矣。自度其才不足拯當今之難。退自伏於山澤之間。然區區之隱。則未能一日以忘斯世。其耳之所聞。目之所接。愴焉感於其心。今見庶常則欣忭愛慕。而不知所以置其情。其樂徇其請而爲之言也。豈有愛乎。於是極道其言。而書以貽之。雖然。尤望庶常之終底於成。而爲世用。以副望君

者之志也

送李佛生序

佛生既罷官。居於江南。日讀書不輟。尤瘉篤好莊子。爲書後數百言稱其有合於聖人之道。余謂莊子者。負絕異之資。乖於時而一切以取自快者也。其於聖人之道。本之差不能一髮。末乃大馳而絕遠。至於流極而弊益不勝。釋氏得其精以爲空寂。王何得其粗以爲誕縱。誕縱之弊。蔑棄禮法。蕩廢時務。天下於是大亂。空寂之弊。去人倫。無君臣父子上下。乃胥斯民而爲夷。莊子疾時垢濁。務洸洋激詭以譏切當世奔趨勢物之徒。不知其弊乃至於此。道之不明也。愚不肖不及。賢智過之。由莊子而後。高才偉異之士。身不得其處。而誤於所之者。豈可勝道哉。蓋嘗試論事功之迹。詩書文章之業。與人世所謂勢位富厚。君子未嘗必舍而不事也。有道以御之。故所之而不窮。後之君子。溺志富貴無論已。其少有志者。欲有所樹。則務取天下之業之可以爲名者託焉。期自章異於流俗。而未嘗循於其本。故方其志得氣盛。力足以觀駭一世。貴賤賢否之倫。橫厲乎無雙。及其久之。倦而思返。顧視身世。邈不足以自樂。反之內而碭無可據。愛惡攻取。又從撓之。觀老莊浮屠之書。一旦得其所爲一死生齊得喪而眇萬物者。則大喜之。於是蠲棄百爲。解弛墮壞。頹敗不可振救。生猶是人也。而質則已亡矣。且學儒者之學。服聖人之言。於卒也乃以異端爲歸。何其悖歟。夫彼未知聖人之道之有其自得者也。惴慄以爲危。蕩夷以爲安。不以榮喜。非必於惡而逃之也。不以悴悲。亦非其往而不能返也。得志則措諸事。事立而世正焉斯已耳。我無與也。不得志則寓諸言。百世之下。有能遵而行之者。猶其在吾身也。其衡諸道也不過。而傳之久也無弊。蹟乎其至適。確乎得其所歸。以與夫老莊浮屠之所稱。孰為同乎大順。而即乎人之心者乎。知道者以謂孰賢乎。佛生將北遊。索一言以為贈。余以佛生才高而不得志。懼其過而流於是也。為書此以詒之。

湘鄉相國曾公五十有八壽序

往者湘鄉相國曾公閱壽五十。為咸豐十年。裕釗郵觴詞。稱引南山有臺之詩以為祝。且必公當平賊致太平。越五年。大軍克金陵。粵賊平。及今歲撚賊亦平。裕釗私獨驩然謂往者壽公語固終效耶。及是

天子詔公自兩江移督直隸。於是公年五十有八矣。南中人士之在金陵者。惜公之去而不可留也。謀以公誕日。衆執爵為壽。乃復以壽言屬之裕釗。裕釗惟公提一旅起湘中。義聲感動天下。豪儁魁桀。才節偉人。雲興而從之。淵謀羣策。雷動神應。萬衆一誠。順風而邁。遂南清江表。北至於河朔。凶妖蕩息。天地清曙。手援赤子。出之水火之中。熏冒煦育。瀕萎而蘇。十五年之間。而海內大定。澤流於千里。文武威德。忠誠愷惻。徧孚於中外。鴻卿鉅人。學士大夫。隴畝山澤之甿。外薄四海。髽首魋結之遠人。愛悅而歌頌之。於千萬年。永世無極。顧公則澹乎不以自有。若春風之被物。脩然飄浮雲而過乎寥廓之表。而百菓草木皆甲坼也。則裕釗烏足以知公之所為哉。抑又聞之。成萬物而不有其功者。天之道也。是故歷古今而不毀。君子法之。常虛其中。以與物相衘。雖震動憂勤苦

身勞形。而內不撓。利澤被於人。功高乎百世。而不以己與。是故其神全。其神全故物莫之能傷。而祉福麋壽應焉。莊周有言。汝游心於淡。合氣於漠。順物自然。而不為私焉。則天下治矣。又曰。緣督以為經。可以保身。可以長生。周之言與夫聖賢之旨。固若有間。而自通人者觀之。則其理未嘗不可以相發。然則天祚

聖清。其將益佑我公。黃髮壽耇。輔成萬世無疆之庥乎。夫裕釗往者之言既驗矣。今之言此其必有合也。

吳育泉先生暨馬太宜人六十壽序

裕釗往者則聞桐城吳侍讀至甫善為文。常欲一識之不可得。同治七年秋來江甯。迺晤至甫相國曾公使纍索其文讀之。誠辨博英偉。氣逸發不可銜控。裕釗深退避。以為不能及也。而至甫顧盛推余文。且稱其尊人育泉先生。母氏馬太宜人。並以明歲登壽六十。欲得裕釗一言以為壽。裕釗謝不能。至甫則固以請。因益為言先生居約而能施。積行而不求聞。少常客遊。而孝弟充裕。太宜人又能曲喻先生之志。而推行之。潔治甘旨。振救貧乏。資用或不繼。則脫佩服出質相佐助。桐城人稱家法之善。曰吳氏。方存之者。裕釗舊遊也。亦道先生躬至行。不釣取聲譽。而人人信其一言。至甫稱其父母皆信。宜其有賢子者。存之故亦桐城人也。裕釗自少時治文事。則篤耆桐城方氏姚氏之說。常誦習其文。私嘗怪雍乾以來百有餘年。天下文章。迺罕與桐城儷者。閒獨聞龍眠浮渡諸山水。古所稱絕勝也。姚氏之言。以謂黃舒之間。山川奇傑之氣。蘊畜且千年。宜有儒士興

於今。理固當如是耶。鄉時往來楚皖之交。泛舟浮大江中流。望皖西北諸山。隱然出雲表。其隆崒秀異。絕可偉也。乃心念方氏姚氏。往往稱其鄉多隱德君子。伏匿澗谷之中。今宜尚有其人處於彼者乎。時時欲一往遊焉。其後得交存之。今復交至甫。又因至甫及存之聞先生。裕釗於桐城有為我主者矣。異日余儻得遂其往遊之志。幸見先生暨太宜人期頤壽耇。摳衣栗階。敬舉一觴。因得奉几杖從先生後。徧攬龍眠浮渡之勝。訪桐城諸老之舊聞。益偕存之至甫抵掌論文。究極幽眇。而相與徜徉肆乎山水之間。其為快且幸。宜何如也。敬奉此為壽言。獻諸先生。俟他日為之徵

范鶴生六十壽序

余以光緒六年夏遊山左。適范鶴生以郎中改官觀察江右道。過濟南。不期而遇於山左使院。余與鶴生樂甚。鶴生間語余。吾與子總角相好。其後出接世事。所識海內雋偉魁傑之士雖衆。然其交最夙。而今尚老而存。久而不厭者。莫吾與子若。吾明年六十矣。子可無一言。且子以文章名一世。可使余名氏不見於子文耶。余笑應曰。然。始余蚤歲與君同時補學官弟子。余年甫十六。君亦裁十七耳。明年鄉試試錄遺。學使方公。以余與君及嘉魚李爽階士塏三人。齒最穉。顧從者舁一卓床。居堂皇中。令環坐余三人。用以異之。余三人相視而笑。左右觀者適然。固尚能記此耶。君聞為解顏。其後余與君及君伯兄子珹並以道光丙午舉於鄉。時亦甫踰弱冠。意氣方盛。爾我投分無間。蓋自往者歲以試事至省垣。洎後走京師應禮部試。未嘗不偕。而吾鄉一時英俊若同邑金小畹伯華。柯根臣茂枝。黄岡吳又桓榮。錢香畹崇蘭。羅田熊卧雲五緯。江夏張星階棨。洪蘭陔調笙

昆季皆年少志美氣起鱗萃相與飲酒賦詩詼嘲謔浪窮極一時之樂已而君兄弟相繼成進士而海內兵革傚擾蒼黃沸亂紛糾萬端余息影斂迹放浪江海之間與君暌違乖隔離十餘年不相見逮君奉諱歸南得聚處兩載尋復別去又十年而今乃一遇於此握手相視君齒落頭童余亦鬚髮皓白頹然衰且老矣追念往時朋好相從掎裳聯襼之人乃邈焉無一存者顧余與君猶得白首相逢邂逅卮酒而君且登壽六十俯仰今昔之際撫人事之變遷是其可為慶幸而益重以感喟者也於是相與憫然者已久及今茲九月君覽揆之辰屆矣溯洄昔歲之言怦焉動於其心故於君生平之懿當世所共聞知者皆不暇以詳獨追述前語用為君壽亦以明余兩人相與之摯也

與黎純齋書

前在金陵相從譚藝讌評古今人私心甚快別後倏忽月餘日矣寒窗短檠時時隱几思足下不可弭忘裕釗自惟生平於人世都無所耆好獨自幼酷喜文事顧嘗竊怪學問之道若義理考據辭章之屬其涂徑至博其號稱為耑家亦往往而有獨至於古文而能者蓋寡自曾文正公沒足下及至甫又不得常聚晤塊坐獨處四顧煢然無可與語近者李佛笙乃頗有意於此時相從問為文法所入雖未深然佛笙故天亮出於人人乃時有解悟處此差足語耳夫文章之事非資才夐絕而程功致力之深且久者則必不能以至才優而力深矣其能至以幾於成與不能成則亦有天焉既至而幾於成矣其傳不傳與傳之顯若晦若近與遠則又有天焉且誠令其至而幾於

成成焉而傳傳焉而顯且遠而吾文信不敝於百世吾身則既泯然死矣其取吾文而歎慕貴惜之者吾皆不得而見之矣捐棄一世華靡榮樂之娛窮畢生之力苦形瘁神以徼幸於或成或不成或傳或不傳之數而慕想乎千百歲後冥漠杳渺邈不及見之虛譽而不以自止豈非所謂至迂而大惑者哉宜彼世之所謂賢儁能一切以取富貴顯榮者訕笑而背馳之也雖然莊周有言民食芻豢麋鹿食薦鯽蛆甘帶鴟鴉耆鼠四者孰知正味生人之者好各賦受於其生初其不齊至不可以巧歷算則夫孳孳焉勤一世於文字之業者無亦所耆出於其性而不能以自解者歟且吾觀古之能文者若司馬遷韓愈歐陽修之徒其始設心措意亦無過存乎以文自見卒其所至世不得徒文人目之是故深於文者其能事既足以自娛嫛及其所詣益邃以博乃與知乎聖人之道而達乎天地萬物之原獨居謳吟一室之中而傲然俾睨乎塵壒之外雖天下又孰有能易之者哉又遑暇較量於我生以前與身後之贏失而為之進退哉思足下不得見索居無聊輒一吐其匈臆之所積自怡取快意而已非足下僕亦不發此也天氣驟寒惟萬萬保練自愛不宣

答吳至甫書

春間奉到往歲除夕惠書承已改官畿甸將以儒者之學澤我民萌敬賀敬賀六月初旬李佛笙太守復遞到三月晦一函適裕釗有悼亡之戚先期歸里一昔始來鄂城匆匆未及報所需姚氏評點漢書一時未遑鈔寄請以異日可耳來書過以文事見推且虛懷諮度諄諄無已裕釗則何足以知此雖然既承下問不敢不竭其愚古之論文者曰文以意為主而辭欲能副其意氣欲能

舉其辭。譬之車然。意為之御。辭為之載。而氣則所以行也。欲學古人之文。其始在因聲以求氣。得其氣則意與辭往往因之而並顯。而法不外是矣。是故契其一。而其餘可以緒引也。蓋曰意曰辭曰氣曰法。之數者。非判然自為一事。常乘乎其機。而緄同以凝於一。惟其妙之一出於自然而已。自然者無意於是。而莫不備至。動皆中乎其節。而莫或知其然。日星之布列。山川之流峙是也。甯惟日星山川。凡天地之間之物之生。而成文者。皆未嘗有見其營度而位置之者也。而莫不蔚然以炳。而秩然以從。夫文之至者。亦若是焉而已。觀者因其既成而求之。而後有某者某者之可言耳。夫作者之亡也久矣。而吾欲求至乎其域。則務通乎其微。以其無意為之而莫不至也。故必諷誦之深且久。使吾之與古人訢合於無間。然後能深契自然之妙。而究極其能事。若夫專以沉思力索為事者。固時亦可以得其意。然與夫心凝形釋。冥合於言議之表者。則或有間矣。故姚氏暨諸家因聲求氣之說。為不可易也。吾所求於古人者。由氣而通其意以及其辭與法。而喻乎其深。及吾所自為文。則一以意為主。而辭氣與法。胥從之矣。閣下以為然乎。閣下謂苦中氣弱。諷誦久則氣不足載其辭。裕釗邇歲亦正病此。往在江甯。聞方存之云。長老所傳劉海峯絕豐偉。日取古人之文。縱聲讀之。姚惜抱則患氣羸。然亦不廢哦誦。但抑其聲使之下耳。是或亦一道乎。裕釗比所遇多乖忤。又迫憂患。於此事恐終無所就。閣下才高而志遠。年盛而氣銳。它日必能紹邑中諸老盛業。用敢進其粗有解於文事者。以為涓埃之裨。惟亮詧不宣。

答劉生書

曉堂足下。蚤春承寄示文數首。入秋又得手書。勤拳懇至。足下之用心。何其近古人也。足下諸文所為尊君事略。最肫摯可愛。讀老子中一段詞甚高。闖然入古人之室矣。前幅微覺用力太重。少自然之趣。他文識議並超出凡近。而亦時不免病此。夫文章之道。莫要於雅健。欲為健而厲之已甚。則或近俗。求免於俗。而務為自然。又或弱而不能振。古之為文者。若左邱明莊周荀卿司馬遷韓愈之徒。沛然出之。言厲而氣雄。然無有一言一字之強附而致之者也。措焉而皆得其所安。文惟此最為難。知其難也。而以意默參於二者之交。有機焉以寓其閒。此固非麤莽所能企。而亦非口所能道。治之久而一旦悠然自得於其心。是則其至焉耳。至之之道無他。廣積而精導之。熟諷而湛思。舍此則未有可以速化而襲取之者也。吾告子止於是矣。夫文之為事至深博。而裕釗所及知者止於是。其所不及知者。不敢以相告也。以足下之才。循而致之以不倦。他日必卓有所就。此乃稱心而言。非相譽之辭也。足下勿以疑而自沮焉可也。足下文知友中多求觀者。故且欲留此俟他日再奉還耳。惟亮詧不宣。

答李佛笙太守書

价至奉讀手書。為之感歎無已。及讀所示大箸。則又大喜且詫。不謂足下銳進一至此也。來書謂此行誠失計。然獲交不肖時相從問。得學問文章之要指。挈長度短。固亦未為失。裕釗豈敢任此顧足下之文。乃精進若是。則信所得多矣。文誠出於人人。足以信乎今而傳乎後。窮之百世而自必其不磨。雖百郡守不以易也。且所謂窮通得喪愉戚寒饑者溫飽者。擾擾一旦暮之事耳。何足道哉何足道哉知足下故必不以一官置意中然即為衣食計則亦有命焉力所能謀謀之所不能謀則聽之而已固亦不足恤也裕釗鄉時讀論語獨深有契於孔子不知命無以為君子之一言且嘗試縱觀生民之初以至今日盛衰倚伏與夫人之賢不肖芒乎紛乎眇不可紀極終其興若廢有一之非其命者邪或乃棄其修行立名所得自為之事奔者騖欲一切以徼非望卒泯泯以没身甚且為詬於天下後世者甚可悲也既亮識其然又自少酷嗜學問文章是以一意摶精於此而不遑恤其它惟是年齒日長神智日耗恐遂終無所就時獨以為懼近者撰得書元后傳後一篇乃忽妄得意自以甚近似西漢人且私計

國朝為古文者惟文正師吾不敢望若以此文校之方姚梅諸公未知其孰先孰後也雖則狂謬至是乃復私自疑輒錄寄足下為我一決其然否其然耶是吾益也用竊自喜也不然耶卻退矣吾滋懼焉請必明語我俾得一自釋焉抑以足下之果勢為鋭若是使由是屏棄百為以從事於斯且使裕釗駭憚畏避而不敢與競也承欲來為一握手之歡聞之喜忭無已書不能盡意俟爾時當極意一傾吐耳

答黎蒓齋書

承兩惠手書並賜寄拙稾均奉到裕釗此文頗規橅司馬氏而迹未能忘足下遽謂能突過姚梅二家私心固未敢自信耳梅氏文已遵來示簡得二十餘首另紙寫目並呈上人各有所耆好必不可强同且即一人之身而先若後所厭喜固往往異矣此固不可以為定也柏梘山房集其得

失頗如尊論。然梅氏勝處最在能窮盡筆勢之妙。其修詞識愈於方姚諸公。然一意專精於是。而氣體理實。遂不能窮極廣大精微之致。此其所以病也。自唐以來稱文者。惟韓退之於本末精粗表裏之數。無所不盡。故焯為百代之宗。其他或注意於此。而時不能無脫漏於彼。固賦於天有以限之。抑其人之致力。各有所偏至也。文之難為工。固若是哉。曹子桓有言。文章經國之大業不朽之盛事。裕釗從事於此三十有餘年矣。曩既苦才薄。又自少至老。憂患寒飢之擾其慮。奪其日力。進尺寸如走千里。今雖欲追古人最上之境而從之。而齒髮日衰。精力益減於前時。顧視前後中心恂慄惴懼。灑焉若新寒之栗體。嘗以謂千百世之中。四海之內。有志奮厲為文辭者不少。下者才力之不逮。其稍進者或學不得其術。或所遇足以苦之。羸詘於人者居其半焉。羸絀於天者居其半焉。學焉而不能成。成矣而不能極其至。振古以至於今。英才志士同聲而悲咤者亡慮皆以此也。因論梅氏文。意有所觸。不覺覼縷至此。惟諒詧不宣。

與張煦堂大令書

前數日閱邸鈔。知以被議左遷。為之悒愕無已。不謂足下事遂亦殆至此也。人生所遇通塞。固不可以常理論。或材行志節出於人人。而困阨沈淪。不得行其志。或錄錄無所短長。比肩尊官顯秩。賢人君子俯首噎氣。倀倀不敢出一語。其不肖之徒。庸虛嵬瑣之醜類。乘機冒進。舉生倖心。人自期以方面公輔。芒不復有閫域制限。於是乃蹈棄廉恥。相奔於邪徑幽竇。抵死并入。以求得之。雖然其遂以是顛躓身敗而名裂者。亦不可勝數也。且所謂一意自守。不肯少貶。以阿世俗。而卒蹐通顯者抑豈獨無其人耶。屈信存亡之際。是有天焉。非人之所能為也。故曰。莫之為而為者。天也。天故不可得而知也。且嘗試獨居安度。自天地剖判至今。且千萬歲。天亦稍衰且老矣。固時不免矇瞶瞀亂。其所處是非臧否。以施愛憎賞罰。亦豈信能盡其理耶。夫天處高而人錯居其下。而權命一懸寄焉。又時不免昏亂錯迕。則夫人之所謂窮通得失廢興者。譬猶深夜瞑目擊手。以走曠闇之虛。夷險一惟所值焉斯已耳。其又孰從而意之耶。足下質直勁正。出於天亮。又達於當世之務。宜在顯位施澤於當世者也。其至是命也。然使命不終否。復進而上。一反手間耳。亦莫知其為之者也。正己以俟之而已矣。羅少村都轉。常晤見否。悤悤未及作書。請以此示之。使聞狂言取一笑為快。不足令他人見也。

贈道銜湖北升用知府荊門直隸州知州李剛介公殉難碑記

自洪楊之亂起。賊先後闌入湖北者五。而省城凡三陷。文武官吏死者。不可勝紀。若宣城李剛介公。則其尤可為悼惜者歟。公諱榞。字紫藩。幼從侍厥考松江府君宦舍。久之遂明習吏事。又益考求往古成敗得失與當世之務。無所不究。以國子生試順天屢躓。入貲為縣令。道光二十六年。選授湖北公安縣知縣。咸豐元年調孝感。明年調鍾祥。其冬粵賊自長沙闌岳州。犯武昌。所在奸民相嘯競起。鍾祥馬騾子諸匪黨及襄陽之郭大安。天門之蓋天王。皆巨盜劇魁。黨衆大者萬餘。小乃數千。公親教練壯士千餘人。捕馬騾子等數十人。斬之。偵知郭大安謀以衆數千奔粵賊。設伏間道擒之以歸。乘大霧。掩擊蓋天王。悉俘其衆。當是時武昌漢陽相繼陷。楚中大震。卒上游諸郡帖然無恐者。皆公討平諸盜之力也。明年賊大掠東走。省城復。大府以公事入奏。擢荆門直隸州。
調署江夏縣。鍾祥數萬人守安陸府署及公署。請留。公出諭衆。衆泣。公亦泣。是歲裕釗以新甯江
忠烈公聘至鄂城。忠烈及鄂中大吏交口一聲。稱湖北八州六十縣。無李令比者。會粤賊林鳳祥
等自豫入楚。陷黄安。趨麻城。公以兵馳往擊賊黄岡之鵝公頸江口地。大破之。窮追至安慶與安
慶兵夾擊。盡殪諸賊。還值宿松警。復破賊下倉埠。
詔以知府升用。
賞戴藍翎。踰月賊復自江西大至。寇廣濟之田家鎮。湖北糧道徐君豐玉、漢黄德道張君汝瀛檄
公往。連戰皆捷。最後戰他將畏懦不進。公即率所部渡江擊賊。賊敗走。孤軍追之。賊還戰。又敗。益
追至富池口。賊知公軍無繼者。分舟中賊登岸襲其後。公引就水軍。水軍走。左陷淖中。賊乘之。與
所部八百人皆鬭死。咸豐三年九月十日也。越日而田家鎮不守。賊遂長驅西上。復陷武昌鄂中。
所在糜沸矣。事聞。
詔贈道銜。䘏邺有加。公安孝感鍾祥之民家祭巷哭。如喪其親。醵金錢為營佛事。奉木主祠廟中。
始公為縣。所至於其地遠近夷險豐耗民俗醇詭奸蠹根株。人所疾苦盡知之。所為治行之出於
至誠。人樂為用。雖至頑族皆感涕願效死力。故於公之殉難以死。哀思之無不至者。裕釗以往歲
至鍾祥。距公死難之歲十有四年矣。鍾祥人人為言公治鍾祥事。皆曰吾鍾祥入
本朝踰二百年。縣官數李。公獨第一。惜也殉難死。去吾鍾祥數月耳。語次涕熒於眦。裕釗因益歎

公德入於人之心。久而不忘。至於如此。同治二年湖北大吏。復奏公死事甚烈在官政績尤卓著。請令宣城及死事所建專祠祀之。詔可。予謚剛介。五年。其孫鹽提舉銜湖北候補通判襲雲騎尉霙。走書裕釗。請為公殉難之碑。將勒之於富池口。富池口在興國州東北六十里。水經注所謂江之右岸富水注之者也。為序而銘之。曰。

皋皋訿訿。有百其侶。皆壽而康。乘車曳紱。傑出有公。萬目環之。翦奸廸蒙。迺父迺師。天乎何為。民之無賜。殲我賢良。自今疇恃。人之賢公。曰善為吏。呼公之有。百始一試。克究厥施。維國之氾。富水之濱。潯陽之濆。豐碑玢璘。大江沄沄。流公之名。千祀有聲。

誥贈奉政大夫山東長山縣知縣黎府君墓表

君諱安理。字履泰。號靜圃。姓黎氏。先世自蜀之廣安遷貴州遵義。為遵義人。考諱正訓。廩貢生。以君子貴。贈奉直大夫。妣鄒氏。贈宜人。君生而家窶貧。繼祖母悍戾無人理。嘗取毒藥內君口。又誘之溪旁推置水中。皆瀕死獲救蘇。贈君既以不容常外出。後遂遠館四川灌射洪。鄒宜人亦遂居母家。君齒甫十歲。獨留。繼祖母所督課之。過於成人。晝則刈薪芻。刃傷指幾斷。夜使舂。舂不舉。縋碓首俛踏之。刻宵盡米三嵒乃罷。日食恒不飽。泣諸鄰。鄰惻然飯之。已稍長。鄒宜人乃復歸。則日從宜人齋眾事祖考及繼祖母。祖考古質木彊老人也。繼祖母又益責君備。稍不合。詈楚隨下。君屏息竦待。益謹以遬恬。無怨言。鄒宜人既歸。而懲益甚。所居室榻連於爨。轉側不容足。重積勞。嬰錮疾。尤苦操作。君常分任勞辱。以貧故。復躬負販供羞膳。又以其閒習舉子業。多授徒至數十人。稍閒。輒歸。佐治家事。左右往來周章。恆挾一冊就薪火。或置膝閒誦之。庭無缺供。館無廢業。閒值嘉會燕御親賓。獨身佐鄒宜人。代治菓脯飲饌之屬。米鹽凌雜。條次無遺。如是者歷三十四年。用能得祖考懽。訖祖考卒。殫力營葬。鬚髮為白。至乃繼祖母之殁。侍疾連晝夜不倦。治喪事。一無厥違。人人歎息稱願以謂至難能者也。贈君之館於灌也。竟客死葬焉。君於祖父母既以尊親之故。無敢疾怨。又絕痛父母遭值屯艱。所不忍言。私獨銜恤飲恨。贈君既卒。歲時走灌縣。終日繞墓彷徨。夜則卧墓側。時時悲號泣下。惻感行路。又以兩弟遨放不返。亡不知所如。鄒宜人以為大戚。君則徒步走數百千里。出入黔蜀。歷二十餘郡縣。卒迹仲弟得之。而其季竟不歸。遺一子。愚甚。三年不能識一字。而君撫之如己子。其後鄒宜人痼病困。夜不能寐。爐火坐達旦以為常。服食卧起。一自君調護。親意所需。冥會逆合。未發輒喻。乃益具酒食。召宗親相過從晤語。以順適親指。要妻道往事至有可傷者。鄒宜人泣。君亦泣。侍坐皆相顧泫然。如是者又數年。而鄒宜人卒。君於是精力瘁敝。志亦益恫矣。君生平遘遇。不幸人倫之變。毒酷慘絕之境。萃於一身。而處之壹無不盡。如史傳所記。孤臣孽子。奇節至性。稱於當時。而傳誦於百世。其困躓危苦。或未至若是。此天下之至行也。君以乾隆己亥舉於鄉。嘉慶戊辰大挑教諭永從。復選授山東長山縣知縣。越四年告歸。己卯十一月辛未年六十有九卒。道光元年十二月甲申葬下沙灘大林山。君長身鐘音。讀書目數行下。貧無所得書。書皆出手寫。於經易史通鑑尤攻。精制舉之文。上逼國初諸老。為人方直剛毅。鄉邑以為楷模歸田後里中無少長咸稱之曰長山公其令長山著稱廉明家居惠澤周於閭里尤意急難從兄某以事罹法君往救出之道墜崖幾死友人厄遠所求援君立馳赴迫夜困極遂宿亂冢間不悔亦不德也諸所為世或以此稱君然於君抑末已君所為書曰四書蒙講夢餘筆談鋤經堂詩文集合若干卷藏於家配楊宜人子二恂嘉慶甲戌進士雲南巧家廳同知愷道光己酉舉人貴陽府開州訓導皆有潛德遂學女子六長適周善卒次適縣學生張顯謨次適鄭文清次適國子監生詹祖榮次適舉人吳朝東次適張欽昊孫九人兆勳湖北隨州州判兆熙國子監生兆祺軍功保舉候選知州加知府銜

賞戴花翎兆銓雲南姚州知府州

賞戴花翎兆普翰林院待詔銜庶壽咸豐辛亥舉人庶蕃壬子舉人兩淮候補鹽大使庶昌以諸生獻書於

朝特予知縣分發江蘇保擢直隸州知州庶誠從九職銜多以文行知名曾孫十七人其賢者曰汝謙好古學光緒乙亥舉人烏乎由君之為報施之說信有不誣者黎氏之大孰知其所極至哉君歿且六十年而墓刻有待庶昌故與裕釗友善又有新特之好狀君行義來告曰有若吾祖之德泯不昭於紀載誰謂世有醇懿卓絕若是者乎於是獨論君之至孝大節殊特古今者使揭於阡訊於永永無極之世武昌張裕釗表

唐端甫墓誌銘

今年夏。友人唐端甫以疾卒於金陵書局。裕釗既往哭。越三月。孤子嘉穀。將以其喪歸葬於某所。於是為之銘以歸之。曰。端甫姓唐氏。諱仁壽。浙江海甯州人。考諱鳳林。國子監生。家故高貲富商。及端甫生。而穎異絕人。年十四。補學官弟子。有神童之譽。是時嘉興錢警石先生。以宿學官海甯州學訓導。意獎掖後進。晚年得端甫。及濮陽彝齋春泉。則大異之。兩人皆從錢先生遊。端甫既負異稟。又其家故饒於財。大購書累數萬卷。往往多秘笈珍本。乃益發憤鑽研。尤究心於六書音訓之學。讎校經史文字疏偽舛漏。毛髮差失。皆辨之。由是名譽益聞。其後屢應鄉舉。不得志。及咸豐八年。粵賊躪擾浙中。端甫奔走流離。田宅財物。掃地剗絕。所購書亦蕩盡。端甫又善病。既經喪亂志意蕭然。與少年時夐絕矣。然端甫故處之恬如。好讀書如其故。所詣日以邃。性靜正。不以喜怒隨人。與人相對。或移晷無一語。獨善食酒。引滿傳數十。不亂。酒後輒面赭。乃頗振厲談噱。亦時為感慨不平之鳴。其介特。故內函罕有知者。篤於古誼。今之人有不能及也。與君同處金陵書局。德清戴子高望者。死而無子。死後無一不賴端甫力者。端甫及戴君。皆曾文正公所招致也。端甫來金陵。以同治四年。越八年而文正公薨。其明年戴君死。又四年而端甫卒。實光緒二年六月十四日。自同治三年。大軍克金陵。曾文正公及今合肥相國李公。相繼總督兩江。始開書局於冶城山。校梓羣籍。延人士司其事。文正公尤好士。又益以懿文碩學為衆流所歸。於是江甯汪士鐸。儀徵劉毓崧。獨山莫友芝。南滙張文虎。海甯李善蘭。及端甫。德清戴望。寶應劉恭冕。成蓉鏡。四面而至。而文正公幕府辟召。皆一時英俊。並以學術風采相尚。暇則從文正公游覽燕集。邕容賦詠。以為常十餘年之間文正公既薨逝劉毓崧莫友芝戴望諸人皆先後凋謝汪士鐸已篤老自引杜門不復出張文虎亦謝去其他或散走四方及是而端甫又以死金陵文采風流盡矣

國家自

聖祖天縱睿智右文稽古

列聖相繼益昭明制作廣偁學官鴻生鉅儒應期並出度越百代而吳越為尤最際會者或被

殊恩蒙

渥賚遺聞盛事為藝林傳誦及乾隆中葉以還薄海熾豐

天子命建三閣於杭鎮揚諸郡

頒四庫書度其中而江浙所至家尚藏書刊布珍冊流衍海內絃誦相聞其封圻大吏若阮文達畢尚書等尤意招延文儒之士一時號稱極盛逮咸豐初兵起區寓糜沸東南尤被其毒諸人士死亡轉徙典籍焚燬斬焉無遺學者亦益廢壞物盛而衰乃至於此其後雖以曾文正公削平寇亂興起儒學然薨逝曾不數年而人物蕩然豈人文與時興廢固天實主之而不可強者耶余既以悲端甫之故因并有感於今昔之事於是遂備論之抑以明端甫所以至是固時與命則然其聚散存亡之數亦非獨一人之可為悼慟也端甫娶莊氏早卒子一即嘉登女一未嫁端甫之卒年四十八矣其生平所為書皆未就獨有詩若干卷藏於家銘曰

嗚呼端甫予墓吾銘吾獨予悕予而有知其唯吾詞

莫子偲墓誌銘

子偲姓莫氏，諱友芝，自號郘亭，晚號眲叟。世居江南之上元。明宏治中，其遠祖曰先者，從征貴州都勻，留，遂留居都勻。至高祖雲衢，又遷獨山州，自是爲獨山州人。曾祖嘉能，祖强，州學生，皆以君考貴贈如其官。考與儔，嘉慶己未進士，翰林院庶吉士，改官爲四川鹽源縣知縣，再改官爲貴州遵義府學教授，曾文正公表其墓曰教授莫君者也。教授故名進士，日以樸學倡其徒，教其子弟。子偲獨一意自刻厲，追其志而從之。當是時，遵義鄭子尹珍亦從教授君遊，與子偲相劘以許鄭之學，積五六年，所詣益邃。黔中官師徒友交口推轂莫子偲、鄭子尹，而兩人名遂冠西南。子偲之學，於蒼雅故訓、六經名物制度，靡所不探討，旁及金石目錄家之說，尤究極其奧賾，疏導源流，辨析正僞，無銖寸差失。所爲詩及雜文，皆出於人人，而於詩治之益深且久。又工眞行篆隸書，求者肩相摩於門。子偲癯貌玉立，居常好游覽，善談論，遇人無貴賤愚智，一接以和。暇日相與商較古今，評騭術業高下，正論詙嘲閒作，窮朝昏不勌。自通州大邑至於山陬嶺海，公卿鉅人、學士大夫咸推子偲以爲不可及。下逮武夫小吏、閭巷學徒，語君名字無不知。及其他嘗與君晤，無不得其意以去者。然君雖樂易，而中故介然有以自守。自道光辛卯舉於鄉，其後連歲走京師，朝士貴人爭欲與之交，然君必愼擇其可。有權貴介君友求書，辭不應。某相國欲招致授子弟讀，婉謝之。既屢試禮部不得志，以咸豐八年截取知縣，且選官，顧君意所不樂，棄去不復顧。以其年六月出都門，從胡文忠公於太湖。明年復從曾文正公至安慶。越四年。又至金陵。胡文忠曾文正公皆君嘗所與游舊知君者也。及今合肥相國李公巡撫江蘇。請州縣吏於朝。而是時中外大臣嘗密薦學問之士。十有四人。詔徵十四人往。君其一也。於是文正公暨李相國及諸朋好。爭要君出仕。敦勸甚至。君一辭謝不就。攜妻子居金陵。時獨出往來於江淮吳越之交。子偲既好游。而東南故多佳山水。又儒彥勝流往往而聚。迺日從諸人士飲酒談詠。所至忘歸。同治七年冬。余與子偲自金陵偕送文正公於邗上。返過維揚。登焦山。道丹徒至吳門。並舟行者累月。日日接膝談語。十事而合者七八。余尋別子偲赴杭州。明年復來吳。與子偲益買舟徧覽靈巖石樓石壁之勝。觀梅於鄧尉。越日至天平山。謀且上其巔。子偲苦足力乏。坐寺中待余。余乃獨從一小童。攀籐葛。凌怪石。陟絕頂以望太湖。既下。子偲迎余而笑。相説以為極一時之樂。距今忽忽四五年。日月夢想。屢欲尋舊游不復果。而子偲則且卒矣。子偲之卒。以同治十年九月辛丑。春秋六十有一。生平所為書。曰黔詩紀略三十三卷。遵義府志四十八卷。聲韻考略四卷。過庭碎錄十二卷。郘亭詩鈔六卷。樗繭譜注二卷。唐本説文木部箋異一卷。其編訂未竟者。尚有詩八卷。郘亭文影山詞。郘亭經説。古刻鈔。書畫經眼錄。宋元舊本書經眼錄。舊本未見書經眼錄。資治通鑑索隱。梁石記各若干卷。藏於家。配夏孺人。子彝孫。附貢生。先一歲卒。繩孫兩淮候補鹽大使。女二人。孫一人。尚幼。子偲兄弟九人。多有名於時。子偲既卒。其季弟祥芝官江甯知縣者。請假於大府。以十一年二月與繩孫載其柩歸於貴州。卜六月壬申葬於遵義縣東八十里青田山先塋之次。且行。徵銘於余。余與子偲故相得也。既踰月。為之銘而歸之。其辭曰。

烏乎子偲。迹半天下。名從之馳。卒歸藏於故邱。無所不慊矣。其又何悲。

吳母馬太淑人祔葬誌

往者桐城吳育泉徵君之卒。裕釗既為之銘。以鑱諸貞石。越光緒元年。而徵君之配馬太淑人。繼以七月某日。年若干卒。其次子汝綸。復以書來曰。先子銘幽之辭。既幸得子文。而吾母今又沒。吾兄弟荐罹閔凶。慘怛哀慕。不知所出。惟吾母之懿行。宜不得沒者。庶其有聞於後。而且諏日祔於先子之墓次。敢復請志其藏。以卒吾父母終始之賜。其感且不朽。裕釗則敬諾。汝綸又曰。吾母之來歸也。資送千金。自吾父推田宅與諸父。皆吾母私錢所購買也。而吾母無幾微慊於其心者。既吾父召諸父同爨。又長育諸從子及孤甥。又以錢穀振內外宗黨之貧乏者。疾病者。婚喪不能舉者。而吾母壹與之同。吾族及里之人。今皆能道之。然其事吾大父母尤有至性。吾父常終歲外出。尤以是不憂其家。自我父少游京師。大父母為書稱婦之賢以釋其子也。自大父之世。我家食指眾。貲用恒不給。閒值艱窘。大父悄焉獨傍偟。我母輒先喻之。立出服器。脫簪珥。以應其後。我母筐篋罄竭。家亦瘉貧。益蚕夜作苦。而我母故怡然。不少怨悔。晚歲嘗從容語余兄弟曰。我少時治麥屑為饘。雜水磨之日。晨起盡五六升。汝伯母故羸善病。我數代而休之。我脛瘡潰。血淋漓霑漬衣。若朱繡也。諸叔治田食麥。我與汝伯母飲水耳。木棉花繁。則我娣姒之田擷之。我妊及月不少息。及生兒墮地死矣。然舅姑愛我，我誠苦，乃復樂之。今舅姑亡矣，思若此豈可得耶。因悲哽不自止。自大父之病而嗜食鱓，既沒，我母聞賣鱓聲則泣，而漁者為之遠迹。其至性如此。裕釗曰：嗚乎，此可銘也已。夫其心一篤於仁而不少私其利，至於困阨而不怨，自學道之君子難之，而太淑人故若是哉。或服儒服，稱號士大夫，顧乃競於財而忘其親者，盍亦觀於此乎。於是為論其事而系之以詩。至於太淑人族世子姓，則裕釗銘徵君墓既具詳之已，故不復著云。其詩曰：

相夫子，嚴尊章，躬窈窕，婉以莊，生同其德，沒同藏。有卒新阡鬱高岡，罼牢山川孕俊良，千齡萬代無毀傷。

外舅黃君墓表

外舅黃君既沒之二十年，其長子壻張裕釗始表於其墓曰：君諱宣，字仲卿，湖北大冶人。祖某，國子監生。考顯訓，廩貢生，歷署棗陽縣學、荊州府學訓導，有子三人，而君為長。道光丁酉舉於鄉，已而有疾，久之遂喪明。同治元年，年五十有五，卒於家。初娶朱孺人，繼娶王孺人。子二：長鶴立，安徽候補巡檢；次羣陛。以某年月日葬於大冶縣某里之分水坳。君少負英達之資，習知人情，術業通敏，既舉於鄉，春秋鼎盛，家又故高貲富室，門第日益隆起，銳意自奮於功名。已而再走京師，試禮部不得志，又以疾喪明，益憤懣，徧求良醫，治療百方，卒不效。其後益叢集憂患，迍邅抑塞，重寇亂起，顛連頓仆，家日益落，而君亦自此殁矣。君既殁，不數載，王孺人亦卒，羣陛已早殤，鶴立權全椒典史，復卒於官舍，諸孫益阨困孤苦。自裕釗甫勝衣過君家，今年且六十，先後所見數十年之間盛衰縣絶至於如此。烏乎。可傷也已。君為人夷愉開豁。於財物無所顧籍。遇人尤篤厚肫摯。有以緩急告者。未嘗不立應。或乃捐數百金不惜。又益篤故舊。喜賓客。自蚤歲則善飲酒。既嬰疾。疢歷屯難。乃一以酒自遣。朋舊昏姻過從。盛治酒饌。劇飲讙呼。肴核杯斝必罄竭乃罷。以為快。客或醉不能飲。幸君失明。私乘間為隱欺。幾少逭。君廉得。輒不懌。見於其面。心望客乃欺我瞽也。由是皆相戒莫敢為欺者。裕釗既長。亦時時侍君飲。君飲罷。輒長吁。已乃默無一語。裕釗故君尤所愛憐也。乃至王孺人亦絶愛。亡妻。其母朱孺人也。餘子女皆出王孺人。而王孺人之畜裕釗。故適於其羣壻者。雖鶴立。及其婦亦然。故裕釗述黄氏事。則愴然以悲不自止。朱孺人聰明識道理。君屢為裕釗言而悼之。王孺人尤樸厚慈良。晚歲乃益惓於作苦。裕釗常愍焉。以君及兩孺人之賢。而其終若此。嗟乎。孰從而訊之哉。

黄孺人墓誌銘

孺人大治黄氏。廪貢生歷署荆州棗陽松滋學官諱顯訓之孫女。而舉人諱宣之長女也。生五歲而喪其母。育於大母。越四年。大母亦卒。祖若父傷其無母也。體又羸。而又益甚恵以婉。以是尤加憐焉。年十九歸裕釗。事吾父母。不敢以云盡孝。然世之為婦者。視舅姑恒不若其父母。而孺人之於吾父母。其自視乃若人子然。蚤夜依依致養。苟可以適我父母。而力能為之者。未嘗不勸為之也。處内外族婣。不敢以云盡道。然篤有恩意。而無敢愆於禮。既其没。而長幼卑尊。莫不慟惜之也。迺至吾族疏屬之人。多有流涕者。自其居父母家。故生長富貴。而從裕釗於貧約。甚苦家事。操井曰長育子女終歲不獲自暇逸生又多疾力疾而躬作勞亦憊矣而遽以死傷哉蓋孺人自其少時其家人常竊憂其不壽及歸裕釗時時亦獨自以死爲畏間值疾病則謂裕釗曰吾得與君相守至老死雖苦猶甘之然此即不敢望幸沆兒授室使我得見新婦更少寬數年徐乃死死不恨矣命之不競終已不獲少延以慊其所僅欲遂也悲夫且其卒也裕釗攜長子後沆方居省城中及歸而孺人已前卒二日矣聞孺人且卒念之爲泣下此尤可隱者也孺人之卒以同治九年六月五日年四十有五有子五人其次曰後瀹女子二人孫二人孝沐孝移以光緒某年某月葬於某縣某鄉之某山銘曰昔君未沒我戲謂君我後汝死必善爲文以不死汝汝勉爲賢孰謂今日迺踐斯言握管悲來有霣如泉嗟我與汝已矣永萬古而訣離文縱不磨又安用之

兄子慕梁葬誌

先府君暨先妣事略

府君姓張氏諱善準字樹程一字平泉自號曰愚公湖北武昌人自先世世有文學敦行孝義鄉里稱積善之家曰張氏曾祖諱維滄國子監生

貤贈脩職郎祖諱本用歲貢生任廣濟縣學訓導考諱以誥國子監生令湘鄉相國曾公嘗表其墓曰武昌張府君者也府君少服先人之訓長而刻苦自勵於學蚤歲補諸生以制舉文有名於時善化賀督學熙齡尤激賞之拔冠其曹然府君顧不以此自憙而獨壹志於學問於古尤篤者浚儀王氏困學紀聞崑山顧氏日知錄二書以謂考證家惟二家之書最爲周於用嘗剌取其要

都為一編。手錄至數過。年五十。遂絶意進取。為歲貢生以終。身雖不仕。而隱然懷耿介之節。居平於一身豐約得喪。未嘗以措意。至聞

國家中失安危善敗。乃憂樂之如其家事。咸豐中。南中亂起。當世任事諸公。多抗節死王事。府君聞尤悼慟。若喪親戚。語及泫然淚霣下。一日篝燈夜讀書。忽甚悲失聲。舉家驚往視。府君方手一編。顧曰無它也。有傳胡巡撫祭李九帥文至者。余讀之悲甚。乃不自覺耳。胡巡撫者益陽胡文忠公林翼。李忠武公續賓。當時稱李九帥也。自是家人聞外間兵事。至相戒不敢以聞。居平憂樂慕望天下忠賢良臣。如不克見。而深疾貪汙不職之吏。與當世士居家專壹者財利。以故俗日益壞而亂無時已。毎獨居燕語。及與知友書。言之絶痛。又嘗誡裕釗。汝吏才短。尚無求仕。然苟一旦仕則必無為身家謀。且既仕則汝身為

國家之身。雖余亦不得子也。遇物故恭慎。雖至卑幼。必恂恂致敬禮。嘗曰。居家亶當一意務卑下慎密。毋獲罪於人。若居官則死生以之。然府君家居。遇族鄙知友姻婭。有患禍疾疢。蚤夜奔走在視。偏任其勞苦。其人其家望府君以為倚恃。及其後聞府君之卒。怳若徹屋而露處。其卒以同治三年十二月十日。年六十有九。所著有史學提要續編。凡六卷。藏於家。其為學。至老不少懈。卒之前幾日。猶操筆治輿地圖。府君既卒。明年二月十九日。而先妣金孺人卒。慟乎。距府君之卒三月耳。孺人同邑。

贈脩職郎諸生諱昭煥之女。年二十三歸府君。生子裕鍇及裕釗二人。女子子二人。孺人外家

故高貲富室諸舅取科第為世聞人孺人之歸也夫家父母家皆鼎盛孺人躬執儉約未嘗有富貴之容其後連歲大水田廬毀敗家始益窶府君閒授徒外出孺人持家事尤艱苦每歲農時辨色起日具數十人食盛暑汗泚於額日不遑暇食夜深不得寢初不言勞裕釗記幼時某歲歲除孺人居爨下促促治酒漿家人飯且畢孺人乃始飯甫執箸設曰一事幾忘之族中某當遺之食某孤嫠當與羹肉立起入廚俾人遺之諸子謂母屬勞甚胡不俟飯畢耶孺人曰少時飯何害我心不此釋也其好勤勞而不遺況窮多此類病革時有媼來問疾孺人以其孤苦素周之者也猶指以屬諸婦曰它日汝等善遇之孺人自少讀書通大義故平生於財物無所顧藉處族姻閒尤能喻府君之志而曲成其義其閒蓋多曲艱隱阨不可以言盡者卒年七十有三時世母朱孺人且八十矣撫孺人而泣謂裕釗等曰自我與汝母為張氏婦五十年未嘗以一日至面赤也語未嘗不懽汝母亡今不可復得矣因哭盡哀諸子婦及羣從子婦聞皆慟哭不可止府君晚歲患痔漏甚劇孺人亦患咳歷二十餘年秋冬常臥床蓐至春深乃稍能起以家貧故侍奉多缺至今中夜思之泣自以不可為人舉體皆栗慟乎將安贖此罪哉

蟲單傳

蟲單者楚人也其先代有鳴蜩者當夏后氏之世以能候時節勸課農事佐公劉治豳及周有天下追論其功以詩歌之其後有蜩與螗者仕於殷紂殷亡人因並罪之黜為民其子孫散居諸國處山澤之閒在宋鄭者曰蜋蜩在秦者曰蛥蚗在齊者曰螇螰其女為齊王后以怨死者也其在

楚者曰蛉蛄。蛉蛄之後。顯於秦漢之際。皆以列侯將軍九卿入侍天子。當是時蟲氏最號貴盛。而單尤稱爲賢。善音樂。有文章。然性孤潔。不樂與人偕。故自名曰單。高帝時以行能清高。薦爲諫大夫侍中。甚見親任。嘗以黃金塗飾冠。冠之。使垂緌侍左右。丞相何曲逆侯平功最高。及李布陸賈諸公。當世名人也。見單皆願俯首承下之。然單遇之常落然。將軍曲成侯蟲達不與單同出。慕單爲人。請附爲宗族。單不可。高帝惠帝相繼崩。呂后稱制。宦者始頗用事。單時入常與中黄門貂等偕。心恥之。一旦弃官去。入商洛山中不復出。遇佳山水。穹林茂樹。輒終歲留。長日獨坐樹間。縱聲哦誦。窮晝夕不倦。人或竊聽之。皆莫能辨識。意其所讀。皆皇古上世。鳥迹蟲篆。幽經怪牒。當世所未見也。晚乃好神仙家言。求得辟穀方。專精學之。日惟吐納呼吸。餐朝露。於時俗人一無所求請。久之頗通神化。無秝日而知四時之運。又能化身中爲五色。其後益厭薄人世塵垢汙濁。常獨居遠想。望之儻乎若不可測。居無何。客往候不見。單遂不知所終。元封中。上行幸泰山。人或見之深山中。欲迹之。忽遠舉不復見。殆羽化仙去云。

太史公曰。余聞之莊生。蟲單當呂后世。其族人有與單同侍中者。車府令堂良。心害其寵。嗾侍御史彈之。族人由是落職。單感此遂告歸。見幾決去。潔身遠迹巖藪之間。浩乎無求以終其世。烏乎。人何所不易足。顧世常受多欲之累。挾其能以自鳴於勢物之地。馳驅垢濁。日求人而不知止者。何也。

游狼山記

光緒二年秋八月。黎純齋筦榷務通州。余過焉。既望。與純齋游於州南之狼山。山多古松桂檜柏數百株。倚山為寺。寺錯樹間。最上為支雲塔。危踞山巔。萬景畢納。迤下若萃景樓。及准提福慧諸庵。亦絶幽敻。所至僧舍。房廊屈曲。左右蒼翠環合。遠絶塵境。側身回矚。江海蕩天。近在戶牖。隔江昭文常熟諸山。青出林際。蔚然。時秋殷中。海氣正白。怒濤西上。皓若素蜺。滅沒隱見。余與純齋顧而樂之。狼山淮揚以東雄特勝處也。江水自岷蜀。徑吳楚。行萬里。至是灝漾渺莽。與海合會。山川控引。界絶華戎。天地之所設險。王公以是慎固。古今豪傑志士之所俾睨而籌也。昔阮籍遭晉室之亂。作詠懷詩以見志。登廣武山。歎悼時之無人。今余與純齋幸值茲世。冦亂殄息。區內無事。番夷絶域。約結堅明。中外以恬熙相慶。深憂長計。復奚以為。余又益稾枯朽鈍為時屛棄。獨思遺外身世。捐去萬事。徜徉於茲山之上。蔭茂樹而擷澗芳。臨望山海。慨然憑弔千載之興亡。左挾書冊。右持酒杯。嘯歌俯仰。以終其身。人世是非理亂。天地四時變移。眇若墜葉與飄風。於先生乎何有哉。歸書而為之記。

游虞山記

十八日。與黎純齋游狼山。坐萃景樓。望虞山樂之。二十一日。買舟渡江。明晨及常熟。時趙易州惠甫適解官歸。居於常熟。遂偕往游焉。虞山尻尾東入常熟城。出城迤西綿二十里。四面皆廣野。山巨其中。其最勝為沸水巖。巨石高數十尺。層積駢疊。若累芝菌。若重鉅盤為臺。色蒼碧丹赭斑駁晃耀溢目。有二石中分。曰劍門。驕擘屹立。詭異殆不可狀。踞巖俯視。平疇廣衍數萬頃。澄湖奔溪縱橫蕩潏其間。繡畫天施。南望毘陵震澤連山。青翠相屬。厥高鑱雲。雨氣日光。參錯出諸峯上。水陰上薄。盪摩闔開變滅無瞬息定。其外蒼煙渺靄圍繞。光色純天。决眥窮睇。神與極馳。巖之麓為拂水山莊舊址。錢牧齋之所嘗居也。嗟乎。以兹邱之勝。錢氏惘不能藏於此終焉。余與易州乃樂而不能去云。巖阿為維摩寺。經亂。泰半燬矣。出寺西行少折。踰嶺而北。雲海豁開。杳若天外。而狼山忽焉在前。余指謂易州。亦昔游其上也。又西下為三峯寺。所在室宇每每可憩息。臨望多古樹。有羅漢松一株。剝脫拳禿。類數百年物。寺僧具酒菓筍麵餉余兩人。已日昃矣。循山北過安福寺。唐人常建詩。所謂破山寺者也。幽邃稱建詩。語寺多木稱華。由寺以往。芳馥載塗。返自常熟北門。至言子仲雍墓。其上為辛峰亭。日已夕。山徑危仄不可上。期以翼日往。風雨復不果。二十四日。遂放舟趣吳門。行數十里。虞山猶蜿蜒在蓬戶。望之瞭然。令人欲返棹復至焉。

愚園雅集圖記

光緒五年歲在屠維單閼之月。集者宿英彥之屬十有八人。觴於江甯城南之愚園。故明徐氏西圜舊址。主人因而更營之。亭臺池館花石竹木之勝。稱於一時。行尋坐照。趣昭物博。觴詠極樂。竟日乃罷。是日白樂天生日也。故以其期集焉。昔樂天當唐室之衰。遘值讒媢。遠身高舉。晚歸洛陽於履道里。得故散騎常侍楊馮宅。息跡其中。窮極池臺水竹琴酒弦歌之樂。為池上篇以紀其事。然此猶曰全身遠害。閒居獨游而已。其刺蘇州。以九日宴集。醉題郡樓。乃益酣嬉淋漓。快然其自得。悠情而罔恤。當是時朝政昏瞀。牛李朋黨交煽。河朔再亂。中外交訌。樂天豈一無所關其慮。而誠有樂乎此哉。蓋君子之處於世。夷懌險艱。不能以一致。或中有不自得。則壹放意於林泉巖壑。賓朋讌集以自遣。若劉伯倫陶淵明之耽者於酒。倪迂顧阿瑛冒辟彊之徒。當元明之季。園亭賓客之盛甲於東南。而杜子美值天寶亂起。飲李氏園。其為詩乃曰。上古葛天民不遺黃屋憂至今阮籍輩熟醉為身謀。可以知其趣已。其在成都。適至與田父泥飲。狎蕩顛到而不厭。況其所遇為者彥勝流者耶。其為樂豈復可意量耶。故當其流連景光。襄陽亭沼。俾倪竹石。掎裳連襼。狂飲大噱。放形遺物。橫行濶視。忘得喪。外非譽。齊彭殤。混侯虜。寵辱不驚。理亂不聞。頹然與造物者游。而衆莫知其所以。乃以全其真而得其志。此昔之君子胥先後而若出一塗者。無慮皆以是也。今諸賢之集。其與樂天暨昔之君子之所志。未知何如。然茲游之樂。不可以無述也。主人既屬黃沛皆太守為之圖。又介范月槎丈屬裕釗為之記。裕釗辭不文。則益固以請。既卒不獲辭。乃為記之如此。武昌張裕釗書。

北山獨游記

余讀書馬蹟鄉之山寺。望其北一峯。岸然而高。嘗心欲至焉。無與偕。弗果。遂一日奮然獨往。攀藤葛而上。意銳甚。及山之半。足力倦。止復進。益上則澗水縱橫。草間微徑如煙縷。詰曲交錯。出惑不可辨識。又益前。聞虛響振動。顧視來者無一人。益荒涼慘慄。余心動欲止者屢矣。然終不釋。鼓勇益前。遂陟其巔。至則空曠寥廓。目窮無際。自近及遠。窪者。隆者。布者。搏者。迤者。峙者。環者。倚者。怪者。妍者。去相背者。來相御者。吾身之所未歷。一左右望而萬有皆貢其狀畢效於吾前。吾於是慨乎其有念也。天下遼遠殊絕之境，非先蔽志而獨決於一往。不以倦而惑且懼而止者。有能詣其極者乎。是游也。余既得其意。而快然以自愉。於是歎余向之倦而惑且懼者之幾失之。而幸余之不以是而止也。乃泚筆而記之。

張濂亭文鈔終

音注張濂亭文

（清）張裕釗 撰　朱寶瑜 音注

民國十四年（1925）上海文明書局鉛印本

味經山房選本

音注張濂亭文

上海文明書局印行

上海文明書局發行

學校國文成績

本局廣徵各省男女各學校國文成績擷其精華分類編次以資觀摩而示規範現將優點列於左

(一)體裁各體俱備不拘一格亦不分長短先後總以合於小學程度藉收相觀而善之效

(二)所選者學生原作間或稍加潤飾亦以不失原意爲主

(三)評語圈點詳明切當俾可一覽了然

(四)所選均出小學校學生之手小學生讀之不特獲無數法門且不啻得無數良友

直隸省國文成績	一册	二角
奉天省國文成績	六册	一元二角
廣東省國文成績	四册	八角
江蘇省國文成績	六册	一元二角
浙江省國文成績	二册	四角
湖南北省國文成績	二册	四角
福建省國文成績	一册	二角
江西省國文成績	一册	二角
安徽省國文成績	一册	二角

各省中華書局經售

明六(62)

張濂亭文揭要

先生崇尚惜抱與吳摯甫先生並爲桐城適派然集中如書元后傳後自謂不後西漢與黎蒓齋書置之昌黎集中不辨楮葉似有超於桐城意境之外讀者當自得之

小傳

先生名裕釗字廉卿湖北武昌人道光舉人官內閣中書主講武昌經心書院研究訓故專主音義善書工古文著有左氏服賈注考證今文尚書考證濂亭文鈔等

編輯大意

一名家詩文美不勝收本局但取選本約而得要一臠之嘗可知全味

一本編所印均係名家之選本斟酌盡善傳誦已久較諸坊本自操選政嚴濫任意者有霄壤之別

一每篇加以音註音既詳慎註亦簡明間附原註原音用免讀者臨時參考之煩

一本編一人一本亦有合二人爲一本者陸續刊出分購並購均可離之則無傷合之則益善

注 張濂亭文

一本編程度適合中學師範及家庭自修課本之用

一舟車消遣小說不如詩文之有益茲印成六開本攜帶極便紙白字大瀏覽雒誦不至妨目

文明書局印行

音注張濂亭文目次

注音張濂亭文

文明書局印行

音注張濂亭文

味經山房選本

書元后傳後（元后，王莽之姑也，漢書有傳。）

班氏次元后傳居王莽前，著漢之所自亡，以尤成帝也。烏（同嗚）乎（同呼）！漢外戚之禍，由來漸矣，於成帝何譏焉。自高祖用權謀武力，蹈秦項之瑕，遂踐天子。天下既定，任刀筆之吏，爲一切之治，不復（去聲）知治之有本。君人者之先自治也，是以宮廷之內，放無禮度，苟任情縱欲而已。身沒未幾，而呂氏之禍讎焉，漢不亡者幸耳。自是以後，弊制相尋，沿習爲故。周勃之出，郅（音質）都之死，王信之侯，趙綰（烏版切）王臧之廢，一自太后主之。轅固譏黃老，幾不免。而田竇之獄，雖以天子是魏其，不直武安，而不能不絀於東宮。竇嬰灌夫，卒就夷滅。孝景用王夫人，廢栗太子，及武帝而戾園且以反誅。衛皇后李夫人出微賤，體至尊，而莫有非之者，乃益任衛青霍去病李廣利之徒，北征匈奴，西伐大宛（於元切），窮兵數十年，海內彫耗，幾且大亂，其實皆以女寵耳。諸侯王化之，外內亂，鳥獸行（去聲），滂輿紛出，君子有所不忍聞也。陵夷至於成帝，寵趙氏姊弟，以殄（徒典切）其世，益尊崇諸舅，根據盤互，訖爲亂基。哀平之世，傅氏王氏更迭盛衰，壹視母后上下而元后壽考，王莽獲助，卒傾漢室。君若臣邈不與聞乎道，而治亡其本，禍變之來，豈一日之故哉？昔者先王知治天下之必以其道也，是故謹非幾之戒，重冢宰之職，立宮府之制，嚴內外之治，本身以徵之民，由家而漸（音尖）之國，於是爲序其父子夫婦長（上聲）幼卑尊，而倫紀正，明教化，崇禮讓，辨等列，而禮俗成，上下定，基扃隆固，後世以安。漢之興也，蕭何曹參之徒實爲相國，修法令，愼莞（同管）籥，因陋就簡而已，典禮制度且不能上稽之古，況至於端本正表、治內及外之道，其君未之或聞，其下又孰有能知之者乎？司馬遷之述漢初也，有微詞焉，後之人尟（蘇典切，同鮮）足以識之耳。其後賈生興於孝文之世，請改正朔，易服色，分王諸侯王，定經制，興禮教，諭教太子，禮貌大臣，信可謂卓然者歟！然於君人者修己正家之道，無一及焉，道之不明也久矣。吾於是知劉向之盛稱董生非妄也。正身以正朝廷之言，正誼明道之說，孔孟既沒而程朱未興，千餘歲之中，孰能與於此哉？惜乎武帝之不能用也。

班氏（班固，字孟堅，東漢人，續成父之西漢書。）
王莽（孝元皇后之姪，字巨君，平帝時，爲大司馬，秉政，陽爲恭儉，以收人望，尋篡漢位，國號新，光武起兵討之，莽敗被殺，在位十五年。）
尤（過也。）
成帝（名驁，元帝之子，在位二十六年。）
高祖（姓劉，名邦，沛人，定秦滅項，成帝業，在位十二年。）
刀筆之吏（刀，……）

以削書也、古者用簡牒、故吏皆以刀筆自隨也、蕭何曹參、於秦時皆爲刀筆吏、漢興、先後拜爲相國、一切之治、大抵沿襲秦舊、禮誼敎化、皆未注意、呂氏之
禍呂氏、名雉、漢高祖之后、生惠帝、惠帝崩、臨朝稱制、凡八年、封諸呂爲王、使居南北軍、后崩、周勃陳平等、族誅諸呂、讎應驗也、周勃勃既就國、文帝
前四年、下獄、以薄太后言而出之、郅都郅都、不予臨江王刀筆、竇太后中以危法殺之、王信王皇后之兄、竇太后趣景帝侯之、趙綰王臧
竇太后好黃老言、而趙綰王臧務隆推儒術、太后陰求得綰臧姦利事、下臧綰吏、皆自殺、轅固識黃老句轅固、漢齊人、黃老、謂黃帝老子、道家之祖
也、竇太后召固問老子、固曰、此是家人言耳、太后怒、乃使固入圈刺豕、田竇之獄謂武安侯田蚡、魏其侯竇嬰也、蚡娶燕王女爲夫人、太后詔召列侯
宗室皆往賀、灌夫罵坐、遂興大獄、嬰具言灌夫醉飽事、不足誅、武帝是之、特爲太后故、誅灌夫及家屬、嬰亦棄市、東宮漢長樂宮在東、太后居之、故謂之東
宮、孝景名啟、在位十六年、王夫人槐里人、生武帝、旋立爲皇后、栗太子景帝太子、後廢爲臨江王、武帝名徹、在位五十四年、戾
園武帝子、戾太子也、江充以巫蠱事誣太子、太子舉兵、斬充、旋出亡、下吏搜捕、太子自經、衞皇后字子夫、初爲謳者、武帝悅之、因得幸、尊寵日隆、旋立
爲皇后、李夫人衞后色衰、而李夫人有寵、故倡也、衞青漢平陽人、同母弟衞子夫得幸武帝、武帝使青伐匈奴、拜大將軍、立功、封長平侯、霍
去病漢平陽人、衞青姊子、伐匈奴有功、拜驃騎將軍、封冠軍侯、李廣利李夫人之兄、伐宛、拜貳師將軍、匈奴北狄之一族、領有今內外蒙古地、
大宛漢西域國名、今俄領之佛爾哈那州、即其地也、外內亂二句(周禮夏官)外內亂、鳥獸行則滅之、漢諸王之荒亂、如燕王定與父姬姦、又奪弟
妻爲姬、幷與子女三人姦、事發自殺、趙太子丹與同產姊及王後宮亂、爲江充所告、梁王立與姑姦、江都王建與父姬姦、又與女弟姦、廣陵王胥子寶與胥姬姦、事
發棄市、趙氏姊弟謂成帝后趙飛燕及其妹昭儀也、以殄其世殄、絕也、成帝無嗣暴崩、哀平謂哀帝平帝也、哀帝名欣、在位六年、

平帝 名衎、在位五年。傅氏 傅太后、傅氏之親屬。扃 門關木。非幾 （書顧命）爾無以釗冒貢於非幾、幾、微也、不善之機見於微者也。冢宰 周官名、爲六卿之首。蕭何 漢沛人、佐高祖定天下、論功第一、封酇侯。曹參 漢沛人、與蕭何同佐高祖、定天下、封平陽侯。微詞 微言以諷之也。賈生 漢名誼、洛陽人、嘗上治安策。孝文 名恆、在位二十三年。劉向 字子政、漢之宗室、通達能屬文、著有洪範五行傳、列女傳、新序、說苑等書。董生 漢名仲舒、廣川人、學有原委、爲漢醇儒、著有春秋繁露等書、正身正朝廷正誼明道之說、皆天人三策中語。程朱 宋儒、程顥、程頤、朱熹、其學皆以主敬存誠爲本、世謂之程朱之學。

書藝文志後

史志以當時所存典籍彙錄於一編、謂之藝文志、漢班固始依劉歆七略爲之、爲漢書十志之一、

余讀班固藝文志。甚高其辭。與班氏它（同他）所爲文異。甚後讀司馬貞史記索隱引劉向別錄語。則班氏志所有者。往往而在。然後知爲向之辭而固取之者也。固爲漢書所取司馬遷楊惲馮商揚雄劉向父子甚衆。今亶（同但）知太初以前本司馬遷。三統秝（同曆）本劉歆而已。其他並已不可見。而是篇傑然出於班氏之書。考求而乃知其出於劉向。甚矣文高下不可假也。固之文於東漢人最爲崛出。而與司馬遷相如劉向揚雄較則不逮遠甚。其中時有其辭之高而非固所能爲者。雖於今不可考。然可以意而知也。烏乎。非夫昔之人所謂好學深思。心知其意者。彼且不以爲妄言乎哉。

司馬貞唐河內人、字子正、撰史記索隱及補三皇紀三十卷、楊惲字子幼、漢華陰人、司馬遷之外孫、馮商字子高、受詔續太史公十餘篇、在班彪別錄、揚雄字子雲、漢成都人、以文章名世、著有太玄法言方言等書、劉向父子向少子歆、字子駿、哀帝時復領五經、卒父前業、乃集六藝羣書種別爲七略、太初漢武帝年號、三統秝劉向作五紀論、向子歆究其微眇、作三統秝及譜以說春秋、東漢卽後漢、相如司馬相如、字長卿、漢成都人、長於辭賦、有子虛上林大人等賦、好學深思二句乃司馬遷言、

書魏其武安傳後

魏其乃竇嬰、武安乃田蚡也、

魏其既失勢。引灌夫爲援。而其後遭旤同禍乃徒以灌夫故。不然。魏其卽與武安隙旤不至若是酷也。且灌夫既抗爲義烈之行。自喜矣。卽又何取於武安之臨況魏其以爲榮也。進退失據。適足以殃其身而已。富貴顯赫之途。庸鄙之夫十而八九焉。意得志溢。則貿然惟勢利之知。而不復識其餘。彼固其所耳。達識之君子。其有遇此。則惟有正己而審其義之所宜處而已矣。無所求逞於其間。或乃不勝其褊畢緬切志務欲以意氣相遻同迕音誤以搏一日之勝。其卒也。乃與旤會。可不謂大惑乎。魏其灌夫之事。可以爲烱戒者也。嗟乎。負才尚氣之士。而期之以知道。誠亦難之。若灌夫者。固不足道。自史策以來。所記畸行烈士。往往而受旤。若此者。蓋不可勝數也。彼其負絕俗之

貧而齷齪者以卑瑣庸陋之材侈然而肆於其上無賢若否而一切以勢轥(音吝)之彼誠有所不可忍耳則夫不惜其身之危而快志於一決豈得已哉豈得已哉烏乎悲夫。

魏其四句魏其侯失勢、與灌夫相倚、相得驩甚、灌夫論死、魏其銳身救之、亦棄市、臨況猶言惠臨、(史記魏其武安侯列傳)灌夫有服過丞相、丞相從容曰、吾欲與仲孺過魏其侯、會仲孺有服、灌夫曰、將軍乃肯幸臨況魏其侯、夫安敢以服爲解、丞相將軍皆謂武安、仲孺、灌夫字也、貿然不明之貌、褊狹也、急也、遻逆也、違也、畸行奇異之行、轥車所踐也、

書外戚世家後(史記有外戚世家、紀后妃也、)

余讀外戚世家後附褚先生所次修成君衞皇后尹邢鉤弋夫人事詞甚工褚少孫宜不及是然抑非太史公之舊蓋如鉤弋夫人者其時不相及矣其楊惲馮商諸人之所爲而少孫取之者歟方望溪氏謂是篇篇首漢興至居北宮史公之舊秦以前尚已二語及後迎立代王數語皆褚少孫爲之者以今觀之猶信然余謂其後及李夫人卒云云亦少孫妄羼(楚眼切)入之耳非史公語也是篇前後摹次瑣事絕可喜而其間時雜入褚少孫語乃甚不類譬如以敗礫錯珠璧中知文者望而能識之已且

褚少孫生當西京之盛。文采冠絕古今。而其補史記。乃卑陋鄙淺。多可哂者。殆非人意所及。東漢文章之衰。蓋肇於此。然至於唐。而士乃有崛出奮起於千載之後者。文字卓然與前古比隆。人固貴自樹立哉。文之與時盛衰上下。世俗耳。豪傑者奚謂然

褚先生（穎川人、名少孫、漢博士、續太史公書、）修成君（王太后在民間時所生之女、武帝自往迎取之、因號曰修成君）衛皇后（見前、）尹邢（尹夫人與邢夫人、同時並幸於武帝、）鉤弋夫人（姓趙氏、河間人、得幸武帝、昭帝母、）羼（雜入錯亂也、）西京（漢時長安之稱、）然至於唐二句（如韓退之、李習之、孫可之皆是、）

歸震川評點史記後序（震川名有光、字熙甫、明崑山人、嘉靖進士、工古文、好太史公書、得其神理、官至南京太僕丞、有震川集、）

歸熙甫氏評點史記。治古文家多葆（同保）之。傳相迻（通移）寫。然彼此參錯異甚焉。平王少鶴太常取歸氏及望溪方氏評點。摘錄起訖。合而刊之。曰歸方評點史記合筆。自以爲得其眞。以余觀之。亦尚多可疑者。顧視諸所見本爲善耳。往者余嘗欲專取史記本書附益以歸氏評點梓而公諸同好。苦乏刊資。不果。以語友人吳摯甫。摯甫則力贊其事。且爲謀諸廬江吳小軒軍門。慨以千二百金相假。於是鳩集梓人經始光緒

二年正月訖四年七月刊成。歸氏評點舊係丹黃二筆，今刊本墨本也。其黃筆爲銳形識（同誌）之，其丹筆爲圜（同圓）形識之。其評點既無定本可據，無已，則一倣王氏昭畫一也。自秦幷天下，專任私智，蔑棄聖制，漢興一踵習秦故，三代之盛渺焉不可復覩。司馬氏生當漢定百年之間，惄（音溺）焉傷之，重值漢武侈心多欲，任用武力，酷烈導諛之臣毒亂海内，又身遭刑辱，抑鬱侘（恥亞切）傺（恥[illegible]切），發憤著書。其孤遠之指，深痛之思，軼蕩譎激之辭，乃至微妙難識。世傳裴駰（音因）、司馬貞、張守節諸注本用力，故不可謂不勤，然皆邈不得司馬氏之意，且其間多可笑者。是書亶（同但）錄歸氏評點，三家注世既多有，今並不復錄。夫古人之書，待說而明者十之三四而已，因說之而晦者蓋十五六焉。好學深思之士，顓（同專）取古人之書反復而熟讀之，以意逆志，達於幽眇，其所得蓋有遠出尋常解說之上者矣。拘文牽義、騖華炫博、好爲枝詞碎說之徒，烏足以知此哉！望溪方氏究心義法，其說亦多所發明，然歸氏所得爲深矣。今別爲方望溪史記評點四卷附於後，俾覽者兼采焉。與校是書者，余門人大冶劉炳燮及長子沆也。

王少鶴（名拯，原名錫振，廣西馬平人，道光進士，官至通政使，著有（龍壁山房文集））太常（掌禮之官）、吳小軒（名長慶，安徽廬江人，官至提督，謚武壯、惄（憂思）也、侘傺（失志）貌、裴駰（南北朝宋之聞喜人、字龍駒、著有（史記集解））張守節（唐開元中曾官長史、著有（史記正義））先逆事

而預度之、枝詞（非根本之詞）、碎說（不整齊之說）、

重刊毛詩古音考序（毛詩即詩經、以其書爲毛公所傳、故稱毛詩、毛詩古音考、乃明連江人陳第號季立者所著、）

自唐顏師古章懷太子注兩漢書。始有合均（古韻字下同）之說。後之治毛詩者。踵襲其誤。均所不諧。則概以叶（古協字）命之。而三百篇暨三代兩漢之古書。殆於不可讀矣。其後吳棫楊慎之徒。稍稍窺見涯涘。頗寤古今音讀之殊。然卒未有能深探本原。洞曉其旨趣者。陳氏季立。乃始力闢扃奧。爲毛詩古音考一書。於是古音之說。炳若日月。國朝諸大儒。益因其舊。推廣而精求之。引伸觸類。旁推交通。匪獨音均之學大明。三百篇暨古有均之書。可得而讀而已。六書之恉。象形。象事。會意。而外。形聲。轉注。假借。三者其本原皆由於聲音。是故必明乎古音。而後訓詁（古音）明。訓詁明。而後六經之說。可得而知。我朝經學。度越前古。實陳氏有以啟之。雖其後顧江諸賢之書。宏博精密。益加於前。時然陳氏創始之功。顧不偉哉。有明一代。蔑棄古學。譌謬相循。沈潛遺籍。傑出元解。陳氏一人而已。且今世之士。承康雍乾嘉以來諸儒之遺緒。搜采逸文。考定

古義。譬之駕輕車就熟路。人皆得勉焉。陳氏生當有明之季。舉世汩（古忽切）於浮游膚陋妄庸之學。獨刻意稽古。覃精冥悟。卓爲百代之先覺。斯至難能者耳。今觀其所爲本證旁證及所附讀詩拙言。旁羅雜襲。究極幽渺。可不謂好學深思。心知其意者歟。嘗以謂古今學術。與世風而轉移。當其標幟所樹。舉天下之人賓敬而奔趨。雷同而響應。景（同影）附而猋（音標）合。雖有高明之才。不能不爲所震駴（同駭）。俛焉以從之。一旦風會變遷。棄其舊而新是圖。鄉（音向）時之所尊尚。澌（音斯）焉有若腐枿（同櫱音孽）漂梗。隨雰（音分）埃以俱盡。夫惟特立之君子。高蹈遠覽。不與時俗貿遷。獨爲絕學於舉世不爲之日。深造（音糙）自得。而卓然不謬於古人。夫然後獨立於百世而不可磨滅。孟子所以稱豪傑之士者此也。陳氏是書刊於萬曆丙午。乾隆中濰（音綏）川徐氏嘗重梓以行。而傳本蓋少。往在京師。友人李君士棻（音分）購得此書。肅寧苗仙麓先生聞。乃再拜求之。其難得如此。余嘉陳氏有功於古。懼其書之遂泯。使後之治古音者。無以考其朔也。於是爲付諸梓人。以廣其傳焉。屈宋古音義。陳氏所以左右是書者也。並附刊於其後云。

顏師古（唐萬年人、字籀、少博覽、好屬文、太宗以五經傳習日訛、詔師古校定之、後又爲太子注漢書、時人謂爲班孟堅之忠臣、官至秘書監、弘文館學士、）

章懷太子唐高宗子、名賢、嘗集諸儒注范曄後漢書行世、合均古有合均之說、蓋唐宋詩用通韻也、如叶古韻有本通者、有不可通而變其音以通之者、毛詩謂之叶、吳棫宋武夷人、字才老、著有韻補五卷、楊慎明新都人、字用修、記誦之博、著作之多、推爲明代第一、象形日月是也、象日月之體而爲之、象事上下之類、人在一上爲上、人在一下爲下、會意武信是也、止戈爲武、人言爲信、會合人意、形聲江河是也、以水爲形、以工可爲聲、轉注考老是也、建類一首、文意相受、左右相注、假借令長是也、一字兩用、或作三用四用者、詁古今異言、通之使人知也、六經詩、書、易、禮、樂、春秋、顧江顧謂顧亭林、著有音學五書、江謂江愼修、著有古韻標準、兩家之考古音、尤博以審、康雍乾嘉康熙、雍正、乾隆、嘉慶、覃精覃、深廣也、猋暴風、鄉昔也、澌盡也、柿伐木餘也、雺霧氣、萬曆明神宗年號、濉即睢水、今惠濟河、自睢縣以上、即古睢水故道、李士棻字芋仙、忠州人、苗仙麓名夔、肅寧人、好金石、研經術、朔始也、梓人刻木之匠、屈宋謂屈原宋玉、屈宋古音義、蓋就屈宋所作者而考其爲古音也、

鍾祥縣志後序鍾祥、今湖北縣名、

榮成孫君某攝縣事鍾祥。與邑人謀輯縣志。而余適遊於郢。孫君以舊志所次建置沿革山川隄防藩封頗疏訛。屬爲考定。已余復爲孫君言志莫要於地理。今既頗有緒。當更爲圖輔之。因益爲述晉裴秀氏所論制圖分率准望之說。孫君召繪人屬余居旁指授。復爲圖若干幅。顧余以客遊苦孤陋無所是正。又中值寇警。蒼黃卒音猝遽。

常用瞿然慮未能盡副孫君相屬之意也。然余因是得盡識邑中疆域風土與江山之勝概。暇日登城東北隅。俯漢江而思禹迹。攬蘭臺之勝。慨然想騷人之遺芬。顧瞻四郊。山川蟠結。庶其有秀異博通之民。伏處於澗阿之間者乎。余將往從陟絕巘。言上聲蔭茂林。詠歌楚人之詞。以求其意。旁徵舊事。蒐採遺忘。益相與遠想高寄於遼絕曠邈之境。獨以是怳焉相羊。悵望而不能已也。

榮成縣名，清置，今屬山東膠東道。攝代理也。鄖即鄖州，今爲湖北鍾祥縣。裴秀聞喜人，字季彥，少好學，八歲能屬文，仕魏爲散騎常侍，改定官制，司馬昭未定嗣，因秀言乃立武帝，及武帝受禪，封鉅鹿郡公，爲司空，秀以職在地官，作禹貢地域圖十八篇奏之，卒謚元。分率准望裴氏論制圖之體，一曰分率，所以辨廣輪之度，二曰准望，所以正彼此之體。漢江漢水長江也。禹迹夏禹治水之迹。蘭臺在今湖北鍾祥縣治東，楚王與宋玉遊蘭臺，即此。騷人指屈原輩。澗山夾水也。阿大陵。巘山形似甑。怳恍惚也。相羊猶徘徊也（楚辭）聊逍遙兮相羊。

高淳縣志序

高淳，縣名，宋置鎮，明置縣，清因之，今屬江蘇金陵道。

高淳自明弘治某年始立縣。正德中。縣令頓銳肇輯邑志。嘉靖丙戌迄國朝乾隆辛未。續修者五。由乾隆辛未至今百有三十年。時遷事貿。紀載闕如。光緒六年。江寧謀修府志。郡中令屬邑各以志上。於是權高淳縣麗江楊君偕邑人士以某月開局纂輯粵十二月書成延余至高淳屬爲是正而弁言於其首且告以明年孟春之月剞付梓矣余取其書觀之蓋乾隆辛未以前悉遵舊志乾隆辛未後各依類綴緝以次比附既周既愼罔有訛舛敓（同奪）遺於是爲序而歸之高淳北距江寧省治僅百餘里東密邇蘇常諸郡然其風氣乃樸質純懿爲他郡縣之所不及始余至高淳自江寧買舟道太平入縣境重湖相襲平疇廣野彌望周歷井里訪問謠俗野無奇民市無瓌（同瑰）貨士大夫雖鼎貴出不以肩輿貧民亦無執輿轎之役者其民皆力農田奉法畏長官其士皆崇禮讓勵廉隅以儒素相尚任事於公必單心畢慮不避艱劬不爲己毛髮私利而粵逆之亂永成鄉士民倡義抗賊慷慨赴難忠義尤爲卓然江表人文科第冠（去聲）天下然俗或傷浮薄抏（吾官切）巧高淳一邑獨純龐（音龍）若是亦異矣古者天子省方巡守命大（音泰）師陳詩以觀民風命市納賈（同價）以觀民之所好惡周官誦訓掌方志以詔觀事道方慝以詔辟（同避）忌以知地俗訓方氏掌道四方之政事與其上下之志誦四方之傳道漢丞相張禹使屬潁川朱贛（音貢）條天下風俗班固氏因之作地理志於民質良楛（康五切）俗尚貞淫尤三致意焉風俗者天下所以治亂安危者也

有天下者甚重之風俗誠美民氣誠固何憂乎寇亂何畏乎遠人何憚乎邪說何恤乎奇技淫巧自世既衰民俗日壞而海內自道咸以來饑饉薦臻兵革繼起區宇凋耗生計迫蹙民窳(以主切)而俗益敝余走四方所至奇衺(同邪)巧詐鏠(同鋒)出不可究殫外侮內憂機牙潛伏有識之士以爲隱憂烏乎安得率土之內民風之懿皆如斯邑者哉余既以時日迫遽於邑之舊聞軼事未暇考問翔實又其書皆已周慎詳覈誠不敢增損一字獨爲道其風俗之美以志余慕望之思又使在上者聞之知所以施治於高淳者且益旌異之使夫澆漓浮靡之俗有所觀示焉若夫章志貞教益興起人才隮(祖稽切)風隆古則在良有司與邑之士君子而已

弘治(明孝宗年號、)正德(明武宗年號、)嘉靖(明世宗年號、)貿(不明也、)江寧(郡名、明爲應天府、清改爲江寧府、今廢、)麗江(縣名、屬雲南騰越道、)弁言(序文也、)綴緝(連續之也、)蘇常(舊兩府名、並屬江蘇省、)太平(縣名、清置太平廳、今改縣、尋又改爲揚中縣、屬江蘇金陵道、)疇(麻地曰疇、此言平田、)壤(異也、)鼎貴(「漢書」賈捐之數短石顯、楊興曰、顯鼎貴、鼎、方也、)廉隅(「禮儒行」砥礪廉隅、言行之方正也、)單心(猶言盡心、)粵逆(指洪秀全楊秀清而言、)江表(江蘇省也、)抏巧(「史記平準書」百姓抏敝以巧法、抏、耗也、)純龐(敦厚實也、)老大師四句(見「禮王制」大師、樂官之長、)周官四句(見「周禮地官」方志、如府志縣志之類、方慝、言語所忌也、詔王知所觀所忌也、)訓方氏三句(見「周禮夏官)傳道、世之所傳往古之事、爲王誦之張禹（漢河內軹人、字子文、成帝時爲丞相）楛（惡也）道咸（道光、咸豐）窳（惰也）率土（(詩)率土之內、莫非王土）旌（表也）章（明其志）志貞敎（貞一其敎）躋（登也）

翊翊齋遺書序（翊翊、敬也、(前漢書禮樂志)共翊翊合所思、翊、音弋）

自有宋程朱諸儒倡明道學古昔聖人所以覺世牖民之意昭然大明於世人乃始皆曉然於學者所以學爲仁義也爲功於聖人有裨於天下後世豈不大哉逮其後原遠而末分學者或安於狹陋偲（音司）偲奉一先生之言而不能博文約禮究極乎本末始終廣大精微之致固已不免於通儒之譏已又其甚者膚學䫅（士垢切）生束書不觀其於六經宏深之蘊天人之故古今之賾懵（音蒙）乎未之有聞乃攟（據運切）拾諸朽腐熟爛之言曼衍以爲書且握管而暮已盈篋用自號於世曰吾所爲學道學也不知其書乃爲有識者之所深鄙棄絕而不欲觀又其益甚者立身行事大盭（同戾）乎聖賢之敎乃亦攟拾語言曼衍以爲書益侈然義然號於世曰吾所爲學道學也儈（固外切）秕（卑履切）以冒粟身桀而口堯於是所謂道學者始大爲世所詬病而仁義道德之說至爲人之所不敢道其原胥起於此是程朱之罪人而已矣其所爲書可焚也桐城

馬一齋先生躬行實踐不事表襮（補郝切）所爲翊翊齋遺書皆心得之言絕遠乎擴拾曼衍之爲者惜乎世之知之者少其曾孫某爲重梓以廣其傳而問序於裕釗裕釗心悼夫世之爲道學者久矣欲求如先生者見之而不可得也故樂爲序其書以致余之意焉

程朱（見前）偲偲（詳勉也）鯫生（鯫、小魚也、此喻小儒、）懵（無知貌、）擴（拾取也、）曼衍（無極也、）廥（芻藁之藏、）秕（穀不成者、）馬一齋（名翮飛、桐城人、舉孝廉方正、不就、以樸學醇行主講席吳中、）不事表襮（謂不事暴露、以求人知也、）

退學軒同懷遺藁序

丹徒韓叔起比部有二子長（上聲）曰省齋景修季曰任之景伊並有懿才能紹其家學又飭身砥行𨉖（音窮）𨉖自祇愼益發憤讀古書爲詩歌頗有可喜者而皆以早死叔起既重悼慟暇日出其遺詩各若干篇視予且屬爲之序自予往歲交叔起則聞叔起二子之賢未見也今二子死矣而予乃從叔起讀其詩悲夫且詩書之族有子弟能勵名行用鉤繩矩矱（屋郭切）自約敕蚤（與早通）夜治術業以不墜遺緒此可爲嘉尚者已又能慕古作者刻意爲文辭思與之追逐而不屑自儕於世俗是其可愛惜宜何如

哉而或不幸促其年壽至且兄若弟相繼夭折僅一二殘編遺墨掇出於死喪之餘則宜見之者瘉（音愈）益以爲可愛而惜之每加甚焉自天下之人識與不識亦莫不於邑太息而不能已矧（矢忍切）其爲父子之親者尙可言邪尙可言邪夫叔起誠傷悼無所爲計而欲得予之一言以不死其子也於是爲序而歸之以塞其悲

丹徒（縣名、今屬江蘇金陵道、）比部（卽刑部、淸人稱其部曹以此、）懿（美也、）匔匔（謹畏貌、史記魯世家、匔匔如畏然、）鉤繩（正曲直之具、鉤猶規也、）矩矱（矱猶法度也、）約敕（敕猶檢束也、）瘉（解同愈、）於邑（悲傷鬱結也、楚辭九章、氣於邑而不可止、）矧（況也、）

跋明三原焦公家書（三原、縣名、今屬陝西關中道、焦公、名源溥、字涵一、三原人、官至右僉都御史、巡撫大同、李自成陷關中、公罵賊死、）

平江鍾君以所藏明三原焦公家書視裕釗裕釗受而觀之蓋公分巡河東時所示其子兵事也公大節廩（通懍）然其書既可貴重又所述戰事多本傳所未及載尤足以補史氏之遺是重可寶也始公以抗疏忤羣小媾禍幾不測後以僉都御史巡撫大同不見容卒罷歸及公家居抗（可浪切）賊不屈死而明亦未幾亡矣明季流寇之陷京師實自山西入今觀公是書戰績炳著計畫尤周盡使終官山西竟其用明疆事或

未遽至是亟也。媢嫉之病人國。傷哉。余觀自古忠臣拂（同弼）士。後世得其遺文手澤。藏（同藏）弆（音舉）葆貴。雖一字若什璧。愛之如不克見。而並時之人。乃至戕其身而不忌排陷之。不遺餘力。當其世者遇之而不見惜。後人惜之而又莫能相遇。古與今相續而胥若一也。余莫之能知也。悲夫。書凡十紙。其第二紙第三紙皆有公名印記。第九紙書王家允爲王家印。與史亦少異。同治七年夏閏月二十五日。武昌張裕釗敬跋。

平江（縣名、今屬湖南武陵道、）河東（山西境內、在黃河以東者、統稱河東、）抗疏（指疏劾內侍崔文昇、進藥光宗事、卒爲文昇所排斥、）大同（明九邊、大同其一也、在今山西境、）流寇（謂李自成、）媢嫉（猶忌嫉也、（禮大學）媢嫉以惡之、）拂士（輔弼之賢士也、（孟子告子篇）入則無法家拂士、）弆（藏也、）同治（清穆宗年號、）

跋明周忠毅公手蹟

（周忠毅公、名朝瑞、字思永、明臨清人、萬曆進士、累遷禮科給事中、魏忠賢用事、誣以受賄、下獄榜掠死、崇禎初、贈大理卿、後追謚忠毅、）

丹徒趙季梅舍人所藏明周忠毅公手書疏稾五篇。雜文稾十有三篇。裝池爲二卷。將致諸丹徒之焦山。與山寺舊所藏楊忠愍公遺蹟。並垂於不朽。而屬裕釗跋其後。車鞷（胡瞎切）之詩曰。高山仰止。景行（去聲）行止。自古碩人名賢。其流風遺躅（廚玉切）皆足以興起後世然或有能知有不能知至於忠貞義烈則無愚智賢不肖其慕望愛悅一而已矣雖庸愚婦孺貪夫盭（同戾）人聞義烈之事未有不愯（同悚，息拱切）動而歎息者也史傳所記幹濟之臣文儒之彥經師理學畸士高流後世議論時有軒輊（音致）異同亶（同但）語及犯危難厲死節之賢未有不翕然帖服稱誦之如不容口者也豈非人心直道之公窮古今而不可泯沒者歟抑所謂賢哲之行（去聲）其成於偏至者尤足以感人歟自百世之下聞其風慕其義頑廉懦立歌思之如不克見況其忠言讜議出自手寫光氣隱然溢出楮墨睹其書如遇其人其可爲葆貴當何如哉宜舍人之珍而惜之且謀以藏之名山傳之無窮而人之見之亦莫不歔欷流涕感喟而不能已也抑又觀忠愍之死以嚴嵩而公之死也由馮銓之惎（音忌）忠賢嵩與銓故皆以書名者今或唾棄不復收公及忠愍不聞善書一二遺墨乃崇重若球璧其貴賤懸絶也若是而況其人乎士或震炫於勢物苟容身以求富貴而悼節義爲不可爲彼獨未一遊心於無窮之世耳覩二公之蹟其可以知所返已至諸奏疏雜文與忠毅軼事舍人既具次之矣故不復述光緒戊寅冬十月武昌張裕釗敬跋舍人書(中書科中書稱舍人)裴池也(修隸)焦山(在江蘇丹徒縣東九里大江中，後漢處士焦先隱此而名)楊忠愍(明容城人，名繼盛，號椒山，嘉靖進士，官兵部員外郎，劾嚴嵩十大罪五奸，疏入，廷杖繫獄，竟棄市，穆宗時，謚忠愍)車舝(詩小雅篇名)景行行止(景，大也，有大行者則而行之)懮也(懮，懼)幹濟(有治術也)軒輊(有所揚也，有所抑)嚴嵩(字惟中，江西分宜人，弘治進士，世宗時，官至太子太師，恃寵攬權，凡直陳時政者，皆斥戮之，後遭劾致仕，寄食故舊而死)馮銓(明涿州人，少年官侍從，以諂事魏忠賢，登宰輔)甚也(敎)忠賢(魏忠賢，肅寧人，明之宦官，熹宗時擅朝政，楊漣劾忠賢二十四大罪，反爲所殺，思宗立，貶於鳳陽，遂自縊)球璧(書顧命，有弘璧天球等，均珍重之物)光緒(清德宗年號)

與黎蒓齋書

(蒓齋名庶昌，遵義人，廩貢生，同治間上萬言書，以縣令發兩江，官至川東道，兩使日本，影鈔唐宋舊集成古逸叢書，皆中土不傳之本，自著有拙尊園叢稿)

前在金陵。相從譚蓺(同藝)。譏評古今人。私心甚快。別後倏忽月餘日矣。寒窗短檠(渠京切)。時時隱几思足下。不可弭忘。裕釗自惟生平於人世都無所耆(同嗜)。好獨自幼酷喜文事。顧嘗竊怪學問之道。若義理考据辭章之屬。其涂(同塗)徑至博。其號稱爲耑(同專)家。亦往往而有。獨至於古文。而能者蓋寡。自曾文正公沒。足下及至甫。又不得常聚晤。塊坐獨處。四顧煢然。無可與語。近者李佛笙乃頗有意於此。時相從問爲文法。所入雖未深。然佛笙故天亮出於人人。乃時有解悟處。此差足語耳。夫文章之事。非資才敻絕而程功致力之深且久者則必不能以至才優而力深矣其能至以幾於成與不能成則亦有天焉既至而幾於成矣其傳不傳與傳之顯若晦若近與遠則又有天焉且誠令其至而幾於成成焉而傳傳焉而顯且遠而吾文信不斅於百世吾身則既泯然死矣其取吾文而歎慕貴惜之者吾皆不得而見之矣捐棄一世華靡榮樂之娛窮畢生之力苦形瘁神以徼幸於或成或不成或傳或不傳之數而慕想乎千百歲後冥漠杳渺邈不及見之虛譽而不以自止豈非所謂至迂而大惑者哉宜彼世之所謂賢偽能一切以取富貴顯榮者訕笑而背(音倍)馳之也雖然莊周有言民食芻豢(音患)麋(音眉)鹿食薦蝍蛆(子徐切)甘帶鴟(音癡)鴉耆鼠四者孰知正味生人之耆好各賦受於其生初其不齊至不可以巧歷算則夫孳(音咨)孳焉勤一世於文字之業者無亦所耆出於其性而不能以自解者歟且吾觀古之能文者若司馬遷韓愈歐陽修之徒其始設心措意亦無過存乎以文自見卒其所至世不得徒以文人目之是故深於文者其能事既足以自娛嬰(音儃)及其所詣益邃以博乃與知乎聖人之道而達乎天地萬物之原獨居謳吟一室之中而傲然睥(毗至切)睨(擬麗切)乎塵壒(音藹)之外雖天下

又孰有能易之者哉。又遑暇較量於我生以前與身後之贏失而爲之進退哉。思足下不得見。索居無聊。輒一吐其匈（同胸）臆之所積。自怡取快意而已。非足下僕亦不發此也。天氣驟寒。惟萬萬保練自愛。不宣。

金陵地名、今江寧縣、燈欒也、曾文正名國藩、字滌笙、湖南湘鄉人、道光進士、公爲學研究義理、精通訓詁、爲文效法韓歐、而輔益之以漢賦之氣體、官至大學士、封一等毅勇侯、卒謚文正、至甫即吳摯甫、名汝綸、桐城人、同治進士、工古文、官直隸知州、佛笙曾官知府、莊周戰國蒙人、著書十萬餘言、民食芻豢五句見（莊子齊物論）牛羊曰芻、犬豕曰豢、麋鹿之大者、薦美草也、蝍蛆蜈公、帶小蛇也、蝍蛆好食其眼、⊙司馬遷字子長、太史談之子、撰史記、韓愈字退之、唐昌黎人、文爲唐宋八大家之冠、歐陽修字永叔、宋廬陵人、亦八大家之一、嬰樂也、睥睨邪視貌、壒塵合也、索居索、散也、（禮檀弓）吾離羣而索居、亦已久矣、

答吳至甫書

春間。奉到往歲除夕惠書。知已改官畿甸。將以儒者之學。澤我民萌（通氓）。敬賀敬賀。六月初旬李佛笙太守復遞到三月晦一函。適裕釗有悼亡之戚。先期歸里。一昔始來鄂城。悤悤未及報。所需姚氏評點漢書。一時未遑鈔寄。請以異日可耳。來書過以文事見推。且虛懷諮度（音鐸）。諄諄無已。裕釗則何足以知此。雖然既承下問。不敢不竭其

愚古之論文者曰文以意爲主而辭欲能副其意氣欲能舉其辭譬之車然意爲之御辭爲之載而氣則所以行也欲學古人之文其始在因聲以求氣得其氣則意與辭往往因之而並顯而法不外是矣是故契其一而其餘可以緒引也蓋曰意曰辭曰氣曰法之數者非判然自爲一事常乘乎其機而緄（同混）同以凝於一惟其妙之一出於自然而已自然者無意於是而莫不備至動皆中乎其節而莫或知其然日星之布列山川之流峙是也寧惟日星山川凡天地之間之物之生而成文者皆未嘗有見其營度而位置之者也而莫不蔚然以炳而秩然以從夫文之至者亦若是焉而已觀者因其既成而求之而後有某者某者之可言耳夫作者之亡也久矣而吾欲求至乎其域則務通乎其微以其無意爲之而莫不至也故必諷誦之深且久使吾之與古人訢（讀如僖）合於無間然後能深契自然之妙而究極其能事若夫專以沈思力索爲事者固時亦可以得其意然與夫心凝形釋冥合於言議之表者則或有間矣故姚氏曁諸家因聲求氣之說爲不可易也吾所求於古人者由氣而通其意以及其辭與法而喻乎其深及吾所自爲文則一以意爲主而辭氣與法胥從之矣

閣下以爲然乎。閣下謂苦中氣弱。諷誦久則氣不足載其辭。裕釗邇歲亦正病此。往在江寧。聞方存之云。長老所傳劉海峯絕豐偉。日取古人之文。縱聲讀之。姚惜抱則患氣羸(音雷)。然亦不廢哦(我平聲)誦。但抑其聲使之下耳。是或亦一道乎。裕釗比(去聲)所遇多乖舛(音喘)。又迫憂患。於此事恐終無所就。閣下才高而志遠。年盛而氣銳。它日必能紹邑中諸老盛業。用敢進其粗有解於文事者。以爲涓(音捐)埃(音哀)之裨。惟亮詧(同察)。不宣。

除夕(十二月晦夜)、悼亡也(喪妻)、一昔也(一夜)、鄂城(今湖北武昌縣)、姚氏(名鼐、字姬傳、一字夢穀、桐城人、乾隆進士、著有惜抱軒全集、九經說三傳補注等書)、訢合也(交感)、方存之(名宗誠、桐城人、治宋學、工古文、有柏堂全集)、劉海峯(名大櫆、字才甫、桐城人、副貢生、乾隆時舉鴻博經學皆報罷、卒年八十三、有詩文集)、羸也(弱)、涓埃(涓滴塵埃、言其微小)、

答劉生書

曉堂足下。蚤春承寄示文數首。入秋又得手書。勤拳貇(同懇)至。足下之用心何其近古人也。足下諸文。所爲尊君事略最肫摯可愛。讀老子中一段詞甚高闖(丑甚切)。然入古人之室矣。前幅微覺用力太重。少自然之趣。他文識議並超出凡近。而亦時不免病此。夫文章之道。莫要於雅健。欲爲健而厲之已甚。則或近俗。求免於俗。而務爲自然

又或弱而不能振。古之爲文者。若左邱明莊周荀卿司馬遷韓愈之徒。沛然出之。言厲而氣雄。然無有一言一字之强附而致之者也。措焉而皆得其所安。文惟此最爲難知。其難也。而以意默參於二者之交。有機焉以寓其閒。此固非鼂（同朝）莫（同暮）所能企。而亦非口所能道。治之久。而一旦悠然自得於其心。是則其至焉耳。至之之道無他。廣穫而精䆃（音道）熟諷而湛（同沈）思。舍此則未有可以速化而襲取之者也。吾告子止於是矣。夫文之爲事至深博。而裕釗所及知者止於是。其所不及知者。不敢以相告也。以足下之才。循而致之以不倦。他日必卓有所就。此乃稱心而言。非相譽之辭也。足下勿以疑而自沮焉可也。足下文知友中多求觀者。故且欲留此。俟他日再奉還耳。惟亮詧不宣。

尊君（稱其父也）老子（書名、周老聃撰）闟然（出頭貌、見公羊傳）左邱明（魯之太史）荀卿（名況、戰國趙人、時人相尊、亦稱荀卿、倡性惡之說、其旨與孟子異）䆃（擇也、治粟也）

答李佛笙太守書（李佛笙見前與黎蒓齋書）

价至。奉讀手書。爲之感歎無已。及讀所示大箸（同著）則又大喜且詫（陟嫁切）不謂足下銳進一至此也。來書謂此行誠失計。然獲交不肖時相從問得學問文章之要指。挈（苦結切）長度短。固亦未爲失。裕釗豈敢任此。顧足下之文乃精進若是。則信所得多矣。文誠出於人。人足以信乎今而傳乎後。窮之百世而自必其不磨。雖百郡守不以易也。且所謂窮通得喪愉戚寒饑溫飽者。擾擾一日暮之事耳。何足道哉。何足道哉。知足下故必不以一官置意中。然卽爲衣食計。則亦有命焉。力所能謀。謀之。所不能謀。則聽之而已。固亦不足恤也。裕釗曏時讀論語。獨深有契於孔子不知命無以爲君子之一言。且嘗試縱觀生民之初。以至今日盛衰倚伏。與夫人之賢不肖。芒乎紛乎眇不可紀極。終其興若廢。有一之非其命者邪。或乃棄其修行立名。所得自爲之事。奔者騁欲。一切以徼非望。卒泯泯以沒身。甚且爲詬於天下後世者。甚可悲也。旣亮識其然。又自少酷耆學問文章。是以一意摶精於此。而不遑恤其它。惟是年齒日長。神智日耗。恐遂終無所就。時獨以爲懼。近者撰得書元后傳後一篇。乃忽妄得意。自以甚近似西漢人。且私計國朝爲古文者。惟文正師。吾不敢望。若以此文校之方姚梅諸公。未知其孰先孰後也。雖則狂謬。至是乃復私自疑。輒錄寄足下。爲我一決其然

文明書局印行

否其然耶。是吾益也。用竊自喜也。不然耶。却退矣。吾滋懼焉。請必明語我。俾得一自釋焉。抑以足下之果勢勇銳若是。使由是屏音丙棄百爲以從事於斯。且使裕釗駭憚畏避而不敢與競也。承欲來爲一握手之歡。聞之喜忭無已。書不能盡意。俟爾時當極意一傾吐耳。

价僕也、挈猶以也、詑駭異也、鄉昔也、不知命句見(論語堯曰篇)芒大也、多也、泯泯猶茫茫也、詬病也、元后傳見前西漢都長安、故曰西、文正謂曾國藩、方謂方望溪、名苞、字靈皋、桐城人、康熙進士、累官侍郎、著有望溪集、姚謂姚惜抱、詳見前、梅名曾亮、字伯言、上元人、道光進士、官戶部郎中、著有柏梘山房集、

答黎蒓齋書

承兩惠手書。並賜寄拙稿。均奉到。裕釗此文。頗規橅同模司馬氏。而迹未能忘。足下遽謂能突過姚梅二家。私心固未敢以自信耳。梅氏文已遵來示。簡得二十餘首。另紙寫目並呈上。人各有所耆好。必不可强同。且卽一人之身。而先若後所厭喜。固往往異矣。此固不可以爲定也。柏梘經電切山房集其得失。頗如尊論。然梅氏勝處。最在能窮盡筆勢之妙。其修詞誠愈於方姚諸公。然一意專精於是。而氣體理實遂不能窮

極廣大精微之致此其所以病也自唐以來稱文者惟韓退之於本末精粗表裏之數無所不盡故焯音酌爲百代之宗其他或注意於此而時不能無脫漏於彼因賦於天有以限之抑其人之致力各有所偏至也文之難爲工固若是哉曹子桓有言文章經國之大業不朽之盛事裕釗從事於此三十有餘年矣曩既苦才薄又自少至老憂患寒飢之擾其慮奪其日力進尺寸如走千里今雖欲追古人最上之境而從之而齒髮日衰精力益減於前時顧視前後中心恂音荀慄音栗惴之瑞切懼瀧焉若新寒之栗體嘗以謂千百世之中四海之內有志奮厲爲文辭者不少下者才力之不逮其稍進者或學不得其術或所遇足以苦之贏詘於人者居其半焉贏絀於天者居其半焉學焉而不能成成矣而不能極其至振古以至於今英才志士同聲而悲咤陟嫁切者亡慮皆以此也因論梅氏文意有所觸不覺覼音騾縷至此惟諒詧不宣

司馬氏謂司馬遷焯明也曹子桓名丕、性好文學、爲五官中郎將、後受漢禪、是爲魏文帝、此見與吳質書、恂慄恐也、瀧焉句言寒之使體震動也、振古振亦古也、見(爾雅)咤悲也、亡慮猶言大率也、覼縷委曲以陳也、

與張昫堂大令書

前數日閱邸(音抵)鈔，知以被議左遷，爲之惋愕無已。不謂足下事遂乖舛至此也。人生所遇通塞，固不可以常理論。或材行志節出於人人，而困阨沈淪，不得行其志；或錄錄無所短長，比(音畀)肩尊官顯秩，賢人君子俯首噎氣，傺(恥懿切)侘(恥亞切)不敢出一語。其不肖之徒，庸虛嵬瑣之醜類，乘機冒進，舉生倖心，人自期以方面公輔，芒不復有闕域制限。於是乃蠲(音捐)棄廉恥，相奔於邪徑幽竇，抵死并入以求得之。雖然，其遂以是顚躓(音至)，身敗而名裂者，亦不可勝(音升)數也。且所謂一意自守，不肯少貶以阿世俗，而卒躋通顯者，抑豈獨無其人耶？屈信(音伸)存亡之際，是有天焉，非人之所能爲也。故曰：莫之爲而爲者，天也。天故不可得而知也。且嘗試獨居妄度(音鐸)，自天地剖判至今，且千萬歲，天亦稍衰且老矣，固時不免矇瞶瞀(音茂)亂，其所處是非臧否(音鄙，下同)以施愛憎賞罰，亦豈信能盡其理耶？夫天處高而人錯居其下，而權命一懸寄焉，又時不免昏亂錯迕，則夫人之所謂窮通得失廢興者，譬猶深夜瞑目縶手，以走曠閬(音朗)之虛(同墟)，夷險一惟所值焉斯已耳，其又孰從而意之耶？足下質直勁正，出於天亮，又達於當世之務，宜在顯位施澤於當世者也。其至是，命也。然使命不終否，復(去聲)進而上，一反

手間耳亦莫之爲而爲者正己以俟之而已矣羅少村都轉常晤見否恖恖未及作書請以此示之使聞狂言取一笑爲快不足令他人見也

邸鈔（即京報、）被議（爲人參劾也、）左遷（謫官也、）惋愕（憐惜驚駭之義、）乖舛（猶錯誤也、）錄錄（同碌碌、凡庸也、）比肩（肩相並、言人之多也、）傺侘（失志貌、）嵬瑣（小人之行）方面（封疆大吏之稱、（後漢書）專命方面、謂獨當一面也、）公輔（（左閔）爲公室輔、）閫域（猶言內外、）蠲（除也、）躓（跌也、）矇（盲目、）瞶（目不明也、）瞀（亂也、）臧否（猶言善惡、）錯迕（交雜也、）曠閴（空虛也、）莫之爲句（見（孟子萬章篇））都轉（鹽運使之稱、）

送梅中丞序（梅啓照、字筱巖、南昌人、時官浙江巡撫、）

物之生其始則皆類也及其長而成虧美惡善否遼（音僚）以判焉土石之出乎地金錫之礦於山百植草木之布濩（胡郭切）乎原野同日星之所章耀霜露之所煦（香句切）育當其初未有能區而別之者也燠（音郁）寒遞嬗（與禪同）歲年遷貿善者旁魄（同薄）碩偉殊絕等夷不善者卷（音拳）局剝落甚乃夭閼（音遏）不遂則其成毀往往懸焉及其爲世用也則有爲棟桴（音浮）爲柱石爲黼（音甫）黻（音弗）爲弓劍爲寶圭爲彝鼎尊罍（音雷）爲琴瑟鐘磬竽笙塤（音熏）籥（音藥）簫篪（音馳）篴（同笛）管春牘應雅有爲椳（烏恢切）爲柣（音秩）爲闑（音臬）爲棖（直耕切）爲椹（音砧）爲

杙音弋爲甓平入聲爲瓦爲瓴音移爲罌音嬰爲釜爲筥爲斗爲筲所交切爲鉗爲鑿爲漏巵音支爲敗絮爲死灰爲礫音歷石爲溝中之斷雖一區之產一本之支而其高下庸奇貴賤相萬也豈物之所自爲者固有善有不善耶抑其命於天者一成而不可易耶中丞南昌梅公當世鉅公名人也始公以道光丙午舉於江西而裕釗亦以是年舉於湖北洎音暨庚戌居都中試國子監學正學錄同受知於曾文正公之門於時俱旅食京師逐逐未有奇也逾二年粵賊入楚裕釗自京師歸公遂成進士入詞垣後出典大郡洊集硯切擢監司同治十年曾文正公自直隸復督兩江招裕釗主講席江甯而公已開藩白下巍然稱名卿矣逮今歲既入覲還道拜浙江巡撫之命德業輝光蓋益將大顯於世而裕釗甘自棄於閒闃寂寞之地汍瀾枯槁頑然猶昔時人之能不能豈可同日道哉[illegible]其遼闊敻絕至是極者豈惟天實命之彼其所自爲則然耳雖然物之生其終雖異而其始之同者不能忘也人各念其故不自知其分去聲之殊而彼此相戀嫪郎到切者情之所不能已也凋阿薄植覩松柏之上雲霄而凌倒影垂蔭乎無垠音銀而眇焉隱處其下其自終於不材則已矣抑豈能無少意於高仰者之嘗我

同。乎。故於公之道出金陵。輒爲文祖之。且祝公之宜有造於浙也。然裕釗與公。自此其益遠矣。

遼遠也、布濩流散也、(史記)布濩閎澤、煦育(柳宗元賀表)太陽既昇、煦育資始、貿易也、(昭明太子文)炎涼始貿、旁魄廣博也、(荀子性惡篇)誰能旁魄而無用、等夷平等也、(史記)諸將皆陛下故等夷、卷局與蜷局同、詰屈不行貌也、(離騷)僕夫悲余馬懷兮、蜷局顧而不行、天閼天猶言折、閼猶言遏、謂挫折而遏止也、(莊子)背負青天而莫之夭閼者、棟大欂、桴(爾雅)棟謂之桴、黼黻白與黑相次、黻青與黑相次、衣裳繪繡之文也、(左桓)火龍黼黻、昭其文也、彝鼎彝、宗廟常器、鼎、古注三足兩耳之器、尊、酒器、罍酒尊也、刻畫作雲雷形、竽樂器、笙類、三十六簧、長四尺二寸、塤樂器、埏土爲之、大如鵝子、形如稱錘、上銳下平、中虛、頂上一孔爲吹口、前四孔、後二孔、籥本作龠、古樂器、有吹籥舞籥二種、吹籥似笛而短小、三孔、舞籥長於笛而六孔、吹以節奏、簫古今之制不同、古比竹爲之、大者二十三管、小者十六管、卽今之排簫、今專稱單管者爲簫、篪亦作箎、以竹爲之、長尺四寸、圍三寸、一孔上出寸三分、橫吹之、小者尺二寸、(詩)仲氏吹篪、篴七孔籥也、用竹爲之、長一尺八寸、管如篪六孔、舂牘應雅句見(周禮)舂、以竹爲之、舂地爲節、牘、以竹筒築地而發聲者、應、長六尺五寸、其中有椎擊、以應築者也、雅、狀如漆筩而弇口、大二圍、長五尺六寸、以羊韋鞔之、棖門樞也、俗謂門臼、柣門限、閫門中豎木、(爾雅)橛謂之閫、棖門兩旁木、椹斬木櫍也、杙小木椿也、甓瓴甋也、(詩)中唐有甓、甀小甖、甖盛酒瓦器、釜古量名、容六斗四升、筥盛米器、方曰筐、圓曰筥、(詩)維筐及筥、斗容十升、筲竹器、容斗二升、(論語)斗筲之人、何足算也、鉗以鐵爲之、夾物之具、鑿穿木器、(古史考)孟莊子作鑿、漏卮滲漏之酒器、(淮南子)霤水足以溢壺榼、而江河不能實漏卮、礫石小石也、(楚辭)相與貴夫礫石、溝中之斷(莊子)百年之木、破爲犧尊、青黃而文之，其斷在溝中，比犧尊於溝中之斷，則美惡有間矣，其於失性一也。中丞明清時稱巡撫。南昌縣名，今屬江西豫章道。丙午道光二十六年。洎及也。庚戌道光三十年。國子監官署名，即國學。學正學錄俱官名，宋國子監置學正學錄各五人，明清皆設之。逐逐馳也。詞垣謂翰林院。典大郡任知府也。洊再也，（易）洊水洊至。監司清代藩臬道員之稱。開藩任藩司也。白下謂江寧。覲朝君也。戀嫪猶言戀惜，（韓愈詩）感物增戀嫪。澗阿山夾水曰澗，水岸曰阿。無垠無涯無垠也。祖送行。闃靜無人也。

送黎蒓齋使英吉利序

泰西自前古不通中國。洎明中葉。利瑪讀作馬竇艾儒略之徒。始以其術遊內地。國朝開統。聖祖仁皇帝嘉西洋歷算之精。特旌異之。於是來者益衆。閩粵瀕海之區。市舶音白稍稍集矣。百有去聲餘年。至於道光之際。而海疆同畺始有兵革之事。其後國家懷柔綏服。一務兼容并包。遠撫長駕。威德覃於遐裔音曳。是以殊域輻音福湊。通互市。結盟約者。至五十有餘國。泰西人故擅巧思。執堅力。自結約以來。數十年之間。益鐫子全切鑿幽渺。智力鋒起。角出日新。無窮其創造輿舟兵械胡介切火器暨諸機器之工。研極日星緯曜。水火木金土石聲光氣化之學。上薄音博九天。下縋音隊九幽。剞剔音惕造化。震驫同駭神鬼。中法警備。碻同確若金石。發號施令。疾馳若神。又以其舟車之力。窮極六合四遠五大洲之地。無所不洞豁。徬徉四達。競相師放。精能之詭。甚盛。益與天地剖泮(同判)以來所未嘗有也。蓋嘗論天地之化。古今之紀。天人相與。構會陰陽。以之盪摩。窮則變。變則通。而世道乃與爲推移。上古人民鳥獸錯處。巢窟(枯忽切)之居。毛血之食。羽革之衣。聖人者作。立君臣上下。與修禮樂。制度備物。制用通變宜民。遞相損益。天下文明。虞夏殷周之世。稱極盛焉。周道衰而至於秦。一革除先王之法。封建井田學校典禮文物。掃地俱盡。更立新制。卒漢唐之世不能易也。唐末之亂。以訖(基乙切)五季。輾轉遷貿。盡逐其故。田賦兵制選舉學術俗化。與兩漢以來泮渙殊絕。宋明以還。承而用之。而蒙古及聖清之有天下。混一華裔。方制數萬里。土宇昄(方但切)章。跨越百代。若今日。其尤世變之大且劇乎。天實開之。人之所不能違也。而當世學士大夫。或乃拘守舊故。猶尙鄙夷詆斥。羞稱其事。以爲守正不撓。烏乎。司馬長卿有言。鷦(音焦)鵬(音明)已翔乎寥廓。而羅者猶視夫藪澤。豈非其惑歟。夫以學士正人之不習乎此。於是當事乃一切以求能習知此者而任之。則其所得乃皆庸猥汚下賈豎輿隸之流。稍能通彼語言。與一二瑣事者也。如彼等者。烏足以任此。適足爲遠人之所嗤(赤醫切)而已矣。迴者一二遠識之士稍知二者之弊議欲得僑異志節之彥相與精求海國之要務以籌備邊事蓋彊本折衝尊主庇民之計誠莫先乎此而朝廷方簡重臣通使諸外國使遐邇中外翕通達無阻於是黎君蒓齋自州牧授三等參贊大臣從使英吉利將行問贈言於裕釗夫覘國之道柔遠之方必得其要必得其情得其要得其情而吾之所以應去聲之者乃知所設施且即吾所爲乘時順天承敝易變使民不勌同倦者神而明之利而用之亦可以得其道矣蒓齋之賢其必能心喻乎此以俟異時受任國家之重而副海內之望它日歸吾將從而訊音信之

泰西極西之處、指歐洲各國而言、中葉即中世也、(詩)昔在中葉、利瑪竇明意大利人、爲敎士、萬曆間至廣東、後入北京傳敎、建天主敎堂、是爲敎堂之始、嘗進萬國圖志、言天下有五大洲、當時頗奇其說、神宗嘉其遠來、厚賜之、寓居中國三十年、通華字華語、卒於京、有畸人十篇、西琴曲意等書、又譯幾何原本、則徐光啟所筆受也、泰西科學輸入中國始此、艾儒略明意大利人、游歷中國、天啓間撰職方外紀、進之、又著西學凡、聖祖三句聖祖任南懷仁爲欽天監副、卒謚勤愨、南爲耶穌敎之宣敎師、比利時人、瀕近水曰瀕、舶大船、道光二句時林則徐督粵、嚴禁鴉片、悉焚英商所運土、英人由此興兵攻粵東、侵寧波、陷定海乍浦等地、懷柔招之來而有以安之也、(中庸)柔遠人也、懷諸侯也、綏安服之也、章及也、遐裔邊遠之地也、輻湊人物之聚集、如車輻之聚於轂也、(國策)諸侯四通、條達輻湊、互市通商也、結盟約句時英法德俄美丹日西葡比瑞荷義奧皆立約通商、執堅力外人性堅忍、作一事、不因不成而中止、甚至父不成、而子繼之、鐫鑽也、穿木也、械器之總名、緯曜南北為經度、東西為緯度、曜即日曜、月曜、火曜、水曜、木曜、金曜、土曜、日是、薄逼近也、(左傳)薄而觀之、九天九重之天也、(孫子)善守者藏於九地之下、善攻者動於九天之上、絪以繩繫之而下也、九幽九地之下也、(謝莊歌)皇德遠、大孝昌、貫九幽、動三光、六合天地四方也、(莊子)六合之外、聖人存而不論、四遠四方遠地、五大洲亞細亞洲、歐羅巴洲、阿非利加洲、海洋洲、亞美利加洲、天人相與構會猶言天非人不成、人非天不因、相遇而後成也、錯處錯雜居也、巢窟構木為巢、掘地為室、毛血茹毛飲血、革皮毛也、封建王者以爵土與人也、三代皆有之、至周而其制益備、其爵有公侯伯子男五等、其地有百里、七十里、五十里之別、井田周制、授田之法、以地方一里畫為九區、每區百畝、中為公田、其外八家各受一區、為私田、形如井字、故稱曰井田、學校古之教者、家有塾、黨有庠、術有序、國有學、見(禮學記)終卒也、訖也、盡也、五季後梁、後唐、後晉、後漢、後周、泮渙猶分散也、蒙古指元朝、土宇昄章見(詩卷阿)言民之居宅、大得其法、昄、大也、章、法也、司馬長卿漢司馬相如、字長卿、成都人、工文詞、所作子虛、上林、大人等賦、漢魏六朝人多倣之、鵾鵬(埤雅)鵾鵬、鳳也、寥廓天上寬廣之處、(史記)下崢嶸而無地兮、上寥廓而無天、藪澤大澤曰藪、水所匯曰澤、嗤笑也、(後漢書)時人嗤之、訊問也、

贈查生燕緒序 查生、海寧人、

查生燕緒從余遊。質甚篤厚可嘉。尙余嘗語以學古人之道。而豤同懇乎若有意乎其間也。今生且歸矣。而意甚戀戀於余。雖余亦重惜生之遠也。雖然生所居乃在粵東

海濱之地去楚數千里而今茲從余於此始余與生意皆不及是也鶂(伊尺切)鳴而風旋月麗於天而蠯(音胥)蛤(音鴿)盈虛於淵詩書問學之業道與志通而氣機密應(去聲)於其間莫或知其所以然雖萬里之外殊鄰絕域邈不相接之區而常一日猝然其忽合故夫君子之相與冥契於其心也亦惟其道之合焉形迹之離合又無所論已今生苟未能志乎古人之道以蘄(通祈)赴乎余言雖相從於此不啻遠也生誠志乎古人之道以蘄赴乎余言雖舍(通捨)余而去不啻邇也余他日或將遠遊四方以遂其生平之所欲至而生年方盛必非久汶(音門)汶處閭里者其能遌(五故切)生而生已卓然進於古之人乎余且灑然喜且幸謂生未始余違者也甲子正月某日

粵東(猶越東也、乃浙江、非廣東、)鶂(惡鳥、鳴則起旋風、)月麗二句(呂氏春秋)月望則蚌蛤實、月晦則蚌蛤虛、蠯、大蛤也、汶汶(玷辱也、)(楚辭漁父)安能以身之察察、受物之汶汶者乎、遌(遇也、)灑然(驚貌、)

送黃蒙九序

(蒙九、名克家、湖北隨州人、道光舉人、江蘇候補知縣、)

易曰君子之道或出或處或默或語孟子之稱孔子則曰可以止則止可以仕則仕君子之仕不仕惟其可焉耳未嘗有所意於其間曰吾必為此與必為彼也然吾觀

伊尹師保太甲，周公相（去聲）成王，其君臣之遇至矣。伊尹既反太甲於桐，則復政而告歸。周公營洛邑成，作誥，亦孳（同孜）（音咨）孳以明農爲言。卽至後世所號稱名臣，身居顯列，而累疏求退，見於史牒者，往往而是。蓋賢者之於世，雖是心不能一日以忘，至其於富貴寵利，則泊乎一無與於其身，而不以毫髮爲吾重輕，故其仕也，則能外勢榮，明得喪，壹惟其職與其志之所必爲，一有不合，則奉身而去，若脫屣耳。後之君子，其仕也，非盡欲行其志也，大都以其榮與利者也。故得志則泰然其自恣，卹乎若恐失之；不得志，則輾轉怫（音費）悁（音胃）侘（恥亞切）焉，若不可以終日，一惟時之榮悴爲遷貿，而進退乃無一可者。其志先亂，中無所爲自得者以御其外也，其遂沈溺，不亦宜乎？同年友黃君蒙九，以知府官江南，嘗筦（同管）征榷（音覺）通州，攝海州，皆有能名，衆謂蒙九且顯矣。一旦決然假歸，上官留之不可得，江南之官吏皆稱以爲難，唯裕釗亦以是偉蒙九也。雖然，君子之出處，要惟其志之無累，豈徒以迹之顯晦爲隆汙哉？今蒙九之去，吾未知其於志果有所不得行，浩然決去，以求得其所自慊者耶？抑倘有所不獲已，而於心固未能以自釋者耶？蒙九且行，索裕釗一言爲贈，裕釗爲書此，還以敂（通叩）之。

君子之道三句見(易繫辭)可以止則止二句見(孟子公孫丑篇)公　伊尹商之賢相、太甲無道、伊尹放之於桐宮三年、太甲悔過、迎之復位而告歸、太甲湯之孫、　周公周公名旦、文王子、成王幼、周公攝政、天下大治、成王武王子、　桐地名、湯葬地、　洛邑周之東都、今河南洛陽縣治、　誥洛邑既定、周公遣使告卜、史氏錄之以爲洛誥、　孳孳勤也、　明農(書洛誥)云予其明農哉、　牒書板、　卹憂也、　怫愲心不安也、　侘失志貌、　貿改易也、　榷(前漢書)初榷酒酤、(顏師古注)禁民釀酒、如道路設木爲榷、獨取利也、榷、以木渡水也、後沿爲取稅之稱、　通州舊爲直隸州、今爲南通縣、　攝代理也、　海州舊爲直隸州、今析其地、爲東海灌雲二縣、　慊足也、快也、　敂問也、

送湘鄉相國曾公之任直隸總督序曾公、謂曾文正也、

今上御極之七年王師既淸河北方內歸寧天子穆然深惟保世之永圖謂直隸藩輔京師居九州維首宜得文武重臣肇治於茲於是命大學士一等毅勇侯曾公自兩江移鎭其地詔下東南之民含公再造之德聞將以我公行歎者於室涕者於塗當晝旁皇入莫寤辟音闢薦薦與縉通紳先生耆艾俊髦謳思慕惜相視矍厥縛切然皆曰公盛德閎烈幷包運量無遠邇躬出入水火奪我民焚溺之餘磐石坐之我東南之人自頂至踵皆公賜自公來至於今我婦子倚公不憂死亡民以公爲父士以公爲師公一朝去我我自今其疇依乎又曰公既龕音堪大難自以勳之高位之崇也常廩同懍

稟焉懷盛滿之懼。私獨意公既已成大功。其或者將遂公之志。舍我民而不之顧也。我則益無冀矣。裕釗曰。不然。惟天子舉社稷之安。天下之治。屬之公。固將以公先事於邦畿。而後迺徧及乎天下。公之治在天下。賢其在我南人也。我南人則益有賴矣。且方咸豐初。亂起。海內蕭然。以乏才爲憂。謂羣盜且不可制。自公起視師。其間蓋亦嘗蹈險難。處危疑。勢岌岌不自保。然公以忠臣之義。惟吾分（去聲）宜所自效。禍福成敗。一不以概其心。毅然獨肩天下之至鉅而不懾。忠誠激發。一決罔（同罔）顧。卒天下之人不期而應（去聲）之。羣策羣力。川赴海會。遂以有成功。夫應龍興而雲屬焉。不祟鼂（同朝）而百穀徧渥其膏。莫或知其所由。精之所通使然也。周易有之。在豫之坤曰。由豫。大有得。勿疑。朋盍簪。其公之謂與。雖公之今日。由前志也。且以上自天子。下及元元之民。壹委心託命。狠狠於公若此。而公安能恝然而已乎。公之澤將益大被於我。我其可無恤。衆皆曰。子之言然。衆以詩祖公。請郇以子言爲之序。

今上（謂穆宗、同治、）御極（卽位也、）九州句（靑兗冀荊梁雍豫徐揚、而冀州爲首都、維、地之維也、謂直隸在各省之上、）兩江（江蘇、江西、時曾任兩江總督、移督直隸、）寤辟（詩國風、寤辟有摽、寤、醒也、辟、拊心也、）耇（老人、）俊髦（耆年、）矍然（驚動貌、）磐石（大石、）龕（克也、）邦畿

王者之都、此指直隸、咸豐清文宗年號、岌岌險貌、慨感慨心也、應龍經應龍之有翼者、（王褒文）應龍之神也、由豫四句之道由豫、
大有所得、信用既昭、朋自來合勿遲、盍合也、簪疾也、元元黑頭之民、忽然貌、舍置

送吳筱軒軍門序 吳名長慶、安徽廬江人、官至提督、諡武壯、

光緒六年。國家以索取伊犁地。再遣使至俄羅斯。議未決。於是徵調勁旅。分布諸邊爲備。命宿將統之。而山東登萊青諸郡。三面阻海。其燕臺尤當番舶往來要隘。有詔命山東巡撫周公督辦山東軍務。而以浙江提督吳公副焉。吳公於時方留防江南。且行。謂裕釗吾實駑下不任。是又始至人與地不相習。吾之心實惴惴焉。吾蚤與早通夜以思。盡吾力之所能爲。其濟若否。則聽之。吾以誠自處。而以謙處人。勞則居先。而功則居後。若是。其免乎。裕釗曰。大哉言乎。易中孚謙之明夷。其辭皆曰利涉大川。以實心任事。事無大必濟。能下人者。衆附而功集焉。公誠率是言而允蹈之。奉以終始。寧惟山東。雖以濟天下可也。天下之患。莫大乎任事者好爲虛僞。而士大夫喜以智能名位相矜。自夷務興。內自京師。外至沿海之地。紛紛藉藉。譯語言文字。製火器。修輪舟。築礮壘。歷十有餘年。糜帑他朗切金數千萬。一旦有事。責其效而茫如捕風。不實

之禍至於如此海外諸國結盟約通互市帆檣錯於江海中外交際糾紛錯雜闐（音田）
咽膠轕（音葛）國家宿爲柔懷包荒以示廣大雖元臣上公忍辱含詬一務屈己而公卿
將相大臣彼此之間上下之際一語言之違一釂酢之先刻繩互競忿恨懟（音冀）忮（音寘）
莫肯先下置國之恤而以勝爲賢撻於市而誶（與遂切）於室忘其大恥而修其小忿何
其不心競者歟國之所以無彊外侮之所以日至其不以此歟今公之所稱故乃一
反是異乎今之君子者矣中丞周公故與裕釗舊也裕釗夙知之其執誠與謙宜亦
與公同二公協恭同德揖（通輯）志以輯東土裕釗橋（渠廟切）首而眄（音麵）成功之有日也公
行矣公之往其駐師必於登州吾聞登州城闉（音因）之上有蓬萊閣焉自昔海右雄特
勝處也異日者公與周公大功告成海宇清晏裕釗雖老矣猶思褰（音愆）裳往從二公
晏集於斯閣稱述今日之言而劵其信睥（匹計切）睨（研計切）東海之上憑檻而舉一觴雖
二公其亦韙（音偉）裕釗爲知言乎其爲樂豈有極乎

光緒（清德宗年號、）索（求也、）伊犁（地名、西北以吹河塔拉斯河、及巴爾喀什湖爲界、漢時爲烏孫國、清置府、綏定縣爲府治、今改道、治伊寧縣、地爲西陲重鎮、清光緒間曾爲俄所占、曾紀澤使俄力爭、始獲收回、然伊犁河下游一帶、固已爲俄所有矣、）俄羅斯（國名、跨有亞洲東北部、及歐洲東部地、）登萊青登州府、今蓬萊縣其舊治、萊州府、今掖縣其舊治、青州府、今益都縣其舊治、燕臺俗稱煙臺、在山東福山縣之罘港、周公名恆祺中孚謙明夷皆卦名、闐咽多也、膠轕糾結不解也、宿猶昔也、懻忮很也、(史記貨殖傳)人民矜懻忮、好氣任俠爲姦、協恭(書)同寅協恭和衷哉、揖志輯和其志、撟舉也、眄邪視也、闉城內重門、蓬萊閣在山東蓬萊縣城北丹崖山下、臨海岸、宋治平中建、海右海之西、睥睨邪視也、

贈吳淸卿庶常序

淸卿、吳縣人、名大澂、號恆軒、又號客窗、同治進士、時官翰林院庶吉士、有秦中之行、

人才之貴於天下。無古今一也。雖然才應世而世需之。其間則亦有辨焉。運會之所趨。氣機之所啓。魁桀儁異之士。雲興猋音標合。肩臂相摩於前。而趾相躡尼輒切於後。雖有盤錯鉅艱。而才皆足以周其用。若是者。常樂才之盛而忘其難。朝野祉福而康樂。薄海內外。晏然而無事。中庸之士。平進富貴。守成法。襲故迹。皆足以施於世。若是者。雖乏才而猶未以爲憂。若夫時數之阸屯艱之會。寇訌音紅於內。敵伺於外。民窮而俗敝。兵疲而財匱。闒音蹋宂嵬瑣之徒。紛綸雜臿同插。浩若蕭艾之被乎野。間稍能自異。又窘巨隕切跼音局儒緩不適於時用。中外之安危。生民之植。若僵。汎汎乎若羣木之漂於中流。四顧而不知所屆。其如是。人才之足貴。乃倍蓰什伯於向所稱二者之時。雖疲

行者之資車，病涉者之資舟，寒者之於裘褐，餓者之於饘（諸延切）粥，不足以喻之矣。夫自古禍難之興，其需才也尤至，而人才之寡乏，每獨甚於此時。幸有其人，又或有所抑沮牽繫，而不獲底於成。能成矣，而世或不能盡其用。需之如彼其亟也，其成而爲世用也，又如此其難，則其可爲慕望而愛惜何如哉。吳中吳庶常淸卿，懿才而遠志，服儒者之學，而不忘當世之務。凡今日之利病，民甿（音萌）之疾苦，無所不究其意。裕釗以同治戊辰冬識之於江寧。明年春，復相從游處於吳門者十有餘日。及今茲來武昌，行從合肥李相國西入秦，蓋將益練習於時務，以畜其才，而非有時俗人之見也。且行，索裕釗一言爲贈。裕釗廢於時久矣，自度其才不足拯當今之難，退自伏於山澤之間，然區區之隱，則未能一日以忘斯世。其耳之所聞，目之所接，愴焉感於其心。今見庶常，則欣忭愛慕，而不知所以置其情。其樂衎其請而爲之言也，豈有愛乎。於是極道其言而書以詒之。雖然，尤望庶常之終底於成，而爲世用，以副望君者之志也。

猋暴風、躡蹈也、平進循資按格而進也、訌內亂也、闒茸卑劣也、嵬瑣姦細之行、雜臿（史記司馬相如傳）雜臿其間、窘蹋儒緩拘謹貌、蓰五倍、饘粥厚曰饘、薄曰粥、甿田民也、江寧前、吳門蘇州、合肥縣名、屬安徽安慶道、李相國名鴻章、字少荃、道光進士、官大學士、封肅毅伯、諡文忠、忭喜樂也、

送李佛生序李佛生見前與黎蒓齋書

佛生既罷官居於江南日讀書不輟尤癖篤好莊子爲書後數百言稱其有合於聖人之道余謂莊子者負絕異之資乖於時而一切以取自快者也其於聖人之道本之差不能一髮末乃大馳而絕遠至於流極而弊益不勝釋氏得其精以爲空寂王何得其粗以爲誕縱誕縱之弊蔑棄禮法蕩廢時務天下於是大亂空寂之弊去人倫無君臣父子上下乃胥斯民而爲夷莊子疾時垢濁務洸音光洋激詭以譏切當世奔趨勢物之徒不知其弊乃至於此道之不明也愚不肖不及賢智過之由莊子而後高才偉異之士身不得其處而誤於所之者豈可勝音升道哉蓋嘗試論事功之途詩書文章之業與人世所謂勢位富厚君子未嘗必舍而不事也有道以御之故所之而不窮後之君子溺志富貴無論已其少有志者欲有所樹則務取天下之業之可以爲名者託焉期自章異於流俗而未嘗循於其本故方其志得氣盛力足以觀

駭一世。貴賤賢否之倫。橫厲乎無雙。及其久之。倦而思返。顧視身世。邈不足以自樂。反之內而碭宕（音宕）無可據。愛惡攻取。又從撓之。覩老莊浮屠之書。一旦得其所爲一死生。齊得喪。而眇萬物者。則大憙之。於是蠲（音捐）棄百爲。解弛墮壞。頹敗不可振救。生猶是人也。而質則已亡矣。且學儒者之學。服聖人之言。於卒也。乃以異端爲歸。何其悖歟。夫彼未知聖人之道之有其自得者也。惴慄以爲危。蕩夷以爲安。不以榮喜。非必於惡而逃之也。不以悴悲。亦非其往而不能返也。得志則措諸事。事立而世正焉。斯已耳。我無與（去聲）也。不得志則寓諸言。百世之下。有能遵而行之者。猶其在吾身也。其衡諸道也不過。而傳之久也無弊。隤（杜回切）乎其至適。確乎得其所歸。以與夫老莊浮屠之所稱。孰爲同乎。大順而卽乎人之心者乎。知道者以謂孰賢乎。佛生將北遊。索一言以爲贈。余以佛生才高而不得志。懼其過而流於是也。爲書此以詒之。

莊子（卽莊周、見前與黎蒓齋書注、）釋氏（謂佛也、佛姓釋迦氏、故云、）王何（謂王弼何晏、弼字輔嗣、晏字平叔、皆好老莊言、弼爲人淺而不識物情、早死、晏以黨曹爽被誅、）浮屠（謂佛敎、）

湘鄉相國曾公五十有八壽序

往者湘鄉相國曾公閱壽五十。爲咸豐十年。裕釗郵觴詞。稱引南山有臺之詩以爲祝。且必公當平賊致太平。越五年。大軍克金陵。粤賊平。及今歲撚(年上聲)賊亦平。裕釗私獨驪(丑展切)然。謂往者壽公語。固終效耶。及是天子詔公自兩江移督直隸。於是公年五十有八矣。南中人士之在金陵者。惜公之去而不可留也。謀以公誕日。衆執爵爲壽。乃復以壽言屬之裕釗。裕釗惟公提一旅起湘中。義聲感動天下。豪儁魁桀才節偉人。雲興而從之。淵謀羣策。雷動神應。萬衆一謼(古呼字)。順風而邁。遂南清江表。北至於河朔。匈妖蕩息。天地清曙。手援赤子出之水火之中。熏冒煦育。瀕萎而蘇。十五年之間。而海內大定。澤流於千里。文武威德。忠誠愷惻。徧孚於中外。鴻卿鉅人學士大夫。隴畝山澤之氓(音萌)。外薄四海。鬈(音渣)首魋(同椎)結(同髻音計)之遠人。愛悅而歌頌之。於千萬年。永世無極。顧公則澹乎不以自有。若春風之被物。儵(音叔)然飄浮雲而過乎寥廓之表。而百果草木皆甲坼也。則裕釗烏足以知公之所爲哉。抑又聞之。成萬物而不有其功者。天之道也。是故歷古今而不毀。君子法之。常虛其中。以與物相衙(同禦)。雖震動憂勤。苦身勞形。而內不撓。利澤被於人。功高乎百世。而不以己與。是故其神全。其神全故物莫之能傷而祉福麋（通）眉壽應焉。莊周有言。汝游心於澹。合氣於漠。順物自然而不爲私焉。則天下治矣。又曰緣督以爲經。可以保身。可以長生。周之言與夫聖賢之旨。固若有間。而自通人者觀之。則其理未嘗不可以相發。然則天祚聖清。其將益佑我公。黃髮壽耇（音苟）。輔成萬世無疆之庥（音休）乎。夫裕釗往者之言既驗矣。今之言此其必有合也。

郵觴詞（郵寄壽文也、）南山有臺（詩小雅篇名、）金陵見撚賊（卽捻子、淸嘉慶時、山東安徽江蘇交界處迎神賽會、以燃油紙爲龍燈戲、其人漸多、結黨橫行、擾掠北數省、至同治時始平之）囅然（笑貌）江表（卽大江以南、）河朔（黃河以北）燾冒（普覆也、）煦育（以和氣薰育之、）鬖首（麻髮合結也、）䰀結（謂結形如椎也）甲坼（甲謂草木初生之莩子、坼、裂也、）緣督以爲經（督、督脈也、）耇（老人面凍黎若垢、）

吳育泉先生暨馬太宜人六十壽序（育泉、名方甲、有至行、曾舉孝廉、）

裕釗往者側聞桐城吳侍讀至甫善爲文。常欲一識之不可得。同治七年秋來江寧。邂晤至甫相國曾公使署。索其文讀之。誠辨博英偉。氣逸發不可銜控。裕釗深退避。以爲不能及也。而至甫顧盛推余文。且稱其尊人育泉先生。母氏馬太宜人。並以明歲登壽六十。欲得裕釗一言以爲壽。裕釗謝不能。至甫則固以請。因益爲言先生居約而能施積行而不求聞少常客遊而孝弟充裕。太宜人又能曲喻先生之志而推行之潔治甘旨。振救貧乏資用或不繼則脫佩服出質相佐助桐城人稱家法之善曰吳氏。方存之者裕釗舊遊也。亦道先生躬至行。不鈞取聲譽而人人信其一言。至甫稱其父母皆信宜其有賢子者。存之故亦桐城人也。裕釗自少時治文事則篤耆桐城方氏姚氏之說。常誦習其文。私嘗怪雍乾以來百有餘年。天下文章。迺萃與桐城儷者。閒獨聞龍眠浮渡諸山水。古所稱絕勝也。姚氏之言。以謂黃舒之間。山川奇傑之氣。蘊蓄且千年。宜有儒士興於今。理固當有是耶。歸時往來楚皖之交。泛舟浮大江中流。望皖西北諸山。隱然出雲表。其隆崒慈恤切秀異。絕可偉也。乃心念方氏姚氏。往往稱其鄉多隱德君子。伏匿澗谷之中。今宜尙有其人處於彼者乎。時時欲一往游焉。其後得交存之。今復交至甫。又因至甫及存之。聞先生。裕釗於桐城有爲我主者矣。異日余儻得遂其往游之志。幸見先生暨太宜人期頤壽耇。嫗侯切衣歷階。敬舉一觴。因得奉几杖從先生後。偏覽龍眠浮渡之勝。訪桐城諸老之舊聞。益偕存之至甫。抵掌論文。究極幽眇。而相與徜徉肆乎山水之間。其爲快且幸。宜何如也。敬奉此爲壽言。獻諸先生。俟他日爲之徵。

方存之見前答吳至甫書、方氏姚氏方苞姚鼐、雍乾雍正乾隆、龍眠山名、在桐城縣西北、宋李公麟歸老於此、自號龍眠居士、浮渡山名、在桐城縣東、上有三十六巖、七十二峰、大江環繞、望之若浮、故亦名浮山、岑也、危高期頤百歲曰期頤、摳衣提衣也、

范鶴生六十壽序 鶴生、月槎之從子也、

余以光緒六年夏。游山左。適范鶴生以耶中改官觀察江右。道過濟南。不期而遇於山左使院。余與鶴生樂甚。鶴生間語余。吾與子總角相好。其後出接世事。所識海內雋偉魁傑之士雖衆。然其交最夙。而今尙老而存。久而不厭者。莫吾與子若。吾明年六十矣。子可無一言。且子以文章名一世。可使余名氏不見於子文耶。余笑應曰然。始余蚤通早歲。與君同時補學官弟子。余年甫十六。君亦裁通纔十七耳。明年鄉試。試錄遺。學使方公以余與君及嘉魚李爽階士塏三人齒最穉。顧從者舁音余一卓床。居堂皇中。令環坐余三人。用以異之。余三人相視而笑。左右觀者迪移四切。然固尙能記此耶。君聞爲解顏。其後余與君及君伯兄子瑊音斟。並以道光丙午舉於鄉。時亦甫踰弱冠。去聲意氣方盛。爾我投分去聲無間。蓋自往者歲以試事至省垣。洎後走京師應禮部

試。未嘗不偕。而吾鄉一時英俊。若同邑金小畹伯華。柯根臣茂枝。黃岡吳又桓棨。錢香畹崇蘭。羅田熊臥雲五緯。江夏張星階榘(同矩)洪蘭陔(音該)調笙昆季。皆年少志美。猋起鱗萃。相與飲酒賦詩。詠嘲謔浪。窮極一時之樂。已而君兄弟相繼成進士。而海內兵革俶(音叔)擾。蒼黃沸亂。紛糾萬端。余息影斂迹。放浪江海之間。與君暌違乖隔。離十餘年不相見。逮君奉諱歸。甫得聚處兩載。尋復別去。又十年而今乃一遇於此。握手相視。君齒落頭童。余亦鬢髮皓白。頹然衰且老矣。追念往時朋好相從。掎(音紀)裳聯襼(古袂字亦音藝)之人。乃邈焉無一存者。顧余與君猶得白首相逢。邂逅卮酒。而君且登壽六十。俯仰今昔之際。撫人事之變遷。是其可為慶幸。而益重以感喟者也。於是相與惘然者已久。及今茲九月。君覽揆之辰屆矣。溯洄昔歲之言。怦(鋪庚切)焉動於其心。故於君生平之懿。當世所共聞知者。皆不暇以詳。獨追述前語。用為君壽。亦以明余兩人相與之摯也。

山左(山東也、)郎中(清六部均有郎中、為諸司之長、)觀察使(唐設觀察使、後沿用以稱道員、)江右(江西、)濟南(舊府名、山東省治、今歷城縣、)舊治、總角(男女幼時總其髮而結束之、(詩)總角丱兮、)嘉魚(縣名、屬湖北江漢道、)异(共舉也、)堂皇(堂無四壁者、(漢書)列坐堂皇上、)逌然笑貌、道光（清宣宗年號、）投分無間（交情之厚、）黃岡（縣名、屬嘉魚道、）羅田（縣名、屬同上、）江夏（縣名、舊爲湖北省治、今改武昌縣、）

俶擾（（書）俶擾天紀、俶始也、）蒼黃（忽蒼忽黃、反覆無定、）奉諱（遭親喪也、）掎裳聯襼（從後牽衣曰掎、（潘岳藉田賦）掎裳聯襼、襼袖也、）邂逅（不期而遇也、）覽揆（（楚辭）皇覽揆余初度兮、（注）皇考鑒度我初生之法度也、後人沿用爲生日之典、）怦（心動也、）摯（厚也、）

蟲單傳（蟲單合之則爲蟬字）

蟲單者。楚人也。其先代有鳴蜩（音迢）者。當夏后氏之世。以能候時節。勸課農事。佐公劉治豳（音彬）。及周有天下。追論其功。以詩歌之。其後有蜩與螗（音唐）者。仕於殷紂。殷亡。人因並罪之。黜爲民。其子孫散居諸國。處山澤之間。在宋鄭者。曰蜋（音郎）蜩。在秦者。曰蛥（音舌）蛈（音玦）。在齊者曰螇（音奚）螰（音鹿）。其女爲齊王后。以怨死者也。其在楚者。曰蛉（音靈）蛄（音孤）。蛉蛄之後。顯於秦漢之際。皆以列侯將軍九卿入侍天子。當是時蟲氏最號貴盛。而單尤稱爲賢。善音樂。有文章。然性孤潔。不樂與人偕。故自名曰單。高帝時以行能清高。薦爲諫大夫侍中。甚見親任。嘗以黃金塗飾冠。冠之使垂緌（儒佳切）。侍左右。丞相何。曲（音去）逆（音遇）侯平。功最高。及季布陸賈諸公。當世名人也。見單皆願俯首承下之。然單遇之常落然。將軍曲成侯蟲達。不與單同出。慕單爲人。請附爲宗族。單不可。高帝惠帝相繼崩。呂后稱制。宦者始頗用事。單時入。常與中黃門貂等偕。心恥之。一日弃官去。入商洛山中。不復出。遇佳山水。穹林茂樹。輒終歲留。長日獨坐樹間。縱聲哦誦。窮晝夕不倦。人或竊聽之。皆莫能辨識。意其所讀。皆皇古上世鳥迹蟲篆幽經怪牒。當世所未見也。晚乃好神仙家言。求得辟穀方。專精學之。日惟吐納呼吸。餐朝露。於時俗人一無所求。請久之。頗通神化。無秝（讀若曆）日而知四時之運。又能化身中爲五色。其後益厭薄人世塵垢汚濁。常獨居。遠想望之。儻乎若不可測。居無何。客往候不見。單遂不知所終。元封中。上行幸泰山。人或見之深山中。欲迹之。忽遠舉不復見。殆羽化仙去云。

太史公曰。余聞之莊生。蟲單當呂后世。其族人有與單同侍中者。車府令堂良。心害其寵。嗾（蘇后切）侍御史彈之。族人由是落職。單感此。遂告歸。見幾決去。潔身遠迹巖藪之間。浩乎無求以終其世。烏乎。人何所不易足。顧世常受多欲之累。挾其能以自鳴於勢物之地。馳驅垢濁。日求人而不知止者。何也。

鳴蜩（詩豳風七月篇）五月鳴蜩。蜩。蟬也。　夏后氏（禹受舜禪。國號夏。稱夏后氏。豳詩用夏曆。故云。又夏至五日。蜩始鳴。即爲能候時節。）　公劉（后稷之後、豳國名、公劉立國於此、在今陝西邠縣、以詩歌之周公述公劉之化、作詩一篇、謂之豳風、有五月鳴蜩之句、蜩螗(詩大雅蕩之什)咨女殷商、如蜩如螗、蜩螗、皆蟬也、紂商末代王、謚法、殘忍捐義曰紂、蜋蜩蚻蚗螇螰皆蟬之名、其女二句(古今注)齊王后怨王而死、尸變爲蟬、故曰齊女、蛉蛄蟬也、顯於秦漢二句貂蟬爲飾、秦漢始用之、黃金塗飾句漢制侍中之冠、加黃金璫、又(陸士龍寒蟬賦)加以冠冕、則其容也、緌系冠纓也、(禮檀弓)范則冠而蟬有緌、丞相何謂蕭何、曲逆侯平謂陳平、(史記陳丞相世家)更以陳平爲曲逆侯、曲逆、地名、在今直隸完縣東南季布楚人、項羽滅、高祖召爲郎、陸賈楚人、從高祖定天下、拜大中大夫、落然不相入貌、蟲達(漢書功臣表)曲成圍侯蟲達、從入漢定三秦、破項籍、中黃門句中黃門、謂宦者、漢制、宦者之冠、附蟬爲飾、插以貂尾、商洛山即商山、在陝西商縣東、辟穀辟除穀食、(史記留侯世家)乃學辟穀道引輕身、按蟬以飲露爲生、居無何言無幾時也、元封漢武帝年號、泰山東嶽也、在山東泰安縣北、羽化蟬飲而不食、三十日而蛻、(駱賓王詩序)有仙都羽化之靈姿、莊生(莊子達生篇)覩一蟬方得美蔭而忘其身、蟷螂執翳而搏之、故云聞之莊生、車府令句車府令、官名、堂良、謂蟷蜋也、(莊子)女不知夫蟷蜋乎、怒其臂以當車轍、故云車府令堂良、嗾凡指使人嗾物皆曰嗾、侍御史周之柱下史、秦改此名、漢因之、其後分類甚多、彈劾也、

先府君暨先妣事略

府君姓張氏。諱善準。字樹程。一字平泉。自號曰愚公。湖北武昌人。自先世世有文學。敦行孝義。鄉里稱積善之家曰張氏。曾祖諱維滄。國子監生。貤音移贈修職郎。祖諱本

用歲貢生任廣濟縣學訓導考諱以誥國子監生今湘鄉相國曾公嘗表其墓曰武昌張府君者也府君少服先人之訓長而刻苦自勵於學蚤歲補諸生以制舉文有名於時善化賀督學熙齡尤激賞之拔冠其曹然府君顧不以此自憙（同喜）而獨壹志於學問於古尤篤者浚儀王氏困學紀聞崑山顧氏日知錄二書以謂考證家惟二家之書最爲周於用嘗刾（同刺）取其要都爲一編手錄至數過年五十遂絕意進取爲歲貢生以終身雖不仕而隱然懷耿介之節居平於一身豐約得喪未嘗以措意至聞國家得失安危善敗乃憂樂之如其家事咸豐中南中亂起當世任事諸公多抗節死王事府君聞尤悼慟若喪親戚語及泫然淚霣（同隕）下一日篝（音鉤）燈夜讀書忽甚悲失聲舉家驚往視府君方手一編顧曰無它（同他）也有傳胡巡撫祭李九帥文至者余讀之悲甚乃不自覺耳胡巡撫者益陽胡文忠公林翼李忠武公續賓當時稱李九帥也自是家人閭外間兵事至相戒不敢以聞居平愛樂慕望天下忠賢良臣如不克見而深疾貪汚不職之吏與當世士居家專壹者財利以故俗日益壞而亂無時已每獨居燕語及與知友書言之絕痛又嘗誡裕釗汝吏才短尚無求仕然苟一

二十八　味經山房選本

且仕則必無爲身家謀且既仕則汝身爲國家之身雖余亦不得子也遇物故恭愼雖至卑幼必恂(音荀)恂致敬禮嘗曰居家亶(同但)當一意務卑下愼密毋獲罪於人若居官則死生以之然府君家居遇族𨞬(同黨)知友媢好有患禍疾疢(音趁)蚤夜奔走往視徧任其勞苦其人其家望府君以爲倚恃及其後聞府君之卒恍(同恍)若撤屋而露處其卒以同治三年十二月十日年六十有九所著有史學提要續編凡六卷藏於家其爲學至老不少懈卒之前幾日猶操筆治輿地圖府君既卒明年二月十九日而先妣金孺人卒慟乎距府君之卒三月耳孺人同邑貤贈修職郎諸生諱昭煥之女年二十三歸府君生子裕鍇(音楷)及裕釗二人女子子二人孺人外家故高貲富室諸舅取科第爲世聞人孺人之歸也夫家父母家皆鼎盛孺人躬執儉約未嘗有富貴之容其後連歲大水田廬毀敗家始益窶(局羽切)府君間授徒外出孺人持家事尤艱苦每歲農時辯色起日具數十人食盛暑汗泚(音此)於頮(思黨切)日不遑暇食夜深不得寢初不言勞裕釗記幼時某歲歲除孺人居爨(音竄)下促促治酒漿(音將)家人飯且畢孺人乃始飯甫執箸謖(音縮)曰一事幾忘之族中某當遺(去聲)之食某孤嫠(音釐)當與羹肉立起

入廚俾人遺之諸子謂母屬（音燭）勞甚胡不俟飯畢耶孺人曰少時飯何害我心不此釋也其好勤勞而不遺陀（河隔切）窮多此類病革（音亟）時有媼（讀若襖）來問疾孺人以其孤苦素周之者也猶指以屬諸婦曰它日汝等善遇之孺人自少讀書通大義故平生於財物無所顧藉處族媚間尤能喻府君之志而曲成其義其間蓋多曲艱隱戹不可以言盡者卒年七十有三時世母朱孺人且八十矣撫孺人而泣謂裕釗等曰自我與汝母爲張氏婦五十年未嘗以一日至面赤也語未嘗不歡汝母亡今不可復得矣因哭盡哀諸子婦及羣從子婦聞皆慟哭不可止府君晚歲患痔漏甚劇（音屐）孺人亦患咳歷二十餘年秋冬常臥床蓐（通作褥）至春深乃稍能起以家貧故侍奉多缺至今中夜思之泣自以不可爲人舉體皆栗慟乎將安贖此罪哉

積善之家（易）積善之家、必有餘慶、貤封（清制、職官以已所應得封誥、呈請改授遠祖及伯叔或外祖父母等者、謂之貤封、）廣濟（縣名、屬湖北、江漢道、）湘鄉（縣名、屬湖南湘江道、）善化（縣名、舊與長沙縣並爲湖南長沙府治、今並入長沙縣、屬同上、）賀熙齡（字光甫、善化人、嘉慶進士、提督湖北學政、）冠曹（得首選也、）憙（悅也、（漢書郊祀志）天下說憙、）浚儀（漢縣名、宋改祥符、今河南開封縣、）王氏（名應麟、字伯厚、學問該博、著有困學紀聞二十卷、）崑山（縣名、屬江蘇蘇常道、）顧氏（名炎武、字寧人、潛心經史、著述甚多、日知錄三十二卷、尤爲精審、）刺（采取之也、）泫然（流涕貌、（禮檀弓）孔子泣然流涕、籌燈以籠蔽燈也、（宋史陳彭年傳）彭年好學、母禁其夜讀、彭年籌燈密室、不令母知、恂恂信實貌、（論語）孔子於鄉黨、恂恂如也、疾疢猶災患也、（孟子）人之有德慧術智者、恆存乎疢疾、鼎盛方盛也、窶貧不能爲禮謂之窶、（詩）終窶且貧、汙泚於顙泚、汗出貌、顙、額也、（孟子）其顙有泚、歲除年盡也、爨下竈下也、漿飲類之總名、謏起也、遺贈也、嫠婦無夫也、病革革、急也、（禮檀弓）夫子之病革矣、媼婦人年老者之通稱、世母伯母也、（爾雅）父之兄妻曰世母、痔漏肛門周圍有孔頻漏濃液者曰痔漏、劇劇烈也、咳欬嗽也、蓐草席、栗戰栗也、恐懼之意、

贈道銜湖北升用知府荊門直隸州知州李剛介公殉難碑記（荊門、清爲直隸州、今改縣、屬襄陽道、）

自洪楊之亂起。賊先後轥（音吝）入湖北者五。而省城凡三陷。文武官吏死者不可勝記。若宣城李剛介公。則其尤可爲悼惜者歟。公諱榞（音元）字紫藩。幼從侍厥考松江府君官舍久之。遂明習吏事。又益考求往古成敗得失與當世之務。無所不究。以國子生試順天屢躓。入貲爲縣令。道光二十六年。選擇湖北公安縣知縣。咸豐元年。調孝感。明年。調鍾祥。其冬。粵賊自長沙轥岳州。犯武昌。所在奸民相嘯。競起。鍾祥馬騾子諸匪黨。及襄陽之郭大安。天門之蓋天王。皆巨盜。劇魁。黨衆大者萬餘。小乃數千。公親

敎練壯士千餘人捕馬騾子等數十人斬之偵知郭大安謀以衆數千奔粵賊設伏間道擒之以歸乘大霧掩擊蓋天王悉俘其衆當是時武昌漢陽相繼陷楚中大震卒上游諸郡帖然無恐者皆公討平諸盜之力也明年賊大掠東走省城復大府以公事入奏擢荆門直隸州調署江夏縣鍾祥數萬人守安陸府署及公署請留公出諭衆衆泣公亦泣是歲裕釗以新甯江忠烈公聘至鄂城忠烈及鄂中大吏交口一聲稱湖北八州六十縣無李令比者會粵賊林鳳祥等自豫入楚陷黃安趨麻城公以兵馳往擊賊黃岡之鵝公頸江口地大破之窮追至安慶與安慶兵夾擊盡殪諸賊還值宿松警復破賊下倉埠詔以知府升用賞戴藍翎踰月賊復自江西大至寇廣濟之田家鎮湖北糧道徐君豐玉漢黃德道張君汝瀛檄公往連戰皆捷最後戰他將畏懦不進公卽率所部渡江擊賊賊敗走孤軍追之賊還戰又敗益追至富池口賊知公軍無繼者分舟中賊登岸襲其後公引就水軍水軍走左陷淖（音鬧）中賊乘之與所部八百人皆鬭死咸豐三年九月十日也越日而田家鎮不守賊遂長驅西上復陷武昌鄂中所在糜沸矣事聞詔贈道銜褒卹有加公安孝感鍾祥之民家祭

巷哭如喪其親，醵（極藥切）金錢爲營佛事，奉木主祠廟中。始公爲縣，所至於其地遠近
夷險、豐耗、民俗醇訛、奸蠹根株、人所疾苦，盡知之；所爲治行之出於至誠，人樂爲用，
雖至頑族，皆感涕願效死力。故於公之殉難以死，哀思之無不至者。裕釗以往歲至
鍾祥，距公死難之歲十有四年矣。鍾祥人人爲言公治鍾祥事，皆曰：吾鍾祥人，本朝
踰二百年，縣官數李公獨第一。惜也，殉難死，去吾鍾祥數月耳。語次，淚瑩於眦。裕釗
因益歎公德入於人之心，久而不忘，至於如此。同治二年，湖北大吏復奏公死事甚
烈，在官政績尤卓著，請令宣城及死事所建專祠祀之，詔可，予謚剛介。五年，其孤鹽
提舉銜湖北候補通判襲雲騎尉雯（音文）走書裕釗，請爲公殉難之碑，將勒之於富池
口。富池口在興國州東北六十里，水經注所謂江之右岸富水注之者也。爲序而銘
之曰：

皋皋訿（音子）訿，有百其侶，皆壽而康。乘車曳組，傑出有公，萬目環之。翦奸迪蒙，迺父迺
師。天乎何爲，民之無賜，殲我賢良！自今疇恃，人之賢公。曰善爲吏，呼公之有，百始一
試，克究厥施，維國之芘（同庇）。富水之濱，潯陽之濆（音文），豐碑玢（音彬）璘（音鄰）。大江沄（音云）沄，流公

之名千祀有聲。

洪楊（洪秀全、楊秀清，均廣西人，自金田發難，據有中國之大半，同治初，曾左等平之。）躪（如車之轢物也。）宣城（縣名，屬安徽蕪湖道。）松江（舊府名，屬江蘇省。）府君（漢時爲太守之稱，剛介之父，曾官松江府知府。）公國子生（即監生。）順天（府名，今改京兆。）公安（屬荊南道。）孝感（屬江漢道。）鍾祥（見前。）長沙（舊府名，爲湖南省治，長沙縣其舊治。）岳州（舊府名，屬湖南省，岳陽縣其舊治。）襄陽、天門（均縣名，屬襄陽道。）漢陽（舊府名，屬湖北省，漢陽縣其舊治。）荊門（清爲直隸州，今改縣，屬襄陽道。）江夏（清爲湖北省治，今改武昌縣，屬江漢道。）安陸（舊府名，屬湖北省，鍾祥縣其舊治。）新寧（縣名，屬湖南湘江道。）江忠烈（名忠源，道光舉人，洪楊事起，公練鄉勇出境力戰，累官安徽巡撫，後戰死於廬州，謚忠烈。）鄂城（即武昌縣，屬江漢道。）豫（謂河南省。）楚（謂湖北省。）黃安、麻城、黃岡（三縣名，屬湖北江漢道。）安慶（舊府名，爲安徽省治，今懷寧縣其舊治也。）宿松（縣名，屬安徽安慶道。）廣濟（縣名，屬湖北江漢道。）徐豐玉（字子逢，清桐城人，咸豐間官至湖北糧儲道，率師禦洪楊軍于田家鎮，兵敗自盡，謚勇烈。）張汝瀛（字仙洲，清樂陵人，道光舉人，咸豐間官至漢黃德道，率舟師禦洪楊軍于田家鎮，戰死。）醵（集衆人之貲也。）興國（州名，今改陽新縣，屬湖北江漢道。）水經注（後魏酈道元注。）皋皋訿訿（見詩大雅。皋皋，頑不知道也。訿訿，窳不供事也。）嚋（誰也。）茈（蔭也。）潯陽（江名，在江西九江縣北。）濆（水邊。）玢璘（玉有文采貌。）沄沄（水轉流貌。）

誥贈奉政大夫山東長山縣知縣黎府君墓表

君諱安理，字履泰，號靜圃，姓黎氏。先世自蜀之廣安遷貴州遵義，爲遵義人。考諱正

訓。廩貢生。以君子貴。贈奉直大夫。妣鄒氏。贈宜人。君生而家窶貧。繼祖母悍戾無人
理。嘗取毒蠚黑各切內與納同君口。又誘之溪旁。推置水中。皆瀕死。獲救蘇。贈君既以不
容。常外出。後遂遠館四川灌射洪。鄒宜人亦逐居母家。君齒甫十歲。獨留繼祖母所。
督課之。過於成人。晝則刈薪。芻刃傷指幾斷。夜使舂。舂不舉。繩碓音對首挽踏之。刻胥
盡米三罃以詔切乃罷。日食恆不飽。泣諸鄰。鄰惻然飯之。已稍長。鄒宜人乃復歸。則日
從宜人齋粟事祖考及繼祖母。祖考古質木彊老人也。繼祖母又益責君備。稍不合。
詈楚隨下。君屛音丙息竦待。益謹以遬。蓄力切恬無怨言。鄒宜人既歸而憊益甚。所居室。
榻連於爨。轉側不容足。重積勞嬰錮疾。尤苦操作。君常分任勞辱。以貧故。復躬負販
供羞膳。又以其閒習舉子業。多授徒至數十人。稍閒輒歸佐治家事。左右往來周章。
恆挾一册就薪火。或置膝閒誦之。庭無缺供。館無廢業。閒值嘉會燕御親賓。獨身佐
鄒宜人。代治葉脯飲饌之屬。米鹽凌雜。條次無遺。如是者歷三十四年。用能得祖考
歡。訖祖考卒。殫力營葬。鬢髮爲白。至乃繼祖母之歿。侍疾連晝夜不倦。治喪事一無
闕違。人人歎息稱願。以謂至難能者也。贈君之館於灌也。竟客死葬焉。君於祖父母

既以尊親之故無敢疾怨又絕痛父母遭值屯艱所不忍言私獨銜恤飲恨贈君既卒歲時走灌縣終日繞墓彷徨夜則臥墓側時時悲號泣下惻感行路又以兩弟遨放不返亡不知所如鄒宜人以爲大戚君則徒步走數百千里出入黔蜀歷二十餘郡縣卒迹仲弟得之而其季竟不歸遺一子愚甚三年不能識一字而君撫之如己子其後鄒宜人瘉病困夜不能寐爐火坐達旦以爲常服食臥起一自君調護親意所需冥會逆合未發輒喻乃益具酒食召宗親相過從晤語以順適親指婁（與屢同）道往事至有可傷者鄒宜人泣君亦泣侍坐皆相顧泫然如是者又數年而鄒宜人卒君於是精力瘁敝志亦益恫矣君生平遘遇不幸人倫之變毒酷慘絕之境萃於一身而處之壹無不盡如史傳所記孤臣孽子奇節至性稱於當時而傳誦於百世其困躓危苦或未至若是此天下之至行也君以乾隆己亥舉於鄉嘉慶戊辰大挑敎諭永從復選授山東長山縣知縣越四年告歸己卯十一月辛未年六十有九卒道光元年十二月甲申葬下沙灘大林山君長身鐘音讀書日數行（音杭）下貧無所得書書皆出手寫於經易史通鑑尤致精制舉之文上逼國初諸老爲人方直剛毅鄉

邑以爲模楷。歸田後。里中無少長。咸稱之曰長山公。其令長山。著稱廉明。家居惠澤周於閭里。尤憙急難。從兄某以事罹法。君往救出之。道墜崖幾死。友人厄遠所。求援君。立馳赴。迫夜困極。遂宿亂冢閒。不悔亦不德也。諸所爲。世或以此稱君。然於君抑末。已。君所爲書曰四書蒙講。夢餘筆談。鋤經堂詩文集。合若干卷。藏於家。配楊宜人。子二。恂、嘉慶甲戌進士。雲南巧家廳同知。愷、道光己酉舉人。貴陽府開州訓導。皆有潛德邃學。女子六。長適周善萃。次適縣學生張顯謨。次適鄭文清。次適國子監生詹祖榮。次適舉人吳朝東。次適張欽昊。孫九人。兆勳。湖北隨州州判。兆熙。國子監生。兆祺。軍功保舉候選知州。加知府銜。賞戴花翎。兆銓。雲南姚州知州。賞戴花翎。兆普。翰林院待詔銜。庶燾。咸豐辛亥舉人。庶蕃。壬子舉人。兩淮候補鹽大使。庶昌。以諸生獻書於朝。特予知縣。分發江蘇。保擢直隸州知州。庶諴。從九職銜。多以文行知名。曾孫十七人。其賢者曰汝謙。好古學。光緒乙亥舉人。烏乎。由君之爲。報施之說。信有不誣者。黎氏之大。孰知其所極至哉。君歿且六十年。而墓刻有待。庶昌故與裕釗友善。又有新特之好。狀君行義來告曰。有若吾祖之德。泯不昭於紀載。誰謂世有醇懿卓絕若是者乎。於是獨論君之至孝大節殊特古今者。使揭於阡。訊於永永無極之世。武昌張裕釗表。

蜀(謂四川省)廣安(州名、今改縣、屬四川嘉陵道)遵義(縣名、屬貴州黔中道)廩貢生(以廩生而捐貢)奉直大夫(五品之文散官)宜人(五品命婦)蠚(螫也、蟲行毒也)瀕(近也)灌(縣名、屬四川西川道)射洪(縣名、屬四川嘉陵道)碓(春具)臽(既春之乃於臼中搯出之也)齋栗(恐懼敬謹也)屏息(屏藏其呼吸不敢息、恐懼敬謹之極也)邀(聽從也)周章(倉皇之貌)銜恤(含憂也)黔(貴州省曰黔)大挑(清制、三科以上舉人、分爲一等二等、以知縣教職用、謂之大挑)永從(縣名、今屬貴州鎮遠道)長山(縣名、今屬山東濟南道)制舉之文(謂八股也)國初諸老(清初熊劉等、皆善八股)巧家(廳名、今改縣、屬雲南滇中道)貴陽府(清爲貴州省治、今改縣、屬黔中道)開州(今改紫江縣、屬黔中道)隨州(今改縣、屬湖北江漢道)姚州(今改姚安縣、屬雲南騰越道)新特(外昏也、(詩小雅)求爾新特)

唐端甫墓誌銘

今年夏。友人唐端甫以疾卒於金陵書局。裕釗既往哭。越三月。孤子嘉登。將以其喪歸葬於某所。於是爲之銘以歸之。曰。端甫姓唐氏。諱仁壽。浙江海寧州人。考諱鳳林。國子監生。家故高貲。富商。及端甫生。而穎異絕人。年十四。補學官弟子。有神童之譽。是時嘉興錢警石先生。以宿學官海寧州學訓導。憙獎掖後進。晚年得端甫及濮陽彝齋春泉則大異之。兩人皆從錢先生遊。端甫既負異禀。又其家故饒於財。大購書累數萬卷。往往多秘笈珍本。乃益發憤鑽研。尤究心於六書音訓之學。讎校經史文字疏僞舛漏毛髮差失皆辨之。由是名譽益聞。其後屢應鄉舉不得志。及咸豐八年粵賊躪（音吝）擾浙中。端甫奔走流離。田宅財物掃地剗（楚限切）絕。所購書亦蕩盡。端甫又善病。既經喪亂。志意蕭然。與少年時夐絕矣。然端甫故處之恬如。好讀書如其故。所詣日以邃。性靜正。不以喜怒隨人。與人相對。或移晷無一語。獨善食酒。引滿連數十不亂。酒後輒面赭（音者）。乃頗振厲談噱（其虐切）。亦時爲感慨不平之鳴。其介特故內函。罕有知者。篤於古誼。今之人有不能及也。與君同處金陵書局。德清戴子高望者。死而無子。死後無一不賴端甫力者。端甫及戴君皆曾文正公所招致也。端甫來金陵以同治四年。越八年而文正公薨。其明年戴君死。又四年而端甫卒。實光緒二年六月十四日。自同治三年大軍克金陵。曾文正公及今合肥相國李公相繼總督兩江。始開書局於冶城山。校梓羣籍。延人士司其事。文正公尤好士。又益以懿文碩學爲衆流所歸。於是江寧汪士鐸儀徵劉毓崧獨山莫友芝南匯張文虎海寧李善蘭及端甫德清戴望。寶應劉恭冕。成蓉鏡。四面而至。而文正公幕府辟召。皆一時英俊。並以學術風采相尙。暇則從文正公游覽燕集。邕（與雍同）容賦詠以爲常。十餘年之間。文正公旣薨逝。劉毓崧。莫友芝。戴望諸人。皆先後凋喪。汪士鐸已篤老。自引杜門不復出。張文虎亦謝去。其他或散走四方。及是而端甫又以死。金陵文采風流盡矣。國家自聖祖天縱睿智。右文稽古。列聖相繼。益紹明制作。廣厲學官。鴻生鉅儒。應期並出。度越百代。而吳越爲尤最。際會者或被殊恩。蒙渥賚。遺聞盛事。爲藝林傳說。及乾隆中葉以還。薄海熾豐。天子命建三閣於杭鎭揚諸郡。頒四庫書庋（音詭）其中。而江浙所至家尙藏書。刋布珍册。流衍海內。絃誦相聞。其封圻（音祈）大吏若阮文達畢尙書等。尤憙招延文儒之士。一時號稱極盛。逮咸豐初兵起。區宇糜沸。東南尤被其毒。諸人士死亡轉徙。典籍焚燬。斬焉無遺。學者亦益廢壞。物盛而衰。乃至於此。其後雖以曾文正公削平寇亂。興起儒學。然薨逝曾不數年。而人物蕩然。豈人文與時興廢。固天實主之。而不可強者耶。余旣以悲端甫之故。因幷有感於今昔之事。於是遂備論之。抑以明端甫所以至是。固時與命則然。其聚散存亡之數。亦非獨一人之可爲悼慟也。端甫娶莊氏。早卒。子一。即嘉登。女一。未嫁。端甫之卒。年四十八矣。其生平所爲書。皆未就。獨有詩若干卷。藏於家。銘曰。

嗚呼端甫。子墓吾銘。吾獨子悕。(音希)子而有知。其唯(以水切)吾詞。

海寧(州名、今改縣、屬錢塘道、)學官弟子(科舉時代入學者之稱、)錢警石(名泰吉、嘉興人、官海寧州訓導者三十年、)濮陽(複姓也、濮陽彝齊名春泉、海寧州人、)六書(一指事、二象形、三形聲、四會意、五轉注、六假借、)噱(大笑、)德清(縣名、屬浙江錢塘道、)戴望(字子高、自至金陵數病、病稍間、即著書、如是者六七年、)李公(謂李文忠、)冶城山(在今江蘇江寧縣、本吳冶鑄劍之所、因名、)汪士鐸(字梅村、道光舉人、精輿地學、)儀徵(縣名、今屬江蘇淮揚道、)劉毓崧(字北山、)獨山(州名、今改縣、屬貴州黔中道、)莫友芝(字子偲、見下篇、)南匯(縣名、屬江蘇滬海道、)張文虎(字嘯山、南匯人、通小學、工文章、著作甚夥、)李善蘭(字壬叔、精算學、官戶部郎中、)寶應(縣名、今屬江蘇淮揚道、)劉恭冕(字公俛、)成蓉鏡(字芙卿、)邕容(和貌、)篤老(老甚也、)聖祖(世祖之子、在位六十一年、)學官(學也、)渥賚(厚賜也、)三閣(杭州建文瀾閣、鎮江建文宗閣、揚州建文匯閣、)杭鎮揚(杭州、鎮江、揚州、)庋(收藏也、)圻(地方千里曰圻、)阮文達(名元、儀徵人、乾隆進士、官至大學士、歷官中外、所至以提倡學術自任、卒謚文達、)畢尙書(名沅、鎮洋人、乾隆進士、官至湖廣總督、好著書、鉛槧不去手、卒贈太子太保、)唯(應諾也、)

莫子偲墓誌銘

子偲姓莫氏。諱友芝。自號郘(音呂)亭。晚號眲(音匿)叜。(同叟)世居江南之上元。明弘治中。其遠

文明書局印行

祖曰先者從征貴州都勻苗遂留居都勻至高祖雲衢又遷獨山州自是爲獨山州人曾祖嘉能祖强州學生皆以君考貴贈如其官考與儔嘉慶己未進士翰林院庶吉士改官爲四川鹽源縣知縣再改官爲貴州遵義府學教授曾文正公表其墓曰教授莫君者也教授故名進士日以樸學倡其徒教其子弟子偲獨一意自刻厲追其志而從之當是時遵義鄭子尹珍亦從教授君游與子偲相劘（音磨）以許鄭之學積五六年所詣益邃黔中官師徒友交口推轂莫子偲鄭子尹而兩人名遂冠西南子偲之學於倉雅故訓六經名物制度靡所不探討旁及金石目錄家之說尤究極其奧賾疏導源流辨析正僞無銖寸差失所爲詩及雜文皆出於人人而於詩治之益深且久又工眞行篆隸書求者肩相摩於門子偲癯貌玉立居常好遊覽善談論遇人無貴賤愚智一接以和暇日相與商較古今評騭（音質）術業高下正論詼（音恢）嘲閒作窮朝昏不勸（同倦）自通州大邑至於山陬（音鄒）嶺海公卿鉅人學士大夫咸推子偲以爲不可及下逮武夫小吏閭巷學徒語君名字無不知及其他嘗與君晤無不得其意以去者然君雖樂易而中故介然有以自守自道光辛卯舉於鄉其後連歲走京師

朝士貴人爭欲與之交然君必慎擇其可有權貴介君友求書辭不應某相國欲招致授子弟讀婉謝之既屢試禮部不得志以咸豐八年截取知縣且選官顧君意所不樂棄去不復顧以其年六月出都門從胡文忠公於太湖明年復從曾文正公至安慶越四年又至金陵胡文忠曾文正公皆君嘗所與游舊知君者也及今合肥相國李公巡撫江蘇請州縣吏於朝而是時中外大臣嘗密薦學問之士十有四人詔徵十四人往君其一也於是文正公暨李相國及諸朋好爭要君出仕敦勸甚至君一辭謝不就攜妻子居金陵時獨出往來於江淮吳越之交子偲既好游而東南故多佳山水又儒彥勝流往往而聚迺日從諸人士飲酒談詠所至忘歸同治七年冬余與子偲自金陵偕送文正公於邗上返過維揚登焦山道丹徒至吳門並舟行者累月日日接膝談語十事而合者七八余尋別子偲赴杭州明年復來吳與子偲益買舟徧覽靈巖石樓石壁之勝觀梅於鄧尉越日至天平山謀且上其顛子偲苦足力乏坐寺中待余余乃獨從一小童攀籐葛淩怪石陟絕頂以望太湖既下子偲迎余而笑相詫以爲極一時之樂距今忽忽四五年日月夢想屢欲尋舊游不復果而

子偲則且卒矣。子偲之卒。以同治十年九月辛丑。春秋六十有一。生平所爲書曰黔詩紀略三十三卷。遵義府志四十八卷。聲韻考略四卷。過庭碎錄十二卷。郘亭詩鈔六卷。樗繭譜注二卷。唐本說文木部箋異一卷。其編訂未竟者。尚有詩八卷。郘亭文影山詞。郘亭經說。古刻鈔。書畫經眼錄。宋元舊本書經眼錄。舊本未見書經眼錄。資治通鑑索隱。梁石記。各若干卷。藏於家。配夏孺人。子彝孫。附貢生。先一歲卒。繩孫兩淮候補鹽大使。女二人。孫一人。尚幼。子偲兄弟九人。多有名於時。子偲既卒。其季弟祥芝。官江寧知縣者。請假於大府。以十一年二月。與繩孫載其柩歸於貴州。卜六月壬申。葬於遵義縣東八十里青田山先塋之次。且行。徵銘於余。余與子偲。故相得也。既踰月。爲之銘。而歸之。其辭曰。

烏乎子偲。迹半天下。名從之馳。卒歸藏於故邸。無所不慊矣。其又何悲。

上元縣名、清與江寧縣同爲江蘇江寧府治、今并入江寧、屬金陵道、弘治明孝宗年號、都匀明置都匀府、屬貴州、今改縣、屬黔中道、獨山見前、鹽源屬四川建昌道、遵義舊府名、治遵義、今廢、樸學謂經學也、鄭珍清遵義人、字子尹、晚號柴翁、道光舉人、學宗許鄭、精通聲音文字之學、與古宮室冠服車輿之制、兼長詩古文辭、同治間以荔波訓導補江蘇知縣、未赴而卒、有儀禮私箋、輪輿私箋、說文新附考、說文逸字、汗簡箋正、鄭學錄、巢經巢經說、集經集詩鈔等書、劘切也、切劘、猶言磋磨許鄭謂許慎鄭玄也、慎字叔重、漢汝南人、著說文解字十四篇、玄字康成、漢高密人、著書凡百餘萬言、今存者有毛詩箋、周禮、儀禮、禮記注、推轂推舉人才、如推車轂而進之也、二字見(史記)倉雅三倉爾雅、皆古訓詁之書、(魏書袁式傳)至於訓詁倉雅、偏所留懷、六經謂詩書易春秋禮樂也、樂經亡於秦、故不傳、金石金謂鐘鼎之屬、石謂碑碣之屬、宋歐陽修趙明誠輩始事搜採著錄、迄清代而大盛、金石之學、遂爲專家、以其能識文字之源流、訂經史之訛闕所裨於學者多也、目錄藏書家考證其異同、詳其刋印之源流者、謂之目錄之學、賾幽深難見也、騭定也、詠嘲諸言也、陬邊側之地也、樂易和樂平易也、介然獨立貌、胡文忠名林翼、號潤芝、道光進士、累擢湖北巡撫、時洪楊勢盛、林翼固守武昌、爲各省戰事之根據、治軍務明紀律、尤加意將才、後卒於軍、諡文忠、邗上邗溝卽運河、此指揚州、維揚(書禹貢)淮海惟揚州、亦作維、焦山丹徒均見前、杭州舊府名、爲浙江省治、今杭縣其舊治、靈巖山名、在江蘇吳縣西、鄧尉山名、在江蘇吳縣西南、山多梅樹、天平山在江蘇吳縣西、羣峰環峙、山頂正平、曰望湖臺、山下有范仲淹墓、

吳母馬太淑人祔葬誌祔、合葬也、

往者桐城吳育泉徵君之卒、裕釗既爲之銘以鑱士銜切、諸貞石、越光緒元年、而徵君之配馬太淑人繼以七月某日年若干卒、其次子汝綸復以書來曰、先子銘幽之辭既幸得子文、而吾母今又沒、吾兄弟荐罹閔凶、慘怛音旦哀慕、不知所出、惟吾母之摯行宜不得沒者、庶其有聞於後、而且諏咨謳切日祔於先子之墓次、敢復請志其藏以

卒吾父母終始之賜其感且不朽裕釗則敬諾汝綸又曰吾母之來歸也資送千金自吾父推田宅與諸父皆吾母私錢所購買也而吾母無幾微慊於其心者既吾父召諸父同爨又長育諸從子及孤甥又以錢穀振內外宗黨之貧乏者疾病者婚喪不能舉者而吾母壹與之同吾族及里之人今皆能道之然其事吾大父母尤有至性吾父常終歲外出尤以是不憂其家自我父少游京師大父每爲書稱婦之賢以釋其子也自大父之世我家食指衆貲用恆不給閒值艱窘大父悄焉獨傍徨我母輒先喻之立出服器脫簪珥以應其後我母篋篋罄竭家亦瘉貧益蚤夜作苦而吾母故怡然不少怨悔晚歲嘗從容語余兄弟曰我少時治麥屑爲饘雜水磨之日晨起盡五六升汝伯母故羸善病我數代而休之我脛形定切瘡潰血淋漓霑漬衣若朱纊也諸叔治田食麥我與汝伯母飲水耳木棉花繁則我娣音第姒音似之田擷讀若絜之我妊音壬及月不少息及生兒墮地死矣然舅姑愛我我誠苦乃復樂之今舅姑亡矣思若此豈可得耶因悲哽不自止自大父之病而嗜食鱓音善既沒我母聞賣鱓聲則泣而漁者爲之遠迹其至性如此裕釗曰烏乎此可銘也已夫其心一篤於仁而不

少私其利。至於困阨而不怨。自學道之君子難之。而太淑人故若是哉。或服儒服。稱號士大夫。顧乃競於財而忘其親者。盖亦觀於此乎。於是爲論其事而系之以詩。至於太淑人族世子姓。則裕釗銘徵君墓既具詳之已。故不復著云。其詩曰。

相夫子。嚴尊章。躬窈窕。婉以莊。生同其德。沒同藏。有崒(音卒)新阡。鬱高岡。皐(同皋)牢山川孕俊良。千齡萬代無毀傷。

吳育泉(見前六十壽序)汝綸(即摯甫、見前注)諏日(猶言擇日)慊也(不足)大父母(即祖父母)振也(施與)食指(猶言食口)悄(憂也)傍徨(無所措置之狀)簪(插在首者)珥(耳環之類)饘(粥也)羸(弱也)脛(小腿)木棉花(有草本木本二種、草本出印度、至唐入中國、即今之棉花、木本出閩粵、可作絪縟、不能紡織、)娣姒(兄弟之妻相謂、)妊(懷孕也、)哽(咽塞也、)鱓(俗呼黃鱔、)淑人(清制、三品封淑人、)尊章(猶言舅姑也、(漢書廣王越傳)背尊章、嫖以忽、)皐牢(猶牢籠也、(荀子王霸篇)皐牢天下而制之、若制子孫、)

外舅黃君墓表(妻之父爲外舅、見(爾雅))

外舅黃君既沒之二十年。其長子壻張裕釗。始表於其墓曰、君諱宣。字仲卿。湖北大治人。祖某。國子監生。考顯訓。廩貢生。歷署棗陽縣學荊州府學訓導。有子三人而君爲長。道光丁酉舉於鄉。已而有疾。久之遂喪明。同治元年年五十有五卒於家。初娶朱孺人繼娶王孺人子二長鶴立安徽候補巡檢次羣陛以某年月日葬於大冶縣某里之分水坳(於交切)君少負英達之資習知人情術業通敏既舉於鄉春秋鼎盛家又故高貲富室門第日益隆起銳意自奮於功名已而再走京師試禮部不得志又以疾喪明益憤懣(音悶)偏求良醫治療百方卒不效其後益叢集憂患迍(株倫切)邅(張連切)抑塞重寇亂起顛連頓仆(音赴)家日益落而君亦自此殁矣君既殁不數載王孺人亦卒羣陛已早殤鶴立權全椒典史復卒於官舍諸孫益厄困孤苦自裕釗甫勝衣過君家今年且六十先後所見數十年之間盛衰懸絕至於如此烏乎可傷也已君爲人夷愉開豁於財物無所顧藉遇人尤篤厚肫(株倫切)摯有以緩急告者未嘗不立應或乃捐數百金不惜又益篤故舊喜賓客自蚤歲則善飲酒既嬰疾疢歷屯難乃一以酒自遣朋舊昏姻過從盛治酒饌劇飲讙呼肴核杯斝(於京切)必罄竭乃罷以爲快客或醉不能飲幸君失明私乘間爲隱欺幾少逭(音換)君廉得輒不懌見(音現)於其面心望客乃欺我瞽也由是皆相戒莫敢爲欺者裕釗既長亦時時侍君飲君飲罷輒長吁已乃默無一語裕釗故君尤所愛憐也乃至王孺人亦絕愛亡妻其母朱孺人也

餘子女皆出王孺人。而王孺人之畜裕釗。故逾於其羣壻者。雖鶴立及其婦亦然。故裕釗述黃氏事。則愴然以悲不自止。朱孺人聰明。識道理。君屢爲裕釗言而悼之。王孺人尤樸厚慈良。晚歲乃益德於作苦。裕釗常愍（音閔）焉。以君及兩孺人之賢而其終若此。嗟乎。孰從而訊之哉。

大冶（縣名、屬湖北江漢道、）棗陽（縣名、今屬湖北襄陽道、）荆州（府名、屬湖北省、今江陵縣、其舊府治、）孺人（清職官七品以下之妻之通稱、）巡檢（清爲縣之屬官、鎮關各地設之、）懣（煩悶也、）迍邅（難行不進貌、）全椒（縣名、屬安徽淮泗道、）典史（清爲知縣之屬官、主縣獄及捕盜、）勝衣（謂兒童稍長、體足任衣服也、史記三王世家能勝衣趨拜、）顧藉（顧視藉賴也、）疢（病也、）昏婭（婦之黨爲婚、兩壻相謂爲婭、）罌（盛酒瓦器、）道（逃也、）廉（察也、）望（怨也、漢書汲黯傳黯褊心不能無少望、）訊（問也、）

黃孺人墓誌銘

孺人大冶黃氏。廩貢生歷署荆州棗陽松滋學官諱顯訓之孫女。而舉人諱宣之長女也。生五歲而喪其母。育於大母。越四年。大母亦卒。祖若父傷其無母也。體又羸而又益甚惠（通慧）以婉。以是尤加憐焉。年十九。歸裕釗。事吾父母。不敢以云盡孝。然世之爲婦者視舅姑恆不若其父母而孺人之於吾父母其自視乃若人子然蚤夜依依致養苟可以適我父母而力能爲之者未嘗不勤爲之也處內外族姻不敢以云盡道然篤有恩意而無敢慾於禮既其沒而長幼卑尊莫不慟惜之也迺至吾族疏屬之人多有流涕者自其居父母家故生長富貴而從裕釗於貧約甚苦家事操井臼長育子女終歲不獲自暇逸生又多疾力疾而躬作勞亦憊（步衛切）矣而遽以死傷哉蓋孺人自其少時其家人常竊憂其不壽及歸裕釗時時亦獨自以死爲畏間值疾病則謂裕釗曰吾得與君相守至老死雖苦猶甘之然此即不敢望幸沆（胡朗切）兒授室使我得見新婦更少寬數年徐乃死死不恨矣命之不競終已不獲少延以慊其所僅欲遂也悲夫且其卒也裕釗攜長子後沆方居省城中及歸而孺人已前卒二日矣聞孺人且卒念之爲泣下此尤可隱者也孺人之卒以同治九年六月五日年四十有五有子二人其次曰後澮（古外切）女子二人孫二人孝沐孝移（音移）以光緒某年某月葬於某縣某鄉之某山銘曰

昔君未沒我戲謂君我後汝死必善爲文以不死汝汝勉爲賢孰謂今日迺踐斯言握管悲來有霣如泉嗟我與汝已矣永萬古而訣離文縱不磨又安用之

松滋（縣名、屬湖北荆南道、）愆（過也、（詩）不愆不忘、）臼（舂米之具、）憊（困也、）不競（不彊也、（左僖）心則不競、何憚於病、）隱（痛也、）

遊狼山記（狼山、在江蘇南通縣之南、與常熟福山對峙、爲海防重鎮、）

光緒二年秋八月黎蒓齋筦（同管）權（音覺）務通州余過焉既望與蒓齋游於州南之狼山山多古松桂檜柏數百株倚山爲寺寺錯樹間最上爲支雲塔危踞山巔萬景畢納迤（音以）下若萃景樓及準提福慧諸庵亦絕幽夐（同迥）所至僧舍房廊屈曲左右蒼翠環合遠絕塵境側身回矚江海蕩天近在戶牖隔江昭文常熟諸山青出林際蔚然時秋殷中（同仲）海氣正白怒濤西上皓若素蜺（同霓音倪）滅沒隱見（音現）余與蒓齋顧而樂之狼山淮揚以東雄特勝處也江水自岷蜀徑吳楚行萬里至是灝（合老切）瀁（以紹切）渺莽與海合會山川控引界絕華戎天地之所設險王公以是愼固古今豪傑志士之所睥睨而籌也昔阮籍遭晉室之亂作詠懷詩以見志登廣武山歎悼時之無人今余與蒓齋幸值茲世寇亂殄息區內無事蕃夷絕域約結堅明中外以恬熙相慶深憂長計復奚以爲余又益槁枯朽鈍爲時屏（音丙）棄獨思遺外身世捐去萬事徜徉於茲山之上蔭茂樹而擷澗芳臨望山海慨然憑弔千載之興亡左挾書册右持酒杯嘯歌

文明書局印行

偃仰以終其身。人世是非理亂。天地四時變移。眇若墜葉與飄風。於先生乎何有哉。歸書而爲之記。

榷務（征稅之務、）通州（今江蘇南通縣、）逌（邪下貌、）夐（寥遠也、）昭文（江蘇縣名、今幷入常熟縣、）蔚（茂也、）殷中（(書)以般仲秋、）蜺（虹也、）岷（山名、在四川境、）瀰漭（水無際也、）阮籍（字嗣宗、三國魏尉氏人、官至步兵校尉、有咏懷詩、）廣武山（在河南河陰縣北、籍登之、感劉項之戰績、嘆曰、時無英雄、遂使豎子成名、）恬熙（安樂也、）徜徉（猶徘徊也、）

遊虞山記（虞山、在江蘇常熟縣西北、周之虞仲治此、）

十八日。與黎蒓齋游狼山。坐萃景樓。望虞山樂之。二十一日。買舟渡江。明晨及常熟。時逌易州惠甫適解官歸。居於常熟。遂偕往游焉。虞山尻（考平聲）尾東入常熟城。出城迤西綿二十里。四面皆廣野。山亙其中。其最勝爲拂水巖。巨石高數十尺。層積駢疊。若累芝菌（渠隕切）。若重（平聲）鉅盤。爲臺色。蒼碧丹赭（音者）。斑駁晃（戶廣切）耀。溢目。有二石中分曰劍門。騞（呼虢切）擘屹立。詭異殆不可狀。踞巖俯視。平疇廣衍。數萬頃。澄湖奔溪。縱橫蕩潏（音聿）。其間。繡畫天施。南望毘（頻脂切）陵。震澤。連山青翠相屬。厥高鑱（助銜切）。雲雨氣日光。參錯出諸峯上。水陰上薄。盪摩闔開。變滅無瞬息定。其外蒼烟渺靄。圍繚（音聊）光色純(音屯)天決旹(才詣切)。窮睇(音第)神與極馳。巖之麓爲拂水山莊舊阯。錢牧齋之所嘗居也。嗟乎。以茲邱之勝。錢氏惘(音罔)惘不能藏於此終焉。余與易州乃樂而不能去云。巖阿爲維摩寺。經亂泰半燬矣。出寺西行少折。踰嶺而北。雲海豁開。杳若天外。而狠山忽焉在前。余指謂易州亦昔游其上也。又西下爲三峯寺。所在室宇。每每可憩息臨望。多古樹。有羅漢松一株。剝脫拳禿。類數百年物。寺僧具酒菓筍麵餉余兩人。已日昃矣。循山北過安福寺。唐人常建詩所謂破山寺者也。幽邃稱建詩語。寺多木犀華。由寺以往。芳馥(音福)載塗。返自常熟北門。至言子仲雍墓。其上爲辛峰亭。日已夕。山徑危仄不可上。期以翼日往。風雨復不果。二十四日。遂放舟趣(同趨)吳門。行數十里。虞山猶蜿(音宛)蜒(音延)在蓬戶。望之瞭(音了)然。令人欲返棹復至焉。

趙惠甫(名烈文、陽湖人、曾國藩特保常州四人、其一即烈文也、官易州知州、中歲解組歸、寓居常熟、覃精金石、有天放樓集、)尻尾(謂山之盡處、)亙(竟也、)睹擘(猶言分擘、)蕩潏(涌出也、)毘陵(今江蘇武進縣治、)震澤(湖名、今太湖也、)鑱(刺也、)純(包也、)睇(小視也、)。錢牧齋(名謙益、字受之、常熟人、明萬曆進士、官至禮部侍郎、坐事削籍、入清亦官禮部、旋歸鄉里、以文章標榜東南、後進奉爲壇坫、藏書頗多、構絳雲樓以貯之、未幾、盡燬於火、)惘惘(如有所失也、)餉(贈也、)常建(開元十五年進士、官盱眙尉、有咏破山寺詩、)言子(即言偃、字子游、常熟人、孔子弟子、仕魯爲武城宰、)仲

雍即周太王次子虞仲、與兄泰伯、俱適荊蠻、荊蠻立太伯爲吳君、太伯卒、無子、虞仲立、屈曲蜿蜒之狀

愚園雅集圖記

光緒五年歲在屠維單閼（音鄢）之月。集者宿英彥之屬十有八人。觴於江寧城南之愚園。故明徐氏西園舊阯。主人因而更營之。亭臺池館花石竹木之勝。稱於一時。行尋坐照。趣昭物博。觴詠極樂。竟日乃罷。是日白樂天生日也。故以其期集焉。昔樂天當唐室之衰。遘值讒媢（音冒）。遠身高舉。晚歸洛陽。於履道里得故散騎常侍楊馮（通作憑）宅息跡其中。窮極池臺水竹琴酒弦歌之樂。爲池上篇以紀其事。然此猶曰全身遠害。閒居獨游而已。其刺蘇州以九日宴集。醉題郡樓。乃益酣嬉淋漓。快然其自得。恣情而罔恤。當是時。朝政昏瞀（音茂）。牛李朋黨交煽。河朔再亂。中外交訌（音洪）。樂天豈一無所關其慮。而誠有樂乎此哉。蓋君子之處於世。夷懌險艱。不能以一致。或中有不自得。則壹放意於林泉巖壑賓朋讌集以自遣。若劉伯倫陶淵明之耽耆（通嗜）於酒。倪迂顧阿瑛冒辟疆之徒。當元明之季。園亭賓客之盛。甲於東南。而杜子美值天寶亂起。飲李氏園。其爲詩乃曰。上古葛天民。不遺黃屋憂。至今阮籍輩。熟醉爲身謀。可以知其

趣已其在成都迺至與田父泥飲狎蕩顚倒而不厭況其所遇爲耆彥勝流者耶其
爲樂豈復可意量耶故當其流連景光襄陽亭沼睥睨竹石擠裳聯韈狂飲大噱其虐
切、放形遺物橫行闊視忘得喪外非譽齊彭殤混僕虜寵辱不驚理亂不聞頽然與
造物者游而衆莫知其所以乃以全其眞而得其志此昔之君子胥先後而若出一
塗者無慮皆以是也今諸賢之集其與樂天曁昔之君子之所志未知何如然茲游
之樂不可以無述也主人旣屬黃沛皆太守爲之圖又介范月槎丈屬裕釗爲之記
裕釗辭不文則益固以請旣卒不獲辭乃爲記之如此武昌張裕釗書

屠維太歲在己曰屠維、畢陬月在甲曰畢、正月爲陬、徐氏中山王徐達、明初功臣、樂天生日樂天、名居易、唐太原人、著有長慶集、
正月二十日、乃樂天生日也、媢嫉也、洛陽今河南縣名、楊馮字虛受、大曆中登第、刺蘇州唐之刺史、猶後世之知府、蘇州、今江蘇吳縣治、
昏瞀不明也、牛李句謂牛僧孺與李德裕也、牛李在位、各有朋黨、互相傾軋、垂四十年、河朔再亂在魏博、成德、盧龍、皆黃河之北、魏博
自田弘正入朝、十年復亂、成德至王承元入朝、明年王庭湊反、盧龍至劉總入朝、六月朱克融反、訌亂也、劉伯倫名伶、字伯倫、晉沛國人、陶淵
明名潛、一名淵明、字元亮、晉尋陽人、倪迂名瓚、字元鎭、元無錫人、性迂、善書畫、所居幽迴絕塵、自號雲林居士、顧阿瑛名德輝、字仲瑛、元崑山人、
文雅風流、著稱東南、晚自稱金粟道人、冒辟疆名襄、清如皋人、家有水繪園、賓從讌游、極一時之盛、杜子美名甫、唐襄陽人、工詩、後人尊爲詩聖、

天寶（唐玄宗年號、天寶末、安祿山反、）葛天（上古之帝、）黃屋（謂天子之車、）成都（今四川縣名、）泥飲（強之飲也、）掎裳聯襼（見前）噱（大笑、）彭殤（彭祖年八百歲而死、殤則未成人而死者、）侯虜（封侯四虜、猶言榮辱、）無慮（言不待計慮而知、）介（因甲以交於乙也、）

北山獨遊記

余讀書馬蹟鄉之山寺望其北一峯崒（慈郵切）然而高嘗心欲至焉無與偕弗果遂一日奮然獨往攀籐葛而上意銳甚及山之半足力倦止復進益上則澗水縱橫草間微徑如烟縷詰曲交錯出惑不可辨識又益前聞虛響振動顧視來者無一人益荒涼慘慄余心動欲止者屢矣然終不釋鼓勇益前遂陟其巔至則空曠寥廓目窮無際自近及遠窪者隆者布者摶者迤者峙者環者倚者怪者妍者去相背者來相御（音迓）者吾身之所未歷一左右望而萬有皆貢其狀畢效於吾前吾於是慨乎其有念也天下遼遠殊絕之境非先蔽志而獨決於一往不以倦而惑且懼而止者有能詣其極者乎是遊也余既得其意而快然以自愉於是歎余向之倦而惑且懼者之幾失之而幸余之不以是而止也乃泚（千禮切）筆而記之

馬蹟鄉（在江蘇武進縣東六十里、因山而名、）崒然（危峻貌、）詰曲（屈曲也、）窪（低下之處、）布（分布而列也、）摶（圜也、）御（迎也、）蔽志

（書大禹謨）惟先蔽志、蔽、決斷也、詣至也、泚筆謂蘸筆也、

文明書局印行

中華民國十四年十二月出版
中華民國十四年十二月發行

音注張濂亭文（全一冊）

每部定價洋一角五分

音注者　宜興朱寶瑜
發行者　文明書局
印刷者　文明書局
發行所　上海南京路　文明書局
發行所　上海棋盤街　中華書局

分售處　中華書局

北京　重慶　天津　長沙　張家口　常德　保定　衡州　石家莊　漢口　濟南　武昌　太原　沙市　開封　南昌　西安　九江　成都　安慶
蕪湖　吉林　南京　煙台　杭州　鄭州　福州　青島　廈門　東昌　廣州　徐州　汕頭　蘭州　潮州　貴陽　雲南　長春　奉天　新嘉坡

（清）張裕釗 撰

濂亭遺文五卷濂亭遺詩二卷（遺文卷一——三）

清光緒朱印本

濂亭遺文卷一

武昌張裕釗著

辨司馬相如封禪文

世皆譏司馬相如封禪文以爲從諛余以謂不然相如之爲此正以諷武帝之封禪耳其書亡慮皆詭激儻蕩之辭以譎諷封禪之矯誣其篇首謂罔若淑而不昌疇逆失而能存陳義禀禀而末乃歸之湯武至尊嚴不失肅祇舜在假典顧省闕遺可以知其恉已稱述大漢之德而以爲度越成周人之觀之以爲誠然邪抑亦使人悟其不然者邪且爲諛者以求寵利也求寵利不及身

上之而侯之既死邪既死而出其書者沒而不忘忠諫又其刺譏深至懼武帝知而怒之而以是獲罪也而世乃以爲從諛甚者以爲類俳何其謬論者歟且相如非弟詞人已也蓋太史公甚重之故於其書有取焉以其與己志有同焉云爾相如之事武帝惟建開西夷邛筰冉駹置郡爲可譏史公書固明箸之未嘗爲之諱也其難蜀父老諭巴蜀檄雖爲人主文過而亦寓諷諭之意若其它則皆忠諫之詞也諫獵書其詞顯人莫不知之它所爲詞賦其詞隱故鮮知者其實一而已子虛上林以警荒淫大人以譏求仙哀二世稱古以感今也長門

傷夫婦之道苦也其序亦相如所自爲皆詭辭非實事
也封禪文則以諫封禪也言之重焉辭之複焉懇懇也
若是太史公故亟稱之以謂與詩之風諫無異者也且
太史公韓退之之智出於後之人也遠矣太史公以比
之詩大小雅而韓退之推以爲豪傑之士而躋之屈原
孟軻之列相如誠從諛者而二子言之若是哉豈非以
其恉遠其辭文實足以上嗣風雅而庶幾乎家父凡伯
之流者哉自王迹熄而詩亡離騷作而文辭之士興洎
於有漢風流衍溢作者彌衆然其詞皆原於三百篇之
遺其用意皆至深遠難識無苟爲之者也以其難識世

乃徒觀其外而議之耳往余嘗論楚辭招䰟爲屈子哀楚懷王而慟頃襄高唐神女以思屈子登徒子好色賦並爲己之不遇而作枚乘七發淮南小山招隱士皆以諫吳王淮南之毋反閒以語人或信或否烏乎久矣夫士鹵莾於書而好學深思者之難其人非一世也莊周荀卿屈原宋玉賈誼枚乘司馬遷相如楊雄之書由周漢以來至於今且數千歲而罕有知其意者況其爲周孔者哉

禹貢三江考

自漢以來說經之紛出而不可紀者其莫甚於禹貢之

三江乎說三江班氏志爲最先亦最爲近之然要不能以無失也而近世之說者率墨守班氏以爲不易則皆信漢人而過者耳夫漢人之說誠近古而得實矣雖然必以其實攷之攷之而得其實是誠古人之說也吾從之宜也攷其實而不得甚者與實相背戾雖古之說吾未之敢從也然則何以攷之還以禹貢之言與說者所稱之地攷之而已按之禹貢驗之其所稱之地而合則得之矣按之禹貢驗之其所稱之地而不合則其說失之矣吾故有取於顧甯人氏以北江中江南江傅於郭景純之以岷江松江浙江爲三江者爲得其實也景純

之說全謝山亦嘗取之全氏之取景純是也其謂三江不必涉北江中江之文者非也禹貢固明言東爲北江東爲中江矣舍三江而北江中江將安處乎夫有北有中則有南兼南北中爲三江此皆其相因以至而必無可置辯者也而謂三江不涉北江中江其可乎彼全氏獨疑江之不可通於松江浙江耳疑班氏志所謂中江者之非禹迹耳吾謂江誠不可通於浙江若松江則固即禹貢之中江而爲禹所通者夫全氏取景純之言而未得其指也景純固以爲松江爲禹貢之中江矣其所爲江賦有曰表神委於江都混流宗而東會注五湖以

漫漭灌三江而淵沛者即墨子所謂禹南爲江漢淮汝東流之注五湖之處以利楚荆越南夷之民者也景純之松江班氏志之中江禹貢之中江一而已吾獨以班氏志之南江與所謂分江水者爲非其實耳攷班氏之意蓋以中江與南江皆江之所爲也不知中江江爲之者南江則自爲一江而非江爲之者奚以知之以禹貢之文知之禹貢曰東爲中江不云爲南江也如江而更爲南江禹貢必言之矣不能遺之矣以禹貢之不言而知南江之自爲一江也且以形勢求之江固不可通於衍南江矣夫班氏志之中江即松江此必無以易之者

也乃其所謂南江在吳南東入海者以其地攷之則適亦松江而已且班氏於石城之分江水云至餘姚入海而未以爲南江於吳之南江但云東入海而不云至餘姚其各分爲二水抑或更以分江水爲南江蓋頗不可究詰酈善長乃徑合以爲一備箸其所經歷言之鑿然然其所舉之地故皆窮岫複嶂萬山之所蟠結而謂江水經行於其中其孰從而信之邪自乾嘉以來言禹貢者若金蘂中姚姬傳錢學淵孫淵如阮芸臺之徒壹歸命於班氏之書其於班氏之混南江於中江與分江水之不可達於餘姚蓋亦微知其然而不勝其信之篤也

乃益爲之傅合疏鑄辯說紛紜左右遷貿故卒不得其所安而阮氏又益繪南江圖而爲之攷稽之於經察之以形勢而無一可通者大惑者終身不解豈不信哉吾故曰南江者自爲一江而非江爲之者也舍景純所謂浙江無以處之矣國語載伍子胥之言曰吳越之地三江環之夫不南盡浙江故不足以環吳越之境此南江之爲浙江於古可徵全氏所謂景純之三江實盡揚州之大望而顧氏之言考之於經而不謬者也余又觀班氏所謂分江水至餘姚入海者與水經沔水篇之東至石城爲二及鄭康成之說東迤略同而說文所謂江水

至會稽山陰爲浙江者其説亦頗相類而益明箸其爲浙江浙江之稱南江其自古所傳而漢人猶及聞之者皦然展轉膠轕而卒疑莫能明者蔽於必以南江爲江所分而不知其自爲一江也其讀禹貢誠未審耳夫有北江中江則必有南江者此禹貢所未言而可因其言以求之者也吾之所敢知也以南江爲江水所分者此禹貢所未言而後人以其意言之者也吾之所不敢知也況以地求之而往往不合者邪吾因是而思漢以後之説彭蠡者其不審亦若是云爾夫曰東匯澤爲彭蠡明彭蠡漢水所自匯乃因其所匯之澤而揭其名曰彭

蠡與他水故無與焉酈氏之說滄浪也得之矣以禹貢之文江漢之水道參以禹貢山水澤地記之說彭蠡者攷之吾斷以彭蠡之在江北而非後世之所謂湖漢水者也

藝文奇偯序目

右所録上自虞夏下至於兹凡為文若干篇天人之賾古今之變道德之蘊治亂之機精微閎博之旨雄深偉麗之詞略具於此矣自邃古以至於今且千萬歲盛衰興廢轉嬗芒乎浩乎若氛若霧雖天子王公之貴煇赫盛大之列不一瞚而渺不知其何往獨賴有文字紀載

古與今乃以相續於無窮又必其見乎詞者閎懿深潤足饜人人之心而所載之道與事乃益顯故久而不敝此君子必於是殫心焉者歟雖然古之人吾既不及見矣其來吾又莫能相待獨抱此孤苦鬱積之思遥相證於渺杳遼廓之區韓退之曰吾誠樂而悲之信乎其可爲樂且悲也

國朝三家詩鈔序

余録　國朝施愚山姚姬傳鄭子尹三家詩於施愚山得五律若干首於姚姬傳得七律若干首於鄭子尹得七古若干首乃爲序其端曰五律自李杜外惟王孟最

工而施愚山獨能近之故吾取焉姚姬傳氏自述其作詩之旨在鎔鑄唐宋然以余觀之獨七律爲最工耳鄭子尹崛起黔徼而其七古乃能躋攀東坡縱橫肆恣不主故常豈不[illegible]哉

國朝詩集行世無慮數百家章章炳著爲世所傳述者亦無慮數十家然其卓然自立不媿古人獨此三家而已而三家之中其最善者又惟獨此一體何其難也豈古今人才質果不相及歟抑世之毅然不惑好學深思力追古人而與之並者故尠其人歟雖然於

國朝詩家獨推此三人者余一人之私言也豈敢謂有

當於世之人哉世或有以余所論爲謬而訾之者余固未敢與之辯也

勸戒淺語序代

曾文正公勸戒淺語十六條余讀而好之嘗謂宜校刊一册俾文武官吏暨諸人士咸有所遵守焉以語彭小臯都轉都轉欣然願任其事刻既竣屬余爲弁其首余惟文正公盛烈偉績冠一代其訏謨石畫高文大册天下既皆傳誦而被服之矣至其他播諸語言形諸簡牘雖單詞常語皆有味其言之使人尋繹而不可窮蓋道不足而強言雖振厲其氣雕繪其詞而卒無以饜乎人

人之心深造道德而自得於其心則凡所言而莫非至道之所寓若此十六條者雖曰淺語然使一人循而行之則足以爲善人合天下之人循而行之則足以爲善治所謂言近而指遠者天下之至言也抑又觀世之長官大吏亦時有條教號令宣布遠邇然在上者以文具施之在下者亦以空言置之相習爲故事而已若文正之在當時則教出於上而風偃於下矣其誠足以動之故也今是册出余尤願官吏人士篤守而力踐之庶文正公之遺軌猶可追尋於今日而於都轉拳拳之雅其亦可以無負也已

日本岡鹿門千仞藏名山房文鈔序

自泰西人創興輪舟馳騾大瀛海之上上天下地日星所燭霜露所濡窮幽極遐靡不洞闢我國家長駕遠撫柔服慕冒交通市易申結盟約者殆數十國而日本與中國同處亞細亞洲相去萬里而近脣齒輔車依倚比附其壤地於諸國爲最邇且自隋唐以還使命往來至於今不絕其好睦於諸國爲最夙又其人皆好文學敦詩書服習周孔秩敘彝倫其俗尚又於諸國爲最相類夫以密邇之邦重以久舊之睦與大同之俗然則

國家辨通好四方萬國五大洲之地而於日本宜爲尤親豈不然哉往歲朝廷命黎君蒓齋使于日本長子沆實從父之從其國人岡君鹿門游甚驩岡君從長子沆所見余所爲文而耆之君固將來游中土因屬長子沆以書爲之導航海西來道滬上至吳門歷杭州以達四明北抵京師今又將南行窮閩粵泝江漢乃迂道過保陽訪余於蓮池講舍猥欲以師事相推且攜所爲書曰尊攘紀事本末米利堅志法蘭西志者相詒又出其所爲文請是正余聞君負絕人之姿而有高世之志於其國及吾中國振古

以來治亂得失之故無不窺於今日西北以往殊鄰絕黨舟車兵械技巧之製會盟戰攻之事無所不究切慨然將欲有所振於其國者也噤不得施弢斂奇特抱獨而處故其文深思長計目營四海才氣橫出雜還并集無所禁圉雖其間時亦縱橫旁軼或不可以繩尺批根方屬余引以纆徽而君顧迫欲行不及待且以君之才與志若是亦非可以區區之繩尺施其間抑余獨有取於君之用心有慨於余之志者也乃為序其首以歸諸君它日君持歸之示邦之人宜益知君之足以有為又憬然於余之言深喻乎輔車脣齒之誼而瘉益相固結

患則相恤敗則相救安同其福危同其憂然則余之與
君豈徒以文字相尚云爾哉其所期有進於是者矣

養浩堂詩集序

環大海内外諸國自高麗越南舊奉職貢爲　本朝外
蕃其盟好之邦惟日本於中國最親不甯惟地比壤除
抑亦以詩書文史涵濡濯沐有以通其志氣者焉蓋天
地之道大矣惟文也足以達之而傳其精雖千歲之遠
億萬里之外而無所不能至天地之道日新而不已則
文明亦日闢而莫知所窮自泰西肇造火輪舟車辦馳
五大部洲之域中國日本咸與結約互市危機釁端伏

見不常議者僉以爲憂吾則以謂周孔之教當益大被海以外同文於罔極耳不數十百年可決知其必出於是者也烏乎惟日本於諸國爲先覺矣自隋唐以來日本與中國通且千餘歲其人士類好文耽述作所在藏經籍圖史甚富彌絶精善往者友人黎蒓齋使於日本於其書得中國逸書及古本書數十種刊行於中國中國學士莫不重惜以爲奇寶蒓齋故以學問文章爲中外推重其所從僚佐亦皆一時知名士而日本又多文學之彦居閒相與游覽宴集賦詩贈答相得驩然故至今稱蒓齋使日本其風流勝事他國使臣之所未有也

而日本宮内員宮島君粟香者寬敦有明略喜爲詩與蒓齋交尤篤是時余長子沆亦從蒓齋往乃亦益與君善而君有子彥穎敏好學尤有遠志純行蒓齋及長子沆既歸踰年而君乃命其子彥來中國從余游今七年矣其後蒓齋再使日本與君益投分無閒唱酬往還殆無虛日蒓齋屢以書告余道日本宮島君之賢而君嘗取往從蒓齋及長子沆相與筆談語裝爲卷命彥以視余其相好也如是蓋日本於中國爲最親而君於中國之人乃彌加厚焉豈非斯文之所感通者然與君詩有前後集若干卷其國三條君勝君及中國何君黄君沈

君皆嘗爲之序純齋亦一再序之至是復以後集問序於余余曰君詩之工諸君子論之詳矣奚更以余言爲顧余於君不可以默也乃獨道君相尚之雅及日本與中國輔車之誼皆收效於文學所以能先乎諸國終且必南車之導者而歸諸君異日者由日本以往日引歲漸浸進而益遠其將極天所覆悉瀛海殊鄰絶黨之區而爲萬國同風之盛乎夫水涸而木解春風動者蟄蟲振是故君子者見末而知本觀指而覩歸烏乎惟君其必有慨於余言也夫

韻香閣詩集序

光緒十二年八月劉景韓觀察之夫人孔氏以疾卒觀察哀傷之既具最夫人淑德懿行爲之傳又刊其遺詩以播當世之能爲文辭者俾弁其簡端而過以及於裕釗裕釗故謭薄尤於詩無所曉然觀諸君子所爲序言於夫人詩詞之工既具論之矣裕釗因其言以求之則亦猶能識之蓋天下之至美者無愚智庸奇皆能知其爲美也精金良玉珍羽奇卉雖庸人孺子未有不知其美者也以裕釗之闇於詩而於夫人之詩猶足以知之則其詩之工可知也已抑裕釗竊聞詩之爲道至難能矣往代不具論且以

國朝二百餘年之閒稱詩者無慮數百千人當其抗心高厲伸紙振筆莫不欲橫絕乎一世而遠期以千秋然其引繩落斧曲中矩度而究極幽渺卓然無怍於古人者蓋千百人乃一二人而已耳夫以伊昔以來窮海內魁彥俊桀單精畢思皓首而不能至者而夫人以一女子能之其爲難能而可貴何如哉宜觀察於夫人之卒悲傷感悼而不能以已也余故亦樂爲言之得坿以閒於後焉

濂亭遺文卷一終

濂亭遺文卷二

武昌張裕釗著

送張振軒宮保還粵東治所序

光緒八年合肥相國李公以憂解直隸總督
詔兩廣總督張公來權其任明年法蘭西方搆於越南事日急於是
天子命李相國仍權直隸總督而　命張公還兩廣任蓋居中秉軸密參機宜慎固根本者固相國之責而兩廣密邇越南審機度勢建威銷萌亦非公莫屬也始公提一旅討羣盜雷動電邁霆振風揮功績炳著洊擢監

司遂秉節鉞所至威德流行童耋謳詠焉公瀹益撝謙篤愼尊禮賢士以身下之躹躹如畏然薄海仰流庶萌跂踵自

國家懷柔包荒日月照臨天所覆燾莫不來賓海外奇技異物火器輪舟諸瓌新俶詭駭怪曠古不睹之事並交於中國海濱萬里之地夷舶叢湊槃敦矛戟晷刻變殊鎮撫扞禦艱危萬涂踔西域而東而南海實綰其衝瓌貨異產金鎰崇萃瀕海廣瓊高雷惠潮諸郡其民皆忸忕夷俗曉習機牙撫之貔貅弃之窫窳故兩廣於今日尤爲南服重鎮冣天下今天下語邊事者皆競言粵

械器譯語言文字通商阜財築壘守險一切以依倣太西之法籌備守禦之術無不至而裕釗以爲抑其次也夫窮天下古今尊主芘民批患折難之要一言以蔽之曰得人而已矣往者粵賊之亂躪十有六省陷六百餘城曾文正公以名德重臣踔起湘中既夙負知人之鑒又益慕想殊尤虛伫賢喆早夜旁求皇皇若不及豪俊響應猋合景從卒屈羣策殄除巨寇十五載之難一朝而夷之區寓底定甿庶更生近事之明效也今我公昕夕孜孜優賢禮士夫果力追文正公之軌而允蹈之九州之大必有魁桀之士起而應之者乃舉議者之所云

次第而布之一皆確然收其實效於以絕窺覦之萌維區內盤石苞桑之固而奠定永永無疆之休雖與文正公先後輝暎於數十年之閒可也夫我公豈有讓焉裕釗用敢推大公之盛美且致其區區之意以祖公行蓋將以爲天下慶非獨以謂兩粵之幸與近事之無足慮已也

曾劼剛侍郎五十壽序

曾劼侯侍郎以今茲仲冬之月閱壽五十京師士大夫咸洗觶爲壽酒半裕釗起而言曰夫富貴顯榮康強壽考至於期頤而不衰此昔之人所謂吉祥善事而人情

之所同願也雖然必其人才德邁衆謀謨幹局魁長乎寓内而其身實係乎一世之重輕則薄海之人莫不想慕愛悦祝其祜祉而願其耆駘以其久存於世非獨一人之福而天下之盛福也往者咸豐之初海内俶擾太傅文正公蘊偉抱起湖湘傾誠殫智迴斡一代之全局忠憤激發倡動宇宙豪俊景從卒手夷大難更新乾坤河岳不傾盛德殊烈垂於永世而是時海疆事變方乘閒並作上下憂危羣議炫沄文正公以爲不量彼己而輕挑彊敵是以其國注也不修備而媮久無事是自削也是以戢鋭養威外壹務爲懷柔而内自憤發以徐圖

自彊之術日夜與在事數鉅公通變更俗興起諸務年歲垂暮志事未竟率土士民同聲歎息以迄于今天祚

聖清偉人繼世篤生我劼侯侍郎實纘公志而紹述之自往昔文正公敭歷南服侍郎從侍左右朝涵夕漬即已博極羣籍洞曉古今治亂得失之故益講求時務無所不究切尤以畺事孔殷所係乃絶艱大故於彼我彊弱短長之數語言文字學術異同舟輿器械良苦利鈍財賄生殖萬貨百昌羸詘盛衰皆博考深思而心知其故既嗣爵官中朝

天子以侍郎之練於夷務也

命往使英吉利法蘭西二國二國賓敬歎服咸曰不媿
曾文正公之冑上章之歲中俄違言復
詔侍郎自二國往衂其角俄人弭伏先後往來諸國凡
八年而後歸其於華夷政俗機務孰得孰失孰利孰病
孰盈孰虛孰工孰窳旁及海外諸國小者大者新者久
者慤者黠者競者絿者以至殊鄰絕黨人民謠俗物產
器用千品萬彚洪鉅密微默識洞貫總入極而內於寸
心故自朝野上下無遠邇無愚智貴賤莫不以爲洞明
時務未有及侍郎者也顧侍郎之所自命不惟以此效
於衆而已乃瘉益思承文正公之志而竟其緒蓋未嘗

以一日忘焉且文正公之舉也當其時固亦不乏危疑震撼互沮交訌艱阻扞格不可行之端然公絕不以自沮行以至誠之心而持以堅定之力勤勞十有五載而訖以成功今侍郎之以身肩任天下之重而不疑猶公志也然承踵常襲故之後而創非常之原將批患折難建威銷萌燀
皇靈而讋四極其必腐心淬精磨以歲月曠日彌久而後乃底績可知也然則天下之慕賴侍郎而祝其黃髮齯齒永綏纍壽以輔成
聖清永世無疆之業豈有極乎豈有極乎裕釗曩在京

師以文字受知文正公時年甫及壯侍郎年才舞象耳相見故甚驩其後裕釗齒日益長侍郎德業乃日益進今裕釗老矣衰頽朽鈍碌碌無所短長獨幸媮得視息人閒行躬覩侍郎偉烈殊勳之集而遠踵先德之盛美其爲驩喜慶幸蓋尤倍於常人用敢推大侍郎之志事所以緝熙前光而爲舉世之所慕望頌禱者以祝無期之壽

黎蒓齋夫婦雙壽序

咸同以來

國家肇與海外諸國結約通互市其後益遣重臣出使

諸國軺傳旌節紛馳海上蓋自道光中葉海疆儆擾禍
釁迭起循生山海縣鬲罔參彼己張弛競絿不中節度
變益繁滋積歲踰時日瘉延蔓
朝廷憂勞旰食寤想長策以謂天下之故無大小遠邇
未有不得其情能理者也乃欲使使者周知諸國山川
風土民俗國勢政治情僞之倪強弱之形緩急之候解
紛伐謀洞燭機要釁兆而先之謀事至而備已具用意
至深遠也然能副
朝廷之意以克有成功而誠利于
國者則曾襲侯侍郎之於俄羅斯吾友遵義黎君之於

日本二事最俄羅斯之隙也以中國之索還伊犁也前者使臣既與成言矣

天子復弗俞乃復

命曾侍郎往侍郎開示曲直落彼角牙卒更其約俄人弭平日本之役則以朝鮮故朝鮮民作亂燔日本使館日本既有辭謀以兵攻朝鮮事且岌岌黎君方以使命駐日本東京再假電郵趣中國疾以兵往先日人至卒平朝鮮亂黨執其倡亂者以歸二國帖然微侍郎西北且大擾微黎君朝鮮殆矣定變之功侯其偉哉俄事已

天子嘉侍郎之績自某官驟擢某官累遷戶部侍郎而

日本之役中國有事於朝鮮者亦咸膺　楙賞獨黎君
不言功功亦卒不録當世持公議者皆稱道其事歸美
於君以其功不録爲惜然君之無負在
君國君之功在天下君固無憾已既君自日本奉諱歸
服闋
天子乃復命君爲出使日本大臣於是人皆曉然於君
之賢
天子故終知之而天下之公之不可泯也君再使日本
之三年實光緒十五年其年八月爲君覽揆之辰而君
配莫夫人亦以九月登壽六十人吏之從君使日本者

謀執爵爲君與夫人壽書來屬裕釗爲一言以裕釗故
知君稔也先是君以諸生上書言當世事爲
天子所嘉既出仕以文學志節爲曾文正公所重爲海
内名賢所推官於江南所至有治績爲民甿所慕思以
參贊使歐美諸國者再又再爲出使日本大臣守義達
變不激不屈無失
國體其事爲中外所悅服又廣蒐唐宋以來佚文祕笈
之存於日本者殫精校刊成古逸叢書若干卷流布中
土爲藝林所葆貴其盛烈滿衍固詩人所謂樂只君子
邦家之光宜祝其眉壽黄耇保艾爾後者然裕釗獨偉

君之策朝鮮以解日本其事雖奄閼於一時而固當昭顯於後禩足以爲永世無窮之壽惟余之壽君其言乃欲假是以增重也故尤樂爲道之始君之使日本也莫夫人獨奉太夫人居滬上及再使夫人始從至日本夫人事舅姑稱孝於族姻有禮於婢侍有恩士大夫之家稱賢媛必曰莫夫人君宣力王事無内顧憂繄夫人之力居多今君以偉抱鴻譽照耀海東遠使萬里而有室家琴瑟靜好之樂遭值吉日令辰以偕老之慶稱觴於室而吾中土暨東國之英彥豪儁豈容愉揚捧斚於庭允矣哉一時之盛事千秋之美譚也敢敬述君之績著

於日本宜爲天下後世所知者以爲侑觴之助

榮仲華將軍五十有八壽序

今上御極之十有九年青龍在昭陽大芒駱之歲日在降婁之月爲西安將軍榮公五十有八覽揆之辰直隸江蘇江西河南湖北人士之官於秦者將爲公祝嘏之辭敬舉一觴而以其辭屬之裕釗惟

國家龍興遼海奄有區寓勁旅猛士猋奮龍驤類宗胄親賢總戎仗鉞用集大勳暨康熙以來三藩之變西北外藩之畔東南海寇之俶擾中土回民苗疆之役四川湖廣陝西教匪之役膺丈人長子之任以奏膚功者亦

皆宗室英賢戚里俊傑次亦豐沛南陽故家舊族與元從之苗裔炳著國史欝爲功宗懿歟煒哉所從來者遠矣逮咸豐中粤賊肇亂捻逆苗逆相繼蠢動湘鄉曾文正公崛起湖湘胡文忠左文襄臮今李相國諸公躡踵並興雷動風舉豪俊如雲用遂削平大難綏定九服然其人類皆漢臣而八旂名將若塔忠武多忠勇諸公之屬僅寥寥數人亦訖不克竟其成功故論者謂咸同軍事爲本朝三百年來用兵之一變彼此一時亦其運會之所趨者然歟自寇亂既平薄海稍稍安集然邊垂釁患時

時閒作區内鴟義奪攘之徒伏莽思逞者所至而是識者以爲隱憂裕釗私獨謂古平陂往復之故視其機兆以爲徵者也往者 王迹肇基則人才輩出今日之事將脩政彊本銷壓亂萌上追
聖祖
高宗之烈而返之隆盛之世天祚
聖清其必有遼瀋舊土之英奮起其閒乃足回積重之勢而綰全局之轉者乎猗歟若公者殆其人乎公開國功臣直義公之裔也勳舊世澤涵育閎長及公祖考兩世父子兄弟並忠勇激發取義成仁

天語有世篤忠貞之褒
錫賚優渥公承前趾舊伐年未及冠則慨然欲有所効
於
國志節風采遠出流輩矣
天子既嘉公忠臣之後克篤前烈而明德勳親若恭邸
若醇邸並雅重公公益銳意憂勞
國事不避艱阻宣勤効力歷二十年遂自部郎洊長冬
官然以剛毅廉正於時頗有所齟齬乃以疾引退而忌
公者猶齗齗未已頃之復以事鐫二級維
天子終重念公未幾復起家爲蒙古正藍旂都統尋

簡授西安將軍西安雖處一隅然以公之忠勤幹略其風聲固自足被乎天下滿洲人士徧布中外必有聞風興起雲蒸霧集以效
朝廷之用而蔚成中興之業者當公之引退也人或以公中蹶爲惜不知乃天之降監於公將益老其材而昌其烈以翊成
皇朝無疆之緒耳蓋自昔名德重臣未有不由困厄憂勤而致者也史册所載不暇論近若曾文正胡文忠之儔皆備歷嶮巇磨淬而後以有成功今天眷佑
有清而篤生我公以肩其任其舛迕盤錯固宜有若是

者然則自今以往公之受天之祜駘耇祉福以至於無
期其亦不待數計龜卜而可劵其必然者乎裕釗衰朽
枯槁伏處山澤無聞於世也久矣與公未嘗有一日之
知顧獨辱公下顧之雅私獨景佩以爲自曾文正公而
後折節下士殆未有如公者故竊樂道公之大節所以
繫天下之重必且長生久視而未有艾者以爲期頤之
祝至若公孝於親篤於友取與不苟勤學多聞醕德懿
行甚衆皆未遑備論且皆天下之所傳説而稱頌者亦
無以裕釗之言爲也

夏潤之孫桐之母姚宜人六十壽序

永年孟生慶榮暇日爲裕釗言其嘗所受知夏範卿明府之賢令永年有治行可紀余聞獨心善之因問孟生明府里居家世何也生具以實對乃益述夏氏世德之懿家法之善且稱明府之配姚宜人尤以淑德著稱族鄙其母家桐城姚氏也其高祖姚惜抱所爲彙香七叔父壽序貫一弟作令有聲者也宜人生長名族漸漬詩禮嬍夙若性成父母以孝稱嘗刲臂以療母病既歸明府克勤克儉明辨大體内外稱宜又自少嫺吟咏益與其兄同受畫法於外家金陵張氏繪事之工擅絕一時論者謂姚氏女士固宜其異於人者有子孫桐潤之恂

恂孝謹力於學行爲光緒壬午舉人明府既殫心民事閫以内壹委宜人潤之之賢抑亦其母教也余聞益善之頃之孟生告余以今兹光緒乙酉正月爲宜人誕日壽六十矣潤之謀於慶榮孫桐之族及外族故皆世仕宦然吾母畢生一以樸素自將視人世奢靡汰侈泊如也乃瘉益淡於榮利雖對榮觀燕處超然往居官舍常與吾父商約歸隱圖繪詩歌時時一寄意焉今吾母之壽凡世俗之所炫熒紛華烜赫皆不足稱吾母獨其生平故好風雅子能爲孫桐得武昌張先生一言以壽吾母者則吾心慊矣先生能許之乎裕釗聞良久乃謂孟

生壽序非古也且余言何足以重宜人雖然裕釗往故嘗聞湘鄉曾文正公亟譏壽序之失以謂無書而名曰序無故而諛人以言皆文體之詭不可不辨顧文正公論文最服膺姚惜抱氏裕釗亦舊從文正公爲姚氏學姚氏之集則有壽序矣且雖以文正公之言若是然其生平所爲壽序乃不下數十篇裕釗則以謂吾友爲人子而欲以是娛其親而必卻之亦人情之所不得也無已獨稱其父母之賢以勖其子使持以壽其親因益勉爲賢以爲親娛其體雖非古其義則不爲無取耳觀文正公之作每每多勸勵其子之言猶此志也然則潤之

欲壽其母裕釗將何以答其意哉蓋俗之溺於利也久矣子之所以順親悅親者曰富貴利達也親之所願於其子者曰富貴利達也推而至於夫婦之閒夫之所以庇其妻妻之所以仰於其夫亦莫不曰富貴利達也當世之士大夫一沈於室家之累身之不顯則內媿其妻子而若不可爲人爲子者亦若惟是可以奉承其親非是則危不可以爲子恐家人父子卹乎惟一官之得失爲愉戚若奉槃水執重器競競羣奔命於其中惴若懷萬鎰之重以涉重淵而悲其失墜嗟乎彼將何所不至歟夫俗之日壞而人才之所以不振職是故而已今潤

之稱宜人淡於榮利常與明府有偕隱之志宜明府之爲賢吏也抑其所以教潤之者蓋不問而可知潤之不敢以世俗之榮爲宜人稱觴而獨有取於裕釗之一言則其能率宜人之教又可知也充是以往他日之所以立乎其位可知耳矣異日者宜人年考益高親見潤之能於其官以無忝前烈其爲祉福驩欣豈可意計復何待裕釗之言爲輕重也哉故裕釗於孟生所述宜人之懿不具論獨以是褒潤之頌祝宜人且持此義以質之惜抱氏及文正公其亦以爲知言者邪宜人故好文且又姚氏族潤之持是以爲宜人壽宜人聞之儻亦以斯

言爲不可弃者邪

賀蘇生夫婦雙壽序

往者裕釗以癸未之歲主講保定蓮池書院則聞深州賀君蘇生有君子之行既友人吳摯甫告余以賀生濤者能爲古文詢其家世知爲君之子也明年賀生以選授大名學官至省城執弟子禮來謁因得觀其所爲文蓋已造古人之堂而行入其室矣其爲人益純明質厚無世俗之見入於其心余心異而深重之居無何君復以學官秩滿來省城乃始得相見揖其貌粹然德人之容與之語藹然仁人之言信其爲君子者先是賀生與

其弟沅以同治庚午同舉於鄉其後復以丙戌同時成進士服官中外人皆以爲君榮然裕釗獨以賀生能抗志追古之作者而思與之並爲尤足以顯大其親而君躬君子之行名稱信於人人宜其子之賢有若是也及裕釗去保定之五年賀生以書來稱吾父以甲午之歲登壽七十而吾繼母陳太恭人亦以是年登壽六十有九敢請爲一言以紀其慶蓋裕釗於君父子至難忘矣昔姚惜抱嘗謂以天下才俊之多而能爲古文者蓋少有能爲之必豪傑也然則雖以裕釗走四方所交多海内勝流故宜其於生尤不釋也抑人之生也當其少壯

莫不盛意氣憙交游及其老也精力既頽而追思往昔故舊罕有存者閒得一二耇長年輩相若情志相類則恆樂與處焉且以俗之益薄古道之日衰耆年宿德老成典型乃彌足系人敬慕之心而不能以已自裕釗去保定道海上以歸武昌尋泝漢沔客襄陽復踰商洛以入秦中奔走萬有餘里訪求鄉里舊時朋好及其他平生握手言笑之人苓落殆盡重遠適他邦落寞塊居顧視無可與語者每私獨念君眉壽耆德而家有賢子思幸一相見山川遼絶邈不可得傍徨慕思鬱陶乎余心今乃聞君與其夫人之壽固樂爲奮筆而言之況君之

子裕釗之所睠睠而又重以請耶於是作爲詩歌揚厲君與其夫人之盛美宜其祉福老壽者以附於詩人稱彼兕觥之義其詞曰

南山之猗有杞有椅西山之麓有璜有玉愉愉吉人其原有蔚藺而不亢恭而不黷伐其角牙夷其城壘和以天倪同彼與已弛張取與愛憎譽毀稱物平施如衡中水以德薰人不求人知人有被者久乃思之善氣斯翔祥風載扇嘉禎來萃繁祉曼羡亦有淑配繼室陳媛翕若鼓琴衎衎宴宴既齊既邀無逸無倦有前者子床繞郄旋孰毛孰裏忘其後先諸子既長克諧以孝秉父之

德漸毋之教麟震鳳鶱文采並耀君子偕老顧之而笑我黻子佩惟德之肖陽春之亹日麗景明馣馣蘭馨嚾嚾鳥鳴君子燕喜稱觴於庭簪紱濟濟鞠跽升堂酌彼玉斝壽考無疆皤然一叟萬里相望郵此頌諸維以不忘

周海舲軍門六十壽序 代

昔周之興至於成康之際六服承德大化既翔洽矣然康王嗣位而羣臣進戒之辭曰張皇六師無壞我高祖寡命及康王報誥亦惓惓於熊羆之士不二心之臣蓋國家當有事之秋整軍經武四征弗庭爪牙腹心竭忠

効力於疆埸之閒布德抗棱故罔有敵於天下逮寇難既夷偃兵弛備武節日隳而凶狡窺窬之釁作君子聽鼓鼙之聲則思將帥之臣當承平無事之秋其殆較右武之世爲尤急也且時方用武果執壯勇少年推鋒之倫輻湊並進皆可以收其力用若夫海宇恬熙將長慮卻顧銷壓亂萌則尤惟老成持重謀定而後動者爲足賴焉詩曰方叔元老克壯其猶漢唐之世趙充國張仁愿之徒並以老成宿將握重兵屯緣邊不動聲色而威制萬里之外四夷讋憚爲之喙息保有功名康強祉壽與國無窮聲名光輝傳於百禩莫不稱頌以爲虎臣之

魁傑中興之耆耇其繫重天下而爲衆人之所禱祝歌其功烈而願其期頤豈有極歟豈有極歟吾鄉周海舲軍門以雄武沈毅爲時名將自咸豐初兵起軍門練團勇保鄉里賊至輒破走閒從官軍擊賊皖北諸州郡每有斬獲其後從今宮太傅伯相李公討粤賊於江蘇從曾文正公及李公討捻賊於安徽江蘇河南湖北山東直隸諸行省於江蘇克嘉定崑山江陰無錫金匱常州諸郡縣戰功號爲多又轉戰千里肅清楚皖吳越之交壹是底定於諸行省與捻寇相追逐南薄江漢北渡河東至於海偕諸將斬馘諸盜魁羣醜殄夷勳績焯著前

後以功累官至提督由卓勇巴圖魯改法福齡阿巴圖
魯疊拜
賞穿黃馬褂之命及諸珍物之賜軍中榮之先是軍門
故蚤失怙恃而太母某太夫人在堂年考益高賊既平
一旦以兵屬其哲弟薪如軍門陳請歸養於是家居不
出者十餘年蕭然於功名之際蓋將徜徉江湖之上以
終其志焉會閼逢之歲法人敓擾海上
朝議北洋爲京師門户而當時淮軍諸將莫先軍門且
以軍門不競於功名其樹立必尤足偉也有
詔強起至天津總護諸將屯於境上以待既法人行成

三九六

命仍以湖南提督留籌備海上雄鎮屹然
廟堂南顧而釋其憂而軍門乃以今茲夏六月巋然登
六十壽舊時同襗儔侶義從爪士之在北方者謀稱觴
爲軍門壽某曰方軍門起淮上提一旅轉鬬而前經歷
歲年連殄巨寇所克攻城壘數十所破滅賊衆不可勝
數飇駭電激捷出神怪固天下之所震耀而稱説也然
某以爲軍門今者總勁兵守重地淵謀沈慮抵患折難
運於無形乃尤天下之所倚賴而慕望者乎方今海濱
萬餘里之地蕃夷從萃結約互市疆務孔殷朝野上下
之所淬精劘慮而圖也自大難削平薄海綏定踰二十

載諸老將以大凋謝稍稍盡矣幸得有久於兵閒曉暢戎機如軍門者授以專閫之寄拱衛京邑以殭本折衝邊地有所恃而無恐遠人慴伏而不敢發其所係於安危之機何如哉昔南山有臺之詩頌美樂只君子以爲邦家之基而終祝之以遐不黃耇然則世之依賴軍門而祝其眉壽耇駘亦若是焉已矣某等舊在行閒從軍門最久其知軍門亦最深用敢推大軍門之盛業以祝其無期之壽云

濂亭遺文卷二終

濂亭遺文卷三

武昌張裕釗著

策蓮池書院諸生

問史記有禮書有封禪書漢書有禮樂志又有郊祀志祀典於五禮爲吉禮宜與禮不得析而爲二後世史家猶能知之司馬遷班固氏之書爲百代祖述智故皆不足以及此歟不然其義類各有所取而不可以此義裁之歟抑此二家者固不免或得或失歟夫博甄制度亭決疑異讀史者之所宜先事也有得有失而莫之辨考古而不能知其意學欲以自慊何由其各悉意精思以

對

問自朱子作詩集傳專攻小序說詩乃頗與毛鄭歧異

元明以來學者宗之

國朝諸儒祖述漢氏溥棄宋賢陳啟源氏始力詆朱子一返毛鄭之舊乾嘉以後曼衍益甚於是集傳一書僅爲習帖括者之所循習耆儒碩老及稍有志於古者一深擯而不之及矣夫異毛鄭不自朱子始也歐陽氏固已啟之矣彼豈好爲異論抑實於志有所不能安者歟或謂漢儒之學長於考證宋儒之學長於辭義毛鄭及朱子互有得失不可偏廢似已然毛公訓故傳豈果舉

義理文辭而一不之及歟朱子集傳固時不免臆斷亦豈無確有依據爲前人所不逮者歟且毛鄭得者謂何失者謂何朱子之所得所失謂何能洞見其窽要一一指實言之而不謬歟世皆謂毛公遵小序然即篇首關雎一詩其説與小序固已齟齬而不合矣世顧弗之察耳蘇子由氏於小序獨采首一語而其餘則無取焉其説果然歟否歟鄭康成依毛傳作箋然其與毛公異者抑何多也即其同者亦豈能悉得毛公之意歟鄭與毛且不能盡同况能胥強後之人而同之歟孔子論詩之言著在論語孟子之説詩也曰不以文害辭不以辭害

志以意逆志斯爲得之秉孔孟之指以進退百代後儒之說孰得孰失必有能辨之者

問古稱舜總大麓禹宅百揆伊尹萊朱爲湯左右相周召公爲保周公爲師然殷周之世任保衡位冢宰者伊周而已漢承秦置丞相一人或左右並建三公之職軼輕軼重其得失可得而言歟魏晉以降歷代因時變襲宰臣尤爲定制或身居宰相之官而不與聞機務或名非宰相而實爲秉鈞之眞官者名實舛迕上下眩貿以孔子正名之義推之設官之失莫此爲甚矣能具別條流本始以究其所終極歟昔漢何武謂今丞相獨兼三

公之事宜建三公官分職分政以考功效而宋王華又謂宰相頗有數人天下何由得理夫宰相之職所以毗輔天子總萬幾正百官治兆民也兼任則患事權之不一專任則違衆獨斷之弊生甚者啟權臣擅政之漸然天下窮萬事萬物未有不貞於一而不亂者也今欲斟酌古今權度時宜窮蔽極變而擇取其衷於斯二者奚從其各悉意以對

問近日治尚書者謂古文家說必本史記今文家說必本尚書大傳是已然禹貢一篇史遷夏本紀僅易訓詁尚書大傳初無可蒐討其西漢古今文家說尚有見於

他書可考求者歟且孰爲古文家孰爲今文家能分明言之歟自西漢師說既微馬鄭以下諸儒說此篇尤乖異今姑舉一二事言之若揚州之彭蠡說者以爲湖漢水然湖漢水自北入江非漢水所匯與經不合且與桑欽謂在彭澤縣北者尤相違雍州之終南惇物舊說以終南爲太壹山惇物爲武功山是二山已而漢無極山碑云有終南之惇物岱宗之松楊越之篠蕩以惇物屬終南與松楊篠蕩並稱此又何說歟夫古今水道遷徙無常山岳雖終古不遷而今昔主名因時互異執今之山川以考古之地理墨守後儒之說以釋虞夏之書而

不顧其安宜其牾牴而不合矣今諸生能博學詳說剖晰然疑以定一是誠善之善者已不然徧觀衆說而得其間精力鉤考而微窺其端緒亦因疑生悟緣滯求通之一機也是所望於有志篤學者

問杜氏通典爲歷代制度淵藪其尤卓絕古今者何事馬氏文獻通考視通典稍不逮已然固自有高出世俗不可磨滅者能具言其得失歟鄭夾漈通志說者謂不可以並杜馬然其二十略覃精極思亦豈無卓識宏議非人所能及者歟

國朝乾隆中通典通志通考皆有

欽定續編又
欽定皇朝通典通志通考及
大清會典諸書
雲漢天章超越百代一辭莫贊已其杜馬而外則又有
宋白之續通典王圻之續文獻通考宋書已亡佚然時
有見於他書者能考求其所長歟王氏續通考世或以
明人之書少之然
昭代鉅儒博稽典禮往往徵引其書則是書其果可廢
歟又此外典志之書有可與杜馬諸書相輔而行者能
舉其最要者歟儒者讀書稽古雖一介之士皆與有天

下之責焉將欲通知古今講求經世之大法稽諸古而不悖施之今而可行其必自諸書始矣然其孰得孰失孰先孰後異同之迹長短之數淺深博狹之量神明通變之宜不先昭然於其心則亦未有能與於此者也其各極意言之將以覘諸生之所志焉

問子思作中庸昭明聖祖之德然孔子曰中庸而子思曰中和者釋孔子之言也中和即中庸也六經箸天下萬事萬理不可紀極要其歸則中和二言足以蔽之矣故曰中庸之爲德也其至矣乎中庸一書言性道教言戒愼恐懼言愼獨言費隱言微顯言誠明言至聖至誠

言尊德性道問學言小德川流大德敦化一皆中和之義而已中庸與易相表裏易繫辭傳言顯仁藏用盛德大業言專直翕闢言智崇禮卑文言傳於乾之九二言庸言之信庸行之謹言閑邪存其誠於九三言忠信言脩辭立其誠於坤之六二言敬以直内義以方外於六五言黄中通理正位居體並與中和之言若合符節推而至於論語之一貫忠恕文章性道大學之格致誠正孟子之知天事天亦莫不同斯恉曾子固有言詩書之文歷世數十作者非一而其言未始不相爲終始諸子之言亦若是焉爾此固先聖之至道義理之大宗洙泗

鄒魯之所以覺牖乎百世而有宋諸賢之所以奮起乎千載之後紹聖而作儒者也然諸子之書皆兼中和二者言之堯之命舜惟曰允執厥中而已則益高遠精邃夐乎不可尚也其諸仲尼所謂君子之中庸君子而時中者歟學者束髮受書四子六經童而習之有能悉取以上所舉諸書之言條分縷晰句櫛字比辨其孰爲中之屬孰爲和之屬同條共貫渙然冰釋而怡然理順者乎斯可謂善學者已

問周官大司徒及職方氏皆掌天下圖輿圖所從來尚已後世晉裴秀唐賈眈明朱思本所爲地圖並見稱於

世今或佚不傳然裴氏所云分率準望諸法實製圖之
軌則能言其所以然歟
國朝内府輿圖爲武進李氏所本胡文忠公
皇朝中外一統輿圖益恢而大之顧其閒亦有得有失
有詳有略且以目驗證之亦時有舛誤能言其大要歟
近者諸行省及南之長江東南之海道北界俄羅斯之
地旁及諸地志或往往有圖亦頗有精善可稱者歟夫
史學莫要於地理而山川阨塞河渠水利原隰土宜疆
域遠近尤經世者之所必知是故有考古之學有知今
之學考古以何者爲先知今以何者爲要二者固相須

爲用然果孰在所緩孰在所急歟今世之士問以郡邑而不能舉其名東西朔南不辨其爲何方即間有從事圖繪者亦多擇焉不精語焉不詳蓋圖譜之學亡而後世之治與三代兩漢之不相及也久矣自泰西人入中國其所繪輿圖詳盡精確無毫髮差失殆所謂禮失而求諸野者吾中土之人亦頗能言其所長乎今日之事有心者其必以輿圖爲當務之急矣將欲差量遠邇周知險易使覽者不出户而知天下果操何術以致之其極意詳悉言之無有所隱

問班氏漢書地理志推本山川國邑以綴詩書周官春

秋詳哉其言之也然其言詩地理與毛詩或異說禹貢與諸家尤多舛迕其所用者果誰氏之說歟又其所載桑欽說與水經有不同何歟班氏所志誠號稱精核然亦間有謬誤爲後人所糾正者能約舉數事以實之且言其謬誤之所由致歟後世治輿地楊榷班氏者衆矣然往往乖錯瞀亂與班氏不合能言其所以然之故歟考史者必先明地理班氏志上稽聖籍下開歷代諸史志郡國輿地者之先固地理之鈐鍵而學者之所宜盡心也其究之切之具著於篇

問自有明陳季立

國朝顧甯人江愼修之徒闡明古音而唐以來所謂叶韻之非人能知之已然古書之韻尚閒有錯迕岐出而不合者段若膺撰六書音均表於所不諧仍以合韻概之其誠然耶抑更有說以處此耶六書雖假借爲難明亦惟假借爲最要假借多原於音聲必明乎此而假借之說乃益以明能一一推闡之歟且許君以本無其字依聲託事説假借而焦里堂有云麓録二字本皆有者也何必借録爲麓壺瓠二字本皆有者也何必借瓠爲壺疑之最久叩諸深通六書之人説之皆不能了番禺陳氏謂實因東漢以前無分部字書故至歧異其説頗

爲近是切究之實不盡然能具言其故歟
昭代諸儒其於小學誠深博矣而於此二端尚未有灼
見其所以然者是所望於好學深思之士焉
問自歐陽公爲集古録厥後趙明誠洪适之屬繼之遞
有纂録論者謂歐公考證疏略不逮洪适諸人然以其
書與後之金石家校果孰爲優劣歟
國朝諸儒崇尚考證金石專家尤夥其最爲精善者何
人其各有專長者何在能約略言之歟夫蒐考金石固
亦好古之徵游藝之一事其最資於學問者蓋莫先於
小學然要惟三代兩漢之金石而已能具言其所以然

之故歟又其次則參考史事然司馬温公作通鑑惟王勝之能讀一過況重以歷代諸史又其外雜史傳記譜録之屬殆不可數學者童而習之白首而不能究復欲參稽以金石其無乃鶩其近小而不急者而轉遺其大且遠者歟又其甚者旁羅古刻校其年歲之遠近字數之多寡乃至一點畫一波磔之閒排比鉤稽不遺餘力顓顓以自旌異號爲專門名家之學而夸於世致遠之君子則奚取於是抑以歐陽子大賢而亦且留意於是則又若未可以厚非也其無乃更有說以處此歟其悉意言之無有所隱

間周官晚出其置博士又自劉歆始東漢以後儒者往往疑之自有宋程朱二子論定學者乃益尊信其書然其中實有繁碎支離非古之制者程子以爲漢儒之所撰入其信然歟抑亦更有說歟至於決爲周公致太平之書而非後世一切之治所能及者果何在歟大綱閎指能舉其要最而灼見其所以然歟自周衰而聖人之道不明於世古今世變日益懸絕生民不與被仁聖之澤而成周之盛不可復見於後世者數千年於茲矣後世臣主知道者鮮雖頗竊周公創制之善然睹其法而不知其意不能化裁通變以盡利而宜民若新莽之誦

六藝以文姦言王安石之以經術禍天下無論已唐太宗英主而承䧺夫酒疋王及后世子不會之文以啟承乾驕縱之失其他若宇文氏師放周制建設六官特亦粗迹而已其有能脩冢宰宫府之治以匡其君祖小司徒會卒伍大司馬制軍之法以用其民具得周官之精意確然見諸施行而收其成效者信可謂卓然者歟蓋秦漢以降一人而已能舉其人而言其設施運量之詳與其深謀遠慮之所在歟諸生通經致用坐而言者將以起而行也苟有智足以及此者其説周官必有超然獨得異於經生之爲之者矣其具著於篇

問兵者有國之重寄廢興存亡恆必由之自漢以來諸史斷代爲書所紀兵事或詳或略杜氏通典馬氏文獻通考始兼總言之而陳氏歷代兵制又爲馬氏之所本然杜馬二書言兵義例乃頗殊異抑孰得而孰失歟古者寓兵於農後世專用召募而兵與民始分若漢之更卒唐之府兵猶有三代遺意數傳而後亦頗有募兵以從事者歟其舉天下之兵盡出於召募之衆始於何時能言其事勢流極之所由致歟自兵民分而區內財賦耗於養兵者泰半議者或欲復古者兵農合一之制其說果可行歟夫古今時勢異宜契舟求劍膠柱鼓瑟適

足以亂天下雖然近代以還固時有用民兵而收其效者其張弛變通抑亦有微權以寓其閒者歟小不可以敵大寡不可以敵衆用兵之常也然宋明自中葉以來兵額皆百有餘萬而卒以亂亡其故安在有國者欲爲彊兵之計其道果何由歟且自古内外彊弱之勢壹視兵爲輕重内重則有姦臣指鹿之患外重則有大國問鼎之憂此尤治兵之要而國家之所以爲安危者也將欲使内外相制輕重相權有二者之利而無其害其於兵勢分合文武左右之際宜必有善所處者矣其各精思以對

策經心書院諸生

問自秦政剗滅古文燔除詩書而聖人之道幾絶漢興諸儒抱遺訂墜六經賴以㣲明厥用力甚勤且其功亦誠不朽又維時去古未遠經師轉相傳授先聖遺緒亦未泯絶自諸儒所纂述三代遺文墜典逸禮舊制往往而在且其説經之詞時有精深閎博曼邈絶倫確然可信爲洙泗之微言大義非後世儒生之智所能及者信可謂卓然不磨者歟然分離乖隔不合乎六經之旨者亦頗雜然出其閒蓋兩漢儒林雖號稱極盛要其淹貫卓絶深造自得能窺見聖人之涯涘者一代之中僅乃

數人而已自利祿之塗開其隨聲是非黨同伐異碎義便辭以違離道本如劉子駿班孟堅之所譏者殆不可勝數也諸生鉤考羣籍研窮傳注能取其人別白言之歟且其說之或醕或駁或淺或深或得或失能捎述其概約舉數端以實之歟夫師心蔑古游談無根與夫株守舊說甚者甯背周孔而不敢議許鄭彼此相笑其失維均苟能辨漢儒之得失舍其短而用其長於二者之失庶其免乎

問姚姬傳氏古文辭類纂特列詞賦一門其識爲宋以來言古文者所不及自張皋文氏有七十家賦鈔而曾

文正公經史百家雜鈔亦多録詞賦然所取或彼此殊
異將指歸各有所在歟抑其閒或不能互有得失歟班
孟堅謂賦者古詩之流古之作者感物造耑才智深美
其恉皆幽杳未易識後人不審各以其意說之若宋玉
高堂登徒子好色諸賦則以爲諷諫淫惑淮南小山招
隱士則以爲閔屈原今攷其辭恉或未必若是其諸家
所說或不免失之歟枚叔七發侈陳聲色游觀之靡而
末乃歸之要言妙道第如所云則其義亦儉矣抑更有
微恉寓乎其閒者乎司馬長卿封禪文楊子雲劇秦美
新亦詞賦之流也並以諛媚爲世詬病然史遷謂長卿

詞賦與詩之風諫無異孟堅尤推重子雲韓退之亦以揚馬爲豪傑之士與孟屈並稱長卿子雲誠從諛者三子何以言之若是招魂爲屈子之作史遷具有明文而楚辭乃著之宋玉且世所傳宋玉大言小言與司馬長卿美人諸賦都不類晚周盛漢人諸語若此皆重可疑者夫讀古人之書而不能知其意其與束書不觀相去幾何諸生劬學有年當有好學深思能灼見乎此辨之而不惑者

復柯遜庵書

初四日別後遂於翼日登舟塗中託庇幸安隱以十二

日行抵金陵適查翼甫寄到惠書並通志局更易聘書及聘幣各一函具曉中丞綢繆無已之意惟裕釗自往歲承中丞之命即以兹事體大非所敢任蓋方志於目録家雖屬地理而自唐宋以還繼踵增益引伸滋繁自山川郡邑而外典禮食貨兵制職官選舉星紀災祥舊聞今事旁逮古今人物金石藝文無所不甄録其事必確乎能綜極夫千百世之上其文必卓乎可傳誦於千百世之下是豈獨輿地之書而已蓋隱然一方之史必昔之人所謂兼才學識三者之長邈焉稱良史之才者乃足以與於此豈夫新學小生區區掇拾補綴者之所

能勝哉是以内省恂懼遜謝不敏至此五六而中丞公
拘係之乃從維之雖足下及吾鄉諸君亦羣以大義相
責謂桑梓之邦文獻之重豈宜遜辟勢不可已遂乃勉
強應命中丞又屬令草具條例亦不獲辭然私心皇皇
然疑閒作及其後中丞公以樊君所譔通志商例刊本
見示發而讀之始知英才博學遠出衰朽庸虛之上於
是益寤曏者堅拒固辭之未失而繼此慒焉受任之妄
且愚恧悚并集復何顏面更蝨其閒用敢返公聘幣跛
焉辭謝陳力就列不能者止固其所也今足下重致公
命書成之後仍以參閱相屬重感中丞懃拳篤摯之誼

四〇四　濂亭遺文三

徬徨不知所出再四思維其參閱總纂諸名必不敢居脩脯亦所不敢受惟俟它日書成謹當如命雒誦一過想鉅手雄筆亮無從更贊一詞然苟萬一有一知半解亦必不敢不竭其愚是則裕釗於中丞庶幾可告無罪而中丞所以處裕釗綜計前後亦可謂隆崇優渥毫髮無負者矣敢布區區伏惟善爲説辭代達鄙忱無任屏營感愧之至

答吳摯甫論三江書

前辱教以禹貢三江必宜從班志博辨閎肆篤信好古甚盛甚盛顧鄙志猶有不敢安者天下地勢凡山脈經

過之地處其水皆左右分流判不相入雖行至平地中斷其中亦有微有岡阜隆起以爲之障然故可以人力疏鑿如班志之中江經由銀林鄧步之間說者以爲禹迹此自可信者若其南徽甯池諸郡萬山複沓峻極于天旁魄綿亘數百里絕無平迤中斷之所雖神禹無所施其開鑿之功其左右諸水幷各自分注且其上游亦皆山谿澗谷湍激峻悍之流舟楫之所不至問之行旅商賈皆能言之而謂大江洪流徑行於其閒此萬無一可通之說也吾意足下雖篤信班氏曲爲之辭而固亦心知其不可通乎足下且以我非考之本經徒以其不

可通避就而爲之辭不知裕釗正以班氏之不合於經
而後乃悟其非耳經於導江曰東爲中江此南之別爲
一江居然可知者也今乃以禹廝二河不見禹貢爲解
夫禹貢之所略者固多矣漯川之流於大河特爲枝津
固不可以耦北行之經流禹貢但以兖州之漯賅之於
導河略而不述自固其所若夫南江中江同爲江之所
分勢均力敵乃僅舉其一而其一顧置而不言邪則其
義果何居邪足下又据鄭康成之説謂東迤者爲南江
禹貢既言之矣蒙又非之禹貢導山導水曰至于某曰
會于某曰過某曰爲某皆實指其地無虛言之者南江

爲江所分則質實言之曰東爲南江宜也顧乃迂其辭曰東迆爲此豨縣隱射之語以疑後世此何爲者邪且迆邪行也大江下流自東邪行而北適與禹貢東迆北之文合其嚴於辭也若是許叔重說迆文亦即引夏書東迆北會于滙以釋之正其明徵今曰東迆者爲南江則江本東注且如班酈之說其下亦自石城直東指吳何迆之所稱鄭康成及
國朝漢學家故皆不知文者爲此說誠無足怪知文如姚惜抱及足下亦從而和之誠愚之所未解也足下又謂江河各有主名非河不得名河非江不得名江是說

也於古未之聞也蓋程泰之始倡之而胡朏明實堅持之胡氏特以此鎮壓他人之口以自伸其說耳且漢非江也而曰東爲北江者何也則將曰漢入於江即謂之江云爾然則導漾之文宜至南入於江已而其下三語誠當爲衍文有鄭夾漈之說者矣則又曰漢自爲一瀆入海故不可以附於江也若然胡又被以江之名也吾故曰胡氏之說進退無據之說也夫非獨漢而已九江亦非江也禹貢導水凡即是水而異其名者則曰爲若北播爲九河東流爲漢又東爲滄浪之水之類是也其所過他水則曰過若東過洛汭北過洚水過三澨過漆

沮之類是也今曰過九江他水而非江也明矣江之可爲通稱不待辯而晰矣夫誠釋然於東迆之説之疏舛不足據與浙之可通名爲江則更取禹貢之文夷懌以善虛志而讀之將以班氏之以南江爲江所分者之合於經乎抑將以南江自爲一江者之合於經乎且班氏之説其失尤未可以一二數也彼所謂分江水至餘姚入海者誠即南江也則吳特南江中途所經之一縣耳奚獨以系之吳也況自吳歷由拳海鹽烏程餘杭錢塘諸縣以達餘姚相距且數百里而云在吳南東入海自昔紀水道未聞有若是者錢氏塘亦知其不可通也從

而爲之説曰由拳以往諸縣故皆居吳國南國後爲縣是以南江入海於餘姚言之又於吳言之且班志之吳國邪縣邪曰吳國南東入海則可曰吳縣南則不可人能知之矣即若班志湔氐道毘陵所紀皆江水然北江於毘陵言之者以湔氐非揚州之境必毘陵可言北江也非若石城吳之皆在揚州也其入海毘陵之北即江都之南非若吳餘姚之相去懸絶也雖若歧爲二其爲一水讀者可以立喻誠有如來書所云志文簡核彼此相備者若所云分江水與南江者辭不别白指不分明求之而邈不得其所歸足下乃援湔氐言岷江毘陵言

北江以例之豈其倫哉豈其倫哉抑其所謂中江者其上由今之當塗高淳溧陽至荆溪縣東南經東氿以入太湖中僅一東壩爲之限自東壩而東爲胥溪爲永陽江爲荆溪故道歷歷中江左會滆湖以入太湖不入滆湖且雖滆湖亦入太湖由太湖入海莫大松江中江經太湖以入於海而南江固亦在吳南東入海者也則適皆松江而已足下引酈書佚文謂班氏未以松江爲中江中江乃自滆湖東出直吳淞之口不知足下何從更得此水道誠叢之所未喻者夫班氏志之中江即松江非獨景純一人言之自昔説班志者亦皆言之雖以錢

漑亭墨守班氏然生長是邦目驗較確亦以庾仲初所云松江即漢志之中江初無異辭此誠所謂不能更創一説以易之者也班氏之混南江於中江更無能爲之解者也裕釗亦豈不知而妄言者哉夫裕釗非故欲異於班氏也以從班氏不若從景純之於事理爲協耳景純所注水經乆佚不可知其詳其與班氏異同蓋無由考定然即果與班同者則吾亦但取其岷江松江浙江之一言而已矣班氏推表山川以綴禹貢周官立言矜慎誠如尊論然亦安知非傳寫譌誤以至是邪若鄭康成之説三江單詞孤義僅佚而見於兼明書初學記及

孔疏之所引其江至彭蠡分爲三孔之說亦未必果與班氏符合且班氏合岷江北江而一之鄭康成乃以岷江爲中江尤其乖戾之顯然者至說文稱江水至會稽山陰爲浙江王鳳喈謂江水當作漸江水其說浙漸二水與尊說乃若兩已之相背王氏祖朏明之說謂三江實一江者固不可從其以江不可通於浙江說不可易也年代遐邈古書舊說殘譌舛錯往往有之重以經師儒生紛厖岐異不可究詰獨以爲但當據經辭及事理以斷之耳足下或謂我師心背古果於自用固所甘之不敢辭也惟亮察不宣

濂亭遺文卷三終

蓮池書院文獻叢刊

張裕釗集

（清）張裕釗 撰
劉金柱 周小艷 主編

2

國家圖書館出版社

第二册目録

（清）張裕釗 撰

濂亭遺文五卷濂亭遺詩二卷（遺文卷四—五 遺詩二卷）

清光緒朱印本

濂亭遺文卷四

武昌張裕釗著

誥授光禄大夫　贈太子太傅雲貴總督岑襄勤公神道碑

公諱毓英字彥卿其先蓋漢舞陰壯侯彭之裔宋皇祐中有仲淑者從狄武襄平儂智高留知永甯軍遂家焉其地於今爲廣西之南甯從徙泗城由泗城再徙西林故今爲西林人曾祖諱某祖諱某考諱某文學生三世皆以公貴　贈如公官妣皆一品夫人文學贈君有子四人而公爲長次毓祥次毓寶次毓琦並以材能箸稱

而公尤爲魁倫年十七試於縣府及提學使皆第一補學官弟子咸豐初廣西亂起倡團擊土寇有功議敘候選縣丞於是雲南回寇方儆擾六年以縣丞率義勇入雲南從克趙州賊巢將攻宜良之湯池破之遂克宜良會參將何自清擊路南賊大破之路南復自克宜良當事察公謀勇堪兵事且任治民即檄署宜良復檄攝路南督兵攻澂江又兼行澂江府事先後以功賞戴藍翎留滇以知縣用擢同知直隸州加運同銜丁大母鄧太夫人承重憂奏留給假治喪仍辦軍務尋奉檄入回衆說馬如龍心折公即來歸盡獻其所據城邑

公益推誠與相結如龍委心焉至於其後雖或入讒構尋復感寤卒得其力用同治元年代理布政使事加按察使銜換花翎無何回弁馬榮賊殺總督據省城及公與諸弟率所部千餘人保藩署及城東南陬而密馳書如龍激以大義趣赴援如龍遂以夜至內外夾擊盡殪諸賊獨馬榮遁走曲靖而省城復安堵公既已定省城之亂乃西出師當是時滇中回寇充斥其杜文秀尤凶狡爲諸賊最憑蒼洱上下關之險而竊據大理爲巢窟嘯召數十萬人悖逆恣睢放爲不道千里咸被其毒公師出行攻取諸近縣首路楚雄而東路告警即以兵東

指克霑益平彝仍西攻楚雄克之益西克定大姚諸州
縣至鶴慶浪穹且進規大理而馬榮與回酋馬聯陞再
陷霑益犯馬龍東路復告急公不得已復還大破賊聯
陞及榮得誅之遂克曲靖曲靖迆東大郡也又糧運所
由既克公則大喜而楚雄以西諸所克城邑復皆淪陷
公乃壹意經營曲靖籌軍食簡兵馬爲重固不可拔與
省城相輔近峙東偏隱然重鎮矣於是公乃以迆西巨
寇延蔓猝不可爬梳自亂起以來當事者謀不素定東
瞻西失此捷彼挫從賊而與爲弃命故訖無成功今宜
專意東討先治黔中豬拱箐之賊綏定邊境稍以次討

平迤東南諸寇東方靖而後楚雄以西乃可圖也會勞
文毅公崇光自兩廣改督雲貴行次平彝公迎謁文毅
詢滇兵事具以其意對文毅則大韙之於是乃遣馬如
龍出西路而專屬公以豬拱箐之役豬拱箐者居貴州
威甯州境其近接者曰海馬姑皆穹山巉峻幽阻險絕
苗衆十餘萬穴其中時出攻剽滇黔蜀三省之閒屢合
軍攻討不能克夙以爲患公既受任且發而鎮雄降賊
叛據州城師出東道應時討破先是公已累功升用道
員矣既克曲靖晉布政使銜
賞勉勇巴圖魯名號五年補授迤南道明年正月補授

雲南布政使二月公師次豬拱箐所部五千人黔楚諸軍之先至者望見之以謂與賊衆懸絶若是且立燼必無幸也衆相與目笑之公則堅壁休士而日密與諸將謀計設間窺形得其瑕釁一旦縱奇捷出罙入其匈腹萬衆崩沸自二月始至訖六月凡百二十有四日而豬拱箐海馬姑之賊一劃殲絶諸軍訖服相顧愕然捷聞賜頭品頂戴於是公且班師還而省城之急聞先是如龍兵出失利杜文秀知公之遠出也悉衆東犯連陷數十城邑進薄省城人大恐公聞疾馳還道宜良七旬以趨省城所過連破賊壘數十斬獲萬計至則益遣師出

攻澂江及城西南州縣皆立破而馬如龍亦來會驩然相約戮力破賊賊爲氣奪然環城賊壘尚碁布如故皆錮若金鐵阻若阱擭牢堅不可撼重援賊飈至豕突震蕩不可常我軍盡銳力攻死傷相繼而卒無如何諸將苦之公知賊狡悍難驟與力搏非旁出以撓之勢不可戢也既以七年三月拜雲南巡撫之

命乃分遣諸將出賊後直擣迤西益約結騰越永昌麗江諸豪傑與相援應蠭午騰擊更進並舉賊惶駭不知所爲公乃督將士亟攻城外諸壘應手迸破悍酋劇寇二十餘萬人壹殲薙無遺類公威震遠近坐澂江復陷

降二級留任是時公已命諸將進攻迤西而自督軍攻
迤東南諸賊日漸有緒矣及賊復陷澂江乃進攻澂江
圍其城九年秋以鄉試還省城事已復往攻十年春克
之仍進討諸賊越十一年而迤東南悉平而前所遣出
迤西諸軍亦已先後克永昌鄧川浪穹趙州雲南永平
蒙化諸城進據上下關以逼大理公聞以十一月馳赴
大理躬督諸軍環城力攻文秀出戰敗還走入城飲藥
未即死其黨以獻立斬之軍前大理平明年順寧騰越
雲州諸賊復以次悉殄滅全滇底定矣奏入
賞穿黃馬褂並

賞給騎都尉世職已而復晉太子太保銜其騎都尉改一等輕車都尉開復降二級留任處分尋兼署總督自咸豐之初粵賊肇禍其後捻寇回寇羣不逞之徒相繼蠭起

國家徵兵轉饟龕除中土大難摶精殫力僅而克濟其雲南懸隔西南萬里之外承歷久凋敝之餘兵弱而莫之助饟竭而莫之繼亂痛益滋日進無已公起諸生閒關羈旅洊膺艱鉅乃始統規全局謀定後動益蹈難感激躬履行閒率先士衆危困艱阻出入百死之中卒翦除巨憝奠定全省以有成功故自軍興以來論邊省人

才九牧同聲推公爲冠以繼母鄧太夫人憂去官光緒
五年服闋入
覲授貴州巡撫加兵部尚書銜七年改福建督辦臺灣
海防尋改署雲貴總督九年遂拜爲眞於是越南法蘭
西之釁作公誓師請出關於時和戰尚未有定局進次
興化以須旋奉
詔命節制關外粵楚諸軍統歸調度公方具疏固辭而
他軍遽潰走興化孤軍無繼糧又盡則以便宜退保保
勝復坐鐫二級留任居無何有
詔與法決戰命至公立督師進力戰於宣光大捷於臨

洮前後攻取越南八城破殺法衆萬餘人斬法酋數十
人獲輜重兵械至不可數方部署諸將渡河以規北圻
諸省會和議定罷還初公後出
天子閔塞外用兵之勞重
嘉公不避艱險
詔開復前處分
璽頒尚方珍物藥餌以勞勤苦既還奉
詔嘉予加一雲騎尉世職頃之奉
皇太后詔頒内帑銀五千兩以
賜南征將士而論者亦以謂法人之亂諸軍苦鬬於瓊

雨毒霧之中傾命搏戰以死相貿爲内地所未有然諒山澎湖基隆皆有利鈍而滇軍始終無撓且以雲南極徼之區而著績若是故尤以爲難能然公亦以瘴癘涔侵嬰茲貞疾矣十五年用
歸政大典晉太子太保銜越五月薨於位享年六十有一疏入
天子痌傷贈太子太傅
賜祭葬
予謚襄勤
命建專祠雲南諸子孫

推恩賞官有差而貴州及泗城府屬復從釐吏之請並
建祠祀公先夫人同邑江氏後夫人連平賴氏皆先公
卒江夫人生子春榮山西即用道春煊知府銜選用同
知賴夫人生子春煦工部主事升用郎中春萸國子監
生妾周氏生子春蔭女六人孫八人諸弟皆以從公立
功致通顯毓祥按察使銜分省補用道毓寶雲南按察
使毓琦分省補用道十六年閏月十四日葬公於臨桂
縣東之堯山高高嶺江夫人祔公既平滇亂先後經畫
善後事宜及撫貴州福建皆具著功績生平於鄉里宗
族朋友故舊恩誼尤篤俸入所餘不留私橐以行德惠

其善治懿行不可殫述獨述公之偉烈系安危之大者具綜其始末而聲以詩其辭曰

黑水洪波滔天羣飛豺虺貙貐揺毒爭歸莽莽六詔一方而痱猗歟岑公其守洸洸崒如一柱持我危疆爰公始迹聲自宜良雷厲四征遂度瀾滄千艱萬抗有奮無恇奠彼虩虒謐若金湯垠獠讙謡童耋相羊鳥夷不譓眄我南徼

帝命公往是征是擾篙跕之鄉毒淫所湊曳足觀賊縈欻長嘯餐蓼寢蠚爭命於寇卒其憤發羣衆忘死一決罔顧萬酋崩陁封狼讋慄徐帖其耳寂其功伐嚋歟公

比惟是害殄寖淫被體疾疢用淹躬瘁名偉臨桂之邑
堯山之原伐石紀績維以萬年

誥授中議大夫三品銜補用道夔州府知府蒯公神道
碑 代合肥李相國

自鴻章督淮軍始平江南繼定河北吾鄉豪儁魁傑雲
興霧浡踔起相從提一旅之師征伐江蘇浙江安徽湖
北河南直隸山東諸行省所至芟除醜類恢復名城以
功伐光爗海內者不可勝紀而吾友蒯公乃獨以循績
著同治三年鴻章既克蘇州始以公攝長洲縣事江蘇
承宋末官田初稅籍之弊賦重民困既遭亂離民力

益不堪鴻章乃奏請裁減蘇松諸郡賦額以紓疲氓有
詔俞允公因是益痛抉糧吏積弊户無大小壹令平均
而巨族諸有勢不便或以蜚語聞
上事下兩江總督江蘇巡撫問治當是時公方淬精勵
慮力求民莫靡廢不舉靡害不蠲摧強植弱讞獄若神
甿庶悦豫户頌涂謳績譽流聞遠邇於是大吏具奏公
治行尤異所坐一與湔濯奏上
詔書嘉許有好官之褒且
責言者誣妄失實由是累擢至知府以道員用旋攝蘇
州府事又移知太倉州又連攝鎮江江甯府事尋授夔

州府知府所至之地抃舞讙呼所去之邦望塵漣洏及其後卒官夔州萬衆悲號交走相弔吳蜀之民誦說慕詠至於今不衰蓋公勤恤民隱深達時宜鉅細洪纖壹是號爲辨治大吏重其能

天子嘉其績而百姓被其仁恩古所謂明察之官忠信之長慈惠之師於公見之矣始公家居值粤賊之亂以諸生督民團禦賊事勢險棘萬端乘機應會卒用保全其任長洲某鄉民與新陽盛阿香聚衆抗租上官令公以舟師往公持不可單舸馳入曉譬立定及鎮洋令以苛斂激變某觀察征夔州釐稅幾致亂臬鹽礦民相聚

私煎知縣某匿不敢出勢皆岌岌不終日得公壹解論
者於是益知公非獨長於字民其履危不慴折衝壞牙
捷出剸斷故不後於吾鄉諸君然承大亂之後撫極敝
之民使一方帖然其功之所昭與夫斬將搴旗破堅禽
敵者亦豈易爲軒輊哉公諱德模字子範其卒以光緒
三年九月二十一日春秋六十有二以某年月日葬於
某所之原淑人李氏祔其季翰林院檢討光典具述遺
烈屬馮編修煦志其墓又請爲神道之碑於鴻章凡公
世次子姓歷官行治及其他諸懿軌編修銘幽之文曲
折委備既具言之矣鴻章乃獨[redacted]次大端論其樹循之

功深有裨於當時者而系以詩使行路歌之以慰吳蜀遺民之思且以諗當世在位君子有察吏之責者俾慎所擇焉其辭曰

烏乎郡守縣令國之安危民之愉戚實在於斯其在平世惟守惟令苟非其人民乃大病楚毒憤冤一呼響應大亂斯燄波駭猋横崩沸蕩潏上下奔馳窮天下力僅乃克之既其克定有若沈痾甫杖而興千瘡萬痂惟令惟守苟非其人如彼宿火瞋焉而焚存亡之幾能少希閒烏乎蒯公維民之天手援陷溺出之重淵上幬下藉以靖其眠弱者申舒暴者局卷綑蓄弭伏兆人賴焉往

在吳中寇氛始澗我佐我佑實倚公賢公棄我去奄忽十霜朋舊之恩民庶之望縈胃填膺如何能忘伐石鑱辭樹之崇岡嗟兹來者罔或毀傷

贈知州銜候選州同貴筑王君殉難碑記

嗚呼此貴筑王君與其弟殉難處也先是君曾祖勇壯公凱嘉慶中以宜昌鎮總兵擊教匪於南漳之馬鞍山死之祖國華當道光中葉爲湖南提標遊擊攻叛猺於甯遠之池塘墟復力戰死父古州都司臻祜又以咸豐初從吳文節公禦賊黄州之斗城死焉及同治中而君與其弟又以征苗死先後七十年閒一門五忠四世相

望
累朝褒贈
寵命踵屬豈惟
國朝二百餘載無與倫比抑伊古以來罕講之偉節也
君諱朝選字翰臣少英敏多材藝能爲詩文又以將家
子益通曉兵法年未及冠聞都司君斗城之難痛哭走
楚過洞庭遇風濤大作屬有神異之助得保無恙人以
爲孝感所致至斗城求父尸不獲誓不反時益陽胡文
忠公巡撫湖北與都司君固相善也知其家兩世太夫
人皆在堂力慰遣歸然君慟父之死終思一得當殺賊

以自效既奉父衣冠營葬已甫服闋復走從胡文忠公於皖留軍中且一載而粵賊躪貴州省城戒嚴君以兩世太夫人故聞則立馳歸既至適省城圍解堂上皆無恙居頃之將仍赴皖而祖母周太夫人卒君以承重孫主喪不果行未幾安義鎮總兵林自清率師禦回寇於某所知君材賢請與俱君辭不獲勉從之則又延君弟郡文學禮乾同入幕中禮乾故亦佳士重於時者也頃之移軍開州燕子哨而後軍無統率者即以屬君既駐軍方與賊相持一日忽戰馬無嗥君心知有變請據險以待弗聽其夜賊果大至諸軍皆潰走君雖先已有備

孤軍勢不敵力戰死焉弟禮乾亦同死同治某年月日
也事
聞君以州同與其弟皆
賜卹蔭如例自君曾祖勇壯公立功乾嘉之朝爲時名
將祖考兩世並以忠勇謀略著稱君兄弟亦皆義烈奇
士使盡得竟其力用功績之所樹豈復能量其所至雖
然必信若是者其馨烈之赫以彼校此訖亦何以尚茲
獨世之需才而英傑之不易遇以君家累葉之賢
國家乃不得罄其功用以裨助時艱是以君子之所爲
痛惜者也於是蒐采君之遺事並上及其先世即君殉

難之所伐石紀績而系以詩其辭曰

品庶每生蹈死實難瑟縮巽懦接踵摩肩一夫決脰萬衆駭歎謳思涕泣如不可扳矧乃四世五賢相繼一瞑不視浩然同逝天震地副神咷鬼盻懿爍之流何千萬歲維勇壯公實啟厥祜惟君昆弟克終厥緒揆原都卒縱論其美刋此頌詩立懦起廉

孔剛介公祠堂碑記

同治元年春濟甯孔剛介公昭慈殉難於臺灣之彰化事

聞

賜祭葬
詔祀昭忠祠蔭襲騎都尉又
從臺灣人之請建專祠於臺灣
予謚剛介
詔史館立傳九年濟甯人復請建祠其鄉
詔可於是又專祠於濟甯公有子翰林院編修憲曾新河縣知縣憲高屬桐城吳刺史汝綸爲碑銘刻之濟甯祠堂而臺灣之祠顧尚未有紀於是復以屬之裕釗釗既不獲辭則具著公之閎烈大節尤爲重於臺灣者系以銘詩而使鑱諸石始公由翰林院庶吉士改官以

知縣官福建累擢鹿港同知臺灣府知府臺灣兵備道
先後治臺灣者十有四年臺南縣絶東南海外數千里
之地界阻華夷屏蔽全閩形勢號稱險要自
國朝肇置郡縣民俗榛狉桀悍難治公居臺灣十四年
之閒反者六起冣後彰化姦民戴萬生一旦乘不虞作
亂有衆數十萬時總兵罷老知府又新至兵械糧儲百
罔一備警聞公方臥疾兵備道署立起自捐金錢募民
兵輿疾馳入彰化淡水同知秋曰覲戰死賊乘勢薄城
下公厲士衆堅守連三晝夜有内應夜開門内賊率衆
巷戰中大創遂抗節以死公之成進士入詞垣也儀徵

阮文達公一見器之曰此人它日必以幹濟風節顯及
任臺灣穿臺嘉兩邑界上之渠息旱潦之患瘠壤大饒
識林軍門文察於微時白其枉獄薦之渡閩討賊卒破
走粵寇以功名顯力持外國通市不得至臺灣郡城而
處以滬尾閒處民賴其利每因事處畫輒中窾要智裁
勇斷恩明信洽威德流聞其初蒞臺灣府也三上書論
戍兵空籍之弊請改募土兵革虛名以收實效反覆累
數千言事竟格不行故臺亂迭起然公常倉卒集事捷
出返掃應時殄破既乃卒隕於彰化之難此其可爲痛
悼者也自公歿後臺灣事日益棘日本法蘭西先後傲

擾境上幸而壹解朝廷始議經營臺灣以障南服改設巡撫以下官吏徵兵轉饟辟啟巖疆爲強本折衝之計慕想宏偉仔肩鉅任而公則既以難死矣銘曰

孔子之允著在史氏代有聞人曲阜是紀洎公曾祖遵泗西迺復顯濟甯越公大起宏猶亮節鏡照八鄙廟祀其鄉欒櫨韡韡式是邦人是則是似維以擊重尤於臺澎臺澎莽莽百蠻所偵巨蛟雄虺鋸牙怒睛內外應和鼉嘯鼈鳴公來治之武緯文經戢其矛鋋吹以簧笙舒慝瘖伏絃歌匉訇島夷來入處之旁棖屏處聽命莫我

敢瞪終竟厥施厦其無傾胡天弗弔弗求厥甯一炬之
燎摧我棟楹云如可贖百身猶輕爲此頌詩聲之褱瀛

濂亭遺文卷四　終

濂亭遺文卷五

武昌張裕釗著

定州王君墓表

君定州王氏諱灝字文泉號坦甫生而英亮開敏勇於有爲能急人之困阨疏於財利泊如也獨好讀書百氏羣籍瀏覽博涉夜以繼日才資意量益倜乎軼於衆矣道光丁酉以優行貢太學壬子舉於鄉明年粵賊自山西犯臨洺關畿甸戒嚴君奉檄練義勇破賊無極州境以甯其後畿南土寇粵寇繼起最後捻賊復自山西東犯四境羹沸而定獨屹若君實有力焉君家故以貲雄

也君又益無所顧籍往往捐千金如脫屣然其練勇禦賊皆出私財濟之他若更立定武書院規制以嚴程課廣餼稟賓興之資以惠多士同治光緒之際燕晉壤接寇亂饑饉薦臻飲食餓者資遣流民所需大者萬緡小者千緡若數千緡君壹曰於我乎取又益傾誠殫智區處擘畫躬其勞劇閒值盤錯艱阻危疑震撼君臨壹是辨治故自定州有君有廢輒舉有難立夷義聲亡聞既翔於遐邇矣顧君常獨居深念功所及猶未云博事所就猶未云遠以謂幽冀之邦上古帝王之所治千載豪傑大儒之所藪萃也高文懿典紛綸往昔而亡佚滋多

心竊悼焉於是窮搜境以内前古以來下至於茲二千餘祀名賢遺籍博延方聞綴學之士校讐編訂爲畿輔叢書若干卷都百有[redacted]十[redacted]種先後經營十載糜白金一萬有奇剞劂且竣而君遽以疾卒遺命其子必終吾事於是卒刻期蕆功以竟君志惜君不及見其成也嘗以謂天之生斯人也於千萬不可紀極羣醜類之中特畀以聰明才智崇高厚實而獨豐之豈徒使私自厚而已蓋隱命之因所憑依以輔人之不足焉耳其在通貴尊顯義職濟物者無論已下至閭里阡陌高貲富室以及智過十人智過百人者並得因其勢與力以自效利

濟之事皆與有責焉自世之衰則人知自營以利其躬
已耳君獨喜施豁如周人之急拯時之危宏功渥澤周
洽旁流既施之並世益推以及古之人使此邦之閎册
鉅製逸文墜簡徧昭布於海内往者通人哲士幽潛遺
佚之所託命後者新學英彦之所霑溉於無窮盛矣哉
君之爲功於一方也不可泯也已君以舉人議敘同知
銜以團防功
賞四品頂戴其卒以光緒十四年八月六日春秋六十
有六以某年月日葬於某所之原曾祖義曾祖萬年乾
隆戊子舉人考寶華嘉慶丁卯舉人皆

贈通奉大夫妣皆
贈夫人配許恭人繼配何恭人生子二長延經早卒次
延綸光緒乙酉優貢生候選訓導女一適行唐中書科
中書李鹿鳴孫一人思範武昌張裕釗表

天門縣知縣安府君墓表

君初諱錫齡後易名諱慶瀾字鏡秋山東聊城縣人考
諱某有子四人而君爲次君少讀書攻苦稍長從其鄉
諸老宿游術業益進道光丁酉舉於鄉辛丑成進士以
知縣發湖北始至權穀城縣事數月除爲真穀城故襄
漢閒僻邑重嘉慶中教匪之亂民俗凋敝而多盜犴於

朴陋人文益衰士不與科目之選者百有餘年君下車以嚴察御吏以至誠喻其民治獄務盡人情不厲嚴威不事刑鞫暇日則輕輿簡僕從循行縣境窮鄉絶區無所不周歷親入廬落問民所疾苦洞極幽微具曉其利病及施設所宜章志明民鉏其患害邑舊無節孝祠君創立之纂次通俗淺語以諄誘愚無知之氓嚴什伍守望之法以治盜五夜徼巡躬與從事所至發奸摘伏如神甿俗大和盜賊屏息乃益興起文學率厲羣士競於行誼風以詩書躬自開說指授徑涂時省而月試之又益捐廉俸以爲諸生既稟之需籌集數千金取其息以

貢應舉之士遠邇慕鄉髦彥並出始以道光二十二年莅穀城越二十四年暨二十六年甲辰丙午兩鄉試邑人黃定鏞周天衢相繼舉於鄉而君亦以是二年再爲分校官穀城人傳以爲一時盛事至是訖今且四十年穀城文學科第甚盛益興繇君始也二十八年權孝感縣事旋補天門縣未至會連歲大水君留孝感殫精揖志拊飢澹菑處畫百端重積憂勞致疾三十年五月六日年五十卒於孝感官舍孝感穀城之民悲哀感泣如喪周親君初娶李孺人先君卒繼配李孺人子二寶荃寶蓉皆廩膳生以咸豐元年奉君喪歸於聊城明年二

月二十二日與李孺人合葬於東昌府城南之大輿村西新塋君内行尤篤門庭之内族婣之閒往往多曲囏隱阨之事而君處之一無不盡者居官以廉儉自將身没之日囊槖蕭然其去穀城或以財物饋行一辭謝不受穀城之人祖道河干爲歌詩以送之又爲立德政碑以志遺愛乃益爲圖紀其事今楚中所傳琴鶴帆影圖者也君卒以三十年爲光緒八年穀城人請祀君於邑之名宦祠大吏上其事下部議行於是寶荃寶蓉走書武昌張裕釗請爲墓刻之辭裕釗故君丙午分校所得士也爲表於墓上曰裕釗聞穀城長老今猶有能言君

治穀城縣事者道光二十七年夏穀城枯旱民大恐憂君觸盛暑徒步走絶險禱南彰之老龍洞返未至穀城天大雨滂沱連三日夜四野讙譁歲則大熟精誠之至神鬼順從然則君之行化於穀城還至立應若樹表而責之景也易足恠哉

建德周府君墓表

府君諱樂鳴字振齋姓周氏其先世唐荆州刺史訪自婺源遷秋浦其後秋浦析置至德五代楊吳改曰建德故今爲建德人自荆州越六世至繇咸通中用進士爲河南尉與其弟繁皆以文章有名弃官偕隱於九華山

世德至德二周再以薦起仕至撿挍御史中丞又幾世至泰星宋徽宗時爲大將軍又十幾世至諱某者家貲累數千金以代人償逋負遂至困貧是實生府君府君幼讀書穎敏爲文操紙筆立就既貧窶乃始弃去竭力治家人產業卒亦不遂然能以苦約自將故家雖貧而終其身未嘗有所乞假於人治其家以禮法閨閫之內不聞譁笑子弟鞠躬屛息以事賓客長者出入户庭皆有節門館肅然然其與人處乃益敬以和遇所尊者雖倉卒道涂必齊遬張廾以竢其過自鈞敵以下藹容善言若恐傷之益相敦勸以善時取四子書及它前言往

行稱道講説言之若恐不至遠近百里其博夫贅民咸稱數以爲謹迂私相與嗤之然苟與府君遻無少長貴賤無愚智賢不肖亦莫不戄然改容而禮之也府君援例爲國子監生以孫貴

贈榮祿大夫娶余太夫人躬執勤約號稱賢母二子長某太學生次某女一適某邑楊氏孫二人馥二品銜直隸按察使聲候選州同曾孫八人學海光緒戊子舉人内閣中書次學銘辛卯舉人刑部員外郎次學熙工部郎中次學復縣學生次某某府君以同治四年某月日卒春秋八十有一某年月日葬於某縣段家嶺先墓之

次余太夫人祔某年月日改葬於建德之周家山周氏自唐宋爲時著姓先後閒人相望自入
國朝始稍凋落迄嘉道之閒益替矣及府君以潛德懿行爲鄉里矜式其後葉乃復貴顯日益以昌大初荆州之遷秋浦也卜居於周家山周氏累世冢墓在焉至中丞復遷紙阬山遂世居其地既多歷年所拜掃或闕重咸豐中亂起而周家山先墓遂失所在府君既葬段家嶺十餘載一日馥昆弟往掃墓得異徵心知地不善改卜周家山乃盡得先世墓地於是營起祠堂祀自荆州以下之葬於其山者故山松楸蔚然在望矣人以爲周

氏復興之徵實皆府君遺澤之所致云

漢陽萬君墓誌銘

君漢陽萬氏諱正緗字敬堂少孤劬躬瘁勞以事其母以立其家家既饒給則又推所有以仁其邑之人故事初補郡縣學弟子員者類有獻於學官及其它諸費用雖至窶貧必竭蹶從事漢陽亂離凋敝之餘尤以爲苦君稱母命輸產直萬金有奇以其入爲邑中諸生初入學者之資一邑寒畯暢然漢陽城西濱大江有隄迤南延數十里其內農田五千餘頃居民廬墓相望皆倚隄爲障毎歲修葺舊履畝輸費吏胥追呼爲民病又所費

或虛冒不實重夏秋江漲艱危之際緩急無取資君獨
憂之謀於邑宰倡輸三千金爲夏秋盛漲防險之需以
風動上下邑宰爲言於上大府感焉議籌白金一萬益
勸輸富室衆輸白金七千與君所輸合二萬金事由是
集隄以無虞而貧民得免催呼之擾胥君力也君急人
阨窮若其在己居恆惠恤士類憮俺孤嫠建橋梁平道
涂以至義塾義冢濟溺振飢或獨任或助輸遇事必倡
其力雖屢瀕之匱不少悔先後所耗絫數萬金仁譽流
聞由是
朝廷褎其美大府重其義而閭里感其仁恩自楚中官

吏曁鄉人士稱善人者必曰萬君萬君云君議敘浙江
同知知府銜以光緒十五年二月乙未春秋六十有七
卒其年某月某日葬某所曾祖某祖某父某皆
贈資政大夫妣皆
贈夫人配田夫人生子三長某早卒次某分省補用道
次某廣東海豐縣知縣孫三人某某將葬以狀徵銘裕
釗裕釗惟人之芸然而並生於世惟此同類之相收相
恤而遂其生以是爲異於物而已唐虞之盛三代之隆
聖人在位而民莫不與被仁政之澤由周衰以降雖以
漢文景唐太宗之世海內富樂然去古之治固已遠矣

其世不及是則民尤昏墊愁苦而無所告愬猶賴仁人
君子因其所處之廣狹隨分而自盡以其百有其一濟
耳有能出己之有以施於人如萬君者乎是亦晚近之
世之民之所託命也銘曰
衰俗仳仳各伋其有扃鐍閉拒粟陳貫朽人之苦譆云
我胡負允義萬君鍥己禪人惠利所及枯蘇而春胡不
百年奄忽沈湮鑱辭幽宮垂之無垠

通州張生母金孺人墓誌銘

孺人姓金氏通州張生謇之母光緒五年十一月十八
日年六十一卒既卒謇走書來告且請爲墓刻之辭曰

吾母之始至也家無石粟尺帛之儲親戚不通問吾父歲常外出家四十餘口皆頼母經紀力貧作苦暍不追涼寒不附火雞鳴而息辨色而興謇兄弟甫四五齡母夜篝燈教識字益擁絮手衣履箴作且作且覆問謇等深宵寒風凜烈室中蕭然顧視謇兄弟輒淚下蓋其悲苦有不可道者且卒謂謇兄弟吾生平辛苦萬狀汝兄弟好自樹毋爲吾羞且苟有賢師友乞一言以志吾苦者不恨已烏乎謇兄弟無似長而無以慰答母氏之勞苦今母亡矣惟託諸文字可以無窮者庶其報吾母於萬分一卜明年三月十三日葬吾母通州城東之畊陽

原敢請先生幸賜之銘以章諸幽其感且不朽謇故嘗
問學於余余嘉其學行亟稱以爲賢者也稱述其母故
信且往者謇又時時爲余道孺人之賢余故稔知孺人
躬懿行蚤歲遘遇艱阨劬力盡瘁後稍能自給而惠利
周於人人尤有明識曉大義殆非世俗之所能及也先
是謇父明經君彭年其考少孤育於外姑吳孺人吳孺
人無子子明經考而鍾愛明經明經先娶於葛生子謇
以後其弟吳孺人春秋高慮明經艱於嗣不得兼承吳
氏祧也聞東臺金處士向南有女賢以告明經考聘爲
婦覬生子爲吳氏後比歸生子慶華詧謇慶華早卒而

咎騫遂蒙吳氏姓其後葛孺人復生子警咎騫稍長且就試而警及兄譽皆質魯不能學明經隱以爲恤孺人輒知之曰以諸兒故邪張氏爲士族三世矣有子能讀書而後於人孰忍是且子歸張而祀兼吳以恩則無負以義則不誖何疑焉咎騫乃復姓張氏其平居訓迪咎騫諸子必以遠大中正無世俗之言諸子有過痛笞楚不少貸所與游必問其何人近者察視遠者參詢輒能決定其賢否其賢也則喜至必加敬禮不賢邪戒勿與近而其人後果往往敗咎以縣丞發江西而騫用文學有時譽以孺人卒之前四月舉優貢生鄉試乃被擯當

路鉅公合口歎息或以告孺人孺人愀然謂謇曰汝等不勉自厲其何以堪是名過實灾也烏乎今世士大夫得大官要人一言之奬借抃喜震動忽若上仙卹乎惟恐天下不偏聞知其見賓敬於某公者也孺人之賢於人也何若哉謇書孺人事累千餘言多難能之行余論其大者足以不泯已銘曰

汙俗靡靡庸鄙貪競簪笏冕紳而妾婦行女也士行乃有孺人遠識懿範卓偉繽紛厥有令子萃起海濱譔德來諗淑郁馝芬我爲銘之以砭彼昏

大冶殷君墓誌銘

府君諱學源字教之湖北大冶殷氏祖玉獻考泰昌府君少讀書不遂去而發貯鬻財父之遂以貲雄於鄉里然生平不妄取人一錢不鍥人以自利人以屯難阸苦告者立解囊篋周之一無所顧藉體貌敦厚而神精以明策事往往多奇中以故趨時逐利所至輒有功至乃論人賢否姦僞若事臧否成敗中失未至嘿揣百靡一僭見者以謂龜諏而筮告也昔太史公論郭縱烏氏倮蜀卓氏無鹽氏之倫而歸本於誠壹之所致若府君其所謂誠壹者耶府君配鄭夫人繼配姜夫人子伯揚欽加二品銜議敘清軍府孫七人長應壽附貢生工部

主事次應兆廩貢生刑部郎中次應庚供事分發府經廳次應敏邑庠生次應癸應甲應台府君以光緒乙亥年六月十三日卒於家年六十有二以光緒己卯年某月某日葬於飛鵝嶺之陽

南宫縣學記

南宫縣學自明成化十七年移建今邑治其後歷宏治迄
國朝嘉慶中重修者十有二今又近百年稍稍圮壞攝縣事李君與邑人復謀葺而新之朞年而工竣乃走書屬裕釗記其事裕釗惟天下之治在人才而人才必出

于學然今之學者則學爲科舉之文而已自明太祖以制藝取士歷數百年而其弊已極士方其束髮受書則一意致力於此稍長則顓取雋於有司者之作朝夕伏而誦之所以獵高第躋顯仕者取諸此而已無不足經史百家自古著録者茫不知爲何書歷代帝王卿相名賢大儒至不能舉其人
國家典禮賦役兵制刑法問之百而不能對一諸行省郡縣疆域不辨爲何方四裔朝貢會盟之國不知其何名卑陋苟且成於俗而庸鄙著於其心其人能瞋目攘臂而道者則所謂仁義道德腐熟無可比似之言而已

矣烏乎以彼其人服中外官膺社稷人民之寄生民何由而乂安内憂外患何恃而無懼哉且朝廷取士其立法之始蓋亦欲羣天下之士範之孔孟之道以端其趨又益試之諸經藝策問之屬以覘其所蘊蓄其所以博士於學問之涂者故不可謂不備士誠一一求其實而踐之其學之成固自足出而爲天下用即其試於有司亦未必不角出於庸鄙之人然而相習而靡者苟得之弊中於人心而莫有能振拔於其閒者也士莫先於尚志而風俗之移易莫大乎君子之以身爲天下倡今天下師儒學子誠得一有志之士閔俗之

可恫恥庸陋汙下之不可以居毅然抗爲明體達用之學以倡其徒同門從學輩類蓄其品流置炙就燥志氣所動人蹶而興由一人達之一邑由一邑達之天下風會之變人才之靡未有如斯之極嗟乎九州之大獨無一二豪傑之士有意於學者乎今南宮近在畿甸沐澤游原且又南宮子所生長者也流風遺烈宜有未泯者有能聞斯言而皇然興起者乎則李君是役誠不爲無裨也已光緒十二年五月記

濂亭遺文卷五終

武昌省陶子麟刊

濂亭遺詩卷一

武昌張裕釗著

贈范鶴生吏部鳴龢

京華去楚三千里下走別君十二年回首風塵堪隕涕
驚看霜雪已盈顛生涯落拓餘孤棹知舊凋零半九泉
萬事欲從何處說且憑爛醉看江天

書感

諸公稔禍甯堪說四十年來歲月遷盡解藏身三窟固
豈知厝火一朝然萬事已逐江東逝孤憤欲回天左旋
梗概書生今已矣扁舟夢去五湖天

贈方子白 翊元

嘉祐文章盛蘇曾并絕倫瓌才冠宋代奇寶出歐門顧我眞樗散如君亦爨薪感懷知己者今古共酸辛余與子白俱受知於曾侍郎之門故云

夏夜府中作

火雲蒸暑宵不眠蘭膏熒熒相烹煎府中苦熱逃無所卻憶江湖思渺然我家舊住樊水涯開門十頃清漣漪招涼水次看箕斗瑶杓正對蒼龍垂天憐我貧假一笑玉盤夜落青玻瓈須臾風定金鱗起菰蒲盡與風離披此時正可倒櫑淥酒渴停杯呼茗旗夜來醉倒長松下

世閒萬事浮雲馳祇今栖遲節度府曉來清夢墮江湄

夏夜府中此欞淥或酃淥之訛
陸機詩羽觴飛酃淥

積羽雖折軸毀頭空爾爲威鳳露一毛百鳥失光儀劉

生後來秀卓犖壓羣兒才鋒剸貙虎心胷蟠蛟螭歷歷
一千年如身親見之淩紙光怪發山海隨奔馳走也才
日盡讀書困管窺有如亡鏃矢欲射安所施得子張一
軍亦足起吾衰吁嗟眼中人悠悠誰與期

秋夜

高秋霜氣入巖扃獨坐深宵酒半醒蕭颯寒風鳴敗葉
淒涼微月度中庭壯懷早讀范滂傳晚學今躭小戴經
猶有憂時心未滅步簷遙看上台星

無題

林風深夜涼江村明遠火潺湲水增波慘淡月初墮倚

世間萬事浮雲馳祇今栖遲節度府曉來清夢墮江湄
不及湖中老漁父三星在罶南風吹

病起柬汪梅村 士鐸

藜莧養不足飢寒驅離家襆被來江城裹硯依官橋坐
此室如斗涉彼津無涯道戰不能勝寒暑攻其瑕人生
苦物役六賊矢相加心地收汗馬所要絕萌芽多患乃
進道轉敗獲已賒醫師進毒藥故人遺甘瓜客中良深
感作詩用拜嘉

贈劉生 兆蘭

積羽雖折軸黟頭空爾爲威鳳露一毛百鳥失光儀劉

生後來秀卓犖壓羣兒才鋒剸貙虎心胷蟠蛟螭歷歷一千年如身親見之淩紙光怪發山海隨奔馳走也才日盡讀書困管窺有如亡鏃矢欲射安所施得子張一軍亦足起吾衰吁嗟眼中人悠悠誰與期

秋夜

高秋霜氣入巖扃獨坐深宵酒半醒蕭颯寒風鳴敗葉淒涼微月度中庭壯懷早讀范滂傳晚學今躭小戴經猶有憂時心未減步簷遥看上台星

無題

林風深夜涼江村明遠火潺湲水增波慘淡月初墮倚

户出復入默默成孤坐宇宙尚豺虎念茲實勞我吁嗟帝有醉胡爲搆此禍吾生豈足惜尚免戈殳荷所悲蒸蒸民焉得謝轗軻秦帝感魯連趙削思廉頗憂端塞天地缺五字

無題

高閣俯飛鳥開樽對暮霞五月大江滿飛雪落簷牙

無題

人生一瞬耳所爭乃千古道遠日苦促十恆不及五況復逐多歧而欲覲前武驚風欻以馳百悔不一補嗟余搆憂患尺捶已折半望古悅向若浩浩無涯岸亮知駑

蹇姿騁途安及萬竭蹶競暮光猶愈長夜漫踡局而不前汝乃是終焉

無題

萬禩更相代人生各有宜曠覩攬九州浩穰誠無期下國萃瓌麗上都羅金鼉紅埃上層霄化爲虹與蜺熙熙夸毗子相逐無已時得喪爾能主騁騖空汝爲名實忽兩忘乃今始知之迴轍求故步斜景已西馳雖復駕八龍一逝那可追遐哉漢董生戢影下書帷

疊原韻留別諸公（以下戊辰時客金陵）

羣賢英峙儼崇巒部婁時從仰面看夜雨剪燈書有味

秋風判袂事無端雲山回首新知樂江海驚心行路難
大業相期各努力未應身後識方干

贈方存之 宗誠

我家樊溪江上水東流直過皖山前青天相望一千里
白首相逢渺七年文字虛名終底事山林幽寄自前緣
翠微坐畔一尊酒坐看汀鷗下暮天

贈戴子高 望

往從楳窔論經學苦說長洲一老賢江表耆儒近凋喪
浙西弟子欻聯翩風期孤往山皚雪文字千年江導源
一笑相逢眞我輩秋風斜日白門前

題戴子厚先生岱頂看雲圖

先生高躅躡東岱往事披圖迹已荒今日普天望霖雨嶽雲無處海茫茫

邦江夜雨

晩泊邦江濱寒天黯黮頳鐙下盡數編放頭便已睡舟追雜僮僕頂踵交相盩悲析入幽耳輾轉始成寐醒聞雨聲繁淒清滿篷背遠觸千載裏近感廿年事身世憂患端離愁與鄉思不知來何從颯沓一瞬至開目見短檠尚復耿殘穗惻愴遂及晨悄然起擁被

送何小宋方伯璟之任山西己巳時館鄂城書局

雲中太原天下脊左控

江夜雨頂蹉交相盩疑盩字之訛
何小宋方伯詩　蕃戍戍字似無平韻將心東

一病沈綿盡室憂今朝扶杖出齋頭陰森梢柳千枝碧

爛漫芙蕖一夕休不用借取法界觀直須自譔逍遥游要知朝菌須臾景便是靈椿八百秋

幽居以下甲戌

閒居絶塵鞅眷此一床書萬卷安可窮卷帙還自娱隱几望青天幽牕耿清虚牕前數竿竹涼陰覆庭除清風時一來披拂相虚徐對此足永日澹然意有餘即事亦何有相看終不渝吾生固有涯百年若斯須寂寞期身後此意亦已迂聊從吾所好甯爭賢與愚

斜日

斜日在東牆秋天澹將夕卷書坐南牕餘暉耿櫺隙隱

雲中太原天下脊左控
神京右朔方
帝遣重臣居肘腋天教全局犖金湯九邊羊馬來榆塞
三輔芻糧倚晉陽從此藩戍看讋慄
朝廷西顧喜于襄
卿月南天照三載餘暉不與大江馳遺民最有攀留思
賤子尤憐文字知苦憶石渠從積歲重陪玉斝定何時
江干心祝重開府可許徐劉更獻詩

病起癸酉時主講金陵鳳池書院

一病沈綿盡室憂今朝扶杖出齋頭陰森榆柳千株暗

爛漫芙蕖一夕休不用借取法界觀直須自誤逍遥游
要知朝菌須臾景便是靈椿八百秋

幽居 以下甲戌

閒居絶塵鞅眷此一床書萬卷安可窮卷帙還自娛隱几望青天幽牕耿清虚牕前數竿竹涼陰覆庭除清風時一來披拂相虚徐對此足永日澹然意有餘即事亦何有相看終不渝吾生固有涯百年若斯須寂寞期身後此意亦已迂聊從吾所好甯爭賢與愚

斜日

斜日在東牆秋天澹將夕卷書坐南牕餘暉耿檐隙隱

几無一事萬事憺以繹清風下檐端庭柯紛擺擺繁影
一迴漾颯然感心魄踟躕忽已暝松際露月霸

幼安

幼安蹈東海泉明歸柴桑一朝躭沈冥千載揚輝光高
名燭天漢遺編實琳琅范粲寢車中祕不露文章執節
尤苦艱胡乆鬱不彰馬遷賤守節班史亦豈良
疇纂書甯遺忘古來貞烈士但安心所藏湮晦固甘
之守義亮無恇夷齊採薇蕨所悲在虞唐豈爲後世稱
蹈死西山陽

種花

種花滿園中目翫取娛怡大鈞播雨露紅紫爭紛披桃李趁春專菱荷當夏滋次第遞榮落蓤蓼又及茲嚴霜已戒節弱植更幾時盛衰相代嬗豐悴如奕碁天運亮如此萬代相與馳自非松與柏歲寒誰能持

端居

端居無一事出户信悠悠東去喜平曠稻畦間芋疇園丁引清淮滙此澄塘幽一泓雖無多豁然清遠眸野人資灌漑朝夕得所求幽事抒情話眞樸難爲侔爲我說種物荻芽及蕈頭滕辥筍爭長子母瓜相鉤昨來一兩足菌茁如浮漚今朝乍放晴鳴鳩復鉤輈閒此愜所遇

頓釋心煩憂我生固坦蕩畏從簪紱儔多儀困纆縛貌語强咿嚘一曙解天弢茲晨信有瘳古來賢達人往往沈林邱跌蕩從野老儻遇東陵侯

城上晚眺遇雨卻歸

遠樹昏烟積高城寒角哀蒼茫江色暝蕭颯雨聲來蓬户數家掩短笻孤客回入門燈影動惆悵倚庭槐

雜詩

蒼蒼林中檜淩霜挺高枝燁燁原上英旖旎能幾時獨以豔冶姿能令觀者移榮華在眼底怡悅實及茲苦說後凋節爲問聽者誰

游北山

尋山不覺遠細路踏莓苔流水一曲轉桃花無數開澹烟何點宅深樹誌公臺遥想幽巖際高眞儻可陪

夜泊

烟渚維舟夕深更月墜波遠林漁火亂暗櫓客船過

庭前桃花始開

桃花身舊種今日及芳晨雨樹青當户一花紅近人春風幾開落爲客久風塵故里田園在羈栖笑此身

壽蒯子範觀察 德模

遥持白下尊中酒好寄夔門峽裏天江水奔流一萬里

大椿坐閲八千年文章政事兩殊絶富貴神僊總晏然
天下蒼生望霖雨祝君緑髮換華顛

即景

即景少塵事幽居日課添惜花除毒蠹芟竹納涼蟾雨
過春治圃香添晝捲簾戒門謝車馬更欲數書籤

晝永

晝永院逾靜眠多思轉慵覺來日已午鶯啼花影重閒
數庭前樹時聞空外鐘散人亦何事還復到金鍾

春日郊行

麥苗覆地水平田好是江南二月天新燕早鶯相爾汝

夭桃弱柳鬬芳妍鄉關萬里春如夢江岸孤村雨似煙
自引壺尊成小酌便將嬾慢送殘年

舟中曉起

旅泊起常早推篷怯朔風霜清沙嶼曉月落石梁空殘
雪明林表寒暾出霧中相依三兩艇猶自臥漁翁

曉發

江水與天盡孤帆凌曉開亂山舒子國初日遠公臺野
寺鐘微斷荒城門未開前舟似故里幾日楚中來

即事

日永閒憑几宵深靜掩帷研朱讐舊帙試墨寫新詞萬

軸紛如積千秋誰與期此生侵老病迴惜少年時

日暮

憑高俯萬井撥悶恣孫蹤遠見巖前寺因聽雲際鐘輕烟板橋水殘日孝陵松寂寞古今感寒雲深幾重

春日

春麥青青苗覆土要看韶華洗酸腐溪流乍轉明村隖秀絕岡巒帶平楚野卉無名爛自吐夭桃一株頳何許江頭輕烟罨洲渚四山漠漠天欲雨桔槔鉤輈啼日午隔林何處祈蠶鼓茲游佳絕清心府悠然宇宙容仰俯歸路茶烟散如縷想見午窗甌泛乳

張春陔侍御盛藻儀徵城中得異石甚佳爲賦此篇

文身舊俗荒不經百怪巧競鐫幽冥萬品鑱空貿其形媧皇所遺龍伯得戲鑿頑礦瞠瓏瓓甲角穿穴波痕紫霧雨蕩磨巖氣青一卷瓌瑋表獨立千秋傲詭誰爲聽侍御來目古眞州一輌載歸此物尤自言搜取出敗礫不知當年誰氏留我爲摩挲三歎息豪家舊迹今荒棘菱谿大石出清漪廬陵苦爲劉金悲一時志得珍環列百年事往波東馳富兒奢惑吁可訕高人耆好本難删東坡一死萬事足仇池片石百回看寶晉齋前玉珠白

零陵亭畔奔雲環妖奇瓌怪感精魄賢愚雅俗同心剜
好奇有癖誰能免遇物不留安所患作詩一笑君勿嗛
石不能言儻頭點

書即景

南山北山殷其雷黑雲壓山如山頹白日出沒走雲裏
赤電迸射金光開飛雨驟來打高閣地如奔圻天如摧
蒼茫便作兜羅海咫尺不見兩花臺須臾一掣度城東
清風淨掃陰霾空波澄江遠野如沐千里一碧天磨銅
萬事變滅亦如此榮枯不直一杯水且從高臥看屋梁
夢回金鴨薰餘香

登高有感

興亡歷歷閲千年，眼底青青六代山。南北推移隨世重，安危盤錯惜才難。鍾幽寂寞栖何點，江左崎嶇要謝安。一片斜陽下平楚，海雲無際暮江寒。

元武湖寺中曾文正公畫像

貌公臨此水，微禹衆其魚。千載西湖上，誰爲白與蘇。隻手擎三界，慈雲覆九區。蓮華圍寶相，可稱老文殊。

讀松雪齋集

文章翰墨總翩翩，典午風流紫府仙。可惜江南好風日，衣冠不是永和年。

夜

聖賢去我已千載手把遺編闔且開惟有多情天上月
蒼茫曾照古人來

呉摯甫以書來介其邑馬生通白其昶令游於裕
釗之門次韻酬之

君才齊漢上璀璨五雲閣顧乃眄甕牖夷陵下于谷走
實褐夫賤安得褎中玉橫目萬萬千癖愛惟子獨枝道
得奇寶遺我不顧俗一見爲眼明畺采昭炳燭此才出
名邦千尋不待續君獲槖囷私吾衰根已宿爲斲媿未
能辱公求大木

金壇馮夢華（煦）副車相遇白雲輪舟中以詩見贈

次韻酬之

舉世竟如槐國夢，有心同抱杞人憂。蠹簡蟲編聊日永，山林鐘鼎孰千秋。君當奮勵稱文伯，我已頹唐作醉侯。獨把新詩開且闔，暮雲無際送行舟。

春日上謝公墩（以下丙子）

紫金山上雨初晴，燕雀湖邊水乍生。江自遥天空外落，春回大地眼中明。東山絲竹空神想，南紀綱維要手撐。自歎寒灰生意盡，不勞辛苦問蒼生。

春感

身世同看百事違摧頹郫得絆餘暉江河自古無西注
鴻雁經時又北飛海上鯨鯢春偃蹇山中薇蕨晚菲微
酣歌痛飲從疏放跖蹻孔顏誰是非

與友人夜話

早歲心期溢八垠乾坤澒洞忽風塵誰知身作詩人了
更耐君從盛日論白髮星星侵暮景滄溟渺渺足迷津
一尊且共今宵醉明日踏鞵看冶春

暝

牆缺烟微明新月靄初上迢遞衆星出寥廓高天敞向
夕一事無對景孤抱朗鉤簾爐篆散隱几林籟響王維

晚好道頗復嬰世網陳慥學苦空師子落挂杖南榮顧其後[redacted]陶潛真達人千載成孤往

深夜對月作

城頭寒柝響清越遠寺疏鐘微斷歇居人睡熟重門扃起步中庭望明月空階積雪地流汞河漢無聲清露重樹陰沈水半池黑竹光盪星滿林洞緑窗飢鼠走阢隉抱砌幽蛩吟嗚咽蛩吟復止萬籟空風定霄澄怳靜絕涼侵衣袂我欲眠獨孤明月懸中天

兜鍪

兜鍪孤我書千卷金爵從渠觚八稜今古真如一邱貉

風雲誰羨九霄鵬朱絃疏越空三歎肥馬輕裘自五陵
老鈍豈應關世事寒窗枯箸凍癡蠅

當時

當時袞袞看流輩珠碧琳琅異采交豈謂風霜更歲月
盡教荃蕙化蕭茅今須諸葛紆籌策古有林宗疾斗筲
長謝軒車吾已了蒸黎可惜與輕抛

秋日江甯城臨望

萬里浮雲度塞鴻蓬壺海上又秋風古今歷歷英豪去
日夜滔滔江水東身世自生今日感河山徒爲昔人雄
窮途阮籍空長歎廣武山頭恨未窮

野望

落木千山夕照邊高秋廣野正蕭然蒼鷹可是無拘束
快意孤飛上九天

晚步溪上

鎮日攜筇西復東晚來初喜夕陽紅溪頭久立忘歸去
快背青天送塞鴻

樊港道中

澤國霜清農事稀菰蘆深處水禽飛幾家田舍溪頭住
寒柳毿毿静掩扉

獨酌

半甌苦茗一爐香日月壺中本不忙坐對青山傾白酒
可憐千載幾滄桑

雨霽

小雨霏微映落暉桑陰罨靄麥苗肥先生食飽倚門久
閒看村童騎犢歸

夏午

高捧離騷百回讀籐床自在倚庭槐瞢騰老子忽眠去
書卷隨拋石上苔

臺城

齊梁宮闕空烟霧玉樹衣冠委棘荆太息二千年似夢

鍾山依舊繞臺城

舟行

篷窗睡起已黄昏閒看輕橈逐浪痕一曲柳陰舟乍轉
稻田水碓數家村

秋晚

霜嚴初欲換冬衣野色淒清林影稀斜日渡頭輕艇泊
家家　水擔柴歸

長夏

日長兀坐渾無那開户豁然雙眼明散髮脱巾出門去
溪南石上看雲生

雨後

薄雨初收滿院秋移床樹下儘句留閒持一卷看雲起
墜葉時時一打頭

讀史

華夷冠帶自迢遥蒼莽山川劃建標誰遣渾邪居塞内
千秋恨殺霍嫖姚

飲酒

百歲光陰一轉晴酒椀當前且細傾若爲千秋鎸肺腑
窮儒癡絕可憐生

晚興

夕照微明薄暮天榜歌迢遞起漁船溪頭宿鷺忽驚起
飛破平湖十里煙

新歲口占 以下戊寅

羣公玉珮趨青瑣九市華鐙綴絳繩休怪先生渾不出
年來心緒冷如冰

遣悶

朝攜酒椀望青天暮曳筇杖看碧煙莫笑此翁閒適甚
更無人語亦堪憐

武林道中

千秋佳絕武林地今日扁舟趁急湍萬壑千巖來眼底

推篷爲上柁樓看

無窮烟雨漲林巒如此江山得縱觀董巨無人蘇白死
憑誰收拾入毫端

睡起口占

懶將雙眼看塵緣閉户焚香放意眠夢裏神游天地始
覺來今日是何年

無題

車如流水馬如龍九市紅塵一萬重老子杜門酣午寢
夢回鄰寺打疎鐘

夜與友人論文

文章垂世千秋事，俗論紛紛那得知。若覓汗牛充棟地，可逢見蝨似輪時。青天白日無纖翳，大澤深山足怪奇。解卻此中三昧了，不勞楊馬是吾師。

漫與

衰颯兩鬢已如霜，得失無勞問彼蒼。往日風流期謝石，暮齡耽玩在蒙莊。百年所欠惟一死，萬事了卻無寸長。但擬今朝林影下，一尊濁酒送斜陽。

醉中作

多事大撓作甲子，於今五千八十霜。賢愚萬古皆塵土，尺寸幾人爭短長。峴山羊公苦墮淚，窮途老阮日舉觴。

身後浮名眼前酒付與先生閒稱量

讀史記

馬遷死去二千載一史孤留天地閒萬古高文探月窟
幾人真面識廬山茂陵松柏餘幽憤湘水荃蓀共淚斑
曠代名山合專席遺塵可許步揚班

鐙下放歌

百年屈指三萬六飄然浩蕩吹樺燭儀璘日夜轉車輪
況復西河鞭撻速秉燭夜游尚苦短更禁鐫鑿相催促
振古靈均真禍始倡導詞章作嚆矢坐令千秋萬歲中
肝腎雕盡凝憨子伏首攢眉巧語言燥吻乾喉誦文史

其朽不朽爾能必必不朽時竟何益天公媢爾盜化機
博得雪霜滿頭幘雖然此中有天定石暈木瘿甘自病
人嘲春蠶自纏縛蠶不作繭復不樂枝頭宮徵栗留聲
壁閒繆篆蝸牛角萬彙賦予各冰炭造物俱到誰夢覺
深夜簾櫳冷似秋一彎涼月屋東頭請君息慮觀無始
短長那值苦推求

晚霽

園林初夏綠陰成香篆銷殘茶鼎鳴殘雨乍收空砌響
晚晴忽暖小窗明靜觀興廢千年了飽歷暄涼萬慮輕
日暝書堂閒隱几鴉邊新月半規橫

戊寅立夏日

即事

桂杖ㄑ拄杖

久暮禽趣林莽徒步復歸來煜景詩書帙

歸思

浩蕩江湖送落暉回頭五十六年非焦桐入爨絲絃絕
弊席懸門車轍稀白眼瞻相萬事改青山迢遞幾時歸
遥憐此日家園裏翠稻烟稠紫筍肥

雜詩

曜靈出扶桑濛汜乃一咫鶬鶊啼青春鶗鴂倏盈耳旦
暮春秋閒曾未能彈指百年與千禩亦復如是爾逐逐
騖其華傷哉夸毗子傾身奔無涯回首日盡矣復欲自
厓返誰更與貸是君子亶修身道存無終始
我聞語有之蘭以香自焚雖然蕭與艾獨能逭斧斤美

戊寅立夏日

浦風幾日長新蒲又是江南櫻筍廚春事悤悤一彈指流光冉冉幾循鬚日斜深院移槐影雨過前邨拭芋區老子故應常日醉雜花生樹水平湖

即事

孏人厭追攀渺爾謝塵鞅端居頗無憀撥悶信柱杖屋北有小邱步可覿曠朗日夕岸幅巾時時縱孤往初夏雨新霽高旻蕩塵坱鍾阜青在眼清淮耿盈望攀樹新月升巒巖宿雲盎曖曖空潭陰迢迢遠林響踟躕忽已久暮禽趣林莽徒步復歸來燈影滿書幌

歸思

浩蕩江湖送落暉，回頭五十六年非。焦桐入爨絲絃絕，弊席懸門車轍稀。白眼瞻相萬事改，青山迢遞幾時歸。遥憐此日家園裏，翠稻烟稠紫筍肥。

雜詩

曜靈出扶桑，濛汜乃一咫。鶬鶊啼青春，鶗鴂倏盈耳。日暮春秋閒，曾未能彈指。百年與千禩，亦復如是爾。逐逐騖其華，傷哉夸毗子。傾身犇無涯，回首日盡矣。復欲自厓返，誰更與貸是。君子亶修身，道存無終始。

我聞語有之，蘭以香自焚。雖然蕭與艾，獨能逭斧斤。美

惡故同盡罣乃獨見珍蕭艾殘則已蘭死香未泯寶鼎
揚芳烈千歲有餘芬曩令甘糞壤安得垂繽紛為草當
作蘭李白誠知言
秦政擅長距六合坐陵跨兵威聾夷貊功德小虞夏驪
山起高冢阿房擢修架墳土未云乾眞人已翔灞豈惟
九廟隳千載足譏罵快意直朝昏蔽惡高嵩華南面猶
若此況自鄶以下高騖誠足忻下流吁可怕
喃喃幕上燕飛飛繞庭除自昔巢君室春秋不相渝朝
出啄新泥暮歸哺其雛豈有霄漢心聊為牖戶謀霜雪
忽歲寒榱棟日剝壞惻愴摧中腸傾覆懼將逮欲去無

與適四野雨如晦堂上猶笙歌隱憂不可戢天命竟何
如中夜守相泣
鄒衍談瀛海迂怪昔所咍安知千歲後有士西極來嗟
乃實有之尚未究其涯大塊稊稗耳四溟坳堂杯縹緲
天地外億萬金銀臺六龍所經過一一豁達開生世苦
迫隘聞此吁怪哉願得乘飈輪高步躡天街龍角洎鶉
尾瞬歷十二限排雲謁紫皇羣帝參追陪吞燕紫琳腴
運持北斗魁揮手謝時人不復公等偕
庭前邀明月對此一尊酒無言自款深有此莫逆友舉
酒一相酬月自何年有我生幾寒暑忽已老成醜若爲

綿今昔清光無敝垢昔視何如今今更何如後照盡百
興亡頗復惻心否月既不我酬我亦酩酊以闔户睡去
來夢蝶飛幽黝

少小慕奇偉遠懷名山游膏車指長道命僕展鳴騶亦
有二三子相從驂騏騮天寒日苦短道路阻且修同來
或頓仆中道摧其輈復有筋力疲踟躕憩林幽回顧岐
路間蕪尾馳萬牛奮勢獨前邁日夕敢遲留遂躋泰岱
巔下俯陵九州乾端與坤倪一一我入眸揮袂扶雲漢
騰身跨蛟虯凌雲忽高舉渺然不可求

咏史

功名富貴盡危機烹狗藏弓劇可悲范蠡浮家子胥死
可憐吳越兩鴟夷

步李佛笙見贈原韻

蜾蠃螟蛉視二豪對持杯酒破忉忉塵寰垢濁掉頭去
江介風烟入望勞舉世相看弃周鼎一寒誰見贈綈袍
狂歌痛飲真長計莫問觚稜百尺高
五十年來夢愔愔乾愁摧絕平生心世事欲看歐冶劍
深心獨識伯牙琴醉來試攬天邊月歸去應題漢上襟
不用悲咤憤時俗一邱之貉古與今

晚步

向夕策短節言尋東城路度橋見澄潭蒲葦亂無數天光盪空明一水飛白鷺紅日西銜山素月東升樹悠然遠山外暮氣成蒼霧蒼茫觸遠心孤馳不知處遙望誌公臺徑欲穿雲去

長歌送李佛笙

李侯生與俗殊軌一生喙硬兀自喜撐腸萬卷不療飢腹如武庫庭如水廿年奔走困風塵一朝頓躓坐讒毀南走海濱北走燕喪家之狗遯其尾功名雖後氣無前閉户讀書高枕眠箕坐白眼看一世低頭獨向顛張顛生平百學一無得感君汗慙還歎息湘鄉一去海寓空

孤窮漂轉隨天風老尊蹈海窮西極謂藜蒓齋吴叔憂患悲塡匈謂吴至甫余與佛笙及尊齋至甫並以文字受知曾文正公參辰箕斗分離析君今又去誰與同送君遠道飲君酒悲愉乖合亦何有掃除萬事勿復究侘傺抑鬱令人瘦

夜

風吹庭樹颯蕭蕭深夜誰同伴寂寥一點青燈閒凭几靜聽殘雨滴芭蕉

登燕子磯

維舟觀音門言登燕子磯山河信壯哉星羅而天圍蒼茫幾千載興廢如奕棋得人爲金湯失人成沸靡韓彭

不可呼重險一朝夷傷哉廣武歎無貽劍閣嗤

偶書

少日苦求言語工九天九地極溟鴻豈知無限精奇境
盡在蕭疎闇淡中

李申甫方伯見贈原韻

江東劍北夢思頻忽漫相逢楚水雲霜雪人俱侵暮景
湖山天爲與閒身異時上將揮神筆滿座諸公照德鄰
回首廿年成一夢秋原宿草幾陳人

讀史

摧秦首事獨重瞳未讓龍髯仗狗功遺廟千秋偏見毀

二八八

可憐成敗論英雄

讀吳柳堂吏部遺疏以下己卯

鼎湖龍去影模糊松柏蕭蕭舊事徂豈謂孤忠餘下土獨持一死正皇儲百身莫贖秦鍼虎千載重瞻衛史魚袞袞諸公如束筍幾人血淚灑青蒲

偶題

淵明五言貧更澹放翁七絶老逾清閒來試取一編讀何異魚山聽梵聲

芭蕉

舊種芭蕉六七本欣看一握已青青老夫不爲工書計

聽取深宵雨滴聲

秋夜即事

古人吾不見薄俗爾誰親秋雨初涼夕閒庭獨坐人蛩聲吟砌苦燈影動墻新插架陳編在憑渠老此身

秋望

晚霽江天豁新秋物色涼幽花棲宿雨高柳餞斜陽秔稻經時熟杯罌破鼻香時艱欣歲稔更惜日持觴

秋懷

涼飇警秋序大火西南徂六龍不我留蕭蕭鳴蟪蛄寒燈耿虛幌木葉下空除深宵卷書坐萬景淒以孤朝來

攬明鏡霜雪盈髭鬚感喟步中庭怛然增鬱紆横目營一飽偉抱腹九區疇昔少年日抗意追唐虞瓠落竟無施流光駛奔駒殁斂天淵懷狎蕩從樵漁

月夜江行

遥岑涼月上深夜大江明銀界三霄迥金波萬疊生魚龍迴夢寐風露颯淒清縹緲非人世吾行訪碧城

夜登晴川閣

霜高野迴浩無聲河漢西流北斗横傑閣拏雲天一握大江流月夜三更椶鞋桐帽無人共汀鷺沙鷗與我清塵世勞勞真醉夢若爲静處老餘生

范月槎觀察以歐公生日招同人讌集愚園即席
賦此
廬陵蛻去已千載我輩重來醉此筵好事風流誰嗣者
高名前後一潸然當年慶曆開皇極特詔天章納衆賢
今日朝廷需望散幾時嶽降佐周宣
雪夜課經圖爲方生寶彝題
生兒何須似仲謀愚且魯乃取公侯杜陵正誚陶彭澤
有子賢愚勞百憂深宵老屋風颼飀急雪打牕研簾鉤
青燈熒熒室幽幽低頭縮項聲嚶嚶勖兒上下窮千秋
躋攀子姬蹈軻邱客聞此語乃大咲何異揄枋搶鷽鳩

所貴俊傑識時務今日豈復古初俾堯舜糠粃竟何物
枉持萬卷輸兜鍪穿裝唶廱賜銅穴販繒屠狗冠沐猴
父母黃金兒亦得要厲八極横九州不信但看溟海上
長鯨横掣萬斛舟古來孫康寒夜手一册豈聞常侍三
更走馬縛取淮西酋

題范月槎大雨覓句圖

詩人秀句出寒餓鏤鐫肝腎眞無郵破帽籠頭硯水冰
寒雨打窗窗紙破苦吟正爾坐窮愁卓午炊煙冷土銼
丈人門閥冠雲霄富貴祉壽華纓影招搖儴佯豈不善
胡亦慕此喉吻焦窗前袖手隱几坐寒聲瀟瀟響芭蕉

固知鉅才無不可遠心曠度神理超已甘憔悴斁下士
更夢煙雨從漁樵但憂此物工爲祟累公囊空客無幾
快焚筆硯羅管絃晴日開户看青天

奉酬姚慕庭丈濬昌見懷原韻二首

白門秋水霽時望暮禽還忽枉天涯訊來從江上山想
公在空谷高詠出塵寰歎息經年別相思兩鬢斑
一國眞槐夢孤懷共杞憂驚心問胡徼舉目望神州長
夜何時旦浮雲忽變秋山中芳杜若歲暮可淹留

贈朱生銘盤

韓國產精鐵乃自冥山陽川涸山爲裂一朝夜吐芒天

地鼓大爐熾炭天地裝龍虎忽騰上雄出爲干將希寶
甯復有欲持貢玉堂美人在何許路絶川無梁吁嗟且
置之慎勿投道旁千鈞重一發即鹿懼亡羊祥金戒躍
冶良賈在深藏尊養會純熙勖哉韜其光
昭代盛文藻桐城今所推崛興得湘鄉大塗闢千朞嘉
子出海隅溯源識津涯茲事貴孤詣走昔聞之師皤腹
牢百怪巨手劙兩儀赤身突虎穴精耳調牛鞞窮極闇
莫處鬼神不能窺洞出九幽底忽焉曠且夷志士誠刳
心我願更進之六經赫如火聖哲心精垂行爲率土冒
言爲百世治幸生周孔後小技甯自卑一勖踐其奧再

勖大其施
名區佳山水蒸鬸孕奇尤英英范與張騄駬驂騏騮與
子總六轡駸駸馳椒邱愧阨九方歎逸足忽並投敢云
夜識道庶共持其斡王良飛上天房精光忽遒龍媒一
朝盡在坰紛轃駒遇罕意彌珍惜哉難久留合并不可
常迴腸增煩憂况聞子疇昔佳士復顧周遠聞輒心許
想像鉶發眸因子一寄聲新月海東頭何日渡江訪吾
當具扁舟朱生泰興人范生當世張生謇通州人並從余游者顧錫爵如皋人周家祿海門人皆以文行知名未之見也

宋徽宗畫鷹

老搓勁翮森崚嶒縞素便作風棱棱神鋒俊爽何乃爾

知是宣和御畫之雪鷹生綃一幅懸粉壁杉雞竹兔俱凌兢千年流傳此遺物我爲摩挲喟且憑憶昔瓊林開廣讌龍翔池上水如練承平終日灑宸翰珍羽奇毛來四面文禽天鹿鸑鷟鵠從臣環觀歎且羨一聲白鴈野鷹來通津門外騎如雷舉族北行須臾事三館圖籍如飛灰五國城中風雪饕平沙大漠蒼鷹高二十五載宮中樂紇干山頭凍殺雀

濂亭遺詩卷一　終

濂亭遺詩卷二

武昌張裕釗著

曉泊 以下庚辰

孤棹寒山外荒村亂水濱橋梁通小市鮭菜集清晨泥雪鴻留記滄波鷺自馴浮生信飄泊天地與陶甄

空堂

悄然羣籟寂塊獨坐空堂細草上幽砌新松隱短牆門無車馬客室有旃檀香欲說此中意陶公言已忘

題愚園主人詩册

柳州愚詞歌愚溪愚園主人欲與齊莫漫陋今更榮古

人中誰謂無駃騠
璀璨新詩三十六眞如百斛瀉明珠大巫小巫可相見
我欲和之一字無

閨思

清晝簾垂地微風動組紃游蜂絓檐網歸燕落梁塵妾
思夢中夢郎行春復春玉階舊行迹惟見綠苔新

雨過

江天新霽好林表暮光分斜日映殘雨清風捲亂雲竹
涼新葉戰荷溼暗香聞頓覺炎歊失閒緘拂簟紋

高閣

高閣臨虛曠蕭然百慮删卷簾招白鷺欹枕看青山常
得一尊滿拚從兩鬢斑酒徒朝有約卓午且開關

新秋

涼飈一夕送秋生幾日江天雁影横燈火漸依虛幌動
簾櫳新放小軒清疎林隱見星河影深巷迢遥砧杵聲
節序催人成老大一杯在手共誰傾

漫興

飄忽儀璘轉太清浮生擾擾百無成車輪無角那得住
棊局中心最不平屈子問天劇悲憤魯陽揮日空精誠
十有二萬年中事解者長沙賦鵩生

夜坐

飲酒思元亮，幽居類子雲。深宵移燭影，獨坐對爐薰。風起流螢亂，庭空墜葉聞。壯心消折盡，甘與白鷗羣。

弱水

弱水終難渡，神山不可求。熊彪多隱霧，蛟鱷盡乘秋。來日憂方大，諸公善自謀。獨令閶闔上，旰食問共球。

蚤起

漏盡不成寐，開門秋氣清。蟲飛窗欲曙，燈灺室微明。寒

析依稀斷殘星三兩橫青天高澹澹散髮倚前楹

夜

凭几高齋暮卷簾涼月生魚牀波影黑蛛網露華明卅載埋長鋏餘生親短檠明朝棹孤艇浩蕩五湖行

山澤

山澤淹園綺朝廷用禹皋即今猶鹵莽至竟孰賢豪風急流螢亂霜空雁羽高一尊聊自遣妙理屬醕醪

書院庭中枇杷一株同治辛未之歲余手種也今十載矣垂蔭滿庭而吾尚客此感時撫事爲賦

此篇

庭際枇杷樹當年手自栽十年今美蔭孤客未歸來生事甯堪恤時艱實可哀後來誰氏者知我念如灰

月落

月落星窺牖風迴露滴琴飢鼯驚走桂宿鳥靜依林老歲厭塵事幽居多苦心茫茫寰宇內何處白雲深

范月槎文屬題棲霞寺殘碑拓本碑文陳江總撰李霨書

棲霞留片石嶺海記迷津太息天嘉後惟餘布上人筆法傳羲獻齊梁尚繼蹤滄桑千載後細意辨南宗

秋日登城南樓

落木亂高下蕭條江海秋長風吹大野寒日下高邱天地幾銅狄煙波一白鷗乘槎猶犯斗望遠不勝愁

不寐

倦客依孤枕淒清夢不成高天一雁過深夜百蟲鳴遠柝斷還續殘燈翳復明獨憐窗際月相伴耿餘清

古詩

驅馬西入關迢遞望秦嶺坱軋咸陽城九衢何侹侹赫赫王侯居絳氣燭參井華裾競趨蹌金鑣互馳騁省闥集金張朝堂坐魏邴九服懾威聲隻手持國秉喜怒變指顧風波生俄頃計讐錐脫囊寵移兵在頸禍機一朝

發鹿駭更能挺高衢信搴趨危轍實孤警徒步復歸來
東皋候鼀黽

靜夜啟重閨步出中庭前園林悄以寂葉露一何鮮長
空舒白雲明月當中天乾坤實廖廓佇望復回旋無端
自生感欲語不可傳旁皇還入室傍架取一編作者已
千載讀罷爲惘然
地裂江海溢精衞孤銜冤梧桐竹實盡威鳳逝邱樊蒼
茫元精理一寒遞一暄寒蝶死相保豸蟲忽同燔千載
聖賢人莽莽歸九原可作吾誰與邈哉申屠蟠
退之勇衞道自以時無比撝文追卿雲著書排二氏飢

寒忽相迫曩懷挫復幾文章小技耳何其太自喜
屈平甘獨醒陶潛性嗜酒二端取相絜未覺陶公後眼
看一世醉皦皦當誰偶糞壤奪申椒黃鐘避瓦缶正須
一日中銜漱卯達酉客來但飲之甯復問誰某不肯醱
其醨識一未知九
衰柳搖清波黯黯弄餘暉生意能復幾歲暮自依依韶
華不可駐朝榮夕已痱四序遞新故萬古誰能違時俗
競窈窕我心非所希神仙徒荒唐服食不療飢衞武耄
猶勤伯玉晚知非庶幾保歲寒無爲後世譏
水涸天根見風氣日稜稜萬物清以肅吾心與之澄園

蔬經霜露鮮美味難勝新釀復已熟縹碧如黛凝銜杯望青山悠然白雲深慨焉思古人千載若爲朋

飲酒

武昌一老髯絲盈朽態衰容兀自驚病眼觀書疑霧隔枯腸得酒作雷鳴已無將相王侯念更問千秋萬歲名但把清尊送遲暮一鳩唬罷玉山傾

雨

秋中猶苦熱一雨澹驕陽氣已侵衣潤聲先著耳涼呼僮啟蓬户滿意向藤牀向夕逾繁響泠泠未遽央

秋夜懷人

新秋燈火動悠然坐高齋夜深草露溼明月滿空階幽蟲伴我吟趣似與我諧遠覽誠獨適寡偶良復乖清夜美無央惜哉莫與偕宿昔同心者茫茫天一涯相望不可見兩地俱幽懷安得生羽翼飛度江與淮

暝

日落棲鳥喧清風動池淥閒雲度高檐遠岫挂喬木散人暮無營緩步自成獨霜落紫蟹肥禾登新釀熟一卮且可倒數酌忽已足頽然倚虛幌遠鐘時斷續

子房

垓下歸來萬戶封子房奇偉孰追蹤少游圯上逢黃石

晩弃人閒慕赤松堪歎韓彭空走狗可能潛見測神龍功成不退徒移恨徒跣猶憐相國恭

海外

海外眞看更九州高天下地忽同流傳聞弱水西王母紛起人閒博望侯大鳥翩翻横海下天吳睒睗睨人愁司農歲發金銀盡博得蒲萄一醉休

愁思

一夕涼颸動園亭忽已非林烏催客起梁燕別人歸慘澹悲笳發蕭條落葉飛衰顔心已折節序況餘悽

日日

日日庭前數暮鴉年年江上聽秋笳山風落後時過寺籬菊開時最憶家果熟歡聲喧鳥雀香殘煙篆裊龍蛇曲肱一覺藤牀上夢去樊溪揮釣車

雨夜

深夜一雨過薄冷侵户牖挑燈起攬衣庭院深如黝泠冷風動竹離離雲見斗沈沈寺隱鐘迢迢巷吠狗靜景入骨清翛然把尊酒童子更起予開門翦園韭謂童且眠去我自斟酌久悠悠復已頹倒牀鼻雷吼

雪後吴山晚眺

不耐羈愁與苦寒踏鞋來上翠微巔千峰落照明殘雪

一道澄江侵暮天杳靄鄉關何處所飄零江海幾經年
酒徒苓落今誰在回首平生一愴然

崑崙 以下辛巳

崑崙高萬一千里旁開四百四十門百怪蹲踐候指使
羣仙出入看乾坤西北辟啟通扃鑰日月光明相吐吞
何物東方小竪子偷從織錦闚天孫

感興

憶昔平原入洛時鉅人一見歎權奇縱橫逸足金纏轡
苓落殘年雪滿髭江上閉門三日雨淮南落木一秋悲
伯牙寂寞鍾期死綠綺塵封壁網絲

秋雨

庭院蕭條薄靄浮爐香一縷散清幽梧桐淅瀝響寒雨
隱几無言天地秋

深夜

月光初半樹漏滴已三更靜室幽香影空階落葉聲衰
年孤寄在深夜一燈明寂寂子雲宅茫茫後世名

江樓

爤慢何心蹋九州閒扶笻杖上江樓京華北望在何許
碣石東迴感未休葭葦蒼茫江氣白秋梧蕭颯雨聲秋
謝安祖逖俱塵土一醉從銷萬古愁

九枝

九枝縹緲隔非煙，霧閣雲窗事惘然。大地縱横三萬里，高名前後五千年。中原得鹿無龍紫，岐路亡羊自涕漣。湘鄉薨亡興化（謂劉庸齋先生）逝，獨持危酒看青天。

紀事

維歲在重光，夏秋彗四見。蒼茫太紫愁，陵歷金火戰。訛言民萬口，推占論百變。惻愴是何祥，耿如炙阻嚥。蒼蒼天處高，何與下視譴。自古有司天，造此孰實先。重黎初傳述，甘石遞推衍。京翼逮袁李，米鹽益增羨。光色辨青赤，抱鏑察背面。聚井兆漢興，掩房告周禪。荒唐占星經

紛糾五行傳坐令千載下憂疑塞宇縣至竟果信否貞
宰誰與眄念此不能寐伏枕淚如霰

讀史

一治一亂雲翻覆天乎人乎風馬牛屈子歔欷哀下土
賈生痛哭感中流即看萬代千齡盡皇念三邊七國憂
傾罷濁醪酣午枕今來古往一時休

簡吴至甫

劇飲狂談碎百憂往歡一夕逐東流雙魚遠道慇懃寄
匹馬空陂汗漫游牛驥即今同皁櫪文章更用到韓歐
至甫書來每有論文語高秋極目腸堪斷直北孤雲是冀州

高冠長佩欲何之卒土餔糟户啜醨甯忍濡需宮豕鬣
卻堪謠諑妒蛾眉茫茫人海勞天問渺渺予懷獨子悲
日飲無何良計得沈憂空博鬢如絲

遣意

此老身如一葉閒蕭然蓬户對青山書聲夜雨青燈裏
帽影秋原落照閒更肯尋方烏白髮有示余烏鬚方者輒謝之有時得
酒赭蒼顏惜哉生後淵明叟不及披衣共往還
荃蘭蕭艾事堪哀温蠖真難兩眼開卷婁已於羊弃意
嬋媛可令鴆爲媒豈崙碣石從飛渡嫖闌寒門獨往來
廣野滂洋江不盡高憑碧漢看紅埃

對酒

我生七齡把書軸五十三年風轉燭少年意氣今白頭縮項拳身一蝸殼中遭喪亂風塵昏十載流離竄山谷衰拙更作杞人憂端居日效唐衢哭五侯七貴馳高軒君卿子雲入華屋紛紛於我亦何有獨倚孤雲眇天末千齡百代一山邱新人舊人荐相續飢飽苦樂度一世若爲太倉贏粒粟我年六十看若爾天縱假年幾轉轂脫巾且進杯中淥

唐貞女

尼山删風詩首録柏舟篇中壘繼祖述葳蕤列賢媛垂

之在竹素淑郁紛蘭荃餓死無失節精言出伊川聖哲垂明訓名節行所先夫婦人倫始萬化肇其原人禽與夷夏翳於此判焉青青萬萬古大義日月懸猖披騁囈語荒哉今世賢聽熒異域説土苴琳琅編聖制及民彝危乃一綫延衣冠速方謬閨閾秉義堅賴此足相媿庶使薄俗湔卓矣唐貞女無忝古所傳

泉水篇爲方貞女作貞女桐城方氏幼許同邑張傳榮未嫁而傳榮死貞女聞投繯不死卒歸張氏守貞今二十餘年矣

果行維蒙泉險難出山曲不假濯滌功天然絶汙黷霜

澄靜不波石出鑿可燭有孚日當心不懼澤滅木永爲在山清肯爲出山濁無絕此終古春蘭與秋菊

晚步

散步城東路深秋景物殊園柑蜷宿蠹場粟下飢鳥新霽衣裙爽斜陽杖影孤數峰江外碧欲返爲踟躕

秋晚

披衣鐘響動殘月在高樓暗牖蠨蛸曙空堂絡緯秋凍瓶棲井甃風幔上簾鉤獨對青銅鏡醜然梳白頭

九日李佛生以詩招同楊蓉初編修晨登清涼山次韻奉酬

佳辰勝地一登臺，太息江山幾代才。舉世何人肯聯轡，獨君招我共持杯。重陽自古皆如此，千載相望誰後來。痛飲且拚今日醉，日曛倦僕莫相催。

是日歸來復得長句再呈佛生

鄙夫疲羸科上槁，時俗弃置那復道。李侯亦是可憐人，西風寒蝶苦相保。九日招我清涼峰，更攜玉樹從婦翁（蓉初，佛生之女夫）。清涼山高出城中，江山千里來雙瞳。自是六代興亡地，流連近日思何窮。蒼茫暮色沈洲渚，澄江一碧磨青銅。鄉關西上在何許，落日孤煙空冥濛。海天一角東南望，高秋九月風濤壯。鯨鯢跋浪鼉黿驕，碣石三韓

曉巷燕子礙　亂帆交上下　應比下上

取汀

落日澹青山清風吹徽波晡夕泊煙渚客思渺如何人

生苦紛擾萬景自委蛇滄浪有漁父鼓枻方高歌

旅夜

維舟思已悽望鄉情逾緬旅人愁未眠靜夜江聲轉

舟出邵伯湖

舟行邗江上兩岸但平陸開帆出咽隘敞窗眺曠邈清霜卷老葑落日澹澄淥波淨行若空林遠望如幄衝煙白鷺雙插天蒼峰獨我生固瀟灑苦爲生事促對此豁煩襟一瞬亦自足

秦郵道中

十里長隄衰柳垂人家黯淡隱疎籬寒潮淼淼孤帆遠

氣悽愴黃茅白葦滿平原憑高極目愁心頹鳳鸞排盪無消息崑崙欹傾九河翻念此對酒不能飲欲題餻字口如噤歸來兀坐到天明爛漫黃花空似錦

曉發燕子磯

客行貪早發晨起豁虛幌大江屬清曉水天浩晃朗東眺連滄溟西瞻極漢廣海色金氣孤旭景紅波盪奇峰遞向背亂帆交上下雲端矯去翮煙中警孤響還見江頭人當門曬魚網顧與波上鷗浩蕩成獨往

晚泊

落日澹青山清風吹徹波晡夕泊煙渚客思渺如何人

生苦紛擾萬景自委蛇滄浪有漁父鼓枻方高歌

旅夜

維舟思已悽望鄉情逾緬旅人愁未眠靜夜江聲轉

舟出邵伯湖

舟行邗江上兩岸但平陸開帆出咽隘敞窗眺曠邈清霜卷老葑落日澹澄淥波淨行若空林遠望如幄衝煙白鷺雙插天蒼峰獨我生固瀟灑苦爲生事促對此豁煩襟一瞬亦自足

秦郵道中

十里長隄衰柳垂人家黯淡隱疏籬寒潮淼淼孤帆遠

正是邗江暮雨時

舟中月夜

停舫倚前汀江月初三五客子夜未眠清光入篷户啟户浩已淒凝霜蕩天宇一白渺千里珠貝盡騰吐白雲停孤光遠峰皆可數時有水禽飛微聞幽浪鼓清景得邂逅人世沓塵土明發更風帆茫茫何處所

贈邱履平 心坦

海上崛奇一男子當年壯志碎轒轀孤軍疾戰雲橫陳徒步歸來草翳門坐對江山生髀骨獨將詩句訊乾坤大招挂壁無人問太白高高海水翻

漂母祠

一飯淮陰市，千秋漂母祠。風塵餘邂逅，容易識英奇。屠釣原多異，艱屯殊未涯。吁嗟市兒眼，尚不辨袁絲。

送黎蒓齋使日本

絕域滄海東，積水青天外。徑絕風雲通，波起宇宙隘。御空馳飈輪，拂日建雲旆。使節上重霄，書生眞一快。乍揖王母歸，復指扶桑邁。朝廷重珪璋，蕃戎瞻結繪。六合今一家，單車窮兩戒。所以重皇華，貴在解羣會。策鼇謹銜轡，然犀燭姧怪。要能衄機牙，坐令解椎紒。睒睗戢蛟螭，筐篚貢鶼鰜。楚踣金

銀臺繚繞黄河帶待袖東海歸一洗雲夢芥

贈李芋仙士棻

昔我與君游京師拍張跳盪好男兒湘鄉老眼賞神駿
一見識是渥洼姿於時海寓方全盛禹皐揖讓夔龍詠
長安市上走輕車縱酒夜闌看斗柄競雕詞賦揖鄒枚
旁搜蒼雅諏許鄭瞪目大笑羣兒愚致身當輔
天子聖一朝大盜起五管風塵暗天箭滿眼三十年間
事翻覆鴻鸛鶘鶴渺分斷皖江覿面苦匆匆蒼茫廿載
各西東南箕北斗長相望滄江日暮號悲風春申浦上
一握手傻絕相看俱白首豪氣尚復湖海人頹顏已作

支離叟山隤木壞痛宗臣宿草新墳感知舊癡頑落拓老不死衰窮猶共困奔走窮途白眼事堪憐維揚誰管杜樊川徑須歸去荒江上峽聲喧枕酣晝眠

楚襄王 以下壬午

大王風竟不能雄嗽獲真看一旦中不見蜻蛉與黃雀坐看鶤雁復鸝鶖蕭茅糞壤充幃用纂組琦璜結飾工愁絕他年江水上皋蘭被徑落青楓

步李佛生晚涼出游原韻

佛笙先生自笑狂脫巾散髮去追涼即事節竹一枝好何處芰荷十里香信有野鷗狎滄海可憐雌雉在山梁

斜陽澹澹清江遠放浪人閒更底忙

佛笙甚貧而苦吟不已更疊前韻調之

短李窮愁老更狂喜從熱惱得清涼苦無蜀漢千頭橘
夢想南風一瓣香被髮終年吟澤畔褰裳何處望津梁
新詩不博逐貧用爲問先生何許忙

悲秋

至今阮籍爲身謀滿眼山川忽變秋衰朽誰栽豪士賦
夢魂長抱杞人憂敢云藿食憂天下可禁横流徧九州
流水桃花杳何處欲從漁父棹扁舟

靜夜

平生與俗馬牛風，老更誰人念此翁。獨有幽蛩最親切，一宵伴我月明中。

淮上即事

蕭蕭景物澹殘秋，杳杳征帆挂客愁。山畔微雲明佛寺，柳陰斜日泊漁舟。浮生浪迹何由住，終古清淮自在流。但使殘年猶健在，長憑一艇釣滄洲。

送別

客舟解纜忽飄然，獨立江頭欲暮天。渺渺孤帆半明滅，倚筇望斷夕陽邊。

溪上

清磬一聲揺遠天漁舟歸去水生煙飛飛白鷺向前浦
獨立斜陽暮靄邊

偶步

一抹青山薄靄横踈林斷處夕陽明村中日暮閒無事
步向東溪看月生

江暝

斜陽衰柳外歸鳥暮雲端舟子挂帆去空江生暮寒

無題

奔峭挂殘雨平湖澄晚明煙際扁舟杳鴉軋聞艣聲
徹雲耿殘夜落葉在江樓湫莽空江裏風波生旅愁

秋花寒抱砌暮雨氣侵簾危酒深深引爐香細細添
煙水靜無人浪紋自相逐斜日入菰叢鵁鶄相對宿

無題

引商刻羽誰爲聽出户看春信所經伯樂無人牙曠死
獨餘柳眼向人青
桑柘陰陰柳絮稀平田渺渺鵓鴣飛前村一抹炊煙起
處處村童騎犢歸
寒月飄天雪滿松短檠深夜伴龍鍾栗魁煨熟如灰燼
眠去曲肱聽寺鐘
農家夏日最奔忙偶趁清風追晚涼夜月柳陰人未寢

邨翁荒渺說隋唐

邨落人家溪水西平疇十頃綠秧齊老農向晚荷鋤去
暮雨蕭蕭布穀嗁

無題

藉草坐溪上心與流水遠冉冉藻荇漾粼粼白石見游
鯈清可數日光炯莫遯落花逐輕湍婉孌相回轉

舟中雜咏 以下癸未至戊子時主講保定蓮池書院

叢蓼經秋江慘澹自交午不知芸生民與汝誰辛苦
容與漾輕舟菱葉何汎汎自可任波流不堪持作鑑
敗葦倒清波枯荷堆寒浦秋風一以動漂泊誰爲主

迅羽薄層霄潛鱗依寒步浮沈各天機終古不相喻
葦蕩中哈呀鳬鷺爭汎濫甯識江海寬隨波自澹淡

安州道中

孤艇蒼茫去平湖自在流人家煙樹際縣郭水邊樓寒
葦澹將夕疎林颯已秋飛飛雙白鷺故向遠村投
菰蒲深處住人家楊柳陰陰四面遮白板扉前孤艇繫
一灣流水浴雛雅
斷霞明處白鷗飛浦漵縱橫迷所之葭葦蒼茫煙水闊
望中何處一帆遲
當時走馬長安道歷歷蓮橋記舊游今日扁舟橋下過

回頭三十二年秋
蘆汀葦蕩碧無際雲影天光靜與涵今日風帆何處所
煙波滿目似江南

舟赴天津計日與至甫相見

淀水東流去羈愁相與長夙心懷舊侶暮氣動新涼一
鳥飛寒水數年明夕陽晚來無限思葭菼自蒼蒼

讀陳璉哀洸口詩

霸氣東南事已休況緣貝錦弃良謀信陵憂死大梁留
李牧讒誅全趙收吳下新謠黃菜葉秣陵遺恨白浮鳩
敗亡覆轍一邱貉江水千秋東北流

歌風臺

漢皇東破布軍還游子悲鄉淚自潸芒碭風雲懷猛士枌榆父老識龍顔千年魂魄猶思沛一代規模想入關終古長陵原上水故應流繞兖徐閒

春感

何處春風叫紫鵬深宵愁劇不成眠鄉心與月同千里客舍看花又一年箕斗簸揚天漢上祲氛離合海雲邊便須撥弃人閒世逕向蓬萊訪偓佺

春日登樓

樓高出萬井春至一登臨草樹覩生意關河動苦心倚

欄天地闊漂梗歲年深浩蕩懷今古餘生獨撫襟

無題

太行西來俯全燕千峰萬峰青巉天左出居庸走東海横捩有若龍蛇蜒

孤憤

議和議戰國如狂日論紛紛實可傷萬事總爲浮僞敗一言無過得人强盡焚芻狗收真效甯要東蠡列衆芳獨把罪言欹枕讀一聲白鴈淚千行

百年

百年伊洛此其戎辛有誰今擅達聰萬事悠悠無可説

一心耿耿有誰同乾坤不柰天胡醉今古甯聞日再中
千載乘除盡如此湘纍枉用悲回風

尋梅

老夫衰嬾終朝臥端爲梅花發興賒江上正思雙屐去
籬邊忽放一枝斜薄雲微月澹無影野店斷橋寒未涯
帽影翩翩何所住一尊判醉野人家
前溪月上見清影野寺鐘殘聞暗香如此風標眞曠絕
爲渠惆悵端相望百昌在地猶潛伏孤植先天獨自芳
始信霜中傑出者不偕羣卉共行藏

遣興

姦雄惡少皆封侯鄉里小兒鼯鼠裘志士掉頭潁水去

可憐濁酒涴清流

佳人

西方有佳人朝霞耀穠李樓閣上紫霄琅玕被玉體俯

仰若神仙貴盛誰爲擬霜露歲忽晚二豎巧相抵輾轉

衾幬間晻晻日西靡覩此爲心悽衷哀不能已我有紫

金丹可以起人死願言持相贈重門深萬里惻愴無由

施淚下如流水緘之篋笥中湮鬱至沒齒

龍宮篇

傳聞大海底乃是古龍宮萬寶裒樓臺突兀上層空蹉

跎歲月淹頗受濤浪衝箕踵稍齧蝕榲桶剝髹彤龍伯喟然興疇哉若予工巨魚首騰出金木臣能攻噴沫呼其朋鮰鱨鱧鱮鮦大者鰹與魱小者乃活東鱕鰽揚其斧當魱頁其杠蟛蜞及詹諸蹣跚而相從曾不知海大乃云與天通長鯨睍其旁箕眼射波紅修尾黛一掉咄哉怖殺儂

擬古五首

饗帝奏鈞天荒哉鶉首賜勛華似子姬一朝俱掃地甯知二千載蒼天復此醉酒星耀光芒北斗揚其觶傾瀝灑八紘四海皆鼎沸巨鼇擺足摇共工觸柱碎騂馬䟦

浪出百怪騰自恣大瀛一皷蕩兩儀危欲蹪即之耳目
震念之心膽悸來者方萬年茫茫將何至
蛣蟯工轉圜糞壤則叢之天地所賦予逐臭情不移青
蠅實同德臭味無差池駢頭並競入啖咋甘如飴燒薙
倏一炬焦沒無復遺鳴蟬在高樹愔愔彈朱絲
開第康莊衢稷下乃談藪雕龍炙轂輠一鬨相聚處衍
也工談天羣吠推爲主遠窮九瀛海上極萬萬古一一
指諸掌僂指皆可數高論振喑聾千龍亦首俯曾未能
知十荒哉說二五謬誤實多涂咄咤誰敢侮雷同相附
和萬竅幷一鼓翩翩桃李花寂寂無一語

三九五

昔聞廣成子乃在崑崙邱呼吸天地精百體堅且柔晏然合溟涬萬歲猶一周願往求其術相去已千秋寥哉不可接海風吹九州大明忽西傾怪鴟鳴啾啾如何仰俯閒乾坤邈已幽長嘯激悲風逝欲乘桴浮

西方盡白馬東方青駹馬北方烏驪馬南方盡騂馬馬一百萬匹騰驤紛在野我馬既已閑我車又已堅黃金爲馬勒珊瑚爲馬鞭車輪轉百寶眩若流波旋王良策其後大丙御其前放意即長路四顧忽茫然東出有東海羣水浩飛翻西去阻大河盤渦千雷淵太行塞我門岞崿而巑岏投鞭坐歎息淚下如流泉

豔歌

芸芸蕙蘭花盈盈中閨女絶豔兩值遇靜對默無語微風散幽馨菲菲自襲予悅焉不自知心醉入肺腑形神兩俱釋夢寐魂相與可待雙玉佩相要彼洛浦太息誰與言脉脉此終古

客去

大德固包荒賢愚何算焉顓顓獨不化難與俗爲緣獨處恆自芳有遻乃不蠲蹙如蘇糞壤舁以置我前日稷來客去閑軒望青天長空一何寥白雲澹若仙前山氣佳哉流水復悠然

連日晴霽中秋忽雨苦悶戲爲長句

嫦娥狡獪故相惱不放今朝一寸杲連宵瀲灎委金波
滿意明朝好懷抱晨起搴帷忽惆悵泱漭游氛塞晴昊
空堂冉冉漸黄昏淅淅繁聲響梧槁旦暮佳惡工舛錯
何況萬事苦顛倒漢文心歎馮唐少武謂少優臣已老
鳰[illegible]剌天鳳凰囚蹇驢艘路驥伏皁鼎彝銷冶作釜鬲
杞柳戕賊成栲栳伏波冤憤南海珠卞和痛哭荆人寳
人生能得幾中秋况復千秋不常好盈缺三與五相推
成虧百甯一可保念此侘傺增悲傷謂天蓋高無所禱
浮生誠復困乖互造物無乃實忌媢萬古浮雲蔽天地

喚取清風快一掃

傷春

南飛燕燕北飛鴈青青又徧江南岸江南二月好春光
可惜流年暗中換春光歲歲復年年愁人夜夜達旦旦
空外北斗轉迴環蟋蟀鳴罷鶗鴂喚昨日鸝黃今鶡鴠
秋天吹墮扶桑枝漆室孤嫠起長歎湛湛江水青楓寒
眼看海枯石亦爛

威鳳篇

威鳳下丹霄飄颻來紫庭光色燭宇宙再撫周八溟音
響一何遠雝雝諧咸韺白日忽再中天地穆且清一朝

增翮去曠世不再鳴仰視羲和車冉冉復西傾恍惚閒空外乃復有鷫鷞雖乏摶風翼頗能繼其聲后夔去已久顧視莫誰聽徘徊無所止高厲浮雲征西游閬與崑東翔蓬與瀛

放行歌

今日忽不樂杖策登南山灌木翳廣谷荆榛蔽平原羲軒堯禹盡塵土伯翳庭堅不可攀矯首東西南北望但見昔時邱與墳前有萬萬古後有千億年我生胡獨於此閒蒼天蒼天高高上無極使我心悲抑塞侘傺不能言

無題

盲風動天地日月寖已馳羣芳盡凋落繁華復幾時馨香空抱獨出門安所之鵜鴂盈山樊孤鳳獨爾爲是以商山翁一往不復疑

步王晉卿見贈原韻

我屬閒君語當仁不讓師嗜痂偏有癖送喪更多奇鵬鶚誠縣矣雲龍忽媾之衰羸態角逐幾欲去其旗

偶書

向日交游斷鴈分匡居終日對爐薰曳藤閒倚庭前樹岸幘時看天際雲苦愛林泉虛報

國恨難贊盡日論文晚來更向池邊立靜受清風漾縠紋

春日雜興

東風吹庭樹數日萋已緑離離堦下草亦復豐且縟郊外更紛繁青紅爭簇簇山容換春姿池波動新淥天地本無心時哉妙轒轆人道亦如斯元風嗟已邈仁皇穆垂衣生民何其福

夜坐

耿耿明河轉屋隅娟娟涼露溼階除風聲滿院鴉翻樹燈影小樓人讀書終夜有聲聞絡緯衰年無寐似鰥魚

似聞雨足秋成稔明踏城東看蓺蔬

夜齋

晚雨過高城青天萬里晴端居恆不樂騁望若爲情海氣纏秋殺鄉心懸月明清砧與畫角一弄作秋聲

讀鬼谷子

赤文緑字萬萬古天遺祖龍付一炬聖籍燔弃誠可傷百家屏絶良亦愈雕龍談天炙轂輠豈不與世爲大蠹炎精蕩滌地天開稍求遺書裒鄒魯詩書掇拾出秦餘千百尚未能十五爝火螢燄翻有靈爭苗有似禾生穭鬼谷晚出尤怪謬七術縱横安可語儀秦挾持游諸侯

赤舌燒城焦九土原野脂膏川流血傷哉此毒何太苦自從西京更百代朱紫元黃益難數聖伏神徂兩儀幽虎逝龍亡百怪舞學術紛歧道亡羊姧邪依附翼傅虎安得咸陽然死灰更與一燭圖書府留取六經作菽粟盡焚荼蓼薙榛莽宇宙清穆返結繩大庭赫胥快一覯

崇秩

崇秩冠三輔強宗壓五陵風雷生謦欬燕雀盡鶱騰流水門前騎明珠海外琛一朝身死後弔客有青蠅

逝影

輪轉梭飛不可留滔滔江海日東流世誰與我復青眼

少不如人況白頭鳳鳥河圖千歲邈荒臺老樹一時秋
座中佳客尊中酒了卻殘年萬事休

罪言

竟觸鯨牙捋虎鬚咄哉此舉謂良圖積薪不解先移突
發弩能禁後脫弧豈有療飢餐毒藥可憐從瞽問迷途
噬臍它日寧堪說十萬橫磨一擲輸

不眠

耿耿寒燈人未眠中宵百感忽茫然芸生大抵褌中蝨
塵世寧聞地上仙滿眼風霜侵暮景回頭哀樂愴中年
白衣蒼狗終何許怪底三閭欲問天

夜飲

霜雪盈顛已嬾搔，一瓢政可手親操。清風乍起楸槐響，缺月已低星斗高。世上幾人悲曉鬢，尊前萬事渺秋毫。君看徐傅同時盡，爭似柴桑醉濁醪。

天末

天末人何處，堂西月漸低。老人愁不寐，夜夜野烏嗁。楚北斷消息，海東無鼓鼙。離憂一萬斛，應與太行齊。

緩步

兀坐終朝靜掩扉，偶從食飽步餘暉。寒波微漾魚爭出，夕日初沈鴉亂飛。閒日偏宜籠醉帽，秋來漸欲授寒衣。

白頭久厭人間世何處一庵眠翠微

雨後

門館蕭條揚子居微涼新喜晚晴初霜天橘柚寒初熟夕照園林畫不如生計但須三畝秫窮年安用五車書園丁舊買金鴉觜已辨荒畦雨後鋤

感秋

浮雲起西極奄忽東北馳商飇振大野頹陽傾逝波重陰黯天地時節忽蹉跎依依堂前柳青青石上蘿婉孌復幾時坐見叢枯柯飛飛黃蛺蝶尚爾相婆娑天運不可違爾能如命何

古意

南國佳人悲曉霜水精眠夢殘沈香通犀宛轉復宛轉
金塘飛去雙鴛鴦排雲拂霧上高閣五城十二樓相望
琚珮瑶璫凝且翔迴身顧影步生光東家有女年十六
獨坐空房蹙蛾睩金鞭寶馬誰家郎往來蹀躞空游目
君知憐妾顏如花君不念妾身如玉藍田寂寞玉煙荒
盤龍牢鎖銀屏曲

血書圖歌爲宜興崔節婦作

節婦今京兆周君某之女弟爲同邑崔某妻崔
應禮部試居周京兆所節婦從焉頃之崔病死

節婦誓以身殉其母與兄以姑在義不得死沮之節婦乃刺血作書寄姑具言狀越數年節婦亦病死京兆令畫者作血書圖紀其事

青楓慘慘蜀鵑喚銀缾素綆中分判妾誰爲生夫已亡妾欲死夫姑可惋可憐對蘗復治絲妾心更比絲紛亂刺血寫書坿與姑血縷著心分注揓二千二百二十字一字一縷血痕漫素蛾魄死青天泣湘竹夜裂蒼梧斷海水可枯石可爛此血千年不可磨碧影迢迢在河漢

塞北花

塞北之花江南雪兩者一例易銷歇今雪在北花在南

終能幾日相戀貪本來抱質不牢固生縱得地時難淹
繁華爛熳徒爲爾大造終古自温嚴君不見高岡松君
不見古井水無冬無夏長如此物之生貴自立耳

秋風歎

庭前秋風響颼颼大地一夕移壑舟清揚婉孌者誰子
昨日緑鬢今白頭白日西馳江東逝居其閒者誰久留
君不見西指咸秦東伊洛大梁建業皆王都百代過眼
如飛鳥驚波一瞥千浮漚山川城郭闕帝后甯異過客
更星郵揮斥風雷剗蠡日月萬仞劃墜何其遒繁華歌舞
今誰在千年惟見水空流

無題

昔時霍嫖姚威棱何壯哉百萬馳大漠北上單于臺歸來缺三字甲第自天開蹋鞠咸陽市萬人爲奔摧徒憑漢皇寵路人誰敢咍封狐得猛虎掉尾干風雷浮雲改朝市昆明換劫灰得問驃騎宅柏梁久蒿萊綺甪獨了此高枕商山隈

無題

自少耽寂寞所慕非華軒沈溺墳索中才屛好彌敦冉冉歷星霜鬢雪忽已繁有時塊獨居中愉口難言顧彼塵俗慮偶亦侵靈源雖復旋揮去未能芟其根餘年倘

我假庶哉内能鞬慨焉懷古賢高風一何騫

姚惜抱論書絶句第三首云雄才或避古人鋒眞脉相傳便繼蹤太僕文章宗伯字正如得髓自南宗余謂太僕於史公誠可謂具體而微若宗伯書以右軍筆法繩之正乃同牀異夢耳

眞脉從來幾輩知虚名休被古人欺南宗自有麒麟髓其奈華亭證解支

次袁爽秋郎中昶見贈原韻

別來不記幾寒暑憔悴時危一老翁舊雨偶同雲會合眞愁能與雪消融王城浩浩著君隱世路悠悠誰我同

百感紛紜從掃卻且拚爛醉荔枝紅

雜興

品庶鬭隙中達人邈天外有生同擾擾宙合一何隘曉鐘羣動作扶桑開天靄賤者營甌嬰貴者耀冠蓋寸心各有營惟力所能届當其互相競錙銖甯少貸雞鶩爭黍粒蠻觸戰纖芥驕債成毒螯奔馳吁可畏嚴陵揖光武把釣七里瀨高風薄九霄俯首視嵩岱

雪

推枕窗光眩兩目起驚庭樹千枝玉連朝醞釀尚逶迤一夕嚴霜何催促廣庭蕭索羣動靜時有寒聲聞折竹

倚檻渾忘冷侵膚一片瑩淨看不足卻思野外真瓊海

將習家池第二句習字改移入第四句

誠慙朽株君等競蓓蕾枝蔓相縈結戀嫪不可改乖合

百感紛紜從掃卻且拚爛醉荔枝紅

雜興

品庶闘隙中達人邈天外有生同擾擾宙合一何隘曉鐘羣動作扶桑開天靄賤者營饘鬻貴者耀冠蓋寸心各有營惟力所能屆當其互相競錙銖甯少貸雞鶩爭黍粒蠻觸戰纖芥驕債成毒螫奔馳吁可畏嚴陵揖光武把釣七里瀨高風薄九霄俯首視嵩岱

雪

推枕窗光眩兩目起驚庭樹千枝玉連朝醞釀尚逶迆一夕嚴霜何催促廣庭蕭索羣動靜時有寒聲聞折竹

倚檻渾忘冷侵膚一片瑩淨看不足卻思野外眞瓊海
高下川原萬珠琲若爲扶杖最高峰縹緲荒寒出人代
漱滌沆瀣淩太清一洗腸胃蕩肝肺姑射仙人若可招
玉宇瓊樓直宛在誰能與此塵俗語終日蛣蜣轉糞土

張季直尊人七十生日

海上狎鷗客翛然鶴骨寒金經傳夜籙玉札醞晨餐一
老眞松檜盈庭蒔蕙蘭舉觴千里外南極獨長看

留别蓮池書院諸生

自我來畿南奄忽今六載顧惟顛木蘖謬當葑菲采我
誠慙朽株君等競蓓蕾枝蔓相縈結戀嫪不可改乖合

苦不常歸纜忽將改征鴻念疇侶欲去猶回睞矧與二三子別淚忽一灑離腸奔九迴糾若淮淵匯萬古聖與賢曠世不相待神合形終、暌志士涕如靧幸得並世生在遠亦何謂人生天地間有若桴浮海波濤一衝激誰能知定在努力追前修九州猶庭內

游習家池　辛卯時主講襄陽鹿門書院

碧山抱朱閣清風漾習綠漪滄浪一曲轉宵爾家池古人已千載即事聊一卮茫茫無窮世誰歟復來茲

晚登聞喜亭

高亭危峙俯潺淙日晚登臨興未降當戶一尊延素月

卷簾萬岫繞清江不嗟風物非吾土信美山川是此邦老去萍蹤任飄轉杜陵狂客我宜雙

眼底 癸巳時寄寓西安

眼底喧囂實可憐江河日下作深淵紛紛燕雀何足數采采蜉蝣空自鮮冀北名駒誰萬里遼東歸鶴已千年散人豈合知時事獨念皇家一愴然

秋夜

一夜西風水始波幽蛩又已饗園莎人拋塵事更誰問欲企前修柰老何燈影初搖書味永桐陰漸薄月光多

倚楹脈脈渾無聊坐看長空轉絳河
小院清宵秋氣清空庭風露欲三更月明微見鴻飛影

秋夜　繯園荷疑作繯園荷

枝頭殘雪立飢烏貪污成俗國維破砥柱無人士氣孤
世事久經歸袖手年除聊復醉屠蘇

濂亭遺詩卷二終

倚楹脈脈渾無那坐看長空轉絳河

小立階前秋氣清空庭風露欲三更月明微見鴻飛影
夜靜常聞犬吠聲依徑螢光時見滅隔牆人語不分明
東阡近可觀秋穫明喚籃輿郊外行

盤屋道中即事

策蹇秋郊古寺東臨風一笛暮雲空微茫村舍孤煙外
下括牛羊落照中水際牧童歸夕暝牆陰野老話年豐
鄉村景物真如繪堪歎人間馬耳風

冬暝

晚風蕭颯動寒蕪倚杖庭前一慨吁屋角斜陽喧凍雀

枝頭殘雪立飢烏貪污成俗國維破砥柱無人士氣孤
世事久經歸袖手年除聊復醉屠蘇

濂亭遺詩卷二終

（清）張裕釗 撰

張廉卿雜文不分卷

清鈔本

書藝文志後 癸亥

余讀班固藝文志甚高其辭與班氏它所為文異甚後讀司馬貞史記索隱引劉向别錄語則班氏志所有者往往而在然後知為向之辭而固取之者也固為漢書所取司馬遷楊惲馮商楊雄劉向父子甚衆今亶知太初以前本司馬遷三統秝本劉歆而已其它並已不可見而是篇傑然出於班氏之書考求而乃知其出於劉向甚矣文高下不可假也固之文於東漢人最為崟出而與司馬遷相如劉向楊雄較則不逮遠甚其中時有其辭之高而非固所能為者雖於今不可考然可以意

而知也。烏乎非夫昔之人所謂好學深思。心知其意者。彼且不以為妄言乎哉。

再書藝文志後 癸亥

余既辨班氏藝文志為劉向書又歎向之文至深懿於西漢季稱為最然於今可見者若說苑新序列女傳皆雜引往事近於傳記之書其所為文獨有戰國策目錄序及班氏所錄數篇存耳它亡者甚多余尤惜焉烏乎古書之亡者眾矣班氏志著古以來作者不可數其辭必皆遠出於今之人而十不獲存一二且余又觀儒者治經易春秋尤穿鑿乖異所以然者易以卜筮人之書亡而象亡春秋則昔人所謂不得魯史策書聖人褒譏筆削之意終無由知者是也使是二者存則聖人之意

豈不可見哉。悲夫尚書獨存二十九篇。歐陽氏至乃慨慕於日本殊域之僞册。至若詩小序真僞尚齗齗未已。禮經固缺略尤多也。六經聖人經世之志。而諸多不具。自茲以後。窮千萬歲更不可復得。讀班氏書。獨茫然以懸其慕思於百世之上也。又不暇爲諸爲書者悲已。

書鄭氏易注後 甲子

往者余嘗論卜筮人之書亡而易象亡。故易不可見。而昔人亦謂春秋以無魯史策書。終不得盡覩聖人襃譏筆削之旨。故是二經分離乖異。卒不可通。此學者之所深悼也。烏乎春秋之不可知也已矣。何也其義必坿於事。而事之存焉者寡也。後之學者。知其所可知者而已。其事之亡而不能盡知也。慎闕其疑焉耳。雖有聖人者作。亦不可得而知之也。至於易則又不然。天地萬物之情效。聖人察焉而著其象於易。聖人者雖已往。道常縣著於天地萬物。而集於人人之心。人殫盡其心以求其象之所比。彼聖人之周知而不遺者。誠不敢望矣。而未嘗不可時識其一二。由學者之憚盡其心。故其說終不可得而明也。然則象之亡也。非象之終不可明而治易者之過也。為漢氏之說者。鑿焉以言象。而非易之所為象。為晉宋氏之說者。一棄象不言。而象遂以亡。烏乎使使象而果可棄也。則聖人奚為是紛然者以疑後世也。道莫妙於觀其所感。通而之於無方。故聖人之必有取乎是也。故曰易者象也。象也者像也。舍象以言易而得失者半焉。迹之不存。而精亦無所麗而形矣。且彼之棄象者。亦非以象為果可棄也。溷於昔之鑿以言象者之誣而遂并弃之也。是又漢人之以象言易者之害於象也。是書蓋浚儀王氏所輯。而近人復坿益之。其中固不無可采。然至其爻辰諸說。皆偏詭無當於易。宜其為晉宋人所不取。而近世或猶有纂而述之者。可以為大惑也。夫學者於易象之尚有可求。顧莫肯一畫焉。而至於春秋之不可知者。乃必務求詭說以求其一當。獨何與。

鍾祥縣志後序 丁卯

榮成孫君某攝縣事鍾祥與邑人謀輯縣志而余適游於郢孫君以舊志所次建置沿革山川隄防藩封頗疏訛屬為考定已余復為孫君言志莫要於地理今既頗有緒當更為圖輔之因益為述晉裴秀氏所論制圖分率准望之説孫君召繪人屬余居旁指授復為圖若干幅顧余以客游苦孤陋無所是正又中值寇警蒼黃卒遽常用瞿然慮未能盡副孫君相屬之意也然余因是得盡識邑中疆域風土與江山之勝概暇日登城東北隅俯漢江而思禹迹攬蘭臺之勝慨然想騷人之遺芳（芬）

顧瞻四郊山川蟠結庶其有秀異博通之民伏處於澗阿之閒者乎余將往從陟絶巘蔭茂林詠哥楚人之詞以求其意滂徵舊事蒐採遺忘益相與遠想高寄於遼絶曠邈之境獨以是悁焉相羊悵望而不能已也

跋明三原焦公家書 戊辰

平江鍾君亦皋以所藏明三原焦公家書視裕釗。裕釗受而觀之。蓋公分巡河東時所示其子兵事也。公大節凜然。其書既可貴重。又所述戰事。多本傳所未及載。尤足以補史氏之遺。是重可寶也。始公以抗疏忤羣小。媾禍幾不測。後以僉都御史巡撫大同。不見容。卒罷歸。及公家居亢賊不屈死。而明亦未幾亡矣。明季流賊之陷京師。實自山西入。今觀公是書。戰績炳著。處處計畫尤周盡。使終官山西。竟其用。明疆事或未遽至是亟也。媢嫉之病人國。傷哉。余觀自古忠臣拂士。後世得其遺文手澤藏弆葆貴雖一字若弆璧愛之如不克見而並時之人乃至戕其身而不忌排陷之不遺餘力當其世者遇之而不見惜後人惜之而又莫能相遇古與今相續而胥若一也余莫之能知也悲夫書凡十紙其弟二紙弟三紙皆有公名印記弟九紙書王家允為王家印與史亦少異同治七年夏閏月二十五日武昌張裕釗敬跋

題毘陵趙氏畊讀傳家圖 戊辰

同治七年秋裕釗以送湘鄉相國之直隷總督任來江寧江寧承亂後殘刻一無有閒欲求故家文物先賢遺迹益渺焉無復存者矣俛仰今昔從友人述時事多可悕者一日陽湖趙惠甫司馬以其先世所謂畊讀傳家圖者視余余觀之則深慨慕若不可為懷也圖為司馬伯高祖副使君所傳其前紀自恭毅公以上至西溪府君耕稼讀書醞德善行為圖五次圖恭毅平苗事次末則所圖恭毅長嗣侍讀君也當 聖祖仁皇帝覆燾薄海內外於時臣主一德倚付得人皆得展其力用

銷患折難。應時有功。海内用以無事。至於乾隆之世。天
下晏然。百姓富樂壽考。而名臣之子孫。得以雍容翰墨。
追述前光。敦龎純固。文采功烈之美。照耀於來葉。豈非
國家極盛之時。事乃有若是哉。烏乎邈矣。

題完白山人石交圖 戊辰

同治戊辰秋裕釗晤懷甯鄧君守之江甯。鄧君出視裕釗石交圖。圖中為其尊人石如先生及上元梅石居先生相與集於寄園者。湘鄉相國取兩先生字名之。遺芬高致。怳若可接。所謂寄園故居江甯城北偏也。東南經亂後。所在焚弃殫盡。自裕釗來江甯。訪求往迹。蕩然無一樹石之遺。披斯圖觀兩先生之倘羊於彼者。怳焉乃若黃虞上世人。鄧君年今七十餘老矣。而裕釗乃遇於此。因得見往昔盛時前輩風流之懿。抑猶足幸者耶。深夜寒雨。時時秉燭譚舊事。可喟也。

書魏其武安傳後 癸酉

魏其既失勢引灌夫為援而其後遘禍乃徒以灌夫故不然魏其即與武安隙禍不至若是酷也且灌夫既抗為義烈之行自喜矣即又何取於武安之臨況魏其以為榮也進退失據適足以殃其身而已富貴顯榮之途庸鄙之夫十而八九焉意得志溢則貿然惟利勢之知而不復識其餘彼固其所耳達識之君子其有遇此則惟有正己而審其義之所宜處而已矣無所求逞於其間或乃不勝其褊志務欲以意氣相還以搏一日之勝其卒也乃與禍會可不謂大惑乎魏其灌夫之事可以

為烱戒者也嗟乎負才尚氣之士而期之以知道誠亦
難之若灌夫者固不足道自史策以來所記畸行烈士
往往而受禍若此者蓋不可勝數也彼其負絕俗之資
而齪齪者以卑瑣庸陋之材侈然而肆於其上無賢若
否而一切以勢轄之彼誠有所不可忍耳則夫不惜其
身之危而快志於一決豈得已哉豈得已哉烏乎悲夫

題羅少村都轉曾文正胡文忠手蹟册子 乙亥

光緒元年冬十月，裕釗自江南返里門，晤少村都轉武昌省垣。都轉出此册見示。裕釗盥讀既卒。竊以為自古名臣大賢遺墨。流傳後世。得之者莫不葆而惜之。況其身所親炙。並與有嚴事之義。書問往還。情語肫至。其為可寶貴。宜何如邪。裕釗以同治戊午始晤都轉於青山曾文正舟中。都轉年甫及冠。意氣偉然。而是時粵賊方蹦擾東南。曾文正胡文忠及今侍郎彭公治兵於吳楚之交。義聲竦動天下。今忽忽且二十年。曾文正胡文忠暨卷中張莊諸公皆先後薨逝。獨侍郎彭公幸尚無恙。

都轉亦年幾彊仕。而裕釗則且頹然老矣。大難既夷。方內歸寧。而裕釗與都轉相與追述往舊。乃若隆時盛事邈乎其不可及。有莫知其所以然者。輒以是撫卷太息相對欷歔而不能已也。

書外戚世家後 丙子

余讀外戚世家後。附褚先生所次脩成君衛皇后尹邢鉤弋夫人事。詞甚工。褚少孫宜不及是。然抑非太史公之舊。蓋如鉤弋夫人者。其時不相及矣。其楊惲馮商諸人之所為。而少孫取之者歟。方望溪氏謂是篇篇首漢興至居北宮史公之舊。秦以前尚已二語。及後迎立代王數語。皆褚少孫為之者。以今觀之。猶信然。余謂其後及李夫人卒云云。亦少孫妄羼入之耳。非史公語也。是篇前後摹次瑣事。絕可喜。而其閒時雜入褚少孫語。乃甚不類。譬如以敢礫錯珠璧中。知文者望而能識之已。且褚少孫生當西京之盛。文采冠絕古今。而其補史記乃卑陋鄙淺多可哂者。殆非人意所及。東漢文章之衰。蓋肇於此。然至於唐而士乃有崛出奮起於千載之後者。文字卓然。與前古比隆。人固貴自樹立哉。文之與時盛衰上下世俗耳。豪桀者奚謂然。

書元后傳後 丙子

班氏次元后傳居王莽前，著漢之所自亡，以尤成帝也。烏乎！漢外戚之禍由來漸矣，於成帝何譏焉？自高祖用權謀武力蹈秦項之瑕，遂踐天子。天下既定，任刀筆之吏，為一切之治，不復知治之有本，君人者之先自治也。是以宮庭之內，放無禮度，苟任情縱欲而已。身沒未幾，而呂氏之禍讎焉。漢不亡者幸耳。自是以後，弊制相尋，沿習為故。周勃之出，郅都之死，王信之侯，趙綰王臧之廢，一自太后主之。轅固譏黃老，幾不免。而田竇之獄，雖以天子是魏其，不直武安，而不能不絀於東宮。竇嬰灌夫。卒就夷滅。孝景用王夫人廢栗太子。及武帝而戾園且以反誅。衛皇后李夫人出微賤體至尊。而莫有非之者。乃益任衛青霍去病李廣利之徒。北征匈奴。西伐大宛。窮兵數十年。海內彫耗。幾且大亂。其實皆以女寵耳。諸侯王化之。外內亂烏獸行。滂興紛出君子有所不忍聞也。陵夷至於成帝。寵趙氏姊弟以殄其世。益尊崇諸舅。根據盤互。訖為亂基。哀平之世。傅氏王氏更迭盛衰。壹視母后上下。而元后壽考。王莽獲助。卒傾漢室。君若臣邈不與聞乎道。而治亡其本。禍變之來。豈一日之故哉。昔者先王知治天下之必以其道也是故謹非幾之戒。重冢宰之職。立宮府之制。嚴內外之治。本身以徵之民。由家而漸之國。於是為序其父子夫婦長幼卑尊而倫紀正。明教化崇禮讓辨等列而禮俗成上下定。基扃隆固。後世以安漢之興也蕭何曹參之徒。實為相國脩法令慎筦籥。因陋就簡而已。典禮制度且不能上稽之古。況至於端本正表。治內及外之道其君未之或聞。其下又孰有能知之者乎。司馬遷之述漢初也。有微詞焉。後之人尠足以識之耳。其後賈生興於漢文之世。請改正朔易服色分王諸侯王定經制興禮教諭教太子禮貌大臣。信可謂卓然者歟。然於君人者脩己正家之道。

無一及焉。道之不明也久矣。吾於是知劉向之盛稱董生非妄也。正身以正朝廷之言。正誼明道之說。孔孟既没。而程朱未興。千餘歲之中。孰能與於此哉。惜乎武帝之不能用也。

書越世家後 丙子

蠡長子重棄千金以殺其弟嗇於財者於天下事尠有不償者也甚則殃禍隨之且莊生之受千金固將終歸之矣使蠡少子往非獨其子不死千金故自若也蠡之所籌與其長子相去何如哉鄙瑣吝刻之夫視此可以反已雖然蠡之智若是而其子卒不免於死何也蠡者以其險很而游刃於無為者也退處天下之後萬物莫能與之角神者瞰之夫莊生者固亦與蠡同其術者耳適相值而受其不祥非必冥冥中果有主持是者故陰以敗之其氣缺與其機先有以來之也禍乃發於智之

所不及。嗚呼，句踐之疆也，數傳而亡。彼以其詐力，豈不萬魯衛也哉！

退學軒同懷遺稾序　丙子

丹徒韓叔起比部有二子，長曰省齋景脩，季曰任之景伊，並有懿才，能紹其家學，又飭身砥行，躳躳自祇慎，益發憤讀古書，為詩歌頗有可喜者，而皆以早死。叔起既重悼慟，暇日出其遺詩各若干篇，視予且屬為之序。自予往歲交叔起，則聞叔起二子之賢，未見也。今二子死矣，而予乃從叔起讀其詩，悲夫！且詩書之族，有子弟能厲名行，用鉤繩矩矱自約敕，蚤夜治術業，以不墜遺緒，此可為嘉尚者已。又能慕古作者，刻意為文辭，思與之追逐，而不屑自儕於世俗，是其可愛惜宜何如哉！而或不幸促其年壽至且兄若弟相繼夭折僅一二殘編遺墨掇出於死喪之餘則宜見之者瘉益以為可愛而惜之每加甚焉自天下之人識與不識亦莫不於邑太息而不能已矧其為父子之親者尚可言耶（尚可言耶）夫叔起誠傷悼無所為計而欲得予之一言以不死其子也於是為序而歸之以塞其悲光緒二年夏五月武昌張裕釗

張氏重脩族譜序 丙子

吾張氏之譜肇脩於乾隆之乙酉再脩於道光之辛丑迄今復三十有七載彌歷歲年支派瘉衍光緒紀元之春鳩族集議粤謀重脩規條犄具以歲祲事未及舉越明年冬開局衆屬裕釗總其事裕釗自惟譾薄深懼弗克堪任既不獲辭乃勉從吾族父老暨諸兄弟子姪比次纂輯務詳以慎凡幾閱月而粗有成書於是以授之梓人又幾閱月梓成都幾十有幾卷裝之為幾十有幾冊而族譜事竣竊惟譜牒之興自五帝有繫姓三代有世本其在周官繫小史氏實掌實奠蓋以世愈遠則愈

睽。而人或忘其所自始。是故為之譜牒以聯之。使知其悉出於一本。相親相睦。無失其愛而已。宋眉山蘇氏有言。情見於親。親見於服。服始於衰而至於緦麻而至於無服。無服則親盡。親盡則情盡。情盡則喜不慶憂不弔。喜不慶憂不弔則塗人也。吾所與相視如塗人者。其初兄弟也。兄弟其初一人之身也。悲夫一人之身分而至於塗人。此吾譜所以作也。烏乎其言可謂深切篤摯者歟。近世閭里之間。無問族姓大小。蓋莫不有譜。其意亦以謂凡在吾譜者。其初皆一人之身之所分也。吾譜以聯之。而後使知其出於一也。意豈不謂善者。然親屬之際。一本之誼。或往往淩競爭敓。其尤薄者乃益相詐相臨。且有甚於塗之人。與鄙者所以為譜之意。何其戾也。則又何取於聯一族之人而譜之也。由是而推之。其亦可以知所返矣。吾張氏受姓。考之傳讖（記）。蓋出於少昊金天氏之子。好弓矢。遂以張為氏。而鄭夾漈氏又以謂出於春秋晉大夫張老。兩漢以降。鉅德名賢。踵書史策。胄裔散處海內。所至皆是。今皆莫從而考之。莫從而親之已。然獨幸自吾始遷祖伯九府君以來。五伯有餘歲。為戶逾千。為口且數千。昭穆世次。遞推遞演。具在譜牒。又同族之人。依阻湖山。隱然不出數里之內。聚族而羣居。

閈宇相望雞犬之聲相聞。誠吾族諸父昆弟至於孝子順孫深念乎此者。其相篤愛豈有既乎。寧復忍忘其始撥其本根有類於前之所譏者乎。憶自道光辛丑續脩之役。先君子暨族父藹人先生實董其成。其矜慎之思。悱惻之隱。裕釗於時雖尚幼實嘗與聞之而與見之。距今數十年。自先君子暨同時任事長老。太半殂謝無幾存者矣。其在當時與裕釗為童幼行者。今皆且皤然老矣。中更變亂。萬事反覆。而吾張氏猶得聚族於斯。釐定繫世以登諸譜牒。蓋猶可為慶幸。而裕釗不肖。猥承先君子之後。復與於斯役。深慙懼無以繼先志。而益吾族人。輒因事竣謹推本作譜之始。原於敦本睦族之意。而弁諸其首。幸吾族之人。篤念本支。和協無間。庶是譜之脩。為有惻隱之實。而不徒文具。其亦可以少塞愧負於萬分一也已。

送劉殿壎序 癸亥

前吾之世。千百載之遙。雜然而生。蠢然而食且息者。不知其幾也。並吾之世。四海九州之廣。雜然而生。蠢然而食且息者。不知其幾也。而有人焉。固亦雜然而生。蠢然而食且息於其間。而獨傑然出於羣焉生而食且息者之倫。若是者殆千萬不知其幾之人。乃時得一人。而天之特命於是。以為凡為人者之先。而厚之若極其至也。雖然天既獨厚是而生之而命之。至其卒之所就。則其數固亦與天相權。而終視其人之所命諸志。以承乎天者之至不至。蓋能至者又十而時一二耳。豈不謂難哉。

吾友漢陽劉子殿壎，裕釗始遇之衆人之中，一見而知其異於凡為人者。久與處而徐叩之，其有為凡為人者之所未有。察乎天人，勤乎古今，行甚懿，質甚毅，趣甚高，豈天之將特命於是而厚之也歟？何其出於人之遠也！夫天之所以命殿壎者，裕釗既推而得之，若夫承天之至不至，則惟殿壎所自為耳，任諸天則凡為人者也。殿壎將東游，裕釗為祖其行，書以訊之。

贈查生序　甲子

查生燕緒從余游。生質甚篤厚可嘉尚。余嘗語以學古人之道。而猥乎若有意乎其間也。今生且歸矣。而意甚戀戀於余。雖余亦重惜生之遠也。雖然生所居乃在粵東海濱之地。去楚數千里。而今茲從余於此。始余與生意皆不及是也。鵰鳴而風旋。月麗於天而蜃蛤盈虛於淵。詩書問學之業。道與志通。而氣機密應於其間。莫或知其所以然。雖萬里之外。殊鄰絕域。邈不相接之區。而常一旦猝然其忽合。故夫君子之相與冥契於其心也。亦惟其道之合焉。又無所論於其外焉。形迹之離合而已。令生苟未能志乎古人之道。以蘄赴乎余言。雖相從於此不啻遠也。生誠志乎古人之道。以蘄赴乎余言。雖舍余而去不啻邇也。余他日或將遠游四方。以遂其生平之所欲至。而生年方盛。必非久汶汶處閭里者。其能還生而生已卓然進於古之人乎。余且洒然喜且幸謂生未始余違者也。

送湘鄉相國曾公之任直隸總督序 戊辰

今上御極之七年。　王師既清河北。方內釁寧。天子穆然深惟保世之永圖。謂直隸藩輔京師。居九州維首。宜得文武重臣。肇治於茲。於是　命大學士一等毅勇侯曾公自兩江移鎮其地。　詔下東南之民。含公再造之德。聞將以我公行。歎者於室。涕者於塗。當晝旁皇。入莫寤辟。薦紳先生。耆艾俊髦。謳思慕惜。相視瞿然。皆曰。公盛德閎烈。并包運量。無遠邇。躬出入水火。奪我民林溺之餘。磐石坐之。我東南之人。自頂至踵皆公賜。自公來至於今。我婦子倚公不憂死亡。民以公為父士以公為師公一朝去我我自今其疇依乎又曰公既龕大難自以勳之高位之崇也常稟稟焉懷盛滿之懼私獨意公既已成大功其或者將遂公之志舍我民而不之顧也我則益無冀矣裕釗曰不然惟 天子舉社稷之安天下之治屬之公固將以公先事於邦畿而後迺徧及乎天下公之治在天下賢其在我南人也我南人則益有賴矣且方咸豐初亂起海內蕭然以之才為憂謂羣盜且不可制自公起視師其閒蓋亦嘗蹈險難處危疑勢岌岌不自保然公以忠臣之義惟吾分宜所自效禍福成敗一不以概其心毅然獨肩天下之

至鉅而不懾忠誠激發一決罔顧卒天下之人不期而應之羣策羣力川赴海會遂以有成功夫應龍興而雲屬焉不崇晷而百穀徧渥其膏莫或知其所由精之所通使然也周易有之在豫之坤曰由豫大有得勿疑朋盍簪其公之謂與雖公之在今日由前志也且以上自天子下及元元之民壹一意委心託命貇貇於公若此而公安能恝然而已乎公之澤將益大被於我我其可無恤衆皆曰子之言然衆以詩祖公請即以子言為之序

贈黎莼齋序 戊辰

萬有不齊之物。千百世之變。百官億兆人之所有事。積筭之所不能窮。而壹以氣為盛衰。春雨時至。百植冐土怒出。不幾日而紛綸乎四郊。塵埃游絲飛鳥之羽翮。乘之以遊虛空。四無所著。而上至於無極。蠉飛蝡動跂行噲息之屬。得氣則長。失氣則僵。邦家之興。氣至而昌。氣單而亡。夫氣之為物也致精。而其力也致强其極也動日星感鬼神靡金石。旁薄際乎上下。窮天下莫之御。亢其在於人則鬱之為忠孝。奮之為事業。而炳之為文章。一氣之所為而已。人之生也。藹然而無氣。是生猶死也土禺而能强行者耳。國家自道光中葉以來。用事者專務劗削刮磨天下之氣殆於澌盡而海內之亂起伏莽之凶醜。毆羣不逞之徒。徧毒區寓。破大小城邑以數百計而莫之制。其後一二鉅人。奮臂蹶起。剛毅强力勁正之士猋發而應之。乃始克扶綱維摧凶鋒數年之間巨寇以次稍稍龕定。而其氣復少衰矣。嗚乎天下之隱憂。方伏於胷腹肘腋之閒。長此靡靡。往而無所窮。吾未知其有能為生人之所恃。舉此而勝之者也。往者相國曾公以書告裕釗。稱能為文章者三人焉。其一為遵義黎蒓齋。及今歲裕釗來江寗。乃得見蒓齋使府。讀其所為文。信乎相國之言豈欺余哉。然余獨偉純齋有高世之志。而其氣足以副之。固非獨以文而已。雖其文乃益與其志氣稱。余交天下士。罕有若純齋者也。雖然嘗試與純齋觀乎兩間。彼氣處乎其中。所以能役萬有而勝之者。果何自而致然歟。其必有主乎是者矣。雖其在人也。豈獨無所依而立歟。且夫裕乎其中。與其激於外者。終其氣之盈與竭。必可坐而判也。實求乎吾氣之所由充。馴至而漸之以久。累積乎銖杪而繼乃橫塞乎天地。夫如是而後吾之所必至也。莫之禦。嗟乎純齋其能無益勉乎是哉。

送合肥李相國督師秦中序 己巳庚午

同治七年。合肥相國李公。既定河北。承 命以湖廣
總督還鎮武昌。明年冬。復 詔公督師滇黔。未及行。
而陝西事方棘。乃又 詔公援陝西。議者以陝西自
昔王者所都。山河四塞。於古為重地。故 朝廷以公往。
裕釗以謂不然。夫古今世變與時推移。形勢亦因之殊
異。自 國朝都燕京。威德覃於海外。由京師以東。起碣
石。循海而南。踔禹貢青徐二州之域。包吳廣陵至閩浙。
右轉薄廣州。遐方殊鄰。舟航輻湊。浮海泝江。琛賷達於
江漢。 天子命公建節鄂中。據上游以臨制東南。攬

江海握樞要之勢也　廟筭之所圖遠矣若夫秦隴滇黔介居鹵陲領阸之閒於方今形勢猶為次之然朝廷以公往非重其地獨任公治之也善為國者靖內以及外削平寇亂用兵之道先其易者而後治其難今秦隴滇黔之寇非有不可量之志深固久遠之謀直撫御失宜以至斯耳夫以公文武之資帥素練之衆以治羣賊譬猶鼓炎火以爇焦葦也一舉而餱熸燼滅無餘菑矣二陲既定迴旆東指返於舊鎮脩舉政治以備不虞淵居密運以銷折未萌之患瀕海之地萬里之遙專坐而制之凶狡窺覦之徒郤顧而不敢動寂處而雷應

隱几而清天下。斯適　朝廷所以始終任公之意也。裕
釗用敢推論其事。以祖公行。且卜公來返之有日云。

贈吳清卿庶常序 己巳庚午

人才之貴於天下，無古今一也。雖然，才應世而世需之，其間則亦有辨焉。運會之所趨，氣機之所啟，魁桀儁異之士，雲興猋合，肩臂相摩於前，而趾相躡於後，雖有盤錯鉅艱，而才皆足以周其用。若是者常樂才之盛而忘其難。朝野祉福而樂康，溥海內外晏然而無事，中庸之士平進富貴，守成法，襲故迹，皆足以施於世。若是者雖乏才而猶未以為憂。若夫時數之阸，屯艱之會，寇訌於內，敵伺於外，民窮而俗敝，兵疲而財匱，闒冗嵬瑣之徒紛綸襍遝，浩若蕭艾之被乎野，間稍能自異，又窘跼懦緩不適於時用中外之安危生民之植若僵汎汎乎若木之漂於中流四顧而不知所屆其如是人才之足貴乃倍蓰什佰於向所稱二者之時雖疲行者之資車病涉者之資舟寒者之於裘褐餓者之於餐鬻不足以喻之矣夫自古禍難之興其需才也尤至而人才之寡乏每獨甚於此時幸有其人又或有所抑沮牽縶而不獲底於成能成矣而世或不能盡其用需之如彼其亟也其成而為世用也又如此其難則其可為慕望而愛惜何如哉吳中吳庶常清卿懿才而遠志服儒者之學而不忘當世之務凡今日之利病民甿之疾苦無所不究其

詒

意。裕釗以同治戊辰冬識之於江寧。明年春復相從游處於吳門者十有餘日。及今茲來武昌。行從合肥李相國西入秦。蓋將益練習於時務以蓄其才。而非有時俗人之見也。且行。索裕釗一言為贈。裕釗廢於時久矣。自度其才不足拯當方今之難。退自伏於山澤之閒。然區區之隱。則未能一日以忘斯世。其耳之所聞。目之所接。愴焉感於其心。今見庶常則欣忭愛慕而不知所以置其情。其樂徇其請而為之言也。豈有愛乎。於是極道其然而書以詒之。雖然尤望庶常之終底於成而為世用。以副望君者之志也。

送黃蒙九序 壬申

易曰君子之道或出或處或默或語孟子之稱孔子則曰可以止則止可以仕則仕君子之仕不仕惟其可焉耳未嘗有所意於其間曰吾必為此與必為彼也然吾觀伊尹師保太甲周公相成王其君臣之遇至矣伊尹既反太甲於桐則復政而告歸周公營洛邑成作誥亦孳孳以明農為言即至後世所號稱名臣身居顯列而累疏求退見於史牒者往往而是蓋賢者之於世雖是心不能一日以忘至其於富貴寵利則泊乎一無與於其身而不以毫髮為吾重輕故其仕也則能外勢榮明

得喪壹惟其職與其志之所必為一有不合則奉身而去若脫屣耳後之君子其仕也非盡欲行其志也大都以其榮與利者也故得志則泰然其自恣䘏乎若恐失之不得志則輾轉怫惘侘傺若不可以終日一惟時之榮若悴為遷貿而進退乃無一可者其志先亂中無所為自得者以御其外也其遂沈溺不亦宜乎同年友黃君蒙九以知府官江南嘗筦征榷通州攝海州皆有能名眾謂蒙九且顯矣一旦決然假歸上官留之不可得江南之官吏皆稱以為難唯裕釗亦以是偉蒙九也雖然君子之出處要惟其志之無累豈徒以迹之顯晦為

隆汙哉。今蒙九之去。吾未知其於志果有所不得行。浩然決去以求得其所自慊者耶。抑尚有所不獲已。而於心固未能以自釋者耶。蒙九且行。索裕釗一言為贈。裕釗為書此還以敀之。

送李佛生序　丙子

佛生既罷官，居於江南，日讀書不輟，尤癖篤好莊子，為書後數百言，稱其有合於聖人之道。余謂莊子者，負絶異之資，乖於時，而一切以取自快者也。其於聖人之道本之差不能一髮，末乃大馳而絶遠。至於流極，而弊益不勝。釋氏得其精以為空寂，王何得其粗以為誕縱。誕縱之弊，蔑棄禮法，蕩廢時務，天下於是大亂。空寂之弊，去人倫，無君臣父子上下，乃胥斯民而為夷。莊子疾時垢濁，務洸洋激詭以譏切當世奔趨勢物之徒，不知其弊乃至於此。道之不明也，愚不肖不及，賢智過之，由莊子而後高才偉異之士身不得其處而誤於所之者豈可勝道哉蓋嘗試論事功之途詩書文章之業與人世所謂勢位富厚君子未嘗必舍而不事也有道以御之故所之而不窮後之君子溺志富貴無論已其少有志者欲有所樹則務取天下之業之可以為名者託焉期自章異於流俗而未嘗循於其本故方其志得氣盛力足以觀駭一世貴賤賢否之倫橫厲乎無雙及其久之倦而思返顧視身世邈不足以自樂反之內而碭無可據愛惡攻取又從撓之覩老莊浮屠之書一旦得其所為一死生齊得喪而眇万物者則大憙之於是躝弃百為

解弛墮壞頹敗不可振救。生猶是人也。而質則已亡矣。且學儒者之學。服聖人之言。於卒也乃以異端為歸。何其悖歟。夫彼未知聖人之道之有其自得者也。惴慄以為危。蕩夷以為安。不以榮喜。非必於惡而逃之也。不以悴悲。亦非其往而不能返也。得志則措諸事。事立而世正焉斯已耳。我無與也。不得志則施廣諸言。百世之下。有能遵而行之者。猶其在吾身也。其衡諸道也不過。而傳之久也無弊。隤乎其至適。確乎得其所歸。以與夫老莊子浮屠之所稱孰為同。乎大順而即乎人之心者乎。知道者以謂孰賢乎。佛生將北遊。索一言為贈。余以佛生才高而不得志。懼其過而流於是也。為書此以詒之。

送梅中丞序　丁丑

物之生，其始則皆類也。及其長而成虧，美惡善不適以判焉。土石之出乎地，金錫之鑛於山，百植草木之布濩乎原野，同日星之所章耀，霜露之所煦育，當其初未有能區而别之者也。燠寒遞嬗，歲年遷貿，善者旁魄碩偉，殊絶等夷；不善者卷局剥落，甚乃夭閼不遂，則其成毀往往懸焉。及其為世用也，則有為棟桴，為柱石，為黼黻，為弓劍，為寶圭，為彝鼎尊罍，為琴瑟鍾磬竽笙塤籥簫箎篴管舂牘應雅；有為榥，為枎，為闑，為棖，為椹，為杙，為甓，為瓦，為瓴，為甖，為釜，為筥，為斗，為筲，為鉗，為鑿，為漏卮為敗絮為死灰為礫石為溝中之斷。雖一區之産。一本之支。而其高下庸奇貴賤相萬也。豈物之所自為者固有善有不善邪。抑其命於天者成而不可易邪。中丞南昌梅公當世鉅公名人也。始公以道光丙午舉於西江西。而裕釗亦以是年舉於湖北。洎庚戌居都中。試國子監學正學録。同受知於曾文公之門。於時俱旅食京師。逐逐未有奇也。逾二年粤賊入楚。裕釗自京師歸。公遂成進士。入詞垣。後出典大郡。游擢監司。同治十年曾文正公自直隸復督兩江。招裕釗主講席。江寧。而公已開藩白下。巍然稱名卿矣。逮今歲既入

覲還道拜

浙江巡撫之

命。德業輝光。蓋益將大顯於世。而裕釗甘自弃於閒闃寂寞之地。沈淪枯槁。頑然猶昔時人之能不能。豈可同日道哉。夫其遼闊負絕至是極者。豈惟天實命之。彼其所自為則然耳。雖然物之生其終雖異。而其始之同者不能忘也。人各念其故。不自知其分之殊。而彼此相戀嫪者。情之所不能已也。澗阿薄植。覩松柏之上雲霄而凌倒景。垂蔭乎無垠。而眇焉隱處其下。其自終於不材則已矣。抑豈能無少意於高仰者之嘗我同乎。故於公之道出金陵。輒為文祖之。且祝公之宜有造於浙也。然裕釗與公。自此其益遠矣。

祭胡文忠公文　辛酉

嗚呼惟公之生。淵岳孕精。渥洼神馬。自天來下。不識羈勒。聊浪九野。歷塊一蹶。謬予來歸。鳴玉和鸞。中於天機。始迹黔徼。櫌畜蠻夷。雞豚稌黍。易我榛狉。功施譽流。霆震風揮。旻躋監貳。薦膺封圻。江流東瀉。羣兇披猖。帝假一臂。搤賊之亢。西睨悼慄。屢眴而傾。貙貐豺狼。百萬喋聲。堅城老窟。賊所根柢。高步蹴之。一剗千里。皖鄂連壤。莽莽相屬。昔也如燔。今也如沐。任將選吏。治兵治民。爾賢爾能。我弟我昆。獎政昏俗。牢關深根。手抉其扃。萬目一新。如寐斯覺。覿日在晨。公昔莅茲。楚人實倚。聞公之喪。愕焉失恃。臨没遺憾。逋寇未殪。疏薦忠賢。碁布重地。禱茲來者。嗣我之志。憂國之藎。死生罔替。藐焉小子。曩辱公知。送喪不及。有淚如縻。瞻望遠道。馳辭抒悲。

尚饗

祭曾文正公文 壬申

烏乎耿自嬴劉。芒芒百代。光岳之精。銷鑠散壞。挈往校今。百靡一逮。姚姒子姬。邈乎寡再。孰謂並世。歘遌我公。謝羣冠倫。奮起湘中。遂度千載。蹈古比隆。維公楙學。三代與期。六經百家。窮源汎涯。導達漢宋。灆決塗軌。於天地人。靡隩不窺。炳為文章。遷雄諾唯。維公經務。洞鏡治機。曰惟五禮。哲王之遺。及兵與食。國之大謀。古稽而合。今施而宜。千聖之心。仰而思之。公之得人。為天下憂。文武鉅公。麾纛旂旒。峩冠大裙。耆彥酋酋。〔旁〕遵逮羣碎。壹足褒者若金競躍。容於一冶。公益龕亂。再造九區。忠誠饋餾。雲龍廾扶。手提萬眾。摧蕩匈渠。南掩楊越。北極女水。
西指昆侖。東至於海。六寓襄開。天海清泚。老弟孺嬉。絕
蘇尪起。凡公樹立。橫被八垠。紛千萬億。橫目之民。怙公
若父。嚴公若神。豈謂我公。睇若浮雲。獨居深矉。莫眄其
津。眾之所駴。公之所咍。公跂莫。至晨皋暮。伊亹亹其邁。
戰戰其危。贊元消沴。潛運密移。天眷　聖清。庶其予
回。孰謂我功。我其敢知。孰謂我罪。我其敢辭。公乎卓越。
亶惟在斯。緻烈之多。迺公糠粃。人之不諒。云公逶迤。吁
嗟近古。疇則躋茲。如何奄忽。天實罔極。　九重震悼。
萬姓雨泣。剝我小子。靡所比似。薄陋滯拙。世之所弃。辱

荷公知。區區文字。譬海納川。我乃涓澮。暇日請謁。公屢色喜。評榷古今。往往移晷。嘉我誨我。我礱我砥。翼我燾我。畀我無已。我屬別公。昔冬之季。孰云幾日。遂隔萬世。天下之慟。一身之私。哀來無端。涕隕如縻。公乎有知。其稔予悲。嗚乎哀哉。尚饗

祭楊慰農先生文 丁丑

維某年月日門下士張裕鍇裕釗謹以酒醴牲體魚腊之儀致祭於慰農先生之靈嗚乎在昔我聞師及先子總角斷金至於没齒維鍇與釗甫童而髫俶從師游先子命我我實不材丸礫樗薪師一見之如塗獲珍加我於膝飫以聖文欲落其實日糞其根寒暑貿五載之勤誰謂洎長駑駘不前鍇遂多艸妻蹇而顛釗裁一駕税乃終焉後還干戈萬塗沸糜師宦鄖襄窮林傾碕鍇釗敞罔或羈或馳樊山嵽嵲漾水渺瀰風阨雲霾望師千里中師假歸先子逝矣辱師親弔室未遑入室問所藏

地。往睇而泣。誠結於中。匪世所及。維師遇物。其厚有倍。尤於舊故。終始不怠。骨肉之愛。延於兩世。立今追往。一一可涕。自先子没。恒焉靡恃。豈知今日。師又逝只。煢藐孤。如籜斯委。學既不進。行復不植。百靡一成。孤公盛德。奠此醪羞。以志哀惻。尚饗

答劉生書 甲子

曉堂足下蚤春承寄示文數首入秋又得手書懃拳貇至足下之用心何其近古人也足下諸文所為尊君事略最肫摯可愛讀老子中一段詞甚高闊然入古人之室矣前幅微覺用力太重少自然之趣他文識議並超出凡近而亦時不免病此夫文章之道莫要於雅健欲為健而厲之已甚則或近俗求免於俗而務為自然又或弱而不能振古之為文者若左邱明莊周荀卿司馬遷韓愈之徒沛然出之言厲而氣雄然無有一言一字之強附而致之者也措焉而皆得其所安文惟此最為

難知其難也而以意默參於二者之交有機焉以寓其閒此固非鼂莫所能企而亦非口所能道治之久而一旦悠然自得於其心是則其至焉耳至之之道無他廣獲而精導熟諷而湛思舍此則未有可以速化而襲取之者也吾告子止於是矣夫文之為事至深博而裕釗所及知者止於是其所不及知者不敢以相告也以足下之才循而致之以不倦他日必卓有所就此乃稱心而言非相譽之辭也足下勿以疑而自沮焉可也足下文知友中多求觀者故且欲畱此俟他日再奉還耳惟亮詧不宣

與鍾子勤文燾書 甲子

子勤尊兄先生足下裕釗近從蔣部曹所側聞先生之懿私心甚慕鄉日又於部曹所獲睹手書乃承垂問及於不肖且感且愧用敢奉書於左右而一陳其所欲言蓋自康雍乾嘉以來經學號為極盛非獨遠軼前明抑亦有唐而後所未有也然患在窮末而置其本識小而遺其大而反以詆訾宋賢自立標幟號曰漢學天下承風相師為賢君子病焉近乃復有一二篤志之士稍求宋儒之遺緒推闡大義而不溺於纖小之習然或專從事於義理而一切屏棄考證為不足道蒙又非之夫學

固所以明道。然不先之以考證。雖其說甚美。而訓故制度之失其實。則於經豈有當焉。故裕釗常以為道與器相備。而後天下之理得。至於本末精粗輕重之數。是不待口說之辨而明者也。然學者常以其所能相角。而遺其所不能者。以開其隙而招之攻。是以學術異趨紛然而未已。夫以其然。其必有窮貫乎本末精粗之數而無所不能至者出焉。存其說百世以俟聖人而不惑。而一切之爭可息也。烏乎非有絕人之資勤篤之力。其孰能與於此。雖然。必樹是一人者為之宗。以靖天下之紛紜而一其趨。於是學者得有所歸。隨其才力之所至。雖淺深小大不齊。而於道皆有所明。夫然後學術一而成材眾矣。豈不瘉於水火相盪更出迭勝。而以黨仇攻伐為事者哉。伏惟足下才高而識邃。智崇而業廣。自許鄭賈孔下逮　國朝顧閻江戴段王之説。既無所不窺矣。又將一折衷於宋儒。以求當乎周公孔子之意。由是而推之。則裕釗之所稱者。足下豈有意乎。抑將啓此一途以待後之作者乎。相去千餘里。不得面奉誨言。惟幸辱教焉。不宣裕釗頓首

答吳至甫書 庚午

春間奉到往歲除夕惠書承已改官畿甸將以儒者之學澤我民萌敬賀敬賀六月初旬李佛生太守復遞到三月晦一函適裕釗有悼亡之戚先期歸里一昔始來鄂城悤悤未及報所需姚氏評點漢書一時未遑鈔寄請以異日可耳來書過以文事見推且虛懷諮度諄諄無已裕釗則何足以知此雖然既承下問不敢不竭其愚古之論文者曰文以意為主而辭欲能副其意氣欲能舉其辭譬之車然意為之御辭為之載而氣則所以行也欲學古人之文其始在因聲以求氣得其氣則意

與辭往往因之而並顯而法不外是矣是故契其一而其餘可以緒引也蓋曰意曰辭曰氣曰法之數者非判然自為一事常乘乎其機而緄同以凝於一惟其妙之一出於自然而已自然者無意於是而莫不備至動皆中乎其節而莫或知其然日星之布列山川之流峙是也寧惟日星山川凡天地之間之物之生而成文者皆未嘗有見其營度而位置之者也而莫不蔚然以炳而秩然以從夫文之至者亦若是焉而已觀者因其既成而求之而後有某者某者之可言耳夫作者之亡也久矣而吾欲求至乎其域則務通乎其微以其無意為之

而莫不至也故必諷誦之深且久使吾之與古人許合於無間然後能深契自然之妙而究極其能事若夫專以沉思力索為事者固時亦可以得其意然與夫心凝形釋冥合於言議之表者則或有間矣故姚氏暨諸家因聲求氣之說為不可易也吾所求於古人者由氣而通其意以及其辭與法而喻乎其深及吾所自為文則一以意為主而辭氣與法胥從之矣閣下以為然乎閣下謂苦中氣弱諷誦久則氣不足載其辭裕釗邇歲亦正病此往在江寧聞方存之云長老所傳劉海峯絕豐偉日取古人之文縱聲讀之姚惜抱則患氣羸然亦不

慶哦誦。但抑其聲使之下耳。是或亦一道乎。裕釗比所遇多乖舛。又廼憂患。於此事恐終無所就。閣下才高而志遠。年盛而氣銳。它日必能紹邑中諸老盛業。用敢進其粗有解於文事者。以爲涓埃之裨。惟亮詧不宣

與黎蒓齋書 甲戌

前在金陵，相從譚執，識評古今人，私心甚快。別後倏忽月餘日矣。寒窗短檠，時時隱几思足下不可弭忘。裕釗自惟生平於人世都無所耆好，獨自幼酷喜文事。顧嘗竊怪學問之道，若義理攷据辭章之屬，其涂徑至博，其號稱為耑家，亦往往而有，獨至於古文，而能者蓋寡。自曾文正公既歿，足下及至甫又不得常聚晤，塊坐獨處，四顧塋然，無可與語。近者李佛笙乃頗有意於此，時相從問為文法，所入雖未深，然佛笙故天亮出於人，乃時有鮮悟處，此差足語耳。夫文章之事，非資才夐絕而程功致力之深且久者。則必不能以至。才優而力深矣。其能至以幾於成與不能成。則亦有天焉。既至而幾於成矣。而其傳不傳與傳之顯若晦近與遠。則又有天焉。且誠令其至而幾於成。成焉而傳。傳焉而顯且遠。而吾文信不做於百世。吾身則既泯然死矣。其取吾文而歎慕貴惜之者。吾皆不得而見之矣。捐弃一世華靡榮樂之娛。窮畢生之力。苦形瘁神。以徼幸於或成或不成或傳或不傳之數。而慕想乎千百歲後。冥杳漠渺邈不及見之虛譽。而不以自止。豈非所謂至迂而大惑者哉。宜彼世之所謂賢儁。能一切以取富貴顯榮者。訕笑而背馳

之也○雖然莊周有言○民食芻豢麋鹿食薦蝍蛆甘帶鴟
鴉耆鼠○四者孰知正味○生人之耆好○各賦受於其生初
其不齊至不可以巧秣秫○則夫孳孳焉勤一世以殫心
於文字之業者○無亦所耆出於其性○而不能以自解者
歟○且吾觀古之能文者○若司馬遷韓愈歐陽修之徒○其
始設心措意○亦無過存乎以文自見○卒其所至○世不得
徒文人目之○是故深於文者○其能事既足以自娛○及其
所謂益邃以傳博○乃與知乎聖人之道○而達乎天地萬物
之原○獨居謳吟一室之中○而傲然俾睨乎塵壒之外○雖
天下又孰有能易之者哉○又遑暇校量於我生以前○與

身後之贏失而為之進退哉。思足下不得見。索居無聊。輒一吐其胸臆之所鬱積。自怡取快意而已。然非足下。僕亦不發此也。天氣驟寒。惟萬萬保練自愛。不宣

答李佛笙太守書　丙子

价至奉讀手書為之感歎無已。及讀所示大箸。則又大喜且詫。不謂足下銳進一至此也。來書謂此行誠失計。然獲交不肖。時相從問得學問文章之要指。挈長度短。固亦未為失。裕釗豈敢任此。顧足下之文乃益進於古。若是則信所得多矣。文誠出於人人。足以信乎今而傳乎後。窮之百世而自必其不磨。雖百郡守不以易也。且所謂窮通得喪愉戚。寒飢者溫飽者。擾擾一旦暮之事耳。何足道哉。何足道哉。知足下故必不以一官置意中。然即為衣食計。則亦有命焉。力所能謀。謀之所不能謀則聽之而已固亦不足恤也裕釗髫時讀論語獨深有契於孔子不知命無以為君子之一言且嘗試縱觀生民之初以至今日盛衰倚伏與夫人之賢不肖芒乎紛乎眇不可紀極終其興若廢有一之非其命者耶或乃弃其脩行立名所得自為之事弃耆騁欲一切以徼非望卒泯泯以没身甚且為詬於天下後世者甚可悲也既亮識其然又自少酷嗜學問文章是以一意搏精於此而不遑恤其它惟是年齒日長神智日耗恐遂終無所就時獨以為懼近者撰得廣西巡撫方公家傳一篇乃忽妄得意自以學史遷甚近似之且私計 國朝為

古文者。惟文正師吾不敢望。若以此文校之方姚梅諸公。未知其孰先孰後也。雖則狂謬。至是乃復私自疑。輒錄寄足下。為我一決其然否。其然耶。是吾益也。用竊自憙也。不然耶。卻退矣。吾滋懼焉。請必明語我。俾得一自釋焉。抑以足下之果勢勇銳若是。使由是屏棄百為。以從事於斯。且使裕釗駭殫畏避而不敢與競也。承欲來為一握手之歡。聞之喜忭無已。書不能盡意。俟爾時當極意一傾吐耳。

與張煦堂大令書 丙子

前數日閱邸鈔知以被議左遷為之惋愕無已不謂足下事遂乖舛至此也人生所遇通塞固不可以常理論或材行志節出於人人而困阨沈淪不得行其志或錄錄無所短長比肩尊官顯秩賢人君子俯首噎氣傺侘不敢出一語其不肖之徒庸虛嵬瑣之醜類乘機冒進舉生倖心人自期以方面公輔迄不復有閫域制限於是乃蹻弃廉恥相奔於邪徑幽竇抵死并入以求得之雖然其遂以是顛蹶身敗而名裂者亦不可勝數也且所謂一意自守不肯少貶以阿世俗而卒躋通顯者抑

豈獨無其人邪屈信存亡之際是有天焉非人之所能為也故曰莫之為而為者天也天故不可得而知也且嘗試獨居妄度自天地剖判至今且千萬歲天亦稍衰且老矣固時不免矇瞶瞀亂其所處是非臧否以施愛憎賞罰亦豈信能盡其理邪夫天處高而人錯居其下而權命一懸寄焉又時不免昏亂錯迕則夫人之所謂窮通得失廢興者譬猶深夜瞑目繫手以走曠閬之虛夷險一惟所值焉斯已耳其又孰從而意之邪足下質直勁正出於天亮又達於當世之務宜在顯位施澤於當世者也其至是命也然使命不終否復進而上一反

手閒耳。亦莫知其為之者也。正己以俟之而已矣。羅少村都轉常晤見否。悤悤未及作書。請以此示之。使閒狂言取一笑為快。不足令他人見也。

答黎蓴齋書 丙子

承兩惠手書並賜寄拙稾均奉到裕釗此文頗規橅司馬氏而迹未能忘足下遽謂能突過姚梅二家私心固未敢以自信耳梅氏文已遵來示簡得二十餘首另紙寫目並呈上人各有所耆好必不可強同且即一人之身而先若後所厭喜固往往異矣此故不可以為定也柏梘山房集其得失頗如尊論然梅氏勝處最在能窮盡筆勢之妙其脩詞誠愈於方姚諸公然一意專精於是而氣體理實遂不能窮極廣大精微之致此其所以病也自唐以來稱文者惟韓退之於本末精粗表裏之數

無所不盡故焯為百代之宗其他或意注於此而時不
能無脫漏於彼固賦於天有以限之抑其人之致力各
有所偏至也文之難為工故若是哉曹子桓有言文章
經國之大業不朽之盛事裕釗從事於此三十有餘年
矣曩既苦才薄又自少至老憂患寒飢之擾其慮奪其
日力進尺寸如走千里今雖欲追古人最上之境而從
之而齒髮日衰精力益減於前時顧視前後中心恂慄
惴懼灑焉若新寒之栗體膚以謂千百世之中四海之
內有志奮厲為文辭者不少下者才力之不逮其稍進
羸詘於天者居其半焉
者或學不得其術或所遇足以苦之羸詘於人者居其

半焉。學焉而不能成。成矣而不能極其至。振古以至於今。英才志士。同聲而悲咤者。亡慮皆以此也。因論梅氏文。意有所觸。不覺覼縷至此。惟諒詧不宣

文學余君墓誌銘 庚戌

裕釗幼則為大母太孺人所鍾愛。每夜分讀畢。家君侍太孺人歸寢。裕釗必操几杖以從。太孺人嘗指裕釗而語家君曰。吾父力學篤行。困躓終身以没。而潛德不為世知。是子讀書敏且勤。他日若能以文見於世者。必命為吾父銘其墓。慎毋忘吾言也。家君命小子裕釗謹志之。後稍長。始學為古文。以太孺人言。屢欲為之。而才薄不自勝。每操筆而中止者。至於再四。距今忽忽十餘歲。裕釗年幾及壯。太孺人亦没且踰年。而銘卒未就。此小子裕釗。所以撫心追悼泣然而不能已者也。先是太孺人常謂裕釗曰。吾父好讀書。以某歲補縣學生。後屢應鄉舉不得志。而讀書至老不輟。志行端直。宅心醇粹。遇人無賢愚。必致其誠。而尤篤於內行。吾伯父某公性豪侈。恒不屑以儉約治其家。家日以落。而吾父怡然不之計也。其後窘益甚。吾父處之益安。至其終身。未嘗有幾微之色。見於顏面。其見於外。吾不得詳。其處於內而為吾所及知者如此。嗟呼。俗之偷久矣。自裕釗年長。所見鄉里貴富顯榮之族。多相競於利。而至於兄弟之相與處。其或以田廬貨財幾微之瑕釁。尋及於相仇而無已者皆是也。如君之所為。其出於人豈不遠哉。然自君沒後家益貧後嗣尤衰落君有子三人先後相繼喪其在家君為兄弟行者六人連喪其四其在裕釗為兄弟行十餘人今存者數人而已然皆貧不能自存豈天之報施善人終無時而信也耶抑豐悴有時其中落而後乃克昌者耶裕釗既有感於君之為善而不獲其祉因即太孺人之所以語家君而命裕釗者為君次其終始且以俟其後焉君姓余氏諱燕運字其翼邑之某里人以某年某月某甲子年七十一卒於家以某年月日葬於某所之原銘曰

維君有令德孰乃靳以世榮雖然視世之苶苶者君則

已贏。銘其幽者君彌甥。大書琢石章厥名。

亡姪慕梁葬志　丙寅

伯兄鐵巖之子慕梁，名後灝，中殤也。故字之稱慕梁。其生以咸豐二年七月六日。余時客都中。再逾月歸至家。至則日已夕。先子方館江夏田氏未歸。先妣聞余至喜。鐙下抱慕梁出視余曰。汝兄舉子矣。先是伯兄連舉子而殤。余睹慕梁則大快。舉家盡歡。然慕梁生羸甚。常時多疾疢。先子及先妣及家人皆隱以爲憂，然未嘗相告也。且幸其少長或良已。卒以同治三年五月復遘疾，至八月二十二日殤。年十有三矣。傷哉。慕梁幼聰慧。先子絕愛憐之。生六歲。先子授之四子書諸經。已復授之時江黃氏史學提要。慕梁輒能述歷代世次年祚長短。及東晉十六國五季十國本末。言之歷歷。余每考問之以為樂。而益憂其不壽。殤之前三月一日。從羣兒嬉。語羣兒曰。我今歲且死。羣兒呵曰。無妄言。慕梁復深語曰。我非妄。信也。語次輒淚下。既殤。羣兒始言之。事甚怪不可解。抑足明慕梁知愳其死也。而竟以死。傷哉。慕梁以殤之次日。葬於宅東學堂林祖墓之側。先子慟悼不可言已。命予為志。其葬。每操筆心悲而止。踰四月先子亦卒。明年二月先妣卒。余益慟不忍為。今三年矣。追述先子之命。流涕而為之志。

知府銜洮州廳撫民同知劉君墓表 丁卯

君姓劉氏諱詩字古愚號松坪湖北鍾祥人。祖某國子監生。考鵷起縣學生。性耆學。尤精方書。人以疾請者。無風雨寒暑必往視。又益備藥物稭薪壺甖之屬。以給諸貧無力者。使即其家煎飲之。所利益甚衆。時人爲之語曰。欲得活。劉公藥。有子四人長詳次誼次即君次詢。誼成嘉慶庚辰進士。官至宗人府府丞祖考兩世累贈通奉大夫。君少承父兄之業。刻志厲學。苦資鈍不能記憶。每讀書取一紙糊之案上。鼂夕哦誦。至漫滅不可讀。乃更一紙。有遺忘輒自扶其手。攻苦如此。嘉慶戊寅同從子兆王舉於鄉。道光壬午成進士。以知縣發甘肅歷署皋蘭平羅狄道諸州縣。所至稱治。調署巴燕戎格廳通判。地故接邊徼。土番雜居。號爲難治。君上書總督那公。以謂制馭之策。莫若募熟番備緝以省追捕之難。勒蒙古精鋭。以補防守之缺那公韙之。未幾補兩當縣。至兩當數日。檄署山丹。是時兵討回疆州縣吏共過竟王師。徭役芻糧。率不能辦。治山丹尤甚君至則察胥吏之爲奸利。致丁夫馬匹亡匿者痛懲艾之。明日應役者踵相躡。至軍行如流事已還兩當任其後再調署平羅。又嘗署鹽茶廳同知。及靜寧州知州。皆仍復任。前後任兩當凡九年。治崇簡靜。民以乂安。在平羅躬督役脩數渠。立大雨中。三晝夜不退。渠成民賴其利。久之調寧夏縣。寧夏渠工故事。歲令民捐脩。例一民一夫。水利同知某思漁利。嗾巡道改一民二夫。榜示通衢。寧夏民大譁。衆萬人圍巡道署。且致變。君聞立單騎馳往諭之。衆羅拜曰。此真吾父母官也。悉解去。君亦卒為請於巡道一如舊例。是時大府行閲邊兵。未至寧夏數百里。闔緣道居民讙呼稱寧夏劉知縣。大府歎異。既至加敬禮焉。頃之擢洮州廳同知。以捐脩洮州城加知府銜。署平涼府知府。數月仍返任。道光二十年以疾告歸。三十年九月某日卒於家。春秋六十有八。配范恭人繼配陳恭人又繼配孔恭人子四人某某孫五人曾孫一人以某年月日葬於某所。始君爲吏。所至皆有聲。顧以伉直忤上官意。故久不得調。其後乃稍遷。卒亦未大顯。遇不遇命也。君自於所守得耳。使君稍貶其故。偷爲一切以赴時俗之所賢。亦烏知其遂有進於是耶。然世或以君所守爲戒。乃反之以徼幸於一當。終其遇若不抑。豈彼之能自主哉。然則君固贏於人人者已。武昌張裕釗表

黃孺人墓誌銘 辛未

孺人大冶黃氏。廩貢生歷署荊州棗陽松滋學官諱顯訓之孫女。而舉人諱宣之長女也。生五歲而喪其母。育於大母。越四年大母亦卒。祖若父傷其無母也。體又羸而益又甚惠以婉。以是尤加憐焉。年十九歸裕釗。事吾父母不敢以云盡孝。然世之為婦者。視舅姑恒不若其父母。而孺人之於吾父母。其自視乃若人子然。蚤夜依依致養。苟可以適吾父母。而力能為之者。未嘗不勸為之也。處內外族婣。不敢以云盡道。然篤有恩意。而無敢愆於禮。既其沒而長幼卑尊。莫不慟惜之也。迺至吾族疏屬之人多有流涕者自其居父母家故生長富貴而從裕釗於貧約甚苦家事操井臼長育子女終歲不獲自暇逸生又多疾力疾而躬作勞亦憊矣而遂以死傷哉蓋孺人自其少時其家人常竊憂其不壽及歸裕釗時時亦獨自以死為畏聞值疾病則謂裕釗曰吾得與君相守至老死雖苦猶甘之然此即不敢望幸長男流兒授室使吾得見新婦更少寬數年徐乃死死不恨矣命之不競終已不獲少延以慊其所僅欲遂也悲夫且其卒也裕釗攜長子後流方居省城中及歸而孺人已前卒二日矣聞孺人且卒念之為泣下此尤可隱者也

孺人之卒以同治九年六月五日年四十有五有子二人其次曰後澮女子五人孫一人孝沐以光緒　年　月　葬於　縣　鄉　之　山銘曰

昔君未没。我戲謂君。我後汝死。必善為文。以不死汝。汝勉為賢。孰謂今日。逌踐斯言。握管悲來。有霣如泉。嗟我與汝已矣。永萬古而訣離。文縱不磨。又安用之。

莫子偲墓誌銘 壬申

子偲姓莫氏諱友芝自號郘亭晚號眲叟世居江南之上元明宏治中其遠祖曰先者從征貴州都勻苗遂留居都勻至高祖雲衢又遷獨山州自是為獨山州人曾祖嘉能祖強州學生皆以君考貴 贈如其官考與儔嘉慶己未進士翰林院庶吉士改官為四川鹽源縣知縣再改官為貴州遵義府學教授曾文正公表其墓曰教授莫君者也教授君故名進士日以樸學倡其徒教其子弟子偲獨一意自刻厲追其志而從之當是時遵義鄭子尹珍亦從教授君游與子偲相劘以許鄭之學

積五六年所詣益邃。黔中官師徒友。交口推轂莫子偲鄭子尹。而兩人名遂冠西南。子偲之學於蒼雅故訓六經名物制度。靡所不探討。旁及金石目錄家之說。尤究極其奧賾。疏導源流。辨析正偽。無銖寸差失。所為詩及襍文皆出於人人。而於詩治之益深且久。又工真行篆隸書。求者肩相摩於門。子偲癯貌玉立。居常好游覽。善談論。遇人無貴賤愚智。一接以和。暇日相與商較古今。評騭術業高下。正論詼嘲。閒作。窮朝昏不勌。自通州大邑。至於山陬嶺海。公卿鉅人。學士大夫。咸推子偲。以為不可及。下逮武夫小吏。閭巷學徒。語君名字。無不知及其他嘗與君晤。無不得其意以去者。然君雖樂易。而中故介然有以自守。自道光辛卯舉於鄉。其後連歲走京師。朝士貴人爭欲與之交。然君必慎擇其可。有權貴介君友求書。辭不應。某相國欲招致授子弟讀。婉謝之。既屢試禮部不得志。以咸豐八年截取知縣。且選官。顧君意所不樂。弃去不復顧。以其年六月出都門。從胡文忠公於太湖。明年復從曾文正公於皖。越四年又從至金陵。胡文忠曾文正公皆君嘗所與游。舊知君者也。及今合肥相國李公巡撫江蘇。請州縣吏於　朝。而是時中外大臣嘗密薦學問之士十有四人。　詔徵十四人往。

君其一也於是曾文正公暨李相國及諸朋好爭要君出仕敦勸甚至君一辭謝不就攜妻子居金陵時獨出往來於江淮吳越之交子偲既好游而東南故多佳山水又儒彥勝流往往而聚適日從諸人士飲酒談詠所至忘歸同治七年冬余與子偲自金陵偕送文正公於邗上返過維揚登焦山道丹徒至吳門並舟行者累月日日接膝談語十事而合者七八余尋別子偲赴杭州明年復來吳與子偲益買舟徧覽靈巖石樓石壁之勝觀梅於鄧尉越日至天平山謀且上其巔子偲苦足力乏坐寺中待余余乃獨從一小童攀籐葛凌怪石陟絕

頃以望太湖既下子偲迎余而笑相詫以為極一時之樂距今忽忽四五年日月夢想屢欲尋舊游不可復得而子偲則且卒矣子偲之卒以同治十年九月辛丑春秋六十有一生平所為書曰黔詩紀略三十三卷遵義府志四十八卷聲韻考略四卷過庭碎錄十二卷郘亭詩鈔六卷樗繭譜注二卷唐本說文木部箋異一卷其編訂未竟者尚有詩八卷郘亭文影山詞郘亭經說古刻鈔書畫經眼錄宋元舊本書經眼錄舊本未見書經眼錄資治通鑑索隱梁石記各若干卷藏於家配夏孺人子彝孫附貢生先一歲卒繩孫兩淮候補鹽大使女

二人孫一人尚幼子偲兄弟九人多有名於時子偲既卒其季弟祥芝官江寧知縣者請假於大府以十一年二月與繩孫走萬里載其柩歸於貴州卜六月壬申葬於遵義縣東八十里青田山先塋之次且行徵銘於余余與子偲故相得也既踰月為之銘而歸之其辭曰烏乎子偲迹半天下名從之馳卒歸藏於故邱無所不慊矣其又何悲

誥授通議大夫　例晉資政大夫通政使司通政使朱

公墓碑　壬申

公諱某字某號某姓朱氏當道光咸豐之際。以文字取科第。仕至通政使司通政使。年五十有五以卒。卒之七年。公長子琛成進士入翰林。追悼遺澤。慨然念先烈之未章。於是具輯公之行治。將求當世之名能文章者推闡而顯大之。用報公以不朽。而過以墓刻之詞屬裕釗。裕釗既不獲辭。乃為之書曰。公先世故家婺源。宋建炎中自婺源遷涇。為涇人。公既長應有司試。其族人有占籍江西之貴溪者。往就試。補學官弟子。於是又為貴溪人。曾祖某國子監生。祖某父某。皆以公貴　贈如公官。妣皆　贈夫人。公自少以穎異稱從塾師學制舉文。及以聲律為詩賦。出語輒能工。及其後官京師。同輩推公所為稱之曰能。道光丁酉選拔貢生。癸卯舉於鄉甲辰成進士為翰林院庶吉士。丁母憂歸里。尋丁父憂服闋散館改刑部主事。遷員外郎。授軍機章京。累遷郎中監察御史鴻臚寺少卿通政司參議太常寺少卿。轉貳大理。擢太常寺卿。授通政使司通政使。典試山東。既入都復　命。署刑部右侍郎。同治六年以省墓乞假歸。秋九月某日以疾卒於家。配葉夫人側室王孺人。皆先公辛。王孺人生子三。長即琛。次某國子監生。次某。女子一人。以某年月日葬於某所之原。公自在刑曹。單心平讞。庶獄以清。及為御史九卿。尤以忠懃自効。 文宗即位。疏請蠲諸行省積年逋賦。又嘗因冬旱。疏請恤刑以消沴氣。江西勦於兵。奏 飭撫臣錄殉難士民。入告。 予之旌卹。其它陪補遺闕。謹漸塞萌。密疏屢陳。不聞於外朝者。其事尤衆。有子能蒸蒸致孝。以謂公所言於 上者。當世不能盡知。懼遂泯沒沈堙。而欲得能傳載公者之一言以為信。裕釗惟古之君子。忠誠鬱積。貫澈幽顯。雖奄闕於一時。而卒大襮於後世。彼自有不可泯滅者。存於厥志耳。固非區區文字所能為其銖兩輕重。然以天下之為人子者。不忍其親。而思有以推大之。其意不可以不答也。迺為之銘以歸之。銘曰

士之不遇。其十而九。遇而無述。又維厥詒。究言其極。自我而已。我之不能。雖顯胡裨。我之無忝。雖晦胡恥。猗嗟我公。其又奚云。仕躋於朝。忠廸於　君。矧公有後。克承公施。再世詞垣。有鳳在池。抑抑令儀。攸攸孝思。刻辭貞石。以塞其悲。

吳徵君墓誌銘 癸酉

徵君姓吳氏，諱元甲，字育泉。先世自婺源遷桐城，為桐城人。六世祖諱爾昌，直名季流寇之難，用諸生唱義，危身以扞鄉里，七姓祀之。高祖諱大陞，歲貢生。曾祖諱泌，國子監生。祖諱太和，候選府經歷。考諱廷森。自高祖以下四世，皆以篤學醕行，至今為人稱説。自祖以下至君三世，皆以君子貴累封通奉大夫。君生九歲，能操筆為古文，作中正論三篇，長老驚嘆。既長，為六皖名諸生。曾文正公嘗嘉其文學，客而館之，而尤重其為人。蓋君有至行，約其身以致孝於其親，居外則服劬瘁以致甘旨入門則鞠躬夔栗。蚤夜侍側。無敢以跬步違。命之退然後退。居父喪。終日麻衣坐藁鞂中。俯首垂涕泣無一語。家人恐憂。瀹蓡而進之。拒不飲。已而給曰茶也。飲之。蓋昏瞀不復能辨識。其至性如此。推所以仁其親者以及其昆弟。以至於族婣。至於親疏遠邇。豐約愉戚。得喪。必以人先而已後之。苟利於物。不敢以私其有。苟慊於心。不敢問瘁其身。處於家也。遘諸昆弟謀析產。君則大戚。臥數日不起。既乃悉推田宅以與兄弟。兄弟田宅再喪。再贖而歸之。既力不能贖。則皆召之同爨。昆弟沒而諸子暨孫甥皆長育於君。諸子孫甥視君猶父也。乃旁逮其鄉里亦莫不同心而仰君若其親戚邑有大計大疑必推君主其事無不辦治者咸豐初元　詔舉孝廉方正衆以君應　詔君固辭卒以公論强之自道光之季連歲大水及咸豐中粵賊躪縣境飢敝之餘米粟騰躍人無所得食君家故貧窶也以其勤力所得市米穀盡散之鄉人而妻子至采菜茹拾樗橡為食又嘗歛數千金饋軍家人乏食遮道告之不顧又益糾合義勇以與賊抗所捍百數十里其在軍席地而寢市餅為食不虛縻鄉里一錢不顧問家事大軍既克安慶當事叙籌餉之勞君謝曰吾邑人朘膏血剝肌髓以急　國難

而吾乃以為利耶。眾聞莫不多君。益推以為仁人長德。自孔門之教。必孳孳於為仁。而要其歸則以孝弟為之本。故曰不愛其親而愛他人者謂之悖德不敬其親而敬他人者。謂之悖禮。又曰愛親者不敢惡於人。敬親者不敢慢於人。蓋親親而仁民。仁民而愛物。由此以達彼。緣本而之末。其道固然也。自為仁之義之不明而本與末不相貫備士或侈言施濟以譁眾取榮。而所厚者薄。或內行勅備。而無所禆助於世。又其甚者。竊自坿於儒者之學。而自門以內父子兄弟之間。曾不可以告於人銖金尺帛鉤析計量。而視人之苦樂。乃頑然不以為忻戚。稱仁講義。洋洋盈耳。而覦焉自以為鄒魯濂洛之徒。此孔子所謂穿窬之盜者耳。烏乎使其本心未盡失者。聞徵君之風。其能無少媿於其中歟。君以同治十二年某月日卒於深州官舍春秋六十有四配同邑馬氏嘉慶庚辰進士四川閬中縣知縣諱維璜之女封淑人子四人汝經桐城縣學生山東候補縣丞汝綸咸豐乙丑進士深州知州汝繩汝紀並國子監生女一人已嫁而卒孫二人奎駒汝綸有學問文章其居官明達治體故善於裕釗而裕釗所畏焉者也以書來告曰將以某年月日葬先府君於某所敢請銘銘曰烏乎徵君之義。慆於其家，暨於其鄉。靡有疵瑕，惟其不顯。施止於此。以其所有。推及四海，澤之所被，其曷有已。嗟時之人。惟已之私。貪冒險詖。彼獨何為。銘此懿行。為世表儀。

吳母孫夫人墓誌銘 癸酉

沅陵吳君有賢配曰夫人孫氏處士諱某之女年二十歸吳君。時吳君甫十四歲先是吳君母氏鄧太夫人故多疾。考贈資政公憂其不壽。又不欲娶後妻。懼異日亂越（敗）我家。故為吳君擇婦必得年長者。及夫人來歸二日。而鄧太夫人卒。資政公遂以一家事付之。夫人則兼綜內政。罔有遺失。晝潔酒漿。宵治麻枲。田奴織婢。率作有程。門庭具飭。井匽蠲絜。雞彘蕃孳。瓜芋碩大。室以大和。祇奉資政公養生喪死。終始之義無違。撫小姑自髫齔至於笄至於嫁。恩意篤備。姑忘其煢。以是吳君得一意自力於學。取科第為世聞人。始以內閣中書官京師。
其後出治戎事。累官福建臺灣道。宦游數十年。奔走動
萬里。夫人攜諸子居里閭之日為多。其綜理百度。一如
其朔。中值冦亂。顛躋艱苦。劬瘁萬端。馴致疾病。然猶日
問家事。不以自暇逸。天命不延。以同治十一年冬十二
月丙辰卒於某所。春秋五十有五。初封恭人晉封夫人
子某縣學生分部行走郎中女一適湖南候補縣丞李
某孫男女四人某某卒之明年冬十二月壬辰葬於宅
後挍場坪之原吳君命子某撰述遺徽徵銘刻石屬有
感乎余心辭不盡於嘉歎銘曰

嗚呼倫紀之際難矣。後母之變。雖古之賢哲。猶有慟心乎此。吁資政公。殆云亟見。亦有夫人。乃遂克踐。嗟乎使天下之家。咸有子婦若是。雖失慈母。寧有瘠子。緒觸感予。悼曷云已。嗚呼夫人賢遠矣。

誥授中憲大夫即選道江蘇候補知府黃君墓誌銘 癸酉

君諱克家，字蒙九，姓黃氏，湖北隨州人。曾祖某，議敘從九品。祖某，國子監生。考某，州學增生。世以仁孝稱於鄉里。祖考皆以君貴累贈通奉大夫，妣皆封夫人。君年少志美。未冠以廩膳生入都。所治術業。以摯當世有司取科第者。皆精善出於儕輩。又益嫻於時俗之務。用智能自襮見。都下達官長者。人人爭欲識君。中道光丙午順天舉人。歷官覺羅官學漢教習。內閣中書。先後往來京師二十餘年。名聞益廣。同治三年援例捐知府發江蘇候補。當是時今合肥相國李公權兩江總督。故與君舊知其才，至則檄筦海門釐捐，抉剔宿弊，歲入加於常時。又權海州。海州故悍强，號難治，君能用嚴察衄奸，芒州境以清。又州自經亂，為瘠區，往者以虧累為戚，而君獨不憂空無。由是一時咸稱其能，謂君且當蒙遷調。顧君意有所不得，遂弃官以歸。歸之明年，以官海州時有獄既成讞，詳請大吏入奏，得旨改流，事決矣，而得罪者以詐於上，於是當事乃復檄君至江寧覆訊，留數月未得報。先是，君配鄧恭人以是年五月卒，家尋燬於火。君以獄久留不決，居江寧，鬱鬱不得志，遂遘疾，甫三日卒，同治十二年十二月九日也。是時君館於裕釗裕劃與君同年生也。於是告之同人。相助為棺斂。明年正月君子承藩承翰奉君喪歸於隨。以某年月日葬於某所。始君徒步走京師。年力富盛。既以才技稱於世。益徧識當代名公貴人。自必當坐致通顯。顧久不獲。遂年長矣。乃始以入貲宦為外官。踰數年卒。未顯。歸將以少息也。而又訖輾轉官事以客死。嗟乎進退顯晦愉戚窮通得喪之際。豈夫人之能自為者哉。世之人或竭其耳目心思才力。苦營度於得失利害以求一當者。其亦可以已夫。君之卒年五十有二。承藩其長子也。中書科中書承翰次子。候選郎中。季子承璧。候選州同。女一。已嫁

而卒孫二人某某銘曰

謂天處高芒其奚爲胡抗倏隊胡縱倏羈胡豐倏悴而險倏夷阱迮萬端疇識其倪豈伊自今千禩於兹君亮竆此尚其無悲

誥封一品夫人歐陽夫人墓碑銘 有序 甲戌

今兵部尚書兩江總督李公之配曰夫人歐陽氏開縣
處士諱某之女年十七歸李公歸十四年而李公成進
士為縣令安徽又十九年而李公累官至江寧布政使
司布政使越明年而夫人自江寧歸蜀歸三年年五十
卒於家同治七年十二月二十八日也十年十二月十
八日葬於開縣南幾里之迎仙山又三年而李公始總
督兩江於是長子本康既早卒矣其次子本方來江寧
侍李公官舍鬱積孝思泫然悼懼徽音之沈湮於是致
父之命述母之德來諗裕釗徵為銘刻之辭以表於其

阡裕釗雖不文然自少慕效為銘章故樂導揚當世之懿行徽烈以風起頑懦鄙薄之倫而又於李公宿有知己之舊其敢以辭於是為序而銘之序曰夫人以孝事其舅姑而以勤勞佐其夫子居恒常曰潔滫瀡時煖寒婦職也立身揚名以顯父母子道也左右就養我自任之夫子無以為慮由是李公得一意搏精於學取科第為世名德鉅人而舅姑賴婦之賢晨夕故無所不得其意先是姑楊太夫人患癱(乳)衣羣(裙)床簀霑漬垢汚婢媼或畏惡不欲近夫人則躬調護在視取衣衾自浣濯者日三以為常歷數年無一日懈洎楊太夫人弃養既其後

贈光禄公繼卒。李公先後以應鄉舉及赴禮部試在遠。仲氏叔氏並幼弱。其視含斂飭棺具。竭誠盡禮無毫髮闕遺。繄夫人之力。自所為以婦道自盡而致孝於舅姑與相其夫而以妻道代終者。一皆汁乎義之所歸。故匪獨其性行淑也。彼其智識明而達理道。有出於人者矣。蓋裕釗又聞本方所述夫人它諸事。益以寤其然也。本方曰。家君為太平縣也。時粵賊自楚東下。先妣攜諸子取道江右。踰湘中以歸。途次遻寇警。僕隸皇駴。先妣曰。死生命也。且我家宜不得罹此。第行毋恐。兼程趨歸。卒以無事。家君既貴。而先妣被服食飲。一如寒素居家中雞豚孳乳一一察視之家君聞遺之書勅無與小民爭利先妣顧本方笑曰汝父乃失吾指吾恐自暇逸為殃咎特假是為習勤計且以視諸婦令無失吾家舊耳豈以為利哉烏乎觀夫人之言何其明識者歟抑裕釗以謂達於理道者不其信歟本方益述夫人教諸子有法度遇宗族外姻有恩居平賑貧賙乏無吝容諸娣德甚衆裕釗曰是固然無足疑耳蓋凡人之為行未有識不足而能善其所為者也且余嘗觀世之士大夫挾册唫誦道先聖之言而往往昧於識者衆矣若夫人者不可以風世之士君子而使有餘愧者哉夫人生子二人即

本康本方女四人長適浙江候補知縣蕭德樹早卒次適從九品鄒昌烈次適候選知縣沈啟澐次適宋家聲側室洪宜人生子二人本康本侗女二人一字同邑張氏一未字裕釗以謂夫人受　封於　朝為一品夫人其賢行又卓卓如是是宜銘銘曰

地道含章厥惟有終陰順承陽邦家之隆自昔聖賢哲罔非賢儷相翼相賓其君之袂焯彼李公維國之楨敭歷卅載永有令名公勤於外內則夫人鼂圭夕滌嚴其二親井匽門庭咸秩無壞公罔內顧德胡不邁猗嗟夫人不盈不傾媞媞其恭皦皦其明施於厥後皇皇菁菁凡

百君子。視此刻銘。

吳母馬太淑人祔葬誌 丙子

往者桐城吳育泉徵君之卒裕釗既為之銘以鑱諸貞石越光緒元年而徵君之配馬太淑人繼以七月某日年若干卒其次子汝綸復以書來曰先子銘幽之辭既幸得子文而吾母今又没吾兄弟荐罹閔凶慘怛哀慕不知所出惟吾母之摯行宜不得没者庶其有聞於後而且諏日祔於先子之墓次敢復請志其藏以卒吾父母終始之賜其感且不朽裕釗則敬諾汝綸又曰。吾母之來歸也。資送千金。自吾父推田宅與諸父。皆吾母私錢所購買也。而吾母無幾微嗛於其心者。既吾父召諸父同爨又長育諸從子及孤甥又以錢穀振內外宗黨之貧乏者疾病者婚喪不能舉者而吾母壹與之同吾族及里之人今皆能道之然其事吾大父母尤有至性吾父常終歲外出尤以是不憂其家自吾父少游京師大父每為書稱婦之賢以釋其子也自大父之世吾家食指衆費用恒不給閒值艱窶大父悄焉獨傍偟吾母輒先喻之立出服器脫簪珥以應其後吾母筐篋罄竭家亦瘠貧益蚤夜作苦而吾母故怡然不少怨悔晚歲嘗從容語吾兄弟曰吾少時治麥屑為饘雜水磨之日晨起盡五六升汝伯母故羸善病吾數代而休之吾脛

瘡潰血淋漓霑漬衣若朱繡也諸叔治田食麥吾與汝
伯母飲水耳木棉花繁則吾娣姒之田擷之吾妊及月
不少息及生兒墮地死矣然舅姑愛我我誠苦乃復樂
之今舅姑亡矣思若此豈可得耶因悲哽不自止自大
父之病而嗜食鱓既沒吾母聞賣鱓聲則泣而漁者為
之遠迹其至性如此裕釗曰烏乎此可銘也已夫其心
一篤於仁而不少私其利至於困阸而不怨自學道之
君子難之而太淑人故若是哉或服儒服稱號士大夫
顧乃競於財而忘其親者盡亦觀於此乎於是為論其
事而繫之以詩至於太淑人族世子姓則裕釗銘徵君

墓既具詳之已故不復著云其詩曰

相夫子。嚴尊章。躬窈窕。婉以莊。生同其德没同藏。有崒

新阡鬱高岡。睪牢山川孕俊良千齡萬代無毀傷

唐端甫墓誌銘 丙子

今年夏友人唐端甫以疾卒於金陵書局裕釗既往哭越三月孫子嘉登將以其喪歸葬於某所於是為之銘以歸之曰端甫姓唐氏諱仁壽浙江海寧州人考諱鳳林國子監生家故高貲富商。及端甫生而穎異絕於人。年十四補學官弟子。有神童之譽。是時嘉興錢警石先生以宿學官海寧州學訓導。憙獎掖後進。晚年得端甫及濮陽蘗齋春泉則大異之。兩人皆從錢先生游。端甫既負異稟。又其家故饒於財。大購書累數萬卷。往往多秘笈珍本。乃益發憤鑽研。尤究心於六書音訓之學。讎校經史文字。疏譌舛漏。毛髮差失皆辨之。由是名譽日益聞。其後屢應鄉舉不得志。及咸豐八年粵賊躪擾浙中。端甫奔走流離。田宅財物。埽地剗絶。所購書亦蕩盡。端甫又善病。既經喪亂。志意蕭然。與少年時夐絶矣。然端甫故處之恬如。好讀書如其故。所詣日以邃。性静正不以喜怒隨人。與人相對。或移晷無一語。獨善食酒。引滿連數十不亂。酒後輒面赭。乃頗振厲談噱。亦時為感慨不平之鳴。其介特故內函。罕有知者。篤於古誼。今之人有不能及也。與君同處金陵書局德清戴子高望者。死而無子。死後無一不賴端甫力者。端甫及戴君皆曾

濮易彝之名訪春泉其别號也

唐來心謹識

文正公所招致也。端甫來金陵以同治四年。越八年而文正公薨。其明年戴君死。又四年而端甫卒。實光緒二年六月十四日。自同治三年大軍克金陵。曾文正公及今合肥相國李公相繼總督兩江。始開書局於冶城山。校梓羣籍。延人士司其事。文正公尤好士。又益以懿文碩學。為衆流所歸。於是江寧汪士鐸儀徵劉毓崧獨山莫友芝南匯張文虎海寧李善蘭及端甫德清戴望寶應劉恭冕成蓉鏡。四面而至。而文正公幕府辟召。皆一時英俊。並以學術風采相尚。暇則從文正公游覽燕集。邕容賦詠。以為常。十餘年之間。文正公既薨逝。劉毓崧莫友芝戴望諸人皆先後凋喪汪士鐸已篤老自引杜門不復出張文虎亦謝去其他或散走四方及是而端甫又以死金陵文采風流盡矣。國家自 聖祖天縱睿智右文稽古粤 列聖相繼益紹明制作廣厲學官鴻生鉅儒應期並出度越百代而吳越為尤最際會者或被 殊恩蒙 渥賚遺聞盛事為藝林傳説及乾隆中葉以還薄海熾豐 天子命建三閣於杭鎮揚諸郡。。頒四庫書庋其中而江浙所至家尚藏書刊布珍册流衍海内絃誦相聞其封圻大吏若阮文達畢制府等尤憙招延文儒之士一時

粵賊竄郴是咸豐十年

袁川文識

號稱極盛。逮咸豐初兵起。區寓糜沸。東南尤被其毒。諸人士死亡轉徙。典籍焚燬。斬焉無遺。學者亦益廢壞。物盛而衰。乃至於此。其後雖以曾文正公削平寇亂。興起儒學。然薨逝曾不數年。而人物蕩然。豈人文與時興廢固天實主之而不可强者邪。余既以悲端甫之故。因并有感於今昔之事。於是遂備論之。抑以明端甫所以至是。固時與命則然。其聚散存亡之數。亦非獨一人之可為慟悼也。端甫妻莊氏早卒。子一。即嘉登。女一。未嫁。端甫之卒年四十八矣。其生平所為書皆未就。獨有詩若千卷藏於家。銘曰

嗚呼端甫。子墓吾銘。吾獨子悕。子而有知。其唯吾詞

誥贈奉政大夫山東山長縣知縣黎府君墓表 丙子

君諱安理字履泰號靜圃姓黎氏先世自蜀之廣安遷貴州遵義為遵義人考諱正訓廩貢生以君子貴 贈奉直大夫妣鄒氏 贈宜人君生而家窶貧。繼祖母悍戾無人理。嘗取毒蠚內君口。又誘之溪旁。推置水中。皆瀕死獲救蘇。 贈君既以不容常外。出後遂遠館四川灌射洪。鄒宜人亦逐居母家。君甫十歲。獨留。繼祖母所。督課之過。於成人。晝則刈薪芻。刀傷指幾斷。夜使舂。舂不舉繩縋首挽踏之。刻宵盡米三畚乃罷。日食恒不飽。泣諸鄰。鄰惻然飯之。已少長。鄒宜人乃復歸。則日從宜人齋粟事祖考及繼祖母祖考古質木彊老人也繼祖母又益責君備稍不合詈楚隨下君屏息竦待益謹以邀恬無怨言鄒宜人既歸而遺益甚所居室榻連於爨轉側不容足重積勞嬰錮疾尤苦操作君常分任勞辱以貧故復躬負販供羞膳又以其間習舉子業多授徒至數十人稍間輒歸佐治家事左右往來周章恒挾一冊就薪火或置鄰閈誦之庭無缺供館無廢業間值嘉會燕御親賓獨身佐鄒宜人代治菓脯飲饌之屬米鹽凌雜條次無遺如是者歷三十四年用能得祖考歡訖祖考卒殫力營葬鬒髮為白至乃繼祖母之殁侍疾

連晝夜不倦。治喪事一無闕違。人人歎息稱顧以謂至難能者也。贈君之館於灌也。竟客死葬焉。君於祖父母既以尊親之故。無敢疾怨。又絕痛父母。遭值屯艱所不忍言。私獨銜恤飲恨。贈君既卒。歲時走灌縣。終日繞墓彷徨。夜則卧墓側。時時悲號泣下。惻感行路。又以兩弟遨放不返亾不知所如。鄒宜人以為大戚。君則徒步走數百千里。出入黔蜀。歷二十餘郡縣。卒迹仲弟得之。而其季竟不歸。遺一子愚甚。三年不能識一字。而君撫之如己子。其後鄒宜人瘉病。困夜不能寐。爐火坐達旦以為常。服食卧起。一自君調護。親意所需。冥會逆合。未發輒喻乃益具酒食召宗親相過從晤語以順適親指妻妻道往事至有可傷者鄒宜人泣君亦泣侍坐皆相顧泣然如是者又數年而鄒宜人卒君於是精力瘁敝志亦益恫矣君生平遭遇不幸人倫之變毒酷慘絶之境萃於一身而處之壹無不盡自史傳所記孤臣孽子奇節至性稱於當時而傳誦於百世其困躓危苦或未至若是此天下之至行也君以乾隆己亥舉於鄉嘉慶戊辰大挑教諭永從復選授山東長山縣知縣越四年告歸己卯十一月辛未卒春秋六十有九卒道光辛巳十二月甲申葬下沙灘大林山君長身鐘音讀書目數行下貧無

所得書書皆出手寫於經易史通鑑尤致精制舉之文
上逼國初諸老為人方直剛毅鄉邑以為模楷歸田
後里中無少長咸稱之曰長山公其令長山著稱廉明
家居惠澤周於閭里尤急難從兄某以事罹法君往
救出之道墜崖幾死友人厄遠所求援君立馳赴迫夜
困極遂宿亂冢間不悔亦不德也諸所為世或以此稱
君然於君抑末已君所為書曰四書蒙講夢餘筆談鋤
經堂詩文集合若干卷藏於家配楊宜人子二恂嘉慶
甲戌進士雲南巧家廳同知愷道光乙酉舉人貴陽府
開州訓導皆有潛德遂學女子子六長適周善萃次適

縣學生張顯謨次適鄭文清次適國子監生詹祖榮次適舉人吳朝東次適張欽昊孫九人兆勳湖北隨州州判兆熙國子監生兆祺軍功保舉候選知州加知府銜賞戴花翎兆銓雲南姚州知州　賞戴花翎兆普翰林院待詔銜庶燾咸豐辛亥舉人庶蕃壬子舉人兩淮候補鹽大使庶昌以諸生獻書於　朝特予知縣分發江蘇保擢直隸州知州庶誠從九職銜多以文行知名曾孫十七人其賢者曰汝謙好古學光緒乙亥舉人烏乎由君之為報施之說信有不誣者黎氏之大孰知其所極至哉君殁且六十年而墓刻有待庶昌故與裕釗

友善又有新特之好狀君行義來告曰有若吾祖之德
泯不昭於紀載誰謂世有醇懿卓絶若是者乎於是獨
論君之至孝大節殊特古今者使揭於阡諷於永永無
極之世武昌張裕釗表并書

汝南通判馬府君墓表丁丑

君諱樹華字公實號篠湄先世故六安趙氏明永樂中文學諱驥者贅於桐城馬氏蒙馬氏族姓爲桐城人而趙氏之先實固始祝氏也既蒙馬氏居桐城遂稱桐城望族科第仕宦相繼世有聞人曾祖翮飛國子監生舉孝廉方正不就以樸學醕行主講席吳中學者稱一齋先生祖春生候選訓導考邦基國子監生兩世皆以君貴 贈朝議大夫君嘉慶丁卯副榜貢生以直隸州州判發江西丁朝議君憂歸服除越數年權河南清化通判補汝寧府汝南通判以母左太恭人老乞養歸咸豐

初粵賊之亂起君倡邑人糾義勇禦賊戰敗為賊得以刃脅降君君不屈遂罵賊以死咸豐三年十月二十一日也年六十有八事聞 詔崇祀詔忠祠 賜邺蔭有加君自少讀書。則厭薄世俗之學。聞鄉先輩流風遺躅。心獨慕嚮之。既長從姚姬傳先生游。益研精聖籍博稽典章文獻。及古詩文家徑涂指歸。皆擥取其要最。其後除喪入京師。復從姚伯昂總憲陳碩士侍郎顧南雅通政徐星伯汪孟慈太守暨諸方聞長者。以文學風義相尚。學術益進。名譽益聞。蓋君之學主於考求遺經。辨證是。非得失。期協乎心之所安。而實能踐諸行事。以是飭

昂

於身。亦以是行於家施於有政。其在官所至有威惠。民用洽和。於時大吏若善化賀公長齡侯官林文忠公皆雅重君。文忠尤以屈於下僚。不盡其用為君惜也。其居家遭朝議君喪。喪祭一遵古禮。孝奉其母仁畜其弟自乞養歸。蠲治室廬雜蒔卉木。歲時偕其弟二人。躬挽輿奉左太恭人日游觀其中以為樂。益篤於宗族內外。置延景堂義莊以贍族人。捐建祠堂以祀其始祖參酌古今。定為祭禮。具有儀法。又旁羅邑之耆舊先賢前言往行。廣甄博采。勒為成書。治績之美。內行之懿。術業之精。蒐述之勤。豈能充其所學。而自慊於其志。及遭寇亂。卒

致命遂志以死可謂貞皦篤學舍命不渝之君子也所
箸闡幽彙記龍眠志略桐城選舉記咫見漫錄可久處
齋詩文集及劉記合數十卷經亂多亡佚僅有存者配
吳安人生子一起泰附貢生選霍邱縣學訓導先君卒
無子以君從子起升子縣學生承襲雲騎尉其祀為主
後繼配姚安人側室吳氏生子一人起益議叙布政司
理問女二人以貞女　旌君卒之若干年以某年月日
與弟典薄君合葬於某所君兄弟之志也既葬其嗣孫
其昶者好學能古文嘗問學於裕釗致父之命來請為
表墓之文裕釗惟桐城自有明以來多世家鉅族名德

鉅人文儒忠義之彥。歷數百載。後先相望。及　國朝方姚之徒出。以古文為海內倡。而桐城文章遂冠天下。後更喪亂。風流篤厚。稍稍衰矣。然以裕釗所從游處。往往猶多俊傑之士。瘉於它邑。固其山川奇秀鍾孕英瑋。抑豈非風烈之所竦動。師友淵源之所漸被者然哉。然則風教之於天下。所繫人才風俗盛衰。豈其微哉。固以是思君之懿文卓行。追配前哲。且尤惓惓於一邑之文獻。有以也夫。有以也夫。典簿君諱樹章。字幼白。號怡軒。候選詹事府主簿。加太常寺典簿銜。與君友愛臻至。兄弟閒自為師友。自所以仁其親以及其九族。一與君合同無閒翕然若塤篪之和君之創置義莊及宗祠一皆典簿君經紀其事又瘉增置先世墓田倡率邑中義舉惟力與財所能無敢少愛厥後後（復）捐所居宅以為試院馬氏兄弟之風義桐城人至今能言之典簿君初娶張孺人繼娶左孺人側室崔氏子二人起升府學生議敘府同知起恒浙江即補縣主簿女一人孫五人長即其昶為君主後者典簿君之葬也與君合又其行足尚也宜并得書武昌張裕釗表

方府君家傳 庚申

君姓方氏諱某字秋岡湖北興國州人余嘗銘君考贈君之墓又為君伯兄善化君傳既詳其家世矣初贈君死白蓮教之難。藁葬秦中。君既長。持千錢身獨走三千里。往求其喪。有盧翁家秦中者。君婦翁也。號為富饒。遇君厚甚。是時君家貧。或説君留依盧翁。割田宅以居為利。君曰。父不得歸先人兆域。兄不得拜父之墓。弟不得奉母之祀。徒役於利。獨與妻孥留此。世之人則能之。卒以 贈君喪歸。與伯兄居。居貧苦身。兄弟相友。弟怡然。及善化君成進士為縣令湖南。君從歷數任。財賄出內囊篋細碎。一需君力。飭其家無敢習為仕族華靡事。一切如在約時。曰吾無以益吾兄。庶以此成其廉。當道光辛卯壬辰之際湖南北連歲大水中更猺民之變。善化君捐廉俸倡士民飲食餓者。又供億過境王師貲糧屝屨。紛擾艱棘。一任君辦治。事立辦而民獲其所。善化君之初權酃也。有役持府牒至縣索賄張甚。善化君欲杖之。幕友固爭。君曰畏上官縱姦役。使虐一縣民。何以縣令為。杖之不悅於府。不過罷官歸耳。自力猶能為人。奈何乎忍此。善化君遂杖之。而知府果不憙。思有以中傷之。然善化君卒不悔。君亦不沮。當時皆多善化君能庸善以抗疆禦。而君能以義贊成其兄之美。為皆賢遠於人。君篤厚出天性。其赴義若飢渴於飲食。仁其親以及於人。有某者君從兄溺某水所。君往求得一尸。水際驗之非是。從者欲弃不收。君曰有如人得吾兄而弃之。於我何如。卒為棺斂瘞之。亦旋獲某尸於百里外以歸葬焉。既又為存其家。撫其孫子。至今以為君德。其在湖南歲寄白金以遺里之貧人。在家買田捐緡錢為曾祖以下祭祀之用。其餘利及於諸兄弟。君之善彰矣。今取其尤難能者。君有子三人。翊元候補知縣某縣學生皆能守其家法。而翊元力學行而甚文。善於裕釗。狀君行義來告裕釗曰君求親喪數千里外弃所欲來歸佐伯兄為循吏人有父莫不為子有兄莫不為弟如君其能為人子為人弟矣君幼常讀書敏甚逾時而卒三經其世父以生計命弃去君終身以未得竟學為憾雖然、學將以何為如君之脩於內者雖彼學者何以過之哉

先府君暨先妣事略 丙寅

府君姓張氏諱善準字樹程一字平泉自號曰愚公湖北武昌人自先世世有文學敦行孝義鄉里稱積善之家曰張氏曾祖諱維滄國子監生 貤贈脩職郎祖諱本用歲貢生任廣濟縣學訓導考諱以誥國子監生今湘鄉相國曾公嘗表其墓曰武昌張府君者也府君少服先人之訓。長而刻苦自勵於學。叁歲補諸生。以制舉文有名於時。善化賀督學熙齡尤激賞之。拔冠其曹。然府君顧不以此自憙。而獨壹志於學問。於古尤篤耆。浚儀王氏困學紀聞。崐山顧氏日知錄二書。以謂考證家惟二家之書最為周於用嘗剌取其要都為一編手錄至數過年五十遂絕意進取為歲貢生以終身雖不仕而隱然懷耿介之節居平於一身豊約得喪未嘗以措意至聞國家中失安危善敗憂樂之如其家事咸豐中南中亂起當世任事諸公多抗節死王事府君聞尤悼慟若喪親戚語及泫然淚霣下一日篝燈夜讀書忽甚悲失聲舉家驚往視府君方手一編顧曰無它也有傳胡巡撫祭李九帥文至者余讀之悲甚乃不自覺耳胡巡撫者益陽胡文忠公林翼李忠武公續賓當時稱李九帥也自是家人聞外間兵事至相戒不敢以聞居

平愛樂慕望天下忠賢良臣。如不克見。而深疾貪汙不職之吏。與當世士居家專壹耆財利。以故俗日益壞而亂無時已。每獨居燕語及與知友書言之。絶痛。又嘗誡裕釗汝吏才短。尚無求仕。然苟一旦仕。則必無為身家謀。且既仕則汝身為 國家之有。雖余亦不得子也。遇物故恭慎。雖至卑幼。必恂恂致敬禮。嘗曰居家亶當一意務卑下慎密。毋獲罪於人。若居官則死生以之。然府君家居遇族鄰知友嫺好有患禍疾疢。蚤夜奔走在視。徧任其勞苦。其人其家。望府君以為倚恃。及其後聞府君之卒。怳若徹屋而露處。其卒以同治三年十二月十

日年六十有九所著有史學提要續編凡六卷藏於家
其為學至老不少懈卒之前幾日猶操筆治輿地圖府
君既卒明年二月十九日而先妣金孺人卒慟乎距府
君之卒三月耳孺人同邑　馳贈脩職郎諸生諱昭
煥之女年二十三歸府君生子裕鍇及裕釗二人女子
子二人孺人外家故高貲富室諸舅取科第為世聞人
孺人之歸也夫家父母家皆鼎盛孺人躬執儉約未嘗
有富貴之容其後連歲大水田廬毀敗家始益窶府君
閒授徒外出孺人持家事尤艱苦每歲農時辯色起日
具其數十人食盛暑汗洮於顙日不遑暇食夜深不得寢

三女皆嫁矣

壽又識

初不言勞裕釗幼時記某歲歲除孺人居爨下促促治
酒漿家人飯且畢孺人乃始飯甫執箸謖曰一事幾忘
之族中某當遺之食某孫嫠當與羹肉立起入廚俾人
遺之諸子謂母屬勞甚胡不俟飯畢邪孺人曰少時飯
何害我心不此釋也其好勤勞而不遺阨窮多此類病
革時有媼來問疾孺人以其孫苦素周之者也猶指以
屬諸婦曰它日汝等善遇之孺人自少讀書通大義故
平生於財物無所顧藉處族姻閒尤能喻府君之志而
曲成其義其閒蓋多曲艱隱厄不可以言盡者卒年七
十有三時世母朱孺人年且八十矣撫孺人而泣謂裕

釗等曰。自吾與汝母為張氏婦。五十年。未嘗以一日至面赤也。語未嘗不歡。汝母亡。今不可復得矣。因哭盡哀。諸子婦及羣從子婦聞皆慟哭不可止。府君晚歲患痔漏甚劇。孺人亦患咳。歷二十餘年。秋冬常臥床蓐。至春深乃稍能起。以家貧故侍奉多缺。至今中夜思之泣。自以不可為人。舉體皆栗。慟乎。將安贖此罪哉。

誥授資政大夫廣西巡撫方公家傳 丙子

公姓方氏諱顯字周謨號敬齋湖南巴陵人方氏自元明以來世有名賢公曾祖某祖某父某比三世不仕父祖以公貴　贈如其官公少孤母許太夫人督之學嚴至既長以歲貢生任湖南湘鄉縣學教諭稍遷廣西恭城縣知縣公為人英達沈毅自少讀書慨然有志於經世之學而好古兵法雍正四年　詔諸行省舉賢能之吏大吏知其才薦擢貴州鎮遠府知府當是時鄂文端公總督雲貴始建議開苗疆改土官歸流雲南東川烏蒙鎮雄諸土府既皆內屬然貴州苗自若其故所謂

貴州苗者其南曰古州曰八寨其西南曰丹江其東北曰九股清水江九股清水江際鎮遠而丹江際凱里八寨際都勻古州際黎平參錯萬山之中阻險而羣居地方三千里衆數十萬於是黎平知府張廣泗建請開貴州苗鄂文端公善其策未即許而獨檄公至雲南問狀公對以爲貴州生苗獷悍者居泰半無所統黔楚粵行旅之往來皆阻苗疆迂道而後達苗又益時出剽掠爲商旅患中國奸民觸法捕之急則逃入苗中無敢問者吏民咸以爲苦其內則弱肉强食相噬齧雖彼民亦自苦之誠及今宜爲計諸苗區固峻險然泉甘而土沃有

丹砂水銀木棉材木竹箭金鐵之饒清水江西通黃平平越東走湖南廣西今誠以威德撫而有之漢苗良楛之民攝然壹安其所舟楫達於四遠財貲流行華戎富樂 國家大安此百世之利也鄂文端公曰是則然然子度開苗難易若何曰無難易惟其人而已又問剿與撫宜孰施曰二者宜並施之弟撫先而剿後既剿則尋撫之耳因條上平苗便宜十六事文端公深韙之於是始奏開貴州苗改流如雲南矣文端公檄張廣泗招撫古州丹江八寨諸苗而九股清水江諸苗以屬公是歲雍正五年也明年公以三月至梁上四月至挨磨者磨

八月至柏枝坪披心腹布德威順風首塗苗民悦喜訖十二月而九股及清水江南北九十有二寨一皆撫定先是施秉有劫盜匿台拱在農二寨副將張禹謨捕不得至是禹謨率師次柏枝坪二寨既就撫矣禹謨追其舊惡謀因兵威屠之二寨懼棄寨逃林谷將為變公聞之曰如此苗人人自危矣大局且以壞持不可遂獨馳一騎抵二寨寨皆空無人公則宿寨中黎旦張蓋出令從者一人前導繞林谷疾呼曰鎮遠府來活汝即令汝疾出苗民爭出擁馬首驚問公曰無恐速歸寨汝曹就撫即良民 天子必不殺良民苗拜且泣曰公活我

活我公乃坐石上相與語如平生歡并詢所疾苦苗又益喜且拜曰公仁人也遂相率歸寨公益宿台拱寨中者三日而諭以縛獻施秉盜無不聽命者明年二月反號董敎柳受柳利諸寨復相繼就撫又討平公鷙寨之為亂者諸苗以次稍稍定鄂文端公乃始奏請置貴東道控苗疆以公補其處仍留守清水江而張廣泗亦平古州八寨大小丹江又與公同平九股以功至貴州巡撫頃之雞呼黨諸寨畔復往擊明年平之九股清水江諸苗悉平矣鄂文端公以古州苗畔檄與君偕者古州鎮總兵蘇大有往而命公總統清江軍務文武官吏一

聽節制。於是申軍令。誓將士。毋掠毋淫。毋侵欺善良。毋踐果穀。苗民以忿爭來愬。為處其曲直。皆悅服以去。乃益築城郭。建官廨。治礮臺營房。苗民競來助役。勞以酒食。益驩欣鼓舞趨事。逮九年三月而諸工役竣。公出循清水江。巡視塘汛。黔楚商船千帆。箕張雲翔上下。苗民擕老扶幼。聚江干臨望。或稽首馬前。以果蔬菜茹獻者。纚屬於道不絕。觀者動色相詫。以為曠古以來所未有也。公至誠遇物。不為藩蔽。故所至人人信歸。其在兵忠勇激發。而志守堅決。臨利害不可奪。敏於事機。所策慮輒當成敗。公鶩之變。率諸寨圍我師於柳羅。張禹謨欲走。公不可。既巡撫張廣泗來解柳羅之圍。議以為公鷙首亂。宜置諸黨專攻之。公謂不若先散諸黨。從其策。而公鷙果以孤立敗。將擊公鷙霖雨江盛漲。欲渡無所得舟。公夜選銳卒善游者數十人。乘大霧往奪苗舟十餘以濟。進擊連破遂平之。討鷄呼黨也。以計招誘苗酋計包辛等八人。至則并斬之以徇。而雞呼黨以破。逮其後台拱之變。事尤危則尤賴公力。台拱者。最苗中扼要地也。苗平初議增置一營為防禦。當是時鄂文端公既以入　覲留京師拜大學士矣。高文良公其倬來代文端任。而公亦晉貴州按察使。明年張廣泗復調寧遠副將軍去。巡撫元展成來權貴州。而苗方新集。遽建城於台拱。九股苗故習劫奪久弗便也。其年秋年翁烏羅桃賴諸寨倡為變。九股諸苗寨皆附焉。公方以增兵建城留台拱未行。九月七日未明賊大至。公先詗得狀與總兵趙文英嚴為備。賊至擊走之。進破年翁寨。越數日賊復夜至。公以兵寡令人爇兩炷香手之。為若火繩狀者。以疑賊走之。於是賊乃踞排略以困我師。排略者台拱之咽。援軍及饋運所由也。是時台拱官軍僅二千五百人。苗眾且數萬扼險而守。援兵再至再失利。自賊始攻或欲弃台拱走。公拒之。及圍久糗糧皆盡。迫冬寒益凍

餒眾洶洶不自保會得制府檄令退師就糧下東文武
集帳中密議莫能決公忿發言曰黔苗全局安危繫台
拱一舉足盡動搖矣且即出台拱下東能必至乎徒損
國威失臣節奚益困拔所佩刀示諸公曰事急則
某死此耳吾不能弃此走也已而軍中微有聞知其事
者公乃召將士為具陳利害且激以忠義聞者莫不感
動於是總兵霍昇方以兵趨援台拱未及至賊奪我後
山樵路絕公夜出奇兵奪以還而賊益至事且急公鞭
馬直前趣賊或止公以文吏不可前公曰前亦死不前
坐困亦死等死耳眾聞益殊死奮擊大敗賊軍乘勝遂

拔烏孟井底二寨。取其米穀。以餉飢軍。亦會霍昇兵克大關。躍入台拱。兵並出。衷擊之。賊大潰走。凡堅守六十九日。而台拱之圍解。於是諸軍大集。進擊諸寨。皆破殄。最後提督哈元生至。攻蓮花坉。悍苗大克之。而九股苗復定。當是時。微公扼台拱制其樞。黔中幾且殆。自鄂文端公既定雲南。繼開貴州苗疆。發議於張廣泗。而決策於公。公卒終始其事。出萬死以保全局。崎嶇前後七年。而事集。乾隆元年。丁母憂去官。服除。遷四川布政使。尋擢巡撫。大小金川雜谷諸土司相仇殺。公遣人諭之。諸土司慴公威。事壹解。而議者欲遂乘此令改流。如滇黔。公

具疏力陳不可乃止。始公既平貴州苗。自為平苗紀略
述其事。因論馭苗之宜。無事毋擾。有事毋諱。大事毋畏
小事毋張。未幾而苗疆吏果以徵糧不善。致羣苗怨畔。
濯征三載。然後克之。及乾隆中葉。討伐大小金川。先後
用兵八年。糜帑金七千萬。窮極勞費而事乃定。世以此
推公之明大體習邊事。非人所能及也。五年以楚粵邊
苗不靖。調廣西巡撫。逾時辦治六年謝病歸。薨於里第。
公之調廣西。　上聞公疾。　詔且留四川毋行。而
公已就道。既至。屢　降溫詔慰諭。遣太醫視疾。及薨
天子震悼。官其次子桂為知縣。公內行肫摯。服官

所至有惠政事多不具著初至鎮遠時有寺僧為神所怒謂賢太守至臥不起承事痛誅責之鎮遠人書之府志以為異台拱之圍樵采既絶軍中掘草木根以爨入四五尺所見黑土類煤投以火則皆爇衆咸拜曰天也二事人尤憙稱之傳為神公子四人鶴中書科中書桂舉人官至浙江甯紹台道鰲安仁縣學教諭麟歲貢生女二人皆適士族孫十三人曾元無慮數十人皆能取科第仕宦有聞於時光緒中徠孫湖北補用道任武昌知府曰大湜者以謂公事具載　國史而世或不能盡知乃請為家傳藏之宗祏以詔後世子孫且以諗其鄉

里於是為論著公事之大者俾後之人有考焉

張裕釗曰有苗自唐虞之盛不能臣及我　世廟任鄂文端舉生民以來之蠻區一變草之。豈不偉哉。方事之殷。中外動色相駭。羣疑交訌。今觀公及鄂文端所相與問答語。然後知天下事無不可圖者。所難惟得其人耳。然予嘗睹世所謂賢者能者。遭時之艱。則一以不可為慭謝之。伈伈覤覤。補綴苟焉。以偷一日之安。顧不知其後之伊胡底也。烏乎亦獨何哉。亦獨何哉。

北山獨游記 丙辰

余讀書馬蹟鄉之山寺望其北一峯岪然而高嘗心欲至焉無與偕弗果遂一日奮然獨往攀籐葛而上意銳甚及山之半足力勸止復進益上則澗水縱橫草間微徑如烟縷詰曲交錯出惑不可辨識又益前聞虛響振動顧視來者無一人益荒涼慘慄余心動欲止者屢矣然終不釋鼓勇益前遂陟其巔至則空曠寥廓目窮無際自近及遠窪者隆者布者搏者迤者峙者環者倚者怪者妍者去相背者來相御者吾身之所未歷一左右望而萬有皆貢其狀畢效於吾前吾於是慨乎其有念

也。天下適遠殊絕之境。非先蔽志而獨決於一往。不以勸而惑且懼而止者。有能詣其極者乎。是游也。余既得其意。而快然以自愉。於是歎余向之勸而惑且懼者之幾失之。而幸余之不以是而止也。乃泚筆而記之。

游狼山記　丙子

光緒二年秋八月黎蒓齋筦榷務通州余過焉既望與蒓齋游於州南之狼山山多古松桂檜柏數百株倚山為寺寺錯樹間最上為支雲塔危踞山巔萬景畢納迤下若萃景樓及准提福慧諸庵亦絕幽夐所至僧舍房廊屈曲左右蒼翠環合遠絕塵境側身回矚江海蕩天近在戶牖隔江昭文常熟諸山青出林際蔚然時秋殷中海氣正白怒濤西上皓若素蜺滅沒隱見余與蒓齋顧而樂之狼山淮揚以東雄特勝處也江水自岷蜀徑吳楚行萬里至是灝溔渺莽與海合會山川控引界絕

華戎天地之所設險王公以是慎固古今豪傑志士之所俾睨而籌也昔阮籍遭晉室之亂作詠懷詩以見志登廣武山歎悼時之無人今余與純齋幸值茲世戡亂殄息區內無事蕃夷絕域約結堅明中外以恬熙相慶深憂長計復奚以為余又益槀枯朽鈍為時屏弃獨思遺外身世捐去萬事徜徉於茲山之上蔭茂樹而瀨澗芳臨望山海慨然憑弔千載之興亡左挾書冊右持酒杯歡歌偃仰以終其身人世是非理亂天地四時變移眇若墜葉與飄風於先生乎何有哉歸書而為之記

游虞山記

十八日與黎蒓齋游狼山坐萃景樓望虞山樂之二十一日買舟渡江明晨及常熟時趙易州惠甫適解官歸居於常熟遂偕往遊焉虞山尻尾東入常熟城出城迤西綿二十里四面皆廣野山亘其中其最勝為拂水巖巨石高數十尺層積駢疊若累芝菌若重鉅盤為臺色蒼碧丹赭斑駁晃耀溢目有二石中分曰劍門驕壁屹立詭異殆不可狀踞巖俯視平疇廣衍數萬頃澄湖奔溪縱橫蕩潏其間繡畫天施南望毘陵震澤連山青翠相屬厥高鑱雲雨氣日光參錯出諸峰上水陰上薄溢

摩闔開變滅無瞬息定其外蒼煙渺靄圍繞光色純天
決背窮睇神與極馳巖之麓為拂水山莊舊址錢收齋
之所嘗居也嗟乎以茲邱之勝錢氏乃惘不能藏於此終
焉余與易州乃樂而不能去云巖阿為維摩寺經亂泰
半燬矣出寺西行少折踰領而北雲海豁開杳若天外
而狼山忽焉在前余指謂易州一昔游其上也又西下
為三峰寺所在室宇每每可憩息臨望多古樹有羅漢
松一株剝脫拳禿類數百年物寺僧具酒菓筍麵餉余
兩人已日昃矣循山北過安福寺唐人常建詩所謂破
山寺者也幽邃稱建詩語寺多木樨華由寺以往芳馥

載塗。返自常熟北門。至言子仲雍墓。其上爲辛峯亭。日已夕。山徑危仄不可上。期以冀日往。風雨復不果。二十四日遂放舟趣吴門。行數十里。虞山猶蜿蜒在蓬戶。望之瞭然。令人欲返棹復至焉。

蟲單傳 癸亥

蟲單者楚人也其先代有鳴蜩者當夏后氏之世以能候時節勸課農事佐公劉治豳及周有天下追論其功以詩歌之其後有蜩與螗者仕於殷紂殷亡人因並罪之黜為民其子孫散居諸國處山澤之間在宋鄭者曰蜋蜩在秦者曰蛁蟟在齊者曰螇螰其女為齊王后以怨死者也其在楚者曰蛉蛄蛉蛄之後顯於秦漢之際皆以列侯將軍九卿入侍天子當是時蟲氏最號貴盛而單尤稱為賢善音樂有文章然性孤潔不樂與人偕故自名曰單高帝時以行能清高薦為諫大夫侍中甚

見親任嘗以黄金塗飾冠冠之使垂緌侍左右承〔丞〕相何曲逆侯平功最高及季布陸賈諸公當世名人也見單皆顧俯首承之然單遇之常落然將軍曲成侯蟲達不與單同出慕單為人請坿為宗族單不可高帝惠帝相繼崩吕后稱制宦者始頗用事單時入常與中黄門貂等偕心恥之一日弃官去入嵩洛山中不復出遇佳山水穹林茂樹輒終歲留長日獨坐樹間縱聲哦誦窮鼂夕不倦人或竊聽之皆莫辨識意其所讀皆皇古上世鳥迹蟲篆幽徑怪牒當世所未見也晚乃好神僊家言求得辟穀方專精學之日惟吐納呼吸餐朝露於時俗

人一無所求請人之頌通神化無秣日而知四時之運
又能化身中為五色其後益厭薄人世塵垢污濁常獨
居遠想望之儻乎若不可測居無何容往候不見單遂
不知所終元封中上行幸泰山人或見之深山中欲迹
之忽遠舉不復見殆羽化仙去云

太史公曰余聞之莊生蟲單當呂后世其族人有與單
同侍中者車府令堂良心害其寵嗾侍御史彈之族人
由是落職單感此遂告歸見幾決去潔身遠迹巖藪之
閒浩乎無求以終其世烏乎人何所不易足顧世常受
多欲之累挾其能以自鳴於勢物之地馳驅垢濁日求

人而不知止者。何也。

蔣之醞觀詧暨李恭人五十壽序 己未

觀詧蔣公以咸豐十年畢陬之月閱壽五十而恭人李氏登五十壽之年則為咸豐八年既再踰歲矣其令子溶川太守將以今茲月設燕召賓為公壽且為恭人壽而以壽言請於裕釗裕釗惟壽言之作蓋原於古詩之遺行葦之四章曰酌以大斗以祈黃耇閟宮之八章曰魯侯燕喜令妻壽母所以道其功德而祝其壽考其辭必皆託於詠歌以永其言相與往復稱誦而不厭古人忠愛之厚辭義之懿於此猶可見焉今觀詧公起鄉里從軍江西湖北諸行省所至戰績炳然它日固宜在史

氏記而恭人克脩內職使公得揖志於王事淑德懿行
既著稱於鄉邑又將坿公以傳載於無期是皆無待於
裕釗之枝言為惟謹以覽揆之辰竊庶幾詩人之義作
為詩歌以為公與恭人稱觴之辭其辭曰
皇撫區夏九服繩繩覃及殊方莫不我承寖兵櫜武同
我文治塗飾萬品恬以無事多士承風遺蛇進退躭溺
所安以武為忌包荒容納姦萌其隩窺窬竊發一熾莫
埽衡嶽律崒造天與齊湘資蕩潏交流其涯篤生英哲
除時之穢犖犖羣公相望宇內公與其閒驂騑並驅惟
孝惟忠誓心無渝奮迹江右推鋒之始自鄂趨黃戰驟

僭

勞止。彊圉之歲。楚疆孔亟。訖推逆餤。俶賚公力。旗纛琱
戈。所指賊靡。南中載謐。厥功孰紀。饋人以福。醻爾多壽。
神甚人謀。爾助爾佑。公勤於　國。教行於家。有齊淑人。
義叶齊扶。公忘其私。恭人是治。樂芊皇甫。於今有之。有
子能賢。媢於君親。以勞躋顯。惟教無侃僭。言祉福。麗褫相
踵於門。克與人施。乃協於天。太常之績。衛鼎之銘。此詩
其信。請為之賡。

湘鄉相國曾公五十有八壽序 戊辰

往者湘鄉相國曾公閱壽五十為咸豐十年裕釗郵觴詞稱引南山有臺之詩以為祝且必公當平賊致太平越五年大軍克金陵粵賊平及今年撚賊亦平裕釗私獨輾然謂往者壽公語固終效耶及是 天子詔公自兩江移督直隸於是公年五十有八矣南中人士之在金陵者惜公之去而不可留也謀以公誕日衆執爵為壽乃復以壽言屬之裕釗裕釗惟公提一旅。起湘中。義聲感動天下。豪儁魁桀才節偉人。雲興而從之。淵謀犖策。雷動神應。萬衆一諦。順風而邁。遂南清江表。北至

於河朔匈妖蕩息天地清曙手援赤子出之水火之中
肅胥煦育瀕萎而蘇十五年之間而海内大定澤流於
千里文武威德忠誠愷惻徧孚於中外鴻卿鉅人學士
大夫隴畝山澤之甿外薄四海鑿首魋結之遠人愛悅
而歌頌之於千萬年永世無極顧公則憺乎不以自有
若春風之被物脩然飄浮雲而過乎寥廓之表而百菓
草木皆甲坼也則裕釗烏足以知公之所為哉抑又聞
之成萬物而不有其功者天之道也是故歷古今而不
毀君子法之常虛其中以與物相銜雖震動憂勤苦身
勞形而内不撓利澤被於人功高乎百世而不以已與

是故其神全。其神全故物莫之能傷。而祉福縻壽應焉。莊周有言汝游心於澹合氣於漠。順物自然而不為私焉。則天下治矣。又曰緣督以為經可以保身。可以長生。周之言與夫聖賢之旨。固若有閒而自通人者觀之。則其理未嘗不可以相發。然則天祚　聖清。其將益佑我公黄髮壽耇。輔成萬世無疆之庥乎。夫裕創往者之言既驗矣。今之言此其必有合也。

吳育泉先生暨馬太宜人六十壽序 戊辰

裕釗往者則聞桐城吳侍讀至甫善為文。常欲一識之不可得。同治七年秋來江寧。迺晤至甫相國曾公使署。索其文讀之。誠辯博英偉。氣逸發不可銜控。裕釗深退避以為不能及也。而至甫顧盛推余文。且稱其尊人育泉先生母氏馬太宜人並以明歲登壽六十。欲得裕釗一言為壽。裕釗謝不能。至甫則固以請。因益為言先生居約而能施。積行而不求聞。少常客游。而孝弟充裕。太宜人又能曲喻先生之志而推行之。潔治甘旨。振救貧乏。資用或不繼。則脫佩服出質相佐助。桐城人稱家法之善曰吳氏方存之者裕釗舊遊也亦道先生躬至行不釣取聲譽而人人信其一言至甫稱其父母皆信宜其有賢子者存之故亦桐城人也裕釗自少時治文事則篤耆桐城方氏姚氏之說常誦習其文私嘗怪雍乾以來百有餘年天下文章迺罕與桐城儷者閒獨闚龍眠浮渡諸山水古所稱絕勝也姚氏之言以謂黃舒之閒山川奇傑之氣蘊蓄且千年宜有儒士興於今理固當有是邪鄙時往來楚皖之交泛舟浮大江中流望皖西北諸山隱然出雲表其隆崒秀異絕可偉也乃心念方氏姚氏往往稱其鄉多隱德君子伏匿澗谷之中今

宜尚有其人處於彼者乎。時時欲一往游焉。其後得交存之公復交至甫。又因至甫及存之聞先生。裕釗於桐城。有為我主者矣。異日余儻得遂其往游之志。幸見先生暨太宜人期頤壽耇。摳衣栗階。敬舉一觴。因得奉几杖從先生後。徧攬龍眠浮渡之勝。訪桐城諸老之舊聞。益偕存之至甫抵掌論文。究極幽眇。而相與徜徉肆乎山水之間。其為快且幸宜何如也。敬奉此為壽言。獻諸先生。俟他日為之徵。

孫琹西廉訪六十壽序 甲戌

芸然而生。樊然而殽於天地之閒者。人與物胥是也。然而受於天者有厚薄焉。成乎人事者有至不至焉。於是有速敝。有久而後敝。又其勝者。乃至於歷久而不敝。夫其不敝者非獨以形與質也。其精神意量精氣之所亘被焉耳。天下之物。雖金石之固。未有千歲而不敝者也。質則無不敝故也。若夫詩書之所載。史傳之所記聖哲賢俊之倫。乃綿歷久遠。與日月並而不刊。由斯以論物久而不敝者。文字焉而已。人久而不敝者。聖賢焉而已。賢哲之士。其精氣足以自永而不可磨。假文字之力而其壽遂至於千萬世。故告曰壽久也。又曰壽之為言猶讎也。其道能久而不敝。讎之是乃所謂壽也。豈徒期頤耋艾鮐背齯齒之為壽云乎哉。雖然億兆人之衆老且壽者踵接。其能與於斯而為壽者。時乃一二人耳。若禁西廉訪者其足以與於斯者矣。廉訪叅歲負盛名。當咸豐之初。以詞臣官京師文章風義竦動天下。又深明大略。達治體。出典大郡累遷監司。所至聲績炳然。瘉益奬進英髦。扶植善類。澤被於遠邇。光輝爥乎海寓。旁達乎殊域。而施及乎無窮天下之士。識與不識。皆曰廉訪信其為賢哲者也。久而不敝於世者也。歲之八月為廉訪六十。壽海內人士。爭以觴詞獻。夫廉訪所受於天。與其成於人者。信既純厚矣。其為國之黃耇。世之耆英。無所待言者。雖然廉訪之為壽。豈猶夫世俗之所謂壽者歟。且裕釗私獨觀廉訪懿文亮節。居官行政。誠無愧於古君子。而其道乃與宋之諸賢歐陽永叔蘇子瞻之徒為近。方宋室之盛。二公並以忠誠亮藎。文采風流。照耀當代。其遺烈餘韻。久而不衰。後世慕望太息。如將見之。至於今千數百歲。而其人赫然常若存於世也。由是觀之。歷宋以來。並無吾之世而有若廉訪者。僅以八十九十百年者祝之已乎。其不可乎。其不可乎。用輒引信久與雖之

義。而推論之。以為千秋之祝。康訪必以為知言且善頌
也。

范月槎觀詧六十壽序 甲戌

昔列禦寇莊周。疾當世之士。鶩於功利。湛於智詐。漸毒。以失其性、而賊其生。故其所稱若紀渻子季咸庚桑楚之倫。皆取必於所謂心與天游而神無郤者。以謂全身而養生。道莫尚乎此。然二子之言。雖亦曰以治天下。而要其歸則壹為夫絕棄世俗。自放於物外者言之。蓋其恉出於有激。因以是極其一偏之恉。而肆其洸洋連犿之辭。曼衍以窮年耳。若夫游乎世而接乎物。軒冕珪組之榮。無所郤。而志不滓。醻酢贈答之文。弗廢。而性不汩。非有所激於時。而自率其素。沖乎其虛也。汎乎其無所繫也。斯則真所謂其天全者矣。足以全身而養生者矣。蓋嘗論夫人之生。其天無不全也。者欲既興。而自鐫之而自鑠之。爭敓愛惡攻取以焚其中。眇聲曼色珍琦淫巧以熒其外。日劘刃於彫靡驕僨毒害之鄉。憯自以為得。而不知其智之鑿而天之不全也。有而忘貪忮之機遠燔灼之酷。邕容而樂。豈憺蕩而相羊。以遊乎天者其神完。其氣恬而不競。而其祉福之多。年壽之永。豈有量乎。故曰是誠足以全身而養生也。觀詧范丈月槎先生。質厚而氣和。貌恭而行慤。其學也。於書之善者博購而廣聚之。汜覽而不勸。然以適其所好而已。非欲以奇博竝於衆而上人也。其仕也。自舉京兆試。歷歷中外官至觀詧。一聽其自至而已。非有慕於榮利而求得之也。其遇人也。無親疏貴賤。無愚智賢不肖。和而易。儉而裕。氾愛而一視。而人之遇之。無親疏貴賤無愚智賢不肖。亦莫不慕而悅也。茲所謂其天全者非歟。先生於裕釗故丈人行。而常弟畜裕釗。自少時同歲補學官弟子。中又重以婣連。每赴有司試至省門。及其後走京師。相從奉手游處之日爲多。當是時先生從子紫圅鶴生。與一時英俊之士。皆年少志盛。弦歌酒讌。酣飲笑謔。劇醉歡呼。輒連旬日。而先生沖然夷懌。狎久而不厭。衆皆樂就之後值寇亂，諸人士散處四方，或零落不復相見。裕釗亦離十年，始得遇先生於江南，追念舊游，恍焉如隔世事。而先生顧益沖夷，癯於曩時，貌若加豐而神若加王。乃以今茲歸然登六十壽，然後歎身世之多故，盛衰離合之不可常，而先生之道，沖而用之不窮，至於耆艾而不衰，爲不可及也。裕釗年少於先生數歲，而體貌故蚤以日槁，鬢髮太半白矣。撫今追昔，俛仰數十年之閒，慨焉太息，瞻先生之光儀，慕望不可得至，乃推其所以致此者，以效其愛悅之私，而質諸先生，且即爲獻壽之乘韋云。

王觀臣副戎五十壽序 甲戌

人之盛衰。果以其壯與老乎哉。人生十年曰幼。二十曰弱。三十四十而曰壯。壯曰彊。五十始衰。至於八十九十而為老與耄者。世之大常也。然商周之際。師尚父老起海濱。而鷹揚於牧之野。漢趙充國遭諸羌畔。獨自請馳至金城。年亦且七十餘矣。其規恢宏遠。而計慮周盡。雖盛壯之人不能過也。由是觀之。人之所以為盛衰。無亦以其志若氣耳。志氣頹而苶然。其不能振。雖若年二十三十四十。不啻其老焉耳。志定而氣充。神王而守固。雖若八十九十。不啻其壯焉耳。而得謂之衰且老乎。而況其未及是者乎天下之務莫不以志氣為盛衰若夫受任軍旅之事國之虎臣則尤以其壯勇膂力為用者也故其盛衰彊弱而天下乃與為輕重平居無事總三軍之眾營陳之制饟糈之數擊刺角力教練之法將士之材鄙勇怯車甲兵械之良楛皆以一心嘗嚌稱量而識其利病一日有變提數千萬人之命爭勝負存亡之機而俯仰縣於噓吸茲乎艱哉非夫志足以帥氣歷百變而不橈者烏足以任此哉往者海內兵起軍帥武臣遘遇事會攘兇盪寇人自奮於功名大難既夷 國家甄勞賚功所以 褒寵優渥之已甚其上者 錫爵傳

胙。榮施於孫子。原其初類皆起於庸沽屠販市井田野之夫。一旦高門豐屋。名園膏壤。綺服玉饌。帷帳狗馬。婦女象犀珠玉瓌物。充積爛漫於前貴極富溢心蕩志盈。濡首酣豢。而驕侈至於無等。肆焉自以為天壤之內。莫我尊且賢者。彼其人固尚犖然壯佼也。身則未老而其質固已敝矣。天地之道老者祧而稺者嗣。遞相嬗而日新以不窮。故私嘗獨論今日之事。欲贊禁俊厲武節。為彊本折衝之計。莫若差擇戎臣之中。視其名位之稍後者。任之以事而察其材。徐焉而乃以希其成功。其他則皆所謂物之既老者也。副戎王君覲臣樂善而不矜。與

人交必為之盡吾黨故時樂從之游而悉其為人蓋其
志與氣有足多者先是君亦以從軍隸諸將麾下其後
特為曾文正公所器累官至副將任江寧左營游擊兼
治新兵營其申儆軍政率厲戎卒勤而篤公而明嚴威
而不殘警敏而無欺所治軍嫖姚精整為一時冠衆莫
不稱之又洞明諸務於人之情僞事之利鈍無所不究
悉居常義勇檄發時時思一得當以報　君上未有
因也始君雖在軍中故未嘗特將其所蘊蓄鬱而未施
今方內雖鄉寧然伏莽之戎諸行省往往而在東南瀕
海萬里之地疆事尤絕重鉅自　朝廷及中外大吏

孳孳以求將帥之材為亟以君之所挾如是所謂禪者嗣而日新以不窮者其將在茲乎君年甫五十其氣蓋方盛而未衰然雖由是而進以至於八十九十吾知其猶今日也師尚父之烈非後世所敢望已且使君得如趙充國者益老其才而寄之以壃場之任豈非 國家之所重賴哉今茲九月為君五十覽揆之辰裕劉與同志諸君謀為君壽不敢為世俗虛美之辭獨為論當今之勢與其冣君於無期者而書以祝之

代安陸府試院增脩號舍記 丁卯

安陸府試院舊在石城門前明察院故址。國初順治中所建也。地卑下積潦無所洩。人咸病之。道光丁亥始改卜於陽春臺之左。咸豐丙辰京山土寇陷郡城燬焉。至明年復故。然其號舍僅若干。每歲科試至者或苦隘不足以容。蓋自軍興以來。海内士民。畏（懷）敵愾之義。捐金錢助餉糈。天子嘉之。加惠諸州縣。輸銀至萬兩者。得廣學額一名。著為令。於是安陸諸屬邑皆得廣學額至數名。士爭景附。就試者滋益多矣。同治乙丑春。余以歲試至安陸。太守覺羅同君告余以議增號舍。余韙之。

及今秋科試至。則增作之號舍。功已蕆矣。先是試院中甬道窔地甚曠遠。因即其地為之。且兼用形家言。謂前此病曠遠。宜實之。使氣鍾聚也。既至太守屬余為記其事。余惟國家嘉惠臣庶之義。推恩以惠士類。太守又承宣德意。益擴試院而大其規。上之人所致益於士而無已者。如是其至也。則士之所宜自益以副上之求者何如哉。夫上下之相求。君子固恥相為市。然未嘗不相為報也。上之人博試士而進之。其所求於士也亦厚矣。然則士必益增脩其故。使壹足以饜其求。無苟焉域於卑近而已也。其於　聖天子與賢卿大夫之所益於士者。

庶其無負也已是役也經始於六月四日訖八月十日
告成增作之號舍八百餘所合前凡二千五百有奇同
治五年九月某日記

代湘鄉曾相國重脩金山江天寺記 癸酉

金山自昔名勝稱天下。由六朝而後。崇飾梵宮。盛侈游詠。歷千有餘載。軼興軼衰。至於 國朝 聖祖 高宗 省方巡狩。相繼 駐蹕於此。當是時。。。列聖深仁厚澤。涵濡薄海。中外禔福。 翠華所蒞。萬姓歡忭鼓舞。寺觀之作。增飾崇麗。踰於往昔。康熙中、 詔賜江天寺額 天子先後賁雲章於其上。照耀江山。昭垂來葉。稱說佛衰游觀之區。蓋莫尚於此已。逮咸豐中遘粵賊之亂。崇臺傑閣。琳宮紺宇。蕩焉無遺。憂時攬古者眾以悼於其心。蓋依古以來。金山之

盛未有過於我　朝其焚燬之烈亦未有逾於今日者
也賊既平國藩奉　命來督江南百廢叢脞日不暇
給其後復奉　命視師北方合肥相國李公鴻章
來權兩江始議脩復金山江天寺事未及集亦以奉
命視師去及馬端敏公新貽蒞任乃始令候補道薛
書常董其役馬公薨而國藩復由直隸調任南還越明
年十一月而金山之役竣自供奉　宸翰之所浮圖
之宮登覽憩息之館至於庖湢齋房都若干區一仍舊
制湖經始至落成閱二歲有餘糜白金三萬兩有奇於
是所謂金山江天寺者乃遂復其故焉相國李公以記

屬國藩國藩惟金山興廢之迹彰矣以其名與地之著
也故曩者之廢過者尤心惻焉當粵賊盜據金陵環吳
之疆如崩如沸疇暇問斯寺之脩復而今乃克覩其成
若是盛衰興敗臧否成毀遞相嬗而古今成焉雖窮人
之智力莫之能違也然其間得失之數常以人事與天
運交相會而乘於其機及其善敗之既著恍焉若出於
意表而莫知其所由徐而覘之則莫不有端焉以漸而
致乎其極也蓋萬事萬物無洪纖鉅細靡不由是若金
山者處江山之交而據東南之勝其興若廢乃尤與時
之治亂相為消息以往者之盛而至於廢既廢矣而復

興於今則由斯以往欲興者之無或遽廢固天實主其閒抑豈非人之與有責者哉今馬端敏公既徂謝相國李公又遠在畿甸皆不獲見此寺之成獨國藩幸得見之而且頽然老矣後之人或不以斯言為可棄而深念乎此豈獨茲山之幸也歟於是為紀其興事蕆功之始末與其庀材賦工之詳並余之所以致其意者寓焉以諗來者且以質之李公云同治某年月日湘鄉曾國藩記

誥授通奉大夫江蘇布政使倪公墓碑 代 甲戌

公諱良曜字孟炎號濂舫安徽望江縣人曾祖諱某祖諱某國子監生考諱某候選布政司理問皆以公貴贈如其官妣皆封太夫人理問君篤於行義值歲大旱輸麥以賙餓者所全活不可計數又嘗捐錢萬緡築濱江堤以寓賑貸請官治之而不有其功有子六人而公為長公少從伯父教授君模於鳳陽學舍教授君故阮文達門下知名士也藏書號稱極富校讐之役恒以委公由是得遍覽墳籍又益從教授君執友洪稚存鮑雙五諸公游聞識益擴年十六補學官弟子旋舉

嘉慶癸酉拔萃科。廷試二等。選授江寧縣學訓導。舊時任學官者。類耆年謹迂。而公獨年少。以明練强力。能有所堪任。重於上官。道光元年俸滿。擢知縣。以理問君憂歸。服除。選授雲南宜良縣知縣。調補廣西靈川縣。又調臨桂。以大吏薦。除龍州同知。又遷江西南安府知府。調知南昌府事。遂擢江蘇蘇松督糧道。嘗權江蘇按察使。又再權布政使。前後任蘇松督糧道凡七年。始公為縣令。至郡守。所至以才能著稱。吏民彌服。於龍州誅土豪劉志友兄弟二人。於南安盡力彌粵東壤界之盜。遐邇忻詠。於南昌壹完復屬邑堤防。郡無水潦之患。及任蘇松督糧道。而蘇松賦故為天下劇。其後重設海運。益殷以鉅。公八走運渠。三治海運。未嘗有毫髮愆失。又相度白茆、滸浦諸水道。排決淤澱。導蘇常二郡之水以入於海。置石閘以時啟閉。至今以為長利。蓋公凡所任官。於職事無所不辦。治廣西及兩江大吏。爭推公以為能吏矣。而權按察時。遇事變。賴公力遼遏亂萌。尤以聲最於吳中。初設海運也。糧艘水工以失業譁於撫轅。舉城官吏皇駭。公故歲將漕運。有威惠於其衆。立召唱禍數人。曉譬壹解。西洋夷人以傳教為青浦民所拒。殲其數人。大譟。要致青浦民於辟。且揚言不者。將遏滬上糧艘無入海巡撫恐憂命公往公至則直登夷舟或尼之不聽當是時夷人勢張甚伺公登發巨礮以迎海波震沸從者怛懼失色公夷然不為動直剖示以曲直所居許為責青浦民以示懲耳夷人遽折服青浦大驩而糧艘以無稽期連二事徵公事幾殆江南畺吏益推其能又歲滿當遷由是遷甘肅按察使是歲咸豐元年也入覲對漕事稱 旨會浙漕船稽滯復有 詔調補江蘇按察使即治浙漕既蒞任而疾作力疾益綜諸務浙漕以濟居無何而粵賊陷金陵乃復以公為江寧布政使又代辦江蘇巡撫且一月返布政以前巡撫及布政使

截畱漕糧若干石未以聞公與有責得　旨降調仍畱治海運而公以劬瘁積久重寇亂起鎮撫防禦亭午萬端疾乃日益劇不可為矣四年十二月十二日卒於蘇州春秋六十有三公配太湖張氏　封夫人子三某某官某某官某諸生女二人孫三人某某以某年月日葬於某所公所讀書甚眾耳目經歷輒能口哦生平無聲色貨利之耆雖身歷顯宦而被服共養有如常時苞苴問遺一不及門始終服官四十年家無贏儲銘曰

公實穎茂擢出自少彬彧其文瓊佩有耀出莞郡邑威德並耀飾以儒雅厥聲彌劭周歷南服游膺遷調事蕆

棼絲奸穴奥窔公來披之如疢獲療駭機將發眣睗騰
趙徐推其芒瞿視驚掉祇勤昕宵謹秉機要名聞洋溢
四遠流照謂當益顯遂罹嚴詔為人受疵疊匪我召
終其勤能帝心燭燎胡遂賫沒使走相弔萬代
千齡永閟崖峭銘此豐碑惟德之肖

代某公梅小巖方伯暨雷夫人五十壽序 甲戌

自元時置中書行省。而明代更爲布政司。國朝因之。其職自郡縣守令至於丞簿。除授更調黜陟。無所不掌。自漕糧征榷軍糈吏祿。與其它凡百錢穀出内無不綜。而咸豐以後。天下用兵。財費浩穰。衆務猥冗。一集於布政司。布政司以上。乃有督撫。然督撫總其成察其善不而已。其辨論官材。籌量食貨一省之鉅政責成委寄。顓布政司是任。若夫江蘇財賦甲於海内。其金陵又居南北之衝。平居接待官吏。省視簿書。鉤校金穀贏縮。自朝至於日昃無暇晷。朝廷遣使。兼圻大吏。四方冠蓋往来賓餞。綖屬於國門之外。重以軍興以來。江寧為兵事所終始。大難既定。百廢叢脞。故鉅艱殷繁。號為天下最。居其位者。非夫天之畀。純神明茂清。而精力贍固。負予出於眾人者。烏足以勝此哉。且夫人之任事。鉅細劇易贏詘。視其精神資力以為受者也。譾材薄德。與之一官一邑。而皇皇若不足進乎此者。或裁足稱而已。其上者乃投之艱大。而沛乎其若有餘。人之度量相越如此。其不可齊也。一存諸其賦予乎天者而已矣。吾觀南昌小巖方伯何其天之厚之若是歟。方伯蚤歲取甲乙科。入翰林。復由部郎薦居諫垣。幹局隱然。遠近想聞其風采。

後典郡粤東。聲譽焯起。受　兩朝特達之知。游擢今任。蓋數歷中外。二十有餘年矣。始方伯官京師。嘗奉命返鄉里。與治團練。擊賊市汊。破之。在粤東弭平恩土客民之難。再擊賊東江平之南北。水洋盜儆擾往擊大破之。又討賊曹沖。應時殄滅。所至益講求時務。尤精九章術。旁逮泰西機器。火器制造之法。無所不究悉。及開藩白下。尤以兼綜諸務。為一時倚賴。人士之賢不肖。財貨之盈絀。下至閭里市井幽隱銖兩毛髮之事。皆心識其然。而躬自釐剔之。前後任江南大吏。若曾文正公馬端敏公順昌丁公香山何公濉縣合肥兩張公暨今總督開縣李公皆當世鉅公偉人也其為治張弛競絿異施性量剛柔温肅緩急異齊方伯以一身處其間奉法順流維匡劑和無所不得其理及江甯一郡守兩縣令仰成大藩順以無事儻乎忘其所居之為劇任也乃至於他郡縣坐以照之不勞而治以其暇日賓接賢士大夫虚己斂容禮下之已甚若不自知其為達官貴人者豈非所謂天之畀純神明茂清而精力贍固夐乎出於衆人者歟今者焉逢閹茂之歲日在星紀之月為方伯五十覽揆之辰而配雷夫人亦以是歲登五十壽夫人故有淑德能治内政以佐方伯而諸令嗣亦皆嶄然

見頭角方伯諸昆季又並有聞於時江南吏民咸悅喜而慶頌之夫方伯之稟於天者厚故其成諸能者博而施諸人者廣則其壽於世之必永也又何疑乎方今區寓鼎鼐　天子釐思維新之治尤孳孳以委任畺臣為亟方伯之　簡在　帝心也有日矣其由是畀寄一方開府建節布德施惠以答望澤之盱垂恩儲祉期頤老壽而輔成　聖清無窮之烈固不待諏龜灼兆而可決其信然者也某等幸得從方伯之後同官江南稔知方伯之治績與其行事深愧以為不能逮顧其慕望愛悅之私結於中而不能已也乃以方伯誕日箋次

為祝嘏之辭。偕諸寮友。敬以獻之左右。方伯以某某為知言者。其必欣然而舉一觴也夫。謹序

譚母謝太夫人六十壽序 丁丑代

天下言長生之術祖老子。老子之言曰。我有三寶。寶而持之。一曰慈。二曰儉。三曰不敢為天下先。慈故能勇。儉故能廣。不敢為天下先。故能成器長。老子論道主虛無清淨。為儒者所譏。而道家之徒宗之。然由其道者。往往能高世俗。延壽命。遠於危辱夭閼之患。善乎許氏月南之說。曰老子學易而有得於坤者也。故曰元牝。曰守雌。曰知其白守其黑。曰柔弱生之徒。曰不敢為天下先。夫坤道無成而有終。地道也。妻道也。臣道也。是故以柔弱為守。以慈儉不敢先天下為寶。君子之於世也。有開物成務之功。有先知先覺之任。所謂虛無清淨守雌處後者。誠不足以盡之。若夫閨內之行。如老子所稱三寶則固婦德之懿而母教之至善也。自後世之士。離世絕俗遊方之外者。服膺乎此。猶足以遠禍致福。而永其天年。況處閨闥之中者。於斯苟有合焉。其受天之祜。萬祿麋壽永永無極。豈不宜哉。豈不宜哉。湘潭譚青崖軍門其封翁某君。以樸行著於鄉里。遺命以忠厚為訓。配謝太夫人克守封翁之教。所以治其家而訓其子者。壹出乎是。自其事舅姑也。和娣姒也。睦族婣也。勤而篤。悱而摯。周復而不厭。劬瘁而益厲。惟恐一人之不獲其意者。又躬執苦約躳躳祇慎常退然如不勝衣信所謂能慈能儉不敢先人者歟篤生青崖軍門翠崖參戎並以材武勇毅顯於當世自兵事起從戰湖南北及江西江南河南諸行省斬將搴旗攻城摲邑不可勝數名譽流聞功績昭著兄弟儕於顯列而父母受其　榮封太夫人顧而樂之有餘快焉往者○○耳軍門昆弟戰績以謂其人計剛厲武猛不可狎邇及晤軍門乃敦樸退遜有若太史公稱李將軍悛悛如鄙人口不能道辭者老子論三寶而推極之於用兵曰夫慈以戰則勝以守則固天將救之以慈衛之善為士者不武善戰者不怒善勝敵者

不爭。善用人者為之下。然則軍門昆弟所以致果克敵。揚名顯親。無亦所得於太夫人之教為多。而有合於老氏之旨者乎。太夫人以今茲彊圉赤奮若之歲登壽六十。軍門稱觴於室。同人肅衣冠栗階稱壽。○○乃推太夫人之德。實備乎老子之三寶。而適符乎坤之所謂柔順利貞者。是則無疆之慶。太夫人既自裕之矣。期頤老福。其又何疑焉。遂書以為侑觴之辭。

代黄昌岐軍門六十壽序 丁丑

昔唐李勣佐高祖太宗定天下。以勇智稱。然嘗謂薄福之人。不足與成功名。臨事選將。必訾相其奇厖福艾者。諒哉斯恉也。勲名之際。榮顯之塗。苐祿之基。豈盡人力之所能致。天實命之矣。自古材武雄傑之倫。勇足以推萬眾。謀足以集三軍。何世無之。或不遭用武之時。汶汶無所試。遭其時矣。或困抑沉淪。嘿不得施用。既用矣。又或中道厄阻。而功未竟。爵位不顯於世。材不得盡其長。其或遘遇事會。建殊勛。躋顯列。是可謂得其志已。迨其後也。乃復有躬會危機。疑謗交訌。至於怫鬱以終老。奄闕而不得信。遠覽千歲之上。近觀百年之間。若是者不可勝數也。若夫結髮從戎義勇激發。乘機應時積功累閥。渥被寵榮。窮極貴盛。膂力未衰。而功成身退居有園池第宅之適。珠玉玩好管弦絲竹之樂。無所不得其求。當世之務。渺不關於其慮而康强老福。永保性命之期。人事之不齊。世途之阻艱。如彼其甚也。身獨贏若是。是非所謂天授者邪。長沙黄昌岐軍門當咸豐初。亂起湘鄉曾文正公治水師於湖南。軍門起營伍。從擊賊大湖南北。屢著績效。其在軍果勢勇鋭。將以敵愾故所至有功。自是轉戰諸行省。於江西克九江。於安慶於金陵蘇州克省城。及其後平定捻賊。皆與有成勞。其他破堅禽敵。攻下城壘。不可殫記。以功累官淮揚鎮總兵。游擢江南長江水師提督。封三等男。先後　恩寵稠疊。賞賚紛綸。聲烈煇赫。同時武臣。罕與為儷。寇亂既平。一旦稱疾引退。僑寓金陵。城中治園亭蒔卉木。時從平生故舊。杯酒游讌。以為樂。及今歲遂躋然登六十壽。而體貌豐碩强固猶昔時。由軍興以來。諸將帥履危蹈難。舛互錯悟。亦何可窮。軍門一身而勛名祉福壽考備焉。出有成功。處有慶譽。豈非天哉。豈非天哉。夫天之所啟。不可禦也。軍門其自是期頤黃髮。永享令名。錫蕃釐而無有極乎。

（清）張裕釗 書

武昌張裕釗書不分卷

清光緒三十四年（1908）石印本

武昌張裕釗書

游吳還適越
来往任風波
復送王孫去
其如芳草何

岸明殘雪在
湖滿夕陽多
季子留遺廟
停舟試一過

旅館誰相伴
寒鐙獨可親
一年将盡夜
萬里未歸人

寥落悲前事
支離笑此身
愁容與衰鬢
明日又逢春

天下英雄氣千秋尚凜然勢分三足鼎業復五銖錢得相能開

國生見不象賢
淒涼蜀故妓來
舞魏宮前劉夢
得蜀先主廟詩

昔賢懷一飯茲
事已千秋古墓
樵人識前朝楚
水流渚蒲行客

薦山木杜鵑愁
春草茫茫綠王
孫舊此游劉文
經漂母墓詩房

消渴游江漢羇
栖尚甲兵幾年
逢熟食萬里逼
清明松柏邙山

路風花白帝城汝曹催我老回首淚縱橫熟食日示宗文宗武

山頭南郭寺水號北流泉老樹空庭得清渠一邑傳幽花危石

底晚景卧鐘邊
俯仰悲身世溪
風為颯然秦州
襍詩第十弍首

何地避春愁終
年憶舊游一家
千里外百舌五
更頭客路偏逢

雨鄉山不入樓
故園桃李月伊
水向東流顧遒
翦雒陽早春詩

暮聲雜初鴈夜色涵早秋獨見海中月照君池上樓山雲拂高

棟天漢入檐流不惜朝光滿其如千里游儲光義題陸山人樓

江源南去永野
渡暫維梢古戍
懸魚網空林露
鳥巢雪晴山脊

見沙淺浪痕交
自咲無媒者逢
人即解嘲章八
元新安江行詩

時出碧鷄坊西
郊向草堂市橋
官柳細江路野
梅香傷架齋書

帙着題識藥囊
無人覺来往跡
嬾意何長識一
作檢覺来作與

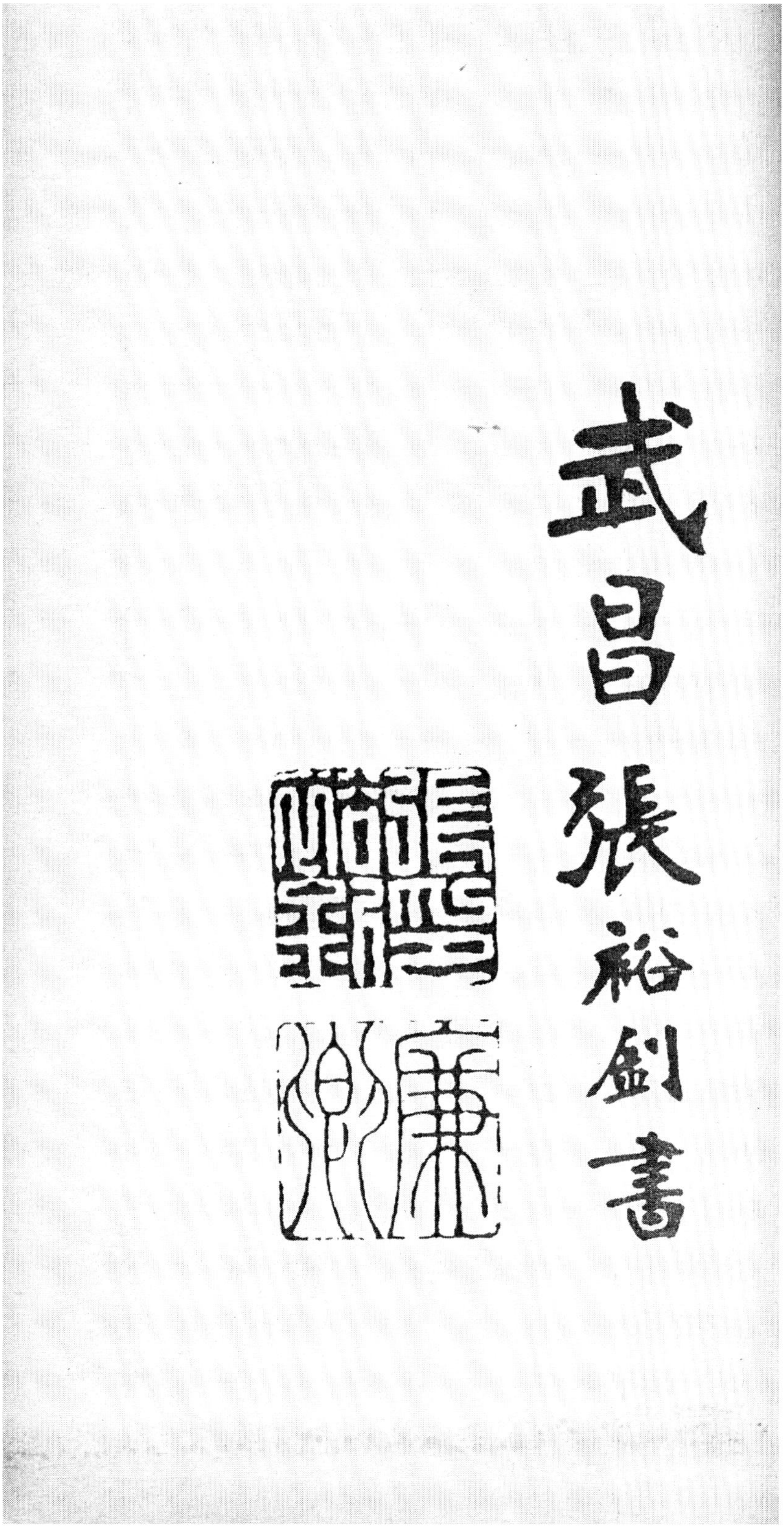
武昌張裕釗書

杜陵有布衣老
大意轉拙居然
成濩落白首甘
契闊窮年憂黎

元歎息腸內熱
取咲同學翁浩
歌弥激烈非無
江海志瀟灑送

日月生逢堯舜
君不忍便永訣
當今廊廟具構
廈豈云缺葵藿

傾太陽物性固
莫奪顧惟螻蟻
輩但自求其穴
胡為慕大鯨輒

擬掩溟渤兀兀遂至今忍爲塵埃沒終愧巢由未能易其節沈

飲聊自適放歌
頗愁絶歲暮百
草零疾風高岡
裂天衢陰峥嶸

客子中夜發霜
衣帶斷指直不
淂結凌晨過驪
山御榻在嵽嵲

瑤池氣鬱律羽

林相摩戛君臣

留歡娛樂動殷

樛嶱賜浴皆長

纓與宴非短褐
彤庭所分帛本
自寒女出鞭撻
其夫家聚斂貢

城闕聖人筐篚
恩實顯邦國活
臣如忽至理君
豈棄此物況聞

内金盤盡在衛
霍室中堂有神
仙煙霧蒙玉質
煖客貂鼠裘悲

管逐清瑟勸客

駝蹄羹霜橙壓

香橘朱門酒肉

臭路有凍死骨

縈枯咫尺異惆
悵難盡述壯轅
就涇渭官渡又
改轍聲冰從西

下極目高崒兀疑是空同來恐觸天柱折河梁幸未坼枝撐聲

窸窣行旅相攀
援川廣不可越
老妻寄異縣十
口隔風雪誰能

久不顧庶往共
飢渴入門聞號
咷稚子餓已卒
吾寧捨一哀里

總能文醒酒微
風入聽詩靜夜
分絺衣挂蘿薜
涼月白紛〻幽意

忽不悵歸期無
柰何出門流水
注回首白雲多
自咲燈前舞誰

憐醉後歌祇應

與朋好風雨無

来往過閭訊東

橋竹将軍有報

書倒衣還命駕
高枕乃吾廬花
妥鶯捎蝶溪喧
獺趁魚重来休

沐地可是野人居山雨樽仍在沙沈榻未移犬迎曾宿客鴉護

落巢見雲薄翠
微寺天清皇子
陂向来幽興極
步穩過東籬落

岷嶺南蠻北徐
關東海西此行
何日到送汝萬
行嗁絕域惟高

枕清風獨杖藜時危蹔相見衰白意都迷風塵暗不開汝去幾

雨拋金鎖甲苔
卧綠沈槍手自
移蒲柳家纔足
稻粱看君用幽

意白日到羲皇
到此應常宿相
留可判年蹉跎
暮容色悵望好

晚起家何事無
營地轉幽竹光
園野色含影漾
江流失學從兒

孀長貧任婦愁百年渾得醉一月不梳頭江皋已仲春花下復

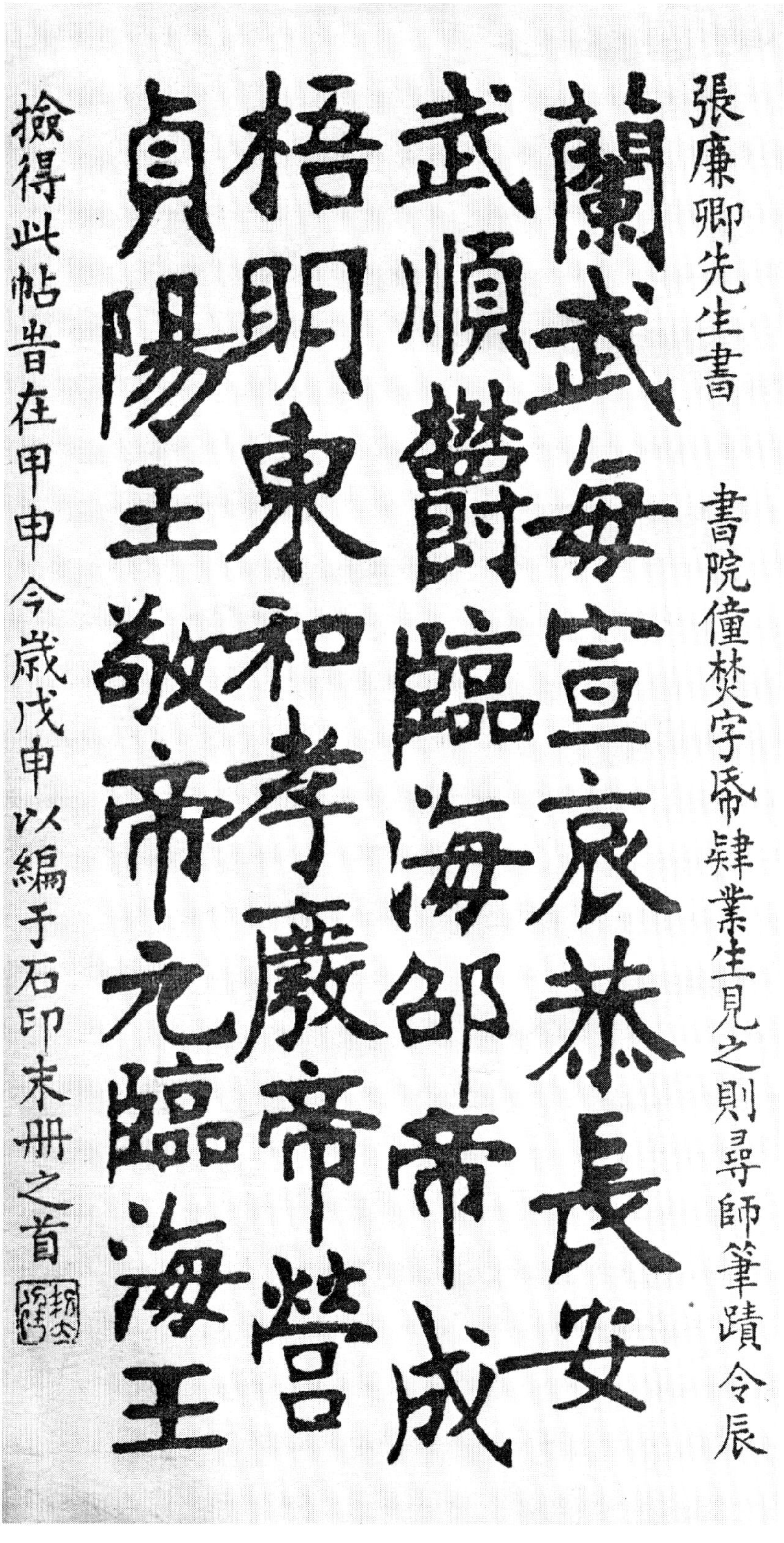
張廉卿先生書

書院僮焚字帋肄業生見之則尋師筆蹟令辰

蘭武每宣哀恭長安

武順鬱臨海部帝成

梧明東和孝廢帝營

貞陽王敬帝元臨海王

撿得此帖昔在甲申今歲戊申以編于石印末册之首

吾師老年猶日日作書令辰得於案頭見之愛不忍釋師知其意賜以五十頁自經喪亂散軼其半首尾多不相接杜陵詠懷五百字原為全璧今亦闕末數頁誠可惜也然在庚子之年中國所淪喪者豈惟是哉豈惟是哉宗康兒請以餘頁付印亦云幸矣

令辰謹識

蓮池書院文獻叢刊

張裕釗集

（清）張裕釗 撰
劉金柱 周小艷 主編

3

國家圖書館出版社

第三册目録

（清）張裕釗　撰并書

張廉卿先生尺牘

清宣統三年（1911）上海文明書局鉛印本

張廉卿先生尺牘

尺牘叢刻之一

武昌張裕釗廉卿著

與黎蒓齋書

前在金陵。相從譚藝。議評古今人。私心甚快。別後倏忽月餘日矣。寒窗短檠。時時隱几。思足下不可弭忘。裕釗自惟生平。於人世都無所嗜好。獨自幼酷喜文事。顧嘗竊怪學問之道。若義理攷据辭章之屬。其涂徑至博。其號稱爲耑家。亦往往而有。獨至於古文。而能者蓋寡。自曾文正公沒。足下及至甫。又不得常聚晤。塊坐獨處。四顧煢然。無可與語。近者李佛笙乃頗有意於此。時相從問爲文法。所入雖未深。然佛笙故天亮出於人人。乃時有解悟處。此差足語耳。夫文章之事。非資才敻絕。而程功致力之深且久者。則必不能以至。才優而力深矣。其能至以幾於成與不能成。則亦有天焉。既至而幾於成矣。其傳不傳與傳之顯若晦若近與遠。則又有天焉。且誠令其至而幾於成。成焉而傳。

傳焉而顯且遠。而吾文信不斂於百世。吾身則既泯然死矣。其取吾文而歎慕貴惜之者。吾皆不得而見之矣。捐棄一世華靡榮樂之娛。竭畢生之力。苦形瘁神以儌幸於或成。或不成或傳或不傳之數。而慕想乎千百歲後冥漠杳渺邈不及見之虛譽。而不以自止。豈非所謂至迂而大惑者哉。宜彼世之所謂賢儁能。一切以取富貴顯榮者。訕笑而背馳之也。雖然。莊周有言。民食芻豢。麋鹿食薦。蝍蛆甘帶。鴟鴉耆鼠。四者孰知正味。生人之耆好。各賦受於其生初。其不齊至不可以巧秝厤。則夫孳孳焉勤一世於文字之業者。無亦所奮出於其性而不能以解者歟。且吾觀古之能文者。若司馬遷韓愈歐陽修之徒。其始設心措意。亦無過存乎以文自見。卒其所至。世不得徒文人目之。是故深於文者。其能事既足以自娛嬰。及其所詣益邃。以博乃與知乎聖人之道。而達乎天地萬物之原。獨居謳吟一室之中。而傲然睥睨乎塵壒之外。雖天下又孰有能易之者哉。又遑暇校量於我生以前與身後之贏失。而為之進退哉。思足下不得見。索居無聊。輒一吐其胸臆之所積。自怡取快意而已。非足下。僕亦不發此也。天氣驟寒。惟萬萬保練自愛。不宣。

答吳至甫書

春間奉到往歲除夕惠書。承已改官畿甸。將以儒者之學。澤我民。敬賀敬賀。六月初旬。李佛笙太守、復遞到三月晦一函。適裕釗有悼亡之戚。先期歸里。一昔始來鄂城。恖恖未及報。所需姚氏評點漢書。一時未遑鈔寄。請以異日可耳。來書過以文事見推。且虛懷諮度。諄諄無已。裕釗則何足以知此。雖然。既承下問、不敢不竭其愚。古之論文者曰。文以意爲主。而辭欲能副其意。氣欲能舉其辭。譬之車。然意爲之御、辭爲之載。而氣則所以行也。其始在因聲以求氣。得其氣。則意與辭往往因之而並顯。而法不外是矣。是故契其一。而其餘可以緒引也。蓋曰意、曰辭、曰氣、曰法之數者。非判然自爲一事。常乘乎其機。而緄同以凝於一。惟其妙之一出於自然而已。自然者、無意於是。而莫不備至。動皆中乎其節。而莫或知其然。日星之布列。山川之流峙是也。甯惟日星山川。凡天地之間之物之生而成文者。皆未嘗有見其營度而位置之者也。而莫不蔚然以炳。而秩然以從。夫文之至者。亦若是焉而已。觀者因其既成而求之。而後有某者某者之可言耳。夫作者之亡也久矣。而吾欲求至乎其域。則務通乎其微。以其無意爲之而莫不至也。故必諷誦之深且久。使吾之與古人訢合於無間。然後能深契自然之妙。而究極其能事。若夫專以沈思力索爲事者。固時亦可以得其意。然與夫心凝形釋冥合於言議之表者。則或有間矣。故姚氏暨諸家因聲求氣之說爲不可易也。吾所求於古人者。由氣而通其意以及其辭與法。而喩乎其深。及吾所自爲文。則一以意爲主。而辭氣與法。胥從之矣。閣下以爲然乎。閣下爲苦中氣弱。諷誦久則氣不足載其辭。裕釗邇歲亦正病此。往在江寧。聞方存之云。長老所傳劉海峯絕豐偉。日取古人之文。縱聲讀之。姚惜抱則患氣羸。然亦不廢哦誦。但抑其聲使之下耳。是或亦一道乎。裕釗比所遇多乖舛。又迫憂患。於此事恐終無所就。閣下才高而志遠。年盛而氣銳。它日必能紹邑中諸老盛業。用敢進其粗有解於文事者。以爲涓埃之裨。惟亮察。不宣。

與鍾子勤文烝書

子勤尊兄先生足下。裕釗近從蔣部曹所。側聞先生之懿。私心甚慕。鄉日又於部曹所。獲睹手書。乃承垂問及於不肖。且愍且愧。用敢奉書於左右。而一陳其所欲言。蓋自康雍乾嘉以來。經學號爲極盛。非獨遠軼前明。抑亦有唐而後所未有也。然患在窮末而置其本。識小而遺其大。而反以詆訾宋賢。自立標幟。號曰漢學。天下承風。相師爲賢。君子病焉。近乃復有一二篤志之士。稍求宋儒之遺緒。推闡大義。而不溺於纖小之習。然或專從事於義理。而一切屏棄考證。爲不足道。蒙又非之。夫學固所以明道。然不先之以考證。雖其說甚美。而馴致制度之失其實。則於經豈有當焉。故裕釗常以爲道與器相備。而後天下之理得。至於本末精粗輕重之數。是不待口說之辨而明者也。然學者常以其所能相角。而遺其所不能者。以開其隙而招之攻。是以學術異趨。紛然而未已。夫以其然。其必有窮貫乎本末精粗之數。而無所不能。至者出焉。存其說百世以俟聖人而不惑。而一切之爭可息也。烏乎。非有絕人之資。勤篤之力。其孰能與於此。雖然必樹是一人者爲之宗。以靖天下之紛紜。而一其趨。於是學者得其所歸。隨其才力之所至。雖淺深大小不齊。而於道皆有所明。夫然後學術一而成材衆矣。豈不瘉於水火相鑿。更出迭勝。而以黨仇攻伐爲事者哉。伏惟足下才高而識邃。智崇而業廣。自許鄭賈孔、下逮國朝顧閻江戴段王之説。既無所不窺矣。又將一折衷於宋儒。以求當乎周公孔子之意。由是而推之。則裕釗之所稱者。足下豈有意乎。抑將啟此一途以待後之作者乎。相去千餘里。不得面奉誨言。惟幸辱教焉。裕釗頓首。

答劉生書

曉堂足下。蚤春承寄示文數首。入秋又得手書。勤拳懇至。足下之用心何其近古人也。足下諸文。所爲尊君事略。最肫摯可愛。讀老子中一段。詞甚高闊。然入古人之室矣。前幅微覺用力太重。少自然之趣。他文識議。並超出凡近。而亦時不免病此。夫文章之道莫要於雅健。欲爲健而厲之已甚。則或近俗。求免於俗。而務爲自然。又或弱而不能振古之爲文者。若左邱明、莊周、荀卿、司馬遷、韓愈之徒。沛然出之。言厲而氣雄。然無有一言一字强附而致之者也。措焉而皆得其所安。文惟此最爲難。知其難也。而以意默參於二者之交。有機焉以寓其間。此固非量莫所能企。而亦非口所能道。治之久。而一旦悠然自得於其心。是則其至焉耳。至之之道。無他。廣穫而精導。熟諷而潛思。舍此則未有可以速化而襲取之者也。吾告子止於是矣。夫文之爲事至深博。而裕釗所及知者。止於是。其所不及知者。不敢以相告也。以足下之才。循而致之。以不倦。他日必卓有所就。此乃稱心而言。非相譽之辭也。足下勿以疑而自沮焉可也。足下文。知友中多求觀者。故且欲留此。俟他日再奉還耳。惟亮察。不宣。

復某邑侯書

閏月之望。奉到四月十日手書。捧讀之餘。且感且愧。以執事拳拳之雅。不肖雖愚無知。寧有不感激而應命者。況裕釗自幼束髮受書。過不自量。竊嘐然有述作之志。今以桑梓之鄉。志乘之重。重以百餘年之廢墜。卽微明命。猶思奮筆於其間。其有承大君子再三之召。而顧恝然自外乎。惟是生命不辰。適丁大故。三月之內。再罹鞠凶。大義私情。具有萬不可者。前書怱怱。未盡所懷。故復敢悉陳其愚。而執事察焉。竊惟送終者。斂形之後。莫重於葬。今先君先妣。窀穸未安。旋宅旋日。早暮遑遑。若舍而他適。則玆事將遂曠邈。必且久淹歲時。且過時不葬。違先聖之明訓。冒國家之刑章。斯謂罪人。遑問餘事。禮卒哭而祔。小祥以前。寢堂饋奠。猶生事之。晨夕哭酹。必躬必親。斯乃古今之達禮。人子之至情也。況裕釗自痛生平飢驅四方。衣食奔走。晨昏多缺。抱恨終天。今昕夕所稍得自盡者。不過歲月之間。而復違焉。其胡能忍。且自先王制爲縗麻之服。以爲至痛飾。使賢者得以遂其情。不肖者亦以怵於目而動於其心。後世教誼頹棄。甫經虞祔。遂墨其衰。往者有宋朱子暨 國朝四明萬氏崐山徐氏。皆痛疾言之。裕釗曩讀其書。爲之凛然。每與徒友論辨及此。以謂禮教之廢壞。風俗之衰薄。士大夫之知禮者。所宜力振流失。而返之古初。嚮之所稱謂何。今至於大故。而自蹈其失耶。然服疏衰之服。以居廬堊室之中可也。若遂入城。廁身局中。既欲守禮。亦慮戾俗。墨縗則實疚隱衷。素縞則恐駭物聽。進退審顧。無一而安。揆諸事情。尤爲未便。蓋三年之喪。天下之至痛也。故古者天子諒闇。三年不言。既練。然後君謀國政。大夫士謀家事。所以致其哀而不敢以間之也。

故曰重志之謂也。大功猶廢業。況以父母之喪而與於纂修之役乎。致悲戚則廢務。思職事則忘哀。且執事亦安用此昏悖瞀亂之人而任之事哉。昔歲之冬。湘鄉曾相國詒書招赴金陵。近黃子山太守。亦以試事見邀。裕釗並瀝述前情。一爲辭謝。非獨於明命有所廢格。且以執事之國士遇我。裕釗甯不愧焉。惟是慘痛之際。奄忽之期。實於先靈未忍遠去。而私計執事宏宣遠猷。樹立方未有艾。儻不以裕釗之愚不肖。異日所以自效於左右者。惟所使之。斯則裕釗所得少自盡於先人者。無過日月之際。而竭誠殫力。以報知己者。方且誓心於無窮。執事其亦可以悲其志。而原其罪已。肅復布臆。惟垂察不宣。

答李佛笙太守書

价至。奉讀手書。爲之感歎無已。及讀所示大著。則又大喜。且詫不謂足下銳進一至此也。來書謂此行誠失計。然獲交不肖。時相從問得學問文章之要指。挈長度短。固亦未爲失。裕釗豈敢任此。顧足下之文。乃精進若是。則信所得多矣。文誠出於人人。足以信乎今而傳乎後。窮之百世。而自必其不磨。雖百郡守。不以易也。且所謂窮通、得喪、愉戚、寒飢者、溫飽者。擾擾一旦暮之事耳。何足道哉。何足道哉。知足下故必不以一官置意中。然卽爲衣食計。則亦有命焉。力所能謀。謀之所不能謀。則聽之而已。固亦不足恤也。裕釗纔時讀論語。獨深有契於孔子不知命無以爲君子之一言。且嘗試縱觀生民之初。以至今日。盛衰倚伏。與夫人之賢不肖。芒乎紛乎。眇不可紀極。終其興若廢。有一之非其命者邪、或乃棄其修行立名所得自爲之事。奔者騁欲。一切以徼非望。卒泯泯以沒身、甚且爲訽於天下後世者。甚可悲也。既亮識其然。又自少酷嗜學問文章。是以一意專精於此。而不遑恤其他。惟是年齒日長。神智日耗、恐遂終無所就。時獨以爲懼。近者撰得書元后傳後一篇。乃忽妄得意。自以甚近似西漢人。且私計 國朝爲古文者。惟文正師。吾不敢望。若以此文校之方姚梅諸公。未知其孰先孰後也。雖則狂謬至是。乃復私自疑。輒錄寄足下。爲我一決其然否。其然邪。是吾益也。用竊自憙也。不然邪。卻退矣。吾滋懼焉。請必明語我。俾得一自釋焉。抑以足下之果勢勇銳若是。使由是屛棄百爲以從事於斯。且使裕釗駭憚畏避。而不敢與競也。承欲來爲一握手之歡。聞之喜忭無已。書不能盡意。俟爾時當極意一傾吐耳。

答黎蒓齋書

承兩惠手書。並賜寄拙稿。均奉到。裕釗此文。頗規撫司馬氏。而迹未能忘。足下遽謂能突過姚梅二家。私心固未敢以自信耳。梅氏文已遵來示。簡得二十餘首。另紙寫目。並呈上。人各有所嗜好。必不可強同。且即一人之身。而先若後所厭喜。固往往異矣。此固不可以爲定也。柏梘山房集。其得失頗如尊論。然梅氏勝處。最在能窮盡筆勢之妙。其修詞誠愈於方姚諸公。然一意專精於是。而氣體理實。遂不能窮極廣大精微之致。此其所以病也。自唐以來。稱文者惟韓退之。於本末精粗表裏之數。無所不盡。故焯爲百代之宗。其他或注意於此。而時不能無脫漏於彼。固賦於天有以限之。抑其人之致力各有所偏至也。文之難爲工。故若是哉。曹子桓有言。文章經國之大業。不朽之盛事。裕釗從事於此。三十有餘年矣。曩既苦才薄。又自少至老。憂患寒饑之擾。其慮奪其日力進尺寸。如走千里。今雖欲追古人最上之境而從之。而齒髮日衰。精力益減於前時。顧視前後。中心恂慄惴懼。灑焉若新寒之栗。體嘗以爲千百世之中。四海之內。有志奮厲爲文辭者不少。下者才力之不逮。其稍進者。或學不得其術。或所遇足以苦之。羸詘於人者。居其半焉。羸詘於天者。居其半焉。學焉而不能成。成矣而不能極其至。振古以至於今。英才志士。同聲而悲咤者。亡慮皆以此也。因論梅氏文。意有所觸。不覺覼縷至此。惟諒察。不宣。

復查翼甫書

翼甫足下。積年暌隔。思子爲勞。鄙人以宿昔性懶。作書每奉惠函。輒久稽裁答。昔歲足下遭罹憂戚。竟亦未及聞知。弔唁並闕。深歉於心。秋間君來我去。如相避然。爲之惆悵無極。足下謂豈其中有數存者邪。諒哉。讀來書。欵欵深深。使人再三諷誦而不能已。又先後承惠諸珍册。良深感謝。承示大著春秋地理異同釋。悄讀一過。已覺甚精核。體例亦善。足徵好學深思。非世俗之所能及。頃以事當返里門。悤悤不得暇。俟明春來至金陵。容更細加紬繹。惟鄙人於地理之學。鄉日不過略涉其藩。恐未能爲足下剖晰幽賾。決定然疑。或爲作一序。略道足下纂述之指。儻尙能爲役乎。足下勤學不倦。爲今世所罕覯。惟學問之道、義理尙已。其次若考据詞章。皆學者所不可不究心。斯二者、固相須爲用。然必以其一者爲主。而專精焉。更取其一以爲輔。斯乃爲善學者。不然。人生祗此精力。祗此歲年。行歧路者不至。懷二心者無成。孫卿之言。不易之論也。欲爲古文。則程功致力之始。熟讀深思四字。足以盡之。其所資於考證者。莫要於典禮制作之原。古今治亂之蹟。更求之蒼雅訓故之書。令文章爾雅。遠於鄙倍而已。其他偏指末學。可一舉而埽除之也。且卽專精考證。亦宜務其正大而深博者。　本朝經學。號稱極盛。然其能闡述六經之宏旨。洞明古今之要。最勤成一書。卓然自存於天壤者。僅乃十餘家已耳。自乾嘉以來。家纂一編。人立一說。枝辭碎義。汗牛充棟者。不可勝數。迄今未幾時。其書已若存而若亡。更歷數百年。誠有如歐陽氏所云。散亡磨滅。百不一二存者。竭耳目心思之力。積數十年之勤。所爲者乃終歸散亡磨滅之書。是亦不可以已乎。知道者必無惑乎此。裕釗衰老日甚。鬚髮十九白矣。幸差能食。精神尚不大憊耳。小兒駑鈍。爾時且專攻舉子業。其餘皆憒不曉。來書奬借之已甚。非所以厲之也。尊、外舅近晤見不。希爲道意。并詢賓日昆弟近好。久不相見。道阻且長。爲之惘然。且雖足下與渠等。想亦不能長合并也。復詢近佳。惟亮察。不宣。裕釗白

與張煦堂大令書

前數日閱邸鈔。知以被議左遷。爲之惋愕無已。不謂足下事遂乖舛至此也。人生所遇通塞。固不可以常理論。或材行志節出於人人。而困阨沈淪。不得行其志。或錄錄無所短長。比肩尊官顯秩。賢人君子。俯首噎氣。傺侘不敢出一語。其不肖之徒。庸虛嵬瑣之醜類。乘機冒進。舉生倖心。人自期以方面公輔。芒不復有閫域制限。於是乃躅棄廉恥。相奔於邪徑幽竇。抵死并入。以求得之。雖然其遂以是顛躓身敗而名裂者。亦不可勝數也。且所謂一意自守。不肯少貶以阿世俗。而卒躋通顯者。抑豈獨無其人邪。屈信存亡之際。是有天焉。非人之所能爲也。故曰莫之爲而爲者。天也。天故不可得而知也。且

嘗試獨居妄度。自天地剖判至今。且千萬歲。天亦稍衰且老矣，時固不免矇瞶瞀亂。其所處是非臧否。以施愛憎賞罰。亦豈信能盡其理邪。夫天處高而人錯居其下。而權命一懸寄焉。又時不免昏亂錯迕。則夫人之所謂窮通得失廢興者。譬猶深夜瞑目繫手。以走曠閬之虛。夷險一惟所値焉斯已耳。其又孰從而意之邪。足下質直勁正。出於天亮。又達於當世之務。宜在顯位。施澤於當世者也。其至是命也。然使命不終否。復進而上。一反手間耳。亦莫知其爲之者也。正己以俟之而已矣。羅少村都轉常晤見否。悤悤未及作書。請以此示之。使聞狂言。取一笑爲快。不足令他人見也。

張廉卿先生尺牘終

張廉卿書箴言

（清）張裕釗　撰并書

清宣統三年（1911）上海文明書局石印本

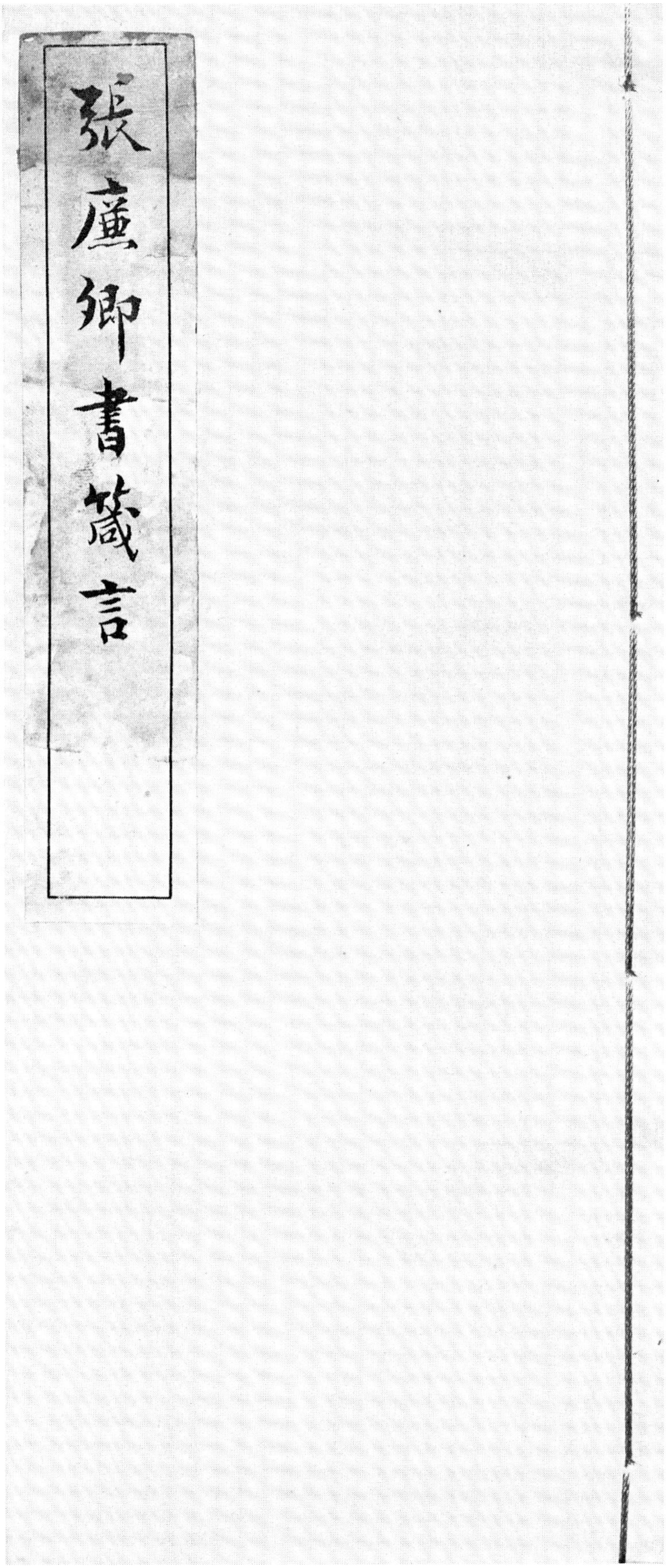
張廉卿書箴言

無道人之短無説己之長施人慎勿
念受施慎勿忘世譽不足慕惟仁為
紀綱隱心而後動謗議庸何傷無
使名過實守愚聖所臧在涅貴不緇
曖曖內含光柔弱生之徒老氏誡剛强
行行鄙夫志悠悠故難量慎言節飲食知

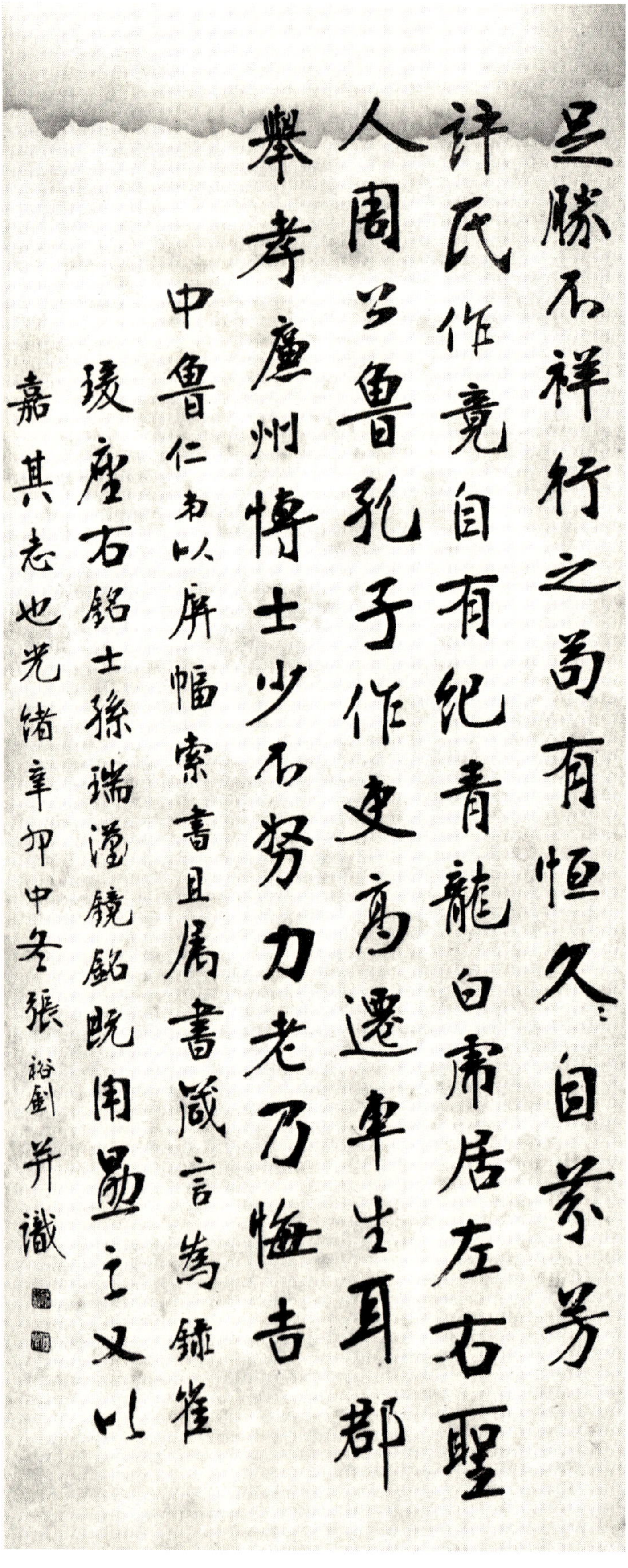
足勝不祥行之苟有恆久久自芬芳
許氏作竟自有紀青龍白虎居左右聖
人周公魯孔子作吏高遷車生耳郡
舉孝廉州博士少不努力老乃悔吉
中魯仁弟以屏幅索書且屬書箴言爲錄崔
瑗座右銘士孫瑞漢鏡銘既用勗之又以
嘉其志也光緒辛卯中冬張裕釗并識

無道人
圖書館之圖書

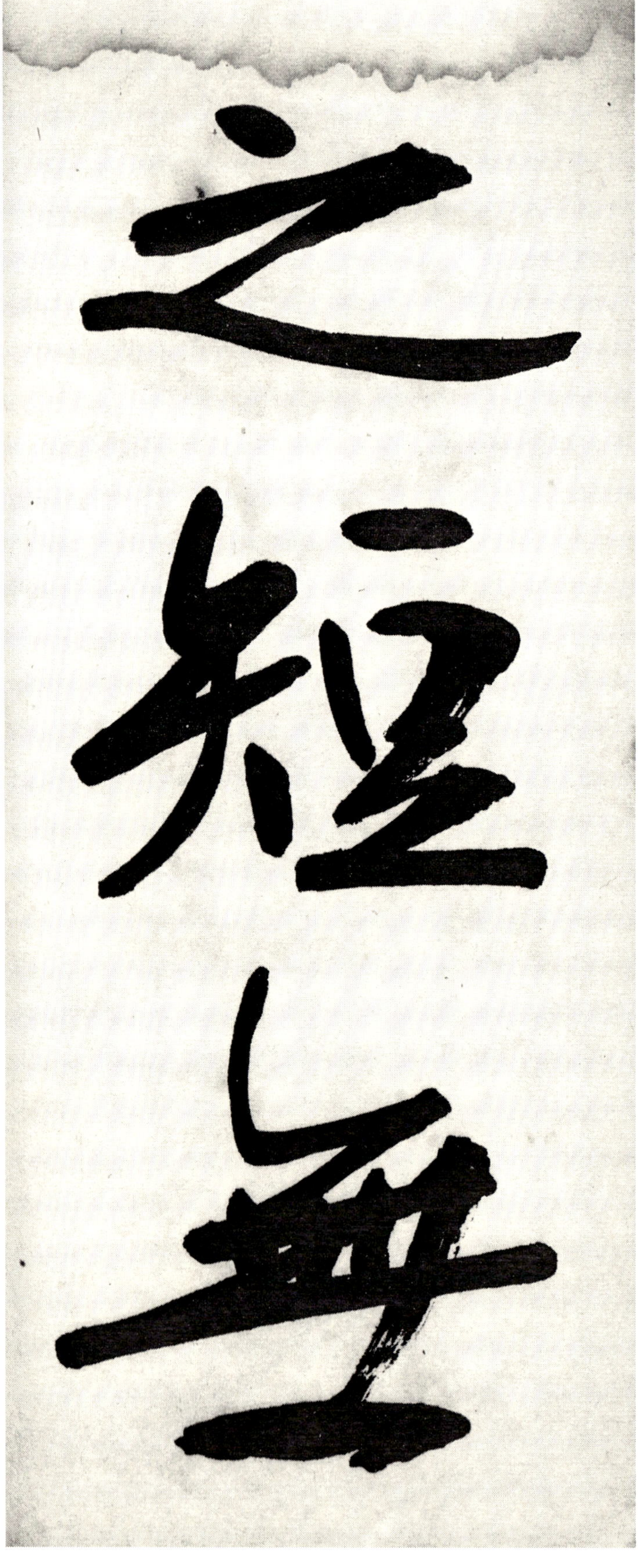
之短無

長施人

受施慎

勿忘世

譽不足

為紀經

隱
心
而

儀爾何

傷無使

名過實

守愚聖

所藏在

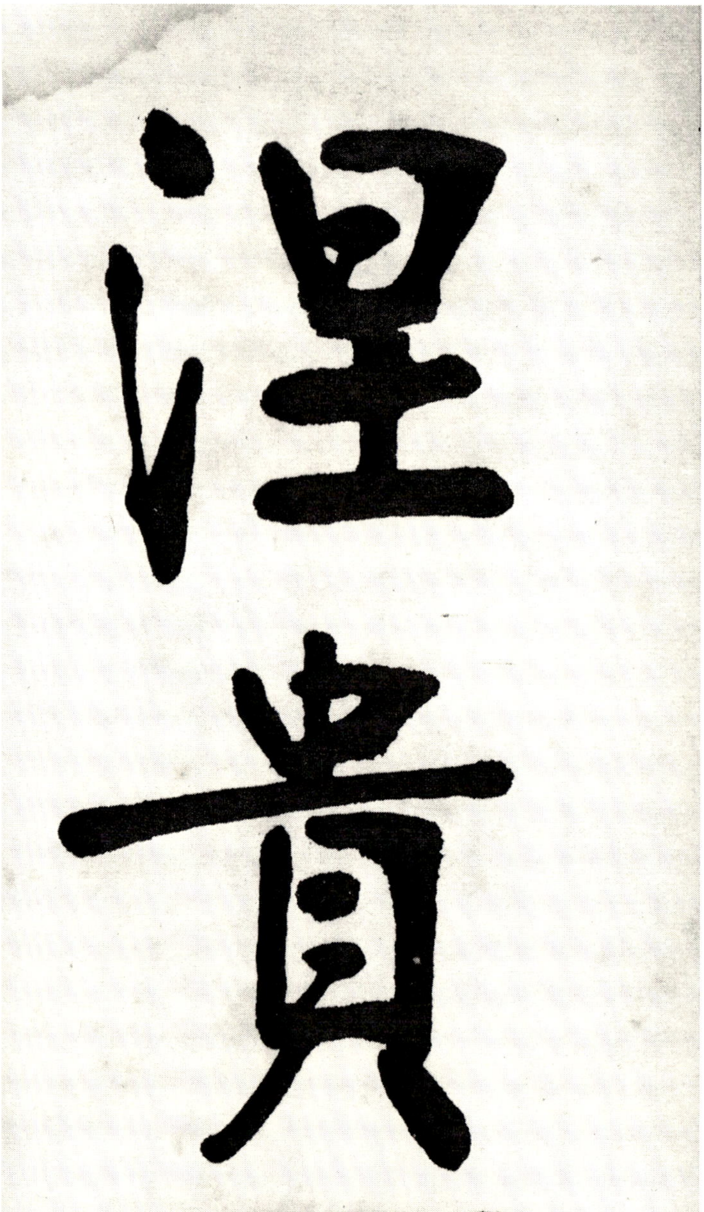
湼貴不

弱生之

誠則強

行々郎夫

志悠々故

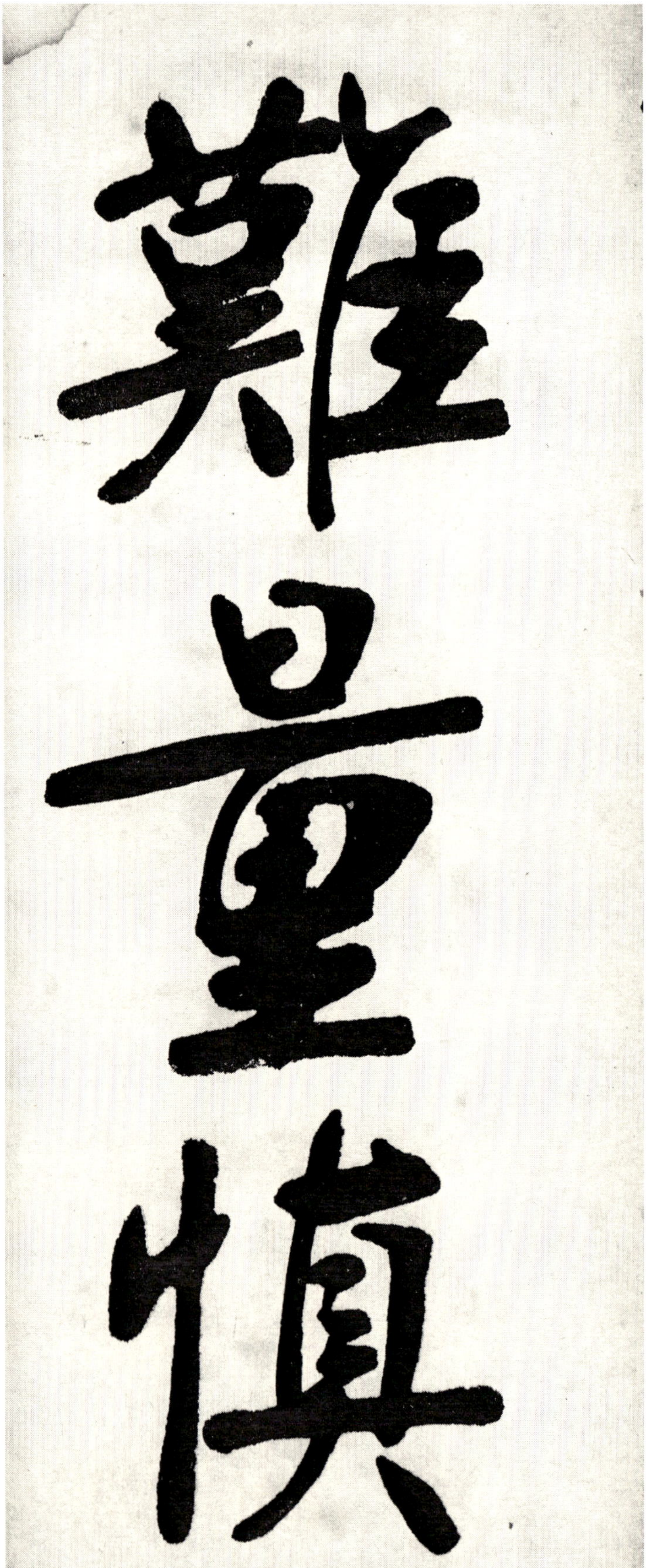
難量慎

一言節飲

食知足

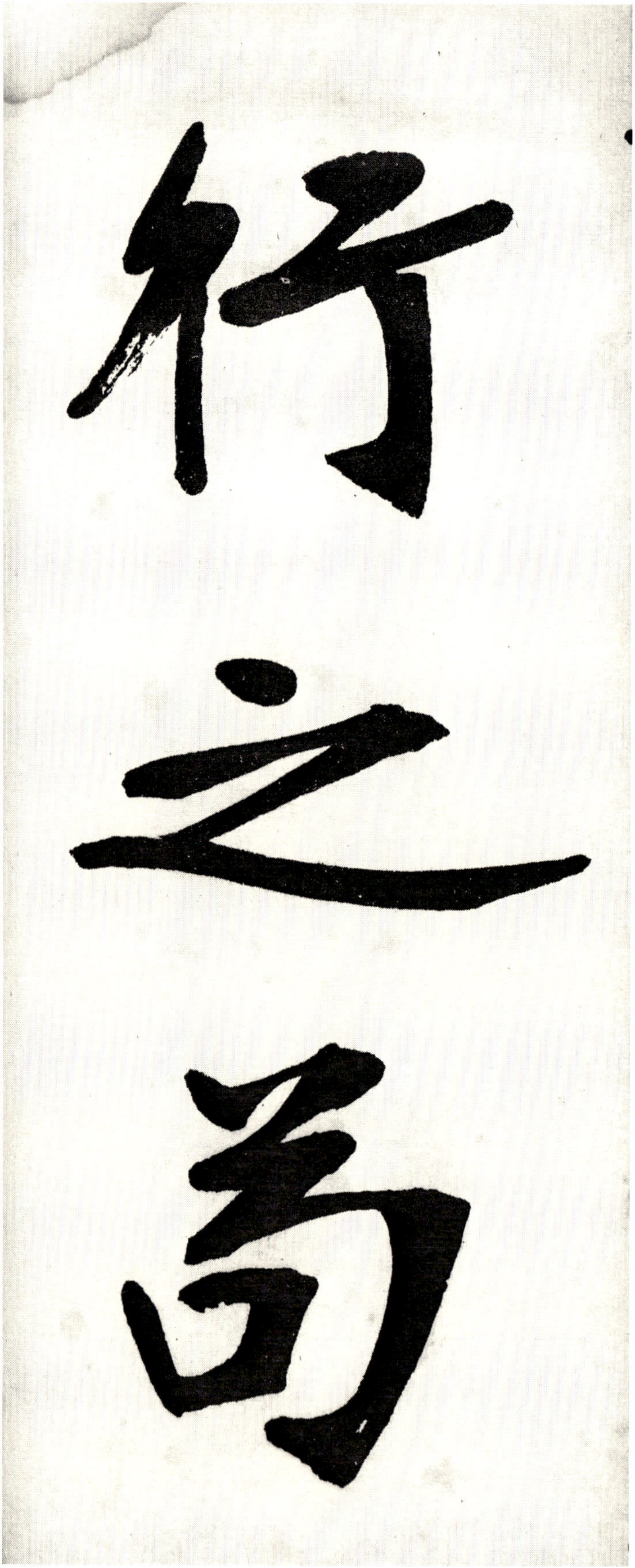

有恆久々

許氏作

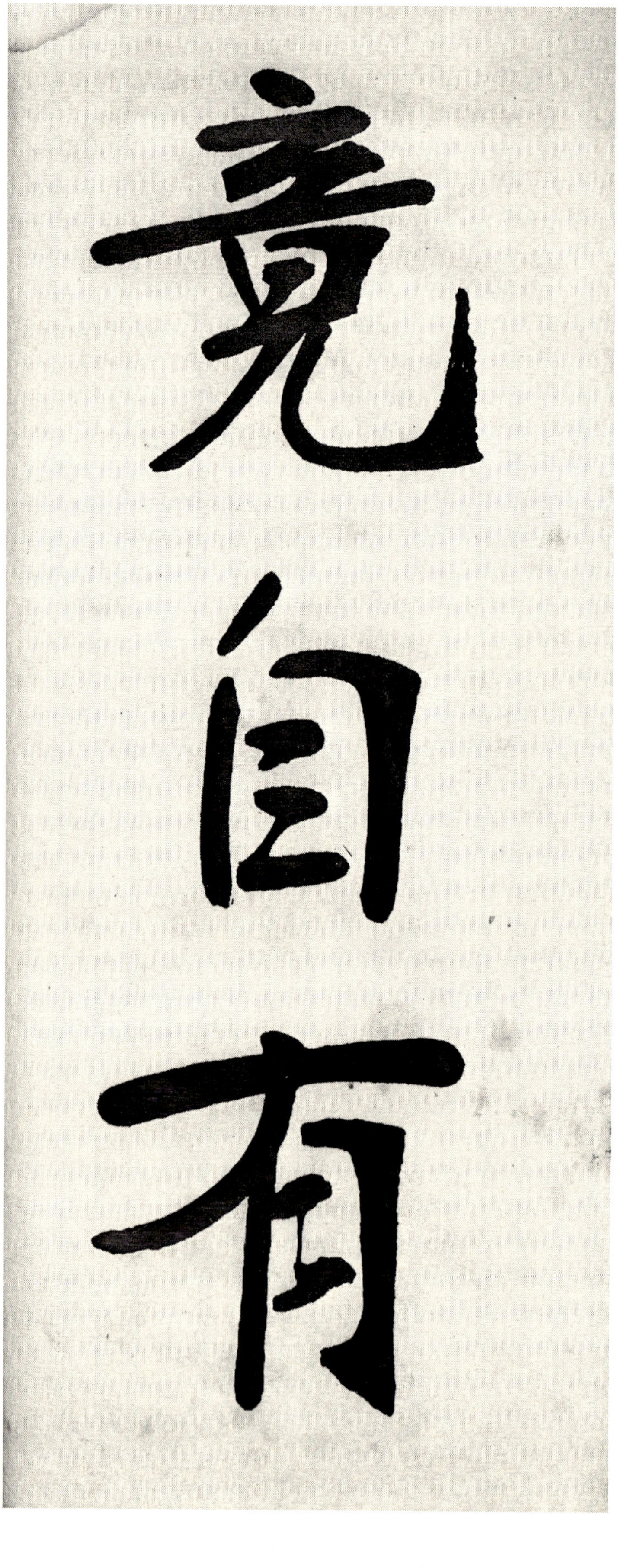
竟自有

左右聖

人
周
之

魯孔子

作吏爲

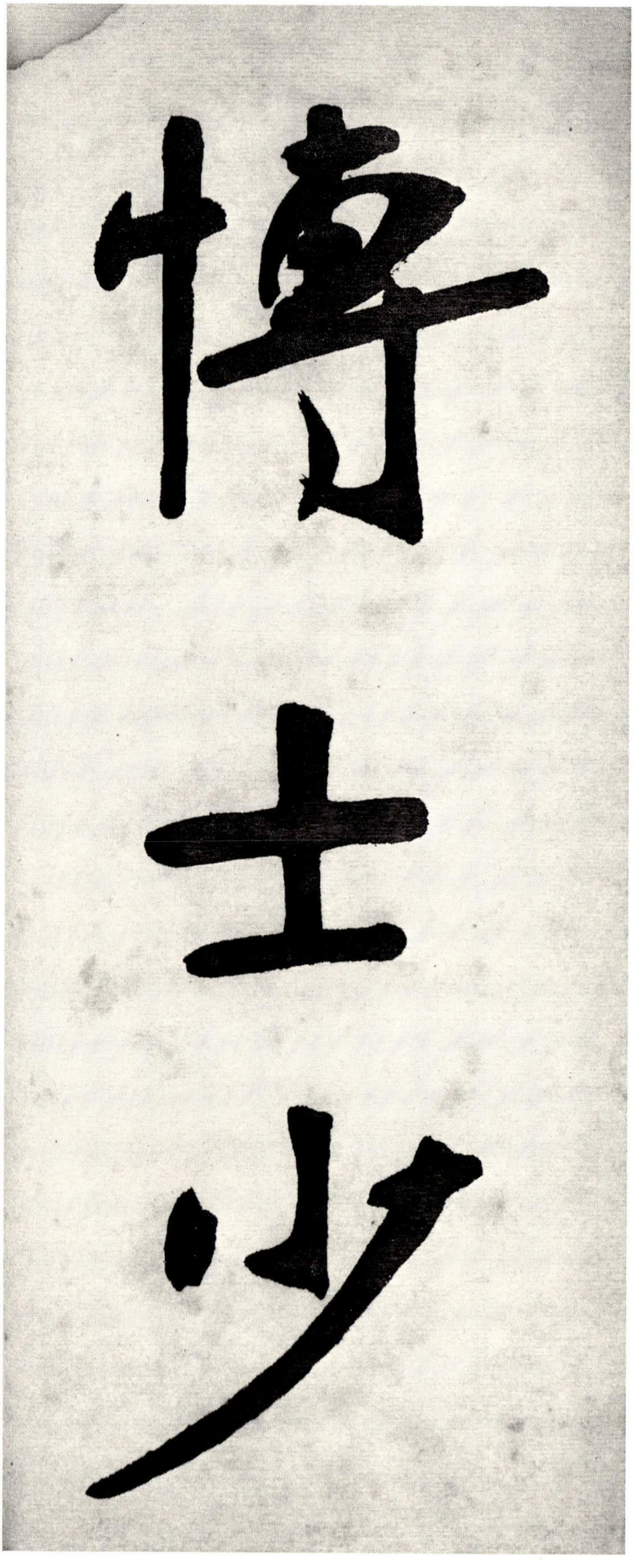
愽士少

不努力

老乃悔

吉

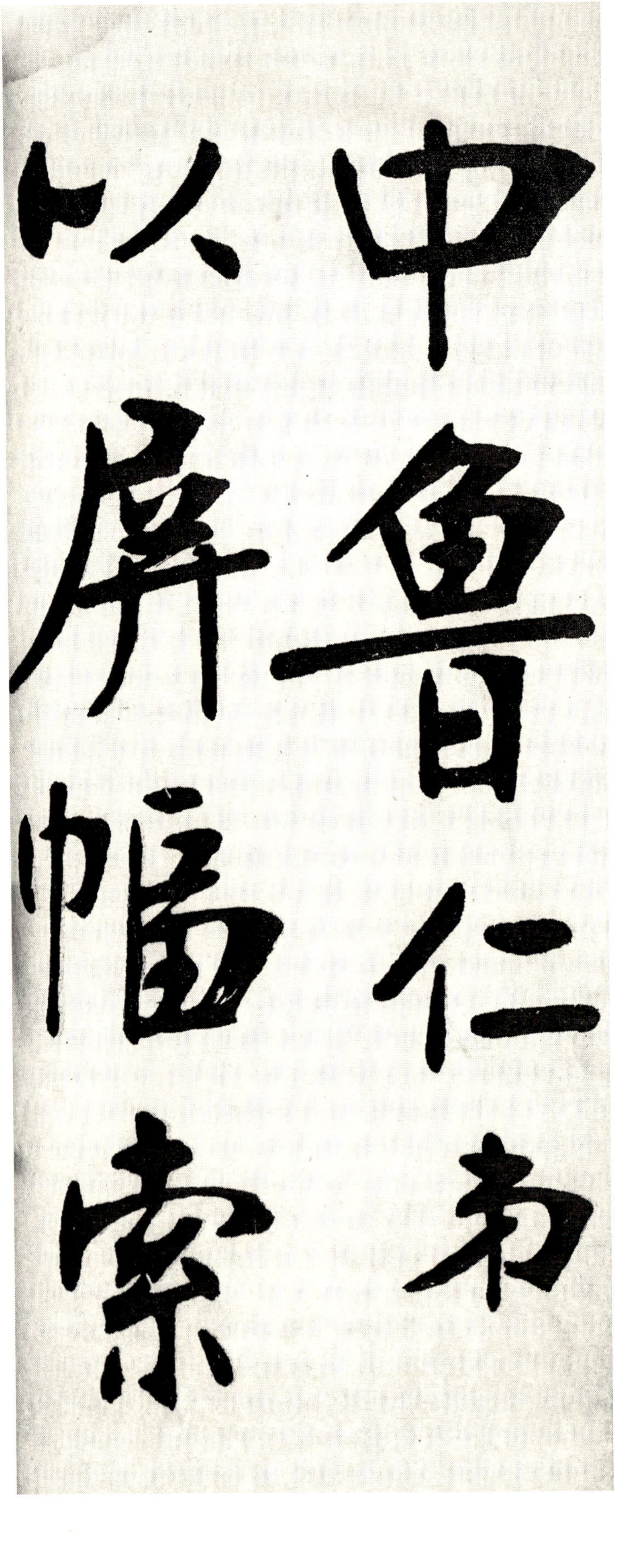
中魯仁弟
以屏幅索

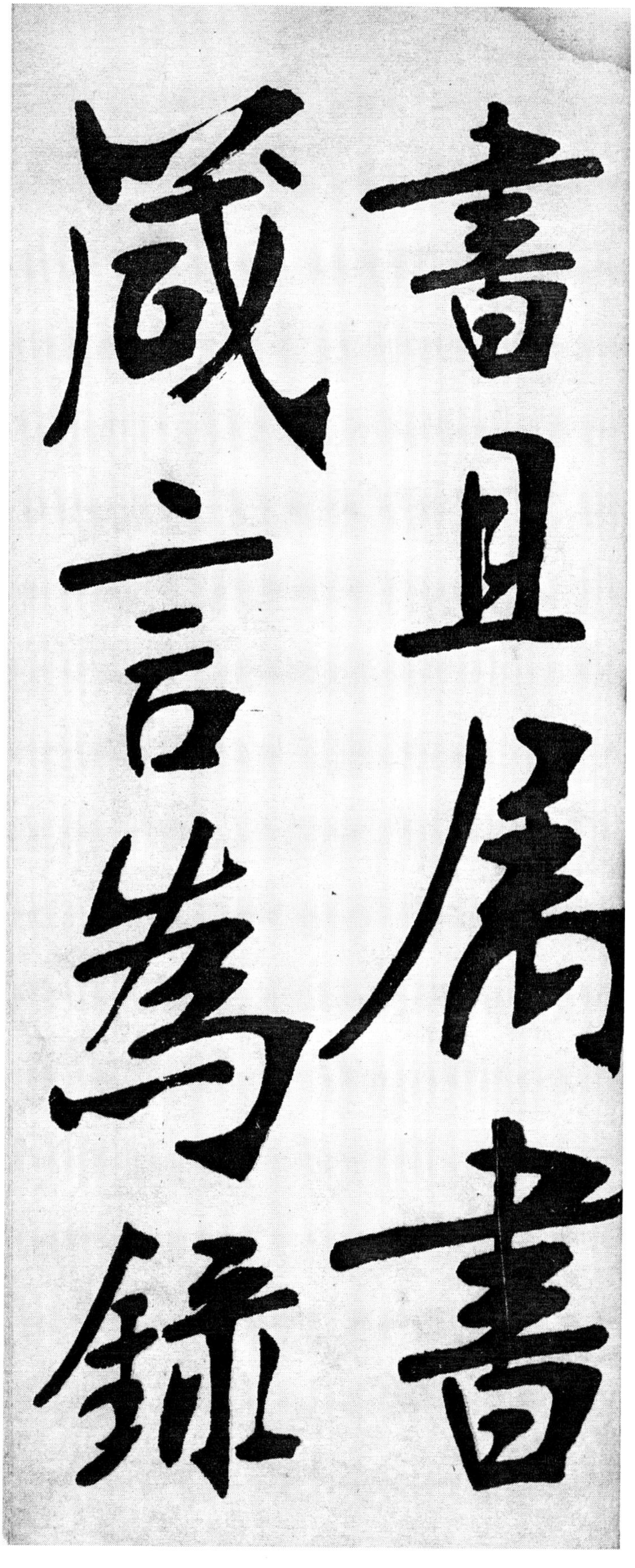
書且居書
箴言爲錄

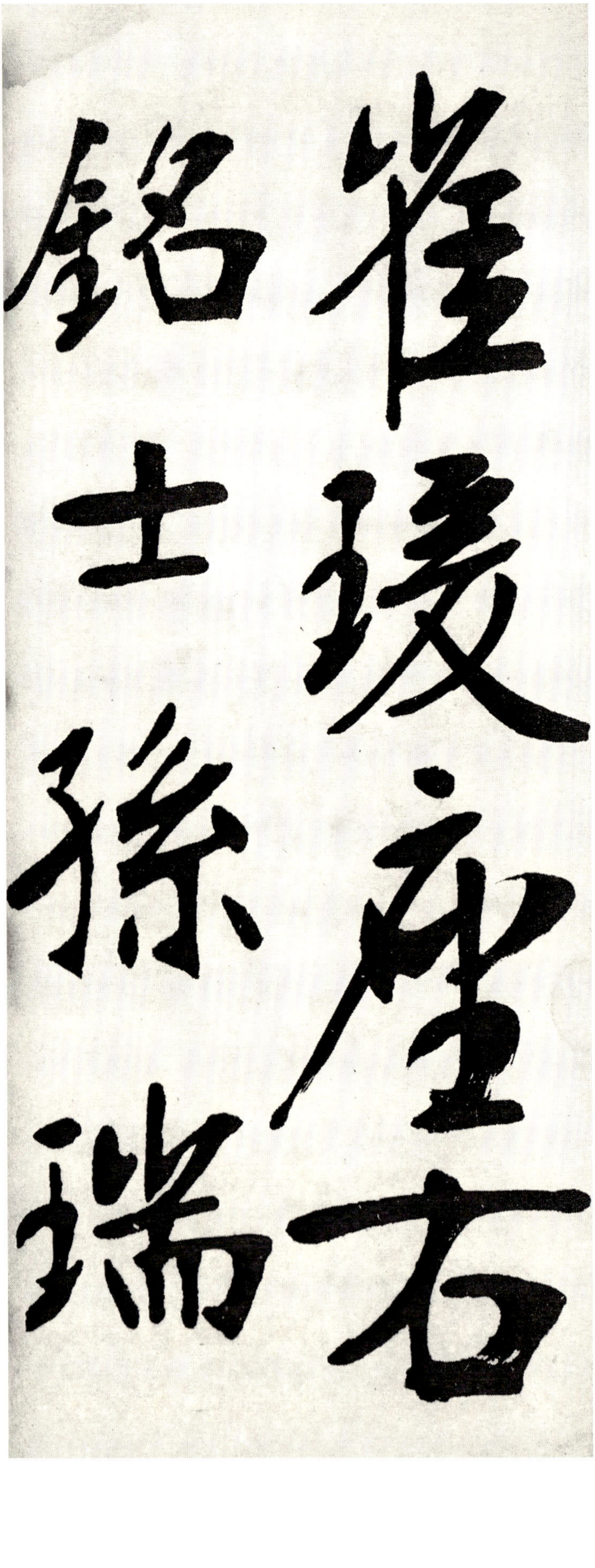
崔瑗座右
銘士孫瑞

澄鏡銘既
閑勗之工

又以嘉其

志也光緒

辛卯中冬

張裕釗并

識
一九四九年武強賀孔才捐贈北平圖書館之圖書

宣統三年七月出版

（張廉卿箴言）每本定價銀圓三角

發行者 文明書局

印刷者 文明書局石印部

總發行所 上海棋盤街北段（電報簡碼六九三一） 文明書局

北京琉璃廠 漢口黃陂街 廣州雙門底 奉天鼓樓北 天津大胡同 文明分局

張廉卿批語

（清）張裕釗 撰

清光緒印本

稧亭十三友屬書

抱汾連遨遊春色滿皇
州猪稀濤郊路迴臨蒼
江流日華川上動風光

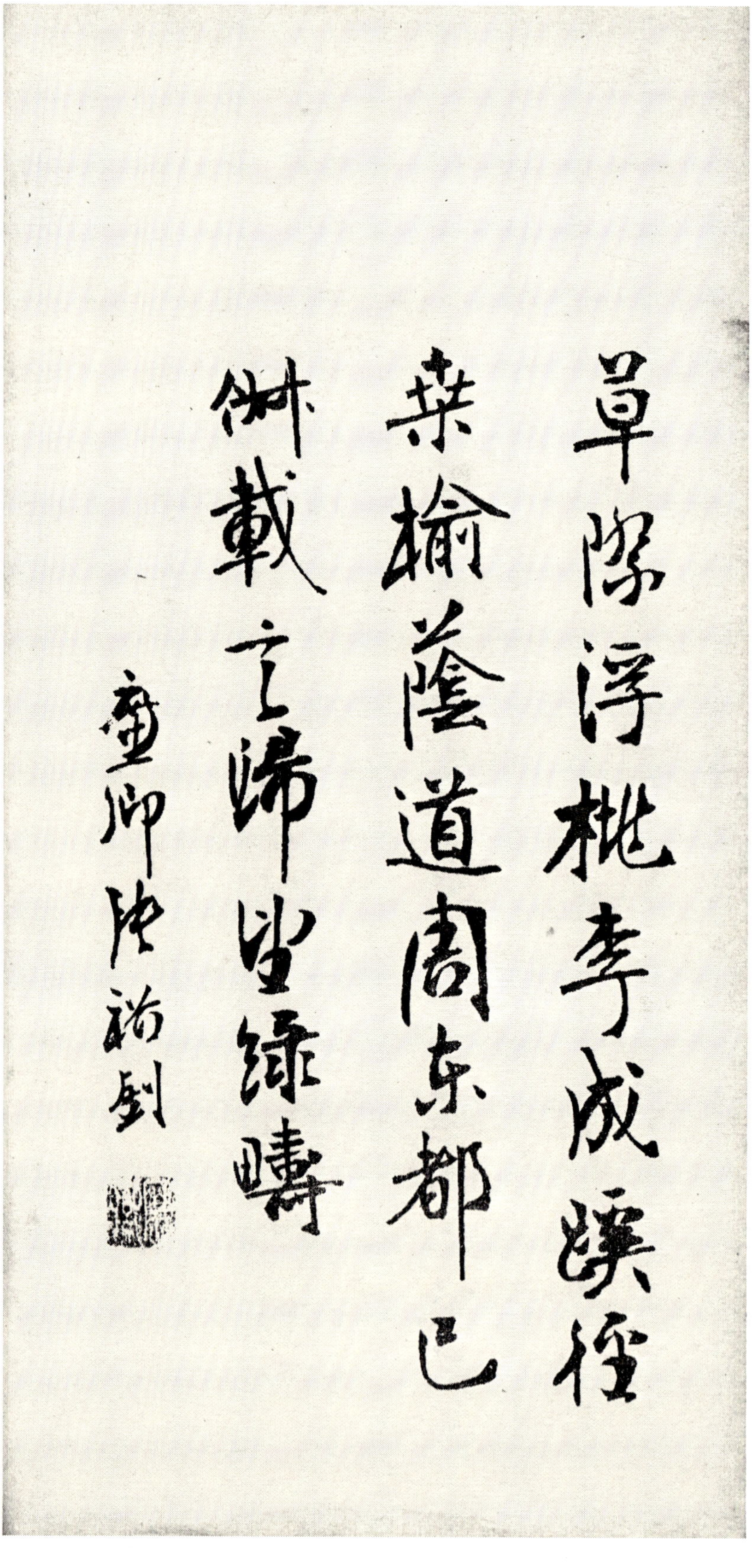
草際浮桃李成蹊徑
桒榆蔭道周東都已
卌載文歸坐綠疇
裕釗

灞原風雨定晚見雁行頻落
葉他鄉樹寒燈獨夜人空園
白露滴孤壁野僧鄰醉臥
郊扉久何年致此身久客歎
岐路出門吟且悲平生未到

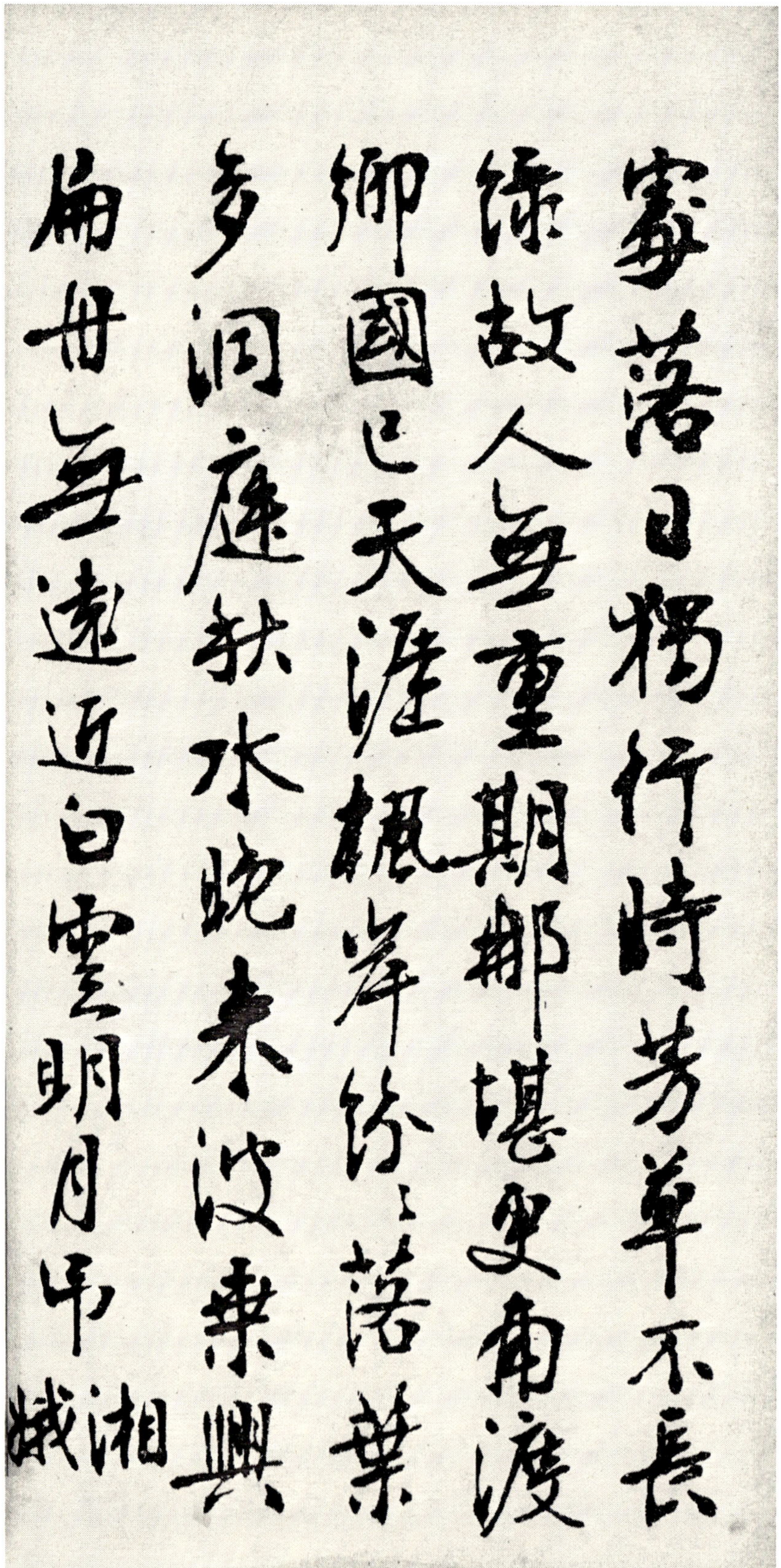
寥落已獨行時芳草不長
除故人無重期那堪更南渡
鄉國已天涯楓岸紛紛落葉
多洞庭秋水晚來波乘興
輕舟無遠近白雲明月弔湘娥

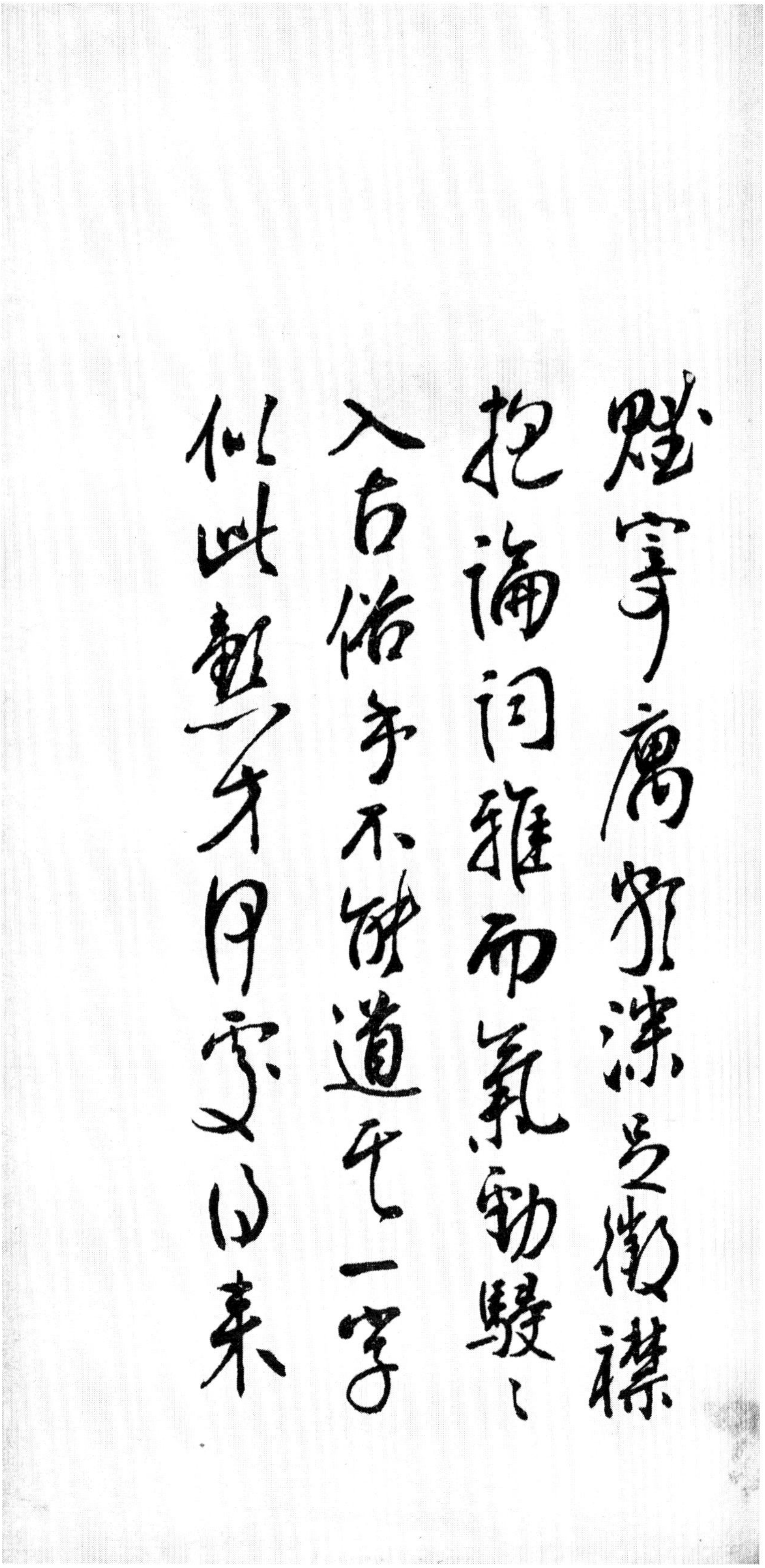
雖字屬對深足徵襟
抱論詞雖而氣勁駿駿
入古俗手不能道也一字
似此數才用字文自來

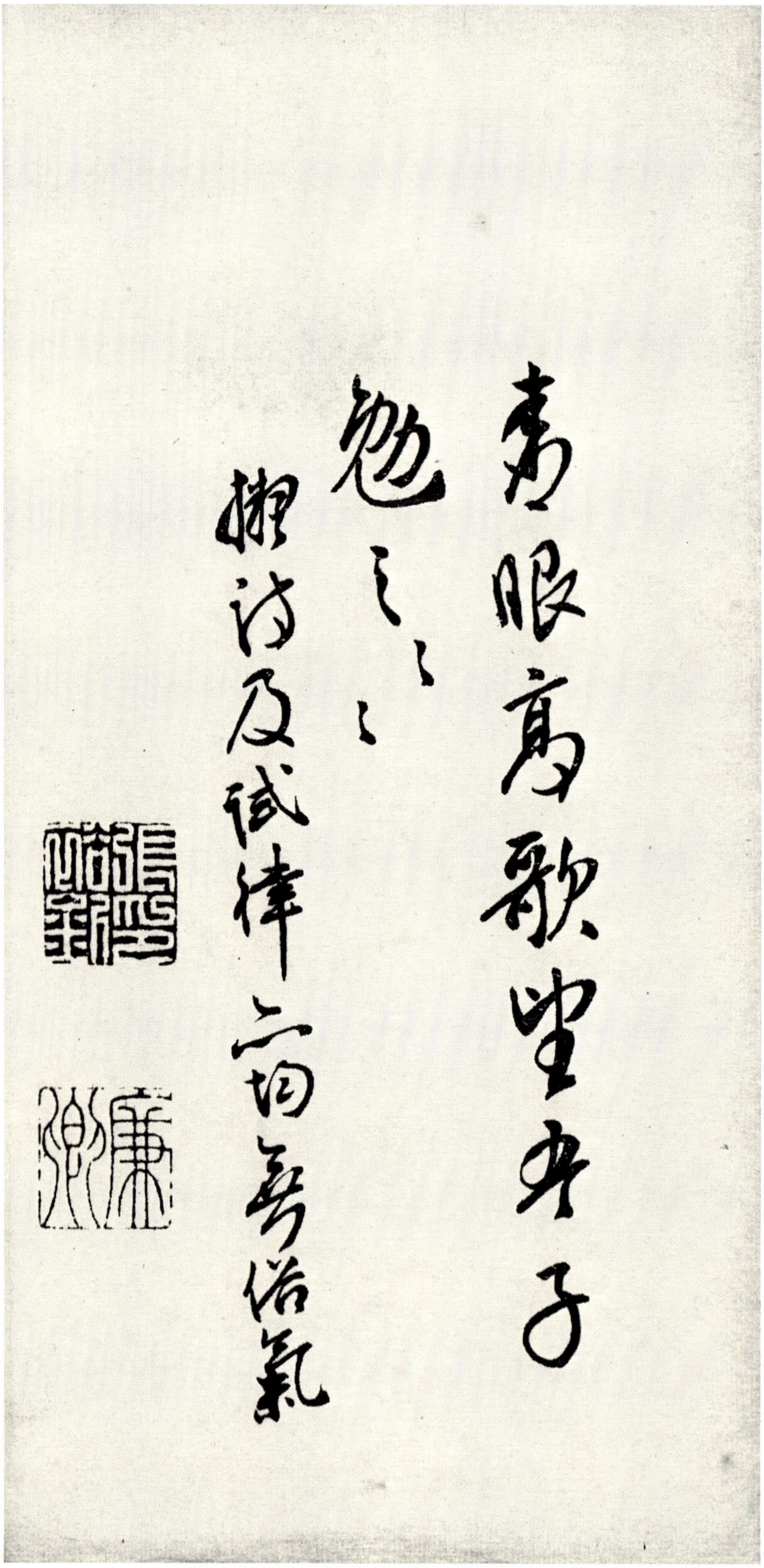
青眼高歌望吾子
勉之之
擬詩及試律二句無俗氣

精意推測猶能剖決然 捉

此策自安文瀾劉光第

二卷分惟此卷最劣詩〻

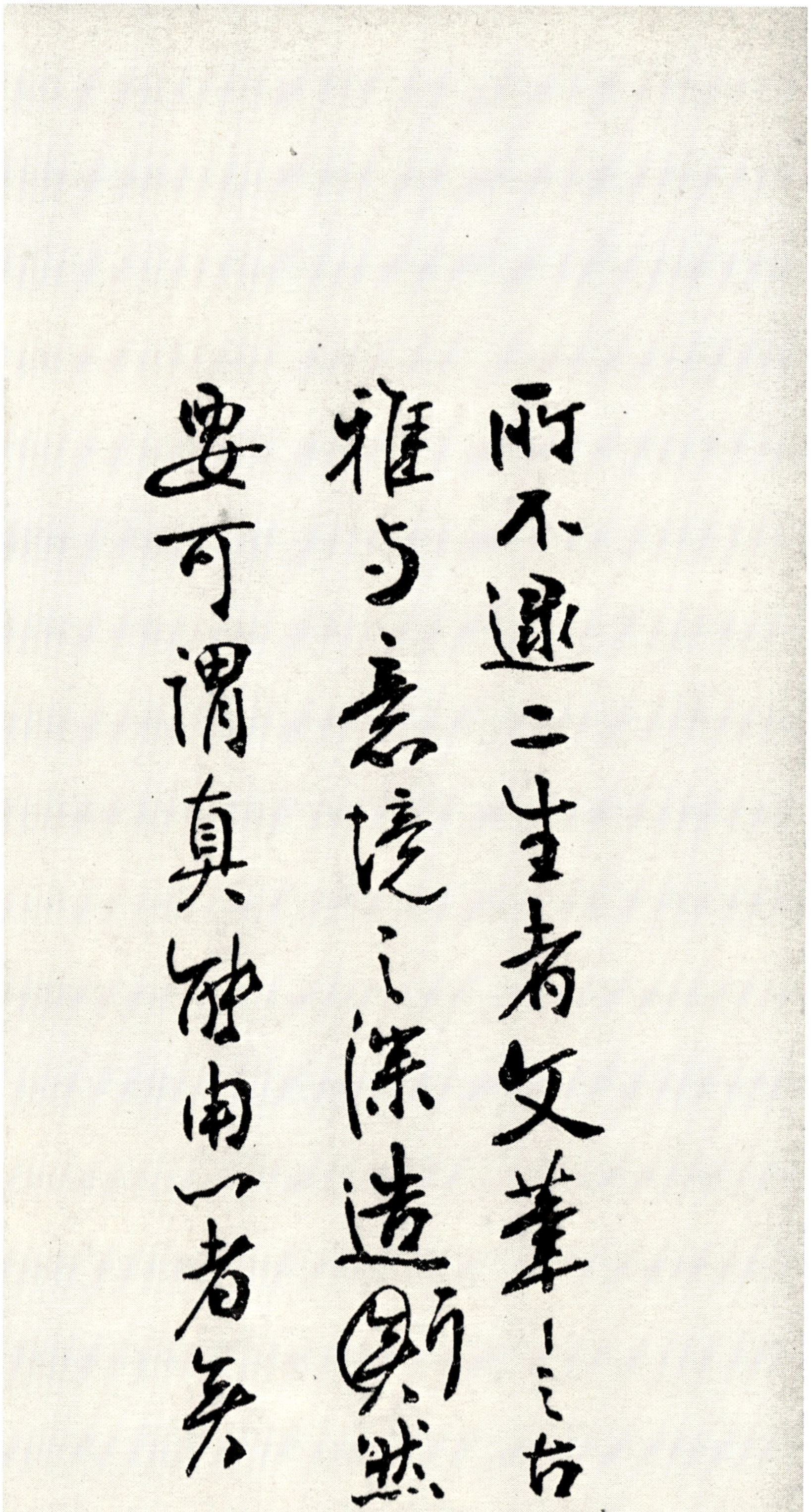
所不逮二生者文華之古
雅與之意境之深造斷然
要可謂真能由之者矣

所述雖多本之前人然別白分明具有條理且於聲音訓詁之學亦粗能窺見涯涘

鄭氏經注及雖未刻自具
特溪而為屬平之書法
未日竇要而必審筆意
物佳

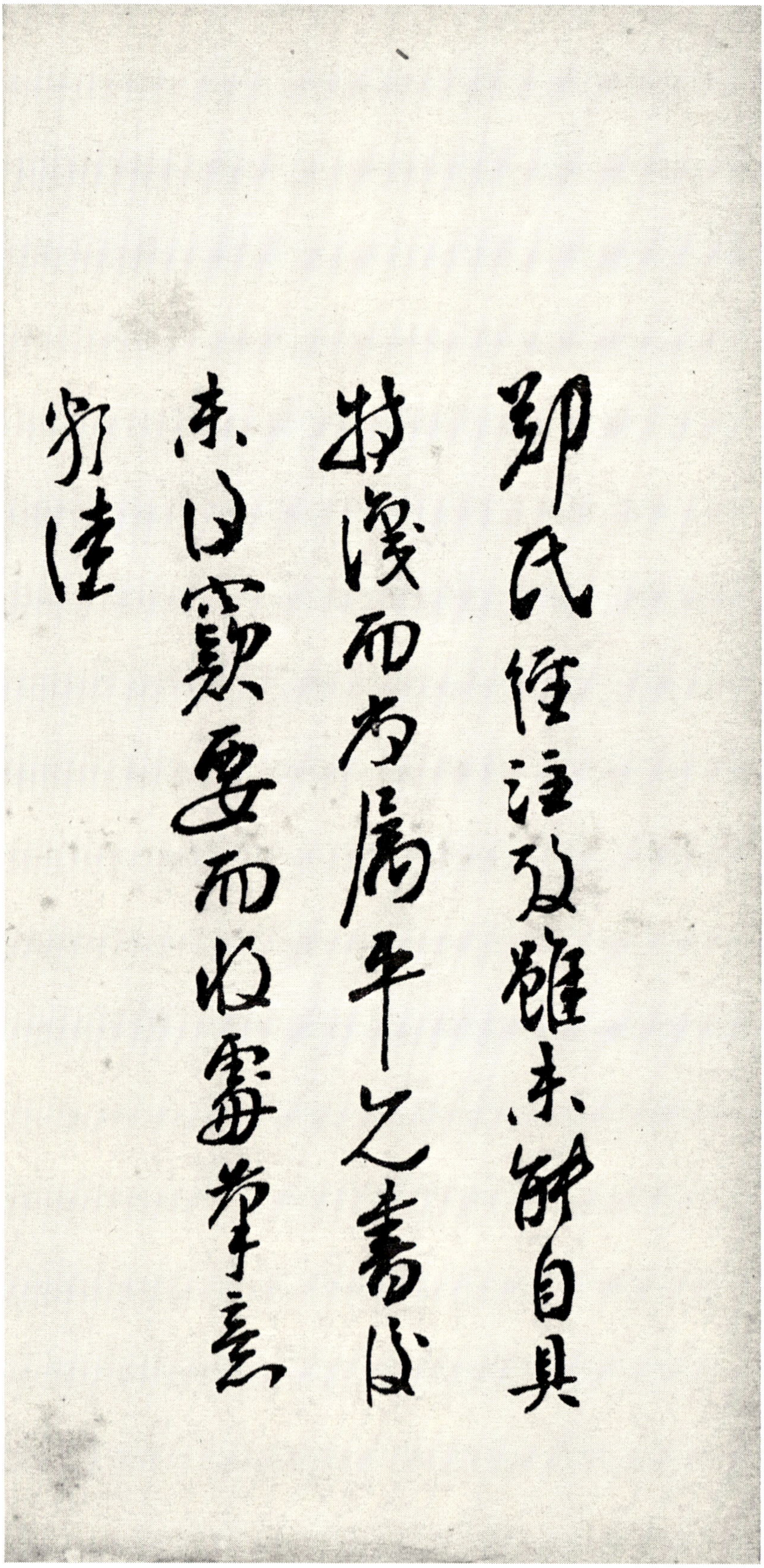

雖未能洞見至極骨髓
無將然於其中要旨大綱
已具涉閱鍵由一一精
固自可喜

史菜宋輯舊說為無
謀误弟全無自擾已
意要百擲序殊未
覯作家藩離

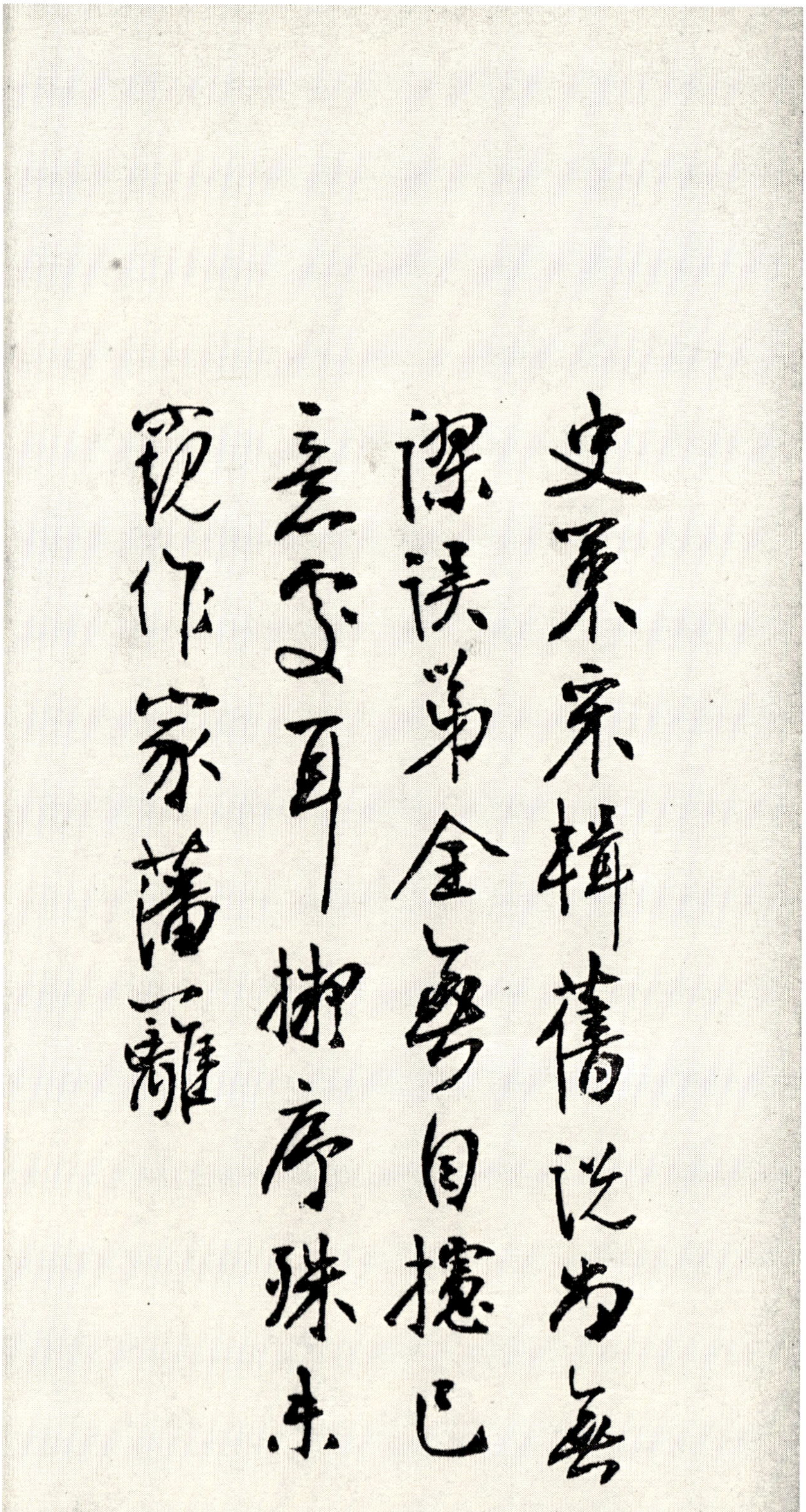

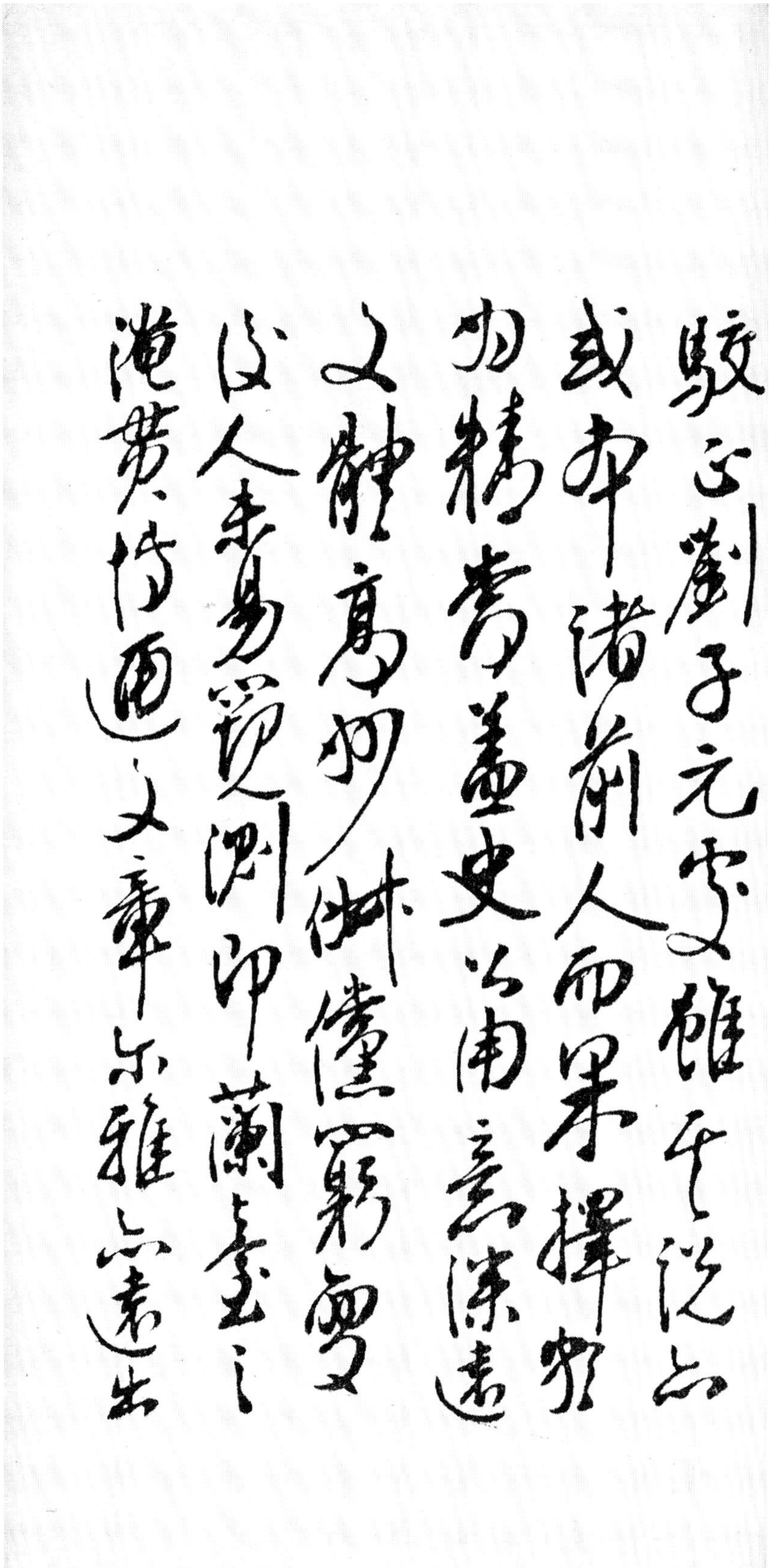
駁正劉子元史文雖千從亦或本諸前人而果擇究力精審蓋史論意深遠文體高妙併儘窮變後人未易覓測即蘭臺之淹貫博通文章爾雅亦遠出

子元之上似乎人或執史通所譏以滝二史者儍矣雖未能十分了澈然已輪瀨從徑徑深且郭有之書之審

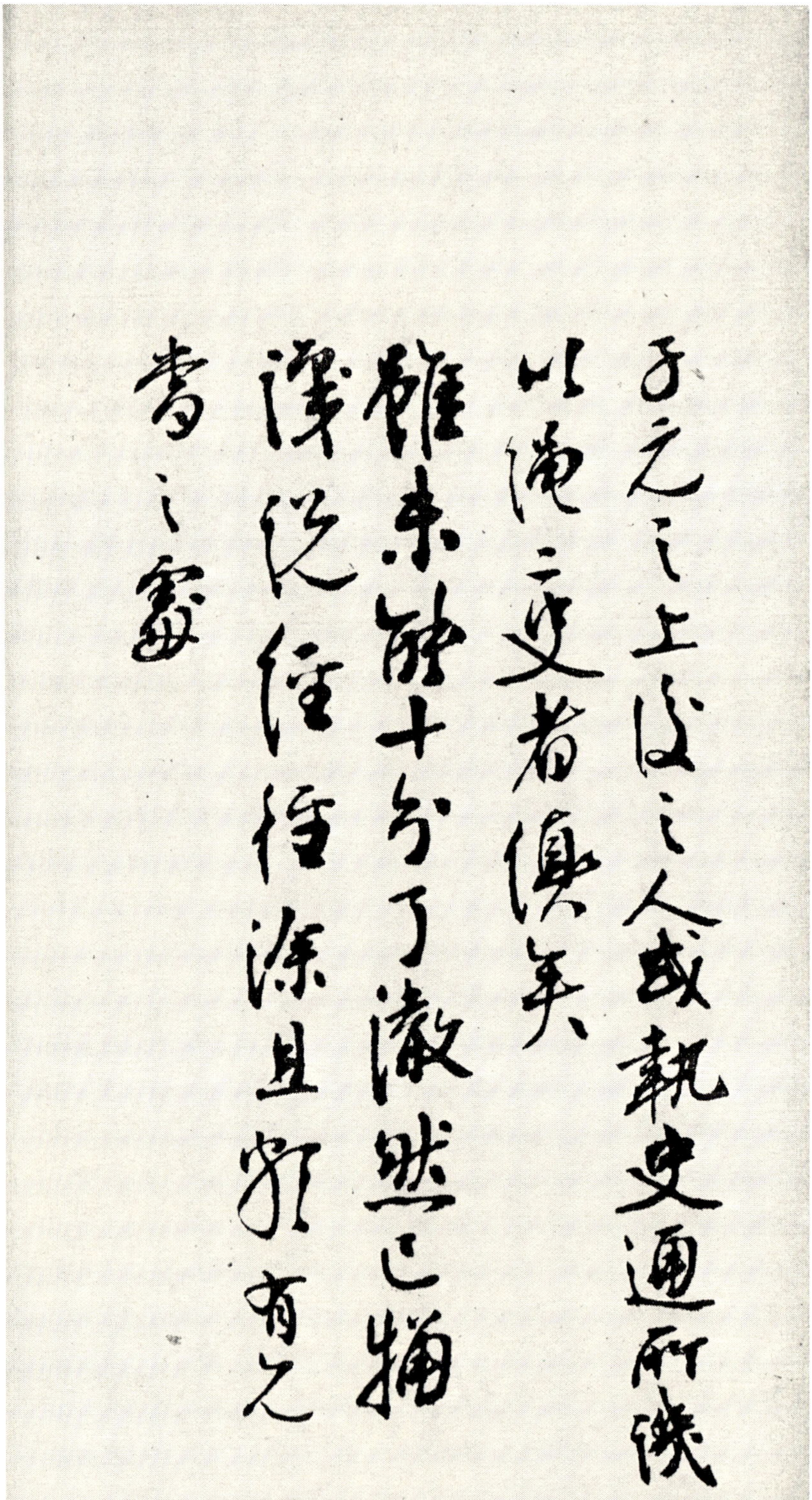

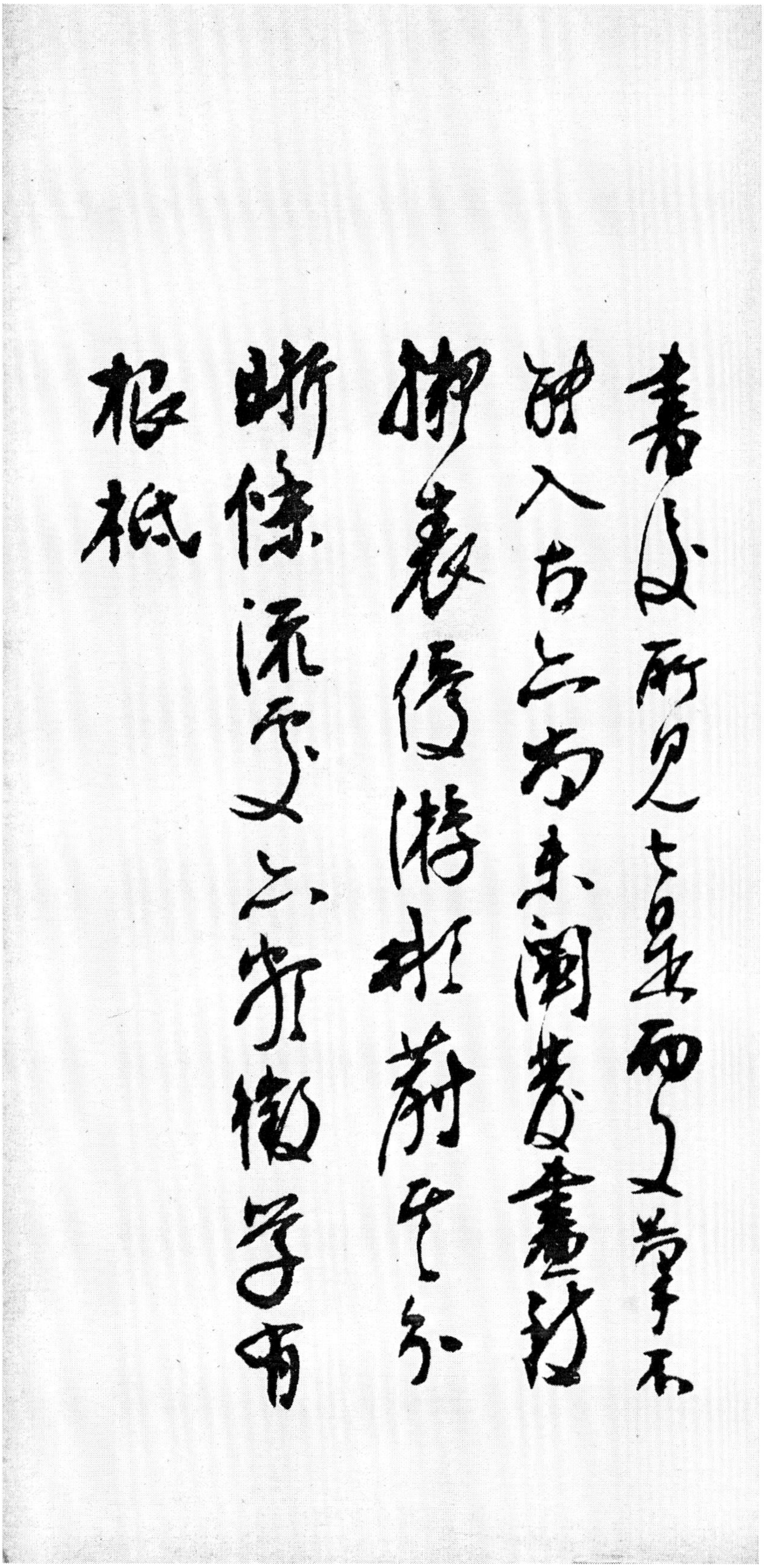

書後所見甚大而以文筆不
能入古人之爲未闡發盡致
柳義傳游樸蔚然分
晰條流乎文之宗徹學有
根柢

辨證審精一考核十得
先前人溪泃賴以廓
清甲乙一牧

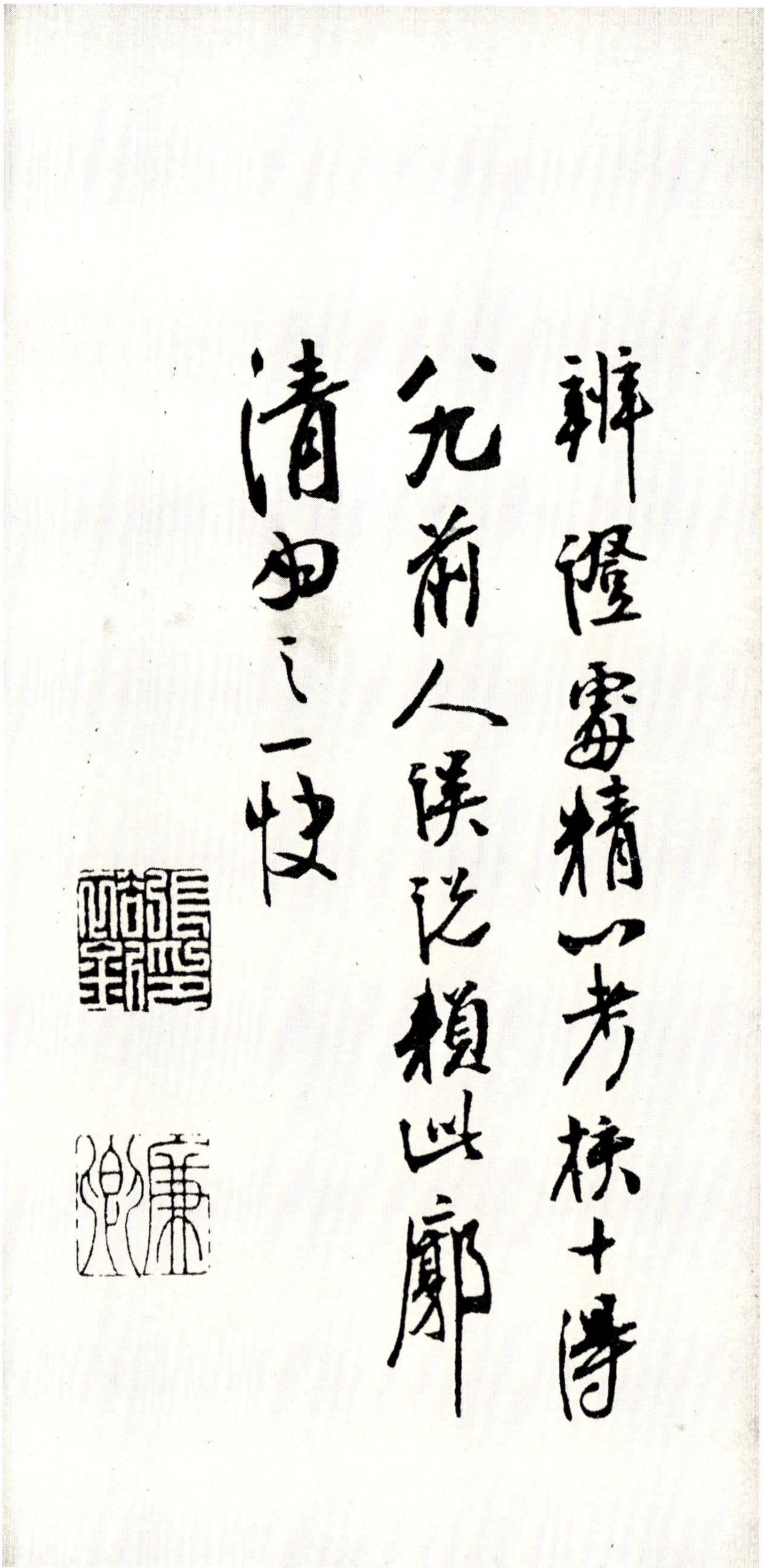

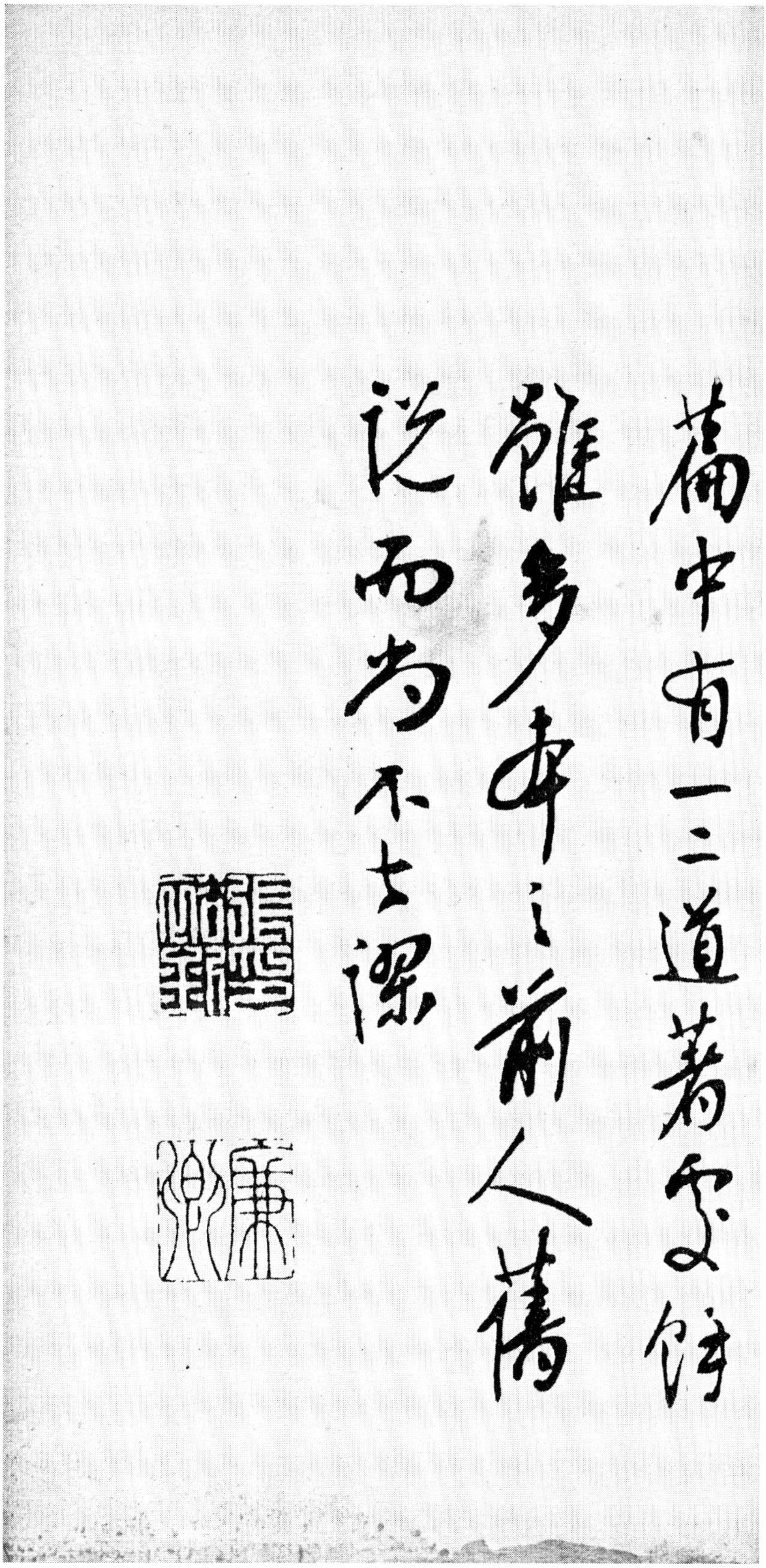

篇中有一二道著處語
雖多本之前人舊
說而尚不太深

雖朱钟一二黄庸無邊
而鄉有陳中有係仲
二藝後游俱治南一先钟
深入文筆不耐有入古堂

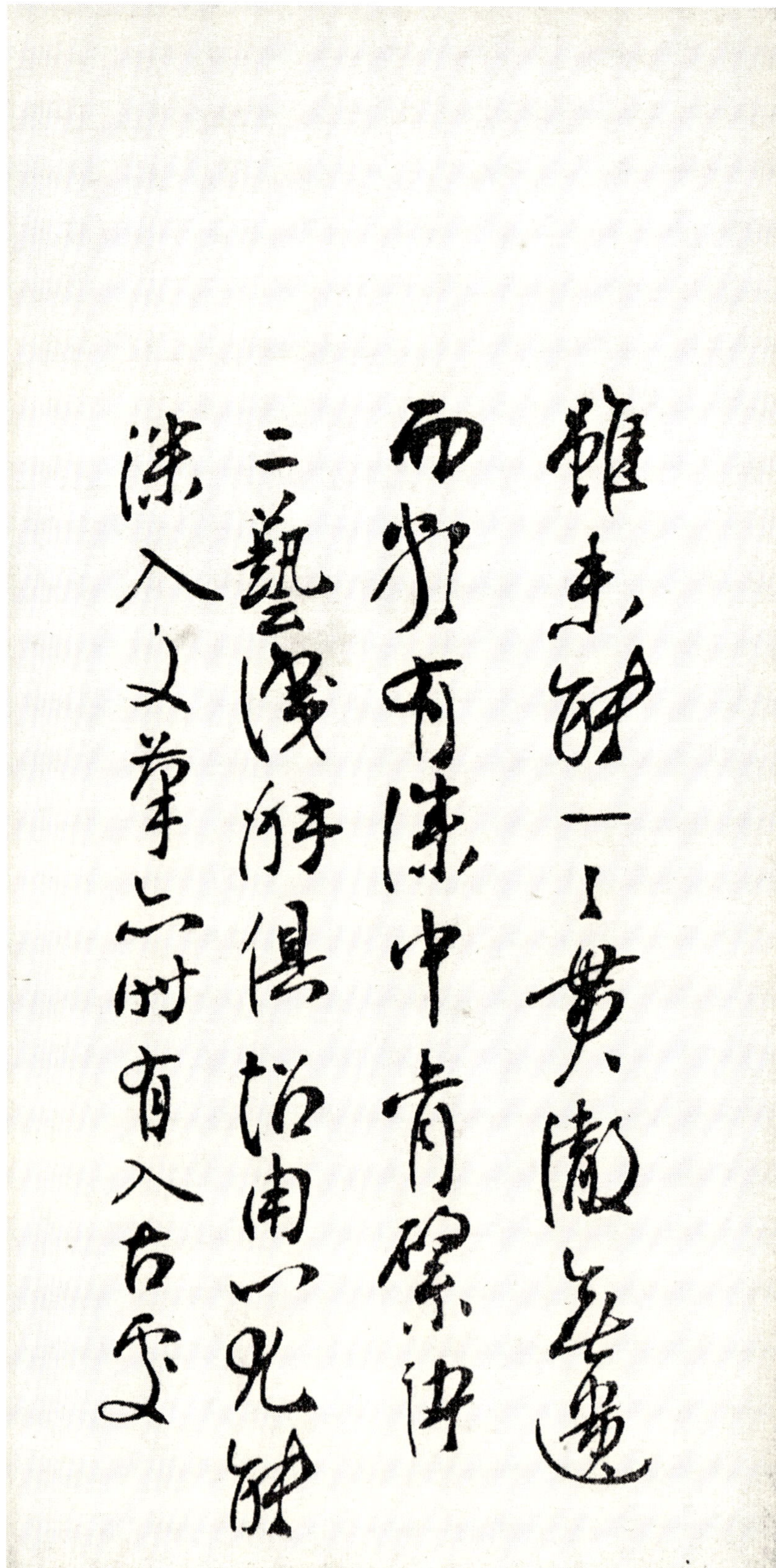

說摘以崖略擬序在
雖可誦
策材論未缺破的擬討
殊有句法

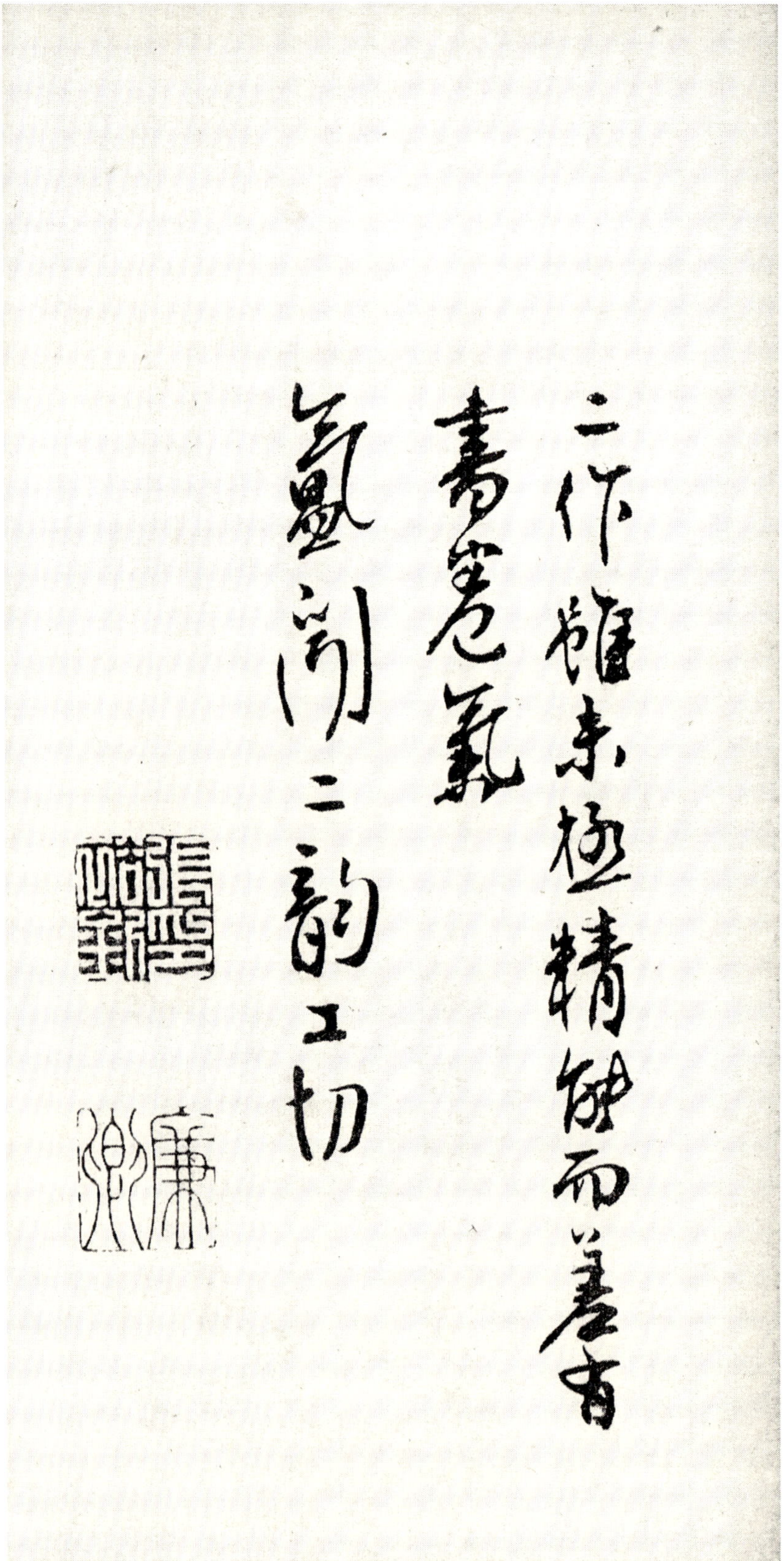

二作雖未極精鍊而差有書卷氣氳洞二韻工切

擬賦雖不克懷古而甚有
意致擬論蔽罪商鞅洵
採本之論文筆亦復不平
詩間有佳句

擘體二篇善神造古
論平實治叨

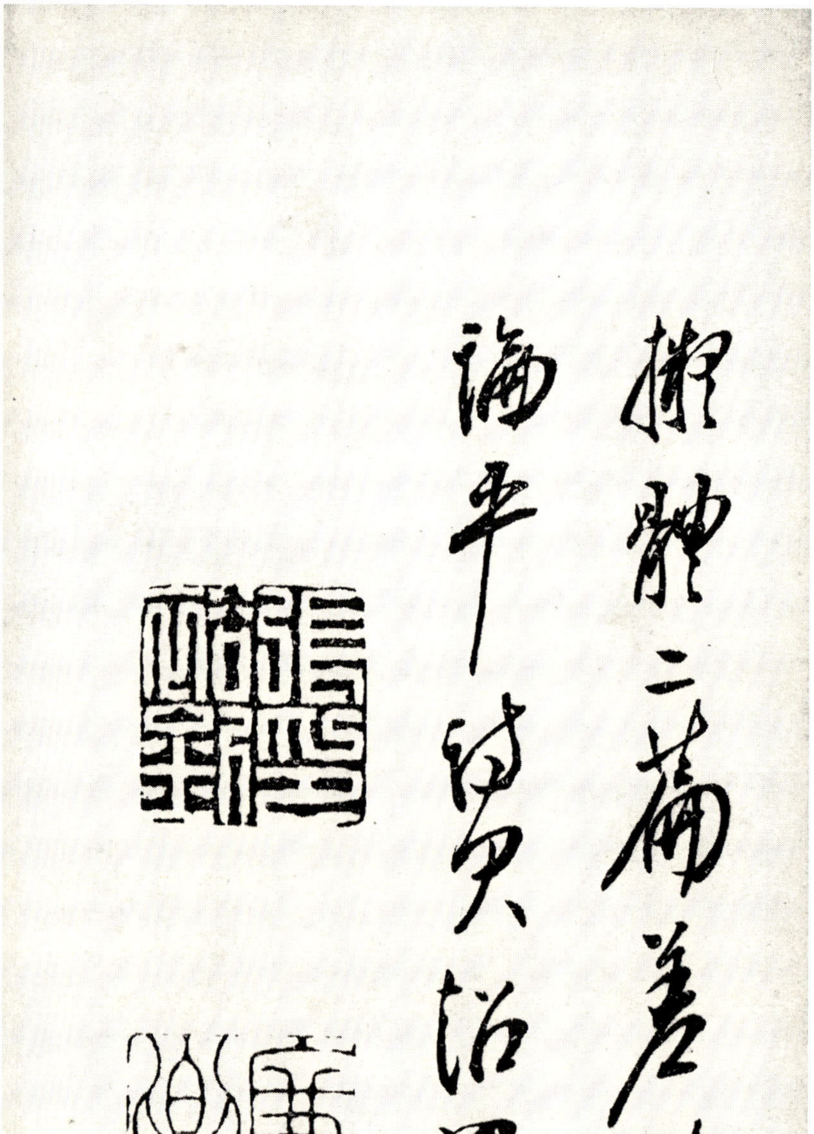

漢學二字肇自
元和惠氏　國朝
無此名目也二人初
無此等門戶之見
所以高出於諸儒
大抵亭林船山於許
鄭杜馬程朱之書
無所不究切勿偏從
據義理之至精深
實博通亭林宜兼備
而於論均不免有近

於偏且激者此等
所同也然亭林講
求經世之學而王之
說多不可行於中
若船山則深遠治
體中而暢所論
宜自為之主船山況
潛義理之言皆
理甚以見極詞義
猶實較之亭林
尤有所入處而亦得
深謂王氏之學殊

深於顧氏可謂知
言矣
船山致程之學極
邃亭林而義理
之學經世之學固
為過之
此不可以議亭林
而對許之境殊
達
引史以證以說史
之書可謂本害
居要

令辰在蓮池書院肄業七年吾師主講席課以經史詩古文辭右若干頁皆其批語自庚子後存者尠矣蓋自束髮從師皆言帖括其教我以古今成敗之原中外強弱之故與夫時埶之宜政學之的厥惟庭訓與廉卿師課卷鑽研師之餘也團扇弁冊首

令辰謹識

（清）張裕釗　撰并書

張廉卿墨迹

清光緒印本

張廉卿先生七十壽序　賀濤

印吾師書段吾友文弁諸册首書爲美術而進於道賀子松坡心知其意文之俶儻又足相副不再贊一辭云光緒三十四年十月壬申高陽齊令辰

光緒十八年武昌先生春秋七十門人謀所以壽之而以其辭屬濤以文壽先生門人之職通州范君肎堂蓋豫爲之矣其意以爲公卿賢人皆終其身於憂患先生未嘗求知於人故能不踐窮通之途以自適所樂令學者毋戚戚於先生之遭先生之南歸也濤嘗叙文章之説以祖行以爲漢末文敝至韓退之始起而振之因歷推其盛衰之故先生以爲知言隱退高天下文

章詔來世學者所以宗仰先生濤所爲敘冐堂之壽言既發明之矣復取而陳之不已瀆乎先生嘗語濤曰吾文不逮古人什一而其書則獨與古會非唐宋諸家所能到然未嘗輕以其法語人恐其駭且恠也嘗即先生之意推之西漢人無不善於文觀子長孟堅所爲史詔冊章疏辭賦載之甚備其善者蓋原於詩書而交游贈酬官府教條下逮有司絜令決讞之辭亦無不彬彬焉質有其文豈非去古未遠而屬書離辭之法有所承受而然哉法之既失才學之士抉精炫富疲一世以從事著作曾不能與古者微賤之事簡質之辭相較惟書不然三代器物之銘秦之刻石皆古聖哲所爲漢魏來名能書者固猶得其神質

而鄉里墓社之所稱述浮圖老子之所錄記苟被之金石雖其
義至淺其語至陋而古人為書遺意往往有幾微之存蓋書之
體雖屢變而變之之始固不能盡亾其舊故法之傳自古者人
猶得据所見而求之唐以後其法寖失仿古者至晉而止不能
上溯又或襍以己見轉而相歧其書愈工其去古愈遠先生取
法北魏而隸於漢篆於秦以上契乎取象造體之指而古法遂
得其真文之衰也退之振以三代西漢之文三代西漢之文自
在也當其時人猶恠之先生之書乃悟其法於灰塵侵蝕漶漫
斷缺不可辨識之碑碣其難殆倍於退之人之恠之也其又奚
疑嘉興沈子培嗜先生書如性命恐人之不知也欲著文以明

其指趣。且屬濤爲之濤。不敢任。則以書請於先生。以謂古之論書者。多儷辭韻語。言其形似。後人無由悟入。若舉斯邕以至歐褚諸家遞相傳授之法。後人所以失。而先生所以得者。以退之論文之法論之。固斯世不可少之文也。先生猶未及爲。故因先生之壽。託祝嘏之辭。私述其說以獻。然其所述。乃舉聞見於先生者。言其當然耳。其所以然之故。既不可得而聞。固不敢妄窺而肊揣也。先生若嘉其意。而允其向所請者。別爲說以示之。俾學者知仿古之必以法求。因而推之學問之事。道德之途。則退之之功再見。雖有駭且恠者。將回首相向。而冐堂所謂不相知。叜不必爲先生慮矣。

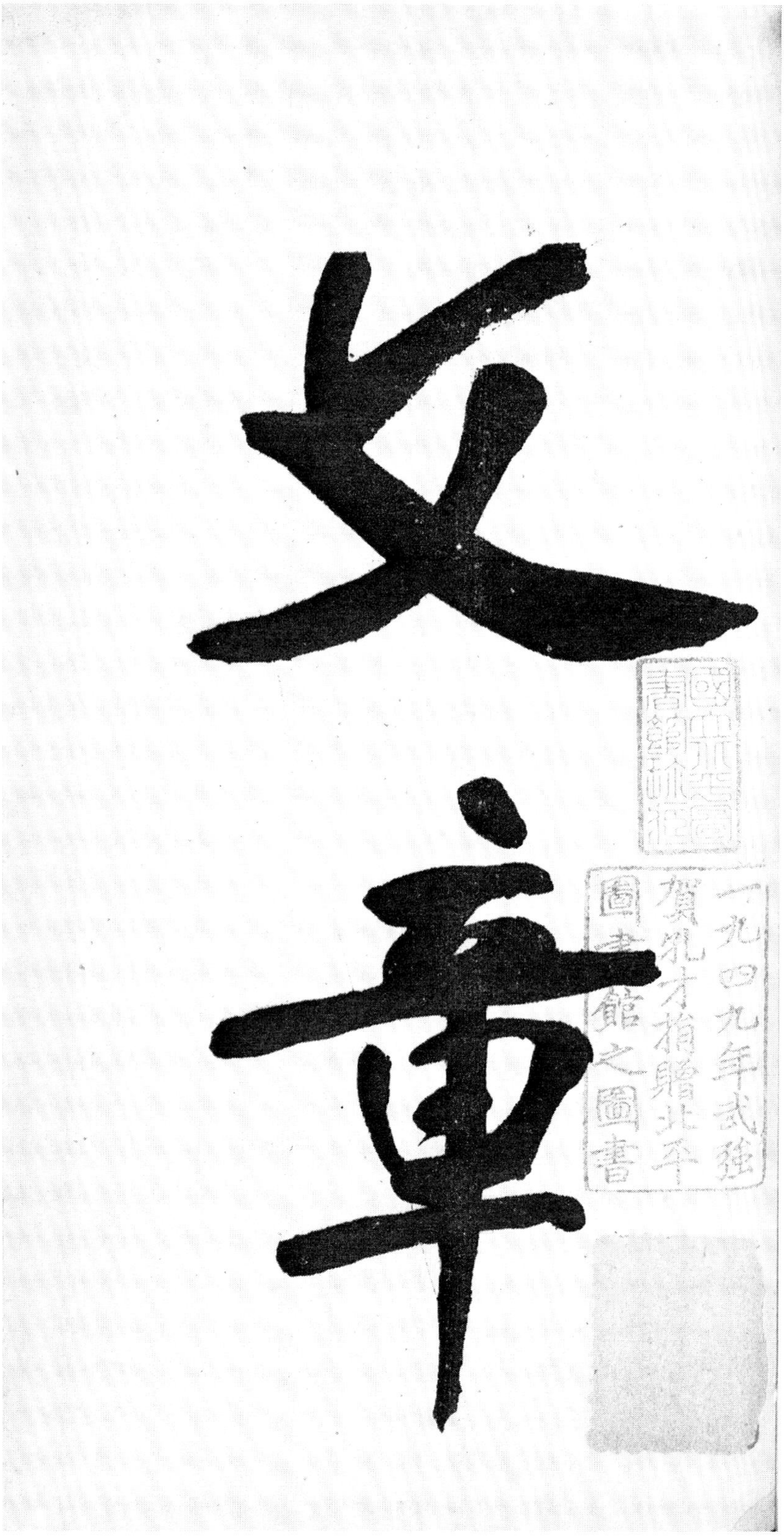
文章
一九四九年武強賀孔才捐贈北平圖書館之圖書

宇宙

千年

事

樂亭賢友屬書

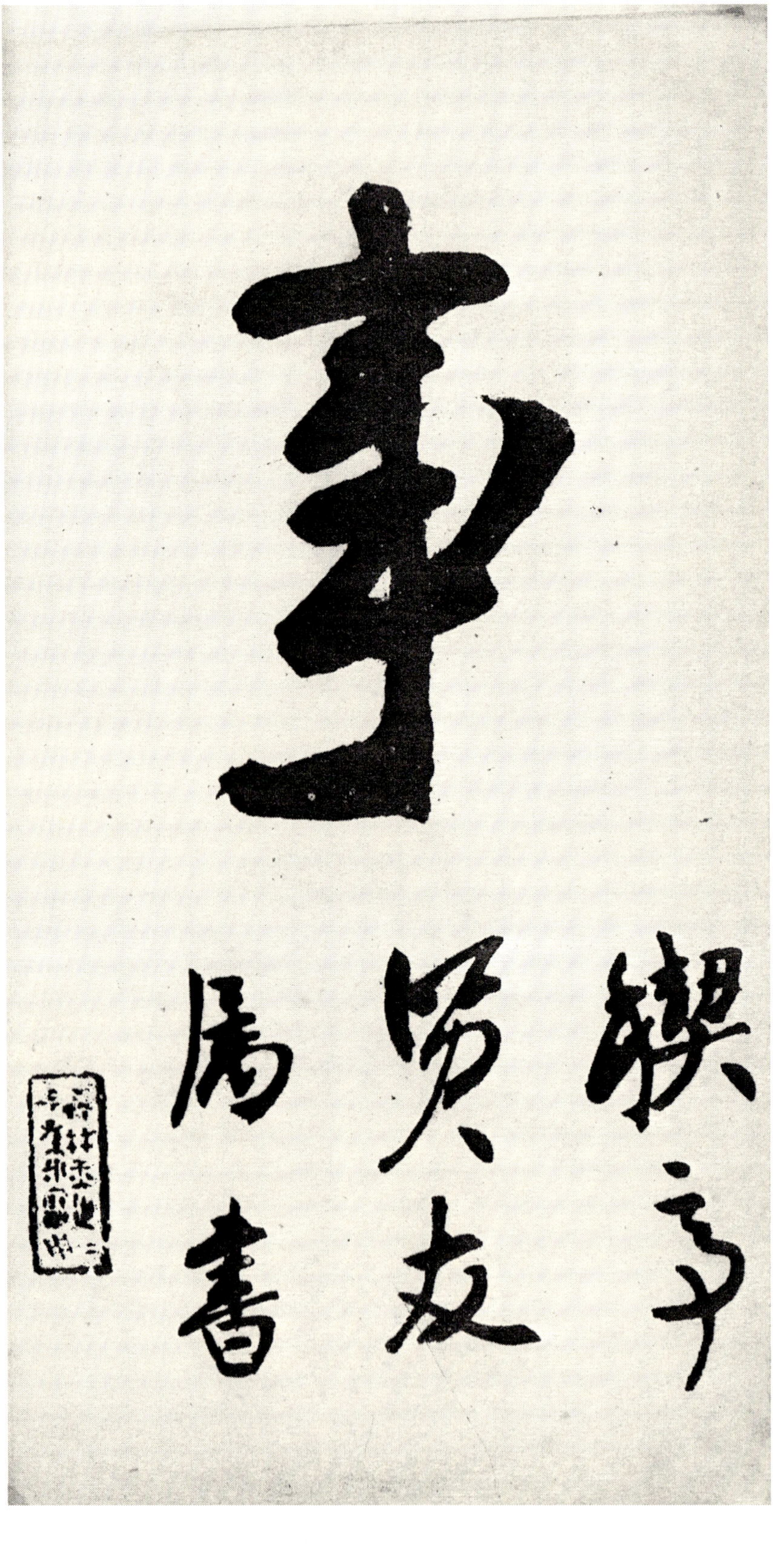

江漢

風流

情

重帅沛祐

釗

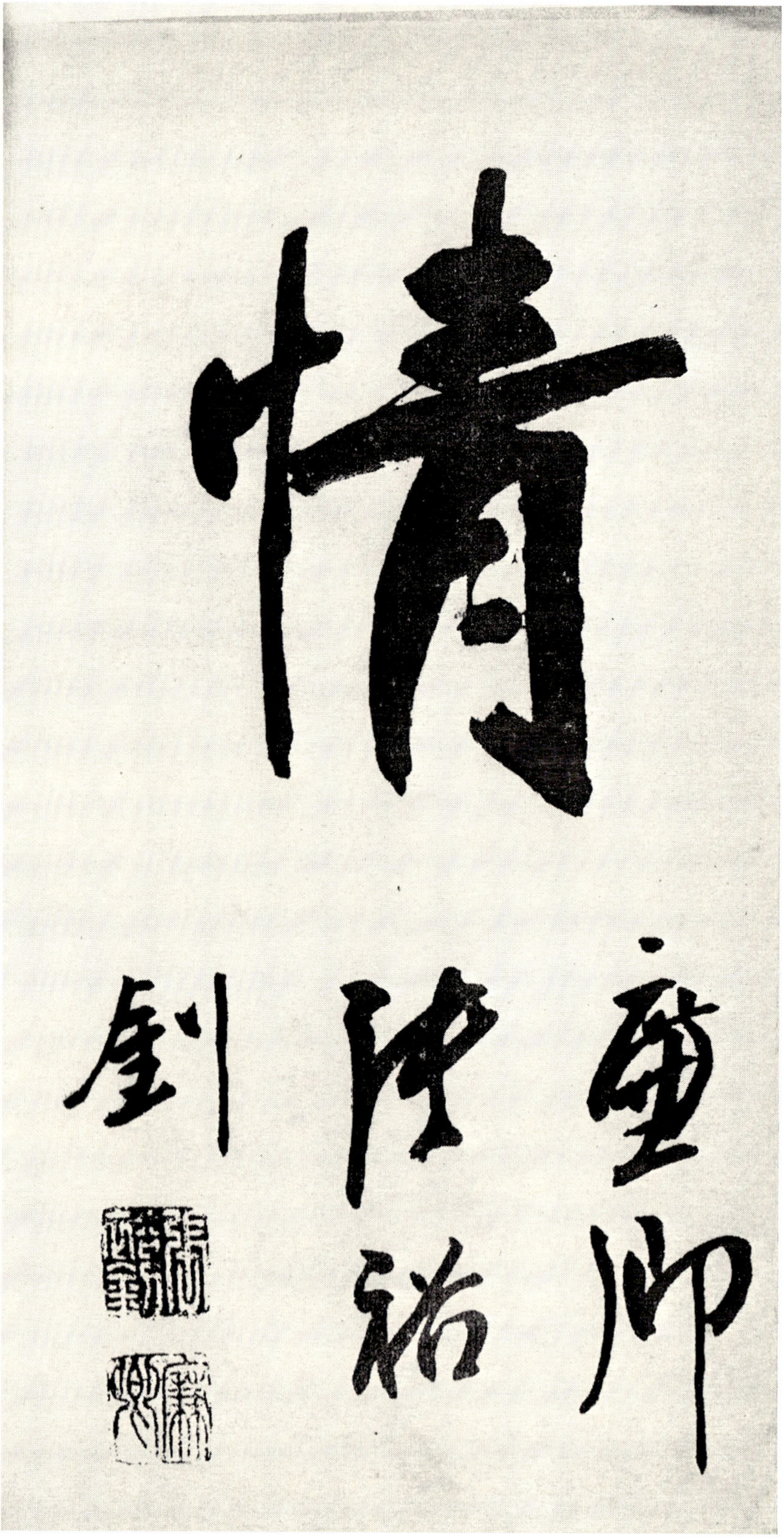

千

墨

溪

深

二之八

廬卿片
裕剑

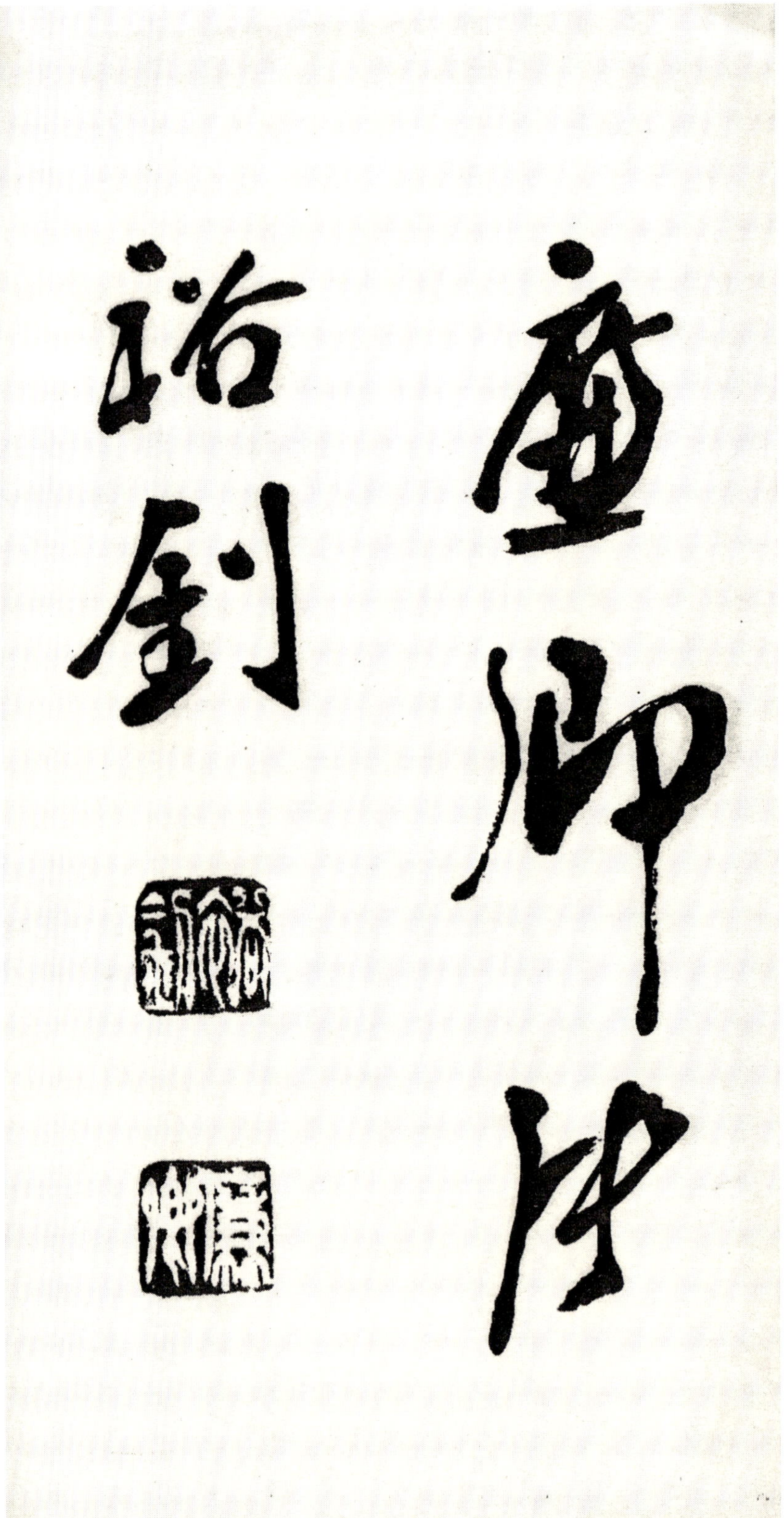

漢
共

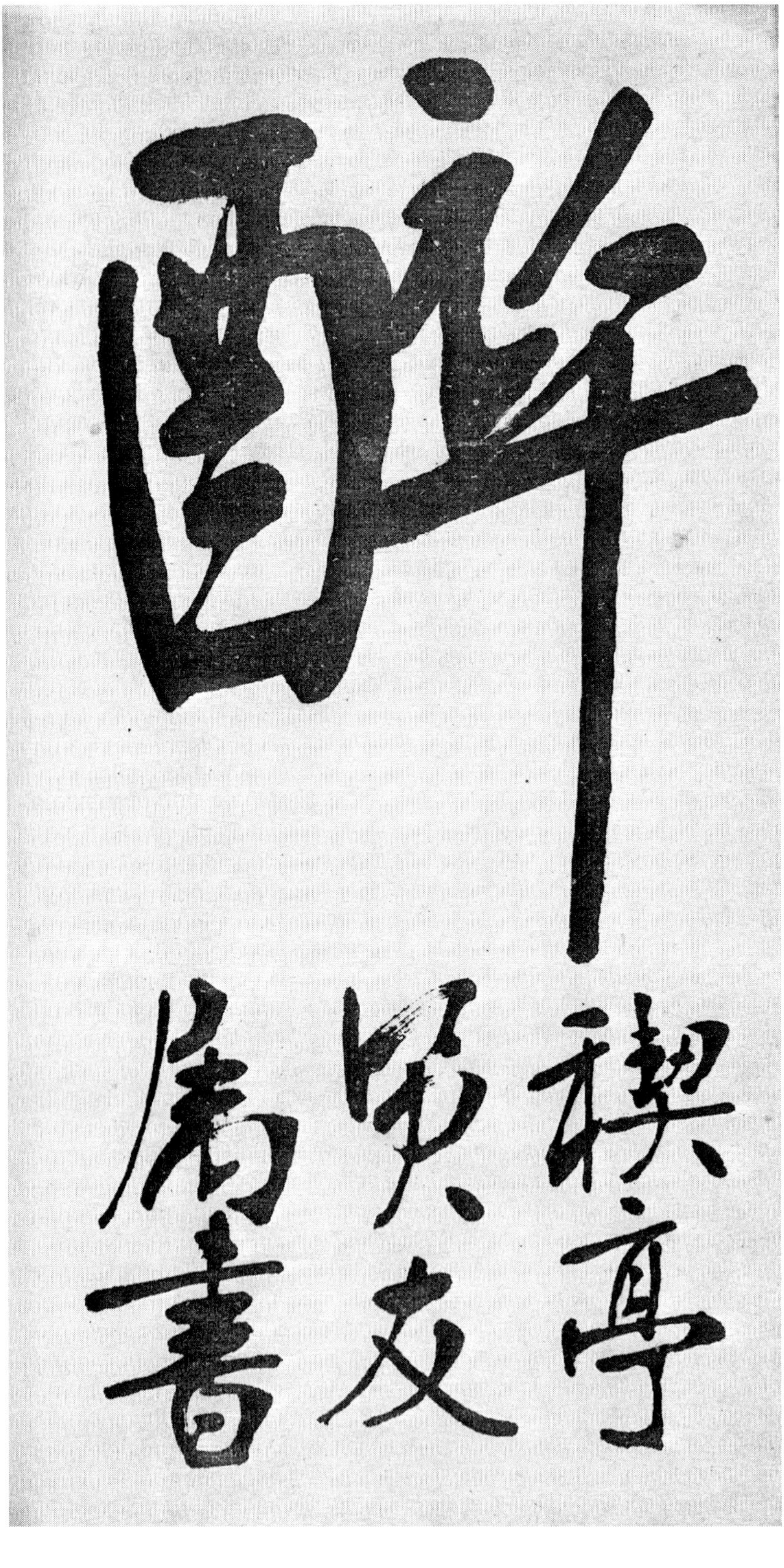
醉
禊亭賢友屬書

新詩

劍閣

馬揚鞭

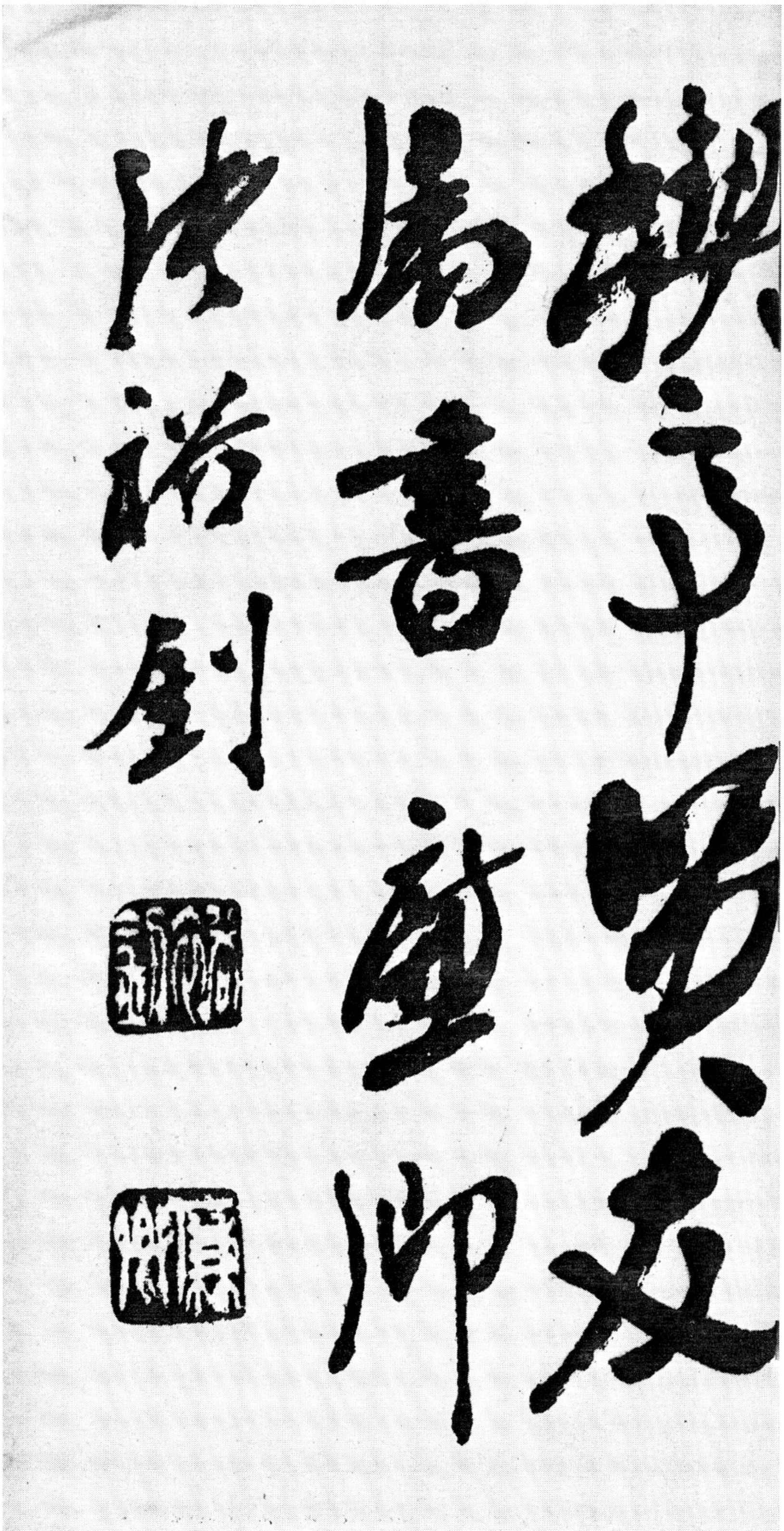

右三聯一幅師之賜也都為一册先祠楹聯五十一字為弟二册賜書團扇暨令辰課卷尾批眉批為弟三册師書唐詩詩句有不完者蔡邕石經今存數百字幾經鉤刻世益寶之自古名家手蹟不㠯斷缺為嫌也為弟四册

令辰謹識

中書
一九四九年武強賀孔才捐贈北平圖書館之圖書

奏事

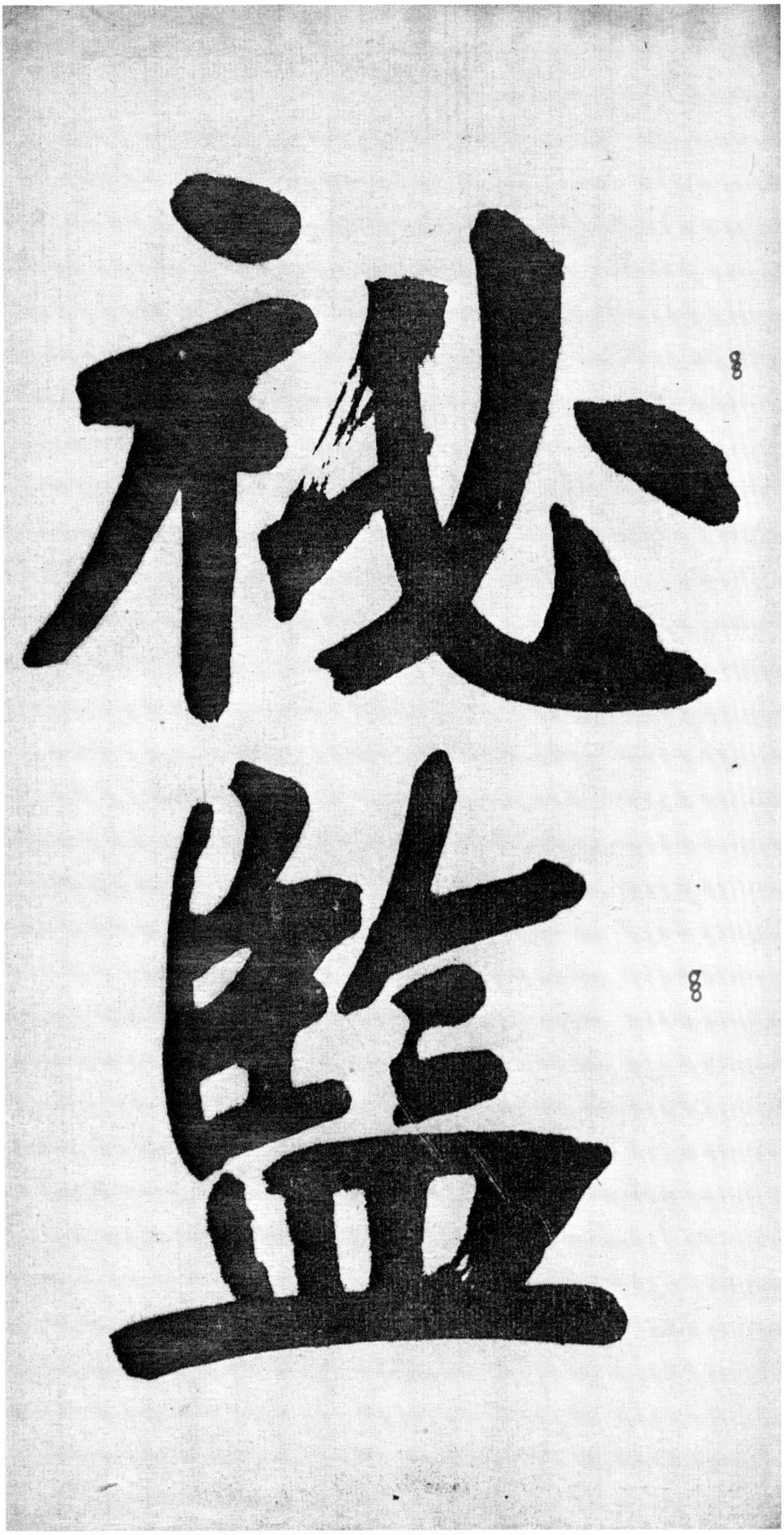
祕監

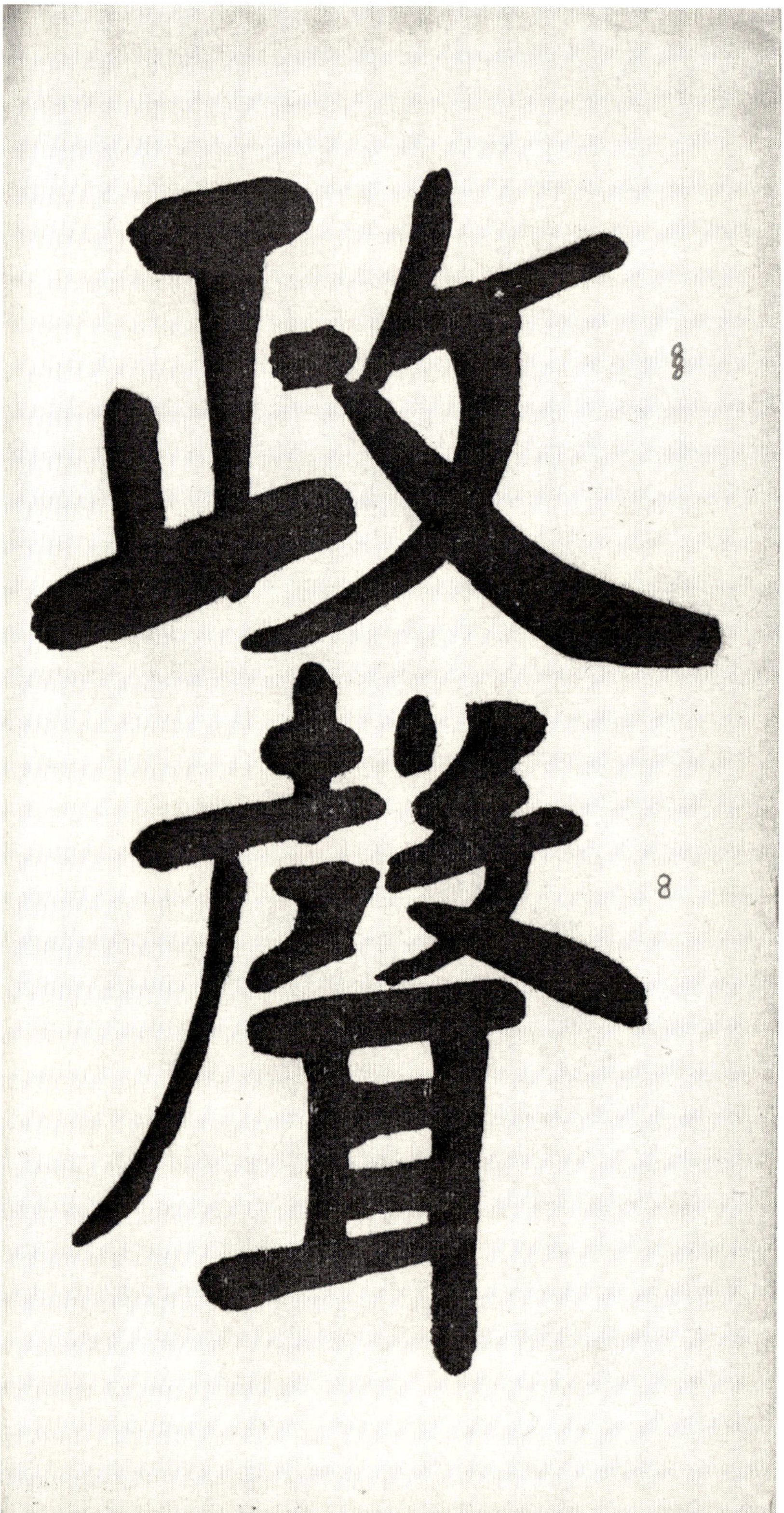
政聲

譜牒

宗族

被
光

相
高

公
甲

弟
祠

堂
有

鍾
長

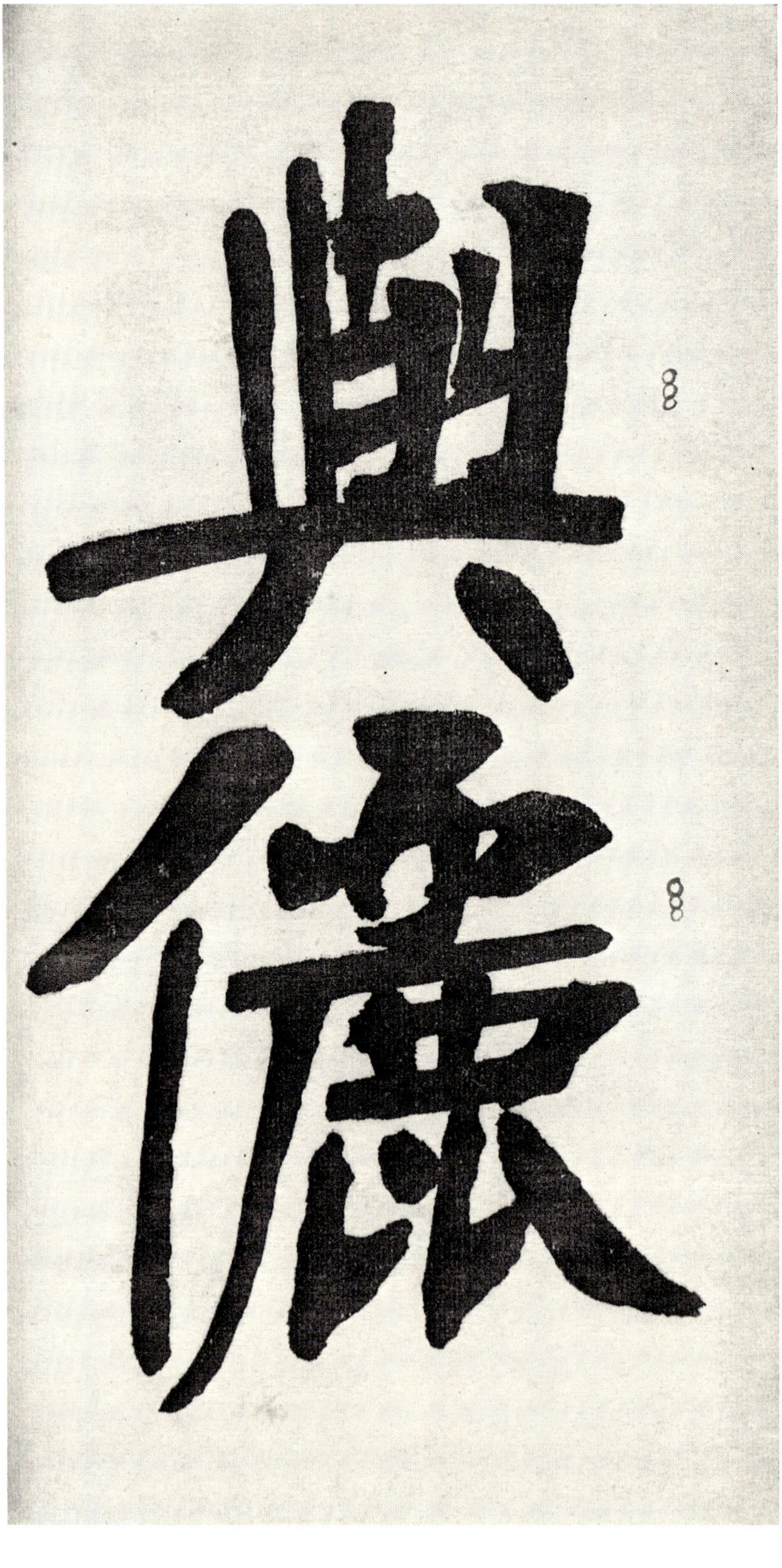
與
儀

琱鐫

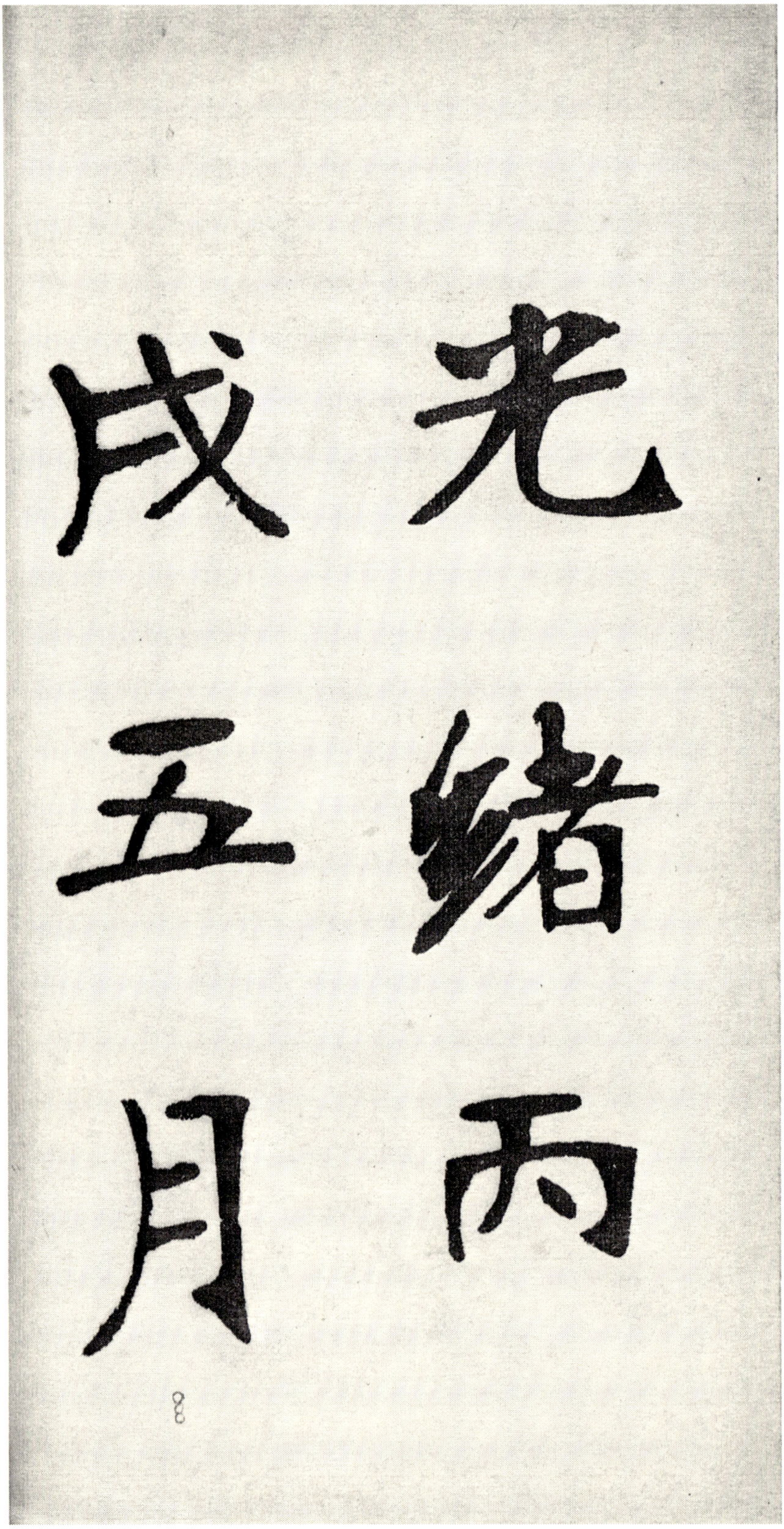
光緒丙
戌五月

武昌張

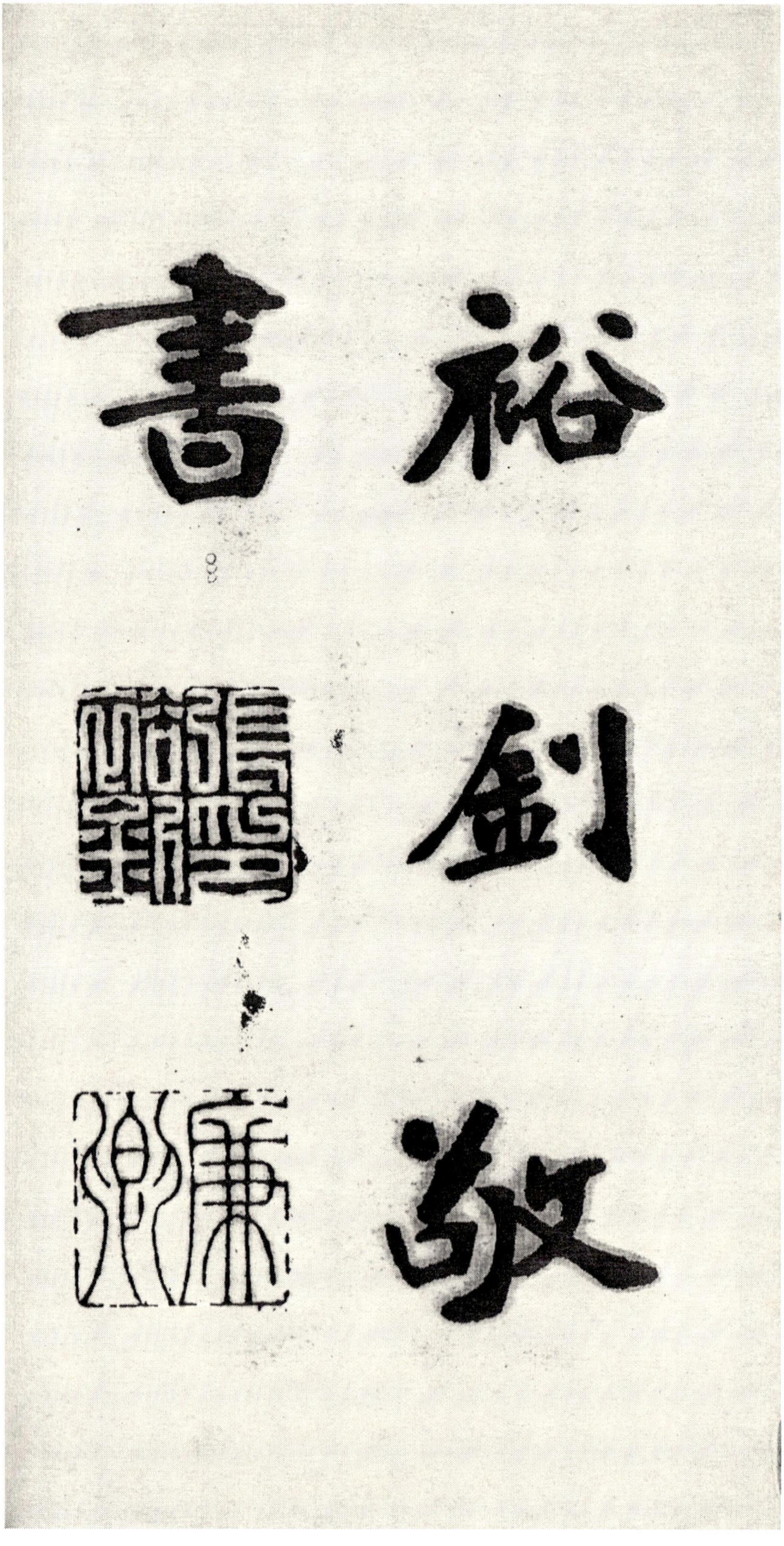
裕釗敬
書

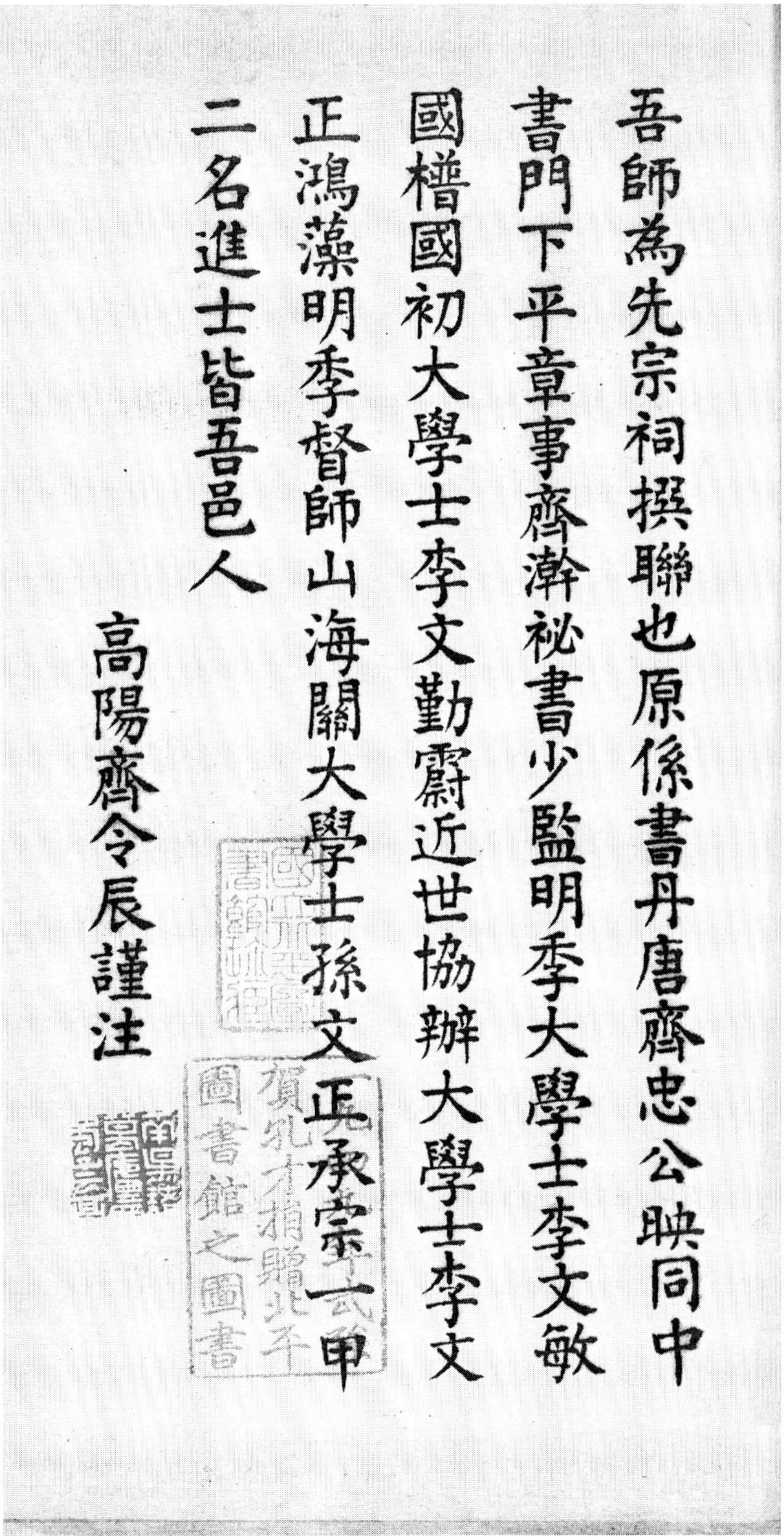

吾師為先宗祠撰聯也原係書丹唐齊忠公映同中
書門下平章事齊澣祕書少監明季大學士李文敏
國檟國初大學士李文勤霨近世協辦大學士李文
正鴻藻明季督師山海關大學士孫文正承宗一甲
二名進士皆吾邑人

高陽齊令辰謹注

定價[illegible]兩毛

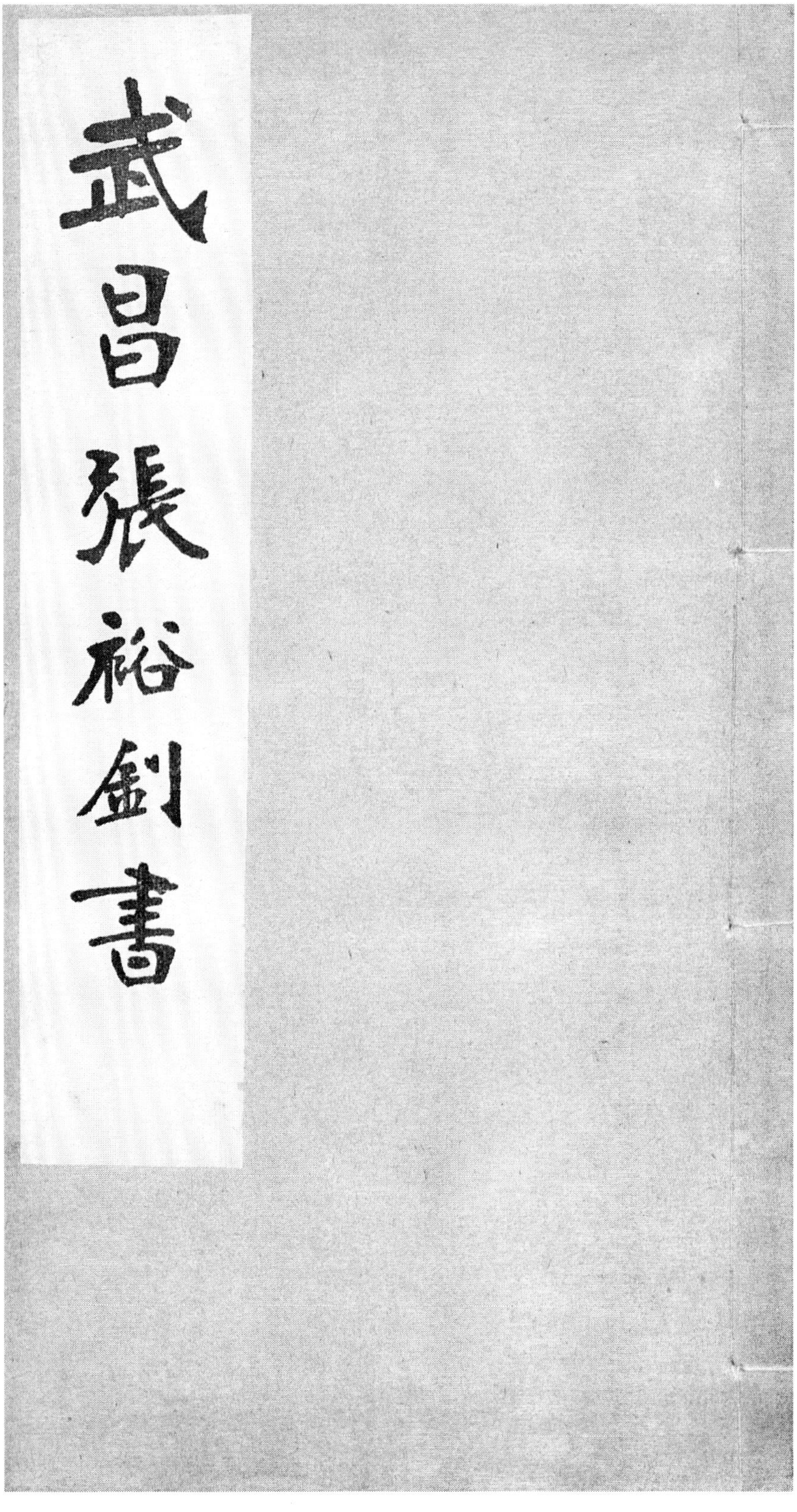
武昌張裕釗書

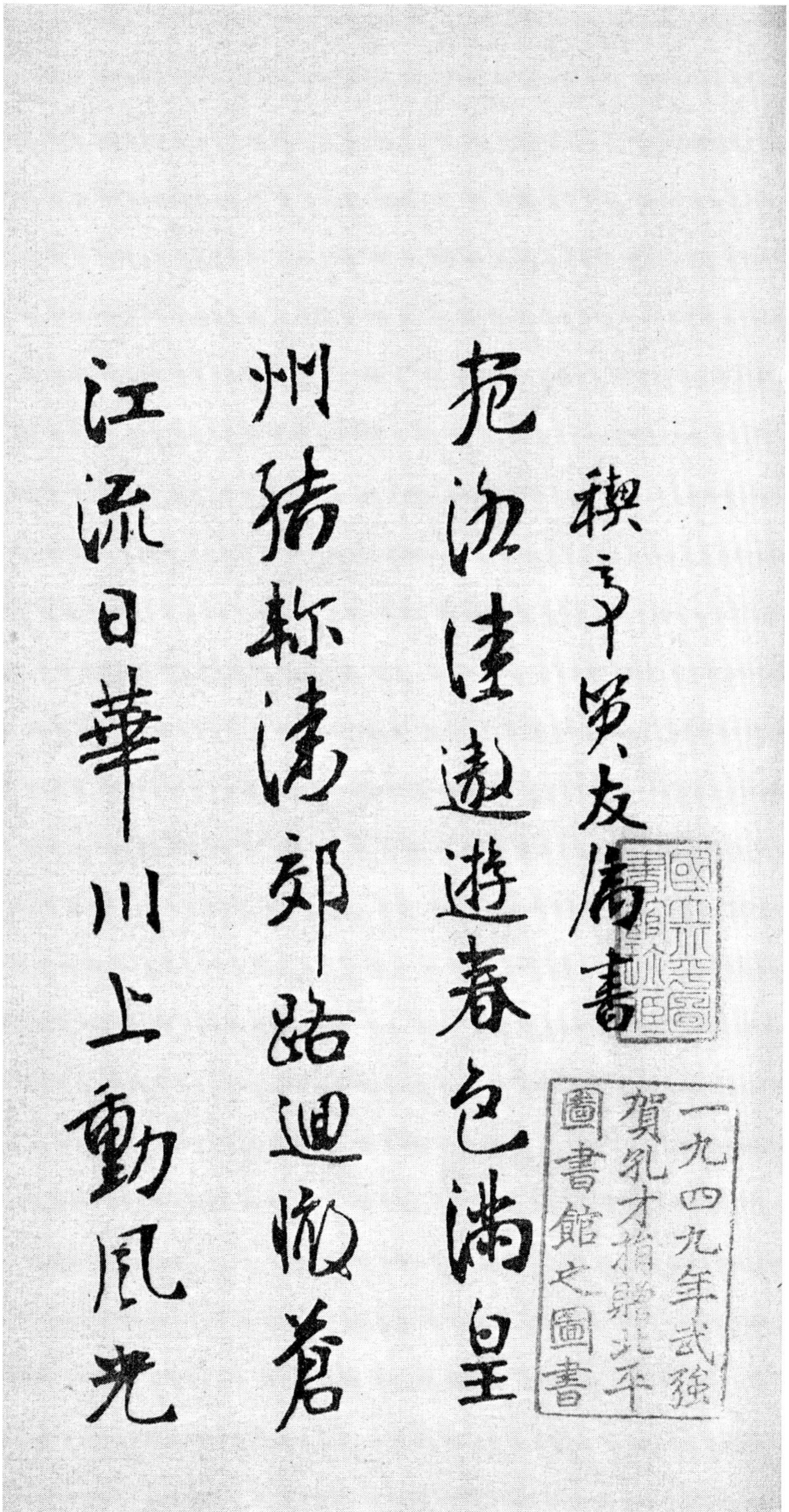
一九四九年武強賀孔才捐贈北平圖書館之圖書

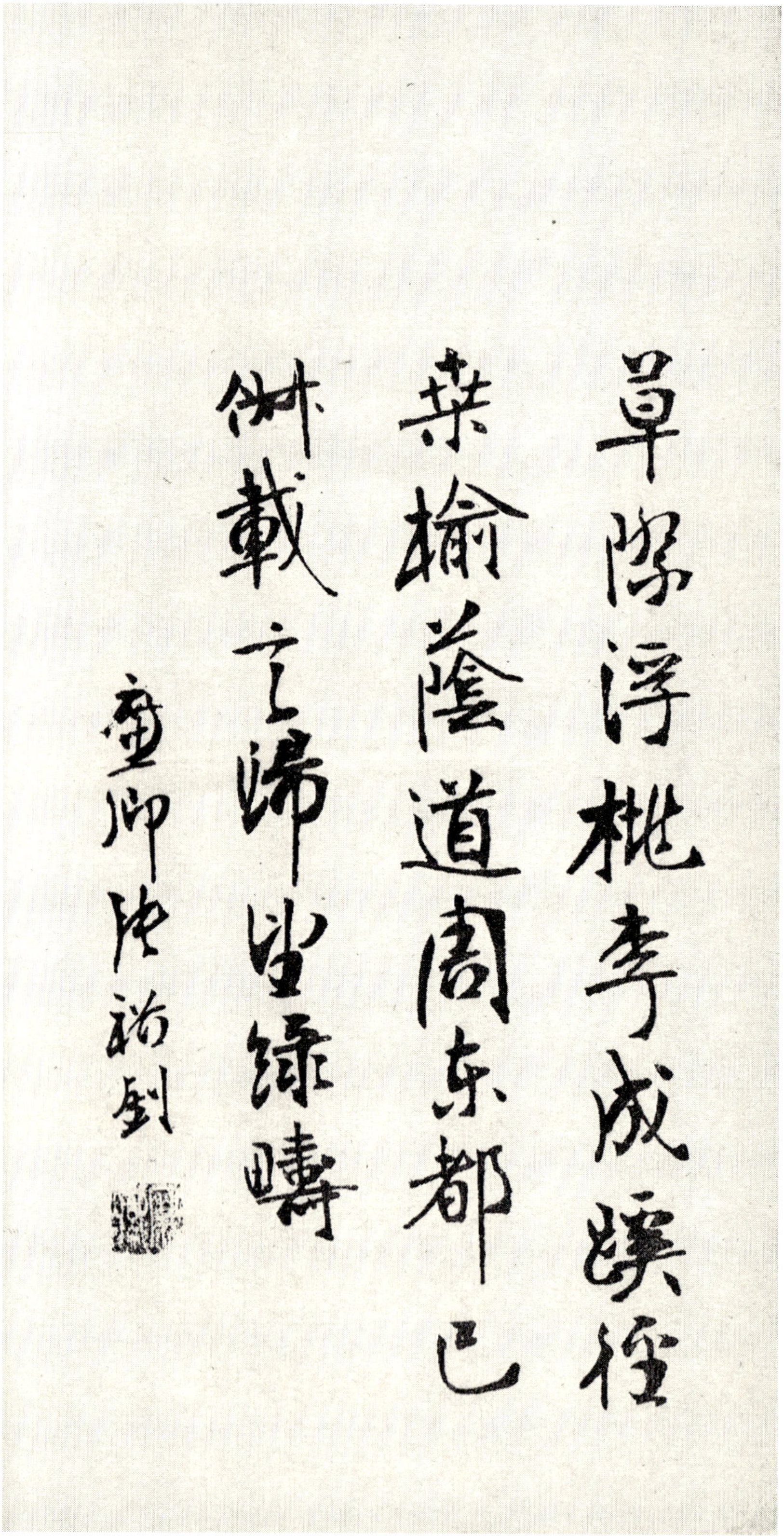
草際浮桃李成蹊徑
桑榆蔭道周東都已
卅載言歸坐綠疇
重卿
張裕釗

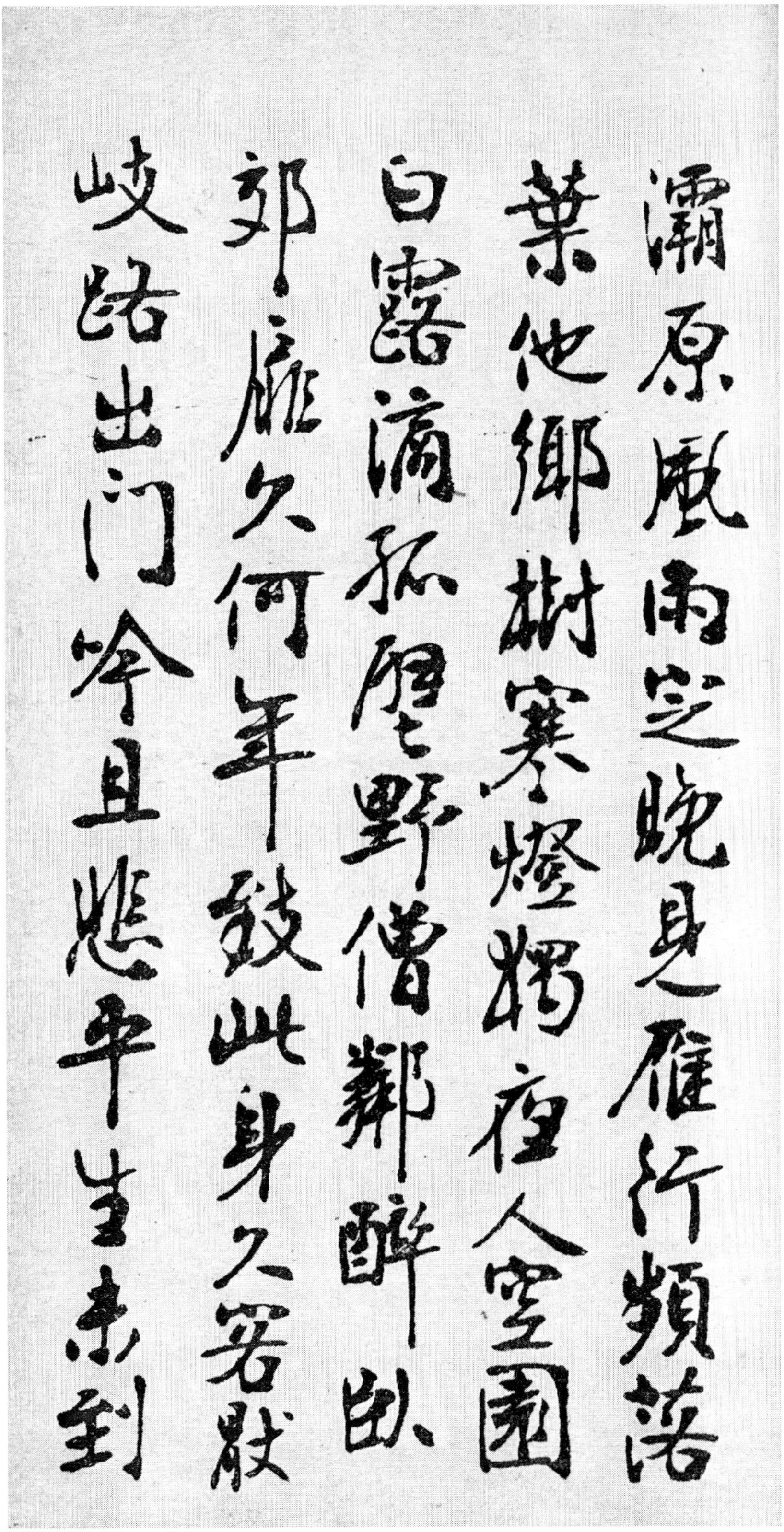
灞原風雨定晚見雁行頻落
葉他鄉樹寒燈獨夜人空園
白露滴孤壁野僧鄰醉卧
郊扉久何年致此身久客猒
岐路出門吟且悲平生未到

寥落日獨行時芳草不長
憐故人無重期那堪更角渡
鄉國已天涯楓岸紛紛落葉
多洞庭秋水晚來波樂興
偏毋無遠近白雲明月弔湘娥

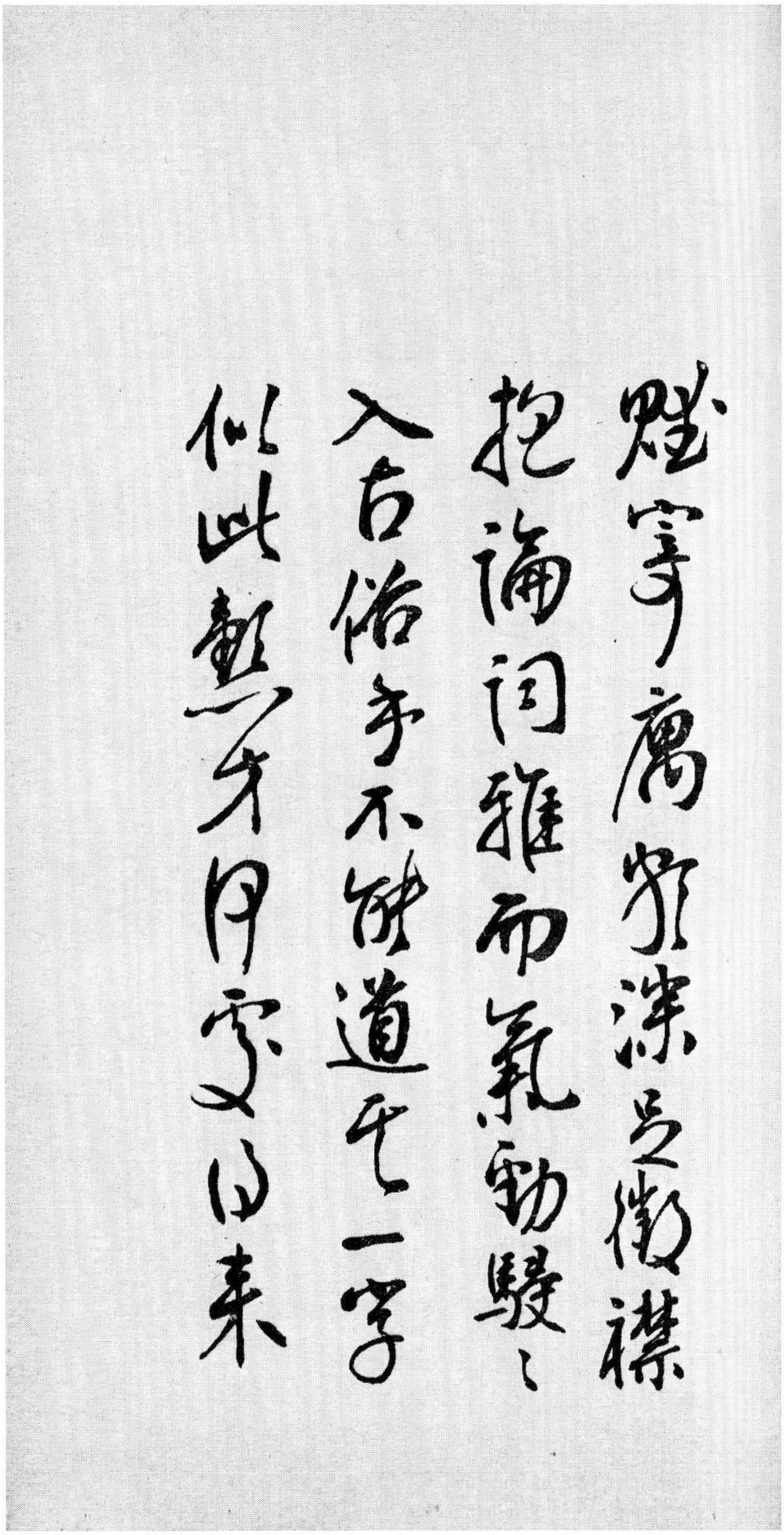
抱論詞雅而氣勁駿駿
入古俗手不能道也一字

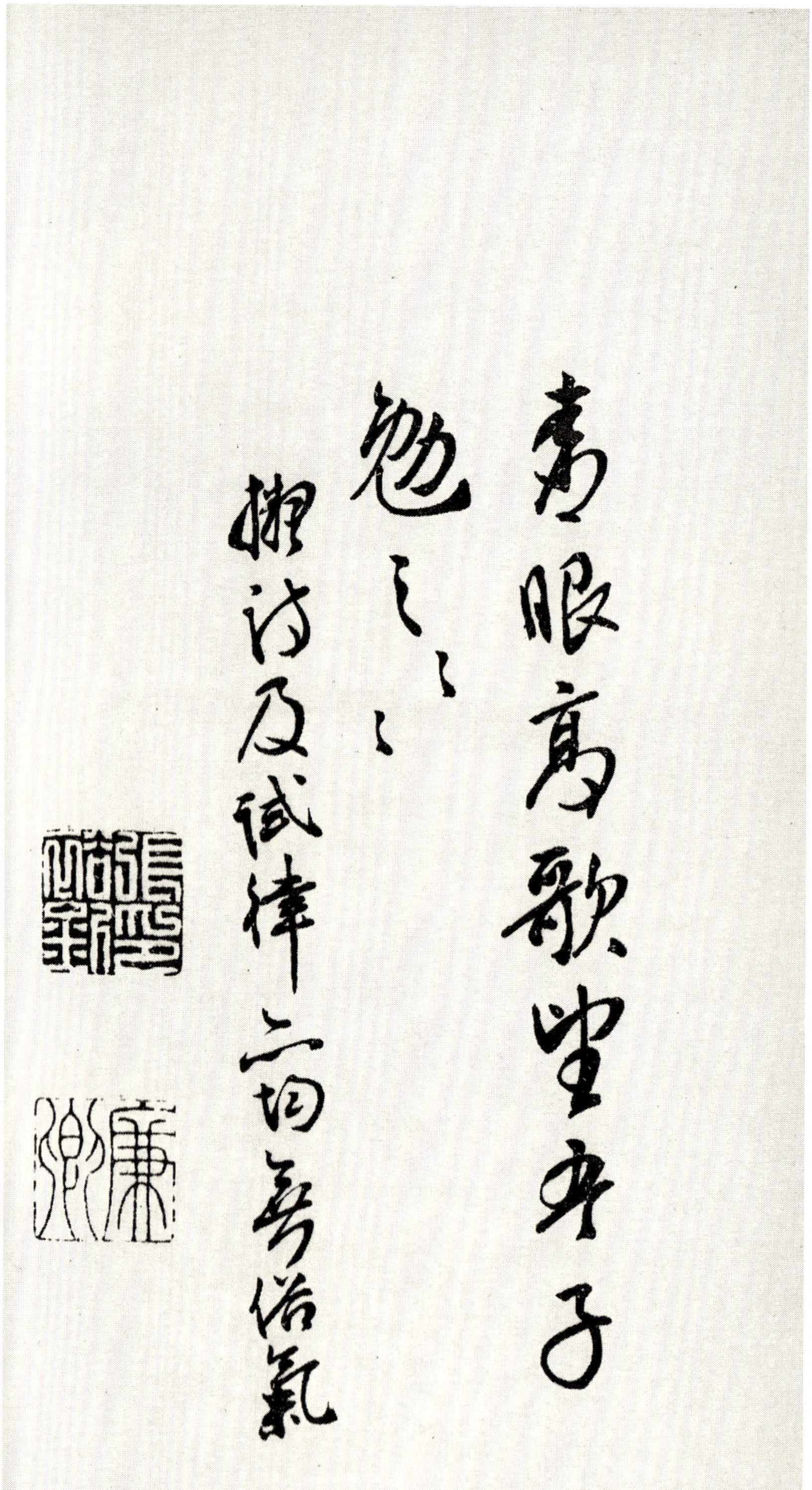
青眼高歌望吾子
勉〻〻
擬詩及試律二句無俗氣

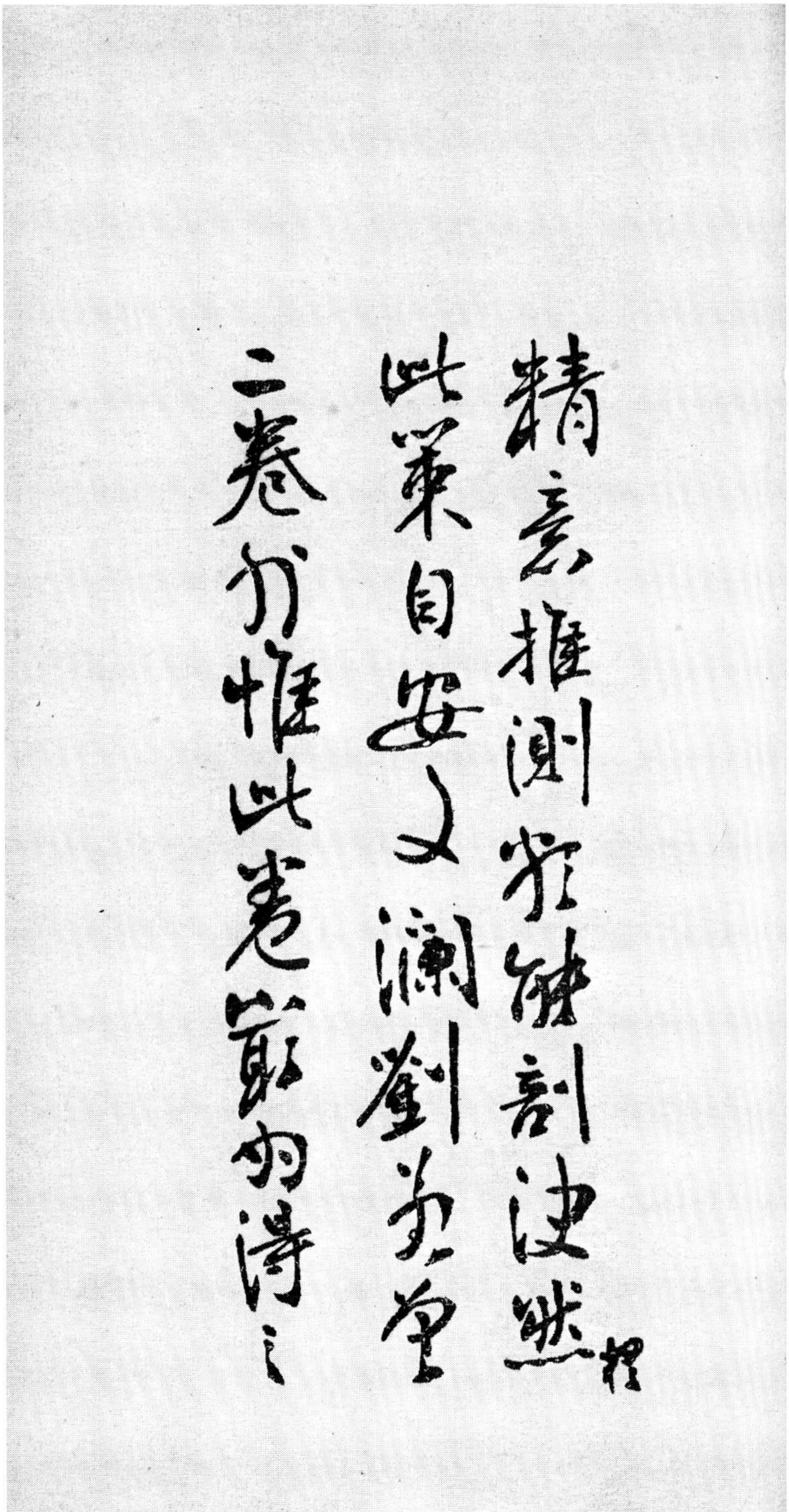
精意推測窮鑽剖決然 程
此策自安文瀾劉夢堂
二卷分惟此卷最有詩〻

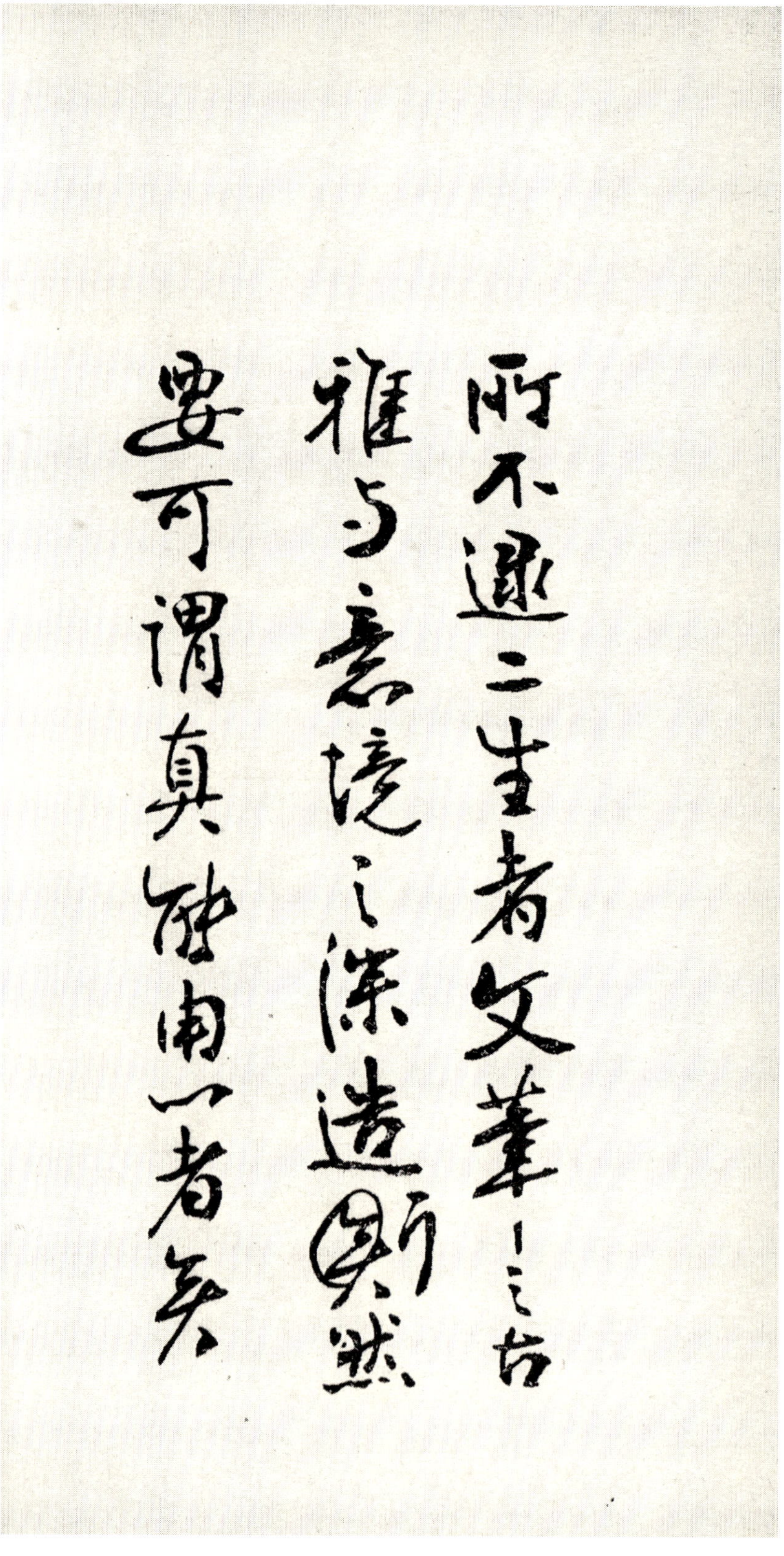
所不逮二生者文筆之古
雅與意境之深造則然
要可謂真能兼之者矣

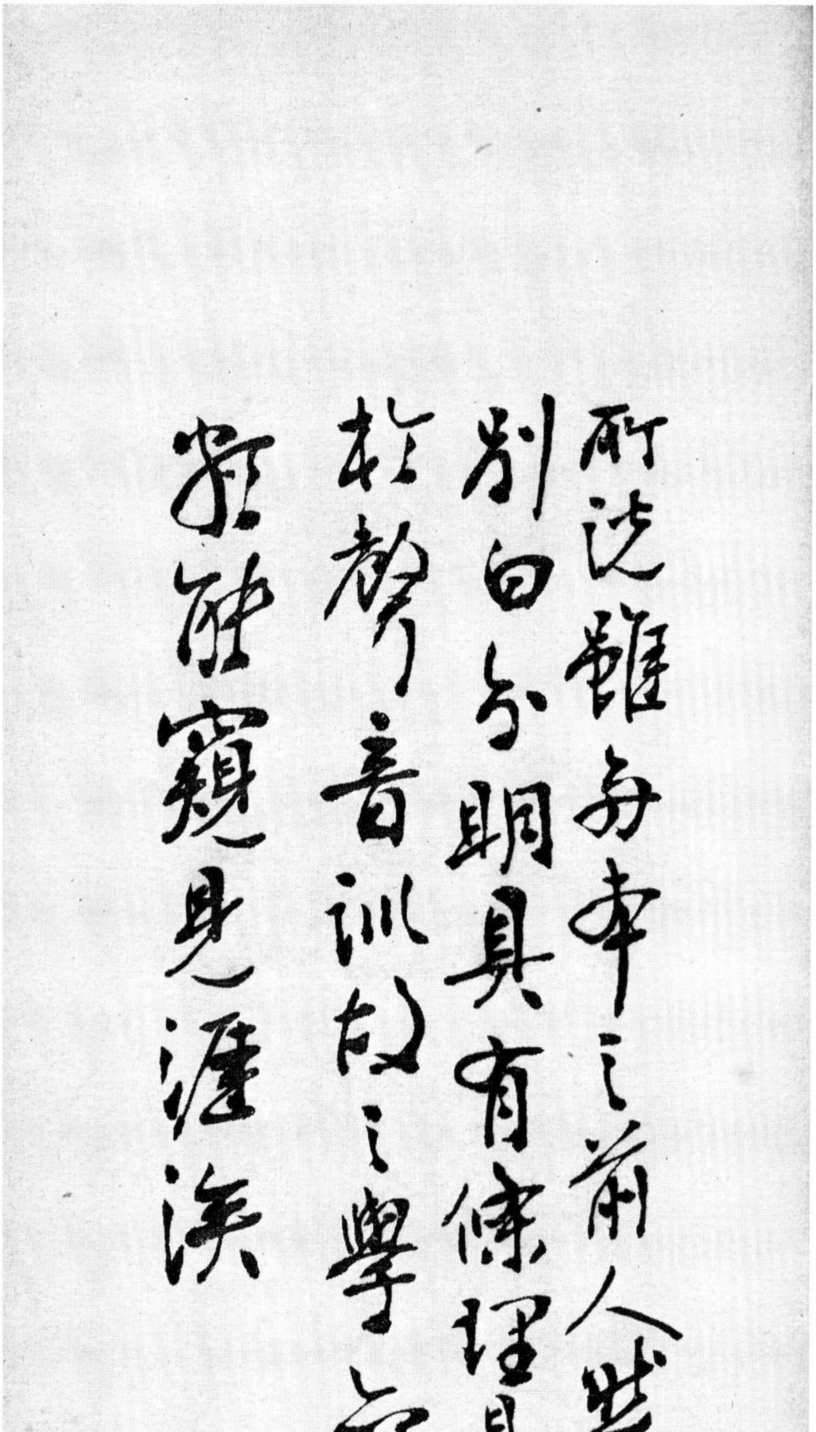

所造雖多本之前人然別白分明具有條理且於聲音訓詁之學亦能融貫見涯涘

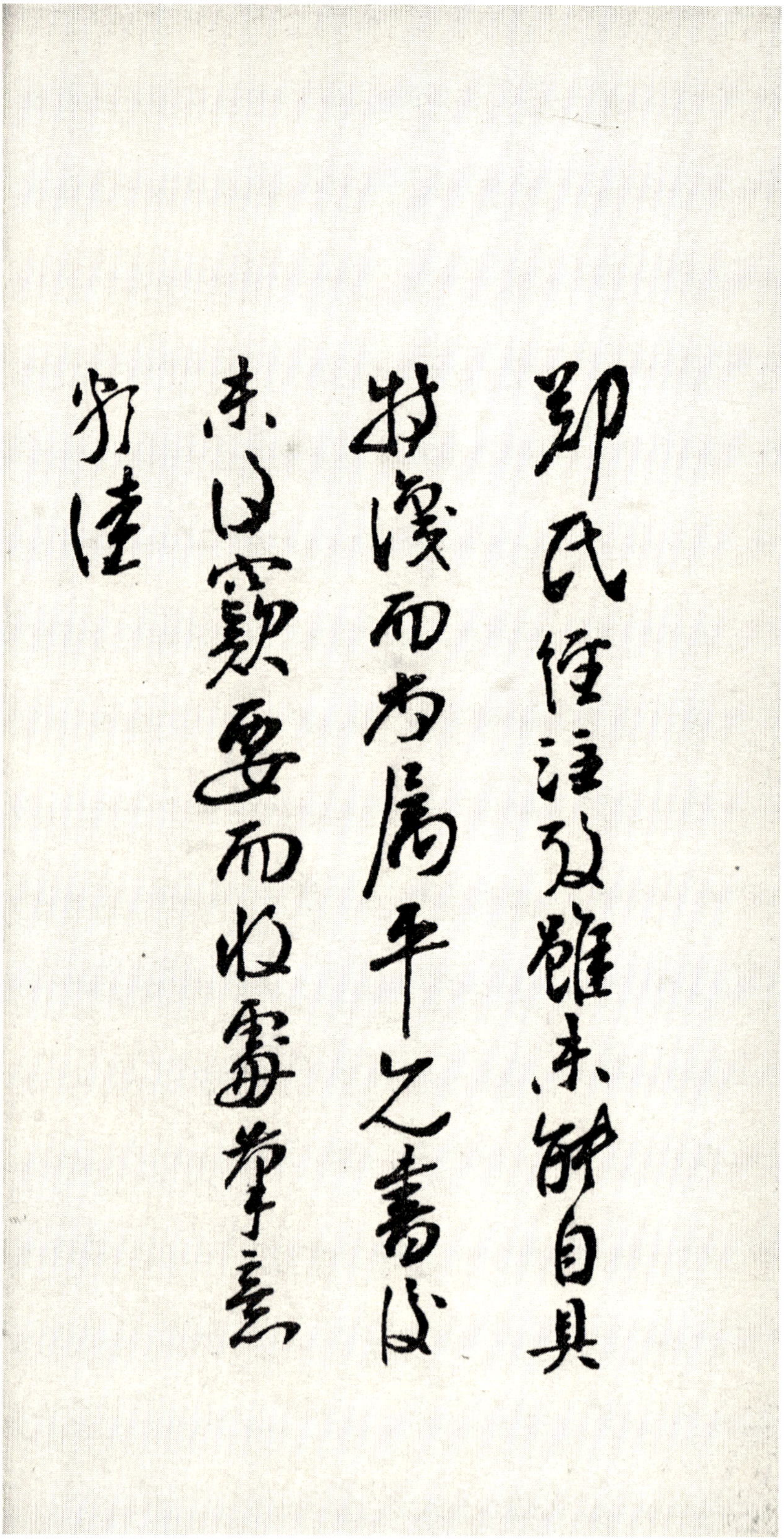
鄭氏經注及雖未解自具

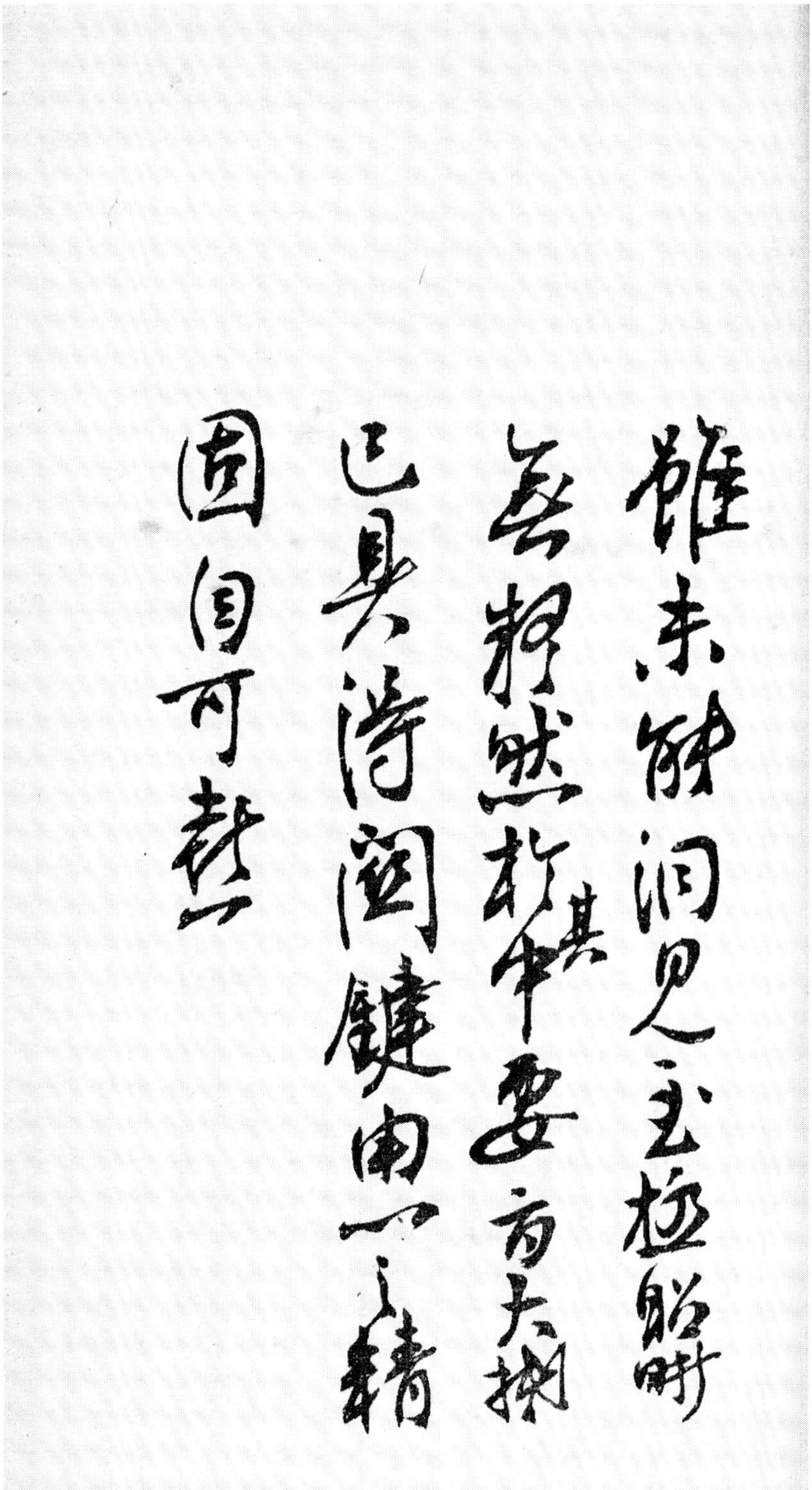

雖未能洞見至極
粗然於其中要旨大概
已具涉閱鍵由一一精
固自可喜

史案宗輯舊說為無
深誤弟全無自擾已
言至百擲序殊未
覯作家藩籬

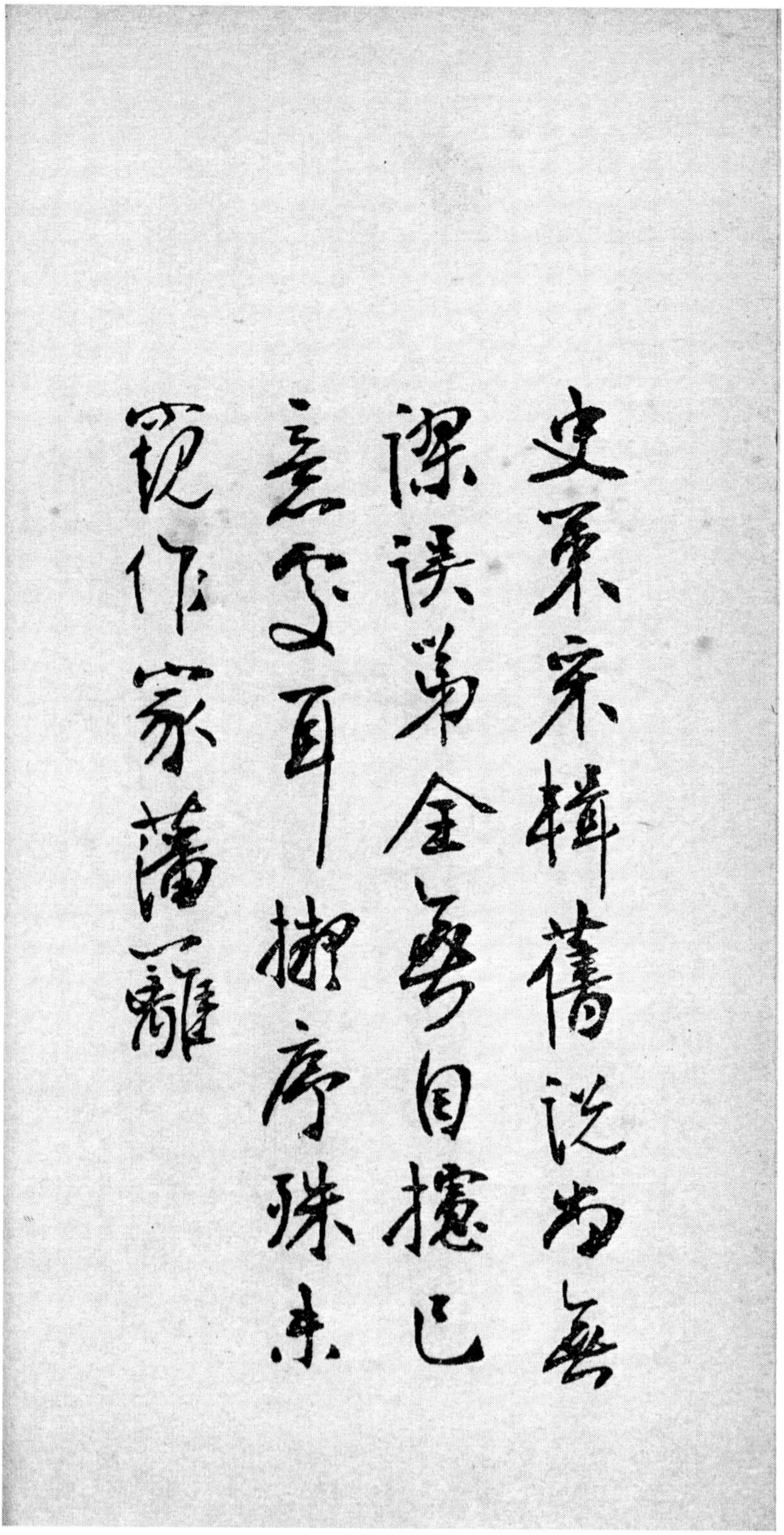

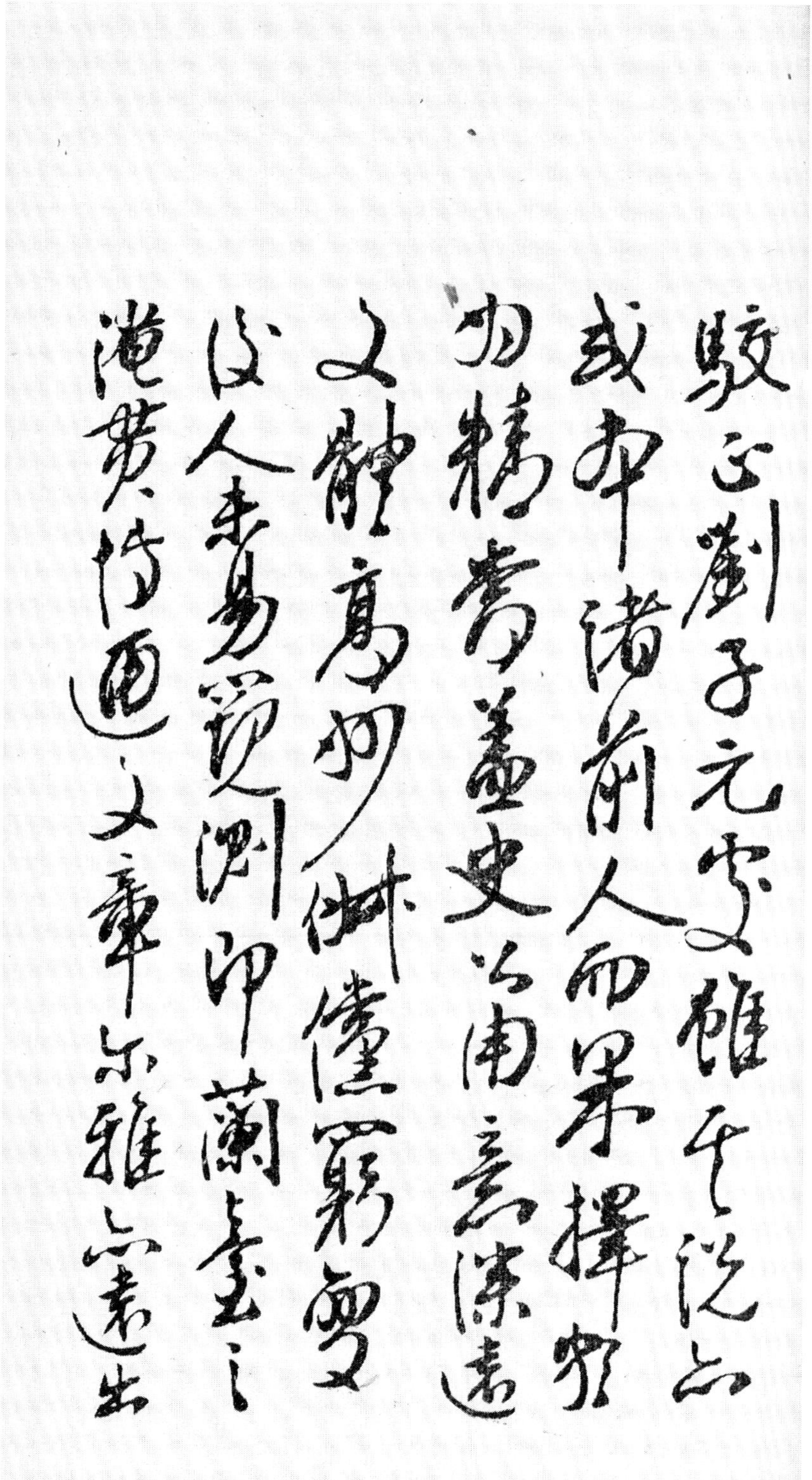

駮正劉子元史通雖千從亦
或本諸前人而采擇發
力精審蓋史以南意深遠
文體高妙然儘窮奥又
後人未易覺測仰蘭臺之
淹貫博通文章尔雅亦遠出

子充之上比之人或執史通所譏
以涓二爻者俱矣
雖未辦十分了澈然已稱
潭泓徑怡深且邵有之
蒼之密

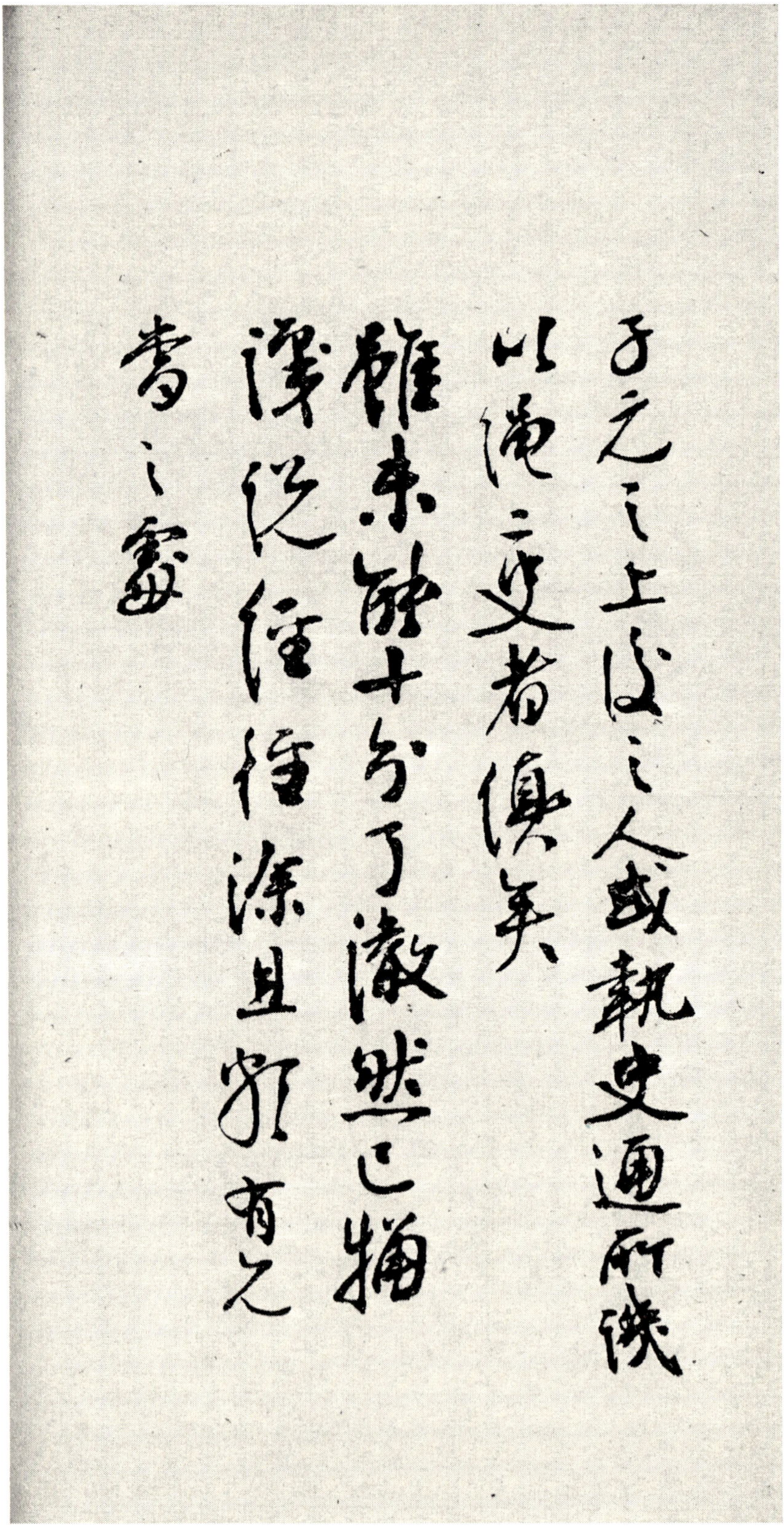

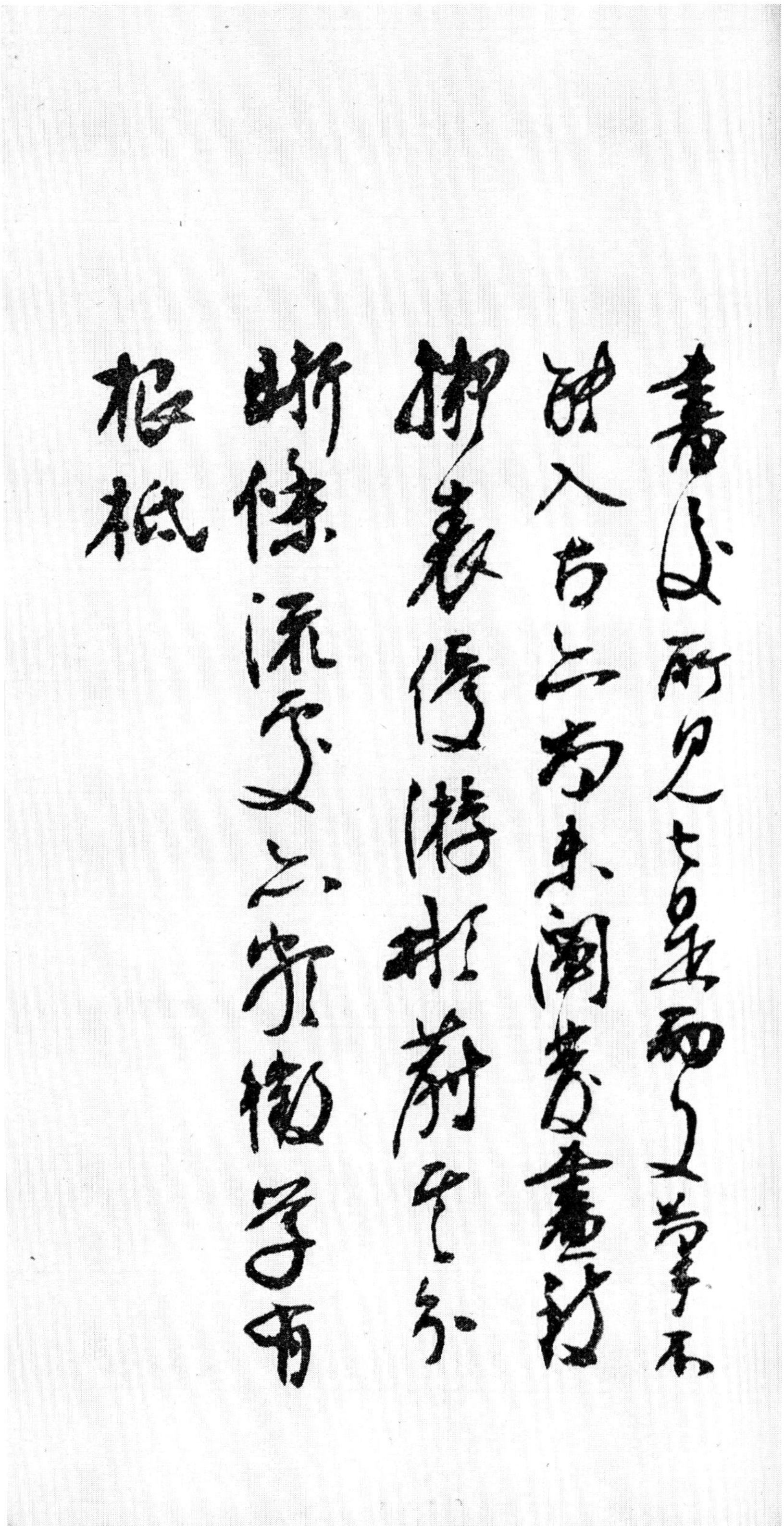

辨證審精一考核十得
先前人疑泛賴以廓
清曲之一快

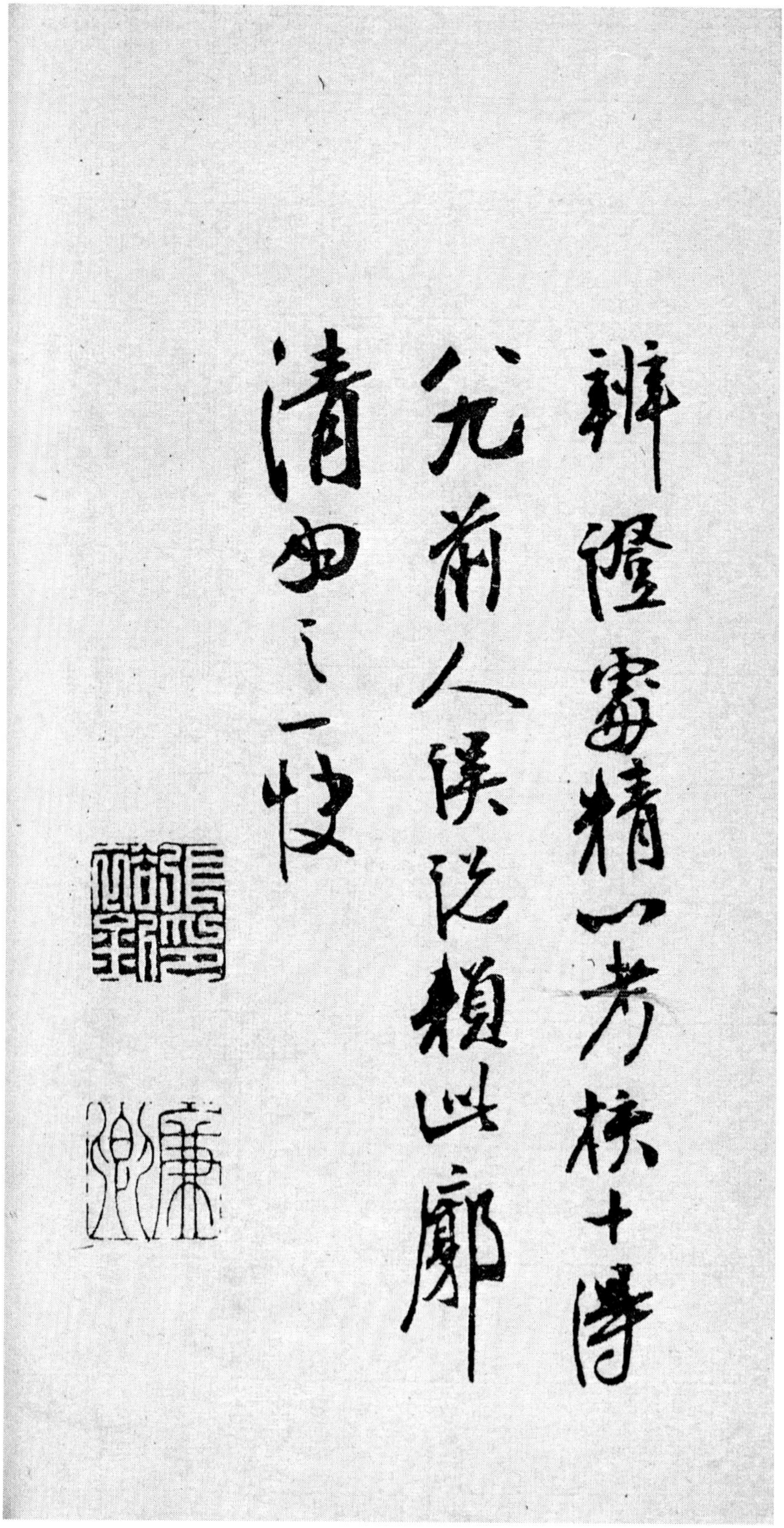

篇中有一二道著字餘雖多而之前人舊說而為不士深

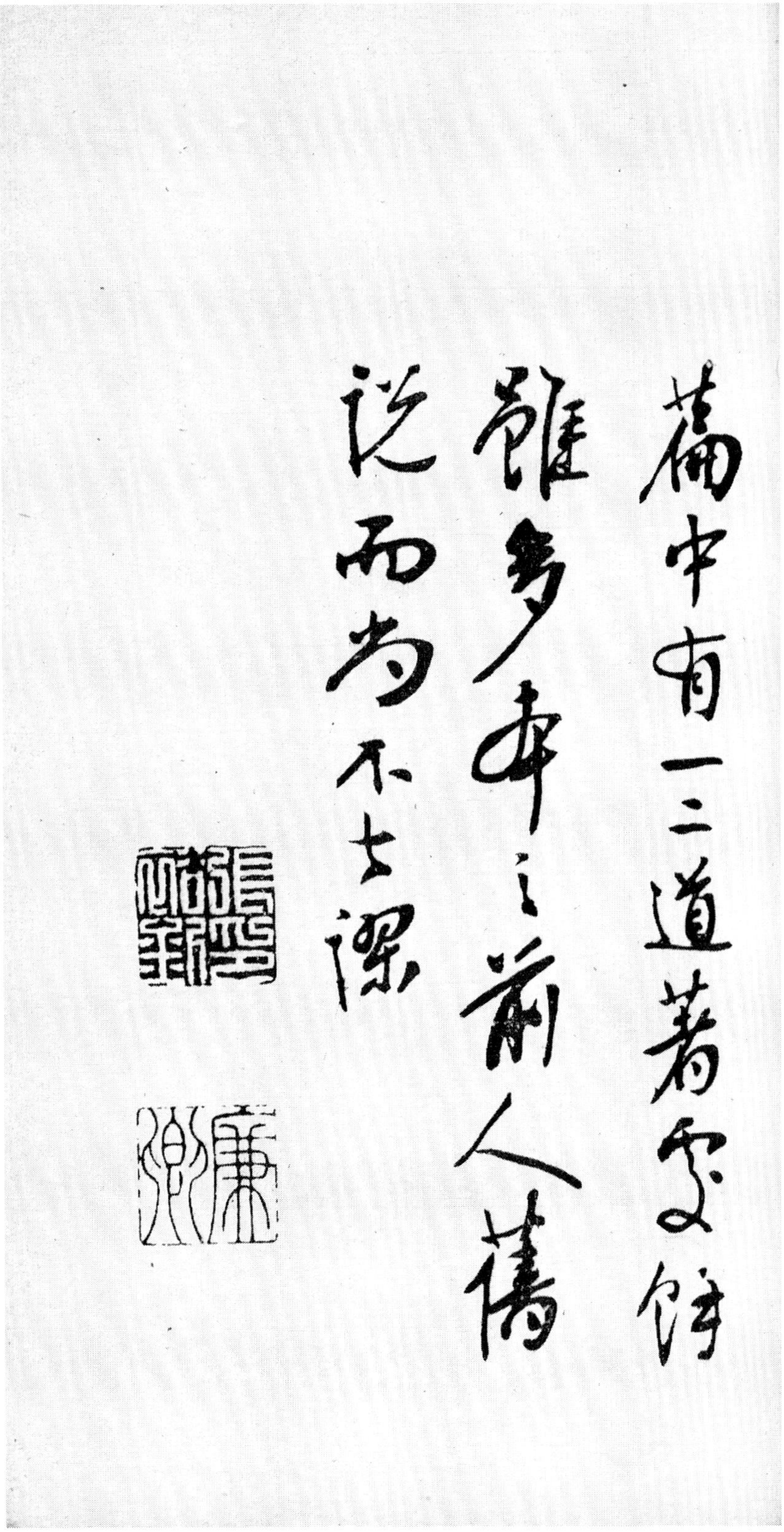

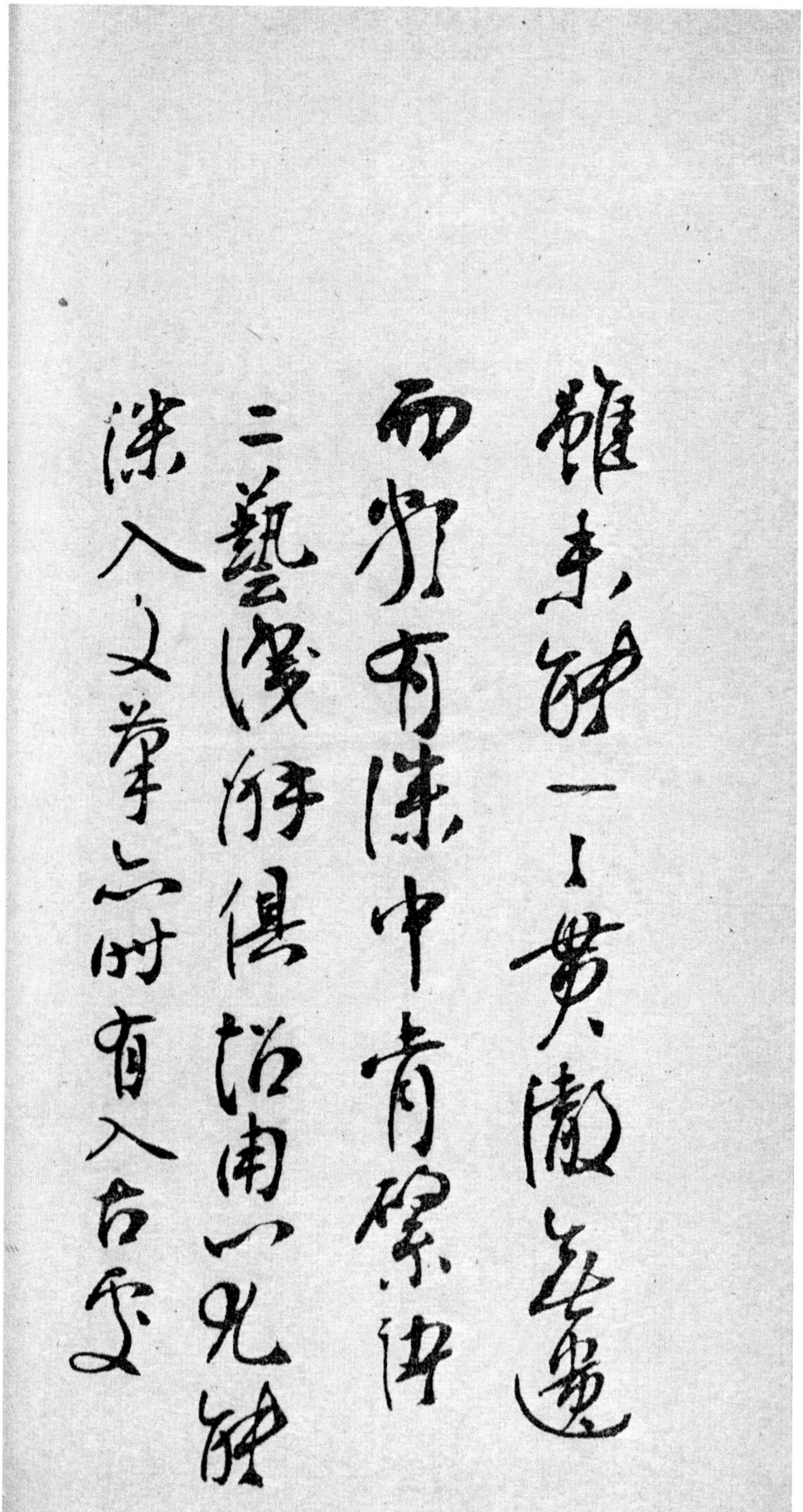

雖未能一一貫徹無遺，而粗有得中肯綮者，二藝淺深俱詣，因以見能深入，文筆亦時有入古處。

说搁山崖町挪庤庄
雖可通
宋村论未破砭的挪讨
犹有句法

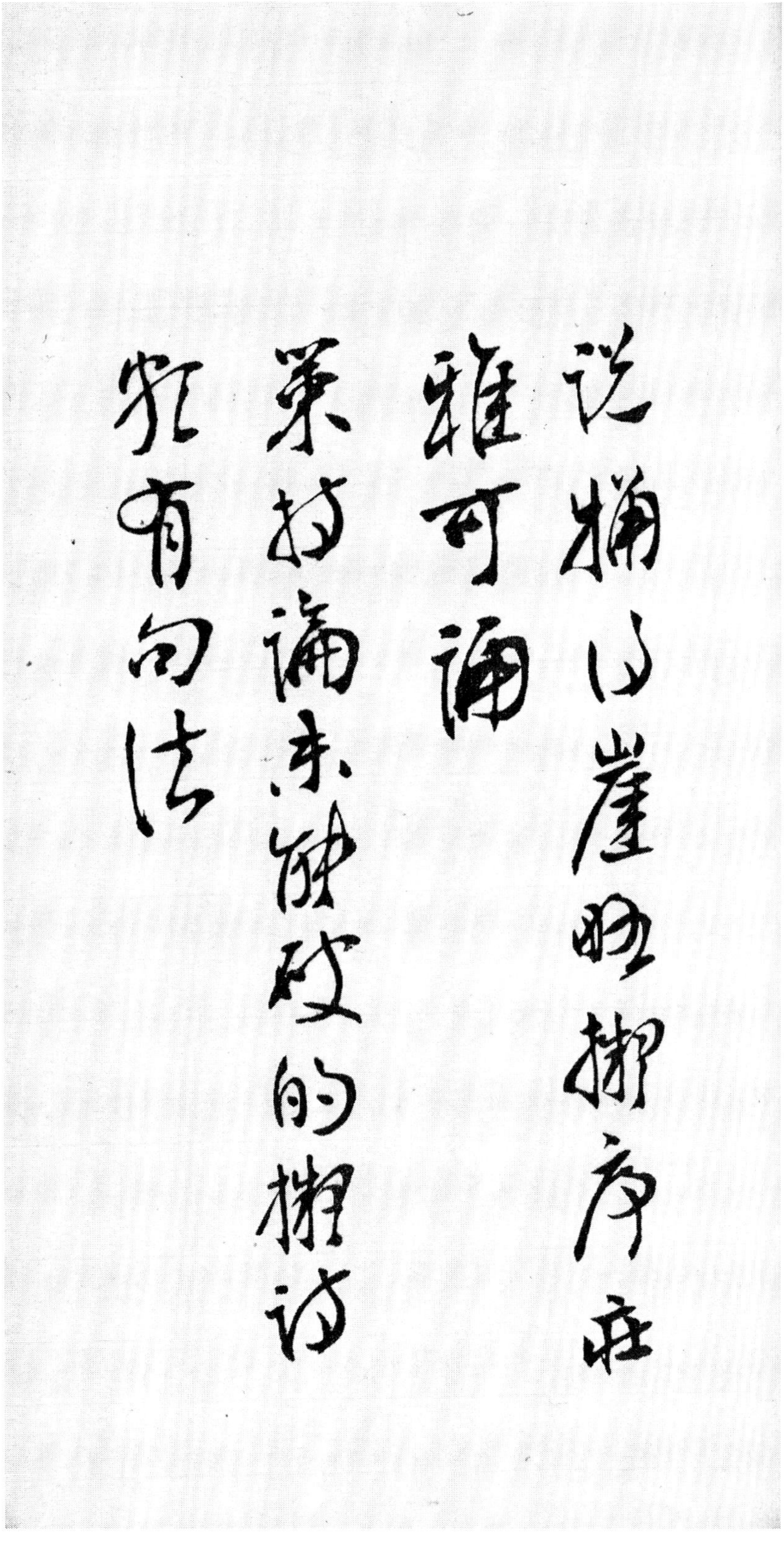

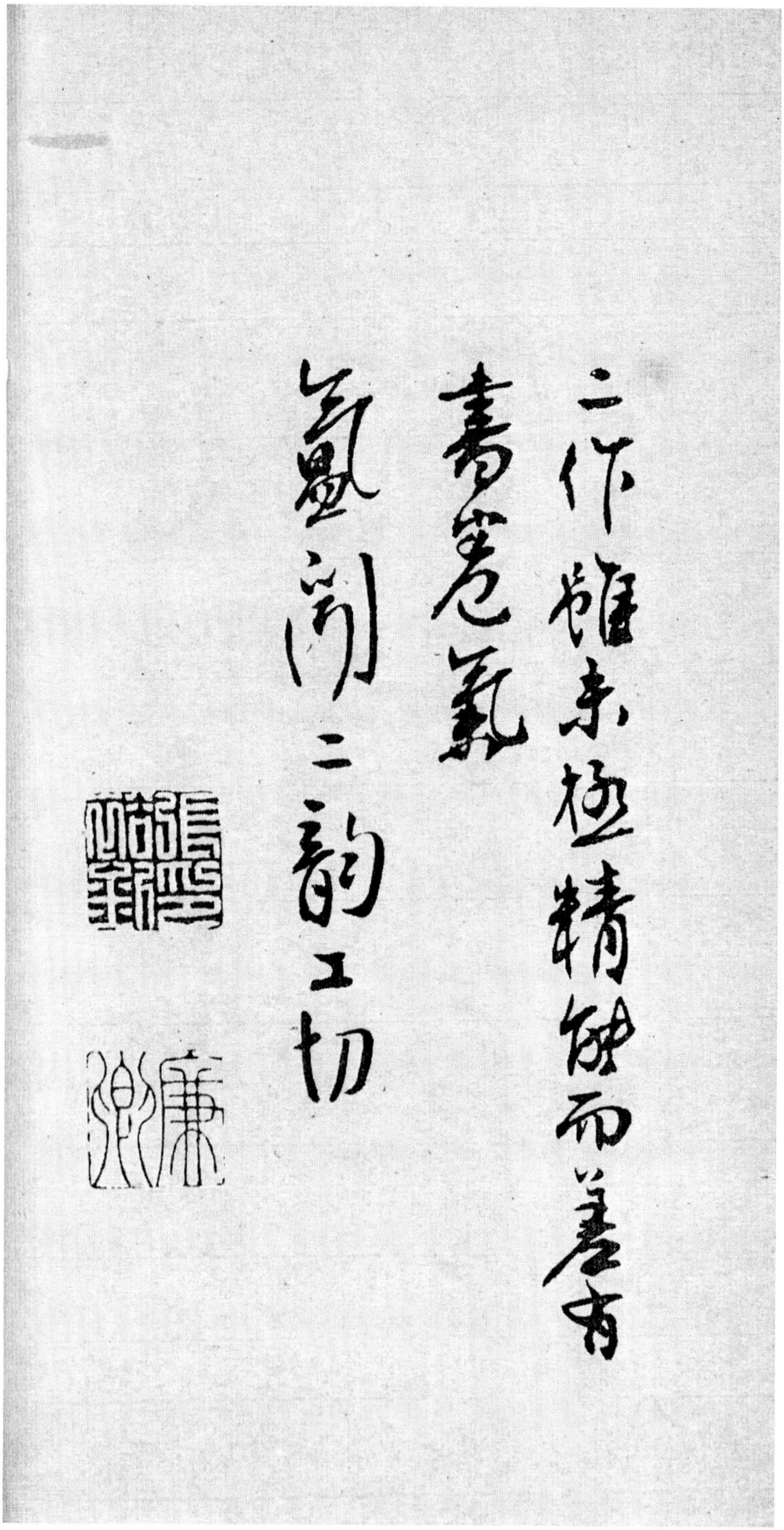
二作雖未極精緻而筆有
書卷氣
氳詞二韻工切

柳賦雖不七懷古而善寫
意故柳論蔽罪商賈洵
探本之論文筆亦復不平
詩間有佳句

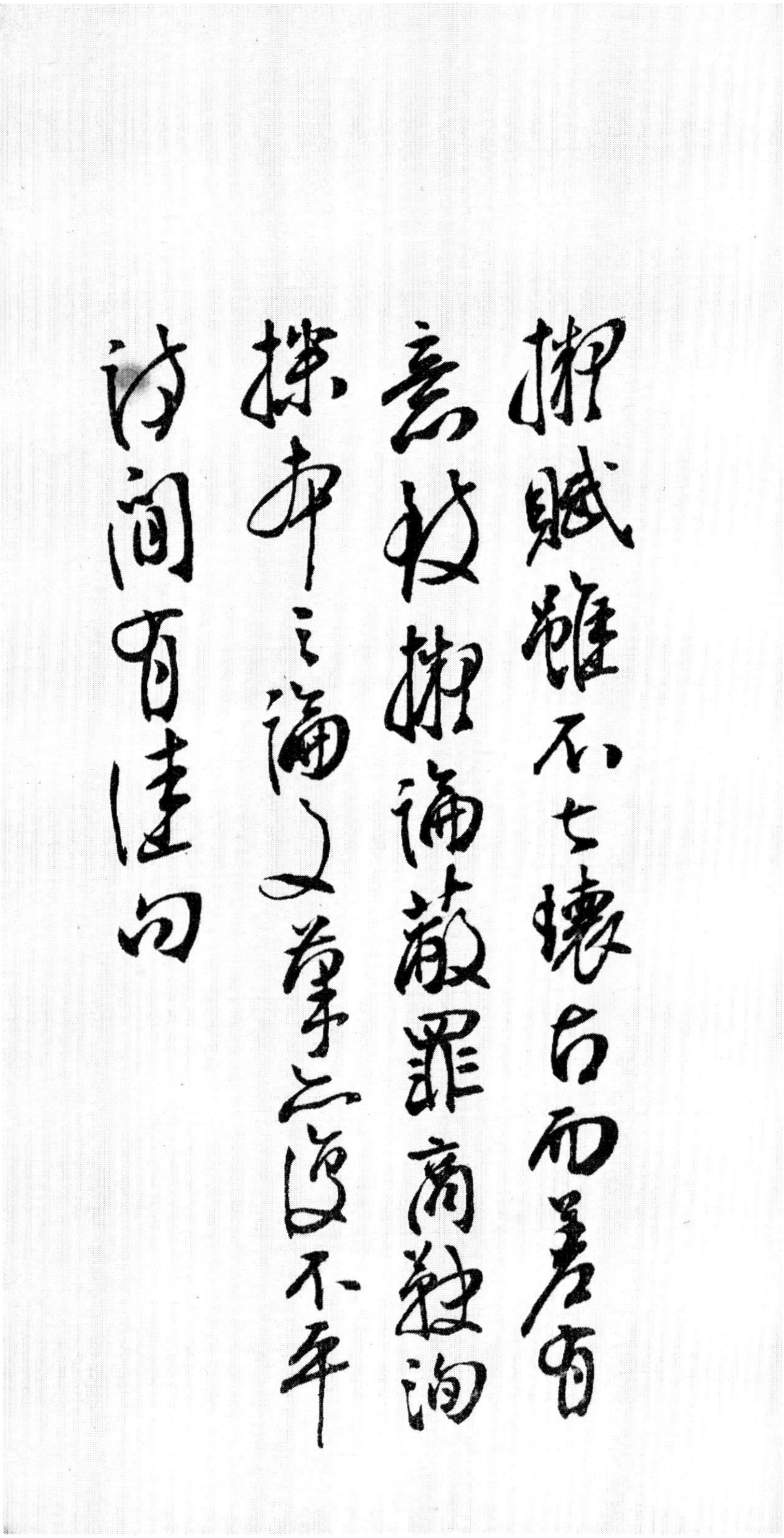

擘體二蒲善神造古
璽平實治印

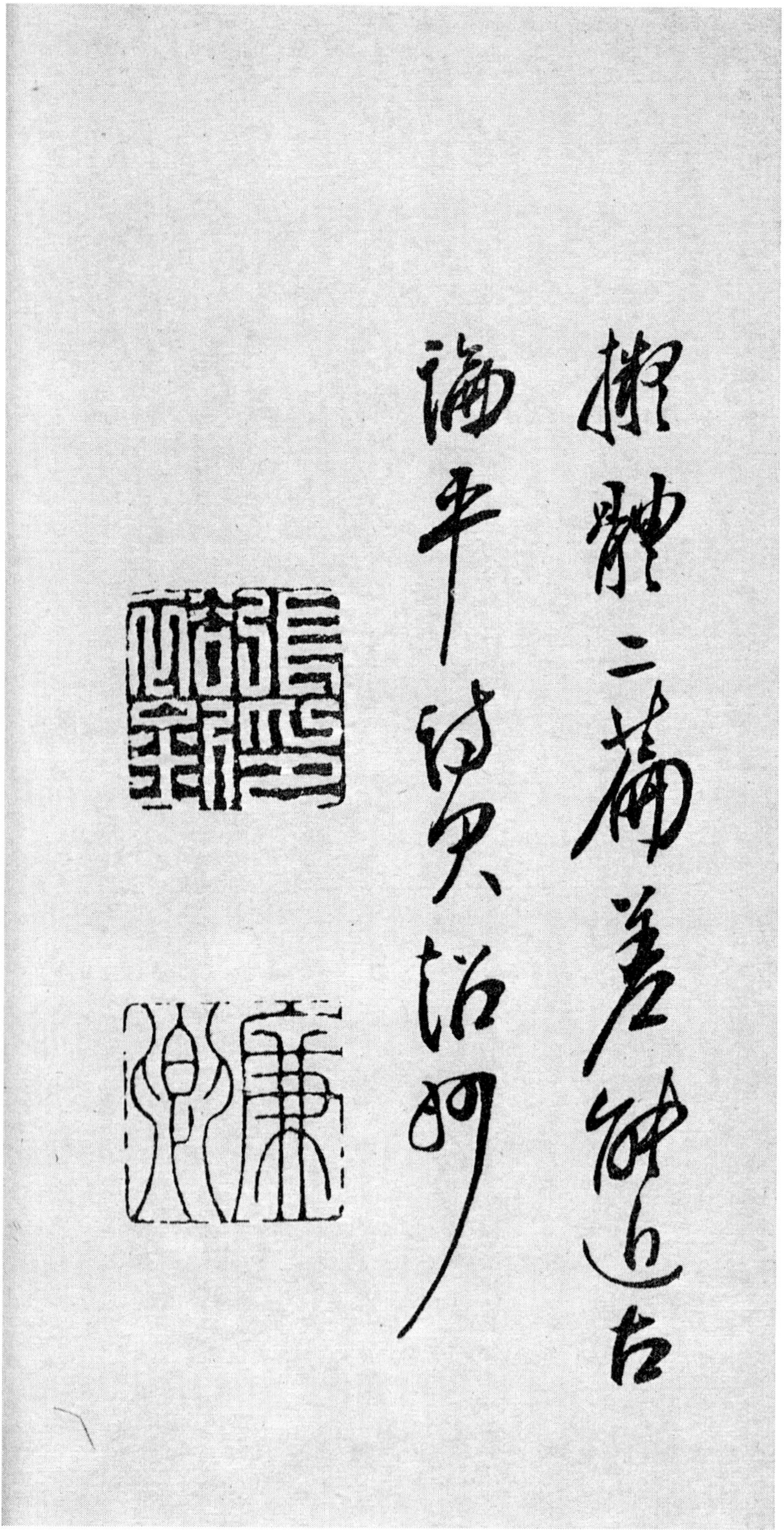

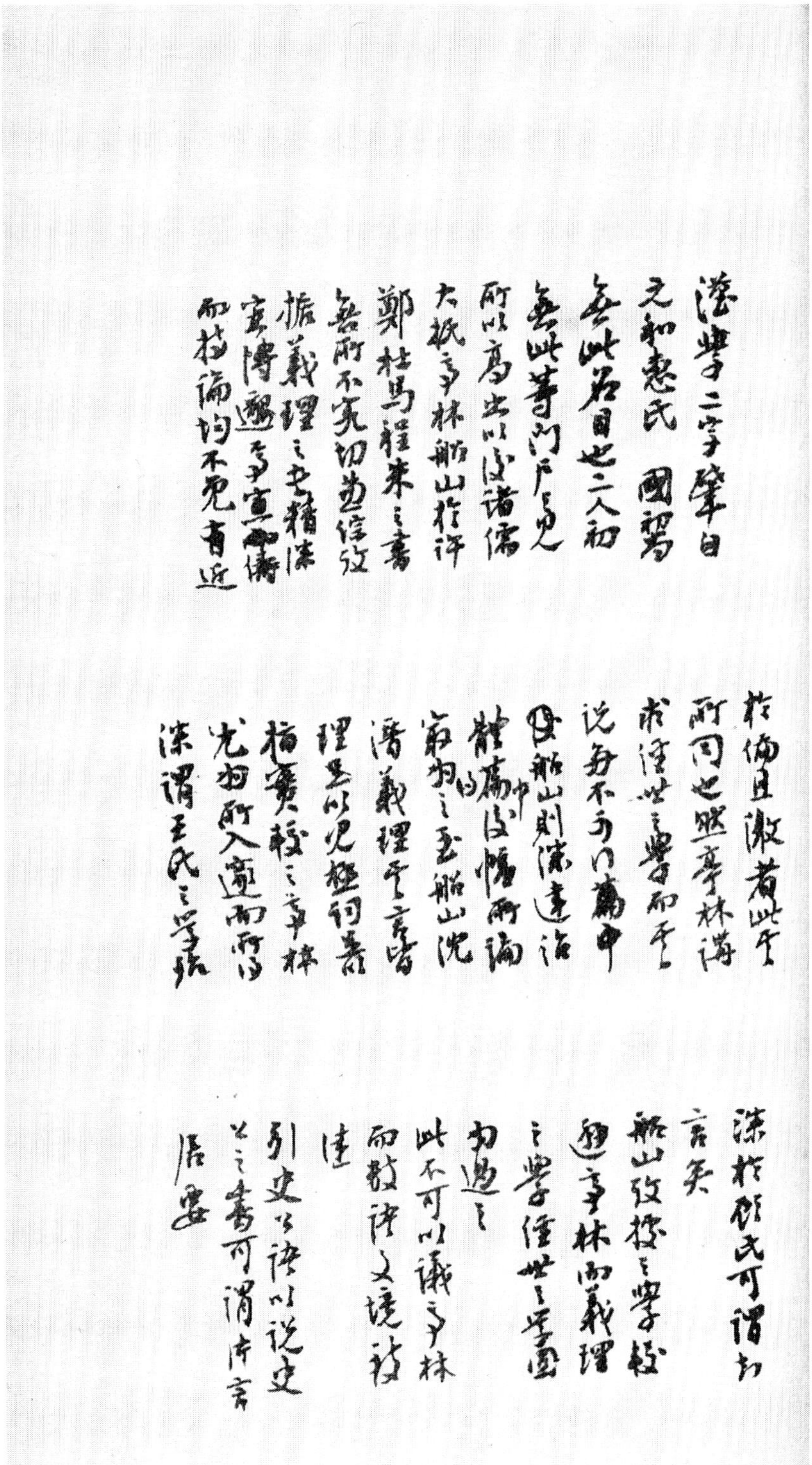

漢學二字肇自
元和惠氏　國朝
無此名目也二人初
無此等門戶之見
所以高出以後諸儒
大抵亭林船山於許
鄭杜馬程朱之書
無所不究切實從致
據義理之學精深
實博邃亭林宣講
而於論均不免有近

於偏且激黃此等
所同也然亭林講
求經世之學而于
說多不可以為中
至船山則深遠浩
體為後儒所論
實由之至船山沈
潛義理之言皆
理其以見極詞義
指實較之亭林
尤覺所入邃而所得
深謂王氏之學號

深於顧氏可謂知
言矣
船山致於之學較
邃亭林而義理
之學經世之學固
切過之
此不可以議亭林
而數陳文燒諸
達
引史以證以說史
然之者可謂諸言
居要

令辰在蓮池書院肄業七年吾師主講席課以經史
詩古文辭右若干頁皆其批語自庚子後存者尠矣
葢自束髮從師皆言帖括其敎我以古今成敗之原
中外強弱之故與夫時埶之宜政學之的厥惟庭訓
與廉卿師課卷鑽研師之餘也圖扇弁冊首
令辰謹識

游吴還適越
来往任風波
復送王孫去
其如芳草何

岸明殘雪在
湖滿夕陽多
季子留遺廟
停舟試一過

旅館誰相伴
寒鐙獨可親
一年将盡夜
萬里未歸人

寥落悲前事
支離咲此身
愁容與衰鬢
明日又逢春

天下英雄氣千
秋尚凜然勢分
三足鼎業復五
銖錢得相能開

國生兒不象賢
淒涼蜀故妓来
舞魏宮前劉夢
得蜀先主廟詩

昔賢懷一飯茲
事已千秋古墓
樵人識前朝楚
水流渚蒲行客

薦山木杜鵑愁
春草茫茫綠王
孫舊此游劉文
經漂母墓詩房

消渴游江漢羈棲尚甲兵幾年逢熟食萬里逼清明松柏邙山

路風花白帝城
汝曹催我老回
首淚縱橫熟食
日示宗文宗武

山頭南郭寺水
號北流泉老樹
空庭得清渠一
邑傳幽花危石

底晚景卧鐘邊俯仰悲身世溪風爲飆然秦州襍詩第十弍首

何地避春愁終
年憶舊遊一家
千里外百舌五
更頭客路偏逢

雨鄉山不入樓故園桃李月伊水向東流顧遠翁雒陽早春詩

暮聲雜初鴈夜色涵早秋獨見海中月照君池上樓山雲拂高

棟天漢入檐流
不惜朝光滿其
如千里游儲光
義題陸山人樓

江源南去永野
渡暫維梢古戍
懸魚網空林露
鳥巢雪晴山脊

見沙淺浪痕交
自咲無媒者逢
人即解嘲章八
元新安江行詩

時出碧鷄坊西郊向草堂市橋官柳細江路野梅香傍架齊書

怯看題緘藥囊
無人覺来往跡
嬾意何長緘一
作檢覺来作與

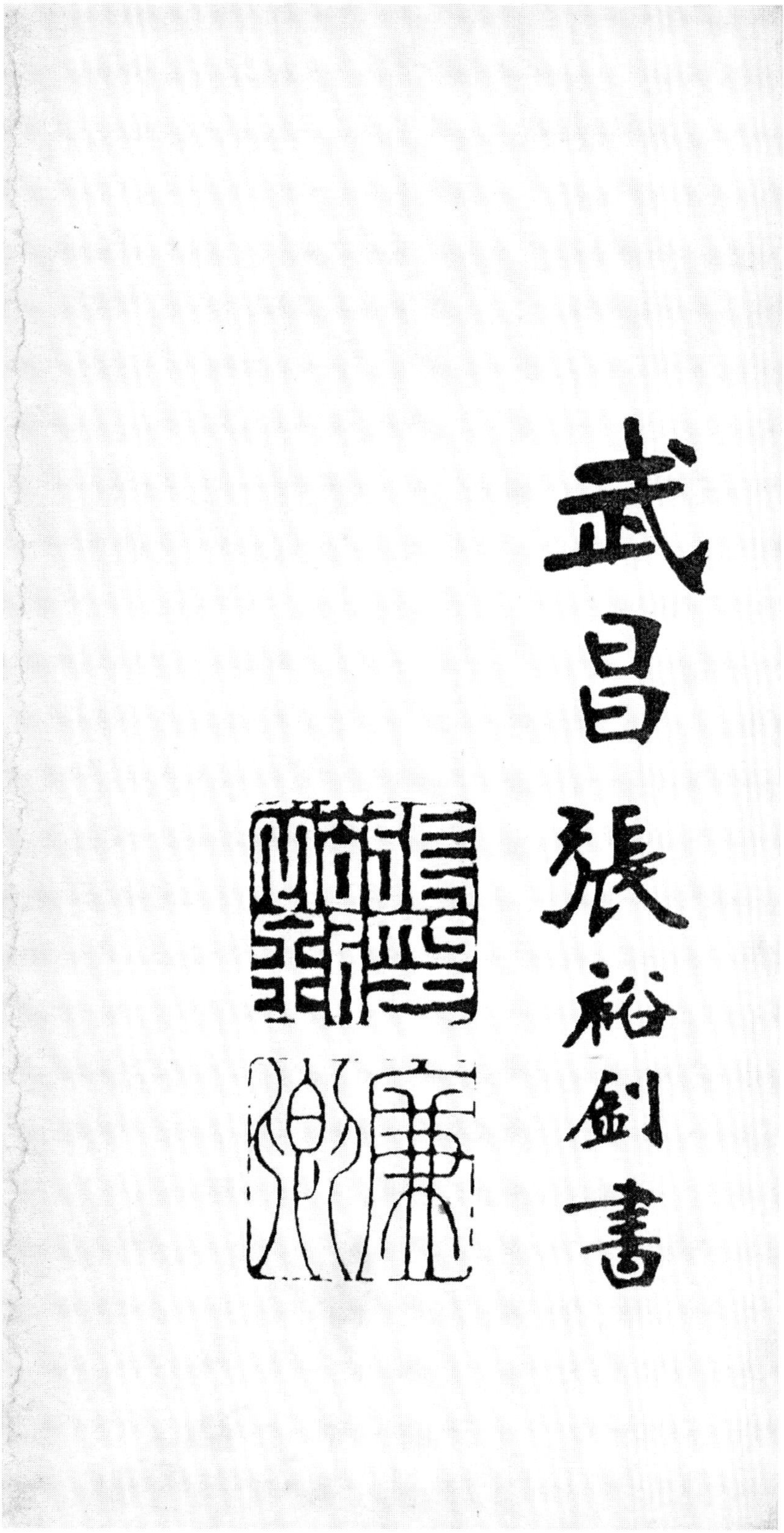
武昌張裕釗書

杜陵有布衣老
大意轉拙居然
成濩落白首甘
契闊窮年憂黎

元歎息腸内熱
取咲同學翁浩
歌弥激烈非無
江海志瀟灑送

日月生逢堯舜
君不忍便永訣
當今廊廟具構
廈豈云缺葵藿

傾太陽物性固
莫奪顧惟螻蟻
輩但自求其穴
胡為慕大鯨輒

擬掩溟渤兀兀遂
至今忍為塵埃
沒終愧巢與由
未能易其節沈

飲聊自適放歌
頻愁絕歲暮百
草零疾風高岡
殺天衢陰崢嶸

客子中夜發霜
衣帶斷指直不
得結凌晨過驪
山御榻在嵽嵲

瑤池氣鬱律羽林相摩戛君臣留歡娛樂動般樛嶆暘浴皆長

纓與宴非短褐
彤庭所分帛本
自寒女出鞭撻
其夫家聚斂貢

城闕聖人筐篚
恩實願邦國活
臣如忽至理君
豈棄此物況聞

内金盤盡在衛
霍室中堂有神
仙煙霧蒙玉質
煖客貂鼠裘悲

管逐清瑟勸客
駝蹄羹霜橙壓
香橘朱門酒肉
臭路有凍死骨

榮枯咫尺異惆
悵難盡述北轅
就涇渭官渡又
改轍羣冰從西

下極目高崪兀疑是空同來忽觸天柱折河梁幸未坼枝撐聲

窸窣行旅相攀援川廣不可越老妻寄異縣十口隔風雪誰能

久不顧庶往共飢渴入門聞號咷稚子餓已卒吾寧捨一哀里

總能文醒酒徹
風入聽詩靜夜
分絺衣挂蘿薜
涼月白紛〻幽意

忽不愜歸期無
柰何出門流水
注面首白雲多
自咲燈前舞誰

憐醉後歌祗應
與朋好風雨亦
来往過問訊東
橋竹将軍有報

書倒衣還命駕高枕乃吾廬花妥鶯捎蝶溪喧獺趂魚重来休

沐地可是野人居山雨樽仍在沙沈榻未移犬迎曾宿客鴉護

落巢兒雲薄翠
微寺天清皇子
陂向来幽興極
步屧過東籬落

岷嶺南蠻北徐關東海西此行何日到送汝萬行啼絶域惟高

枕清風獨杖藜
時危鬢相見裏
白意都迷風塵
瞎不開汝去幾

雨拋金鎖甲苔
臥綠沈槍手自
移蒲柳家纔足
稻粱看君用幽

意白日到羲皇

到此應常宿相

留可判年蹉跎

暮容色悵望好

晚起家何事
無營地轉幽
竹光園野色
含影漾江流
失學從兒

嬾長貧任婦愁百年渾得醉一月不梳頭江皐已仲春花下復

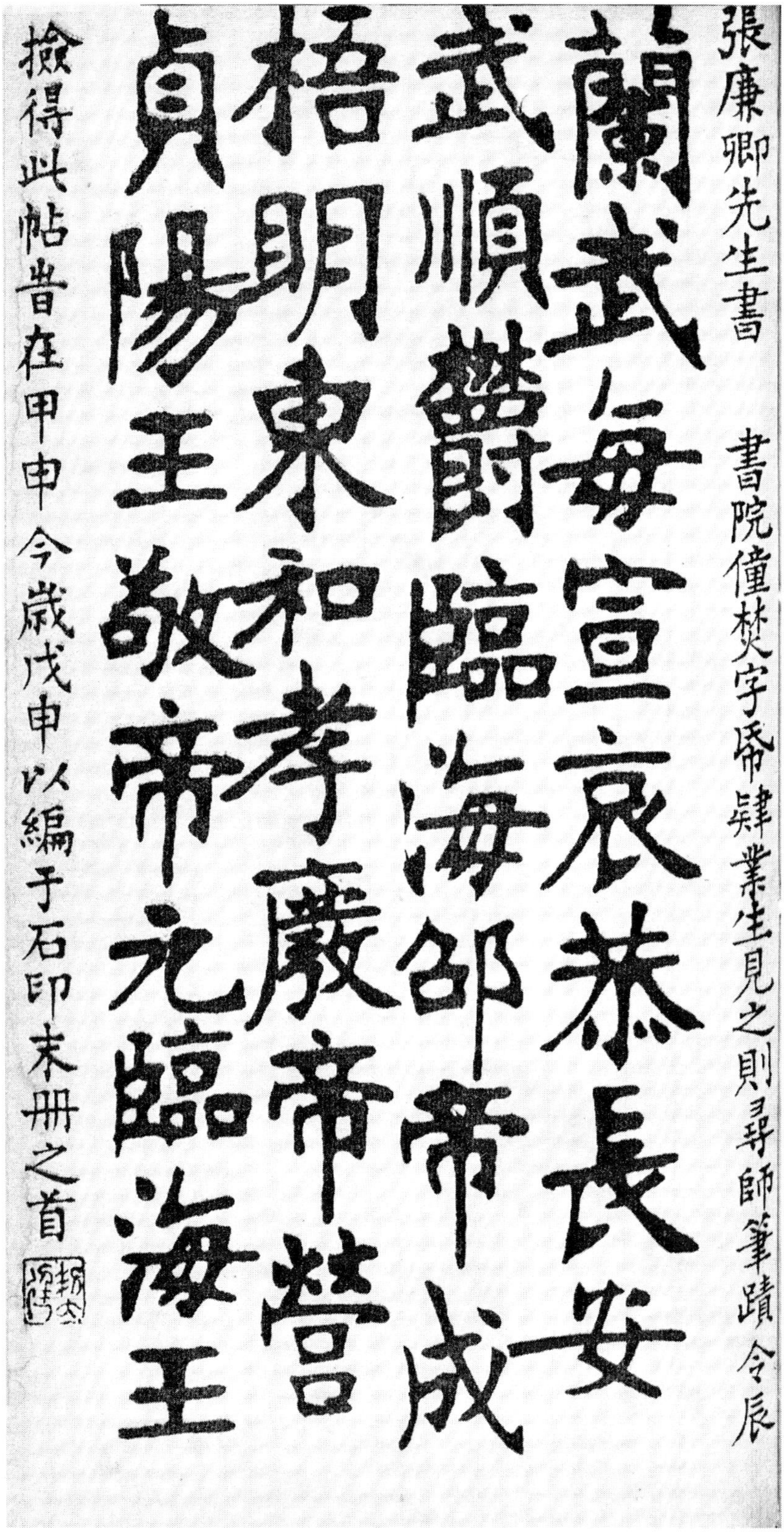

張廉卿先生書

蘭武每宣哀恭長安

書院僮焚字帋肄業生見之則尋師筆蹟令辰

武順鬱臨海部帝成

梧明東和孝廢帝營

貞陽王敬帝元臨海王

撿得此帖昔在甲申今歲戊申以編于石印末冊之首

吾師老年猶日日作書令辰得於案頭見之愛不忍釋師知其意賜以五十頁自經喪亂散軼其半首尾多不相接杜陵詠懷五百字原為全璧今亦闕末數頁誠可惜也然在庚子之年中國所淪喪者豈惟是哉豈惟是哉宗康兒請以餘頁付印亦云幸矣

令辰謹識

（清）張裕釗　撰并書

張廉卿先生墨妙

日本明治四十四年（1911）東京西東書房印本

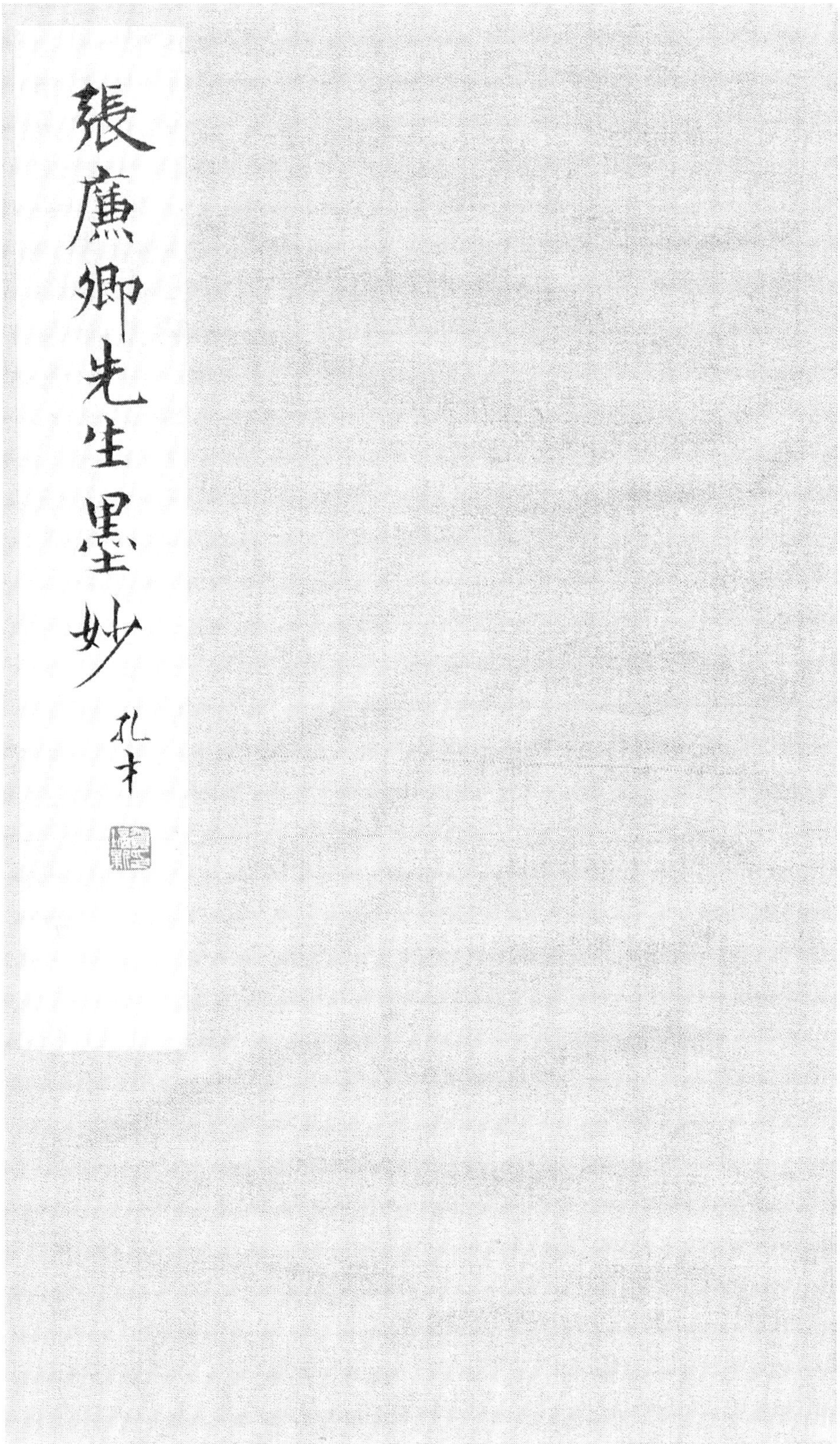
張廉卿先生墨妙
孔才

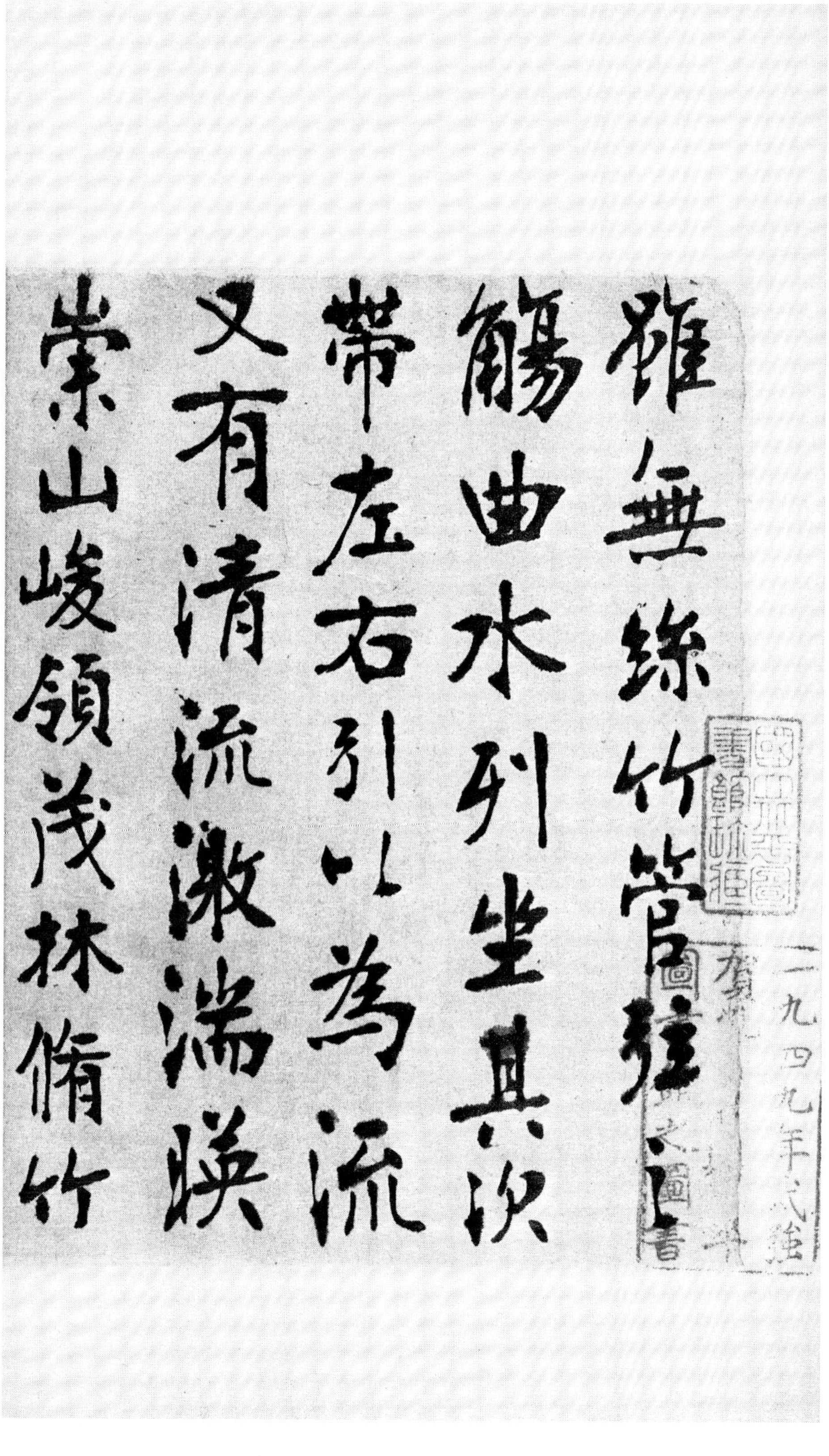
崇山峻領茂林脩竹
又有清流激湍暎
帶左右引以為流
觴曲水列坐其次
雖無絲竹管弦

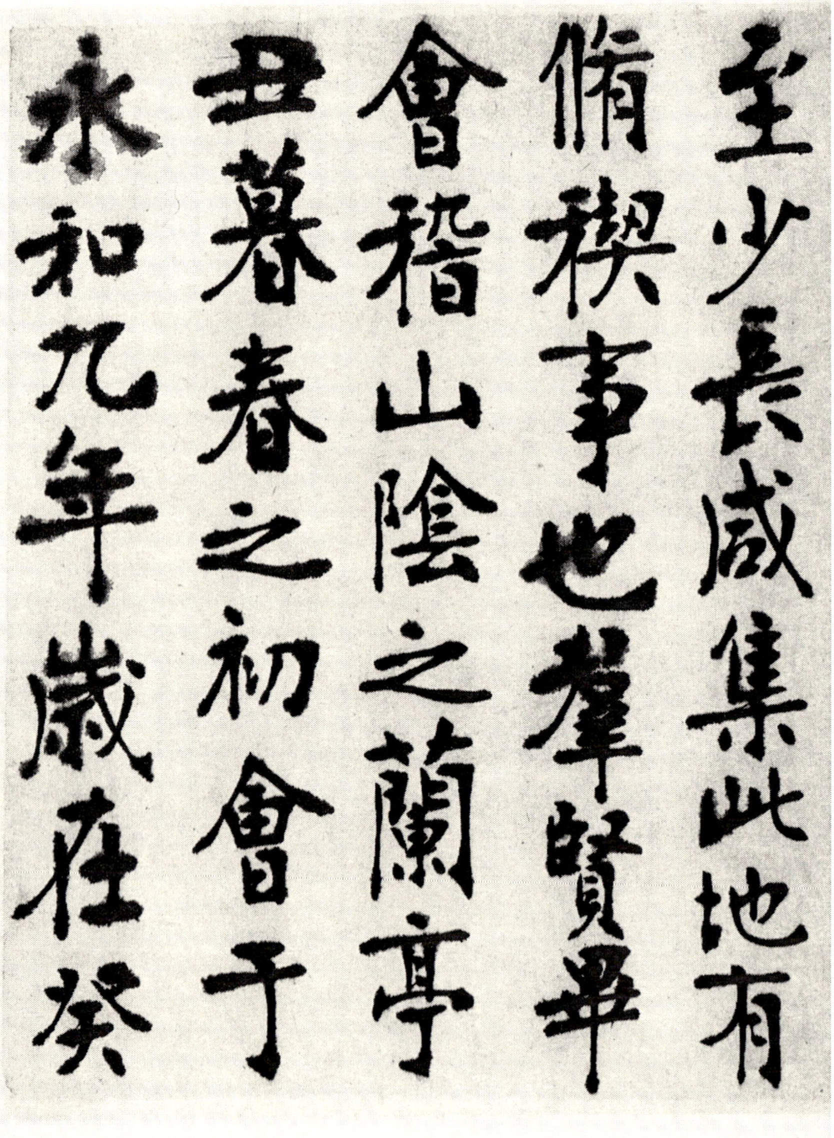
永和九年歲在癸
丑暮春之初會于
會稽山陰之蘭亭
脩禊事也羣賢畢
至少長咸集此地有

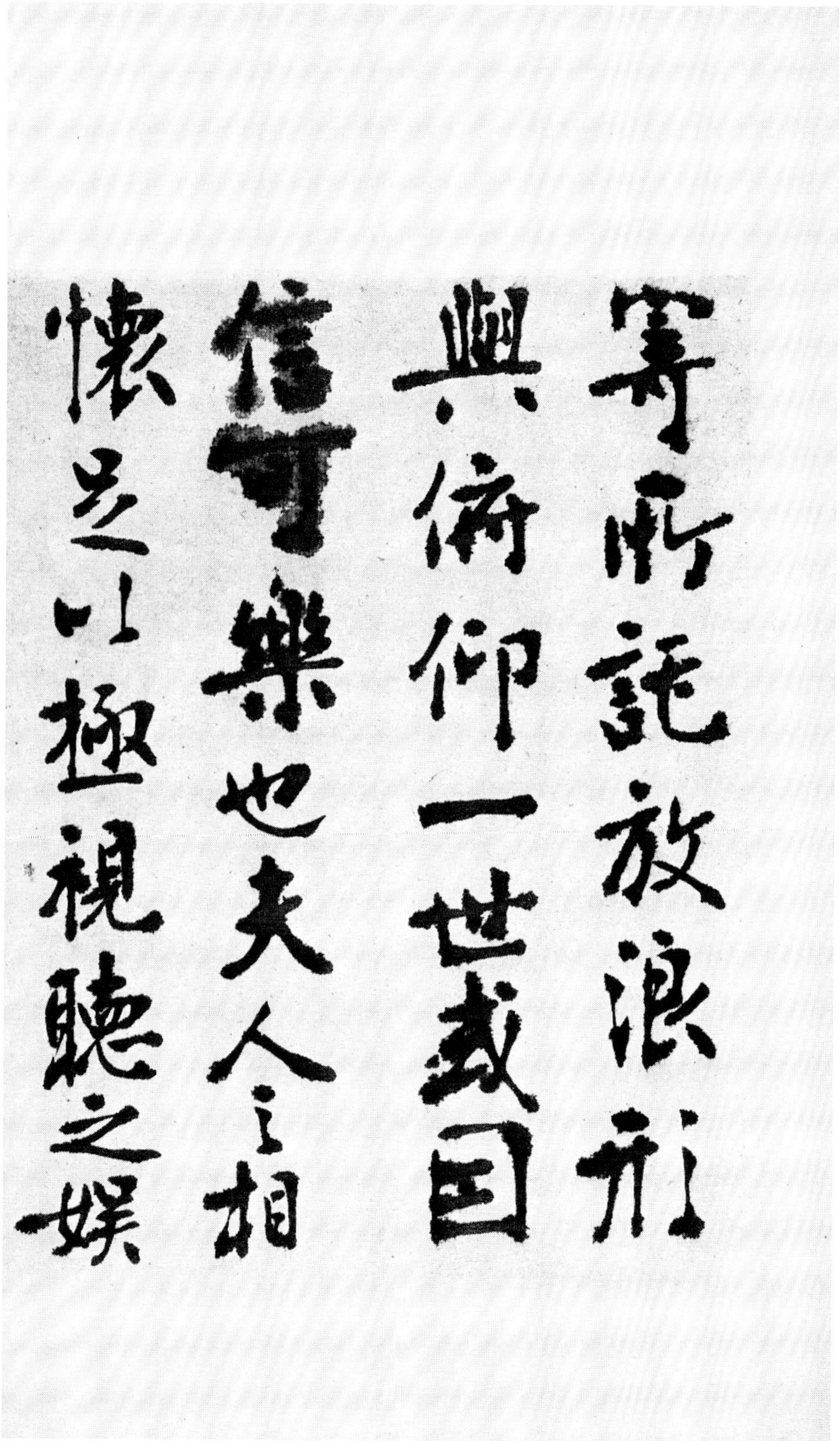
寄所託放浪形
與俯仰一世或因
信可樂也夫人之相
懷足以極視聽之娛

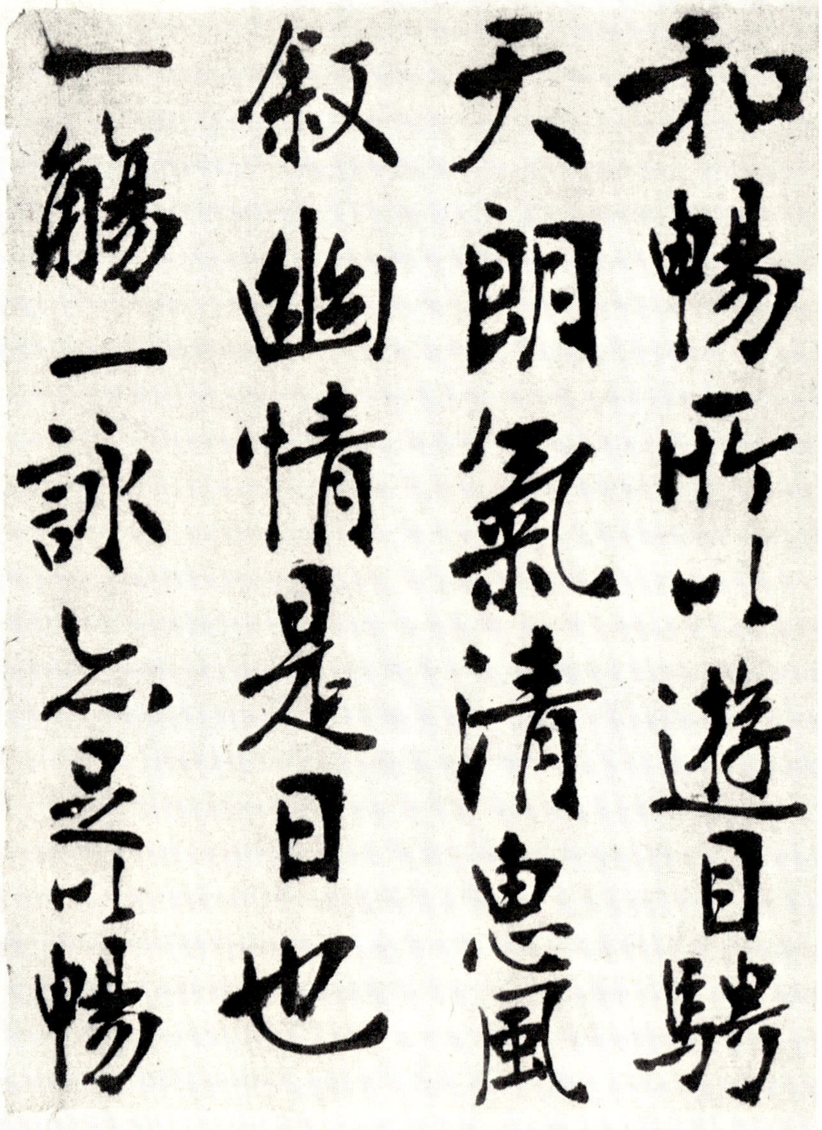
和暢所以遊目騁
天朗氣清惠風
敘幽情是日也
一觴一詠亦足以暢

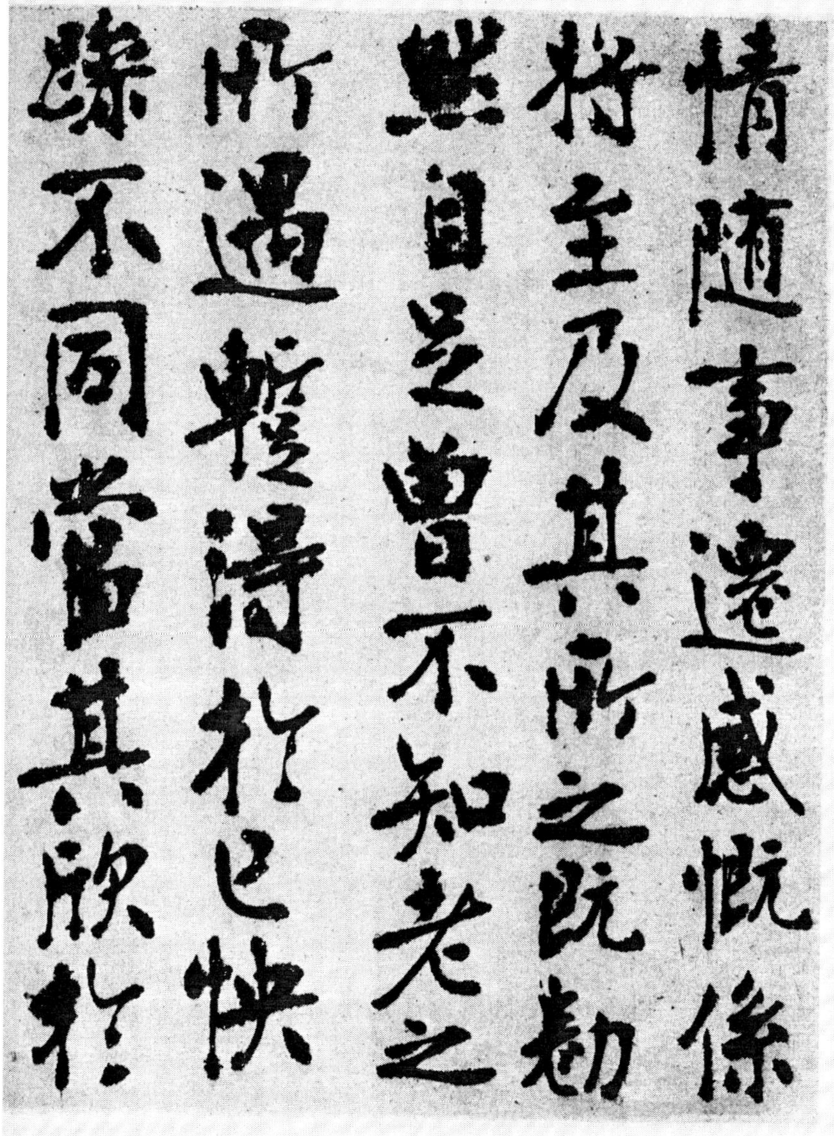

踈不同當其欣於
所遇輒得於己快
然自足曾不知老之
將至及其所之既勌
情隨事遷感慨係

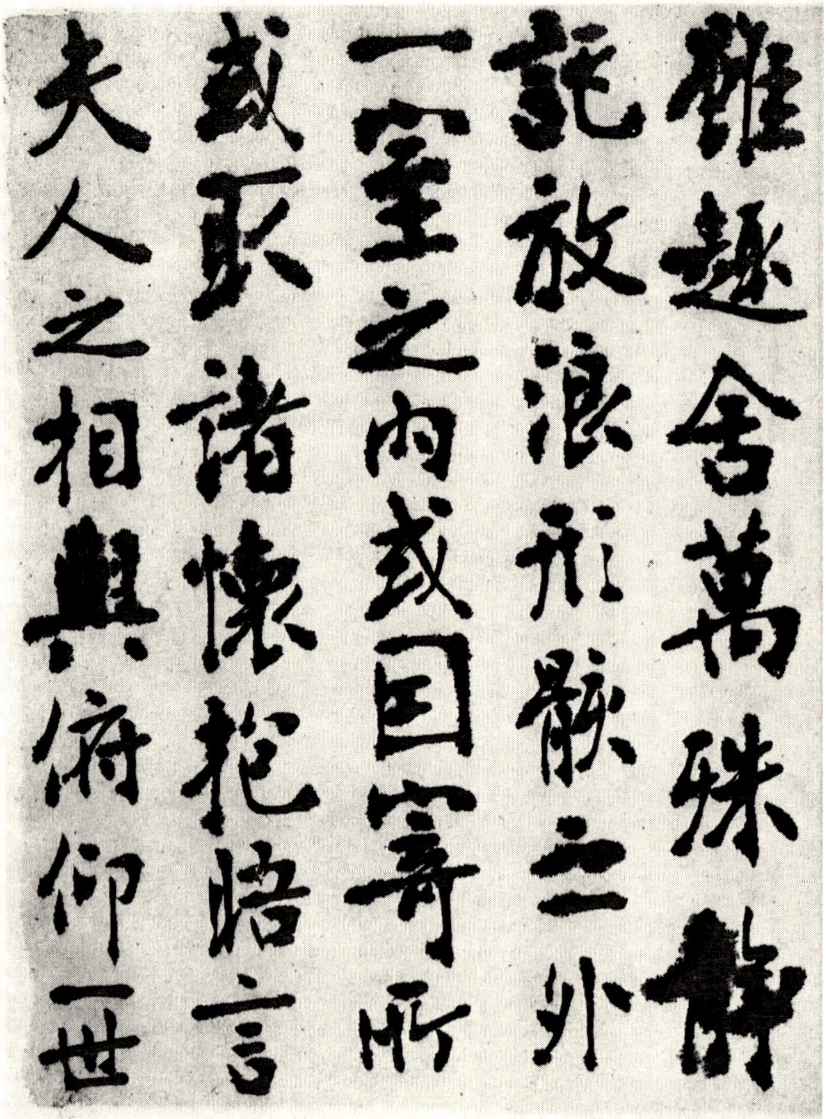

雖趣舍萬殊靜
託放浪形骸之外
一室之內或因寄所
或取諸懷抱晤言
夫人之相與俯仰一世

一死生為虛誕齊彭
不能喻之於懷固知
未嘗不臨文嗟悼
興感之由若合一契
不痛哉每攬昔人

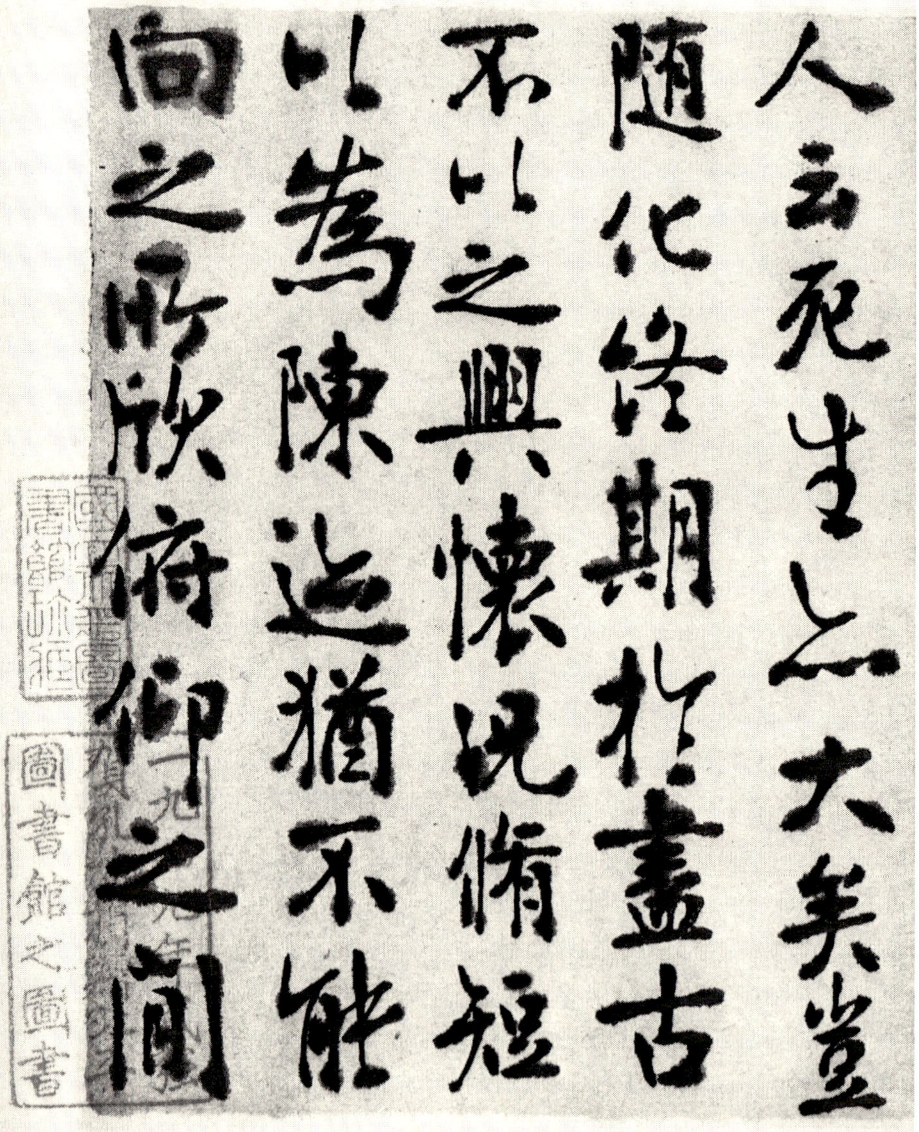

向之所欣俛仰之間
以爲陳迹猶不能
不以之興懷況脩短
隨化終期於盡古
人云死生亦大矣豈

張廉卿先生墨妙
孔才

張廉卿先生墨妙

天圓方咦每寫下
我古之無墨下有之美
許英豐獨美陳邦
生翁走方我六雲章

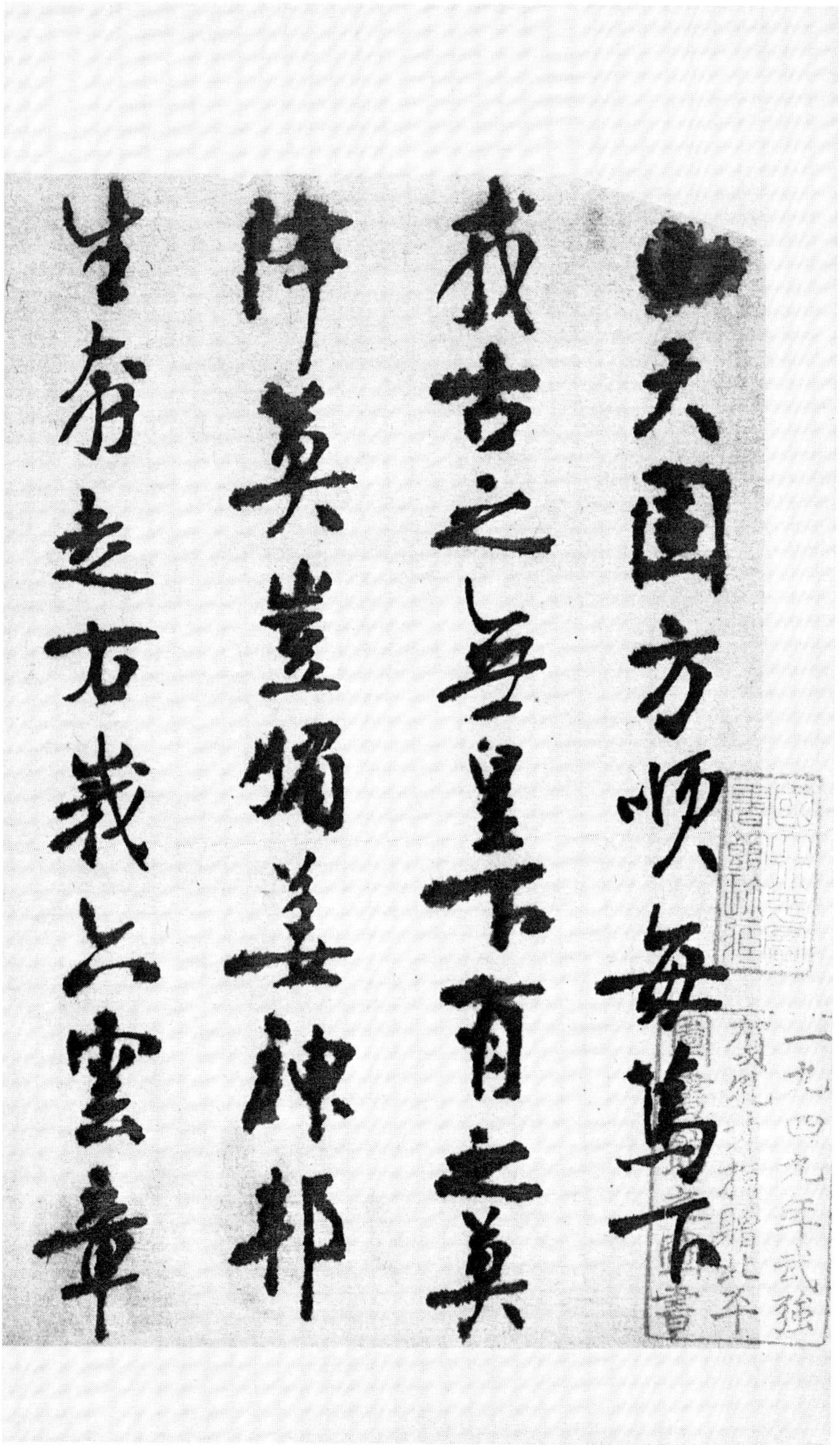

與藥乃興舉將簡乂
篤殷商揚家㐲西
義万邦孚蒸伯未興
有戴芳不興上下周天

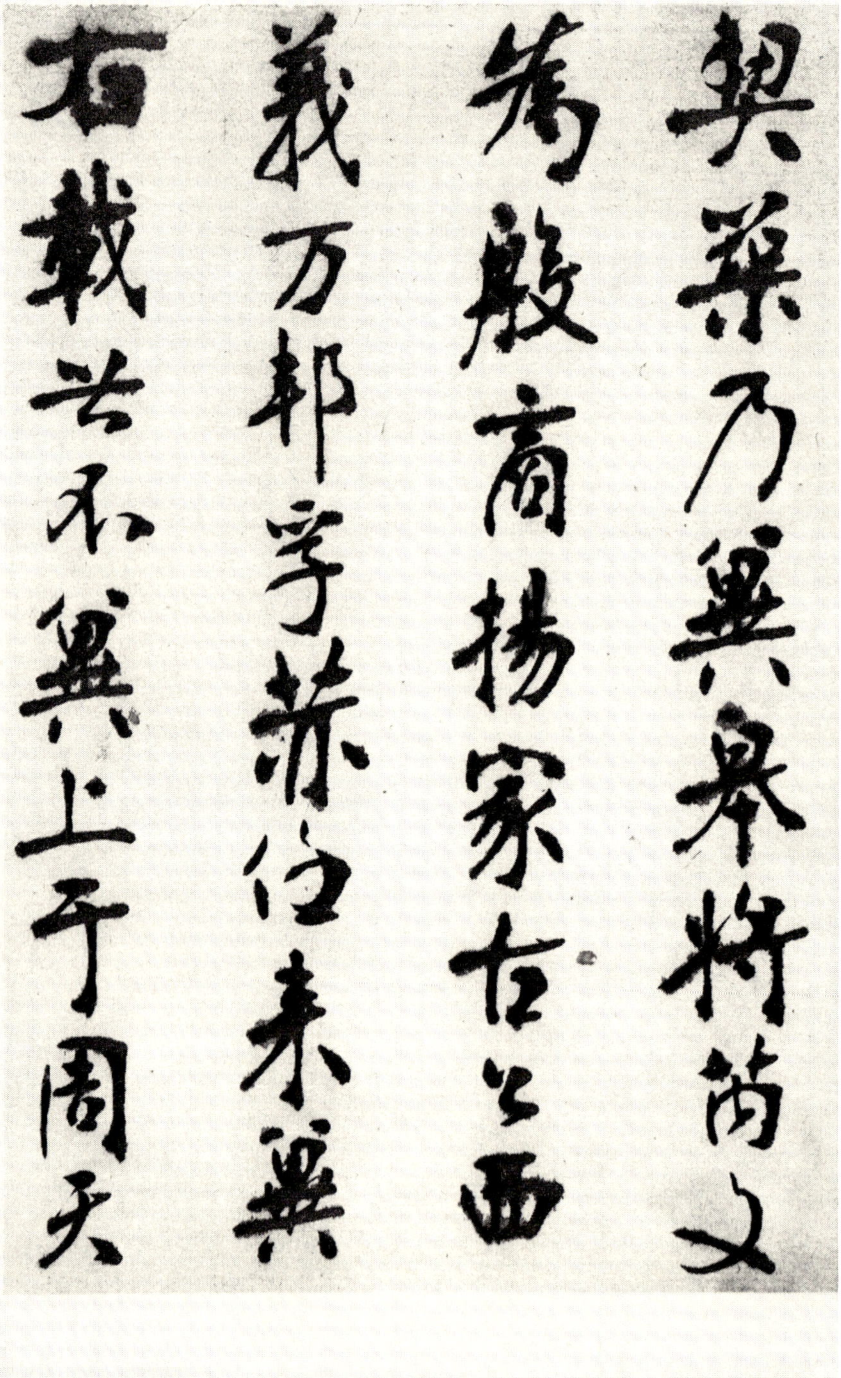

皇鍾音衆樂以同
室帶羔束菁而枚寧
春五谷斯六九林蟀
儀芳華且蒂南山

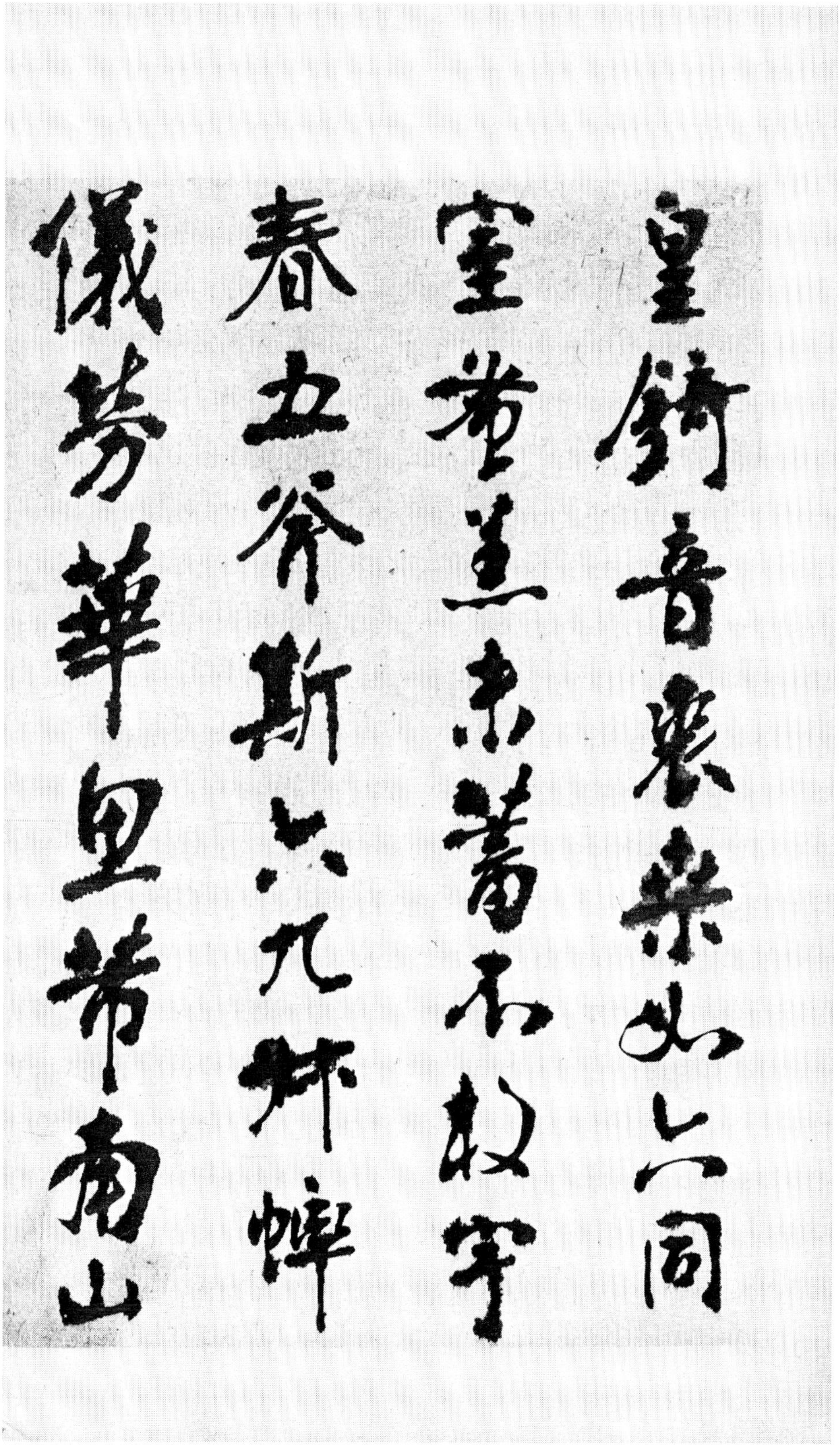

市榭梅荷其雪蟾
黃鉞樂我下仲芳如
其盾俄秋昔曰將石
山姜榭芳若束有

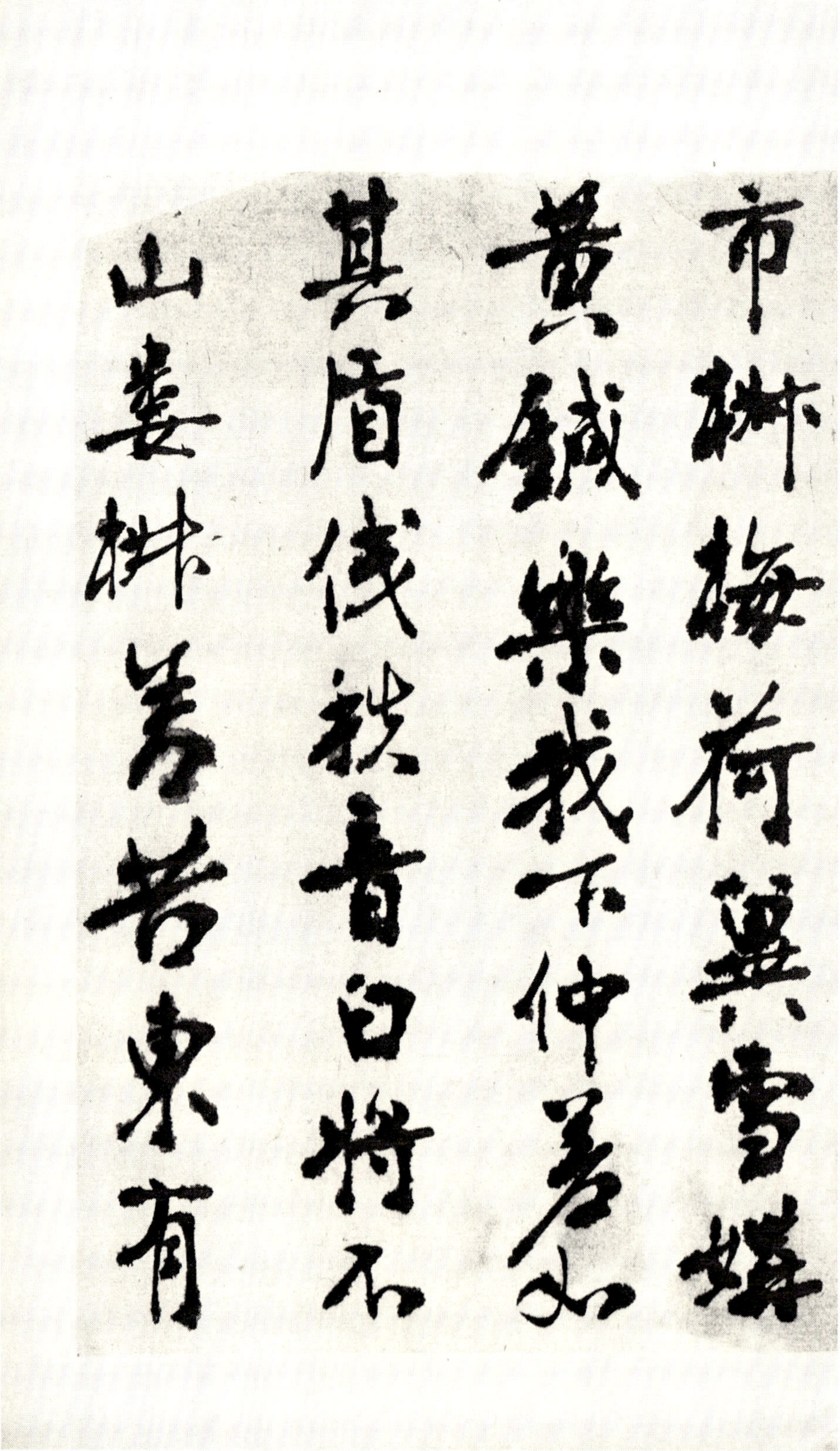

佐韓鈞清不有城

贊吾肅柔方廓清

錫世申邦上包天子

上胡廉焉陴四人庸

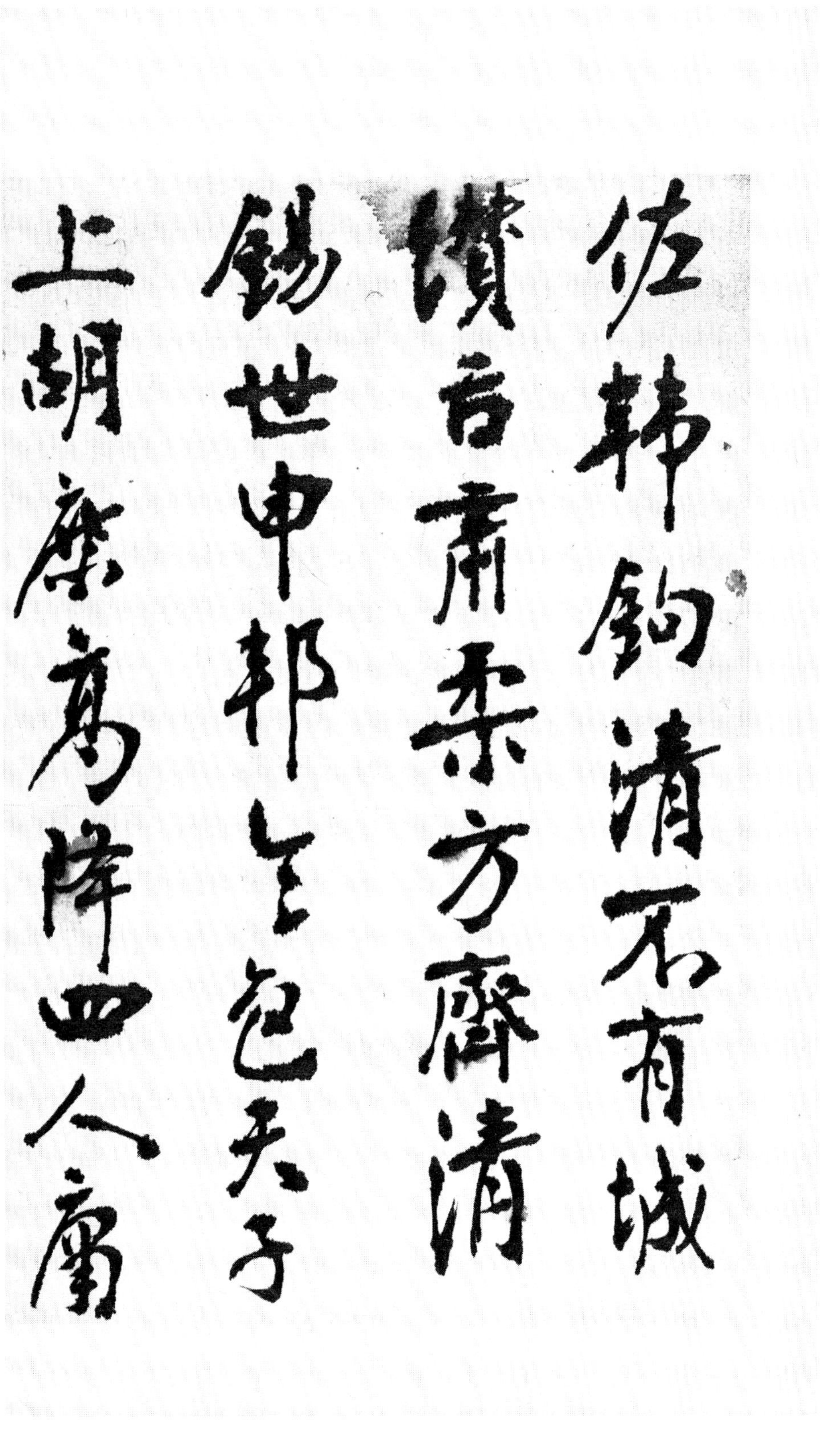

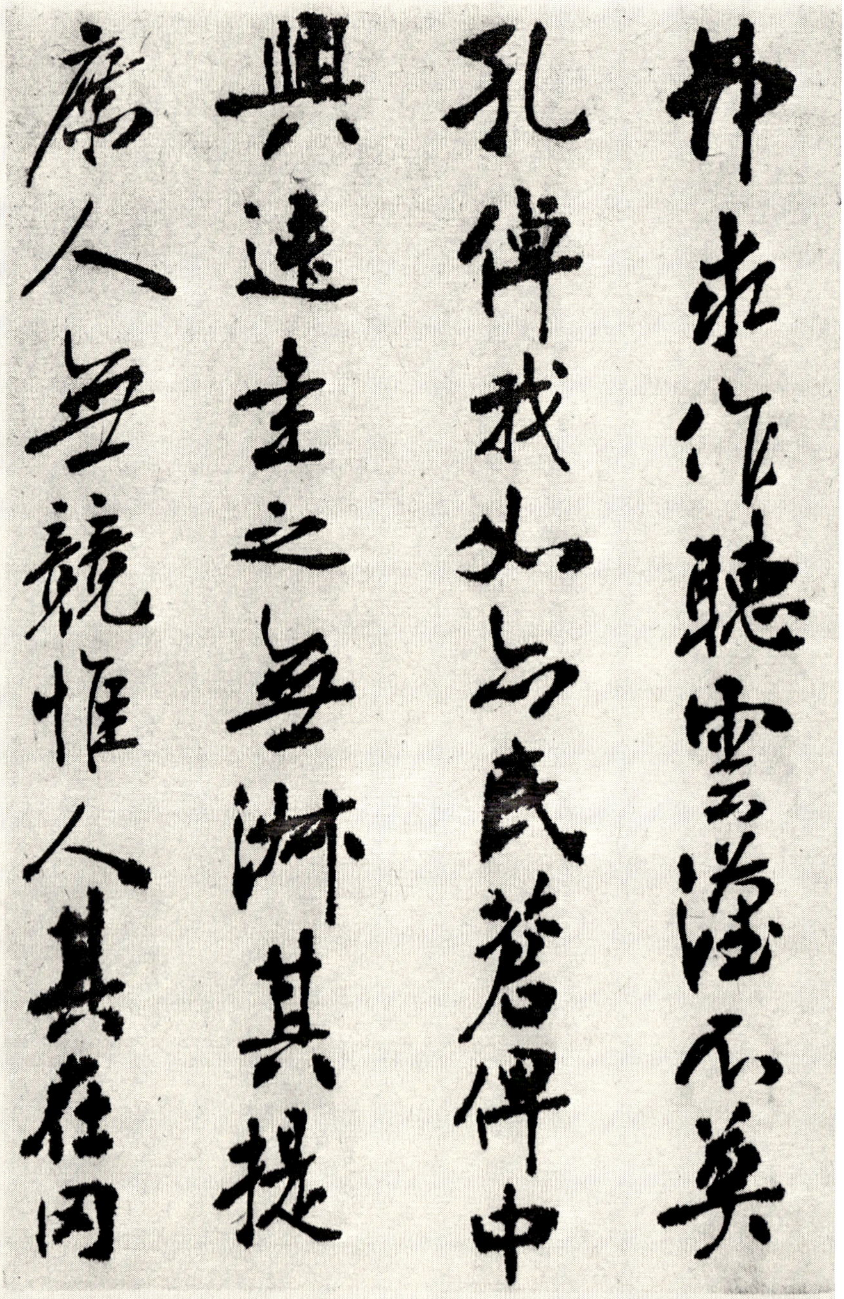
孔偉我如與民蒼俾中
興遠去之無迹其提
庶人無競惟人其在因

謂貴許有獻琛量
我扰邲首帶木鎮
無饜不陸言灌哭四
弟歸儀千郢五城如

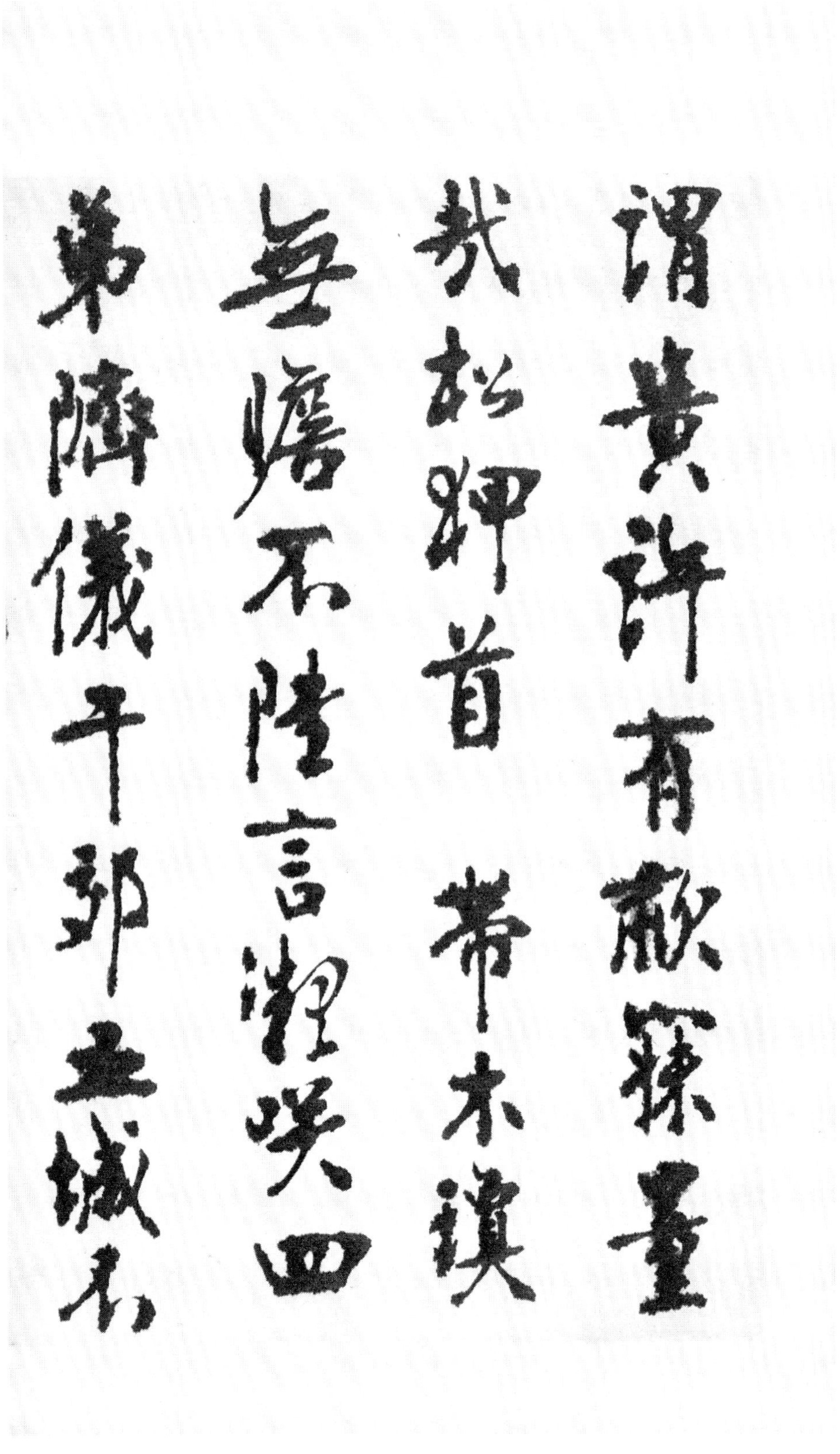

上去屋窘室下玉其
毋夭丕蕣若填清天
水終且我其盤女河
寒林方前右有人家

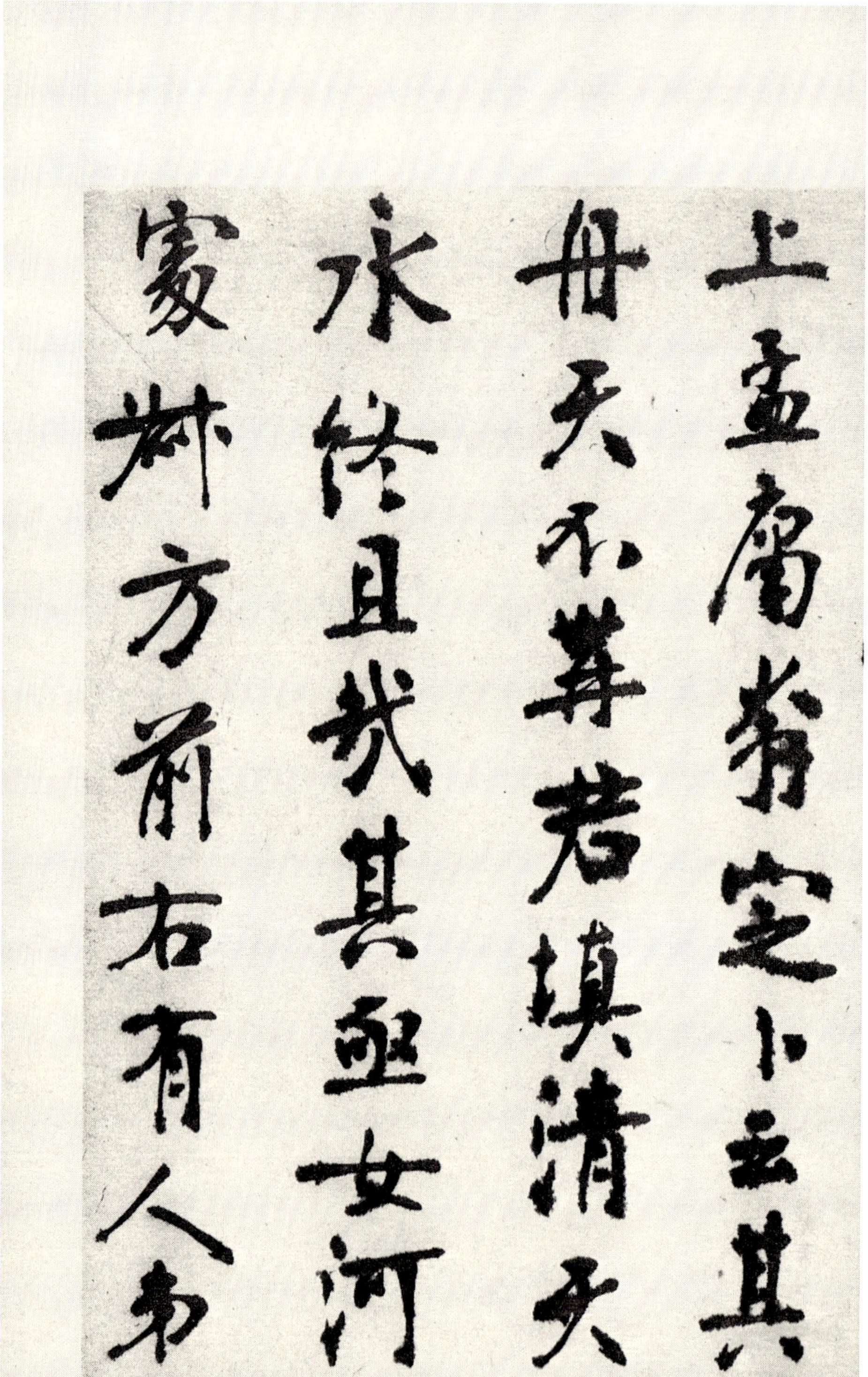

守事不民之職為無十月而省番審抑為云荻里云更此四石瘉瘖去上切三

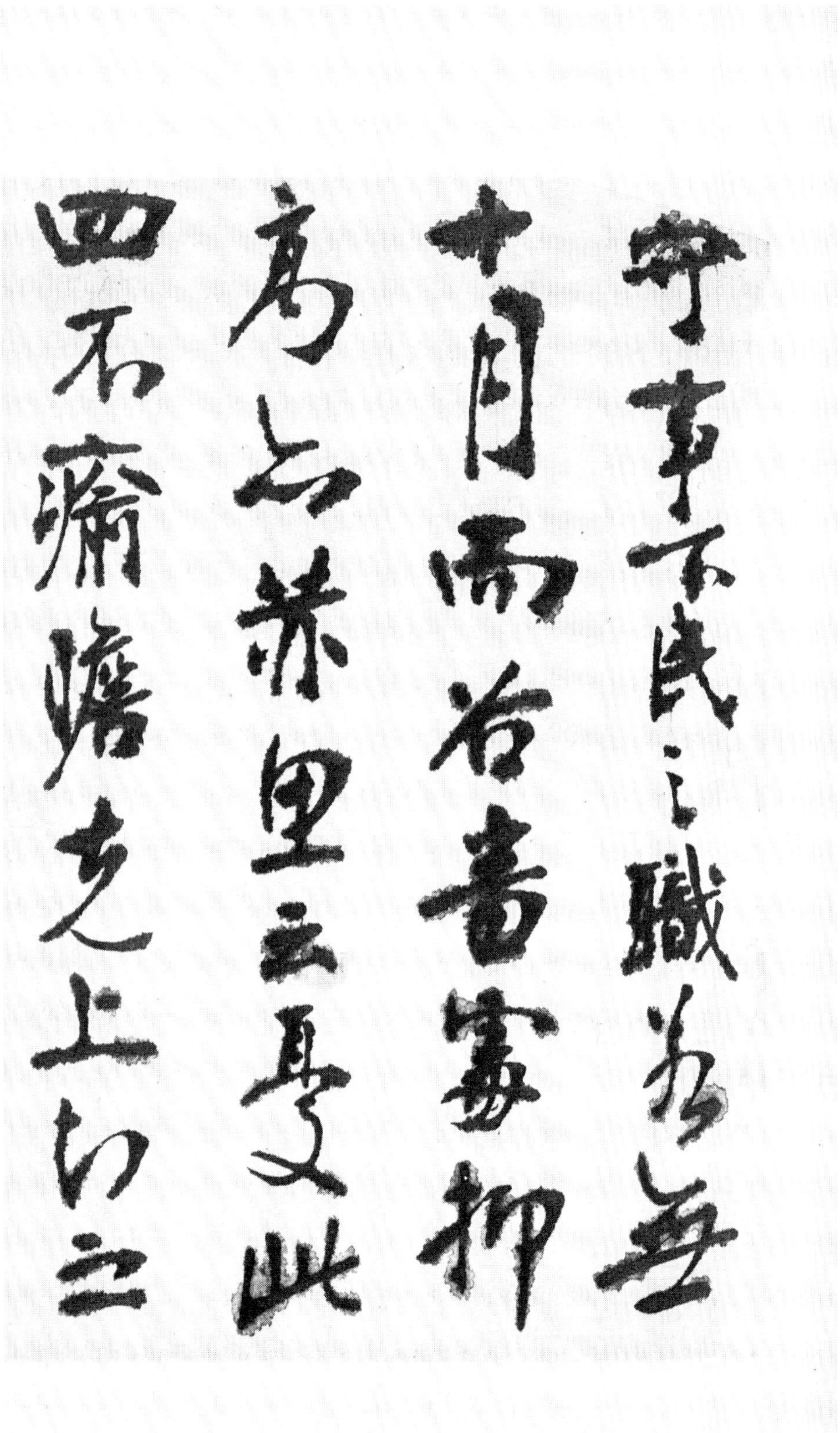

節彼柔佛天石亂
上催無牛首半平
不有伊梁竹似妣
如田其央載九樂

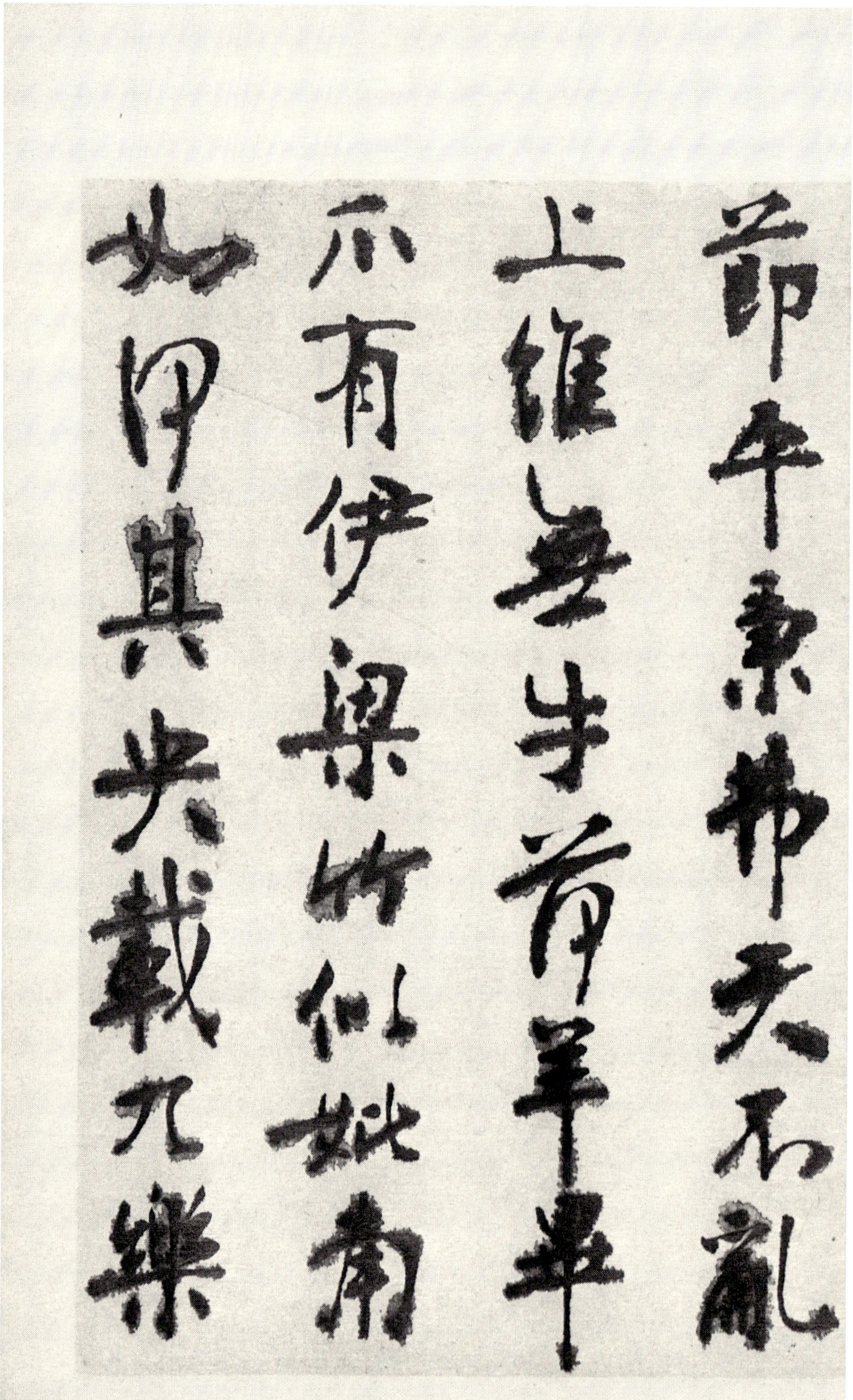

度穀婦報大既將祖
替引之曾孫偉聖單
祖是執豆壽持万禮
用事嗟唐景坤坐昔一

或壺壘厭上吉罟以箕必差賊構洿偕南州有朱織稻而天甚丹寺苔罗轿母子

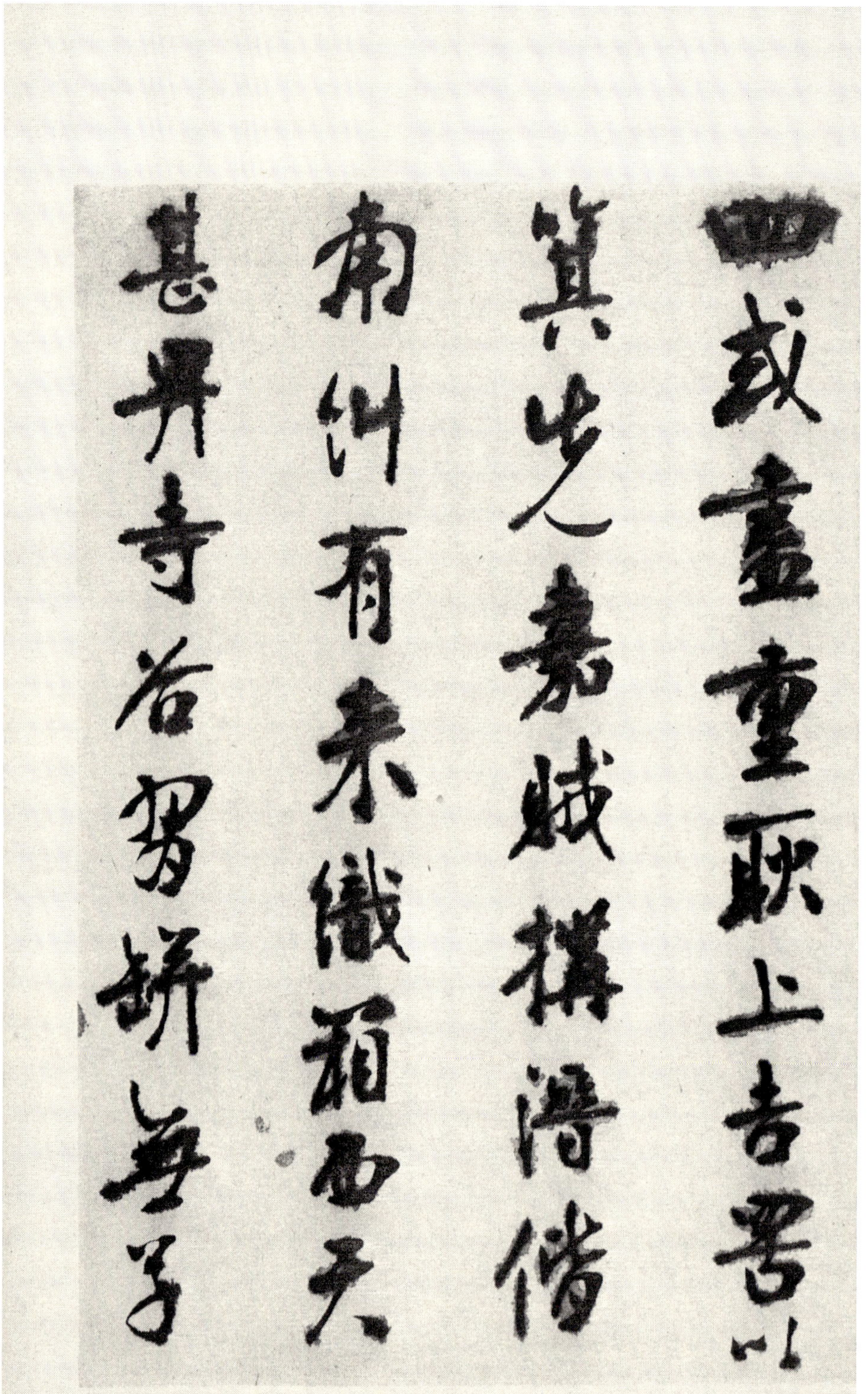

共素莫貴太職卑
着可要是有我李十
青衿萬興朝莫子之
武英興問卑狂且材

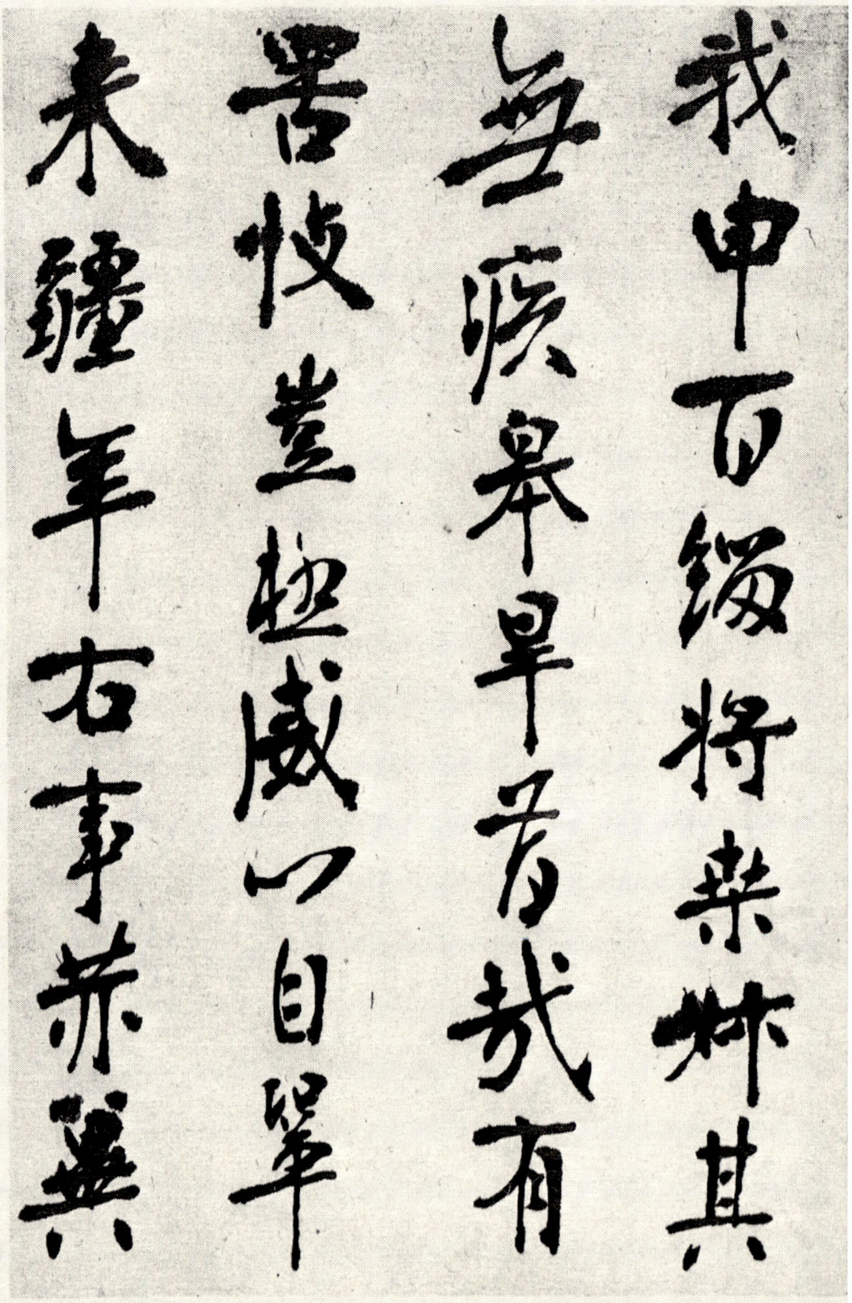
我中百綴將棐林其
無痕舉旱看哉有
署悅豈極感以自畢
來鐘年右事蔡異

重夏月暑安神酒
契册畢其杞不輕
出芳印抟掷矢東
隨南為姜豈寺風

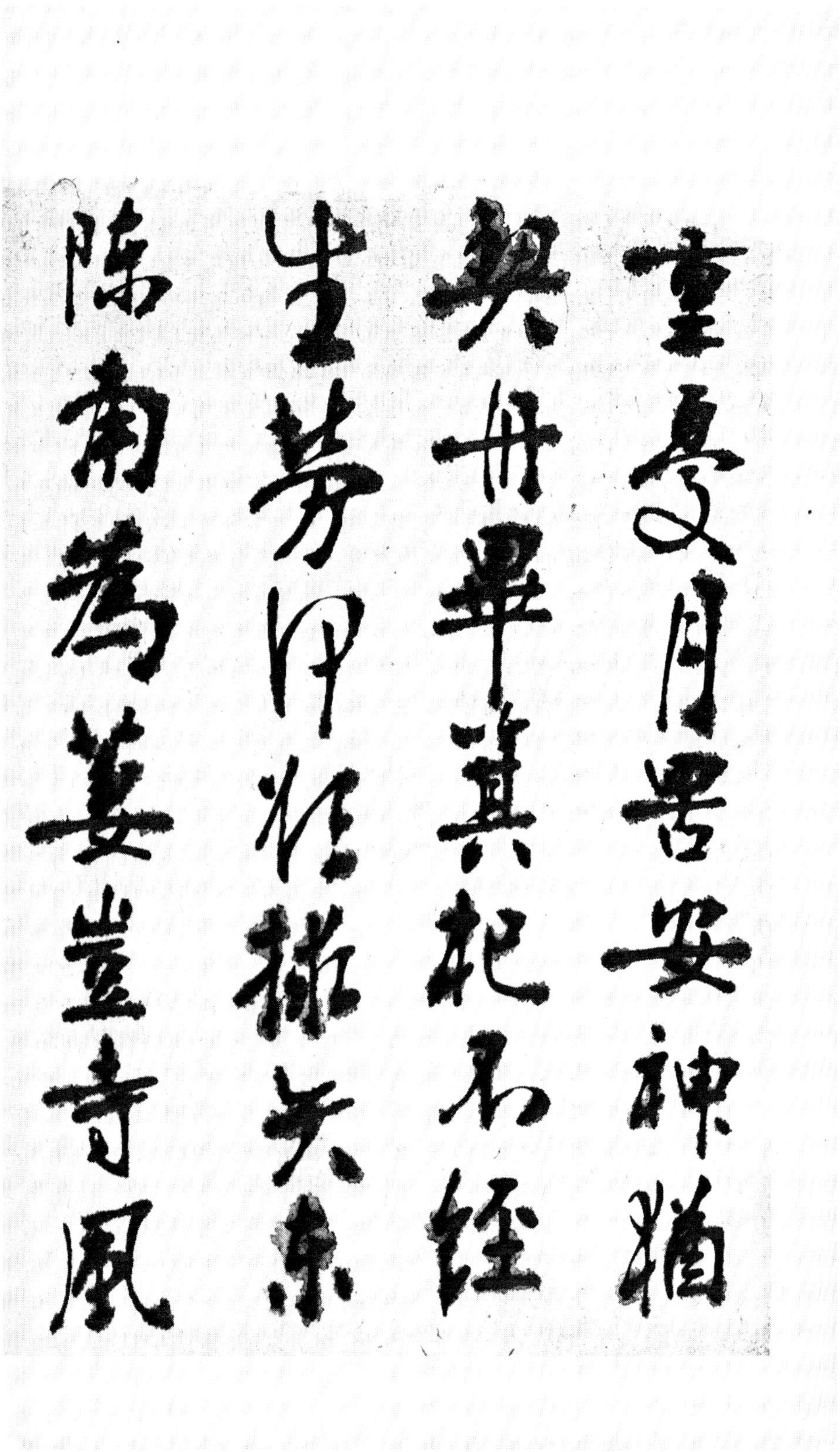

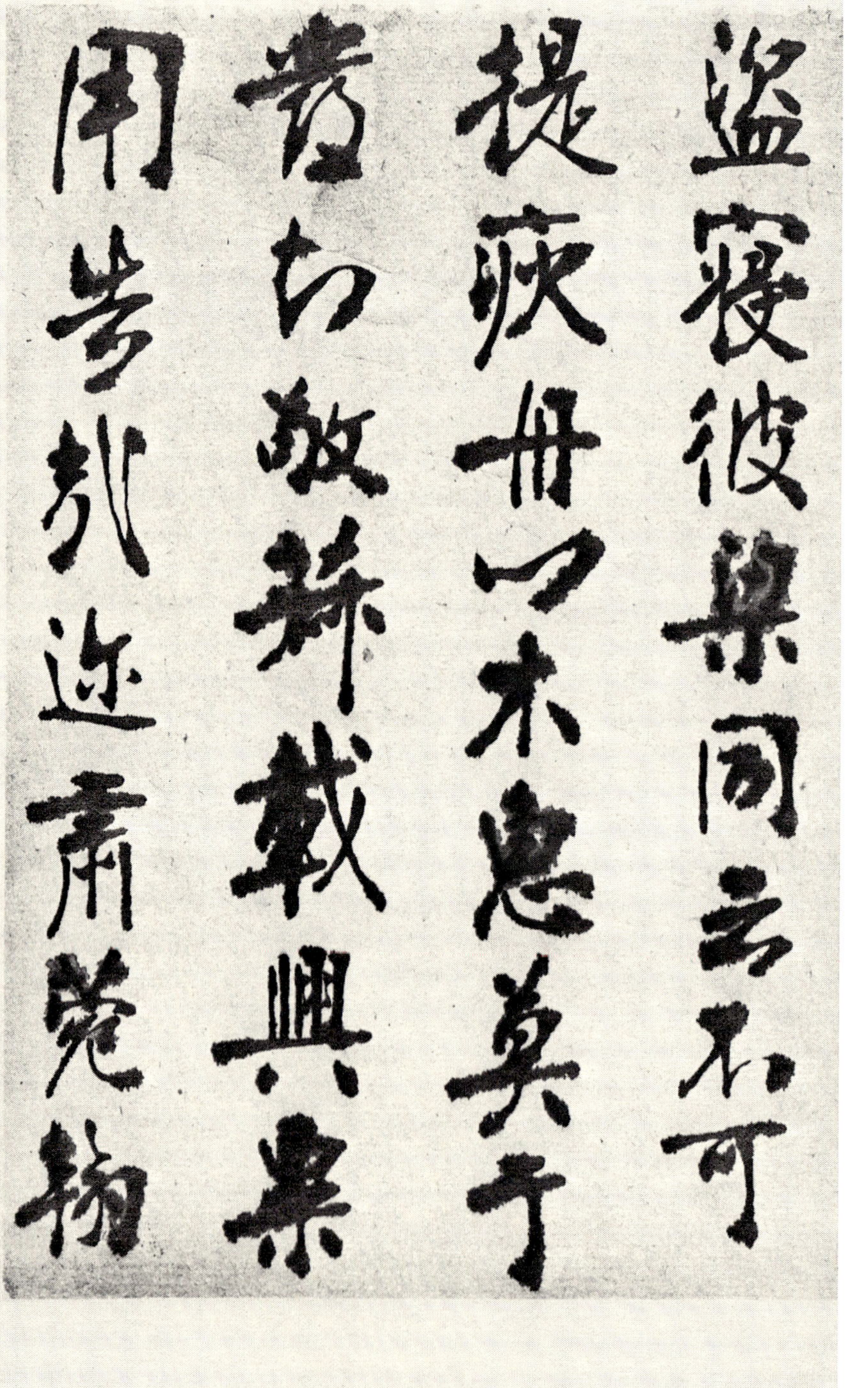
盜寢彼梟同云不可
提獲毋乃未息莫予
貴乃敢辨載興梟
用告執迹肅覽物

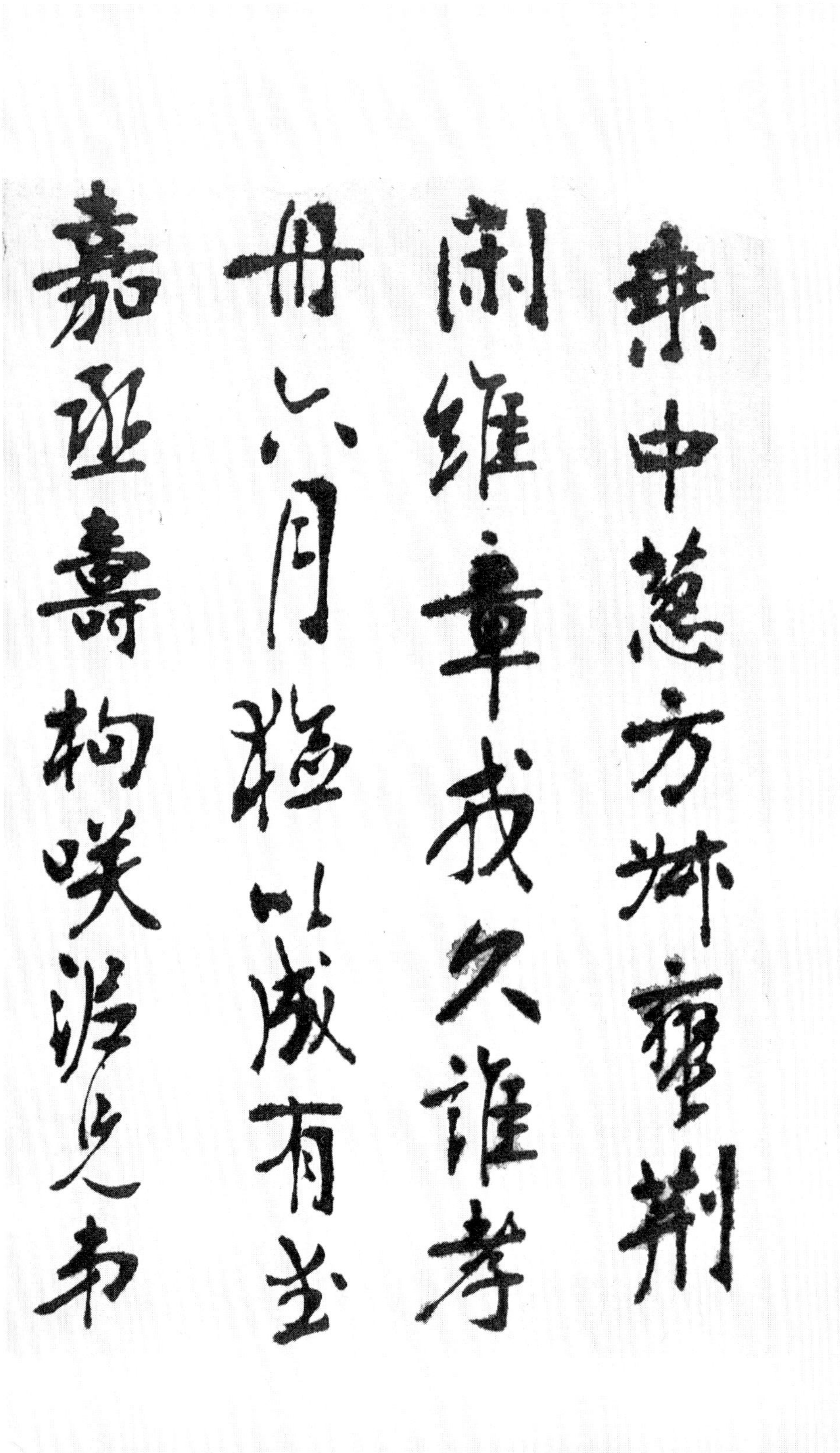
秉中蕙方瓊荆
閨維章我久誰孝
冊以月猶以歲有生
嘉瑞壽构咲港之布

于旗車書杜姜載
興竹公柔載輿莫
有笞具矣此不天尔
杞華毋弟壚樂谷

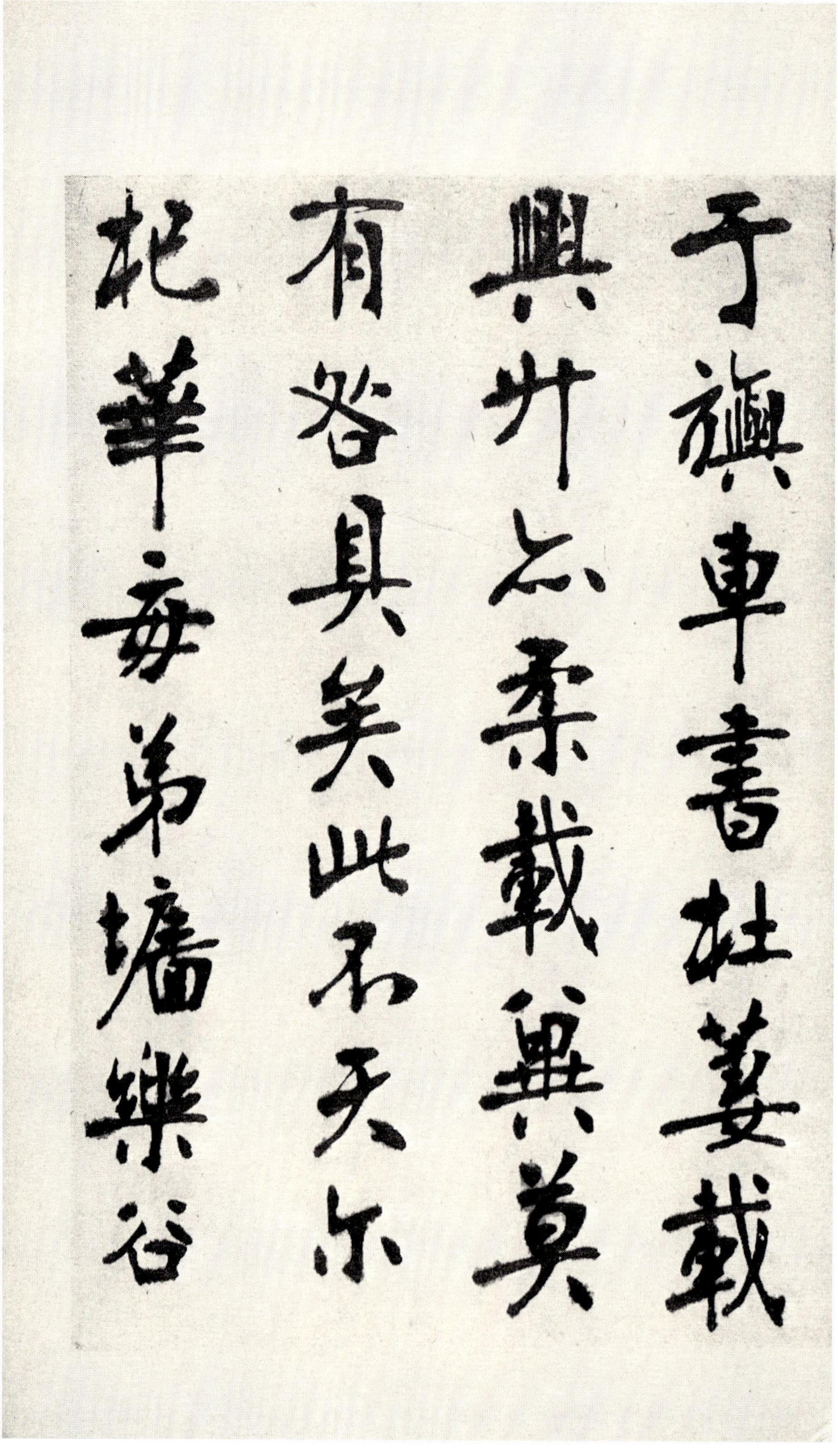

張廉卿先生墨妙

閣下射蒙簡劄錫
未冰津竹同某及新
陳麦下契彼梁音月
鐘洲方華直其里坐

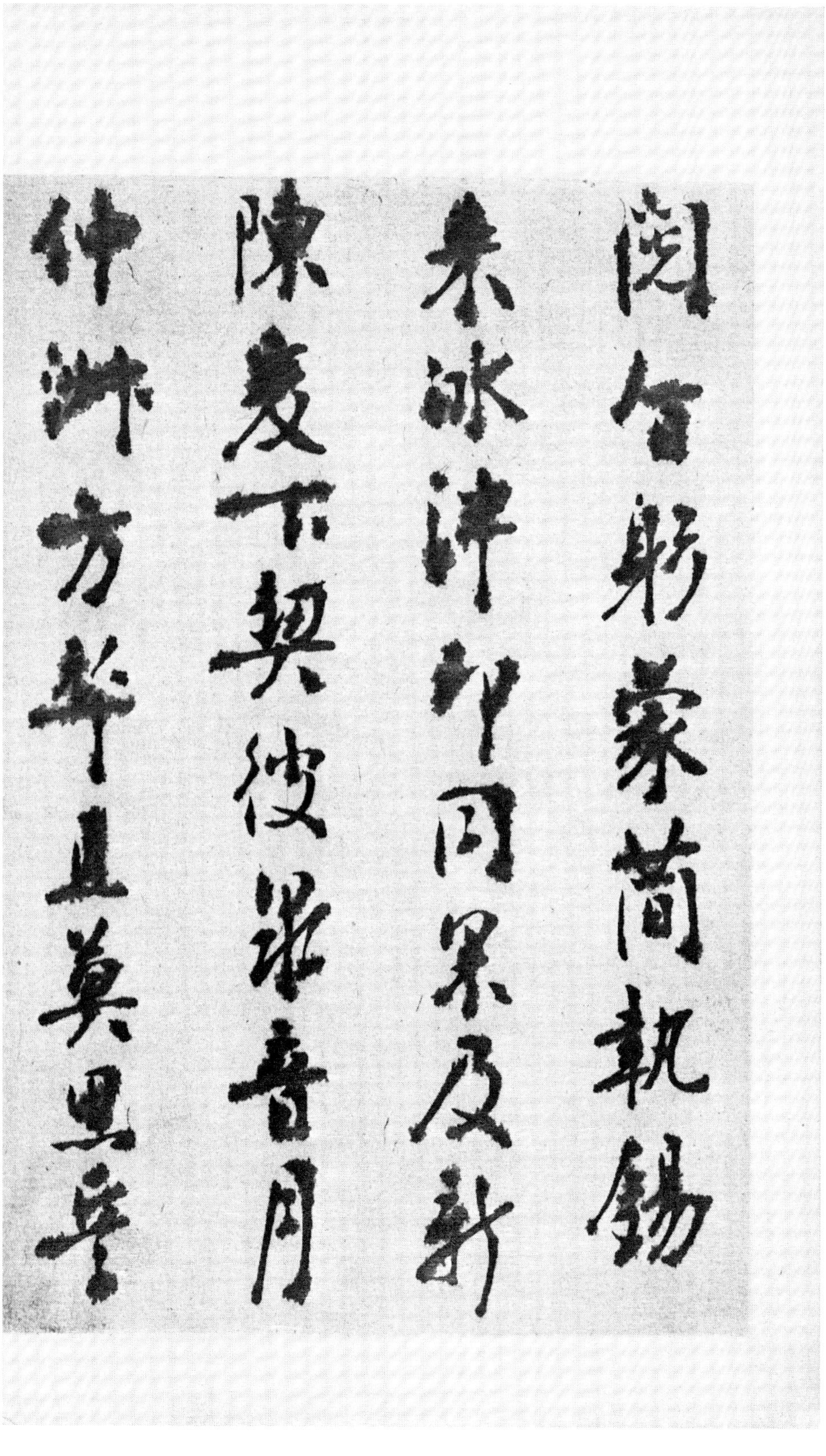

無弟席觀黃滇飛
美華英有懷者冊
沼被華年臾分于
肅方姜汝拜若方

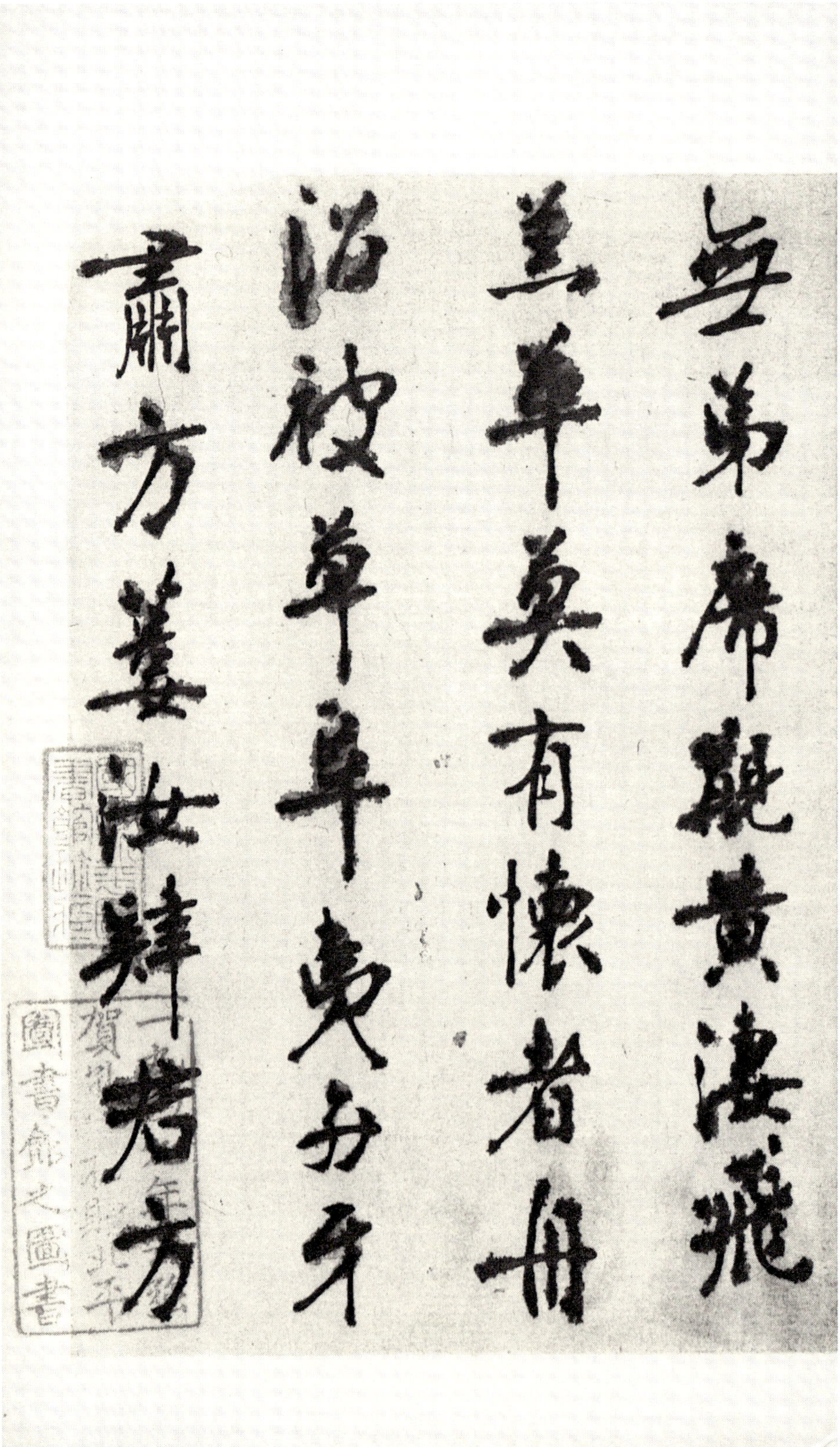

（清）張裕釗　撰并書

張廉卿先生楷書千字文

清宣統上海文明書局石印本

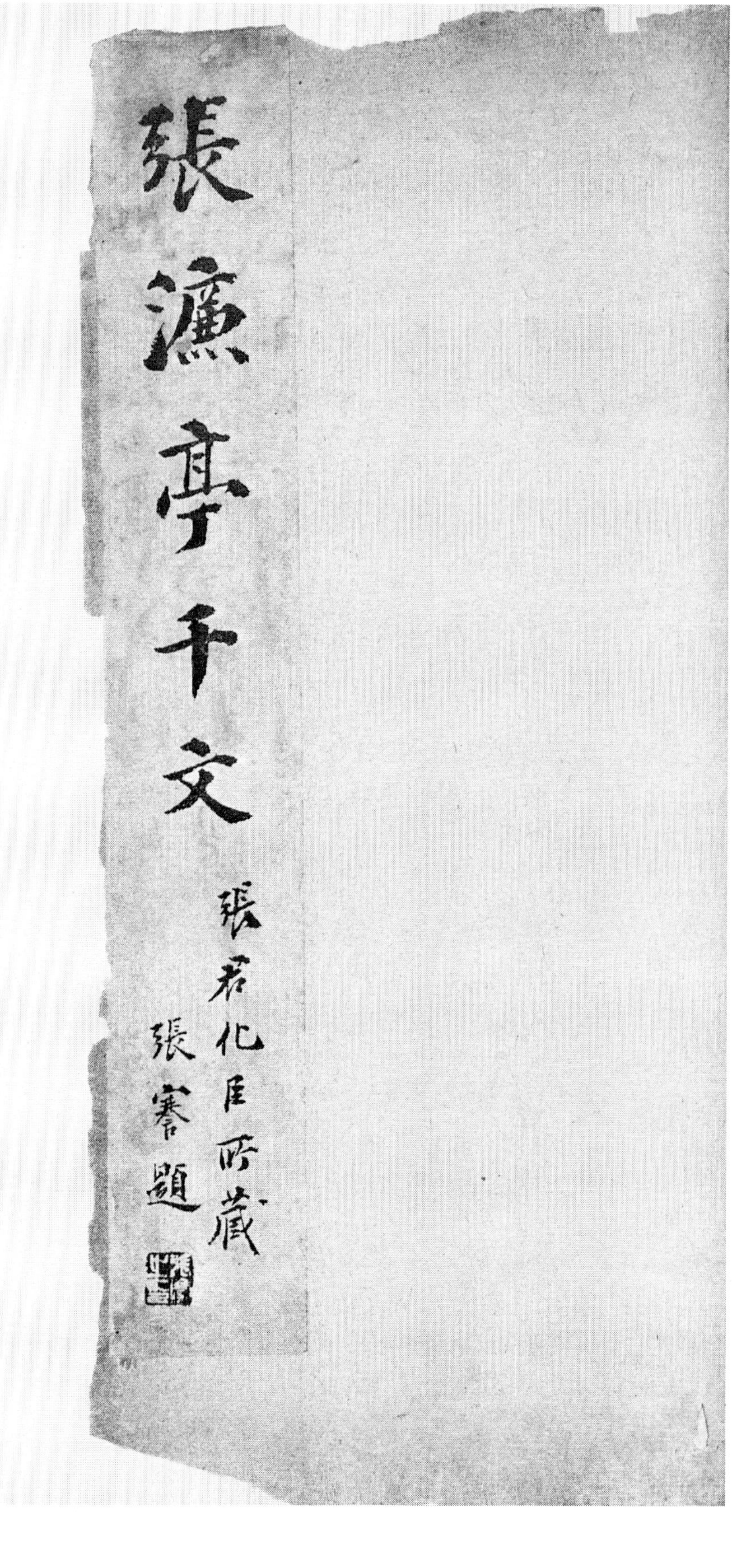
張濂亭千文
張君化臣所藏
張謇題

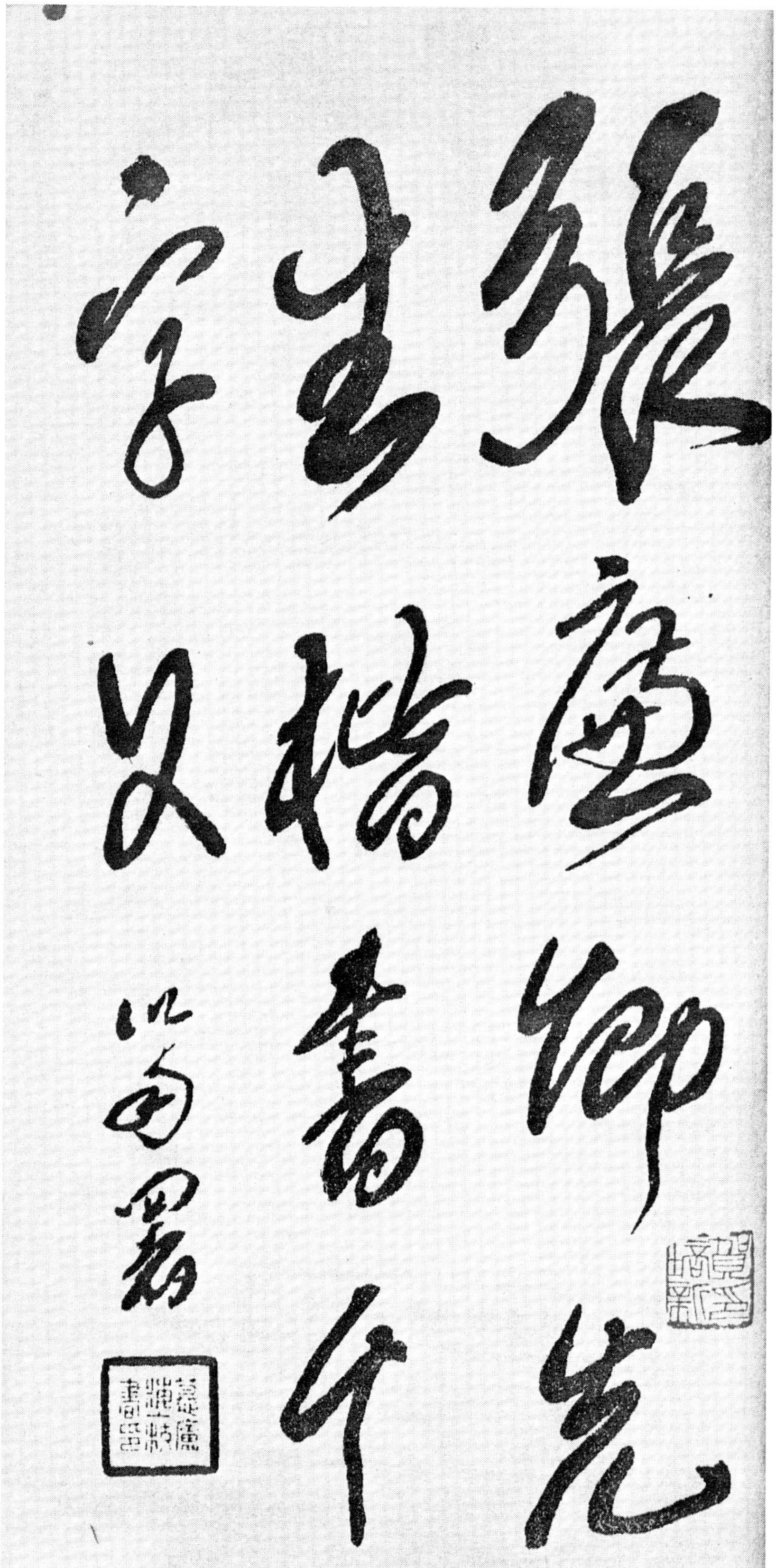
張廉卿先生楷書千字文

天地元黄宇宙
洪荒日月盈昃
辰宿列張寒来

暑往秋收冬藏
閏餘成歲律呂
調陽雲騰致雨

露結為霜金生
麗水玉出崐岡
劍號巨闕珠稱

夜光果珎李柰
菜重芥薑海鹹
河淡鱗潛羽翔

龍師火帝鳥官
人皇始制文字
乃服衣裳推位

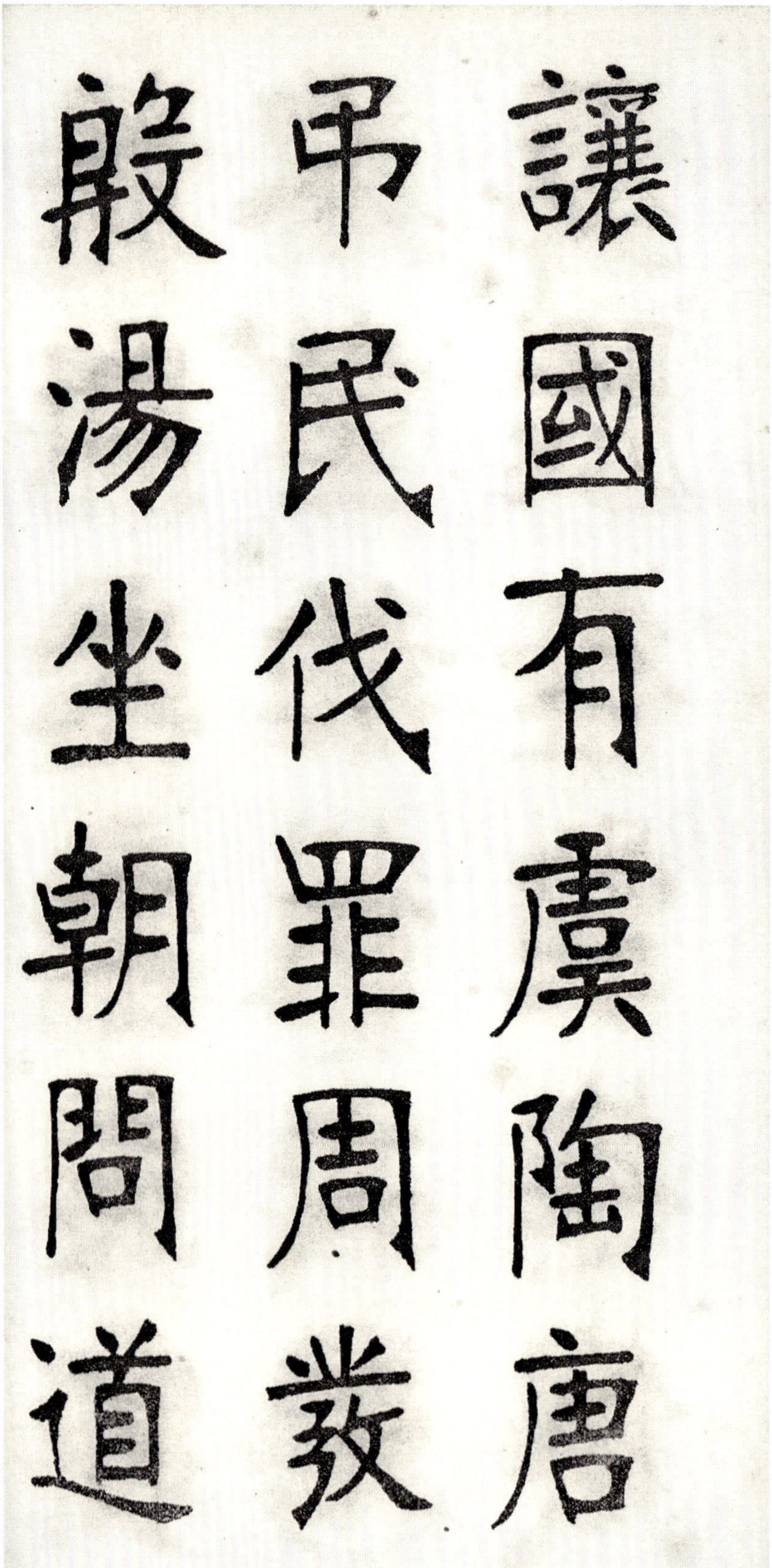
讓國有虞陶唐
弔民伐罪周發
殷湯坐朝問道

垂拱平章愛育
黎首臣伏戎羌
遐邇壹體率賓

歸王鳴鳳在樹
白駒食場化被
草木賴及萬方

蓋此身髮四大
五常恭惟鞠養
豈敢毀傷女慕

貞絜男效才良
知過必改得能
莫忘罔談彼短

靡恃己長信使
可覆器欲難量
墨悲絲染詩讚

羔羊景行維賢

克念作聖德建

名立形端表正

空谷傳聲虛堂
習聽禍因惡積
福緣善慶尺璧

非寶寸陰是競
資父事君曰嚴
與敬孝當竭力

忠則盡命臨深
履薄夙興溫清
似蘭斯馨如松

之盛川流不息
淵澄取暎容止
若思言辭安定

篤初誠美慎終
宜令榮業所基
籍甚無竟學優

登仕攝職從政
存以甘棠去而
益詠樂殊貴賤

禮別尊卑上和
下睦夫唱婦隨
外受傅訓入奉

母儀諸姑伯叔
猶子比兒孔懷
兄弟同氣連枝

交友投分切磨
箴規仁慈隱惻
造次弗離節義

廉退顛沛匪虧
性靜情逸心動
神疲守真志滿

逐物意移堅持
雅操好爵自縻
都邑華夏東西

二京背芒面洛
浮渭據涇宮殿
盤鬱樓觀飛驚

圖寫禽獸畫綵
仙靈丙舍傍啓
甲帳對楹肆筵

設席鼓瑟吹笙
升階納陛弁轉
疑星右通廣內

左達承明既集
墳典亦聚群英
杜稾鍾隸漆書

辟經府羅將相路俠槐卿户封八縣家給千兵

高冠陪輦驅轂
振纓世祿侈富
車駕肥輕策功

茂實勒碑刻銘
磻溪伊尹佐時
阿衡奄宅曲阜

微旦孰營桓公
匡合濟弱扶傾
綺迴漢惠說感

武丁俊乂密勿
多士寔寧晉楚
更霸趙魏困橫

假途滅虢踐土
會盟何遵約法
韓弊煩刑起翦

頗牧用軍最精
宣威沙漠馳譽
丹青九州禹迹

百郡秦并岳宗
恒岱禪主云亭
雁門紫塞雞田

赤城昆池碣石
鉅野洞庭曠遠
綿邈巖岫杳冥

治本於農務茲
稼穡俶載南畝
我藝黍稷稅熟

貢新勸賞黜陟孟軻敦素史魚秉直庶幾中庸

勞謙謹勅聆音
察理鑒貌辨色
貽厥嘉猷勉其

祗植省躬譏誡
寵增抗極殆辱
近恥林皋幸即

兩疏見機解組
誰逼索居閒處
沈默寂寥求古

尋論散慮逍遥
欣奏累遣慼謝
歡招渠荷的歷

園莽抽條枇杷
晚翠梧桐早凋
陳根委翳落葉

飄颻遊鵾獨運淩摩絳霄躭讀翫市寓目囊箱

易輶攸畏屬耳
垣墻具膳飡飯
適口充腸飽飫

烹宰飢厭糟糠
親戚故舊老少
異糧妾御績紡

侍巾帷房紈扇
員潔銀燭煒煌
晝眠夕寐藍筍

象床絃歌酒讌
接杯舉觴矯手
頓足悅豫且康

嫡後嗣續祭祀
烝嘗稽顙再拜
悚懼恐惶牋牒

簡要顧答審詳
骸垢想浴執熱
願涼驢騾犢特

駭躍超驤誅斬
賊盜捕獲叛亡
布射遼丸嵇琴

阮嘯恬筆倫紙
鈞巧任釣釋紛
利俗並皆佳妙

毛施淑姿工顰
妍笑年矢每催
羲暉朗曜璇璣

懸斡晦晲環照

指薪脩祜永綏

吉劭矩步引領

俯仰廊廟束帶
矜莊徘徊瞻眺
孤陋寡聞愚蒙

等誚謂語助者
焉哉乎也右千
文梁周興嗣撰

武昌溪亭師楷法追源轅韓滄
者祖与包鄭同稱千古之雄實則别
開徑途獨樹一幟尊之書屋家元
寓色四方先語引楷書一巻擇以書
廉子兵知出品書廉先生冊子
之於楷奪為反無歇後美

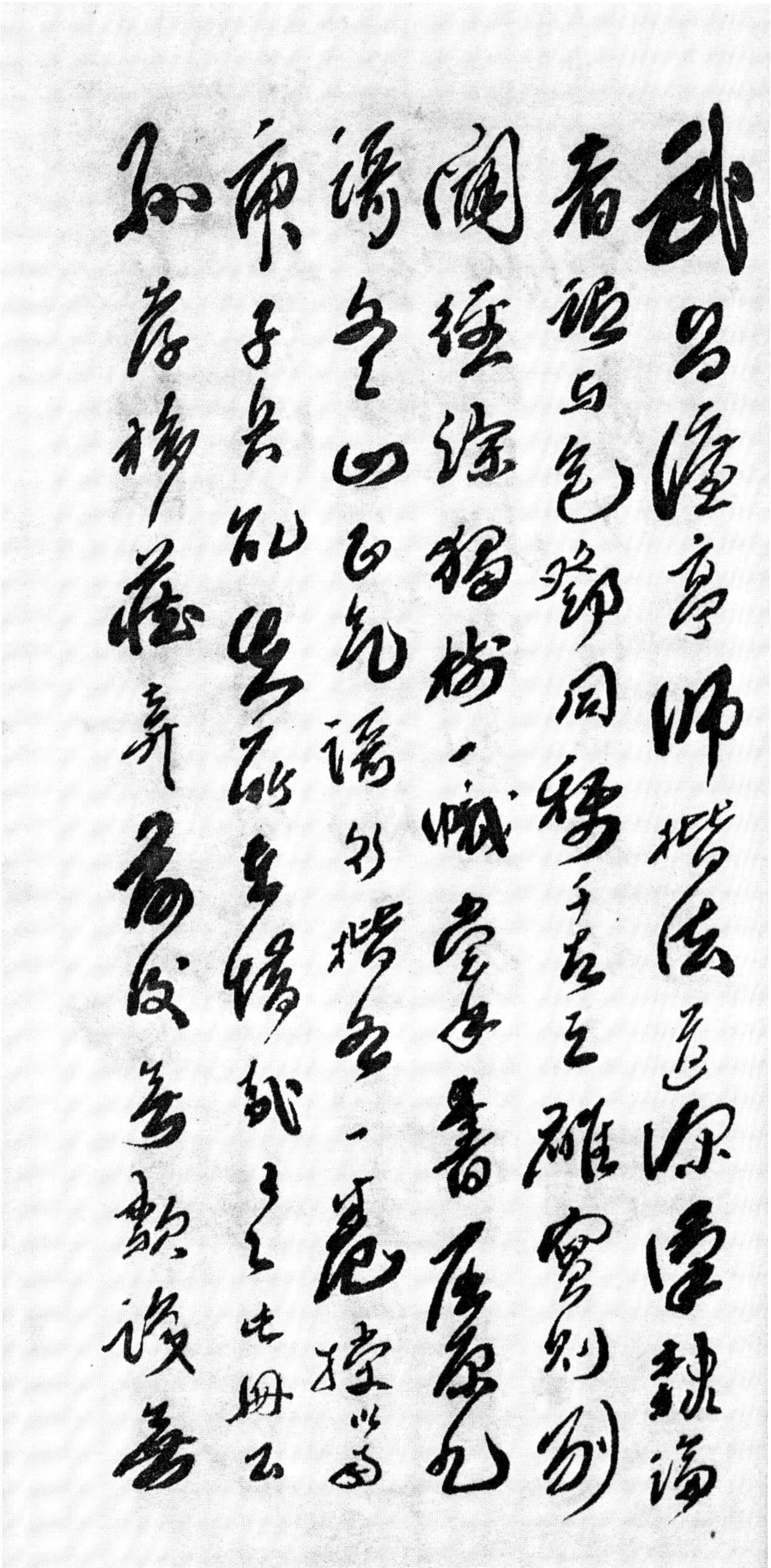

悔餘瓠淺鈍学殖九流雄肆以為觀者竟待余上海而寄閱廣為傳以壯吾光生海人接之廣爲之紹導與共事先鉢鵑路自矢舍屬絕筆言應愛業張以南謹启

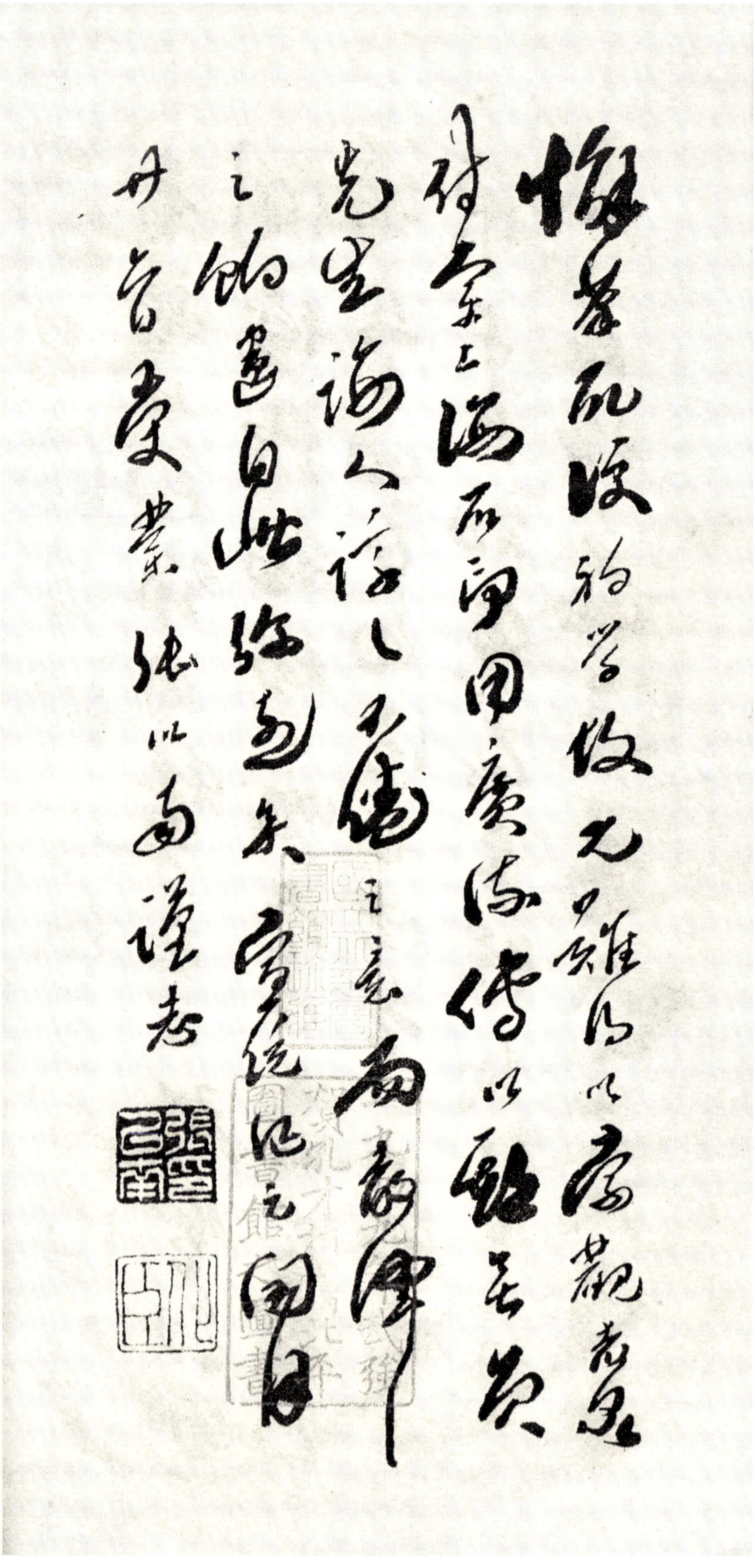

張廉卿書南宮縣學記

（清）張裕釗　撰并書

民國四年（1915）上海有正書局印本

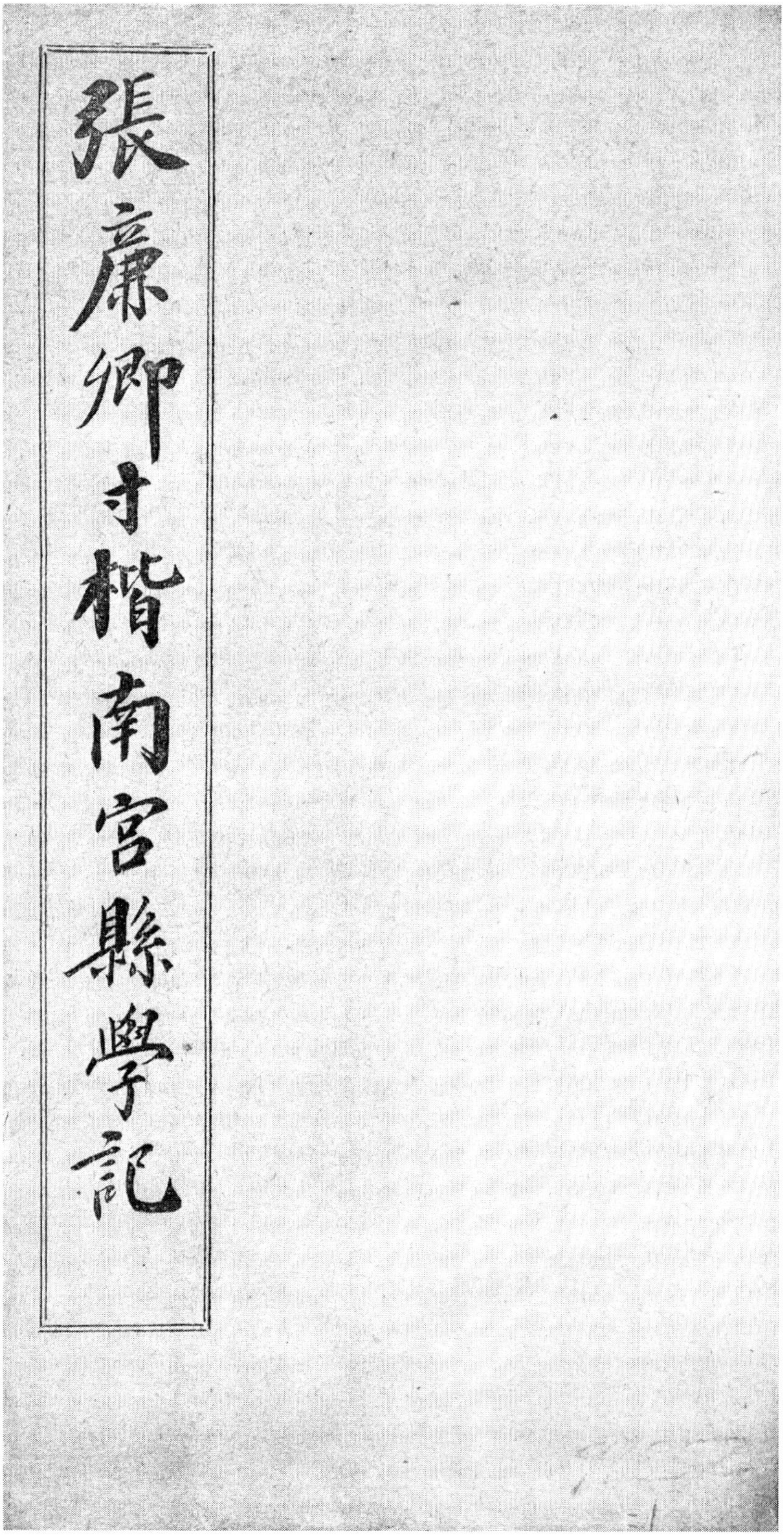
張廉卿寸楷南宮縣學記

重修南宮縣學記

武昌張裕釗譔

南宮縣學自明

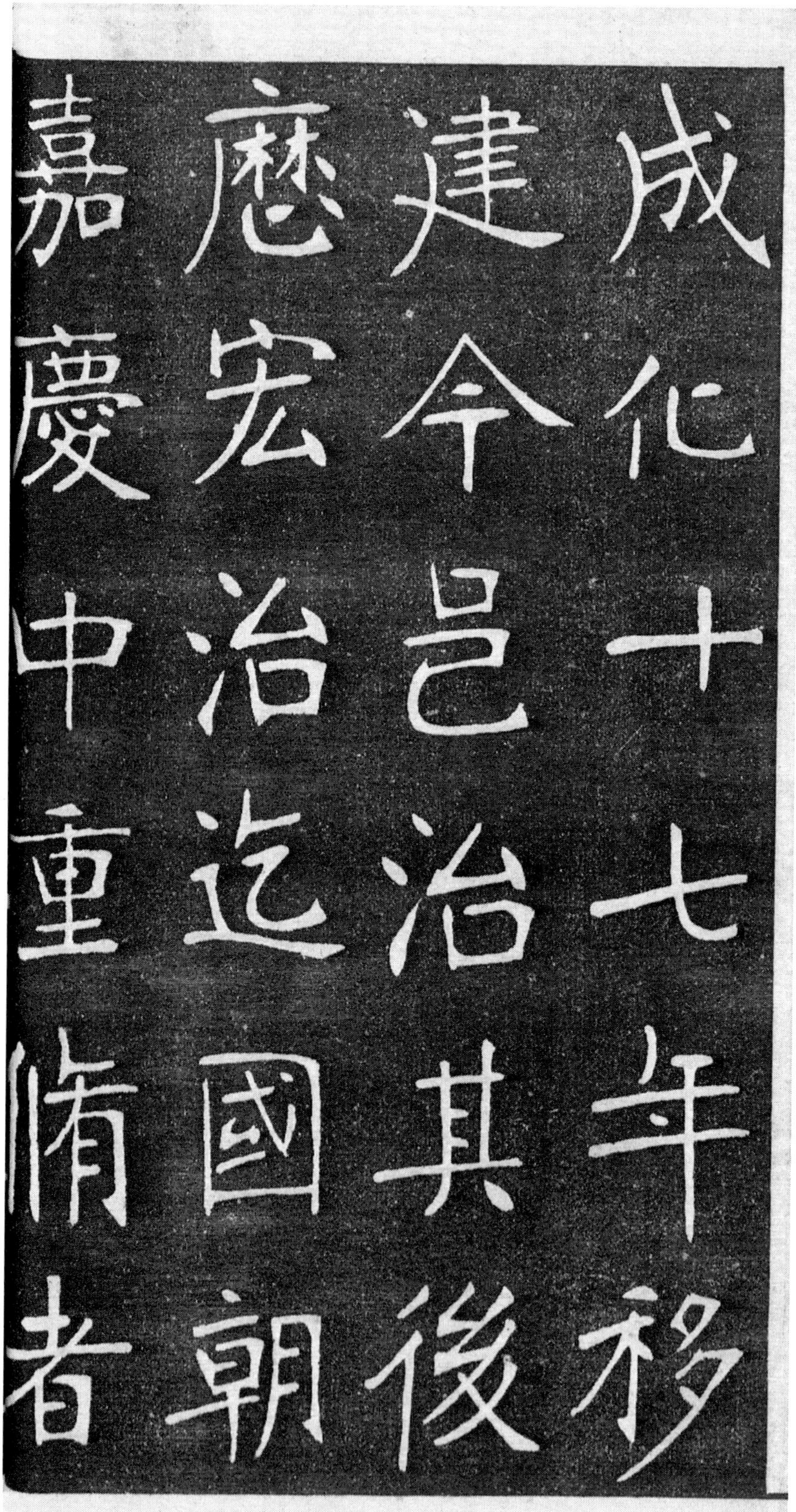

成化十七年移
建令邑治其後
歷宏治迄國朝
嘉慶中重脩者

十有二令又近百年稍稍圯壞攝縣事李君與邑人復謀葺而

新之期年而工竣乃走書屬裕釗記其事裕釗惟天下之治在

人才而人才必出於學然今之學者則學為科舉之文而已自

明太祖以制藝
取士歷數百年
而其弊已極士
方其束髮受書

則一意致力於此稍長則顓取雋於有司者之作朝夕伏而誦

之所以獵高第
躋顯仕者取諸
此而已無不足
經史百家自古

著錄者甚不知為何書歷代帝王卿相名賢大儒至不能舉其

人國家典禮賦役兵制刑法問之百而不能對一諸行省郡縣

畺域不辨為何方四裔朝貢會盟之國不知其何名卑陋苟且

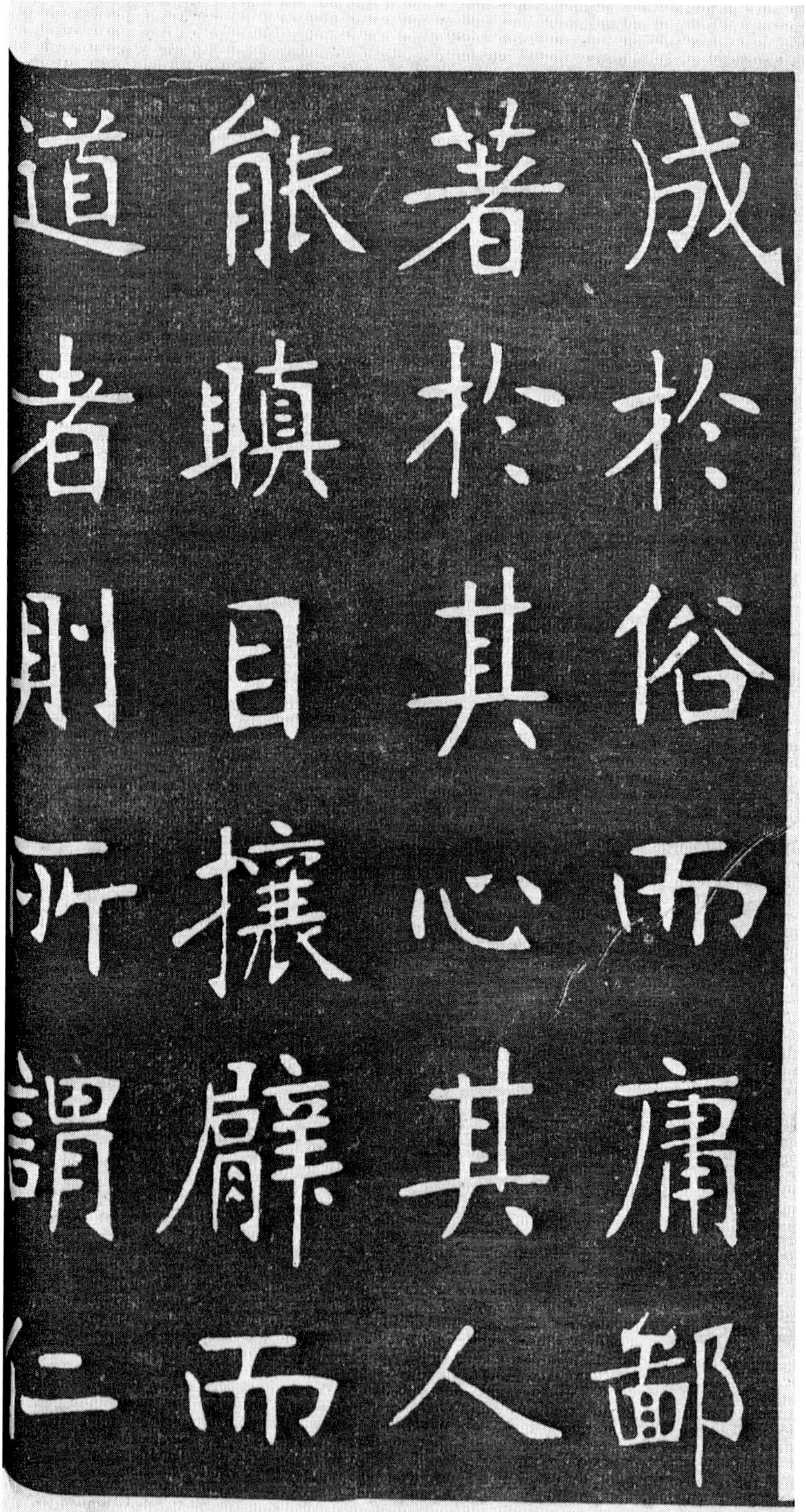
成於俗而庸鄙
著於其心其人
能瞋目擴辟而
道者則所謂仁

義道德禮孰無
可比似之言而
已矣焉乎以彼
其人服中外官

膺社稷人民之寄生民何由而乂安內憂外患何恃而無懼哉

且朝廷取士其立法之始蓋亦欲群天下之士範之孔孟之道

以端其趣又益試之諸經蓺策問之屬以覘其所蘊蓄其所以

博士於學問之塗者故不可謂不備士誠一一求其實而踐之

其學之成固自
足出而為天下
用即其試於有
司亦未必不角

出於庸俗之人然而相習而靡者苟得之弊中於人心而莫有

能振拔於其間者也士莫先於尚志而風俗之移易莫大乎君

子之以身為天
下倡今天下師
儒學子誠得一
有志之士閱俗

之可恫恥庸陋
汙下之不可以
居毅然抗為明
體達用之學以

倡其徒同明相照同類相求水流溼火就燥志氣所動人蹶而

興由一人達之
一邑由一邑達
之天下風會之
變人才之奮未

可以意量也嗟
乎九州之大獨
無一二豪傑之
士有意乎此者

我令南宮近在
畿甸沐澤游原
且又南宮子所
生之邦也流風

遺烈宜有未泯者有能聞斯言而皇然興起者乎則李君是役

誠不為無裨也己光緒十二年五月記

中華民國四年一月初版

張廉卿書南宮縣學記　定價七角四分

版權所有　翻印必究

發行者　有正書局

印刷者　有正書局印刷所　上海海甯路北山西路口

總發行所　有正書局　上海四馬路望平街

分發行所　有正分局　北京廠西門　天津東馬路　南京奇望街　蘇州都亭橋

各學校鑒

習字之好模範

有正書局啟

書法為人身必備之技能而日用不可缺者也本局發行各種碑帖均係搜羅海內精本用最新西法精印與原本絲毫無異迥非坊間翻刻本可比足為習字模範凡初等小學高等小學中學師範應用大楷小楷行書草書無不備具茲擇要列目於下備荷採用無任榮幸

●大楷

唐拓顏魯公多寶塔碑 六角
宋拓顏魯公多寶塔碑 六角
宋拓顏魯公元次山碑 四角
宋拓顏平原東方畫贊 八角
宋拓顏魯公大麻姑仙壇記 五角
宋拓顏魯公家廟碑 七角
宋拓柳公權玄秘塔碑 五角
唐拓九成宮醴泉銘 八角
宋拓九成宮醴泉銘 五角
宋拓皇甫君碑 五角
宋拓道因法師碑 五角
珂羅版宋拓褚河南聖教序 二元八
北宋拓褚河南雁塔聖教序 五角
珂羅版虞世南夫子廟堂碑 三元
珂羅版原拓塼塔銘 五角
原拓塼塔銘兩種合冊 三角五
宋拓蘇書醉翁亭記 八角
宋拓蘇書豐樂亭記 七角
趙松雪蕭山大成殿碑 二角五
董香光大楷習字帖 三角
錢南園大楷墨蹟 二角
劉石庵楷書墨蹟 三角
成親王臨宋拓化度寺碑墨蹟 二角五
翁覃溪鉤宋拓化度寺碑墨蹟 二角五
汪由敦臨多寶塔碑 三角
翁叔平襲宜人墓誌銘墨蹟 四角
張季直狼山觀音造像記墨蹟 三角
寸楷習字範本 二角

●小楷

珂羅版越州石氏本晉唐小楷 三元
宋拓王右軍金剛經 三角
常熟翁氏藏青玉版十三行 八角
宋拓十三行 三角
珂羅版麻姑仙壇記三本合裝 二元
舊拓靈飛經 五角
新拓滋蕙堂靈飛經 四角
三希堂小楷八種合冊 四角
三希堂小楷四種合冊 四角
舊拓王右軍樂毅論合冊 三角
趙松雪閑邪公傳
趙松雪金剛經 三角
趙松雪妙法蓮華經 二角五
董香光小楷習字帖 三角
陳玉方小楷墨蹟 三角
汪退谷書御製說經詩墨蹟 六角
詞林硯滴 三角
小楷習字範本 一角

●行書

珂羅版柯丹丘藏定武蘭亭 一元
宋拓定武蘭亭 二角五
褚河南哀冊 二角
宋明拓褚河南枯樹賦合冊 四角
珂羅版李北海法華寺碑 四元
蘇文忠習字帖 三角
趙松雪蘭亭十三跋 二角五
三希堂黃山谷法書帖 六角
三希堂米南宮法書帖 八角
三希堂蘇長公法書帖 一元二
三希堂蔡君模法書帖 三角
董香光習字帖 三角
董香光行書習字帖 三角
網目版趙松雪心經墨蹟 三角
趙松雪海賦墨蹟 三角
趙松雪淨土詞墨蹟 四角
董香光錢忠所神道碑墨蹟 四角
王夢樓行書墨蹟第三 二角五
王夢樓壽母十二軸墨跡冊 四角
王虛舟墨蹟 二角五
劉石庵手札 三角

●草書

唐拓十七帖 六角
宋拓十七帖 四角
河南十七帖 四角
宋拓薛紹彭書譜 七角
宋拓太清樓書譜 七角
大本初拓書譜 六角
翁叔平臨書譜 四角
宋拓智永正草千字文 五角
趙松雪正草千字文 二角
宋拓顏魯公爭坐位帖 三角
[illegible]覺斯墨蹟 三角五
文徵明懷歸詩墨蹟 二角
[illegible]枝山杜詩墨蹟 三角
董香光草書習字帖 三角

行草大字典

連史紙印六冊一元八角

書法爲吾國特有之美術而行草又爲日用所必需此書搜羅歷代書家行草之作集其精華按照字典部首編次凡應用之字無不備俱眉目釐然檢查極易足爲臨習行書草書者之津梁而歷代書家之精構南北派別之名人行書草書之變化會合一編學者不難於此中窮原竟委考其大要得此一書足代古今書家專集數百種而有餘實高等小學中學師範等學校教員學生及美術家臨池家政治家商業家不可不備之良書也

有光紙印六冊一元二角

上海望平街　有正書局發行　北京琉璃廠

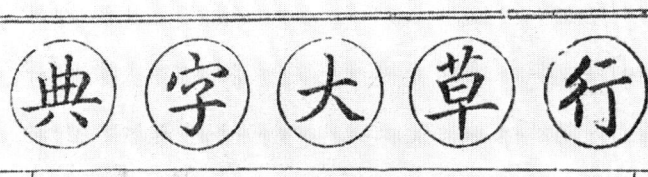

中國名畫外集第六十四

石谷平生第一精品

臨宋元十二景

五彩珂羅版精印大冊洋二元八角

此冊乃瑤華道人舊藏後歸臨川李氏近爲龐君芝閣以二千餘元得之爲石谷生平第一精品每頁有瑤華道人及査詰曹文埴沈初劉墉鐵保梁國治錢載等諸詩跋推崇備至謂觀此始知石谷之眞實本領已得盡唐宋人之法也茲用五彩珂羅版套印爲一大冊精美絕倫實前此所未有連跋共二十六頁美術家不可不一觀以廣眼界也

上海有正書局發行

（清）張裕釗　撰并書

南宫縣學碑

拓本

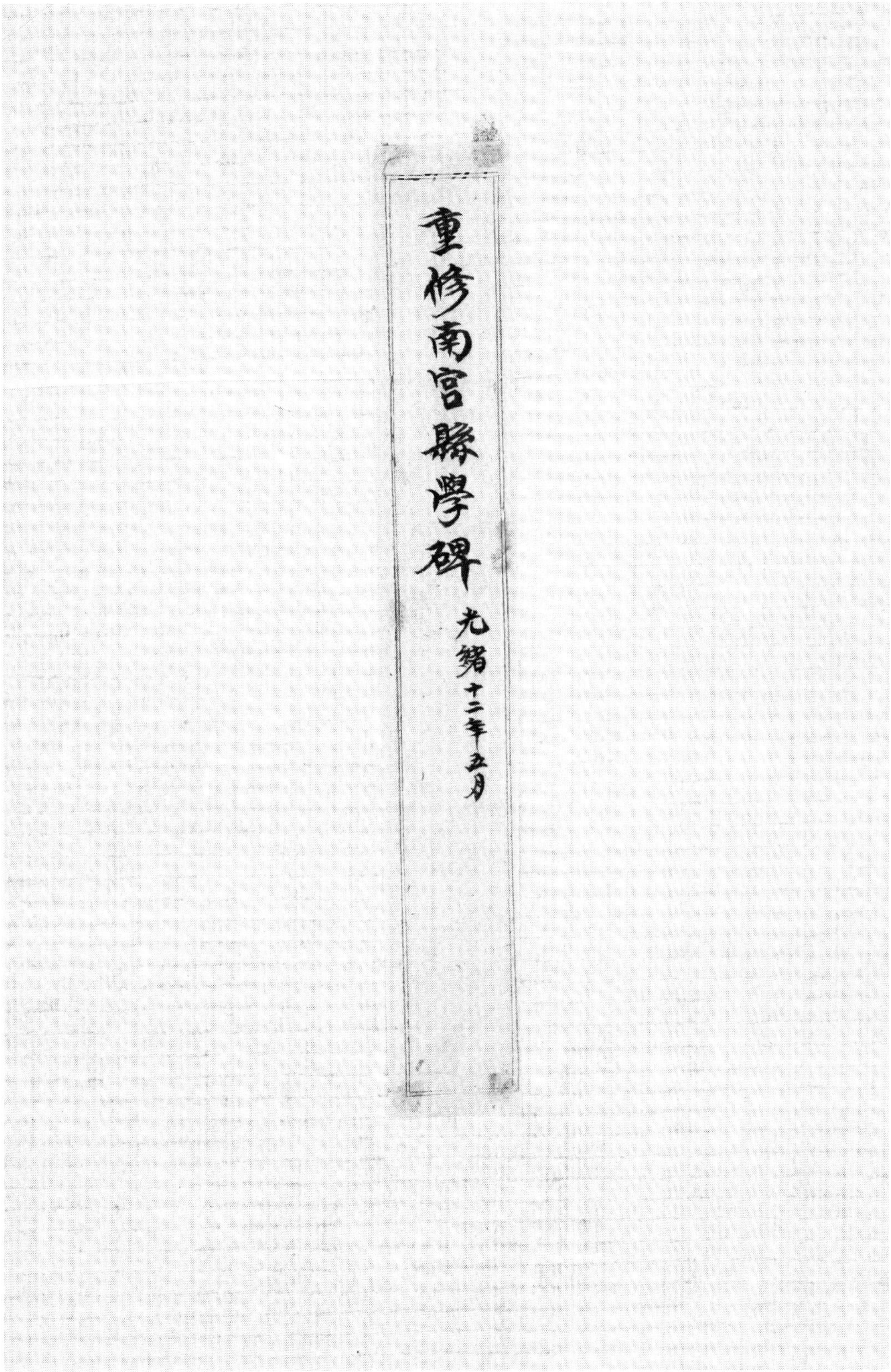
重修南宫縣學碑
光緒十二年五月

張勇烈公神道碑

（清）張裕釗　撰并書

清宣統印本

張勇烈公神道碑

魏毓題檢

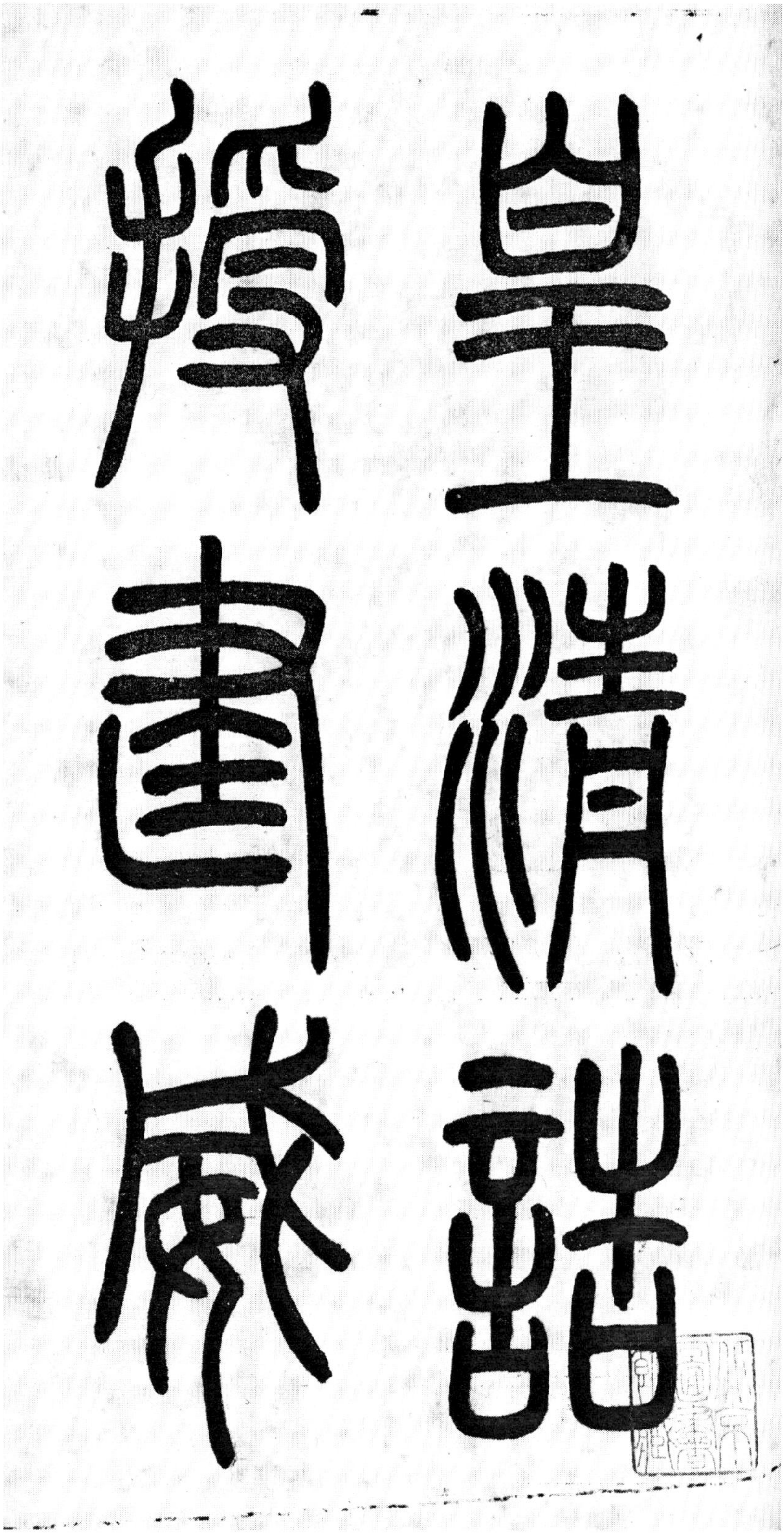
皇清誥
授建威

蜀之江鎮總兵

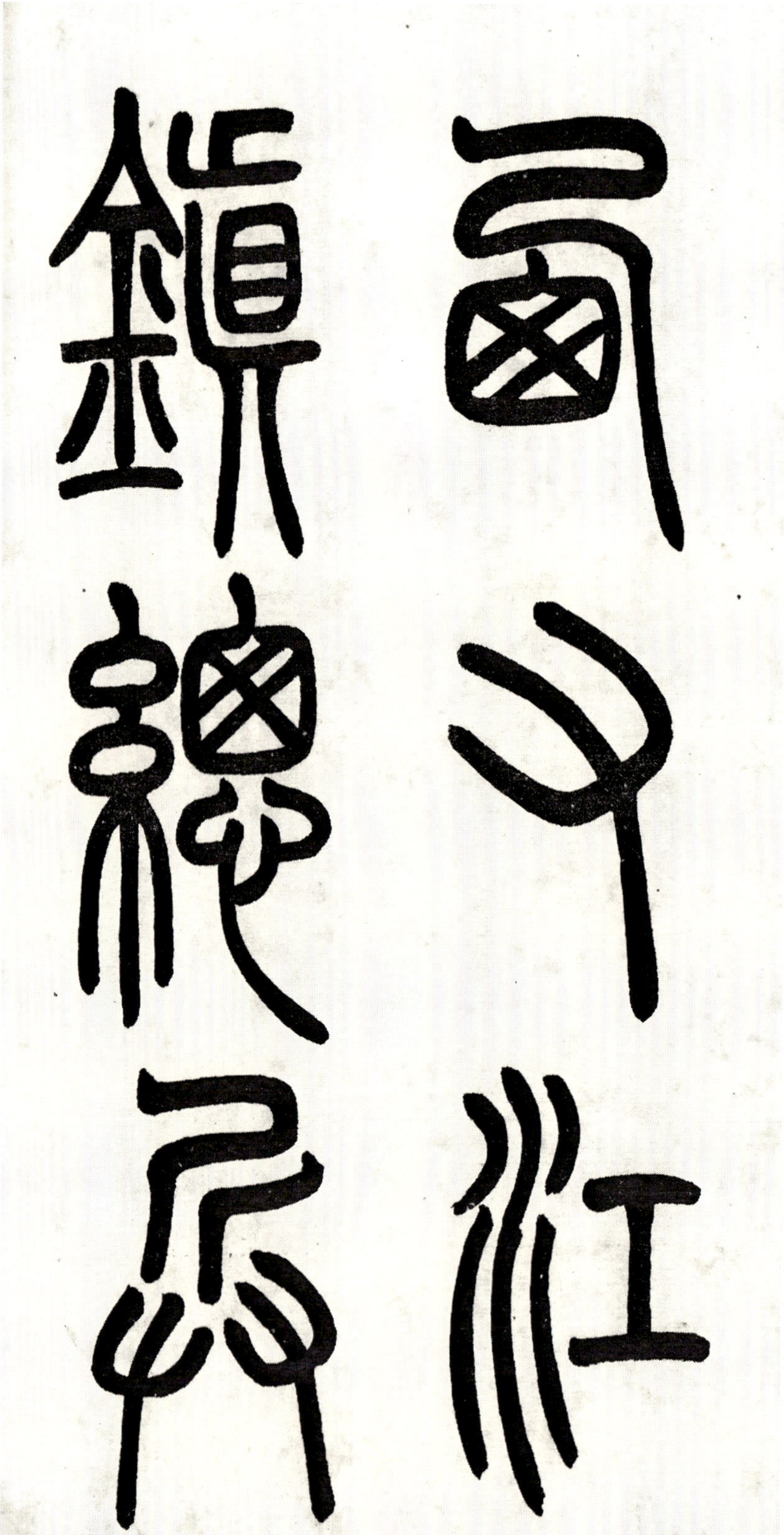

誥授建威將軍記
名提督廣西右江
鎮總兵官捍勇巴
圖魯張公諱樹珊

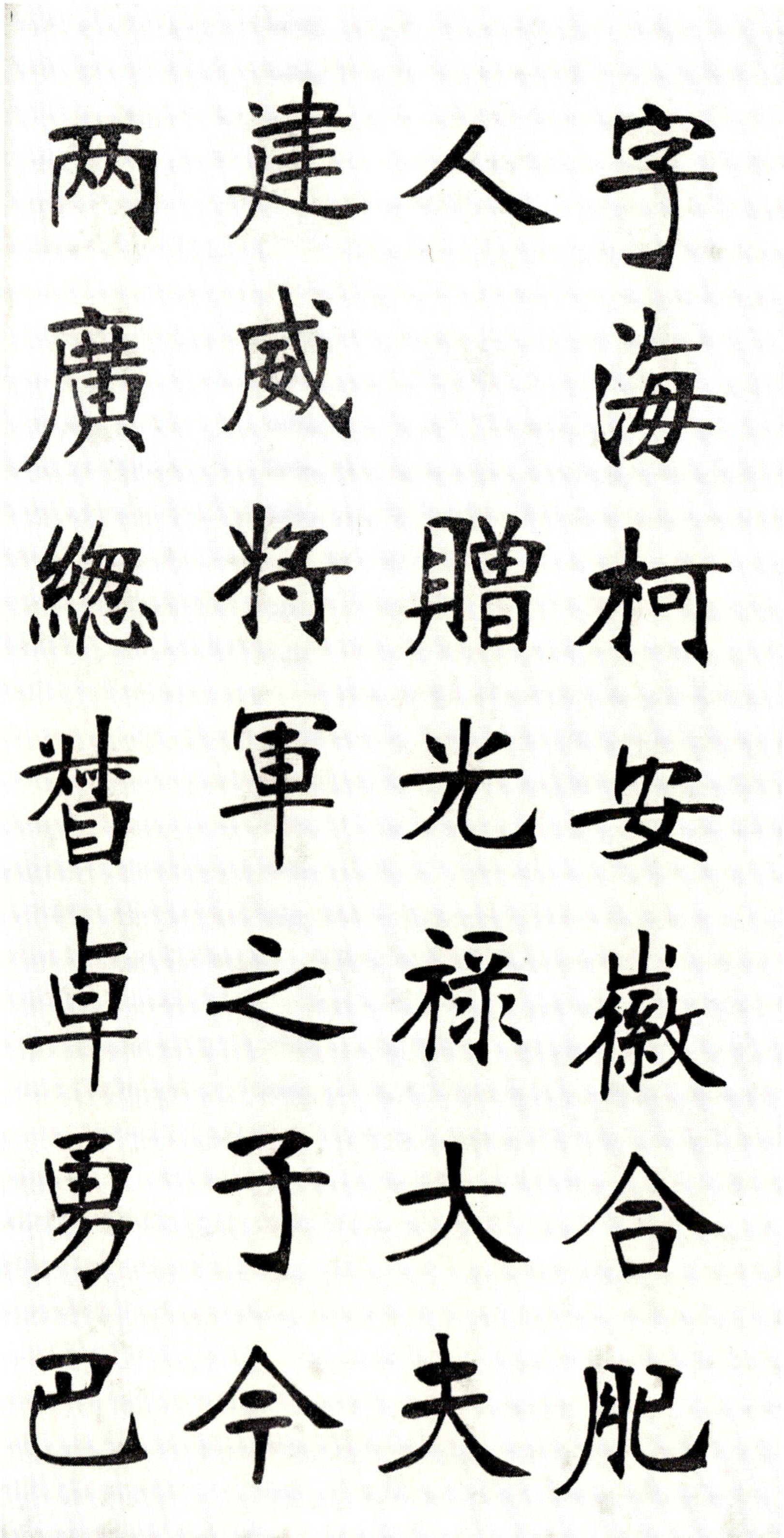
字海柯安徽合肥
人贈光祿大夫
建威将軍之子令
两廣總督卓勇巴

圖魯之弟也咸豐
三年粵賊捻賊爲
亂江淮數千里無
完土公隨父兄團

練鄉勇淮軍之興自張氏始公以親兵二十八人擊賊巢縣擒斬僞五尚

書克寇来安潛山至太湖所部五百人遇賊陳玉成衆萬人與戰公軍糧

火藥皆盡賊屯隄
上公率敢死士百
人緣隄下蛇行入
賊中大呼殺賊二

大驚潰悉遁去同
治元年今大學士
肅毅伯李公治兵
江南公兄弟與劉

公銘傳潘公撰新
周公盛波各率所
部從皆以名二其
軍令所謂樹軍銘

軍衛軍盛軍者也
公與諸軍擊賊克
青浦嘉定常熟賊
皆降福山賊降而

復叛攻常熟公以
舟師至風潮震蕩
無泊舟地登岸欲
結營而賊大至公

與鏖戰竟破之移
兵克江陰無錫常
州又從曾文正公
擊捻賊於魚臺沙

河許州皆敗之又敗賊於豐於定陶於曹追賊於汝寧曾公國荃檄公援

德安至新家閘賊綿亘十餘里水而陳公麾兵渡水殺賊無算賊奔竄

追而賊横走截公軍後公力戰至夜半馬立積尸中不能行下馬鬭死同

治五年十二月二
十一日也春秋四
十有一事聞贈
太子少保銜賜

謚勇烈給騎都尉兼一雲騎尉世職本籍及立功地方皆建專祠洎賊平

上追念前勛　賜
祭一壇烏乎公賦
性忠勇兄弟皆百
戰立功文武官階

皆至一品兄熾而
昌弟隕而折則命
也公之死以自負
其勇然公之生平

本不畏死故遇危
難輒傾身赴之惟
賊未滅而身先亡
爲遺憾焉耳自粤

賊擒賊擾亂天下十餘年將吏戰死者以百數卒之殄滅羣醜重開太平

由諸君子誓死報
國斷脰決胸而
不悔乃克成此大
功也是則公之死

即公之功也而又何憾焉允屬在國殤皆得以此弔之矣公曾祖考諱世

科妣楊氏章氏祖考諱傑妣李氏考諱蔭穀妣孫氏魯氏李氏三代皆以

公伯兄樹聲貴
贈光祿大夫又以
公及弟樹屏貴
贈建威將軍妣皆

一品夫人公娶吳
氏繼娶黃氏贈
封皆一品夫人側
室王氏子雲逵龍

世職公以光緒四
年月葬其
鄉大潛山陽華城
寺之西原李相國

爲之誌是以傳矣制府友于之誼有餘哀焉又命陳澧銘神道之碑其詞

曰中興出将淮西東

屹与湖湘稱並雄

合肥兄弟二張公

次公每戰為軍鋒
兼危犯險多奇功
奮身深入虎豹藪
将星墜地光熊二

公心但有孝與忠
忠孝盡矣生死同
九原持此告我翁
神祠萬衆趨鞠躳

又来拜瞻馬鬣封
靈之来兮雷電從
雨颯々兮雲蓬々
四山松柏生威風

五品銜前河源縣學訓導番禺陳澧譔文賜進士及第日

講起居注官翰林
院侍讀學士南
書房行走順德李
文田篆額

內閣中書

武昌張裕釗書丹

張廉卿書李剛介碑

（清）張裕釗 撰并書

清宣統三年（1911）上海文明書局石印本

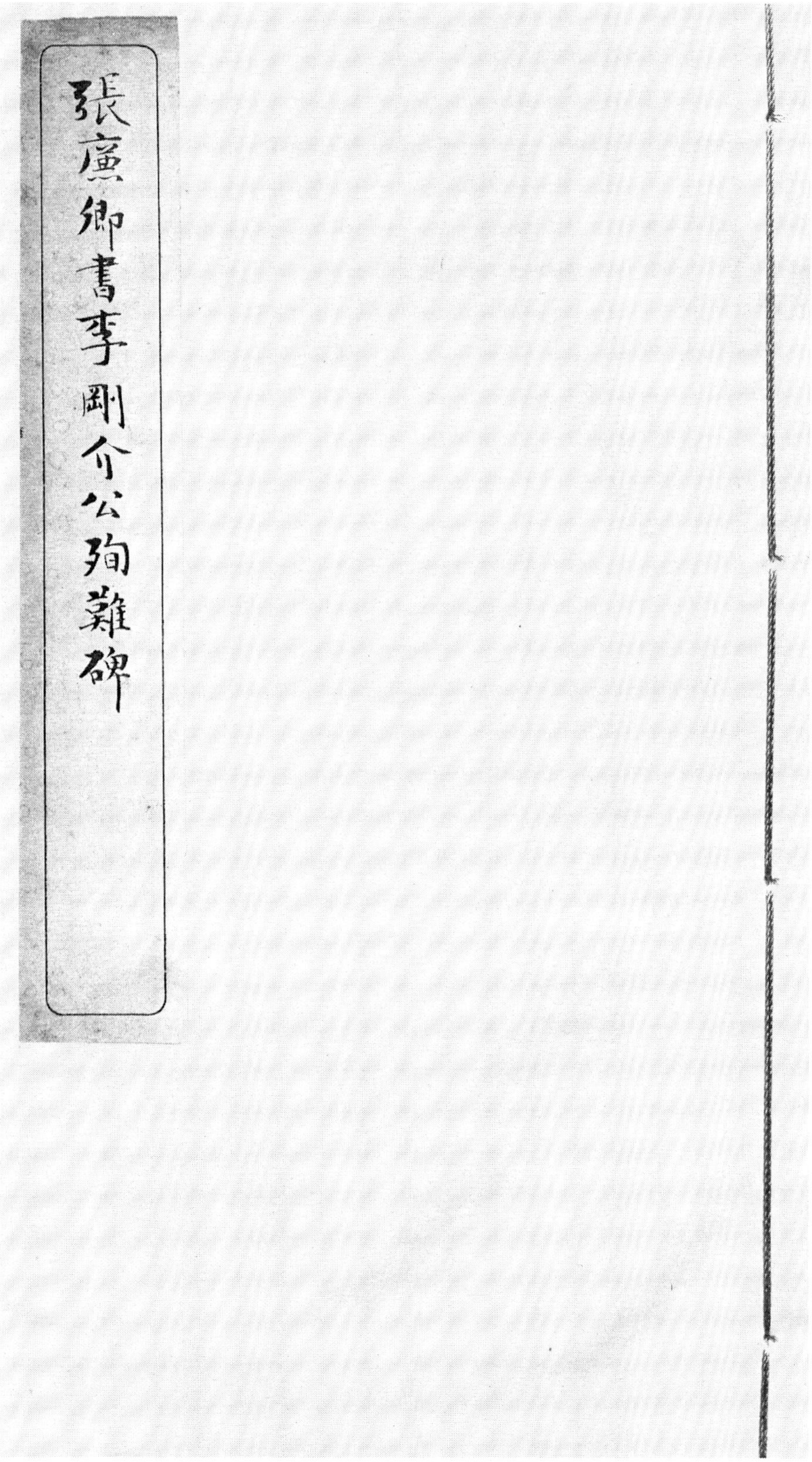
張廉卿書李剛介公殉難碑

皇清誥授中憲大夫賞道銜湖北補用知府荊門直隸州知州李剛介公殉難碑記

勅授郎内閣中書武昌張裕釗撰并書丹

誥授中憲大夫候選道安徽鳳陽府知府常熟楊沂孫篆額

自洪楊倡亂以來賊先後竄入湖北者五而省城凡三陷文武官吏死者不可勝紀若宣城李剛介公則其尤可悼爲惜者歟公諱椋字甝蕃少從康考考松江府君官舍久之遂明習吏事又益考求注古成敗得失與當世之務無所不究以國子生試順天屢躓入貲爲縣令道光二十六年選授湖北公安縣知縣咸豐元年調孝感明年調鍾祥其冬粵賊自長沙竄岳州犯武昌鍾祥及鄰邑奸民相嚮應起公親教練壯士千餘人率以治諸盜捕巨匪馬驤子等數十人斬之邑中無聲須知襄陽土寇郭大安謀以衆數千奔尋賊設伏間道禽之以歸巨盜蓋天王倡亂天門乘大霧挾黨悉俘其衆無一人逸者當是時武昌漢陽相繼陷楚中大震率上游諸郡所以無事者本公討平諸盜之力也明年賊大掠東走省城復大府以公事入奏擢荊門直隸州調權江夏縣鍾祥數萬人守安陸府署及公署請留公出諭衆衆泣公亦泣是歲裕釗以新寧江忠烈公務至鄂城忠烈及鄂中大吏文口一辭稱湖北八州六十縣無李牧比者會粵賊林鳳祥等自豫入楚陷黃安麻城公以兵馳往擊賊黃岡之舊公頓江口地大破之窮追至安慶與安慶兵夾擊盡殲諸賊還值富松警復破賊下島埠

詔以知府升用

賞戴藍翎踰月賊復自江西大至寇廣濟之田家鎮湖北糧道徐君豐玉漢黃德道張君汝瀛檄公往連戰皆捷寂後戰他將畏懦不進公即率所部渡江擊賊賊敗張軍追之賊還戰又敗益追至富池口賊知公軍無繼者分舟中賊登岸繞其後公引鋭水軍水軍走左陷陣中賊乘之所部八百人皆鬥死公手刃數賊罵不絕賊怒磔之實咸豐三年九月十日也越日而田家一不守賊遂長驅西上復陷武昌鄂中所在糜沸矣事聞

詔贈道銜褒䘏有加公安孝感鍾祥之民家祭巷哭如喪周親醵金錢爲營佛事奉木主祠廟中始公爲縣所至於其地遠近險夷豐耗民俗醇訛奸蠹根株民所疾苦盡知之所爲治行之出於至誠人樂爲用雖至頑族皆感沸頫效死力故於公之殉難以死衆思之無不至者裕釗以往歲至鍾祥距公死難之歲十有四年矣鍾祥人人爲言公治鍾祥事皆曰吾鍾祥入

本朝踰二百年縣官數李公獨第一惜也殉難死去吾鍾祥數月耳語次泣焚於獄裕釗因益歎公德入於人之心久而不忘至於如此同治二年湖北大吏復奏公死事甚烈在官政績尤卓著請令宣城及死事所建專祠祀之

詔可予謚剛介五年其孫湖北候補同知振雲騎尉變走書裕釗請爲公殉難之碑將勒之於富池口富池口在興國州東六十里水經注所謂江之右岸富水注之者也爲序而銘之曰

皋皋誠誠有百其侶皆壽而康乘車曳組傑出有公萬目睽之翕然迪衆迪父迪師天乎何爲民之無賜殲我賢良自今嗚恃人之賢公曰善爲吏吁公之有百始一試克究厥施維詎之詎富水之濱潯陽之濆豐碑玲瓏大江浤浤流公之名千祀有聲

皇清誥授中憲大夫
贈道銜湖北補用知
府荊門直隸州知州
李剛介公殉難碑記

勅授郎内閣中
書武昌張裕釗譔并
書丹
誥授中憲大夫候選

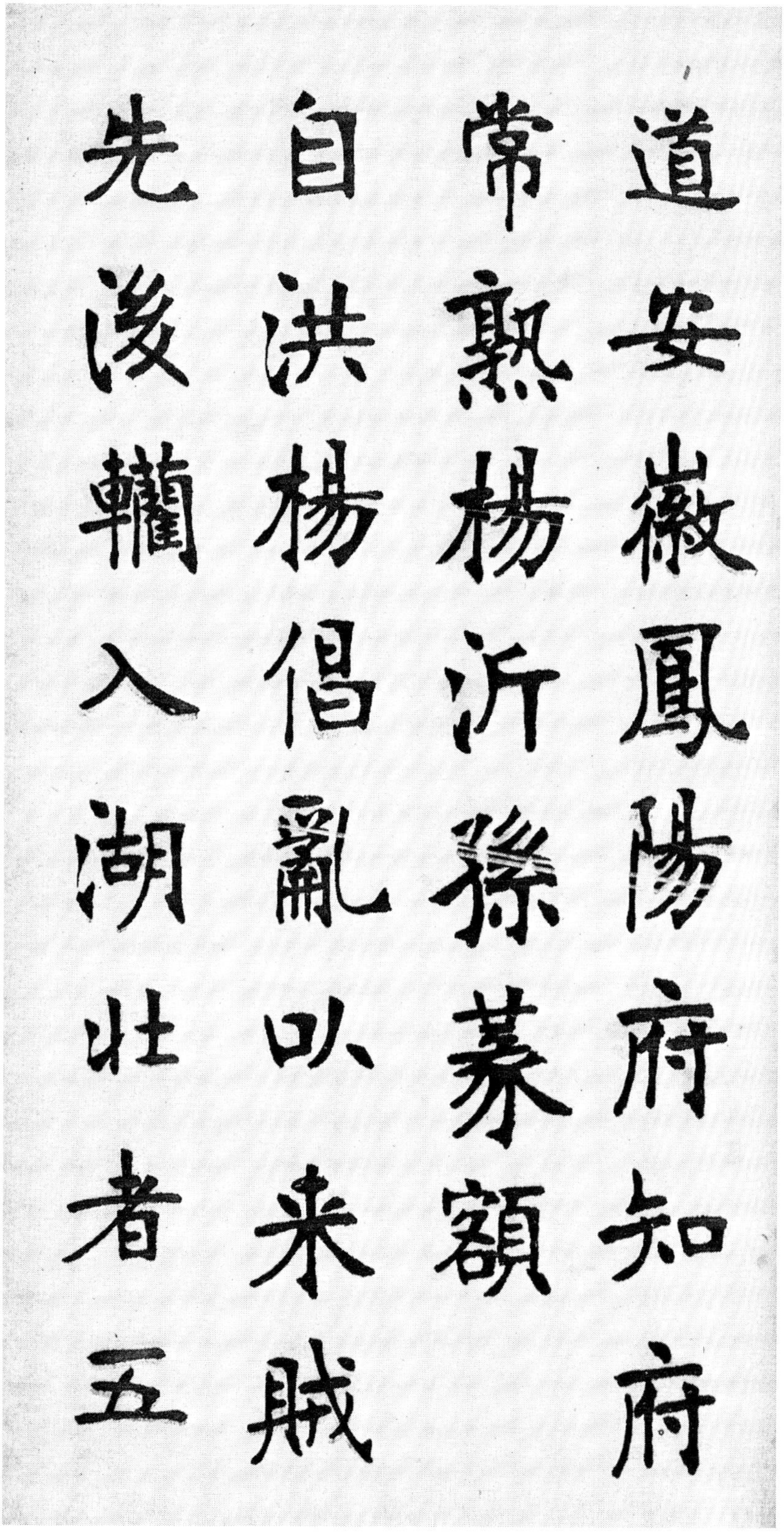
道安徽鳳陽府知府
常熟楊沂孫篆額
自洪楊倡亂以来賊
先後轥入湖壮者五

而省城九三陷文武
官吏死者不可勝紀
若宣城李劉介公則
其尤可爲悼惜者歟

公諱標字紫藩務從
侍廠考松江府君官
舍从之遂明習吏事
又益考求往古成敗

得失與當世之務無所不究以國子生試順天屢躓入貲爲縣令道光二十六年選

授湖北公安縣知縣
咸豐元年調孝感明
年調鍾祥其冬粵賊
自長沙竄岳州犯武

昌鍾祥及鄰邑奸民相嘯競起公親教練壯士千餘人率以治諸盜捕巨匪馬騾予

等數十人斬之邑中
無聲偵知襄陽土寇
郭大安謀以衆數千
奔粵賊設伏閒道禽

之以歸巨盜蓋天王倡亂天門乘大霧掩擊悉俘其衆無一人逸者當是時武昌漢

陽相繼陷楚中大震卒上游諸郡所以無事者李公討平諸盜之力也明年賊大掠

東走省城濵大府以
公事入奏擢荆門直
隸州調權江夏縣鍾
祥數萬人守安陸府

署及公署請留公出
諭衆〻泣公亦泣是
歲裕劍以新寧江忠
烈公聘至鄂城忠烈

及鄂中大吏交口一聲稱湖北八州六十縣無李牧比者會粤賊林鳳祥等自豫入

楚陷黃安趨麻城公以兵馳往擊賊黃岡之驖公頸江口地大破之窮追至安慶與

安慶兵夾擊盡殱諸
賊還復宿松警復破
賊下倉埠
詔以知府升用

賞戴藍翎踰月賊復
自江西大至寇廣濟
之田家鎮湖壯糧道
徐君豊玉漢黃德道

張君汝瀛楸公往連戰皆捷冣後戰他將畏懦不進公即率所部渡江擊賊賊敗孤

軍追之賊還戰又敗
盈追至富池口賊知
公軍無繼者分舟中
賊登岸襲其後公引

就水軍水軍走陷
淖中賊兼之所部八
百人皆鬬死公手刃
數賊罵不絕賊怒臠

之實咸豐三年九月十日也越日而田家鎮不守賊遂長驅西上漢陷武昌鄂中所

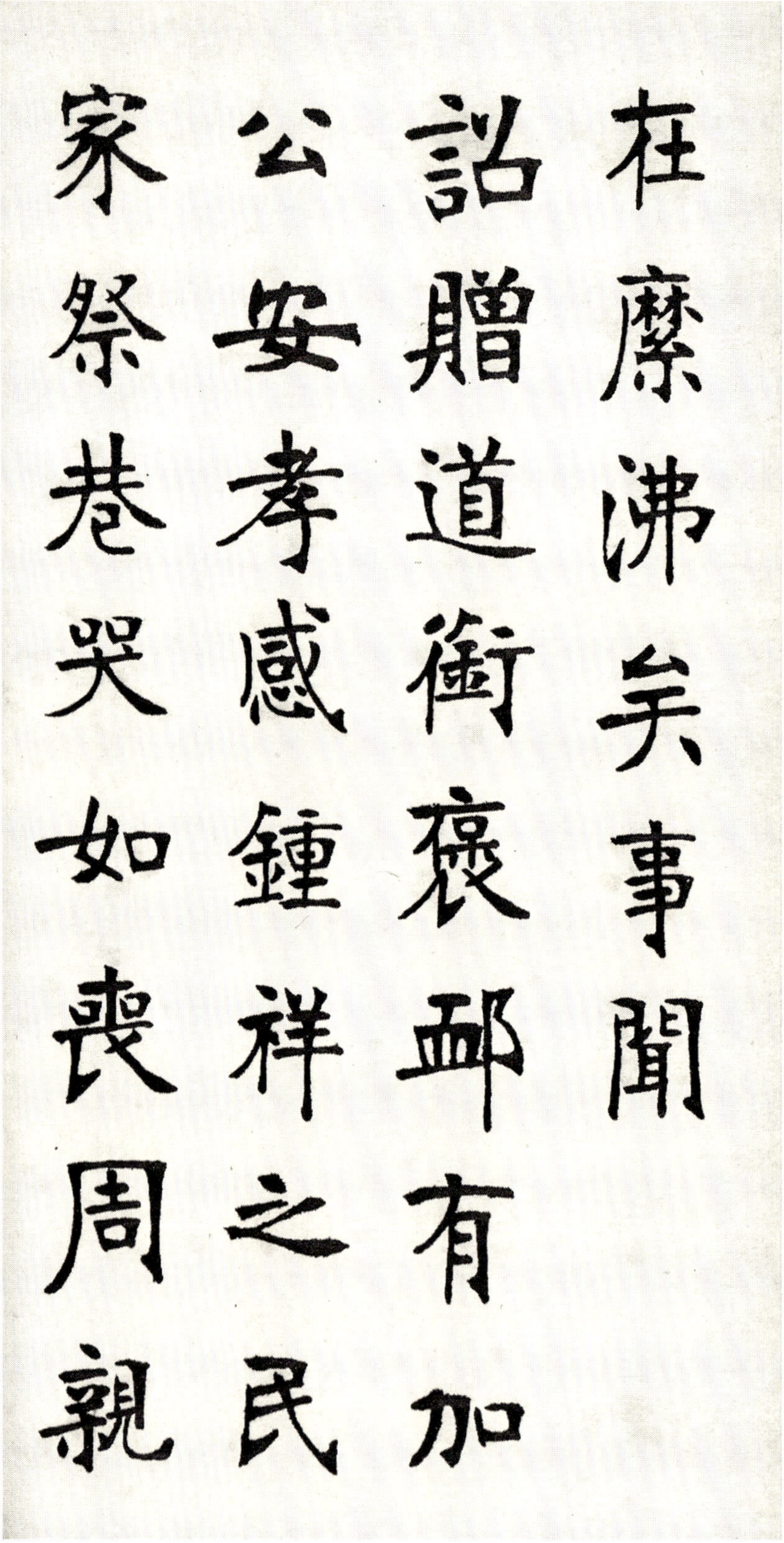

在靡沸矣事聞
詔贈道銜褒卹有加
公安孝感鍾祥之民
家祭巷哭如喪周親

醵金錢爲營佛事奉木主祠廟中始公爲縣所至於其地遠近險夷豐耗民俗醖訛

奸蠹根株民所疾苦
盡知之所爲治行之
出於至誠人樂爲用
雖至頑族皆感涕顛

效死力故扵公之殉
難以死哀思之無不
至者裕劍以往歲至
鍾祥距公死難之歲

十有四年矣鍾祥人
人為言公治鍾祥事
皆曰吾鍾祥人。
本朝踰二百年縣官

數李公獨弟一惜也
殉難死去吾鍾祥數
月耳語次淚熒於髯
裕劉曰益歎公德入

於人之心久而不忘至於如此同治二年湖北大吏覆奏公死事甚烈在官政績尤

卓著請令宣城及死
事所建專祠祀之
詔可予謚剛介五年
其孫湖北候補同知

龍雲騎尉雯麦書裕
釗請爲公殉難之碑
将勒之於富池口富
池口在興國州東六

十里水經注所謂江
之右岍富水注之者
也爲序而銘之曰
皋〻訕〻有百其侶

皆壽而康乘車曳組
傑出有公萬目環之
翦姸迪蒙迺父迺師
天乎何爲民之無賜

巇我賢良自令疇恃
人之賢公曰善爲吏
吁公之有百始一試
克究厥施維

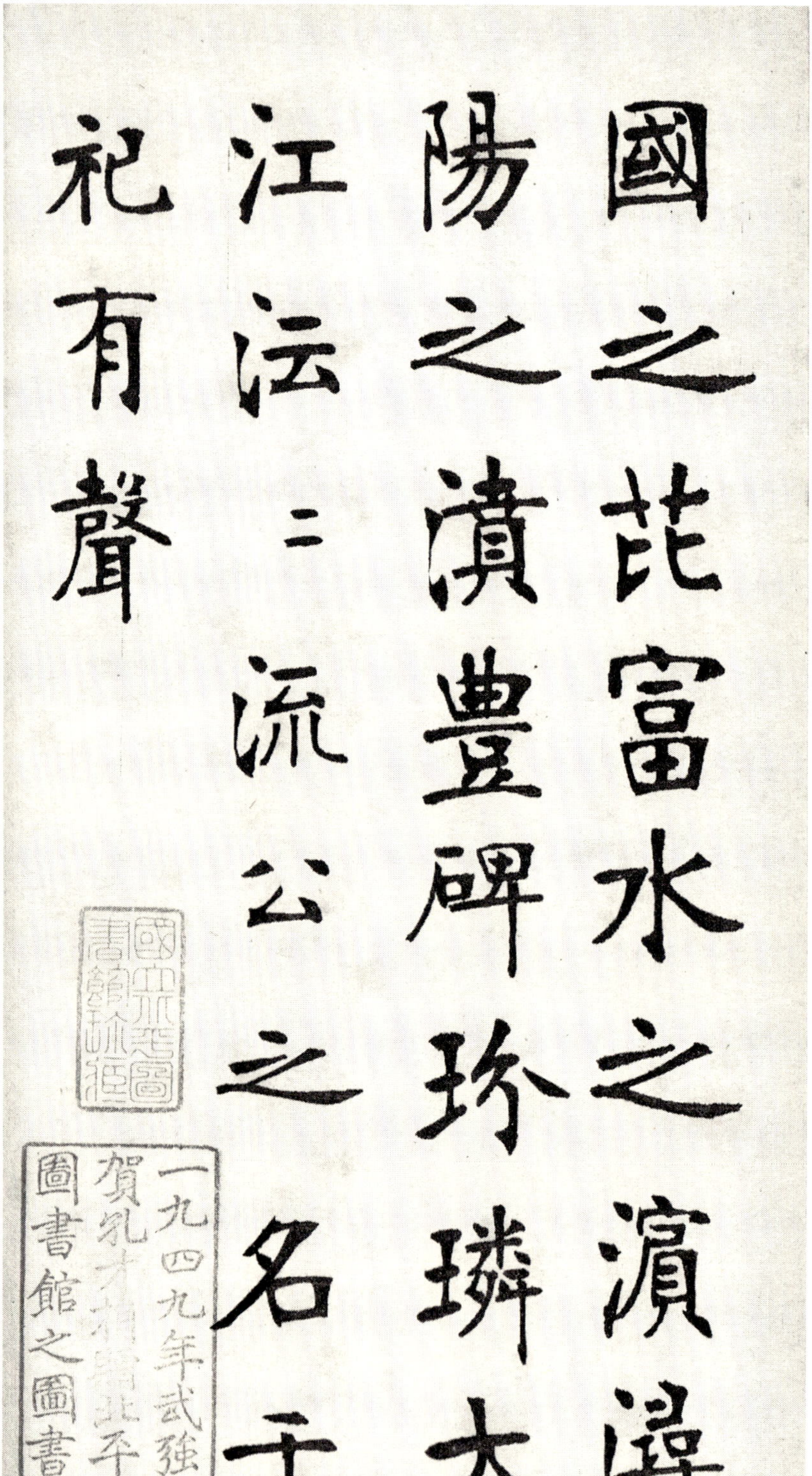
國之芘富水之濵潯
陽之濆豐碑玢璘大
江沄沄流公之名千
祀有聲
國立北平圖書館珍藏
一九四九年武強賀孔才捐贈北平圖書館之圖書

（張廉卿書李剛介碑）

每本售銀二角

宣統三年四月出版

版權所有　不准複印

發行者　文明書局

印刷所　文明書局石印部

總發行所　上海棋盤街北段（電報簡碼六九三二）　文明書局

北京琉璃廠　漢口黃陂街　廣州雙門底　奉天鼓樓北　天津大胡同　文明分局